Análise Financeira
de Empresas

Alberto Borges Matias

Análise Financeira de Empresas

Manole

Copyright © 2017 Editora Manole Ltda., por meio de contrato com o autor.

Editor gestor: Walter Luiz Coutinho
Editora responsável: Ana Maria da Silva Hosaka
Editora de arte: Deborah Sayuri Takaishi
Coordenação editorial: Marília Courbassier Paris
Produção editorial, projeto gráfico e diagramação: Know How
Capa: Daniel Justi

Dados Internacionais de Catalogação na Publicação (CIP)
(Câmara Brasileira do Livro, SP, Brasil)

Matias, Alberto Borges
  Análise financeira de empresas/Alberto Borges Matias -- Barueri, SP: Manole, 2017.

Bibliografia.
ISBN 978-85-204-5082-6

1. Balanço financeiro 2. Demonstrações contábeis 3. Empresas - Contabilidade I. Título.

16-08013   CDD-658.151

Índices para catálogo sistemático:
1. Análise financeira: Administração de empresas 658.151

Todos os direitos reservados.
Nenhuma parte deste livro poderá ser reproduzida, por qualquer processo, sem a permissão expressa dos editores. É proibida a reprodução por xerox.

A Editora Manole é filiada à ABDR – Associação Brasileira de Direitos Reprográficos.

1ª edição – 2017

Editora Manole Ltda.
Av. Ceci, 672 – Tamboré
06460-120 – Barueri – SP – Brasil
Tel.: (11) 4196-6000 – Fax: (11) 4196-6021
www.manole.com.br
info@manole.com.br

Impresso no Brasil
Printed in Brazil

Sobre a equipe de produção

Coordenação
Alberto Borges Matias

Assistentes de revisão
Gislaine Miranda Quaglio
Nayele Macini
Maria Gabriela Montanari

Professores participantes
Adriel Martins de Freitas Branco
Ernani Mendes Botelho

Executivos participantes
Rodrigo Pasin
Talita Dayane Metzner
Henrique Jakovak

Alunos de pós-graduação participantes
Caroline Alvarenga Carvalho
Gabryel Lopes Sola
Lucas Henrique Romano
João Paulo Resende de Lima
Jorge Luis Sánchez Arévalo
Marlon Fernandes Rodrigues Alves
Ulisses Rezende Silva
Willian Campos Borges

Sumário

Prefácio IX

Apresentação XI

Introdução XIII

PARTE I
Análise Macrofinanceira e Setorial

1 Análise Macrofinanceira 3

2 Análise Setorial 107

PARTE II
Análise dos Demonstrativos Contábeis

3 Fundamentos de Contabilidade 145

4 Análise Financeira Retrospectiva 181

5 Análise Horizontal e Vertical 237

6 Indicadores de Análise Financeira 265

7 Identidades de Análise Financeira 343

PARTE III
Análise Financeira Prospectiva

8 Projeções de Demonstrativos Financeiros 393

9 Cálculo e Análise de Valor 427

10 Valor por Múltiplos 463

Índice remissivo 489

Prefácio

Como professor fundador da FEA-RP/USP,[1] tive sempre a preocupação de buscar que os profissionais formados fossem os melhores do país em nossas áreas, pois ou assim agíamos ou sucumbiríamos – o curso de Administração de Empresas da unidade acabou sendo o de maior nota média em todas as edições do Provão do MEC. Sendo a minha área Finanças, procurei fazê-lo da melhor maneira para atingir o objetivo por mim mesmo proposto, razão do contínuo questionamento sobre a estrutura curricular da área.

Este livro surge da necessidade encontrada nas disciplinas que ministrei na FEA/USP, *campi* de São Paulo e Ribeirão Preto, de organização didática do conhecimento de Finanças, bem como de críticas de ex-alunos quanto à necessidade de se introduzirem temas importantes para a vida profissional. Já no curso de graduação, pude observar que o ensino de Finanças encontrava resistência de entendimento por parte dos alunos, quer por falta de entendimento de conceitos de disciplinas anteriores, quer pelo encadeamento, de forma pouco didática, ou mesmo do conteúdo das disciplinas da própria área de Finanças.

No tocante ao aspecto de entendimento de conceitos de disciplinas anteriores, a deficiência encontrava-se na falta de coordenação das disciplinas de finanças com outras que as antecediam e que eram de fundamental importância para o seu entendimento.

Quanto ao aspecto de encadeamento do conteúdo das disciplinas de Finanças, pudemos, em conjunto com alunos dos programas de pós-graduação, observar, já nos levantamentos iniciais de programas acadêmicos nacionais e internacionais, a mescla existente entre conceitos, sem certa definição de sequência, proliferando disciplinas numeradas (Finanças 1, Finanças 2, Finanças 3, Finanças 4), com ausência de sedimentação de conteúdo razoavelmente conectado. Depois de algumas reuniões ao longo dos programas de pós-graduação, definimos a separação do conteúdo de gestão financeira de curto prazo do de longo prazo. Nas disciplinas de Finanças Corporativas no curso de graduação, transformamos a disciplina Administração Financeira I em Administração do Capital de Giro, tendo por função a exposição do conteúdo de gestão financeira de curto prazo, e a disciplina de Administração Financeira II em Administração Financeira de Longo Prazo, com o objetivo da exposição do conteúdo de gestão financeira de longo prazo.

Após o embate sobre a formação acadêmica da disciplina, passamos a discutir a literatura que poderia ser utilizada nessa nova formação e observamos que a literatura

---

[1] Ver <www.fearp.usp.br>.

convencional não atendia ao que havíamos definido; aliás, grande parte dos livros de fundamentos em finanças concede ênfase a tópicos isolados do conhecimento de finanças, com destaque aos de avaliação de empresas, e não à gestão de ativos e passivos de longo prazo.

Considerou-se como premissa básica que a estrutura do currículo de finanças deve levar em consideração a geração de valor, elemento fundamental para o entendimento da maximização do valor das empresas. Para tanto, a metodologia proposta e adotada para a elaboração dos capítulos desta obra obedeceu à divisão do conteúdo de finanças corporativas em dois grandes grupos: finanças de curto prazo, ou administração de capital de giro, e finanças de longo prazo, ou gestão do valor com sustentabilidade. Essa nova abordagem proporciona uma visão sistêmica do conteúdo de finanças, gerando melhor sequenciamento da disciplina por parte dos professores e facilitando o entendimento por parte dos alunos.

No entanto, faltava aos alunos de graduação uma disciplina em Finanças Corporativas que fundamentasse os conhecimentos das duas disciplinas citadas, de curto e de longo prazo. Já havíamos incorporado anteriormente na FEA-RP/USP uma disciplina de Análise Financeira com esse objetivo, congregando os conhecimentos de Macroeconomia, Economia Brasileira, Contabilidade Empresarial com Finanças Corporativas. Tínhamos dificuldade em encontrar um livro-texto para essa disciplina que reunisse essa visão, razão pela qual acabamos por construir esta obra de *Análise financeira de empresas*. Os capítulos do livro formam as diversas aulas a serem ministradas na disciplina. Optou-se, na redação do texto, por uma forma mais didática e acessível a alunos de graduação e de MBA, possibilitando melhores compreensão e aplicação dos conceitos apresentados.

As discussões permearam diversas turmas de pós-graduação da FEA-RP/USP, que participaram ativamente da formação deste livro, e também turmas de graduação da FEA-RP/USP, que utilizaram essa literatura, mesmo em fase de produção, contribuindo para seu aperfeiçoamento. O trabalho de pesquisa foi centralizado no Centro de Pesquisas em Finanças (Cepefin) e no Instituto de Ensino e Pesquisa em Administração (Inepad), também por mim fundados. A todos os participantes deste projeto, meus profundos agradecimentos.

Cientes de que o administrador deve ter sólida formação em Finanças – tanto no aspecto teórico como no prático – para a tomada de decisões e para planejar, organizar, dirigir e controlar recursos, atividades e bens, buscamos organizar cada capítulo considerando o ensino de graduação no país. Esperamos que esta obra cumpra sua função de formar gestores capazes de tomar decisões efetivas, bem como profissionais conscientes de suas funções na sociedade. Esta é a nossa pretensão.

Alberto Borges Matias

Apresentação

É com muito interesse que acompanhamos a construção de uma realidade econômica no Brasil. Nesse contexto, o lançamento do livro *Análise financeira de empresas*, coordenado pelo Prof. Alberto Borges Matias, é uma excelente notícia. A obra constitui-se em uma colaboração de grande valor para a continuidade do desenvolvimento do mercado de capitais no Brasil. E também vem ao encontro do esforço que a BM&FBovespa S.A., por exemplo, realiza para democratizar os conhecimentos nessa área e facilitar o acesso dos mais diversos públicos às informações relativas ao funcionamento e ao desempenho das companhias de capital aberto.

É bastante notório que a contribuição do mercado de capitais é decisiva para o crescimento das empresas, a geração de empregos e a distribuição de renda no país. Os recursos captados pelas empresas são direcionados, principalmente, para a expansão dos negócios de companhias de diversos setores emergentes, como saúde, educação, construção civil, bancos médios, entre outros, e os tradicionalmente presentes, a exemplo de mineração, siderurgia, energia e alimentos.

Diante do despertar dos brasileiros para o mercado de capitais, é necessário que os profissionais das empresas compreendam quais fundamentos precisam ter como base para construir um negócio sustentável, capaz de atrair também investidores conscientes e de longo prazo. Ao mesmo tempo, na busca por maior transparência, torna-se fundamental não só que as companhias divulguem o máximo de informações, mas também que os investidores e outros interessados tenham conhecimento suficiente para interpretá-las.

Diante dessas necessidades, o livro *Análise financeira de empresas*, certamente, será bastante útil para estudantes que se preparam para trabalhar nas áreas administrativa e financeira, profissionais de empresas, analistas do mercado de capitais e investidores. Escrito de modo bastante didático, fornece as bases conceituais para a compreensão dos fundamentos de uma companhia, relacionando conhecimentos de macroeconomia, contabilidade e finanças. Oferece ao leitor a possibilidade de se ter uma visão global da empresa, de como ela se posiciona no cenário nacional e internacional e no setor em que atua e também subsídios para analisar a viabilidade do negócio a médio e longo prazo.

Ao se dedicar a esta obra, o Prof. Matias e sua equipe demonstraram uma atenção especial para com todo esse público, que vem crescendo significativamente. Apenas neste início de século, o número de pessoas físicas que investem em ações no Brasil, por exemplo, multiplicou-se por sete. Ao mesmo tempo, abriram-se as portas para os profissionais qualificados nessa área, com a estreia na Bolsa, por meio de ofertas públicas iniciais de ações (IPO), de mais de uma centena de companhias.

O empenho na realização do livro também revela uma visão de futuro, de quem acredita na continuidade da evolução do mercado, como atestam os números cada vez maiores de pessoas – especialmente estudantes – que assistem a cursos e palestras sobre o funcionamento do mercado de capitais ou que fazem visitas monitoradas à Bolsa, no centro de São Paulo.

Por fim, consideramos que esta obra é mais um grande exemplo de que estamos saindo de uma história em que o conhecimento da economia era por demais intrincado e restrito a especialistas para a democratização e popularização das informações sobre esse tema e as empresas.

Oxalá assuntos dessa natureza possam se tornar tão corriqueiros no dia a dia dos brasileiros quanto o futebol!

Gilberto Mifano
Coordenador do Comitê de Auditoria e Membro
do Conselho de Administração da Cielo S.A.
Membro do Conselho da Pearson Sistemas do Brasil S.A.
Membro do Conselho da Isolux Infrastructure S.A.
Ex-Presidente do Conselho de Administração da BM&FBovespa.

Introdução

Toda organização consiste em um sistema aberto, em constante interação com o meio ambiente. Para sobreviver, as organizações precisam de insumos (recursos humanos, recursos financeiros e materiais), que são transformados em bens e serviços, os quais são colocados no mercado visando ao atendimento de determinada necessidade. O atendimento dessa necessidade produz resultados que retroalimentam as organizações (receitas e lucro, no caso da empresa; reconhecimento e efetividade social na promoção do bem comum, no caso do Estado e de entidades do Terceiro Setor). Portanto, a relação com o meio externo constitui um fator-chave da própria existência das organizações. Por esse motivo, entender de que se compõe esse ambiente e como ele se organiza torna-se essencial para a gestão das empresas (Andion, Fava, 2002).

O ambiente externo da organização compõe-se de um conjunto de entidades que direta ou indiretamente influenciam e são influenciadas por ela. Essas influências ocorrem tanto por troca de produtos, recursos, informação e tecnologia quanto por variáveis políticas, econômicas, sociais, regulatórias, ecológicas etc., que determinam a amplitude da gestão organizacional (Johnsson, Francisco Filho, 2002).

Tendo em vista a importância das interações com o ambiente, este livro começa abordando os fundamentos macroeconômicos para levar ao aluno a formação política e econômica resultante no ambiente externo vivenciado pelas organizações. Antes mesmo de realizar suas avaliações, o analista financeiro deve compreender a interação dos reflexos da economia na gestão das organizações.

As informações resultantes da integração das variáveis macroeconômicas, políticas macroeconômicas e demonstrativos financeiros organizacionais são necessárias para a formação de um diagnóstico sobre o desempenho das empresas inseridas nesse ambiente econômico e não estático.

Deve-se destacar também que o ambiente empresarial brasileiro sofreu mudanças profundas nas últimas décadas, entre as quais a estabilidade de preços, a maior abertura para importações e as privatizações, acirrando a competição. Com o aprimoramento do mercado financeiro, cresceu também a demanda por profissionais qualificados, com formação sólida para implementar controles e contribuir para as decisões financeiras das organizações.

Depois da compreensão das variáveis macroeconômicas, este livro traz subsídios para que o analista seja capaz de realizar uma análise setorial robusta, de modo que possa entender ainda mais os efeitos das variações setoriais sobre o desempenho da organização.

Na segunda parte, são apresentados o conhecimento e as técnicas necessárias para realizar as análises das demonstrações contábeis, especialmente sob a óptica da avaliação da estratégia, eficiência e solvência das organizações.

Ao final, o futuro de uma organização é o que realmente importa. Mais relevante que compreender o passado é conseguir avaliar e gerir a empresa para maximizar o valor (para acionistas e sociedades). Portanto, a terceira parte do livro traz um conteúdo bastante diferenciado para a formação acadêmica: como projetar demonstrativos e resultados das organizações? Qual será o valor gerado pela organização nos próximos anos?

Respondendo a essas perguntas, a formação do analista é mais completa, voltada para uma avaliação estratégica das organizações. Aliás, ampliando o conceito da função financeira das organizações, este material explora a capacidade de sustentabilidade financeira das organizações.

Descrita por Branco (2013), o foco na sustentabilidade financeira amplia a necessidade de compreensão e gestão da interação da empresa com os fatores internos, econômicos e o efeito do ambiente sobre as finanças da empresa.[1]

Portanto, este livro é também um grande roteiro para a avaliação financeira de organizações. O objetivo é a formação sólida de excelentes analistas financeiros.

CERTIFICAÇÃO PARA ANALISTAS

Com o processo de globalização, interligando cada vez mais as operações financeiras entre empresas e governos de diversos países, tornam-se necessários o uso de ferramentas mais eficazes na coleta das informações e uma gestão cada vez mais profissional, competente e ética por parte dos executivos e analistas que atuam nestes mercados.

Com esse objetivo, alguns órgãos nacionais e internacionais conferem certificações para analistas, executivos e demais profissionais do mercado financeiro. O objetivo é garantir que todos atuem dentro de determinados princípios éticos e que tenham certa bagagem de conhecimento para lidar com um mercado cada vez mais complexo e exigente.

As certificações funcionam como um selo de qualidade, atestando que tais profissionais apresentam os requisitos mínimos necessários para o desempenho de suas atividades e estão aptos a atuar nos mercados financeiros e de capitais. Com isso, busca-se aumentar o grau de profissionalização dos agentes que lidam com recursos de terceiros.

Órgãos brasileiros de certificação

No Brasil, existem diversos órgãos competentes que fornecem certificações, sendo abordados aqui os principais.

Apimec

A Associação dos Profissionais de Investimento do Mercado de Capitais (Apimec) é uma instituição fundada em junho de 1988, que reúne todas as Apimec estaduais do

---

[1] A sustentabilidade financeira é composta pela influência da interação dos seguintes fatores: crescimento gradual, pessoal, liderança, planejamento, sucessão, rentabilidade, endividamento, disponibilidade de crédito, taxa de juros e crises econômicas.

Brasil. Seus objetivos principais são conferir certificações para os profissionais do mercado de capitais, desenvolver estudos e pesquisas para capacitar seus associados e contribuir para o pleno desenvolvimento do mercado de capitais brasileiro.

Ela é sócia-fundadora e membro da entidade responsável pela certificação de profissionais em todo o mundo – o *Board* da Aciia (Association of Certified International Investment Analysts) – e, ainda, é membro da Icia (International Council of Investment Association).

A certificação se dá por meio do CNPI (Certificado Nacional dos Profissionais de Investimentos). Os profissionais certificados pela Apimec estão aptos a atuar nos mercados financeiros e de capitais como analistas autorizados pela CVM.

A certificação é de responsabilidade do Instituto Brasileiro de Certificação do Profissional de Investimento (o IBCPI), vinculado ao Apimec e responsável pela certificação desse órgão aos profissionais e pelo programa de certificação internacional da Aciia.

Andima

A Associação Nacional das Instituições do Mercado Financeiro (Andima, 2016) é uma entidade civil sem fins lucrativos, fundada em 1971, que engloba diversas instituições financeiras. Fazem parte dessa relação os bancos comerciais, múltiplos e de investimentos, as corretoras e os distribuidores de valores, os administradores de recursos de terceiros, entre outros.

Seus principais objetivos são representar o sistema financeiro nacional, contribuindo para o seu desenvolvimento, e disponibilizar serviços às instituições financeiras oferecendo suporte técnico e operacional. Seu programa de certificação foi transferido para a Anbid (Associação Nacional dos Bancos de Investimentos), que, a partir de 1º de janeiro de 2007, ficou responsável por essa função mediante parceria firmada entre ambas as entidades e reconhecida pelo Banco Central. Ela certifica os profissionais que atuam nos bancos, corretoras de valores, entre outros, conferindo um atestado de conformidade, sempre visando ao bom funcionamento do mercado financeiro e do sistema financeiro nacional.

CPA-10 e CPA-20

A Anbid tem duas séries de certificação, a Certificação Profissional Anbid série 10 e a Certificação Profissional Anbid série 20, mais conhecidas pelas siglas CPA-10 e CPA-20, respectivamente. A primeira, a CPA-10, tem por objetivo certificar os profissionais que atuam na distribuição dos produtos de investimentos para o varejo. Por sua vez, a CPA-20 destina-se aos profissionais que trabalham na distribuição dos produtos de investimentos para o atacado.

A diferença básica entre as duas certificações é que a CPA-10 é voltada para aqueles profissionais que trabalham com produtos de investimentos destinados ao público em geral e a CPA-20, para os agentes que lidam com produtos destinados ao mercado qualificado.

Todos os profissionais desses setores têm obrigação legal de adquirir essas certificações, uma vez que essa obrigação é estabelecida pela CVM e pelo Bacen.

Certificação em crédito

Confere aos analistas de créditos e a todos aqueles profissionais que desejam embasar seus conhecimentos em temas ligados a crédito um atestado de proficiência por meio de um exame realizado pelo Serasa (2016). Esse programa tem, entre outros objetivos, o de qualificar todos os profissionais do setor de crédito do país.

IBCPF

O Instituto Brasileiro de Certificação dos Profissionais Financeiros (IBCPF, 2016) é uma entidade sem fins lucrativos fundada em maio de 2000 com os objetivos de implantar, certificar e controlar a atividade de planejador financeiro. Trata-se da única instituição autorizada a fazer isso no Brasil, pois é afiliada do FPSB (*Financial Planning Standards Board*), a responsável pelo controle da marca CFP (*Certified Financial Planner*) fora dos Estados Unidos.

Seu público-alvo são profissionais que atuam como consultores em finanças pessoais e planejadores financeiros para pessoas físicas elaborando orçamentos domésticos, prestando aconselhamentos sobre o uso correto e responsável do patrimônio familiar de seus clientes, entre outras atividades.

REFERÊNCIAS BIBLIOGRÁFICAS

ANDIMA – Associação Nacional das Instituições do Mercado Financeiro. Disponível em: <http://portal.anbima.com.br/Pages/home.aspx>. Acesso em: 1º mar. 2016.

ANDION, M. C.; FAVA, R. *Planejamento estratégico*. Curitiba, v. 2, p. 27, 2002. Coleção Gestão Empresarial.

APIMEC – Associação dos Analistas e Profissionais de Investimento do Mercado de Capitais. Disponível em: <http://www.apimec.com.br>. Acesso em: 2 mar. 2016.

BRANCO, Adriel Martins de Freitas. Sustentabilidade Financeira Empresarial no Brasil. 2013. Dissertação (Mestrado em Administração de Organizações) – Faculdade de Economia, Administração e Contabilidade de Ribeirão Preto, Universidade de São Paulo, Ribeirão Preto, 2013. Disponível em: <http://www.teses.usp.br/teses/disponiveis/96/96132/tde-12022014-110452/>. Acesso em: 22 nov. 2016.

IBCPF – Instituto Brasileiro de Certificação de Profissionais Financeiros. Disponível em: <http://www.ibcpf.org.br>. Acesso em: 3 mar. 2016.

JOHNSSON, M. E.; FRANCISCO FILHO, V. P. Controladoria. In: MENDES, J. T. G et al. *Finanças empresariais*. Coleção Gestão Empresarial. Curitiba: Associação Franciscana de Ensino Senhor Bom Jesus, 2002. Capítulo 5, p. 59-68.

SERASA. Certificação em crédito. Disponível em: <http://www.serasaexperian.com.br/serasaexperian/publicacoes/bis/2005/93/bis_00205.htm>. Acesso em: 2 mar. 2016.

PARTE I
Análise Macrofinanceira e Setorial

1
Análise Macrofinanceira

O desempenho financeiro das empresas está diretamente relacionado ao ambiente econômico no qual elas estão inseridas. Frequentemente, acompanham-se pelos jornais notícias como "alta na cotação do dólar proporciona ambiente para pequenas empresas procurarem clientes no exterior" ou "crescimento da renda reduz inadimplência e aumenta vendas do varejo".

As empresas não são entidades isoladas, dotadas de vida própria e autônoma em relação ao ambiente macrofinanceiro no qual estão inseridas. Na verdade, todas as interações da empresa com agentes externos que determinam impactos sobre sua receita, o custo dos insumos produtivos, a tributação, os encargos financeiros pagos ou recebidos, as perdas de crédito, entre muitos outros, são fortemente dependentes de fatores externos sobre os quais a empresa, de forma isolada, dificilmente tem algum poder de controle ou influência, mesmo tratando-se de grandes grupos corporativos com atuação diversificada. Boa parte das diferenças de desempenho financeiro entre as empresas pode ser atribuída à forma como estas lidam com os diversos fatores externos macrofinanceiros.

Assim, a análise financeira deve, sempre, partir da compreensão de como o ambiente macrofinanceiro impacta os diversos aspectos e quesitos abordados no processo de análise. Ignorar essa realidade pode levar o analista a estabelecer apenas relações de causa-efeito endógenas – atribuindo todo desempenho financeiro a decisões livres, tomadas pelos gestores da empresa sem influências externas.

Em tempos em que demonstrativos contábeis, indicadores quantitativos e gráficos são facilmente obtidos, um analista financeiro se diferencia dos demais ao conseguir enxergar além dos números de demonstrativos padronizados e ao entender como um conjunto amplo desses fatores macrofinanceiros influencia o desempenho da empresa. A análise financeira que parte dessa premissa pode tornar-se mais consistente e mais confiável para seus usuários.

Nesse sentido, a Parte I do livro busca facilitar a compreensão do ambiente macroeconômico e de seus respectivos impactos no desempenho financeiro empresarial e, consequentemente, nas demonstrações contábeis, bem como ajuda a identificar e ilustrar como tais impactos interferem na gestão financeira organizacional.

1.1 CONCEITOS BÁSICOS DE MACROECONOMIA

Esta obra tem como principal objetivo analisar a atuação das empresas em um contexto econômico globalizado, turbulento e volátil, com constantes e rápidas transformações. Para tal análise, são necessários identificar os impactos gerados pelo ambiente macroeconômico no desempenho financeiro das empresas, refletido nas suas demonstrações financeiras, e analisar as consequências financeiras desse quadro para a empresa e as ações da gestão financeira na tentativa de obter o melhor desempenho em face desse cenário, maximizando a eficiência na utilização dos recursos, gerando valor e promovendo a sustentabilidade corporativa e o desenvolvimento para a empresa.

Primeiro, julga-se relevante expor algumas definições para a melhor compreensão do tema abordado. Conforme Ferreira (1976), economia é a organização dos diversos elementos de um todo, ou seja, é a ciência que trata dos fenômenos relativos a produção, distribuição e consumo de bens. É o sistema produtivo de um país ou uma região.

A ciência econômica é consolidada com a escola clássica. O marco fundamental é a obra *Uma investigação sobre a natureza e as causas da riqueza das nações*, publicada em 1776 pelo escocês Adam Smith (1723-1790). Depois da morte de Smith, três nomes aperfeiçoaram e ampliaram suas ideias: o francês Jean-Baptiste Say (1767-1832) e os ingleses Thomas Malthus (1766-1834) e David Ricardo (1772-1823).

Conforme Lopes e Vasconcellos (2000), existem inúmeras formas de medir o desempenho de uma economia, como o cálculo dos bens e serviços produzidos no país, o cálculo do nível de desenvolvimento econômico e social etc.

Uma das maneiras mais comuns de medir esse desempenho consiste em calcular o valor de todos os bens e serviços produzidos pelo país. A atividade produtiva, porém, requer a utilização de fatores produtivos – terra, trabalho, capital (agregados macroeconômicos) – que devem ser remunerados quando utilizados. A totalidade dessa remuneração, que representa salários, lucros, juros e aluguéis, também pode ser considerada um indicador de desempenho econômico (Lopes et al., 2000).

Após a definição de economia e agregados macroeconômicos, diferenciam-se os conceitos de macroeconomia e microeconomia, visando à melhor compreensão do tema proposto.

A abordagem macroeconômica estuda o comportamento dos grandes agregados econômicos, como o produto interno bruto (PIB), o consumo privado (CP), a taxa de desemprego (TD), a taxa de juros e o consumo do governo. É o estudo das quantidades globais e das relações entre elas, desinteressando-se dos comportamentos individuais. Por meio dessa abordagem, os economistas tentam estabelecer relações entre essas inúmeras variáveis, buscando compreender e prever os efeitos de intervenções sobre o futuro da economia.

Segundo Ferreira (1976), a macroeconomia refere-se à parte da economia que estuda o funcionamento do sistema econômico como um todo, especificamente as variações do produto, o nível geral de preços, o nível de emprego, a taxa de juros e o balanço de pagamentos.

Valendo-se da definição, Lopes e Vasconcellos (2000, p. 14) corroboram:

> A natureza básica da Macroeconomia é a discussão da economia em termos globais. [...] Dessa forma, a Macroeconomia enfoca a economia como se ela fosse constituída por cinco mercados: o mercado de bens e serviços, o mercado de trabalho, o mercado monetário, o mercado de títulos e o mercado cambial.

Pindyck e Rubinfeld (2002, p. 3) complementam essa ideia afirmando que "a macroeconomia trata das quantidades econômicas agregadas, tais como o nível e a taxa de crescimento do produto nacional, taxas de juros, desemprego e inflação".

Após a definição de macroeconomia, busca-se ilustrar a distinção encontrada em relação à abordagem microeconômica, a qual valoriza a forma como os indivíduos reagem a incentivos, como a informação circula na economia e como esses microeventos se refletem nas variáveis macroeconômicas. Historicamente, as primeiras teorias econômicas eram microeconômicas e explicavam as variáveis macroeconômicas com base na ação individual dos agentes econômicos.

Pindyck e Rubinfeld (2002, p. 3) complementam a proposta de definição de microeconomia:

> A análise microeconômica trata do comportamento das unidades econômicas individuais. Tais unidades abrangem consumidores, trabalhadores, investidores, proprietários de terra, empresas – na realidade, quaisquer indivíduos ou entidades que tenham participação no funcionamento de nossa economia. A microeconomia explica como e por que essas unidades tomam decisões econômicas. Por exemplo, ela esclarece como os consumidores tomam decisões de compra e de que forma suas escolhas são influenciadas pelas variações de preços e rendas; explica também de que maneira as empresas determinam o número de trabalhadores que contratarão e como os trabalhadores decidem onde e quanto trabalhar.

Dessa forma, por meio do estudo do comportamento e da interação entre cada empresa e os consumidores, a microeconomia revela como os setores e mercados operam e se desenvolvem, por que são diferentes entre si e como são influenciados por políticas governamentais e condições econômicas globais (Pindyck, Rubinfeld, 2002).

No entanto, é de difícil compreensão a completa separação entre ambiente macroeconômico e microeconômico. Para tanto, Pindyck e Rubinfeld (2002, p. 3) afirmam:

> A fronteira entre a macroeconomia e a microeconomia tem se tornado cada vez menos definida nos últimos anos. Isso ocorre porque a macroeconomia também envolve análise de mercados – por exemplo, mercados agregados de bens e serviços, mão de obra e títulos de empresas. Para entender como operam tais mercados agregados, é necessário que se compreenda o comportamento das empresas, dos consumidores, dos trabalhadores e dos investidores que os compõem. Dessa maneira, os macroeconomistas têm se preocupado cada vez mais

com os fundamentos microeconômicos dos fenômenos econômicos agregados, e grande parte da macroeconomia é, na realidade, uma extensão da análise microeconômica.

Hall e Lieberman (2003) afirmam que é essencial uma visão integrada do sistema econômico na qual a macroeconomia não pode ser analisada de maneira desvinculada dos mercados. Relatam, ainda, que as políticas governamentais, fiscal e monetária afetam o nível macro e microeconômico e, portanto, são de extrema importância para os profissionais e estudiosos da área de finanças.

Assim, tem-se que as políticas econômicas estão relacionadas às ações de intervenção efetuadas pelo governo de um país, objetivando a elevação do nível de emprego e sua constante manutenção, o aumento das taxas de crescimento econômicas apresentadas e a contenção e estabilidade de preços. As principais políticas econômicas são: monetária, fiscal, cambial e de rendas. É importante reforçar que, dentro da abordagem apresentada aqui, as políticas econômicas podem ser identificadas e analisadas em qualquer regime de governo, pois se referem à forma como seus quatro componentes são administrados, independentemente dos programas políticos subjacentes do governo de qualquer território.

Para a abordagem proposta nesse livro, considerou-se essencial a compreensão das políticas fiscal (arrecadação, gastos e mercado de títulos) e de rendas (mercado de trabalho e mercado de bens e serviços), além da política monetária (mercado monetário) e política cambial (mercado cambial). Essas quatro políticas econômicas, tomadas no nível de análise por mercado nacional, são interdependentes e cada vez mais influenciadas pelas políticas econômicas de outros países e/ou blocos econômicos, especialmente daqueles cuja influência na economia internacional é maior.

1.2 POLÍTICAS MACROECONÔMICAS

De acordo com Fortuna (2005, p. 47):

Os objetivos fundamentais das políticas econômicas estão intimamente ligados à política global do governo, que consiste, em síntese, em promover o desenvolvimento econômico, garantir o pleno emprego e sua estabilidade, equilibrar o volume financeiro das transações econômicas com o exterior, garantir estabilidade de preço e o controle da inflação e promover a distribuição da riqueza e das rendas.

Assim, tem-se a expressão:

$$C(y) + I(r) + G + ((X - M)(x)) = Y$$

Em que:
- A política de rendas define o $C(y)$, sendo $C(y)$.
- A política monetária define $I(r)$, sendo $I(r)$.
- A política fiscal define o G, sendo G.
- A política cambial define o $(X - M)(x)$, sendo (X) e (M).

1.2.1 Política monetária e impactos empresariais

Primeiro, para a melhor compreensão da política monetária, é importante conhecer o significado econômico de moeda, suas atribuições e suas contribuições. De acordo com Lopes e Vasconcellos (2000), moeda é um objeto que desempenha três funções: meio de troca, unidade de conta e reserva de valor.

Ainda segundo o autor, os principais atributos da mercadoria monetária (a moeda) são: baixos custos de transação e de estocagem, além de estabilidade de seu valor, tal que possa desempenhar suas funções de unidade de conta e reserva de valor. A adoção do papel-moeda como tal[1] deu-se em razão de suas evidentes vantagens nesses três aspectos.

O Brasil experimentou de 1982 a 1994 um período marcado pela predominância de altas taxas de inflação, com evidentes impactos sobre o desempenho adequado desses papéis pelas sucessivas moedas brasileiras do período. Conforme Lopes e Vasconcellos (2000, p. 68):

> No Brasil, na fase inicial do Plano Real, o próprio governo institucionalizou a separação entre as funções de unidade de conta e meio de troca, por meio da criação da URV (Unidade Real de Valor) que deveria ser o referencial para a cotação dos preços enquanto o cruzeiro real permanecia como meio de troca. Com a reforma monetária que transformou a URV em real, voltou-se a unificar nesse último as funções de unidade de conta e meio de troca.

Em períodos de elevadas taxas de inflação, o grau de monetização da economia diminui, pois a coletividade, para defender-se, procura aplicar mais recursos que rendem juros, retendo menos moeda ou depósitos à vista (Lopes e Vasconcellos, 2000).

A substituição de moedas pelos agentes econômicos é uma característica de contextos de inflação elevada. A moeda perde, em primeiro lugar, sua função de reserva de valor, uma vez que as pessoas tentam desfazer-se dela rapidamente; em seguida, deixa de ser unidade de conta, quando os agentes buscam outro referencial para cortar seus preços, mantendo-se de forma precária por algum tempo como meio de troca por determinação legal (Lopes e Vasconcellos, 2000).

No mercado monetário, são determinadas as taxas de juros e a quantidade de moeda necessária para efetuar as transações econômicas (Lopes e Vasconcellos, 2000).

Depois de compreender os atributos da moeda, define-se política monetária como o controle da oferta da moeda e das taxas de juros de curto prazo de modo que garanta a liquidez ideal de cada momento econômico. O executor dessas políticas é o Banco Central (Fortuna, 2005).

A política monetária representa a atuação das autoridades monetárias por meio de instrumentos de efeito direto ou induzido, com o propósito de controlar

---

[1] A discussão sobre as funções do papel-moeda e a relacionada ao seu "lastreamento" em outra mercadoria com valor real extrínseco fogem aos objetivos deste livro e podem ser encontradas em bons manuais de economia monetária.

a liquidez global do sistema econômico. Essa política é formada por um conjunto de medidas que definem o controle da oferta de moeda e, consequentemente, das taxas de juros, visando garantir a liquidez ideal para cada momento econômico, partindo-se do modelo de que tanto a inflação como as taxas de juros interagem com modelos clássicos de oferta e demanda de moeda em determinado mercado monetário.

Paralelamente, a política monetária afeta o nível de produto da economia de forma indireta, por meio de intervenções no mercado financeiro que influenciam a taxa de juros. A atuação do Banco Central (Bacen) para definir as condições de liquidez da economia é evidenciada por ações como a quantidade ofertada de moeda e o nível de taxa de juros, além do percentual do compulsório.

De forma geral, conforme Fortuna (2005), a política monetária apresenta dois efeitos importantes sobre a questão do financiamento das contas externas: (1) eleva a disponibilidade de capitais de curto prazo, via atração de investimentos em renda fixa; e (2) reduz o tamanho do déficit em conta-corrente, a partir de seus efeitos sobre o saldo das exportações líquidas.

Visando-se à melhor compreensão da política monetária, destacam-se os conceitos de base monetária e meios de pagamentos.

A base monetária compõe-se do papel-moeda emitido e das reservas bancárias em depósito no Bacen. Os bancos comerciais multiplicam essa moeda ou criam dinheiro por meio de empréstimos (Fortuna, 2005).

Segundo Lopes e Vasconcellos (2000), a base monetária representa o dinheiro com poder de multiplicação. Inclui o papel-moeda emitido pelo governo em poder do público e o volume de reservas mantidas pelos bancos comerciais. Corresponde a praticamente toda moeda "física" disponível (papel-moeda e moeda metálica), exceto a que ficou retida no Caixa das Autoridades Monetárias.

De acordo com a definição do Banco Central (2007), a base monetária representa o seu passivo monetário, também conhecido como emissão primária de moeda, e inclui o total de cédulas e moedas em circulação, bem como os recursos da conta de reservas bancárias. Dessa forma, tem-se que a base monetária corresponde ao montante de dinheiro em circulação no país somado ao dinheiro depositado nos bancos comerciais (soma do dinheiro dos caixas, dos depósitos voluntários e compulsórios no Banco Central).

Resumidamente, a base monetária (*high powered money*), segundo Gremaud, Vasconcellos e Toneto Junior (2004), é a moeda injetada inicialmente na economia e corresponde à soma entre o papel-moeda em poder público mais as reservas dos bancos.

Os meios de pagamento (M), de acordo com Lopes e Vasconcellos (2000), consistem na totalidade dos haveres do setor não bancário e que podem ser utilizados a qualquer momento, para qualquer dívida em moeda nacional. Correspondem, portanto, ao papel-moeda emitido pelo Banco Central em poder do público e aos depósitos à vista no sistema bancário. A seguir, temos a Figura 1.1, que apresenta a base monetária em % do PIB.

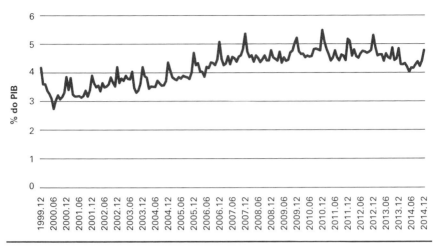

FIGURA 1.1 Base monetária (% PIB) de 1999 a 2014.
Fonte: Adaptada de Ipeadata (2015).

De acordo com o Banco Central do Brasil (2007), o conceito restrito de moeda (M1) representa o volume de recursos prontamente disponíveis para o pagamento de bens e serviços (Figura 1.2). Inclui o papel-moeda em poder do público, isto é, as cédulas e moedas metálicas detidas pelos indivíduos e por empresas não financeiras e, ainda, os seus depósitos à vista efetivamente movimentáveis por cheques. Com a redução da inflação, a partir da introdução do real, ocorreu forte crescimento dos meios de pagamento no conceito restrito, processo conhecido como remonetização, resultante da recuperação da credibilidade da moeda nacional.

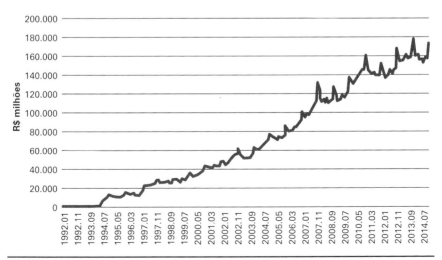

FIGURA 1.2 M1 de 1992 a 2014.
Fonte: Adaptada de Ipeadata (2015).

Portanto, o M1 compreende o dinheiro que tem liquidez total, o qual é aceito livremente e não gera rendimento por si só (Fortuna, 2005). Em outras palavras, é o papel-moeda em poder do público somado aos depósitos a vista (Lopes et al., 2000).

Analisando-se a economia brasileira como um todo, pode-se relacionar a dívida pública à emissão de papel-moeda. Quanto maior a dívida pública, maior é a emissão do papel-moeda. Sendo assim, se existe uma elevação na dívida pública brasileira, há um reflexo na chamada base monetária M1, conforme Figura 1.3.

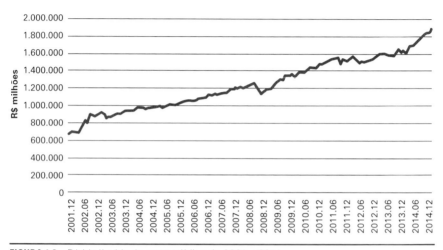

FIGURA 1.3 Dívida líquida do setor público de 2001 a 2014.
Fonte: Adaptada de Ipeadata (2015).

Já o M2, de acordo com Fortuna (2005), é o conceito de moeda que, além do M1, inclui os depósitos especiais remunerados, depósitos em poupança e os títulos emitidos em mercado primário pelo sistema emissor representado pelo sistema financeiro e por suas instituições financeiras (depósitos a prazo, letras de câmbio, letras imobiliárias e letras hipotecárias), aí não inclusas as cotas dos fundos de renda fixa.

Para Lopes et al. (2000), o M2 representa o M1 somado aos títulos públicos (federais, estaduais e municipais) em poder do setor privado. O Bacen (2015) informa que o M2 se refere ao M1 somado dos depósitos especiais remunerados, depósitos de poupança e títulos emitidos por instituições depositárias.

Define-se o M3 (Fortuna, 2005, p. 50):

M3 é o conceito de moeda, que além do M2, inclui as cotas dos fundos de renda fixa excluídos o lastro em títulos emitidos em mercado primário pelas instituições financeiras e as operações compromissadas com títulos federais do restante da economia junto ao sistema emissor, representado pelo sistema financeiro, e que funciona como moeda para o efeito de transações do sistema. Na realidade, o M3 agrega todas as captações do sistema financeiro no mercado interno, com instrumentos de alta liquidez.

Esse conceito foi complementado por Lopes e Vasconcellos (2000), que definem M3 como a soma de depósitos de poupança e o M2. De acordo com as informações do Bacen (2015), o M3 refere-se ao M2 somado às cotas de fundos de renda fixa e operações compromissadas registradas no Selic (Sistema Especial de Liquidação e Custódia).

De acordo com Fortuna (2005), define-se o M4 como o conceito que, além de abranger o M3 e, portanto, também o sistema emissor, representado pelo sistema financeiro, inclui o sistema emissor, representado pelos governos no que corresponde aos títulos públicos federais (indexados ao Selic) e títulos estaduais e municipais, em poder do setor não financeiro.

Para Lopes e Vasconcellos (2000), o M4 representa o M3 somado aos depósitos a prazo e outros títulos privados, enquanto o Bacen (2015) afirma que o M4 representa o M3 somado aos títulos públicos de alta liquidez.

Com a fixação dos conceitos de base monetária e dos meios de pagamento, é importante a exploração dos instrumentos de política monetária, como depósito compulsório, redesconto ou empréstimo de liquidez, mercado aberto (*open market*) e controle e seleção de crédito, para a melhor compreendê-la.

De acordo com Fortuna (2005, p. 48), o depósito compulsório:

> Incide sobre os depósitos a vista e sobre recursos de terceiros regulando o multiplicador bancário [quanto maior a taxa de recolhimento do compulsório determinada pelo CMN (Conselho Monetário Nacional), menor o multiplicador bancário], imobilizando, de acordo com a taxa de recolhimento de reserva obrigatória fixada pelo CMN, uma parte maior ou menor dos depósitos bancários e dos recursos de terceiros que neles circulem (títulos em cobrança, tributos recolhidos, garantias de operações de crédito), restringindo ou alimentando o processo de expansão dos meios de pagamento.

O Banco Central determina o montante das reservas compulsórias que afetam, basicamente, o tamanho do multiplicador dos meios de pagamento ao determinar qual será a massa de recursos que ficará disponível para os bancos comerciais emprestarem (Lopes e Vasconcellos, 2000).

Dessa forma, tem-se que o recolhimento compulsório é o dinheiro que os bancos são obrigados a depositar no Banco Central, sem nenhuma remuneração. O aumento do compulsório sobre os depósitos à vista (contas-correntes) tem como objetivo reduzir a disponibilidade de recursos enxugando a liquidez do mercado. Por exemplo, se o Banco Central anunciar o aumento do compulsório sobre os depósitos à vista de 45 para 60%, isso significa que de cada R$ 100 de depósitos à vista feitos no banco, R$ 45 eram recolhidos ao Banco Central. Agora, serão R$ 60. Essa medida tem efeito também no mercado de crédito. Com a redução do total de dinheiro em circulação no mercado, o crédito fica mais escasso e os juros cobrados aumentam. Os bancos são obrigados também a fazer recolhimento compulsório sobre depósitos a prazo (como os Certificados de Depósito Bancário e as aplicações em debêntures) e poupança. A Figura 1.4 apresenta os depósitos compulsórios de 1994 a 2014 a partir do Plano Real.

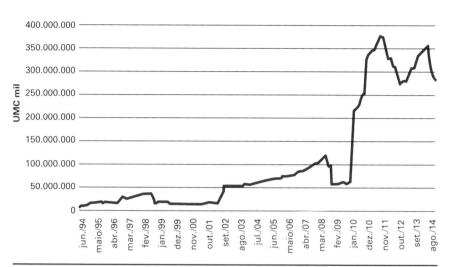

FIGURA 1.4 Depósitos compulsórios de 1994 a 2014.
*UMC: unidade monetária corrente.
Fonte: Adaptada de Bacen (2015).

Observa-se elevação dos depósitos compulsórios a partir do primeiro mandato do governo Lula, com a finalidade de enxugar o excesso de monetização vivenciada após a implantação do Plano Real. Em última instância, essa estratégia visava à redução da inflação no período, diminuindo a quantidade de moeda em circulação.

O instrumento de política monetária denominado redesconto ou empréstimo de liquidez pode ser utilizado como um auxílio que o Banco Central fornece aos bancos para atender às necessidades momentâneas de caixa. É, em tese, a última linha de atendimento aos furos de caixa das instituições monetárias (Fortuna, 2005).

Segundo a definição do Bacen (2016), o redesconto corresponde ao empréstimo de última instância que o próprio Banco Central concede, na modalidade de compra, com compromisso de revenda, de títulos, créditos e direitos creditórios integrantes do ativo dos bancos múltiplos com carteira comercial, bancos comerciais e caixas econômicas.

Outros instrumentos de política monetária são as operações de mercado aberto (*open market*), que representam o mais ágil instrumento da política monetária de que dispõe o Banco Central, pois, por meio delas, são, permanentemente, regulados a oferta monetária e o custo primário do dinheiro na economia referenciado na troca de reservas bancárias por um dia, pelas operações de *overnight* (Fortuna, 2005).

Finalmente, o último instrumento de política monetária utilizado corresponde ao controle e à seleção de crédito: ambos constituem um instrumento que impõe restrições ao livre funcionamento das forças de mercado, pois estabelece controles diretos sobre o volume e o preço de crédito. O contingenciamento do crédito pode ser feito pelo controle do volume e destino do crédito, controle das taxas de juros, fixação de limites e condições do crédito (Fortuna, 2005).

A política monetária adotada pode ser restritiva ou expansiva, atuando primariamente sobre a oferta de moeda.

A política monetária restritiva engloba um conjunto de medidas que tendem a reduzir o crescimento da quantidade de moeda e a encarecer os empréstimos.

Um instrumento dessa espécie de política é o recolhimento compulsório, o qual, conforme discutido anteriormente, consiste na custódia, pelo Banco Central, de parcela dos depósitos recebidos do público pelos bancos comerciais – esse instrumento é ativo, pois atua diretamente sobre o nível de reservas bancárias, reduzindo o efeito multiplicador e, consequentemente, a liquidez da economia. Tem-se, também, a assistência financeira de liquidez, que se refere ao empréstimo, pelo Banco Central, de dinheiro aos bancos comerciais, sob determinados prazo e taxa de pagamento. Quando esse prazo é reduzido e a taxa de juros do empréstimo aumenta, a taxa de juros da própria economia se eleva, causando uma diminuição na liquidez.

O governo atua na política monetária também por meio da venda de títulos públicos, que se refere ao instrumento pelo qual ele toma emprestado recursos de terceiros, para satisfazer seu déficit público e/ou para controlar a liquidez da economia. Quando a autoridade monetária vende títulos públicos, acaba retirando moeda da economia, que é trocada pelos títulos. Dessa forma, há uma contração dos meios de pagamento e da liquidez da economia.

Já a política monetária expansiva é aquela formada por medidas que tendem a aumentar a quantidade de moeda e a baratear os empréstimos, mediante a redução das taxas de juros, incidindo positivamente sobre a demanda agregada.

Os instrumentos utilizados pela política monetária expansiva são basicamente os opostos aos adotados na política monetária restritiva, correspondendo à diminuição do recolhimento compulsório, ao aumento da assistência financeira de liquidez, à compra de títulos públicos ou à não emissão de novos títulos quando do vencimento destes.[2]

No caso brasileiro, em razão de particularidades institucionais, do processo inflacionário e das dificuldades de financiamento do setor público, títulos públicos e privados têm rápida possibilidade de se transformar em moeda para transação, dificultando o controle monetário do Bacen.

Outro conceito de suma importância para o entendimento da política monetária diz respeito à inflação, definida como um aumento generalizado e contínuo de preços, perdendo-se a noção de preços relativos (Gremaud, Vasconcellos, Toneto Junior, 2006).

Em economia, inflação é a queda do valor de mercado ou poder de compra do dinheiro. Isso equivale ao aumento no nível geral de preços. Inflação é o oposto de deflação. Inflação zero, ou muito baixa, é uma situação chamada de estabilidade de preços. Conforme Gremaud, Vasconcellos e Toneto Junior (2006, p. 117):

> É importante notar que o aumento do preço de algum bem ou serviço em particular não constitui inflação, que ocorre apenas quando há um aumento generalizado dos preços. A aceleração inflacionária é representada quando a inflação é cada vez mais alta.

---

[2] Considerando a trajetória histórica recente de prazos relativamente curtos de vencimento dos títulos públicos, a não emissão de novos títulos quando do vencimento de outros se torna uma forma mais premente de atuação da autoridade monetária em política monetária expansiva do que, propriamente, a recompra de títulos previamente emitidos.

Ainda conforme Gremaud, Vasconcellos e Toneto Junior (2006), a hiperinflação é uma situação em que a inflação é tão alta que a perda do poder aquisitivo da moeda faz as pessoas abandonarem aquela moeda. Quando há hiperinflação, a função de reserva de valor fica comprometida, podendo ocorrer uma "corrida" a ativos reais, como imóveis e metais preciosos, além de uma redução no nível de poupança decorrente do consumo acelerado de bens, para que se evite a perda de poder aquisitivo da moeda.

Destaca-se também a existência de diferentes tipos de inflação, como a inflação de demanda, a inflação de custos e a inflação inercial (Gremaud, Vasconcellos, Toneto Junior, 2006):

- **Inflação de demanda:** deve-se à existência de excesso de demanda em relação à produção disponível. Nesse sentido, aparece quando ocorre aumento da demanda não acompanhado pela oferta; portanto, é mais provável que aconteça quanto maior for o grau de utilização da capacidade produtiva da economia, isto é, quanto mais próximo se estiver do pleno emprego.
- **Inflação de custos:** pode ser considerada uma inflação de oferta, que decorre do aumento de custos das empresas repassados para preços. As pressões de custos podem ser em razão do aumento do preço das matérias-primas, dos aumentos salariais, das elevações nas taxas de juros etc.
- **Inflação inercial:** quando a inflação tende a se manter permanente no mesmo patamar, sem aceleração inflacionária, e quando essa inflação estagnada decorre de mecanismo de indexação.

Percebe-se, na Figura 1.5, a seguir, que o Brasil passou por um momento de aceleração inflacionária a partir de 1987 (Plano Cruzado/Bresser), chegando a um período de hiperinflação, que foi de 1988 a 1995, atravessando os planos Verão, Collor I e Collor II em razão principalmente da exclusão do país em relação aos fluxos de capitais internacionais. Com a adoção do Plano Real, a inflação voltou a situar-se em patamares administráveis (Gremaud, Vasconcellos, Toneto Junior, 2006).

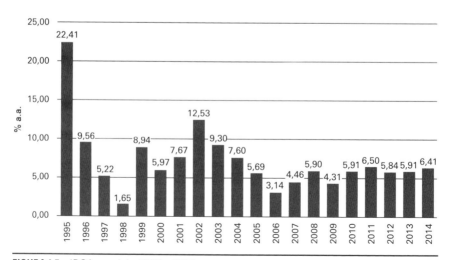

FIGURA 1.5 IPCA anual de 1995 a 2014.

Fonte: Adaptada de Ipeadata (2015).

É de suma relevância a diferenciação de alguns índices de inflação para entender e mensurar a eficácia da política monetária e seus instrumentos, já que existem diversas medições possíveis para a inflação, conforme Assaf Neto (2005, p. 63):

IGP-DI, índice cuja responsabilidade do cálculo é do Instituto de Economia (Ibre) da Fundação Getúlio Vargas, sendo seus valores publicados ao final de cada mês pela revista Conjuntura Econômica. A metodologia de cálculo do IGP-DI é definida pela média ponderada do Índice de Preços por Atacado (IPA), com peso 6,0; do Índice de Custo de Vida (ICV), com peso 3,0; e do Índice Nacional de Construção Civil (INCC), com peso 1,0.

De acordo com Assaf Neto (2005), o IGP-DI tenta refletir as variações mensais de preços, pesquisados do primeiro ao último dia do mês corrente. Ele é formado pelo IPA (Índice de Preços por Atacado), IPC (Índice de Preços ao Consumidor) e INCC (Índice Nacional do Custo da Construção), com pesos de 60%, 30% e 10%, respectivamente. O índice apura as variações de preços de matérias-primas agrícolas e industriais no atacado e de bens e serviços finais no consumo (Figura 1.6).

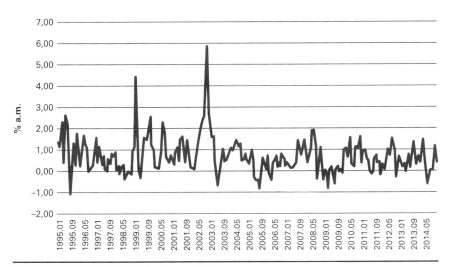

FIGURA 1.6 IGP-DI mensal de 1995 a 2014.
Fonte: Adaptada de Ipeadata (2015).

Tal índice é um dos mais requisitados indicadores da taxa de inflação do país, exercendo influência sobre os níveis gerais de reajustes de preços da economia e variação cambial. Em razão da variedade de itens (bens e serviços) que fazem parte de seu cálculo, o uso desse índice é mais adequado para empresas potencialmente diversificadas, ou seja, que atuem em diferentes segmentos de mercado, ou que trabalhem com grande variedade de produtos (lojas de departamentos, por exemplo) ou de insumos (Assaf Neto, 2005).

Outros índices que merecem destaque são:

- **IPCA – Índice Nacional de Preços ao Consumidor Amplo:** calculado desde 1980 pelo IBGE, semelhante ao Índice Nacional de Preços ao Consumidor (INPC), porém refletindo o custo de vida para famílias com renda mensal de 1 a 40 salários mínimos. A pesquisa é feita em 11 regiões metropolitanas, tendo sido escolhido como alvo das metas de inflação (*inflation targeting*) no Brasil.

- **IGP – Índice Geral de Preços:** calculado pela Fundação Getulio Vargas (FGV). É uma média ponderada do índice de preços por atacado (IPA), com peso 6; de preços ao consumidor (IPC), com peso 3; e do custo da construção civil (INCC), com peso 1. Usado em contratos de prazo mais longo, como aluguel.
- **IPA – Índice de Preços por Atacado:** calculado pela FGV, com base na variação dos preços no mercado atacadista. Esse índice é calculado para três intervalos diferentes e compõe os demais índices calculados pela FGV (IGP-M, IGP-DI e IGP-10) com um peso de 60%.
- **IGP-M – Índice Geral de Preços do Mercado:** também produzido pela FGV, cuja metodologia é igual à do IGP-DI, mas pesquisado entre os dias 21 de um mês e 20 do mês seguinte. O IGP tradicional abrange o mês fechado, enquanto o IGP-M é elaborado para contratos do mercado financeiro. Também é calculado pelo Instituto de Economia (Ibre) da FGV e apresenta amplas aplicações no mercado. A principal diferença verificada entre esse índice e o IGP-DI reside no período de medição da inflação. No IGP-M, a taxa de inflação medida cobre o período compreendido entre o dia 11 de um mês e o dia 10 do mês posterior. As demais características do IGP-M são iguais às do IGP-DI (Assaf Neto, 2005).
- **IGP-10 – Índice Geral de Preços 10:** também da FGV, é elaborado com a mesma metodologia da do IGP e do IGP-M, mudando apenas o período de coleta de preços: entre o dia 11 de um mês e o dia 10 do mês seguinte.
- **IPC-Fipe – Índice de Preços ao Consumidor da Fundação Instituto de Pesquisas Econômicas (Fipe):** da Universidade de São Paulo (USP), é pesquisado no município de São Paulo. Tenta refletir o custo de vida de famílias com renda de 1 a 20 salários mínimos, divulgando também taxas quadrissemanais.
- **ICV-Dieese – Índice do Custo de Vida:** publicado pelo Departamento Intersindical de Estatística e Estudos Socioeconômicos (Dieese), também é medido na cidade de São Paulo. Reflete o custo de vida de famílias com renda de 1 a 30 salários mínimos.
- **INPC – Índice Nacional de Preços ao Consumidor:** mensura a média do custo de vida nas 11 principais regiões metropolitanas do país para famílias com renda de 1 até 5 salários mínimos, sendo medido pelo Instituto Brasileiro de Geografia e Estatística (IBGE).
- **INCC – Índice Nacional do Custo da Construção:** o componente de menor peso das versões do IGP. Reflete o ritmo dos preços de materiais de construção e da mão de obra no setor. Utilizado em financiamento direto de construtoras/incorporadoras.

No Brasil, conclui-se que a política monetária é a responsável por administrar e tentar suavizar os impactos causados pela inflação, seja ela de demanda (muitos compradores e poucos produtos), seja de custos (alta do preço dos insumos), seja inercial (causando a emissão de dinheiro). Nos últimos anos, nota-se que a inflação brasileira é apenas de custos e inercial ou monetária, havendo uma relação entre a variação de câmbio e a taxa de inflação.

O ano de 1999 apresentou um *boom* da taxa de câmbio e o país passou a apresentar o câmbio livre. A inflação identificada nos períodos decorrentes é fruto, em parte, do custo gerado pela desvalorização da moeda, o que resultou no aumento do preço das *commodities* e, consequentemente, da cadeia de produção. Após o segundo período de desvalorização cambial (2001/2002), percebe-se que o nível de inflação retorna a patamares administráveis, em virtude, principalmente, da recuperação do valor da moeda nacional frente ao dólar. No entanto, depois de 2004, alguns setores de atividade econômica passaram a apresentar indícios de inflação de demanda, decorrente do ritmo reduzido de investimentos no Brasil durante o ciclo inflacionário anterior, comprovado pelo aumento do uso da capacidade industrial instalada até níveis elevados em setores como o automobilístico e o de alguns bens de consumo.

Assim, o custo dos produtos vendidos passa a ter um aumento maior que o apresentado pelas vendas, em períodos de desvalorização cambial, fazendo as empresas apresentarem uma elevação dos custos, mas sem conseguir repassar totalmente para os produtos oferecidos ao consumidor.

É necessário, portanto, para o controle do nível dos preços e a melhor atuação da política monetária, o controle da alta dos preços nos serviços públicos e, também, rigoroso controle na emissão da moeda nacional. Tais ações devem estar associadas a uma gestão eficiente da dívida pública, preocupação com a estabilidade da taxa de câmbio e efetiva realização da reforma tributária, contribuindo para o crescimento econômico do país.

Para facilitar a gestão da política monetária e seus impactos, o governo adota a meta de inflação. Gremaud, Vasconcellos e Toneto Junior (2006) afirmam que as sistemáticas da meta de inflação são estabelecidas por decreto presidencial e servem como diretriz para a política monetária, além de calibrar a liquidez da economia de modo a assegurar o crescimento econômico sustentável.

Fortuna (2005) complementa que, uma vez estabelecidas, as metas não podem ser alteradas,[3] seja por choques externos, sejam internos. No entanto, há um intervalo de tolerância estabelecido, inicialmente a 2%. As metas são definidas pelo Conselho Monetário Nacional (CMN) por proposta do Ministro da Fazenda.

O Comitê de Política Monetária (Copom), por sua vez, estabelece formalmente as diretrizes de política monetária, definindo a meta da taxa Selic e seu eventual viés, além de analisar o Relatório de Inflação (Fortuna, 2005).

O Copom foi instituído em 20 de junho de 1996 com o objetivo de estabelecer as diretrizes da política monetária e definir a taxa básica de juros praticada no Sistema Especial de Liquidação e Custódia (Selic) (Bacen, 2016), que é a média ajustada dos financiamentos diários apurados neste sistema para títulos federais. O

---

[3] Já houve episódios de alteração artificial da meta de inflação por meio da elevação da banda de variação.

Copom decide a meta da taxa Selic, a qual deve vigorar no período entre suas reuniões, e, em alguns casos, o seu viés.

Na verdade, a autoridade monetária determina a taxa-meta Selic, ou seja, uma taxa que ela espera ver praticada no Selic por meio de sua atuação na política monetária, especialmente no que diz respeito à emissão de títulos. Não há, no entanto, obrigação legal da parte dos bancos em praticarem operações interfinanceiras exatamente à taxa Selic. O que ocorre é que, dado que o governo é o principal tomador de recursos do sistema financeiro, por meio do montante elevado da dívida pública, ele atua como o principal "cliente" desses recursos e, por ser em teoria um devedor livre de risco no mercado em que atua, termina por balizar as taxas praticadas entre as instituições do sistema financeiro.

Afirma-se que a taxa Selic corresponde à taxa de financiamento no mercado interbancário para operações de um dia, ou *overnight*, que têm lastro em títulos públicos federais, títulos estes listados e negociados no Selic. A taxa Selic também é conhecida como a taxa média do *over*, que regula diariamente as operações interbancárias. Essa taxa reflete o custo do dinheiro para empréstimos bancários, com base na remuneração dos títulos públicos. A seguir, temos a Figura 1.7 com a variação mensal da taxa Selic.

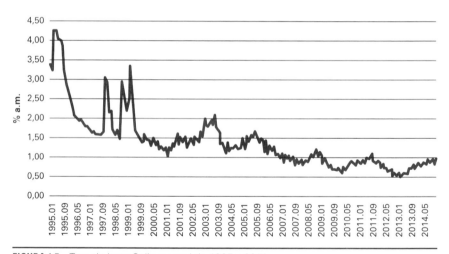

FIGURA 1.7 Taxa de juros Selic mensal de 1995 a 2014.
Fonte: Adaptada de Ipeadata (2015).

Em outras palavras, essa taxa é usada para operações de curtíssimo prazo entre os bancos que, quando querem tomar recursos emprestados de outros bancos por um dia, oferecem títulos públicos como lastro (garantia), visando a reduzir o risco e, consequentemente, a remuneração da transação (juros), outra razão pela qual a taxa praticada no Selic é altamente correlacionada à taxa-meta definida pela autoridade monetária (Figura 1.8). Essa taxa é expressa na forma anual para 252 dias úteis.

Assim, como o risco final da transação acaba sendo efetivamente o do governo, pois seus títulos servem de lastro para a operação e o prazo é o mais curto possível, ou apenas um dia, essa taxa acaba servindo de referência para todas as demais taxas de juros da economia.

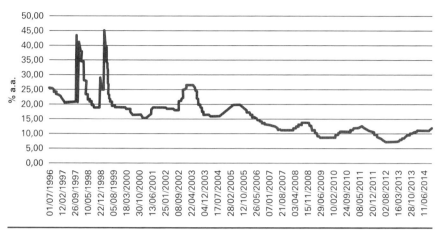

FIGURA 1.8 Taxa de juros Selic – meta Copom de 1996 a 2014.
Fonte: Adaptada de Ipeadata (2015).

Essa taxa não é fixa e varia praticamente todos os dias, mas dentro de um intervalo muito pequeno. Na maioria das vezes, ela tende a se aproximar da meta da Selic, determinada oito vezes por ano, consoante regulamentação datada de 2006.

Todas as negociações interbancárias realizadas no Brasil, com prazo de um dia útil (*overnight*), envolvendo títulos públicos federais, são registradas nos computadores do Departamento de Operações do Mercado Aberto (Demab), cuja sede fica no Rio de Janeiro, e que faz parte do Banco Central do Brasil. Depois do fechamento do mercado, o Demab calcula a taxa média ponderada pelo volume dos negócios realizados naquele dia. Esta será a taxa média Selic daquele dia, que normalmente é publicada por volta das 20 horas do próprio dia.

O Brasil, como a maioria dos países que adotam um regime de metas para a inflação, utiliza a taxa de juros básica como principal instrumento na condução da política monetária. O Comitê de Política Monetária estabelece mensalmente a meta para a taxa Selic, cabendo ao Demab mantê-la próxima à sua meta, por meio das operações de mercado aberto. Na prática, o Demab realiza operações compromissadas (compra de títulos públicos com compromisso de revenda ou venda de títulos públicos com compromisso de recompra) de curto prazo, a maioria das vezes por apenas um dia.

O comportamento da taxa de juros afeta as decisões de consumo dos indivíduos (custo de oportunidade em poupar para adquirir no futuro ou adquirir no momento e arcar com os juros embutidos nas parcelas), as decisões de investimento (qual o retorno do capital imobilizado), a magnitude do déficit público (pagamento de juros do governo acaba por gerar maior ou menor déficit público), o fluxo de recursos externos para a economia (investidores externos analisam a remuneração dos capitais aplicados no Brasil), o valor da taxa de câmbio (já que a taxa de juros influencia a entrada de capital externo, além de impactar nos custos dos produtos nacionais frente aos importados) e, com isso, a competitividade dos produtos brasileiros.

1.2.2 Política fiscal e impactos empresariais

A política fiscal pode ser definida como a realização orçamentária do governo, ou seja, a administração das suas receitas e despesas. As receitas do governo compreendem, basicamente, a arrecadação tributária (Figura 1.9) e os rendimentos das aplicações financeiras do governo (como no caso dos juros dos títulos públicos estrangeiros nos quais o governo aplica parte de suas reservas internacionais). Os gastos podem ser relacionados em despesas correntes, gastos de custeio (funcionários públicos e bens e serviços) e transferências, enquanto a arrecadação provém de dois tipos principais de impostos: diretos e indiretos.

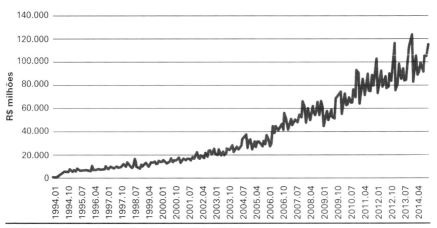

FIGURA 1.9 Arrecadação tributária de 1994 a 2014.
Fonte: Adaptada de Ipeadata (2015).

Os impostos diretos são aqueles que incidem diretamente sobre o agente pagador (recolhedor) do imposto [p. ex.: Imposto de Renda (IR) e Impostos sobre a Riqueza]. Conforme visualizado, percebe-se elevação da carga tributária em relação ao PIB, estabilizando-se na faixa dos 40%, representando uma das mais elevadas cargas tributárias do mundo (Figura 1.10).

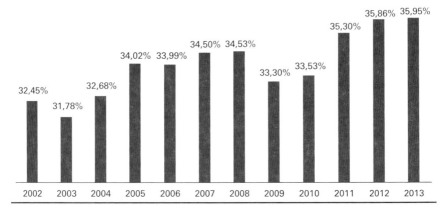

FIGURA 1.10 Carga tributária (% PIB) de 2002 a 2013.
Fonte: Secretaria de Política Econômica do Ministério da Fazenda (2015).

Já os impostos indiretos incidem sobre o preço das mercadorias [p. ex.: Imposto sobre a Circulação de Mercadorias e Serviços Prestados (ICMS) e Imposto sobre Produtos Industrializados (IPI)]; normalmente, os empresários embutem o valor do imposto no próprio preço da mercadoria, onerando o consumidor final.

A principal variável determinante do volume de arrecadação é o nível de renda/produto da economia, para a maioria dos países. Conforme se elevam a renda dos indivíduos e a riqueza da sociedade, aumenta-se a arrecadação de impostos diretos; logo, aumentando a produção e a circulação de mercadorias, aumenta-se o volume dos impostos indiretos. No Brasil, no entanto, nos últimos 20 anos o governo concentrou a arrecadação em tributos que incidem sobre outros fatores geradores além da renda, aumentando a participação de tributos que incidem sobre a receita das empresas, como o PIS (Programa de Integração Social) e a Cofins (Contribuição para o Financiamento da Seguridade Social). Como consequência, o nível de arrecadação tributária fica menos sensível à oscilação do nível de atividade econômica.

A política fiscal envolve a definição e a aplicação da carga tributária sobre empresas e pessoas físicas, bem como a definição dos gastos do governo com base nos tributos arrecadados. Adicionalmente, exerce um forte impacto na política monetária. Especificamente, exerce impacto sobre o crédito à medida que os prazos de recolhimento de impostos afetam o fluxo de caixa dos agentes econômicos (Fortuna, 2005).

Na Figura 1.11, observa-se o saldo da carteira de crédito em % do PIB, corroborando com a análise acima.

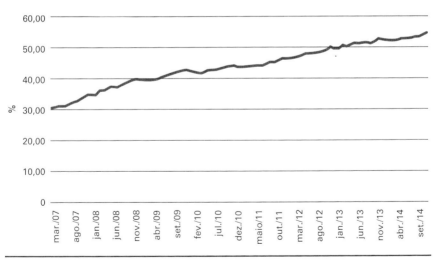

FIGURA 1.11 Saldo da carteira de crédito (% PIB) de 2007 a 2014.
Fonte: Adaptada do Bacen (2015).

O governo detém uma função distributiva, ou seja, tem a função de arrecadar impostos (reduzindo a renda) de determinadas classes sociais ou regiões, transferindo-as a outras pessoas e regiões do país – muito embora esse não seja o único objetivo da política fiscal. É importante ressaltar também que os gastos e a arrecadação do governo afetam o nível de demanda da economia, pois influenciam a renda disponível que os indivíduos poderão destinar para consumo e poupança. Segundo Fortuna (2005, p. 55):

> A atuação do governo no que diz respeito à arrecadação de impostos e aos gastos afeta o nível de demanda da economia. A arrecadação afeta o nível de demanda ao influir na renda disponível que os indivíduos poderão destinar para consumo e poupança. Dado um nível de renda, quanto maiores os impostos, menor será a renda disponível e, portanto, o consumo.

Os gastos configuram um elemento de demanda direta. Dessa forma, quanto maior o gasto público, maiores a demanda e o produto. Na Figura 1.12, temos a dívida líquida do setor público de 2002 a 2015.

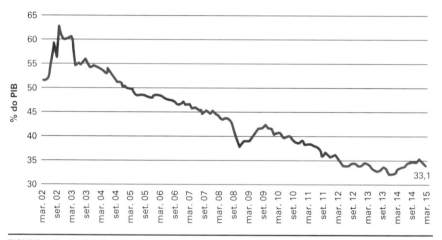

FIGURA 1.12 Dívida líquida do setor público brasileiro – FMI (até março de 2015).
Fonte: FMI.

A carga tributária bruta representa o total de impostos arrecadados no país. Subtraindo-se desse total as transferências governamentais (juros da dívida pública, subsídios e gastos com assistência e previdência social), chega-se ao conceito de carga tributária líquida, pois esses itens deduzidos, no conjunto da sociedade, representam um tipo de devolução da riqueza tomada pela arrecadação direta de tributos.

Com base no valor dessa carga é que o governo pode financiar seus gastos correntes (também denominado consumo do governo). A diferença entre a receita líquida e o consumo do governo é definida como poupança do governo em conta corrente (Lopes e Vasconcellos, 2000). Existe uma importante categoria de gastos chamada investimento público, que representa as despesas de capital de governo com construção de estradas, hospitais, escolas etc. Déficit público é a diferença entre o investimento público e a poupança do governo em conta corrente (Lopes e Vasconcellos, 2000).

A existência de déficits implica que estes devam ser financiados de alguma forma. Como alternativa de financiamento do déficit público, pode-se citar a venda de títulos públicos ao setor privado e a venda de títulos públicos ao Banco Central (Fortuna, 2005). A emissão direta de moeda para cobrir déficit público tem sérias implicações inflacionárias.

Os impactos dos investimentos públicos dependem da capacidade da produção de responder às variações na demanda. De forma geral, a ampliação do déficit público tende tanto a elevar a produção como a taxa de juros (para financiamento desse déficit). Política fiscal, portanto, representa a manipulação dos tributos e dos gastos do governo para regular a atividade econômica. Muitas vezes, é utilizada para neutralizar as tendências à depressão e à inflação, podendo ser expansiva ou restritiva.

Quando o déficit público ou a dívida pública é menor que zero, ou seja, quando existe uma situação superavitária, o governo está realizando uma política fiscal contracionista (restringindo a demanda). Se esse valor for superior a zero, o governo estará contribuindo para a elevação da demanda (política fiscal expansionista).

O tamanho do déficit público, em última instância, dá a participação do governo na atividade econômica em termos de complementação da demanda privada. A política fiscal contracionista é usada quando a demanda agregada supera a capacidade produtiva da economia, o chamado "hiato inflacionário", em que os estoques desaparecem e os preços sobem. As medidas utilizadas pelo governo tenderiam à diminuição dos gastos públicos, à elevação da carga tributária sobre os bens de consumo – desencorajando o consumo –, além da elevação das importações, por meio da redução de tarifas e barreiras. Essas ações podem ser combinadas a movimentos na política monetária de aumento de juros, que incentivem a poupança e também desestimulem o consumo.

Se o déficit for superior a zero, diz-se que o governo está com uma política fiscal expansionista, com impactos positivos sobre a demanda (Lopes e Vasconcellos, 2000). A política fiscal expansionista é utilizada quando há uma insuficiência de demanda agregada em relação à produção de pleno emprego. Tal insuficiência acarretaria o chamado "hiato deflacionário" e os estoques excessivos se formariam, levando empresas a reduzirem a produção e seus quadros de funcionários, aumentando o desemprego. A política fiscal expansiva tenderia ao aumento dos gastos públicos e à diminuição da carga tributária, estimulando, assim, consumo e investimentos. Outras medidas seriam o estímulo às exportações, por meio de benefícios fiscais, inserção de tarifas e barreiras às importações, beneficiando a produção nacional.

Segundo o modelo keynesiano, uma política fiscal expansionista via corte dos impostos tem, por meio do efeito multiplicador, importante efeito sobre o produto, já que eleva a renda disponível das famílias e, consequentemente, o consumo agregado (Lopes e Vasconcellos, 2000).

Assim, a política fiscal consiste de variações na tributação e/ou no dispêndio público provocadas pelo governo, buscando determinado objetivo econômico. Tais objetivos econômicos geralmente referem-se à estabilização da economia, ao crescimento econômico, ao desenvolvimento econômico e à prestação de serviços públicos.

Se a economia apresenta tendência para queda no nível de atividade, o governo pode reverter o quadro, reduzindo a carga tributária e/ou elevando gastos. Pode ocorrer o inverso, caso o objetivo seja diminuir o nível de atividade. Quando a economia entra em recessão, é importante que o sistema tributário contribua para acentuá-la, e, quando entra em um momento de crescimento acelerado, o sistema tributário deve conter o processo de crescimento desajustado. Dada a estrutura do sistema tributário nacional brasileiro, usualmente os tributos tendem a acentuar os movimentos recessivos dados – a já comentada participação menor dos tributos sobre a renda em relação aos tributos sobre o faturamento e a produção. Segundo Fortuna (2005, p. 56):

> Para aumentar as receitas, é necessária uma Reforma Tributária que melhore a capacidade arrecadadora. Para reduzir as despesas, uma Reforma Administrativa que diminua salários e custeio e uma política monetária mais suave que trabalhe com taxas de juros menores. A reforma da Previdência poderá ajudar tanto na redução do custo quanto no aumento da receita.

Caso o governo incorra em déficit, o gasto que supera a receita deverá ser financiado de alguma forma, ou seja, o governo deverá obter recursos adicionais para cobri-lo (venda de títulos públicos ao setor privado ou venda de títulos públicos ao Banco Central), podendo levar ao endividamento do Tesouro Nacional (Figura 1.13).

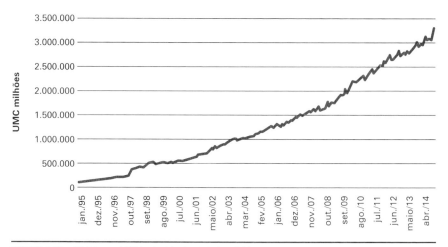

FIGURA 1.13 Dívida mobiliária (saldos) – total emitido.
*UMC: unidade monetária corrente.
Fonte: Adaptada do Bacen (2015).

O desbalanceamento entre receitas menores e despesas maiores obriga o Governo Federal a se financiar via mercado financeiro, através da emissão de títulos pela Secretaria do Tesouro Nacional. Os títulos assim emitidos vão constituir a Dívida Pública Mobiliária Federal Interna – DPMFI (Fortuna, 2005, p. 57).

São emitidos títulos de renda fixa com diferentes características de formação de taxa, remuneração aos investidores e prazos de vencimento, a saber: prefixados, pós-fixados pela taxa Selic ou pela TR, indexados pela taxa de câmbio, e indexados por índices de preços (Fortuna, 2005, p. 59).

É de suma relevância o acompanhamento dos indicadores fiscais para verificar quais são as estratégias e políticas adotadas por cada governo. No Brasil, os principais indicadores fiscais de acompanhamento conjuntural são produzidos pelo Banco Central e pelo Tesouro Nacional.

As informações fiscais divulgadas pelo Banco Central referem-se à dívida líquida, às necessidades de financiamento e ao resultado primário do setor público, discriminados por esfera de governo, enquanto o Tesouro Nacional é responsável pela divulgação dos itens não financeiros de receitas e de despesas (resultado primário) do governo (Figura 1.14).

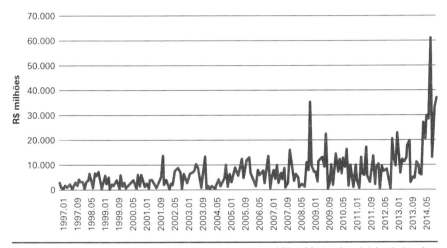

FIGURA 1.14 Resultado nominal do governo central de 1997 a 2014 pelo critério abaixo da linha, com desvalorização cambial.

Fonte: Adaptada de Ipeadata (2015).

É válido observar que, no Brasil, as arrecadações se elevam a cada ano. No entanto, o déficit não diminui. Ao obter o resultado primário, subtraindo-se as despesas da arrecadação (exceto os juros da dívida do governo), obtém-se um saldo positivo. Quando se subtraem os juros desse elevado superávit primário, o resultado obtido é um déficit, o qual resulta em um impacto direto nos balanços, causando um endividamento em virtude das elevadas taxas de juros.

Conclui-se que o crescimento recente da dívida líquida do setor público brasileiro esteve associado basicamente às elevadas taxas de juros e à depreciação cambial, ocorridas até o ano de 2003 (Figura 1.15). A trajetória do endividamento público poderá ser revertida no médio prazo com superávits primários, pois o governo utilizar-se-á dos superávits para amortização da dívida, reduzindo-a, e, consequentemente, diminuição do percentual de juros a serem pagos. Além disso, a participação dos títulos públicos da dívida interna indexados à variação de moeda estrangeira praticamente foi eliminada do sistema financeiro nacional até o final de 2006.

A eficiência do esforço fiscal torna-se inofensiva, portanto, se comparada aos efeitos das taxas de juros. Além de aumentar diretamente a dívida pública, o peso de uma das maiores taxas de juros reais do mundo se traduz em estagnação do produto nacional, dificultando o pagamento e a sustentabilidade dela.

FIGURA 1.15 Juros nominais (% PIB) de 2002 a 2014 (sem desvalorização cambial).
Fonte: Adaptada de Ipeadata (2015).

De acordo com Fortuna (2005), os critérios mais óbvios para medir o risco de um país passar por uma crise são os de solvência e liquidez, que incluem o tamanho da dívida em relação ao PIB, a relação da dívida externa com exportações e reservas em moeda norte-americana (dólar) e o pagamento de juros devidos em relação ao PIB, além de sua proporção de vencimentos de curto prazo.

O resultado primário, uma vez que não considera a apropriação de juros sobre a dívida existente, evidencia o esforço fiscal do setor público. Por meio desse conceito, é possível avaliar o empenho do setor público em equilibrar suas contas, livre da "carga" dos déficits incorridos no passado. Se o setor público gasta menos do que arrecada, desconsiderando a apropriação de juros sobre a dívida existente, há superávit primário. O governo brasileiro vem perseguindo metas de superávit primário desde a crise financeira de 1998, que culminou com os acordos com o Fundo Monetário Internacional (FMI) e com a mudança de regime cambial, em janeiro de 1999. De acordo com Lopes e Vasconcellos (2000, p. 278):

> Uma medida bastante utilizada [pelo governo brasileiro] é o déficit primário, que se refere à diferença entre as receitas não financeiras e os pagamentos não financeiros. Tal conceito mostra efetivamente a condução da política fiscal do governo ao apurar somente a arrecadação de impostos e os gastos correntes e de investimento, independentemente da dívida pública. A importância desse conceito está no fato de separar o esforço fiscal do impacto das variações nas taxas de juros que, devido ao tamanho do estoque acumulado de dívida, tem grande influência sobre as necessidades de financiamento do governo.

Quanto maior for o estoque da dívida, maior será o gasto com juros e, consequentemente, maior será a diferença entre carga tributária bruta e líquida (Lopes e Vasconcellos, 2000).

As ações para melhorar o desempenho da economia devem estar atreladas às políticas econômicas adotadas pelo país. Deve-se buscar o controle dos preços públicos, a estabilidade inflacionária, a elevação do nível de empregos (aumento de mercados), a melhor distribuição de renda e a redução das taxas de juros. Assim, o controle das finanças públicas requer uma efetiva redução das taxas de juros e do déficit nominal, além do alongamento dos prazos das dívidas, melhor controle e alocação das receitas, racionalização das despesas produzidas e desvinculação da dívida junto ao câmbio.

Portanto, percebe-se a relevância de fazer uma gestão fiscal efetiva e usar adequadas políticas para tal finalidade. Para facilitar tal missão, o governo utiliza-se da Lei de Diretrizes Orçamentárias (LDO) e da Lei de Responsabilidade Fiscal (LRF), pois são os dois instrumentos fundamentais de referência da política fiscal, no que se refere a programação, gestão e controle dos gastos do governo (Fortuna, 2005).

1.2.3 Política cambial e impactos empresariais

Política cambial pode ser definida como o conjunto de medidas tomadas pelo governo que afetam a formação da taxa de câmbio. Para que as transações internacionais sejam viáveis, os preços nos diferentes países devem poder ser comparados e é preciso haver formas de converter a moeda de um país na moeda de outro. Assim, da internacionalidade das trocas e da nacionalidade das moedas surge a taxa de câmbio (Lopes e Vasconcellos, 2000). Portanto, no mercado cambial, as moedas dos diferentes países são transacionadas.

Conforme Lopes e Vasconcellos (2000), a taxa de câmbio possibilita calcular a relação de troca, ou seja, o preço relativo entre diferentes moedas, representando o valor que uma moeda nacional apresenta em termos de outra moeda nacional (outro país). Assim, a taxa de câmbio real é a taxa de câmbio nominal deflacionada pela razão entre inflação doméstica e externa. Vale lembrar que só faz sentido calcular taxa de câmbio real para momentos passados, já que, a qualquer momento, pode-se obter a taxa de câmbio entre duas moedas, tomando-se as cotações das duas moedas.

Em geral, as taxas de câmbio são calculadas primariamente entre a moeda local e uma moeda "forte" com conversibilidade e ampla aceitação internacional, como o euro ou o dólar americano. A partir das cotações relativas entre duas moedas e o dólar ou o euro, obtém-se a cotação relativa entre praticamente todas as moedas de países soberanos em circulação. A valorização cambial da moeda nacional ocorre quando o poder de compra dessa moeda em relação às demais moedas aumenta. De acordo com Lopes e Vasconcellos (2000, p. 185):

> Em alguns países, essa taxa é expressa como o preço de uma unidade de moeda estrangeira em termos de moeda nacional, como é o caso brasileiro, em que se expressa a taxa de câmbio considerando-se quantos reais valem um dólar, por exemplo, o dólar custa R$ 1,10. Em outros países, define-se a taxa de câmbio como o preço de uma unidade de moeda nacional em termos de moeda estrangeira. Assim, quando se diz nos EUA que a taxa de câmbio iene-dólar está em 92, está-se referindo ao fato de que um dólar vale 92 ienes.

Portanto, o câmbio é uma variável importante da macroeconomia, sobretudo no que se refere ao comércio internacional. Quando se deseja negociar ativos de um país para outro, é necessário mudar a unidade de conta do valor desses ativos – da moeda doméstica para a moeda estrangeira. Nesse sentido, pode-se definir a taxa de câmbio desse país como o número de unidades de moeda de um país necessárias para comprar uma unidade de moeda de outro país. Em outras palavras, é o preço de uma moeda em termos de outra.

De acordo com Fortuna (2005), o mercado de câmbio de taxas livres (dólar comercial) é destinado às operações de câmbio em geral, enquadrando-se nesse segmento as operações comerciais de exportação/importação e as operações financeiras de empréstimos e investimentos externos, bem como o retorno ao exterior da remuneração dessas operações.

Se considerado o ponto de vista do banco (ou outro agente autorizado a operar pelo Banco Central), a taxa de venda é o preço cobrado para vender a moeda estrangeira (a um importador, por exemplo), enquanto a taxa de compra reflete o preço pago pela moeda estrangeira que lhe é ofertada (por um exportador, por exemplo). Nas operações cambiais, usualmente há um *spread* entre as cotações de compra ou de venda. No mercado de dólar comercial entre grandes agentes, esse *spread* é, em geral, pequeno, dada a fácil possibilidade de relativa arbitragem.

Em longo prazo, o principal fator a influenciar a taxa de câmbio é a competitividade da economia, sendo o saldo em transações correntes equilibrado. Esse saldo, por sua vez, corresponde aos fluxos de bens e serviços, fazendo a taxa de câmbio refletir a competitividade da produção doméstica diante do mundo.

Dessa maneira, pode-se afirmar que a taxa de câmbio real, definida como a seguir, influenciará a demanda pelo produto de um país.

$$\varepsilon = \frac{E \times P^*}{P}, \text{ onde:}$$

ε = Taxa de câmbio real
E = Taxa de câmbio nominal
P^* = Preço do produto externo em moeda estrangeira
P = Preço do produto nacional em moeda do país

A taxa de câmbio real é um relativo de preços entre o produto estrangeiro e o nacional. Quanto maior esse indicador, maior a competitividade do produto nacional (Gremaud, Vasconcellos, Toneto Junior, 2006).

Na ausência de barreiras ou custos de transação entre os países, os produtos considerados iguais deveriam ter o mesmo preço, quando expressos na mesma moeda, ideia que é determinada como a Lei do Preço Único. Caso fosse válida, a taxa de câmbio nominal deveria ser igual à relação de preço do mesmo produto expresso na moeda dos respectivos países.

A revista *The Economist* criou o chamado Índice Big Mac para avaliar a validade da Lei dos Preços Únicos. O produto em questão é considerado um dos mais homogêneos em uma grande quantidade de países, sendo utilizado para a referida análise da taxa de câmbio real mediante comparação de seus preços nominais em dólar com base na conversão a partir das diversas taxas de câmbios dos países. Um exemplo desse índice é apresentado na Figura 1.16, com atualização de janeiro de 2016.

1 Análise Macrofinanceira   29

FIGURA 1.16   Índice Big Mac – janeiro de 2016.
Fonte: The Economist (2008).

Generalizando essa lei para o conjunto de bens das economias, conclui-se que a taxa de câmbio deve refletir a relação entre o nível geral dos preços entre os países, de tal modo que, em longo prazo, as variações da taxa de câmbio nominal reflitam a diferença entre as taxas de inflação dos países. Isso é a chamada teoria da "Paridade do Poder de Compra" da moeda, segundo a qual a variação da taxa de câmbio nominal é obtida por meio da subtração da taxa de inflação interna e da taxa de inflação internacional. Assim, em longo prazo, a taxa de câmbio seria determinada pelo comportamento dos níveis de preços.

Nessa relação de preços, encontram-se o preço do Big Mac convertido para o dólar do período e a taxa de câmbio de cada país. Em seguida, obtêm-se a variação dessa taxa em relação ao dólar e, finalmente, o denominado PPP (Paridade Poder de Compra).

Se a taxa cambial atual é inferior US$ 1, então o Índice Big Mac afirma que se deve esperar que o valor da moeda do país em questão se eleve até atingir a taxa de troca indicada pela PPP. Caso a taxa cambial atual seja superior a US$ 1, deve-se esperar uma desvalorização da moeda nacional até que esta atinja a taxa determinada pela PPP. Conforme Fortuna (2005, p. 61):

> Em suma, a política cambial está fundamentalmente baseada na administração da taxa de câmbio e no controle das operações cambiais. Embora indiretamente ligada à política monetária, destaca-se por atuar mais diretamente sobre todas as variáveis relacionadas às transações econômicas do país com o exterior.

Ainda de acordo com Fortuna (2005), o aumento na pressão da oferta monetária por meio de operações cambiais (compras financeiras e exportações) prejudica o controle de juros, elevando, inclusive, o custo do governo, que é obrigado a aumentar a dívida pública mobiliária (em títulos) para enxugar a moeda que entra em circulação em decorrência da troca de dólares por reais.

> Para o Brasil, uma boa política cambial deverá permitir um elevado volume de fluxo de moeda com o exterior nos dois sentidos (exportação, importação, compras e vendas financeiras), garantindo que os eventuais déficits em transações correntes sejam assegurados pelo conjunto de financiamentos externos, quer seja na forma de investimentos diretos nas privatizações, quer seja nas multinacionais, colocação de bônus, linhas de crédito de exportação/importação e em crédito de fornecedores. (Fortuna, 2005)

No Brasil, houve nos últimos anos modificações e adequações das políticas governamentais e foram introduzidas alterações institucionais significativas, principalmente em relação às políticas cambial e monetária, paralelamente ao efetivo ajuste das contas públicas.

Em janeiro de 1999, o regime cambial brasileiro foi modificado em favor da livre flutuação da taxa de câmbio, na tentativa de enfrentar o cenário instável associado aos choques externos. No contexto da adaptação à nova regra cambial, houve elevação das taxas de juros e do recolhimento dos compulsórios sobre recursos a prazo. Buscando consistência político-econômica no novo regime cambial, o governo introduziu um sistema de metas para a inflação como diretriz para a política monetária.

Existe uma variedade bastante ampla de arranjos de câmbio adotados pelos países ao longo da história. Todos esses arranjos podem ser agrupados em dois segmentos básicos: regimes cambiais fixos e regimes cambiais flutuantes. A diferença básica entre esses dois regimes é que, enquanto no caso dos câmbios fixos a taxa de câmbio é definida pelas autoridades monetárias nacionais, em câmbios flutuantes essa mesma taxa é formada no mercado cambial, por movimentos de oferta e demanda por ativos em moeda estrangeira.

No regime de câmbio fixo, o Bacen determina o valor da taxa de câmbio e se compromete a comprar e vender divisas à taxa estipulada. Note-se que, para esse regime poder funcionar, o Bacen deve ter moeda estrangeira em quantidade suficiente para atender a uma situação de excesso de demanda por essa moeda (uma situação de déficit no balanço de pagamentos) à taxa estabelecida, bem como deve aceitar a perda relativa de liberdade na condução da política monetária, adquirindo qualquer excesso de oferta de moeda estrangeira (superávit no balanço de pagamentos). Uma vez fixada a taxa de câmbio, o Banco Central atua no sentido de garantir essa taxa (Lopes e Vasconcellos, 2000).

De forma geral, pode-se afirmar que a taxa é fixa e o que se ajusta no mercado é apenas a quantidade demandada e ofertada àquele valor. O governo, por meio do Banco Central, intervém de modo a equilibrar a oferta e a demanda de divisas no nível da taxa de câmbio estabelecida. Segundo Lopes e Vasconcellos (2000, p. 185):

> Quanto ao regime de taxas flutuantes de câmbio, sua característica básica é que a taxa de câmbio deve ajustar-se de modo a equilibrar o mercado de divisas. Em uma situação de excesso de demanda por moeda estrangeira, essa terá seu preço elevado, ou seja, a moeda nacional se desvalorizará. Quando houver um excesso de oferta de moeda estrangeira, seu preço cairá, isto é, a moeda nacional se valorizará. Notemos que o princípio básico do regime de câmbio flutuante é um mercado de divisas do tipo concorrência perfeita, sem intervenções do Banco Central, de modo que qualquer desequilíbrio seja prontamente eliminado pelo mecanismo de preço (alteração da taxa de câmbio).

Na taxa de câmbio flutuante, o preço da moeda nacional, em termos de moeda estrangeira, oscila livremente para garantir o equilíbrio entre a oferta e a demanda de divisas. A existência de um regime de câmbio flutuante não impede que a autoridade cambial faça intervenções destinadas a influenciar o comportamento da taxa de câmbio, embora isso se constitua em um pequeno desvirtuamento do modelo.

O Mercado de Câmbio de Taxas Flutuantes (dólar turismo) foi criado para legitimar um segmento de mercado até então considerado ilegal, enquadrando nesse segmento as operações de compra e venda de câmbio a indivíduos, gastos com cartão de crédito no exterior e transferências unilaterais (Fortuna, 2005).

A flutuação no valor da taxa de câmbio no mercado se altera conforme há mudança em outras variáveis que influenciam a demanda e a oferta de divisas (Figura 1.17). A demanda é afetada pela taxa de câmbio e pelas seguintes variáveis: (1) nível do produto interno (2) nível geral de preços interno (P_i) e externo (P_e) e (3) taxas de juros interna (I_i) e externa (I_e).

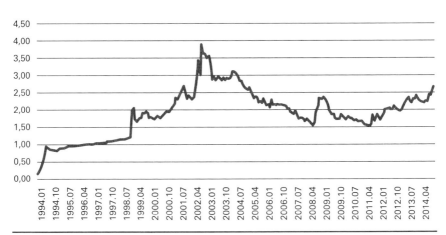

FIGURA 1.17 Taxa de câmbio (R$/US$) de 1994 a 2014.

Fonte: Adaptada de Ipeadata (2015).

Com base nesses regimes 'ideais', desenvolveu-se uma série de outros regimes nos diversos países. Um sistema que ganhou destaque após 1973 foi o de "flutuação suja" (*dirty-floating*). O princípio básico é o de regime flutuante, mas, ao contrário daquele, que preconiza a determinação da taxa de câmbio em um mercado livre do tipo concorrência perfeita, nesse a determinação continua dando-se no mercado, em cujo funcionamento existe a presença de um grande ator que consegue influir na taxa: as intervenções do Banco Central, que tentam balizar os movimentos desejados da taxa de câmbio. Notemos que, nesse regime, tentam-se preservar os graus de liberdade do sistema de câmbio flutuante, mas introduzindo mecanismos que permitam limitar sua instabilidade (Lopes e Vasconcellos, 2000).

Outro regime desenvolvido no período recente é o das chamadas 'bandas cambiais'. De acordo com este, fixamos uma taxa de câmbio central, e um intervalo aceito de variação para cima e para baixo. Enquanto a taxa de câmbio estiver dentro do intervalo estipulado, sua determinação segue o sistema flutuante; atingindo os limites, o Banco Central age como se fosse um sistema de câmbio fixo. Ao atingir o limite máximo de desvalorização aceito, o Banco Central entra no mercado vendendo moeda estrangeira, e, ao atingir o limite de valorização, o Banco Central intervém, comprando moeda estrangeira. Em geral, os bancos centrais também executam intervenções intramargens para evitar que se atinjam os limites estipulados (Lopes e Vasconcellos, 2000).

Depois de conceituar as taxas de câmbio e a política cambial, é importante que seja apresentado o balanço de pagamentos. Este divide-se em dois grupos principais: (1) as transações correntes, associadas aos fluxos de bens e serviços; e (2) os movimentos de capitais, ligado aos direitos e às obrigações (Lopes e Vasconcellos, 2000). Portanto, o balanço de pagamentos é o resumo, expresso em unidades monetárias (US$, por exemplo), das transações ocorridas entre o país e o resto do mundo. Assim, têm-se:

1. **Transações correntes:** comportam a balança comercial e o balanço de serviços e rendas, em que são computadas as entradas e saídas de divisas relativas ao turismo internacional, ao transporte e fretes internacionais e aos seguros contratados no exterior. Em outras palavras, as transações correntes são as que envolvem a movimentação de mercadorias e serviços.
2. **Movimentos de capitais:** envolvem os deslocamentos de moeda, créditos e títulos representativos de investimentos.

O Banco Central do Brasil segue a estrutura imposta pelo Fundo Monetário Internacional (FMI) constante na 6ª edição do *Manual de Balanço de Pagamentos* (BPM5), emitido em novembro de 2013.

As contas do balanço de pagamentos podem ser divididas em dois grupos:
1. **Operacionais:** correspondem aos fatos geradores de recebimentos, deduzidas as transferências de recursos.
2. **Caixa:** registra o movimento dos meios de pagamentos internacionais do país. Nele, são contabilizadas as reservas monetárias. O demonstrativo dessas reservas é conhecido pela denominação "movimentos de capitais compensatórios".

O saldo da balança comercial (que pode ser avaliado por diferentes critérios) representa a diferença entre as exportações e importações registradas no balanço de pagamentos de um país (Figura 1.18). O FOB (*free on board*), um dos critérios mais utilizados nesse cenário, toma os valores a preços de embarque, ou seja, não inclui pagamento de fretes, seguros, impostos e taxas de embarque.

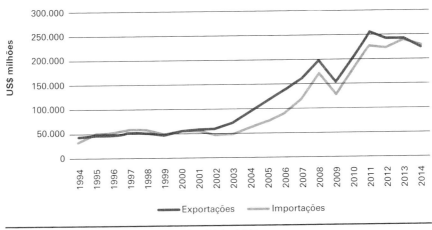

FIGURA 1.18 Balança comercial (FOB) de 1994 a 2014.
Fonte: Adaptada de Ipeadata (2015).

Quando o valor das exportações supera o das importações, há um superávit comercial. No caso contrário, há um déficit comercial. Na Tabela 1.1, pode-se verificar uma sistemática geral de apuração do saldo da balança comercial. Já na Figura 1.19, observa-se um déficit em transações correntes, sobretudo após a crise financeira de 2008.

TABELA 1.1 Balanço de pagamentos.

Balanço de pagamentos (estrutura básica)

A – Balanço comercial (FOB)
   Exportações
   Importações
B – Balanço de serviços e rendas
   Serviços:
      Transportes
      Viagens internacionais
      Seguros
      Serviços financeiros
      Computação e informação
      Royalties e licenças
      Aluguel de equipamentos
      Governamentais (juros da dívida)
      Comunicações
      Construção
      Relativos ao comércio
      Empresariais, profissionais e técnicos
      Pessoais, culturais e recreação
      Serviços diversos
   Rendas:
      Salário e ordenado
      Renda de investimentos (líquido)
      Lucros reinvestidos no Brasil
      Juros de empréstimos intercompanhia
      Renda de investimentos em carteira
      Renda de outros investimentos (juros)
C – Transferências unilaterais correntes
   Donativos (recebidos ou enviados)
D – Saldo de transações correntes (A+B+C)
E – Conta capital e financeira
   Conta capital
   Transferências unilaterais de patrimônio de migrantes
   Bens não financeiros e não produzidos (marcas, patentes e franquias)
   Conta financeira
   Investimento direto (líquido)
   Investimento em carteira (líquido)
F – Erros e omissões
G – Saldo total do balanço de pagamentos (D+E+F)
   Movimentos de capitais compensatórios
   Demonstração de resultado
   1 – Contas de caixa (reservas)
   2 – Empréstimo de regularização
   3 – Atrasados

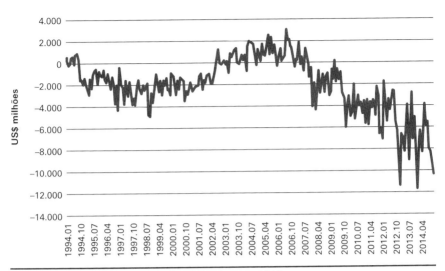

FIGURA 1.19 Transações correntes (saldo) de 1994 a 2014.
Fonte: Adaptada de Ipeadata (2015).

1.2.4 Política de rendas e impactos empresariais

A política de rendas está relacionada aos aspectos da remuneração dos fatores de produção (capital, trabalho, terra). Dessa maneira, estabelece controles sobre a remuneração dos fatores diretos de produção envolvidos na economia, como salários, depreciações, lucros, dividendos e preços dos produtos intermediários e finais.

Em geral, as políticas de rendas estão voltadas para dois objetivos simultâneos: (1) garantir o pleno emprego de toda a força de trabalho da economia (emprego de todos os fatores de produção); e (2) proporcionar a todos um nível de renda suficiente à existência digna.

Segundo Gremaud, Vasconcellos e Toneto Junior (2006), a renda das famílias tem três destinos: consumo, poupança e impostos. Porém, no Brasil, percebe-se que grande parte dessa renda é destinada ao pagamento de impostos, não restando sobras para o consumo e, principalmente, para a poupança. Esse modelo clássico é utilizado para analisar o impacto da política de rendas nos agregados macroeconômicos.

Um ponto importante corresponde ao fato de que, ao estudar as decisões de consumo dos indivíduos, analisam-se as decisões de poupança, que, segundo alguns, é o determinante do investimento e, portanto, do crescimento econômico (Gremaud, Vasconcellos, Toneto Junior, 2006).

O nível de consumo depende da renda e, como corolário, a poupança também, uma vez que ambos se referem a alocações da renda disponível pelas famílias. Quanto maior for a renda, maior tende a ser o consumo. A essa relação Keynes chamou, na Teoria geral, de Lei Psicológica Fundamental: os indivíduos aumentam o consumo conforme a renda aumenta, mas não na mesma magnitude, pois ocorre também um aumento da poupança (Gremaud, Vasconcellos, Toneto Junior, 2006).

Dado igual nível de renda, tende a consumir mais quem possuir maior riqueza. A riqueza de um indivíduo em dado momento pode ser decomposta em ativos reais, ativos financeiros e um componente que se pode denominar capital humano. O primeiro elemento refere-se aos imóveis, terras, máquinas etc. O segundo corresponde às ações, títulos etc. E o terceiro corresponde ao fato de que, em dado momento, o indivíduo possui uma expectativa de renda futura decorrente de seu trabalho (Gremaud, Vasconcellos, Toneto Junior, 2006).

Segundo Lopes e Vasconcellos (2000), as famílias, em suas decisões quanto ao consumo, levam em conta não apenas a renda presente, mas também a renda futura, o que, conforme visto, também se relaciona ao custo de oportunidade do consumo presente.

A taxa de juros reflete o preço do consumo hoje em termos de consumo futuro, isto é, corresponde ao custo de oportunidade do consumo presente. Assim, quanto maior for a taxa de juros, mais indivíduos vão querer poupar hoje, o que reduzirá o consumo presente. Dessa forma, elevações na taxa de juros tenderiam a estimular a poupança e deprimir o consumo, pois se estaria encarecendo o consumo presente. Esse é o chamado efeito-substituição: como o consumo presente ficou relativamente mais caro que o consumo futuro, os indivíduos demandarão mais consumo futuro (poupança) e menos consumo presente (Gremaud, Vasconcellos, Toneto Junior, 2006).

No Brasil, a manutenção de taxas de juros elevadas como forma de conter a demanda (consumo) é utilizada recorrentemente. No início da década de 1980, foi um dos principais instrumentos para viabilizar o ajustamento externo e, no final dela, tentou-se utilizá-lo para evitar a hiperinflação, tendo sido um dos principais instrumentos para tentar viabilizar a sustentação do Plano Real, controlando a demanda agregada (Gremaud, Vasconcellos, Toneto Junior, 2006).

É interessante observar que a utilização de elevações nas taxas de juros para conter o consumo e consequentemente a inflação, possui um resultado extremamente incerto e sua eficácia parece ser bastante limitada, devendo, em geral, ser complementada com outros instrumentos (Gremaud, Vasconcellos, Toneto Junior, 2006).

No entanto, nem sempre a elevação da taxa de juros promove uma diminuição no consumo das famílias e redução da taxa de inflação. A elevação da taxa de juros pode simplesmente reduzir o investimento em favor do consumo presente, dadas certas condições. Portanto, outros impactos decorrentes das políticas monetária, fiscal, cambial e de rendas são relevantes para a determinação e a manipulação do nível de inflação.

A política de rendas, portanto, deverá voltar-se para o aumento da produção de bens-salário, a fim de atender à demanda reprimida. Tal objetivo não elevará a inflação de modo determinante. Para tanto, o governo busca estimular o pleno uso do parque industrial já instalado no país, a expansão dessas indústrias e sua dispersão por todo o território nacional. No entanto, esse resultado não é uniforme entre todos os setores, dependendo de suas diferentes características individuais, como o destino da produção e dependência dessa em relação ao crédito.

Segundo Gremaud, Vasconcellos e Toneto Junior (2006), o desenvolvimento não é representado apenas pelo crescimento econômico (ampliação quantitativa da produção), mas engloba fatores como natureza e qualidade do crescimento econômico, além da evolução do PIB (crescimento econômico).

No Brasil, percebe-se pequeno desenvolvimento econômico, com distribuição de renda distorcida, por concentração de pessoas, regiões ou atividades. Em razão dessa distorção, percebem-se indivíduos em estado de pobreza (estado de carência em relação aos indicadores mínimos relativos às condições de vida). A ideia de desenvolvimento está associada às condições de vida da população ou à qualidade de vida dos residentes no país.

Segundo Gremaud, Vasconcellos e Toneto Junior (2006), o tipo de desemprego de fator de produção mais importante é o desemprego do fator trabalho, podendo ser citado como o mais grave problema macroeconômico que atinge vários países (Figura 1.20). Além do problema do desemprego, verifica-se a precarização das condições do emprego, como ausência da carteira de trabalho.

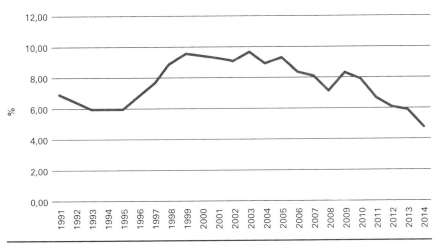

FIGURA 1.20 Taxa de desemprego anual de 1991 a 2014.
Fonte: Adaptada de The World Bank (2015).

Ainda segundo Gremaud, Vasconcellos e Toneto Junior (2006), existem diferentes tipos de desemprego:
1. **Cíclico ou conjuntural:** em virtude das condições recessivas da economia.
2. **Friccional:** decorrente do tempo necessário para que o mercado de trabalho se ajuste.
3. **Estrutural:** decorrente de mudanças estruturais em certos setores da economia que eliminam empregos, sem que haja, ao mesmo tempo, a criação de novos empregos em outros setores.

Em todos os países onde houve redução da taxa do desemprego (Reino Unido, Irlanda, Holanda, Nova Zelândia, Dinamarca e Espanha), as medidas de reforma não se restringiram apenas ao mercado de trabalho (pela flexibilidade de salários, contratos e jornada de trabalho, melhora da capacitação, programas de recolocação de desempregados), mas alcançaram também mercados de produtos, reduzindo ou eliminando impedimentos à criação de novas empresas e à promoção do desenvolvimento tecnológico, aliado à qualidade da política macroeconômica. O direcionamento da política econômica é importante para alavancar um crescimento rápido e sustentado da economia, isto é, não inflacionário e consistente do ponto de vista estrutural.

Na Figura 1.21, temos o rendimento médio das pessoas ocupadas, destacando-se a sazonalidade, sobretudo das festas natalinas.

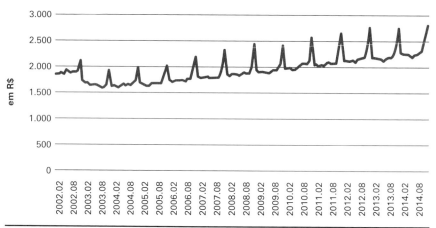

FIGURA 1.21 Rendimento médio das pessoas ocupadas de 2002 a 2014.
Fonte: Adaptada de Ipeadata (2015).

1.3 ANÁLISE MACROFINANCEIRA NACIONAL

Possibilita uma visão holística sobre os fatores macroeconômicos e seus respectivos impactos nas questões econômicas e políticas, as quais influenciam, direta ou indiretamente, as ações e os resultados organizacionais.

1.3.1 Governos Collor e Itamar Franco

Uma das principais preocupações do governo de Fernando Collor de Melo dizia respeito à inflação. Outros planos anteriores, muitos heterodoxos, ilustravam-se ineficazes no combate à inflação. Diante desse contexto, novos diagnósticos foram elaborados para a inflação durante o governo Collor, como descontrole monetário e descontrole fiscal, paralelos à elevada liquidez dos haveres financeiros não monetários (elevando a demanda de bens de consumo), acarretando, consequentemente, o aumento progressivo dos preços.

Nesse período, também se verificou a ineficácia da política cambial, uma vez que a posição líquida dos exportadores era negativa, levando, posteriormente, à desvalorização cambial.

Em 1990, o Plano Collor I foi dividido em duas fases. A primeira, em março e abril, foi heterodoxa, definindo-se pela retenção dos ativos financeiros e por um rápido congelamento; a segunda, a partir de maio, foi monetarista ou ortodoxa. Buscou-se, através da definição de uma meta monetária e da continuação do ajuste fiscal, combater gradualmente o resíduo inflacionário deixado pelo congelamento. Em 1991, tivemos o Plano Collor II em janeiro, e, a partir de maio ou junho, o Plano Marcílio, que busca, igualmente à segunda fase do Plano Collor I, controlar a inflação gradual e ortodoxamente (Bresser-Pereira, 1992, p. 3).

De acordo com Gremaud, Vasconcellos e Toneto Junior (2006), o medo da fuga (liquidez) dos ativos financeiros imobilizava as políticas monetária e fiscal, o que impedia o governo de romper com a indexação. Nesse contexto, o aumento dos custos pode gerar uma pressão inflacionária que se perpetua por meio da espiral preço-câmbio-salário. Para evitar a especulação, o governo deveria manter a taxa de juros elevada e estável, levando a uma política monetária passiva e impedindo o controle dos agregados monetários.

Ainda de acordo com Gremaud, Vasconcellos e Toneto Junior (2006), inexistia demanda por crédito e financiamentos, portanto a utilização das reservas compulsórias era inócua para afetar as variáveis monetárias. O único instrumento utilizado pelo governo eram as operações de mercado aberto, a colocação de títulos públicos, que levava o Banco Central a formar taxas diárias no *overnight*, com base na expectativa de inflação corrente, o que tornava a indexação sem limites. Portanto, inviabilizavam-se as políticas monetária, fiscal e cambial, já que os planos de estabilização não conseguiam romper com os mecanismos de indexação.

O Governo Collor implantou o Plano Collor I, que visava a romper a indexação da economia utilizando-se de alguns mecanismos: (1) reforma monetária, visando a minimizar as pressões de consumo, reduzindo-se a liquidez e a necessidade de rolagem da dívida; (2) reforma administrativa e fiscal, com o objetivo de eliminar o déficit pela diminuição do custo da rolagem da dívida e expandindo a base tributária; (3) congelamento dos preços; (4) utilização do regime de taxas flutuantes para o regime cambial; e (5) abertura comercial.

Os impactos desse plano foram verificados por meio de demissões, férias coletivas, redução nos salários, deflação, atraso no pagamento de dívidas, expansão no volume e no prazo dos créditos comerciais, promovendo retração do PIB na ordem de 8% no segundo trimestre de 1990. Paralelamente, observaram-se o crescimento dos meios de pagamento e, posteriormente, a aceleração inflacionária.

O governo, porém, obteve uma importante vitória no âmbito fiscal, já que o país saiu de um déficit primário de 8% do PIB para um superávit primário de 1,2% do PIB, em grande parte em razão do IOF (Imposto sobre Operações Financeiras) e da redução dos gastos com a rolagem da dívida pública. Quanto à reforma administrativa, não houve evolução.

Destacam-se nesse período o início do processo de privatização e da abertura comercial e a adoção do sistema de câmbio flutuante. Em virtude da aceleração inflacionária, a taxa de câmbio real sofreu forte valorização, resultando em uma elevada deterioração do saldo da balança comercial.

O fracasso derradeiro do Plano Collor I ocorreu por causa da desvalorização do Cruzeiro, elevando ainda mais o processo de aceleração inflacionária.

O Plano Collor II entrou em vigor buscando eliminar o *overnight* e outras formas de indexação e congelamento de preços e salários, na tentativa de eliminar a inflação inercial. Apesar de o plano configurar mais uma tentativa frustrada, observou-se um progresso fiscal, pois o orçamento do governo ilustrava equilíbrio com a diminuição das despesas fiscais.

Porém, no ano de 1992, visualizou-se uma recessão, sem que houvesse redução na inflação, mesmo com as elevadas taxas de juros. A situação do país ficou ainda mais complicada em virtude do processo de *impeachment* do presidente em questão.

A política de elevadas taxas de juros, combinada à abertura comercial e financeira, porém com elevada liquidez, promoveu entrada de capital externo e elevação da dívida pública.

Com o *impeachment* de Collor, a gestão Itamar Franco (transição) demorou a dar um rumo à política econômica, de acordo com Gremaud, Vasconcellos e Toneto Junior (2006).

O Plano Real passou a ser formulado posteriormente, quando Fernando Henrique Cardoso assumiu o Ministério da Fazenda. O início do plano deu relevância à continuidade do ajuste fiscal. Com a melhora das contas públicas e a entrada de capitais externos (ampliação das reservas), tornou-se possível a implantação de um novo plano de combate à inflação inercial, conforme Gremaud, Vasconcellos e Toneto Junior (2006).

As principais diferenças do Plano Real em relação aos anteriores foi o contexto no qual ele foi introduzido. Em primeiro lugar, o processo de abertura econômica, iniciado no Governo Collor num quadro de recessão econômica, como foram os anos de 1991/92, teve fortes impactos sobre a lógica de formação de preços na economia, tanto no que diz respeito à capacidade de os empresários repassarem choques para os preços, como no poder dos sindicatos em suas pretensões salariais (Braga, Toneto Júnior, 1995/1996).

Em segundo lugar, Braga e Toneto Júnior (1995/1996) afirmam que houve a renegociação da dívida externa e as transformações no sistema financeiro internacional, os quais permitiram a volta do país ao fluxo voluntário de recursos externos.

1.3.2 Plano Real – Primeiro mandato de Fernando Henrique Cardoso

O Plano Real buscou combater a inflação inercial, por meio de uma reforma monetária, visando a combater a tendência inercial e os choques da economia, de forma gradual.

O Plano Real é a tentativa mais completa já realizada no Brasil para combater a inflação com base em uma reforma monetária. Sua concepção insere-se dentro da inspiração inercialista, mas num contexto econômico bastante modificado e com o aprendizado do fracasso dos planos anteriores (Braga, Toneto Júnior, 1995/1996).

A principal modificação estava na estratégia de "substituição da moeda" e correção dos desequilíbrios existentes na economia. Destacam-se os fundamentos da economia no período: elevadas reservas em moeda internacional e abertura comercial.

Segundo Gremaud, Vasconcellos e Toneto Junior (2006), o Plano Real dividiu-se em três fases: (1) ajuste fiscal; (2) indexação completa da economia por meio da

URV (unidade real de valor); e (3) reforma monetária, ou seja, a transformação da URV em outra unidade de moeda: real (R$).

A primeira fase do Plano Real tratou do "remendo fiscal" com o Fundo Social de Emergência (FSE) e o Imposto Provisório sobre Movimentações Financeiras (IPMF), que permitiriam um fôlego para o governo na adoção do plano, como afirmam Braga e Toneto Júnior (1995/1996). O ajuste fiscal visava a equacionar o desequilibro orçamentário ainda vigente, porém inferior ao início do Governo Collor, usando, para isso, alguns instrumentos que elevavam a taxa de juros e desestimulavam a intermediação financeira de forma temporária. Esse período deveria ser suficiente para avançar a reforma tributária, a reforma administrativa e a reforma previdenciária, entre outras.

Conforme Gremaud, Vasconcellos e Toneto Júnior (2006), a segunda fase utilizava-se de um sistema de indexação visando a simular os efeitos de uma hiperinflação sem passar por seus efeitos, corrigindo os desequilíbrios dos preços relativos. Ainda de acordo com os autores, o governo criou um novo indexador: a URV, cujo valor em cruzeiros reais seria corrigido diariamente pela taxa de inflação, mantendo-se a paridade fixa de um para um com o dólar. Uma série de preços e rendimentos foi transformada imediatamente em URV e outra parte foi convertida voluntariamente pelos agentes, desmembrando-se a unidade de conta (URV) da moeda em circulação (CR$) e levando a inflação a persistir apenas na moeda em circulação (moeda ruim).

Promoveu-se uma 'hiperinflação' na moeda velha (ruim) – o cruzeiro real –, perdendo essa a sua função de unidade de conta, com todos os preços passando a serem cotados em URV. O cruzeiro real manteve-se apenas enquanto meio de troca (Braga, Toneto Júnior, 1995/1996).

A segunda fase, portanto, correspondeu ao período URV, em que se buscou uma indexação completa da economia, forçando o alinhamento de todos os preços relativos, como afirmam Braga e Toneto Júnior (1995/1996).

Depois desse processo, iniciou-se a terceira fase, baseada na transformação da URV em moeda, com a introdução do real. O governo instituiu o real (R$), cujo valor era igual à URV, em 1 de julho de 1994. No início, houve uma aceleração inflacionária que logo após apresentou tendência inversa, ou seja, redução inflacionária. Com a nova moeda, o governo instituiu metas de política monetária restritivas, limitando operações de crédito e elevando o compulsório, tentando controlar a demanda e a inflação de demanda, além de processos especulativos, mantendo-se elevadas as taxas de juros.

Ao mesmo tempo observou-se a elevação da taxa de câmbio em face das elevadas reservas em moeda estrangeira, mantendo-se a inflação em patamares administráveis.

O Plano Real promoveu, de maneira imediata, a rápida queda na taxa de inflação (após os meses em que os agentes tentaram se aproveitar do momento de transição). No ano de 1995, a inflação anual foi de dois dígitos, porém, nos anos seguintes, a inflação anual foi de um dígito apenas.

O crescimento da demanda e da atividade econômica também foi observado no início do Plano Real em razão do aumento do poder aquisitivo das classes mais baixas e da elevação do crédito na economia. Porém, o governo utilizava-se de uma política monetária restritiva, com taxas de juros elevadas para controlar o crescimento da demanda no país depois da queda da inflação.

Com a estabilização e a valorização cambiais, alguns bens não comerciáveis externamente apresentaram tendência de alta e pressionaram a inflação. Portanto, de acordo com Gremaud, Vasconcellos e Toneto Junior (2006), nesse contexto, com valorização cambial, abertura comercial e elevadas reservas, criou-se uma "camisa de força" para os preços internos, podendo-se afirmar que o Brasil adotou nesse período uma espécie de superâncora comercial.

A apreciação cambial, combinada à demanda aquecida, levou ao aparecimento de déficits na balança comercial (elevação das importações e redução das exportações) e em transações correntes, fato que era suportado, *a priori*, pelas elevadas reservas. No entanto, tais reservas eram sustentadas por recursos voláteis, que a qualquer momento poderiam refluir, elevando-se o risco do país. A longo prazo, tais fatos tornam-se insustentáveis para uma nação. Conforme Nascimento (2004, p. 4):

> Um aspecto importante do Plano Real foi a utilização de uma política de câmbio valorizado como âncora da estabilização, que teve como contrapartida uma política de juros bastante dura na fase inicial e que resultou em déficits nas transações correntes do balanço de pagamentos. Essa política de juros altos decorreu, principalmente, das sucessivas crises internacionais que provocaram fuga de capitais. A primeira delas foi a crise mexicana, em março de 1995, quando o governo brasileiro adotou medidas recessivas – corte no crédito e choque nos juros –, além de uma mudança no regime cambial, que passou de um regime flutuante para um regime de bandas, resultando em uma desvalorização, entre fevereiro e dezembro daquele ano, de 12,8%. Tais medidas desencadearam queda no ritmo de atividade industrial e, consequentemente, redução no nível de emprego.

Com a crise mexicana em 1995, conhecida como Efeito Tequila, ficou claro que a deterioração das contas externas não podia continuar, pois promovia o risco de uma crise cambial. Segundo Nascimento (2004), simultaneamente à mudança na política cambial, o Banco Central aprofundou os controles monetários e creditícios sobre a economia. A taxa de juros real básica (observada no Selic) foi a patamares bastante elevados, atingindo 25% a.a., portanto, tem-se que o governo continuou a elevar as taxas de juros e a restringir o crédito em conjunto com uma pequena desvalorização do real (com a utilização de bandas cambiais), buscando incentivos para estimular as exportações, inclusive por meio dos adiantamentos de contratos de câmbio (ACC), o que beneficiou os exportadores.

Porém, a partir do segundo semestre de 1995, observou-se uma elevada retração econômica, com elevada inadimplência e crise financeira (inclusive com a quebra de alguns bancos), colocando o sistema financeiro em dificuldade. Conforme Nascimento (2004, p. 4):

> O quadro se modifica a partir de 1996. Mesmo com as sucessivas quedas no nível dos preços, o desemprego passa a evoluir de forma dramática e agrava-se a cada choque de juros adotado. A estabilidade monetária não é acompanhada por uma efetiva estabilidade econômica, pois o nível de atividade passa por várias mudanças abruptas.

Foram necessários a intervenção e o socorro do Governo Federal (assumindo o rombo), mantendo-se a taxa de juros elevada, ilustrando o risco (observado pelos agentes especulativos) nas políticas utilizadas pelo país.

Segundo Nascimento (2004), em outubro de 1997, novo choque de juros é realizado para manter a política de sobrevalorização da moeda, abalada pela crise asiática. Com a crise asiática em 1997 e a crise russa em 1998, o país foi obrigado a manter elevadas as taxas de juros e, portanto, a dívida pública, impondo pressões crescentes à política fiscal. Observou-se deterioração fiscal no primeiro mandato de Fernando Henrique Cardoso. Segundo Nascimento (2004, p. 4):

> Dessa vez, a política não funcionou e a fuga de capitais não foi interrompida. Mas os efeitos sobre a renda e o desemprego foram drásticos: o PIB cai pela primeira vez desde o início do Plano, o rendimento médio dos ocupados passa a regredir e o desemprego supera os recordes dos últimos quinze anos.

Com a estagnação econômica, verificou-se elevado desemprego, também em razão das crises mexicana, asiática e russa, ilustrando um período preocupante no Brasil (estagnação econômica, desemprego, elevada dívida pública, déficit público e déficit em transações correntes). Diante desses fatores, os *players* do mercado promoveram uma retirada maciça de recursos do país.

De acordo com Gremaud, Vasconcellos e Toneto Junior (2006), o governo assumiu o ônus de uma mudança latente na taxa de câmbio para adiar a crise para depois das eleições, arcando, mais uma vez, com toda a exposição ao câmbio, inclusive do sistema privado e do sistema financeiro.

A partir de 1995, portanto, verificou-se uma deterioração nos fundamentos macroeconômicos do país (ampliação do endividamento externo e da dívida pública com a estagnação econômica e a elevação do desemprego). Além dos fatores destacados, em conjunto com a deterioração da política fiscal, foi necessária uma mudança cambial, transferindo o risco cambial para o setor público, o qual "headgeava" o setor privado por meio de operações indexadas à taxa *over*.

Em síntese, tem-se que a inflação era um problema crônico no Brasil, como afirma Nascimento (2004). E, a partir do fracasso de sucessivos planos de estabilização, antes do Plano Real, a inflação se tornou volátil, sendo cada vez mais suscetível a acelerações.

A partir do Plano Real, entre 1995 e 1998, a inflação convergiu rápida e persistentemente. De uma taxa anualizada próxima de 5.000% (em junho de 1994), caiu a taxas mensais para perto de zero, no fim de 1998. Isso foi fundamental para que o Brasil conseguisse sepultar os mecanismos formais e informais de indexação que realimentavam a espiral inflacionária (Nascimento, 2004).

1.3.3 Plano Real – Segundo mandato de Fernando Henrique Cardoso

A desvalorização cambial (do real frente ao dólar) em 1999 foi em torno de 65%, prejudicando "apenas" o setor público.

De acordo com Gremaud, Vasconcellos e Toneto Junior (2006), houve mudança da política cambial em janeiro de 1999. A primeira alteração correspondeu a uma desvalorização da taxa de câmbio, mas ainda se mantendo o sistema de banda.

Quando o governo realizou a desvalorização, os recursos continuaram saindo do país, pois o mercado queria uma desvalorização ainda maior.

Após a substituição do controle do Banco Central de Francisco Lopes por Armínio Fraga, utilizou-se o sistema de câmbio flutuante. O impacto imediato foi uma desvalorização do câmbio nominal na ordem de 65 a 70%. Tal mudança cambial promoveu um resultado econômico satisfatório, e a inflação ficou sob controle em virtude da política monetária restritiva, com uma meta da taxa Selic na ordem de 45% ao ano.

Gremaud, Vasconcellos e Toneto Junior (2006) afirmam que, ao contrário da situação inicial do Plano Real, em que não houve inflação para os bens transacionáveis e elevação dos preços dos bens não transacionáveis, a situação em 1999 promoveu queda inflacionária tanto para os bens transacionáveis quanto para os não transacionáveis, com maior pressão aos primeiros itens.

O Banco Central passou a utilizar o instrumento taxa de juros (mesmo que este seja eficiente para pressões de demanda, e não para pressões de custo e pressão inercial) para controle da inflação, que, em conjunto com o baixo crescimento no ano de 1999, manteve a inflação controlada.

Apesar da desvalorização cambial, as contas externas apresentaram apenas uma melhora modesta. Em relação ao resultado fiscal, observou-se uma significativa melhora no resultado primário, apesar do elevado pagamento de juros em razão da elevada taxa de juros, e nas arrecadações, elevação da carga tributária para 35% em 2002 ante 29% em 1998.

Como o governo "protegeu" o setor privado no período de transição cambial, observou-se um pequeno crescimento econômico no mesmo ano, também em virtude da substituição das importações e da queda na taxa de juros com tendência de recuperação no nível de emprego e renda. Até meados do ano 2000, observou-se esse impulso econômico, ratificado pelo crescimento do PIB, indicando retomada econômica. De acordo com Nascimento (2004, p. 5):

> No primeiro trimestre de 2001, as dificuldades financeiras da Argentina e a desaceleração da economia americana, maior do que a prevista, pressionaram as taxas de câmbio e inflação, forçando nova alta dos juros. No segundo trimestre, a crise de energia agravou o quadro de incertezas. A confiança do consumidor desabou, acentuando a retração da demanda causada pelos juros mais altos. No terceiro trimestre, sobretudo depois dos atentados de 11 de setembro, as pressões cambiais e inflacionárias exacerbaram-se, comprometendo as metas de inflação. A partir de novembro, a taxa de câmbio descolou-se das taxas de risco da Argentina, refletindo o crescimento do superávit comercial, a atuação do Banco Central – fornecendo *hedge* cambial e reduzindo os limites de exposição em dólares dos bancos privados –, e o 'sucesso' do racionamento de energia.

Assim, no ano de 2001, tem-se uma mudança na trajetória de crescimento em razão dos choques externos (pressões cambiais em decorrência da crise da Argentina), que promoveu outra desvalorização do real frente ao dólar e a crise energética (racionamento de energia no país), promovendo redução do consumo e pressões de custo. Houve pressões inflacionárias em virtude da nova desvalorização cambial (interrompendo o processo de queda nas taxas de juros), retraindo os investimentos nos anos de 2001 e 2002.

De acordo com Gremaud, Vasconcellos e Toneto Junior (2006), o baixo crescimento econômico acarretou a elevação do desemprego que, somado às pressões inflacionárias e à elevação da dívida pública, deteriorou a situação do país em um momento inoportuno: período eleitoral.

Em virtude das incertezas e da fragilidade do sistema financeiro brasileiro, o risco-país apresentou elevação, provocando fuga de capital e forte pressão cambial, o que alterou o perfil da dívida brasileira (menores prazos e vinculação à taxa de câmbio e à taxa *over*).

Gremaud, Vasconcellos e Toneto Junior (2006) afirmam que as pressões cambiais geravam pressões inflacionárias, acompanhadas por elevações nas taxas de juros e maior dívida pública. Nesse contexto de profunda instabilidade, o investimento se retraiu ainda mais e o crescimento econômico se manteve extremamente baixo. Tais fatos ilustraram as dificuldades do país no segundo mandato de Fernando Henrique Cardoso, apresentando crescente taxa de inflação. Salienta-se um fator positivo em meio ao período de crise: superávit comercial promovendo melhora no saldo de transações correntes.

Em suma, conclui-se que o primeiro mandato de Fernando Henrique Cardoso teve o objetivo de estabilizar a economia, por meio da valorização cambial, o que promoveu um desequilíbrio externo e uma deterioração das contas públicas. A manutenção da valorização cambial acabou levando a baixas taxas de crescimento econômico por meio da necessidade de se manterem elevadas as taxas de juros na tentativa de atrair o capital estrangeiro.

O segundo mandato FHC começou com uma crise cambial que levou a uma alteração completa da política macroeconômica, que passou a se basear em câmbio flutuante, metas de inflação e superávit primário. Apesar da melhora no desempenho fiscal e do setor externo, o país continuou a apresentar baixas taxas de crescimento econômico. Quando o país parecia que entraria em uma trajetória sustentável de crescimento, crises externas e problemas de infraestrutura voltaram a trazer à tona a fragilidade da economia brasileira.

1.3.4 Plano Real – Primeiro mandato de Luiz Inácio Lula da Silva

O período pré-eleição do presidente Luiz Inácio Lula da Silva marcou certa desconfiança do mercado, já que havia dúvidas a respeito de um governo com ideologias distintas das do governo anterior. Segundo Nascimento (2004), em 2002, as incertezas associadas à condução da política econômica do governo que seria eleito conduziram a novas desvalorizações acentuadas do câmbio.

Nesse período (dezembro de 2002), o índice Ibovespa somava 11.268 pontos, o risco-país aproximava-se dos 1.446 pontos e a cotação da moeda americana (1 US$) chegava a R$ 3,54, enquanto a taxa de juros Selic chegou ao patamar de 25% ao ano e as reservas internacionais não passavam de US$ 37,8 bilhões. Os títulos da dívida brasileira chegaram a se desvalorizar em 20%.

Portanto, no início do mandato, em 2003, o governo detinha o desafio de tranquilizar o mercado, a partir dos fundamentos macroeconômicos: elevação do PIB em conjunto com o ajustamento fiscal e da balança comercial (já em curso desde o governo anterior), além da reversão das taxas de inflação verificadas no ano de 2002.

Após quatro anos, em que o governo seguiu as principais diretrizes da política monetária das do governo anterior, o Ibovespa valorizou 295%, o risco-país chegou ao patamar de 190 pontos e houve valorização da moeda nacional (1 US$ equivalente a R$ 2,14 ao final de 2006), enquanto a taxa de juros Selic encerrou o ano a 13,75% ao ano e as reservas internacionais atingiram US$ 85,3 bilhões.

A expansão do PIB no primeiro mandato do Governo Lula foi aquém do esperado, ilustrando crescimento médio de 2,62% ao ano. No entanto, o fluxo de recursos ao mercado brasileiro promoveu um excesso de liquidez e minimização de impactos negativos na economia, em face dos fundamentos macroeconômicos sólidos observados em momentos de crises em outros países emergentes.

O governo, ainda, promoveu aumento do salário real das classes de baixa renda e, também, certa transferência de renda, por meio de políticas sociais. O programa Bolsa Família, por exemplo, distribuiu, apenas no ano de 2006, R$ 10 bilhões e beneficiou 11 milhões de famílias das classes D e E.

Apesar dos percalços enfrentados pelo Governo Lula, a atividade econômica apresentou recuperação e, em conjunto com o bom desempenho do saldo da balança comercial e a austeridade fiscal, o país voltou a crescer a partir de 2003.

Com a falta de fatores externos que prejudicassem a economia brasileira e o excesso de liquidez mundial, foi possível o restabelecimento do crescimento sustentável no país. Nem mesmo as crises políticas e de corrupção, com a instauração de inúmeras CPI, conseguiram afetar esse cenário favorável e de economia estabilizada.

Após o período da eleição e de transição dos governos (Fernando Henrique Cardoso para Luiz Inácio Lula da Silva), em que o mercado esteve em alvoroço e promovendo uma crise especulativa e financeira no país, o novo governo se mostrou disposto a dar continuidade às políticas macroeconômicas implementadas pelo Governo FHC, cumprindo rigorosamente os contratos firmados anteriormente.

Os investidores estavam prevendo um governo de esquerda que não cumpriria os acordos e contratos do governo anterior. No entanto, observou-se um governo conservador, contrariando o prognóstico de muitos políticos, economistas e investidores.

Com a elevação desenfreada da inflação no período pós-eleição, o IPCA atingiu novamente os dois dígitos anuais, rompendo a barreira dos 12%, enquanto o IGP-DI passou de 2% anuais para 6% anuais. Diante da possibilidade de uma nova crise se aproximando, o Governo Lula se viu obrigado a manter a política econômica do governo anterior e, ainda, promoveu uma maior rigidez monetária para superar o momento de crise. O governo elevou gradualmente a taxa de juros (Selic) até o patamar de 26% ao ano ante a média anual de 18% em 2002, bem como restringiu ainda mais a política monetária ao enxugar a liquidez no mercado brasileiro, visando a conter a inflação pela elevação dos depósitos compulsórios, partindo de R$ 20 milhões no ano de 2002 para quase R$ 60 milhões em 2003.

O governo manteve certa rigidez na política fiscal ao elevar as arrecadações tributárias para R$ 30 bilhões em 2003 ante R$ 27 bilhões do ano anterior. A carga tributária manteve-se no patamar de 35% do PIB no primeiro ano do novo governo, com manutenção dos superávits primários. Porém, com a elevação das taxas de juros, o pagamento destes corroía todo esforço fiscal, promovendo um resultado nominal negativo, apesar da irrisória diminuição da dívida líquida do setor público se comparada à dos dois anos anteriores. Adicionalmente, o percentual de crédito sobre o PIB foi reduzido a 22% ante 25% na média do governo anterior.

A somatória dessas medidas do governo controlou a inflação, porém o custo do país aumentou, com um crescimento do PIB de apenas 0,5% no ano de 2003 frente a um crescimento de 1,9% em 2002 e 4,4% no ano 2000.

Com relação à política cambial, o governo manteve a flutuação da moeda, mas as crises especulativas fizeram o real se depreciar e a moeda norte-americana passar a valer quatro vezes mais que a moeda nacional. Essa desvalorização cambial da moeda nacional alavancou as exportações do país, auxiliado pela boa precificação das *commodities*, ao mesmo tempo que as importações foram reduzidas em face da elevação do custo de mercadorias importadas e da crise especulativa atravessada pelo país. Portanto, houve uma considerável elevação no resultado da balança comercial, alcançando US$ 20 bilhões no ano de 2003, enquanto o balanço de pagamentos foi positivo em US$ 8 bilhões.

Em resumo, a política cambial e os resultados do setor externo foram essenciais para manter a estabilidade durante o período transitório dos governos. No entanto, tais ações não se mostraram suficientes para levar o país ao crescimento esperado.

A promessa do novo governo de diminuir o desemprego não foi idealizada no primeiro ano de mandato, assim como o rendimento médio das pessoas ocupadas, que passou de R$ 1.250 anuais para R$ 1.000 anuais.

Portanto, o início do Governo Lula foi de manutenção das políticas macroeconômicas do governo anterior, visando a manter a estabilidade no país, mesmo que o custo para isso tenham sido o não crescimento e a deterioração dos indicadores da política de rendas.

Nos anos seguintes, com a estabilidade do mercado interno e a credibilidade do novo governo, auxiliado pela elevada liquidez mundial e a não constatação de crises no mercado externo que contagiassem a economia interna, o governo promoveu uma recuperação dos indicadores econômicos e de rendas por meio de certo afrouxamento na política monetária e manutenção da austeridade fiscal. Destaca-se que nem as diversas crises políticas com indicativos de corrupção foram suficientes para remover a tendência altista da economia brasileira.

Observou-se uma queda gradual do IPCA, fechando o ano de 2006 próximo a 3% anuais; o IGP-DI ficou próximo a 1%, variando em alguns meses para inflação negativa. A taxa de juros voltou a patamares de 16% em 2004 e, depois de pequena elevação em 2005, ilustrou tendência de queda, ficando abaixo dos 14% em 2006.

A arrecadação tributária elevou-se significativamente, fechando o ano de 2005 com arrecadação mensal de R$ 37 bilhões, passando a carga tributária a representar 38,5% do PIB, mantendo-se firmeza na política fiscal (resultado primário positivo) para pagamento de juros da dívida.

Apesar da elevação da carga tributária, o governo promoveu afrouxamento na política monetária, verificando-se que o crédito sobre o PIB passou a 31%. O crescimento do país, apesar de pequeno, apresentou-se de forma sustentada nos anos seguintes do Governo Lula: 4,9% no ano de 2004; 2,3% no ano de 2005; e 2,9% no ano de 2006.

Com a manutenção da política cambial e o bom desempenho das exportações, o dólar desvalorizou-se frente ao real e passou a representar duas vezes a moeda nacional no ano de 2006 (ante quatro vezes em 2003), porém sustentou resultados positivos e crescentes na balança comercial e a manutenção do resultado do balanço de pagamentos positivos, com excelente resultado no ano de 2006.

O desempenho da economia brasileira frente às políticas macroeconômicas do país promoveu recuperação nos indicadores de renda (desemprego passou a 14% no ano de 2006) impulsionada por políticas de auxílio e distribuição de renda às classes C, D e E.

Destaca-se que o bom desempenho do país deve-se, além da manutenção das políticas macroeconômicas sustentadas, ao bom desempenho da economia global e à elevada liquidez internacional. Porém, o governo está sendo marcado por inúmeras crises políticas e de corrupção.

1.3.5 Plano Real – Segundo mandato de Luiz Inácio Lula da Silva

O segundo mandato do Presidente Lula iniciou-se com a manutenção dos ganhos do processo de estabilidade econômica e elevado dinamismo da demanda interna, propiciando um crescimento de 5,4% do PIB em 2007 (Bacen, 2007).

Na política monetária, o governo promoveu cortes nas taxas de juros, favorecendo o crédito e o investimento. O ambiente externo estava em condições favoráveis ao país com aumento do preço das *commodities* e crescimento das principais economias emergentes.

As arrecadações de impostos continuaram em ritmo positivo, com aumento real de 11%, totalizando R$ 448,9 bilhões (Bacen, 2007).

O balanço de pagamentos apresentou resultados superavitários, beneficiando um aumento das reservas internacionais e uma redução do estoque da dívida externa.

No mercado de trabalho, a taxa de desemprego foi de 9,5%, com aumento dos empregos formais em diversos setores da economia, destacando-se a indústria e o comércio (Bacen, 2007).

Em 2008, a economia brasileira passou por dois períodos distintos: nos três primeiros trimestres, o país cresceu a taxas elevadas, sustentadas pelo consumo e investimento; porém, no último trimestre, sofreu com o impacto da crise financeira internacional, situação que levou a escassez de crédito e expectativas pessimistas dos agentes econômicos. Mesmo nesse ambiente turbulento, o PIB cresceu 5,1% (Bacen, 2008).

Com o agravamento da crise, o governo optou por reduzir as taxas de juros, acompanhando a queda dos principais países desenvolvidos, além de reduzir o compulsório para elevar as reservas bancárias e favorecer o mercado de crédito.

No âmbito fiscal, o governo implantou medidas de redução de impostos, para estimular o consumo doméstico e os investimentos empresariais. Entre essas medidas, destacam-se a criação de alíquotas intermediárias no Imposto de Renda de Pessoas Físicas (IRPF), a redução do Imposto sobre Produtos Industrializados (IPI) e a diminuição das alíquotas do Imposto sobre Operações Financeiras (IOF).

A Dívida Líquida do Setor Público (DLSP) apresentou retração, alcançando 36% do PIB, em virtude dos impactos associados ao superávit primário, dos ajustes da depreciação cambial e da paridade da cesta de moedas que compõem a dívida externa (Bacen, 2008).

O mercado de câmbio apresentou volatilidade, de modo que o Bacen realizou intervenções com a compra de dólares americanos. O real continuou valorizado em relação ao dólar, conjuntura em que observou um desequilíbrio na balança comercial, com aumento expressivo das importações. Porém, no último trimestre houve uma forte desvalorização cambial, que prejudicou grandes empresas brasileiras que haviam mantido posições em dólar sem *hedge*.

A intensificação da crise financeira internacional afetou a economia brasileira em 2009, que apresentou uma retração de 0,2% do PIB, conforme informações do Bacen (2009). No início do ano, houve um período recessivo do mercado de crédito, com o setor industrial obtendo as maiores perdas. Contudo, a partir do segundo semestre a economia brasileira apresentou recuperação, com aumento da demanda interna, intensificação dos investimentos e renúncia fiscal.

Tendo em vista um cenário recessivo, o Copom realizou cortes nas taxas de juros. A inflação alcançou 4,31%, destacando o aumento dos custos associados ao transporte público e à educação (Bacen, 2009).

A DLSP aumentou para 42,8% do PIB, com destaque para a evolução da taxa de câmbio no período. E a forte entrada de dólares no país levou a um superávit cambial de US$ 28,732 bilhões (Bacen, 2009).

O consumo das famílias foi mantido pela estabilidade no mercado de trabalho. A taxa de desemprego atingiu 8,1%, em consequência de um ano recessivo. Já o rendimento médio anual cresceu 3,2%, sustentando a demanda por produtos e serviços (Bacen, 2009).

O ano de 2010 foi muito positivo, com um crescimento do PIB de 7,5% (G1 Economia, 2011). Em comparação às outras economias do mundo, o país só perdeu para a China (10,3%) e a Índia (8,6%).

A taxa de juros Selic terminou o ano em 10,75% e a inflação brasileira medida pelo IPCA fechou 2010 em 5,91%, ficando acima do centro da meta estipulada pelo Bacen de 4,5%. O aumento do preço dos alimentos foi o que mais pressionou a inflação, justificado pelo aumento do preço das *commodities* no mercado internacional, com grandes produtores mundiais (Rússia e Índia) sofrendo com a quebra de suas safras.

A arrecadação de impostos e contribuições federais alcançou o montante de R$ 826,065 bilhões em 2010, com crescimento real de 9,85% (Reuters, 2011). A balança comercial continuou deficitária com um aumento das importações de 27,2% e das exportações de 13,5%, em razão do câmbio valorizado, que diminuiu a competitividade dos produtos brasileiros no exterior (G1 Economia, 2011).

Em um ano marcado por elevado crescimento, a taxa de desemprego foi de 6,7%, a menor taxa em oito anos. Já o rendimento médio dos trabalhadores obteve um aumento de 3,8%, segundo o IBGE (Veja, 2011).

O governo Lula foi marcado pela redistribuição de renda por meio de programas sociais como o Bolsa Família, da expansão do mercado de crédito e do aumento dos empregos formais e da renda do trabalhador, permitindo a ascensão das classes mais pobres.

Essa conjuntura favorável do emprego e da renda foi sentida pelo setor empresarial, com o aumento do consumo de bens e serviços e estímulo aos investimentos no comércio e na indústria.

Porém, o governo apresentou sucessivos escândalos políticos ao longo dos seus 8 anos de mandato. Entre eles, destaca-se o Mensalão em 2005, com o pagamento de propinas a parlamentares em troca de apoio ao Governo em votações no Congresso Nacional, levando à queda do Ministro da Casa Civil José Dirceu e ao indiciamento de políticos por corrupção.

No início de 2008, houve denúncias de irregularidades no uso de cartões corporativos, levando à demissão da Ministra da Promoção da Igualdade Racial, Matilde Ribeiro. Além disso, em setembro de 2010, em pleno período eleitoral, houve uma investigação sobre tráfico de influência envolvendo a família da Ministra da Casa Civil, Erenice Guerra.

A elevada aprovação de seu governo, mesmo com os escândalos de corrupção, permitiu que o presidente elegesse sua sucessora Dilma Rousseff, que se beneficiou da figura carismática de seu antecessor para dar continuidade ao governo do Partido dos Trabalhadores (PT).

1.3.6 Plano Real – Primeiro mandato de Dilma Rousseff

A atividade econômica global foi turbulenta em 2011, com elevação nos preços das *commodities*, intensificação da crise fiscal em países periféricos da Zona do Euro, tensões geopolíticas no norte da África e no Oriente Médio e impactos econômicos do forte terremoto no Japão. Assim, a presidente Dilma Rousseff iniciou seu mandato em 2011 não repetindo o expressivo crescimento do ano anterior, com o PIB expandindo 2,7% (Bacen, 2011).

Tendo como objetivo ajustar as condições de liquidez interna e o descompasso entre a oferta e demanda agregadas, aumentou a taxa de juros Selic na primeira metade do ano, alcançando 12,50% em julho. Contudo, no segundo semestre o Copom avaliou uma melhora no cenário da demanda e substancial deterioração do cenário internacional, procedendo com três cortes consecutivos na taxa Selic, fixando-a em 11% a.a. em novembro.

Houve uma aceleração nos índices de preços ao consumidor, com o IPCA atingindo 6,50%, em virtude do aumento de itens como gasolina, ônibus urbano, passagem aérea e taxa de água e esgoto. Dessa forma, em 2011 a inflação alcançou o teto do intervalo estipulado pelo CMN no âmbito do regime de metas para a inflação (Bacen, 2011).

O setor público apresentou um superávit primário de R$ 128,7 bilhões em 2011, equivalente a 3,11% do PIB. A DLSP atingiu R$ 1,508 bilhão em 2011, representando 36,5% do PIB. Já a arrecadação de impostos e contribuições federais somou R$ 969,9 bilhões, com respaldo no crescimento da massa salarial, no parcelamento de débitos em atraso, na arrecadação de imposto de renda de pessoas físicas e empresas e na elevação das exportações (Bacen, 2011).

No mercado de câmbio, registrou-se superávit de US$ 65,3 bilhões, em 2011, ante US$ 24,4 bilhões do ano anterior. O real registrou depreciação de 12,6% em comparação ao dólar, fechando o ano com a cotação de 1,88 R$/US$. A balança comercial registrou superávit de US$ 29,8 bilhões, com expansão de 26,8% das exportações e 24,5% nas importações (Bacen, 2011). Já o mercado de trabalho apresentou evolução favorável, com taxa de desemprego de 6% a.a., segundo o IBGE. O rendimento médio dos trabalhadores cresceu 2,7%, com os maiores ganhos na indústria de transformação, construção civil e comércio (Bacen, 2011).

Em 2012, a atividade econômica mundial desacelerou, com o agravamento da crise fiscal, bancária e política na Europa, redução do ritmo de recuperação econômica nos Estados Unidos e aumento da aversão ao risco nos mercados financeiros. Nesse ambiente mais turbulento, o Brasil fechou 2012 com um crescimento do PIB de 0,9%, com a demanda doméstica sendo o principal suporte da economia, com ênfase no consumo das famílias, expansão moderada do crédito e do mercado de trabalho (Bacen, 2012).

Na condução da política monetária, houve cortes nas taxas de juros Selic ao longo do ano, fechando 2012 em 7,25% a.a. O IPCA atingiu 5,84%, acima do centro da meta estipulada pelo Conselho Monetário Nacional (CMN) (Bacen, 2012).

O governo manteve uma política fiscal expansiva apresentando superávit primário de R$ 105 bilhões ou 2,38% do PIB. A DLSP somou R$ 1,550 bilhão em 2012 (35,2% do PIB), com redução anual de 1,2 p.p, em decorrência de superávit primário, crescimento do PIB, depreciação cambial e ajuste na paridade da cesta de moedas que compõem a dívida externa líquida. A arrecadação de impostos atingiu R$ 1.029,3 bilhões, com aumento de 6,1% em relação a 2011 (Bacen, 2012).

O mercado de câmbio foi superavitário em US$ 16,8 bilhões em 2012. O real depreciou 8,9% ante o dólar dos Estados Unidos, fechando o ano com a cotação de 2,04 R$/US$. A balança comercial apresentou superávit de US$ 19,4 bilhões, com recuo de 5,3% das exportações e de 1,4% das importações (Bacen, 2012).

A taxa de desemprego atingiu 5,5% em 2012, segundo o IBGE, com crescimento dos empregos formais. O rendimento médio do trabalhador registrou aumento de 4,1%, com destaque para os serviços domésticos, construção e comércio (Bacen, 2011).

Em 2013, houve uma recuperação da economia mundial, refletindo um melhor desempenho das economias maduras, com destaque para os Estados Unidos e o Reino Unido, e a retomada do crescimento na Zona do Euro. Nesse ambiente mais favorável, o Brasil teve um crescimento de 2,3% do PIB sustentados pela agropecuária e resultados favoráveis da indústria e do setor de serviços (Bacen, 2013).

O Copom manteve a taxa de juros Selic a 7,25% a.a. nas duas primeiras reuniões, porém, com a piora na percepção dos agentes econômicos sobre a inflação, terminou 2013 com taxa de 10% a.a. O IPCA atingiu 5,91% a.a., acima do centro da meta definida pelo CMN. Esse aumento da inflação esteve relacionado à variação dos preços livres, com ênfase na elevação dos preços dos bens comercializáveis (Bacen, 2013).

Nas finanças públicas, obteve-se um superávit primário de R$ 91,3 bilhões (1,89% PIB) em 2013, e a DLSP somou R$ 1.626,3 bilhões (33,6% do PIB). Essa retração anual refletiu os impactos do superávit primário, crescimento do PIB, depreciação cambial, apropriação dos juros nominais e ajuste na paridade da cesta de moedas que compõem a dívida externa líquida. A arrecadação de tributos aumentou 10,6% em 2013, atingindo R$ 1.138,3 bilhões (Bacen, 2013).

A política cambial do governo ampliou o processo de flexibilização das medidas que moderavam a entrada de recursos estrangeiros no país. Assim, reduziu a zero a alíquota do IOF para estrangeiros em aquisição de contas de fundos de investimento imobiliário, em aplicações de renda fixa negociadas no país e ampliação de posição líquida vendida no mercado de derivativos cambiais (Bacen, 2013).

Dessa forma, o mercado de câmbio foi deficitário em US$ 12,3 bilhões, com superávit na balança comercial de US$ 11,1 bilhões e depreciação de 14,6% do real ante o dólar americano, fechando a cotação em 2,34 R$/US$ em 2013 (Bacen, 2013).

Os indicadores do trabalho foram positivos, com a taxa de desemprego alcançando 5,4% em 2013, destacando-se o processo de formalização do mercado de trabalho. O rendimento médio do trabalhador aumentou 1,8%, sobretudo em relação aos serviços domésticos, comércio e serviços industriais de utilidade pública (Bacen, 2013).

O ano de 2014 foi turbulento para o governo Dilma, com a deterioração dos principais fatores de produção e da confiança dos empresários na economia. Assim, a economia brasileira fechou 2014 com um crescimento de 0,1% do PIB, segundo o IBGE. A agropecuária e o setor de serviços cresceram 0,4% e 0,7%, respectivamente, com a indústria apresentando queda de 1,2% (G1 Economia, 2015c).

Entre os principais fatores desse crescimento pouco significativo, há a queda de 4,4% dos investimentos em 2014, além do consumo das famílias, que sustentava o crescimento da economia, avançando somente 0,9%, frente 2,9% em 2013 (Bacen, 2013).

A taxa de juros Selic aumentou para 11,75% a.a. e o IPCA fechou o ano em 6,41%, acima do centro da meta previsto pelo CMN. A inflação do ano foi alavancada pelos preços de alimentos (8,03%), habitação (8,80%) e educação (8,45%) (G1 Economia, 2015b).

No âmbito fiscal, o governo obteve um déficit primário de R$ 17,242 bilhões, registrando o pior desempenho desde a série histórica que teve início em 1997, correspondendo a 0,34% do PIB. Esse quadro negativo evidenciou o processo de forte deterioração fiscal no Governo Dilma, agravado pela exposição das "pedaladas fiscais", prática do Tesouro Nacional de atrasar de forma proposital o repasse de dinheiro para os bancos públicos e privados e autarquias, com o objetivo de melhorar artificialmente as contas federais (Estadão, 2015).

A balança comercial brasileira registrou em 2014 déficit de US$ 3,930 bilhões, com as importações somando US$ 229 bilhões e as exportações, US$ 225,1 bilhões. Entre os fatores que contribuíram para esse déficit, têm-se a queda do preço das *commodities*, a crise econômica na Argentina e os gastos do país com a importação de combustíveis. O real sofreu uma desvalorização de 12,84%, fechando o ano com a cotação de 2,66 R$/US$ (G1 Economia, 2015a).

No mercado de trabalho, o Brasil terminou 2014 com a menor taxa de desemprego já registrada 4,3%, segundo o IBGE. O rendimento médio do trabalhador aumentou 1,6% em relação a 2013 (Valor Econômico, 2015).

O governo Dilma sofreu com escândalos de corrupção ao longo dos seus quatro anos de mandato. Entre eles, é possível destacar acusações contra diversos ministros em 2011, levando à demissão do Ministro da Casa Civil, Antonio Palocci, ao afastamento do Ministro dos Transportes, Alfredo Nascimento, por denúncia de superfaturamento em obras públicas, à demissão do Ministro da Agricultura, Wagner Rossi, e do Ministro do Esporte, Orlando Silva, por denúncias envolvendo sua gestão.

Em junho de 2013, ocorreu uma histórica onda de protestos da população que se espalhou por todo o país, em virtude da grande insatisfação em relação à corrupção dos poderes Legislativo e Executivo, aliada à baixa qualidade dos serviços de saúde, educação e transporte público e os gastos elevados com a Copa do Mundo de 2014, o que gerou uma grande queda na popularidade da presidente Dilma.

Em março de 2014, foi deflagrada a Operação Lava Jato, da Polícia Federal, investigando um esquema milionário de desvio e lavagem de dinheiro na Petrobrás. Grandes empreiteiras organizaram um cartel e pagavam propinas a diretores e gerentes da Petrobrás e outros agentes públicos para ganhar contratos, desviando recursos públicos. Também foram verificados o pagamento de propinas a políticos, o financiamento ilegal de campanhas eleitorais, sonegação fiscal e evasão de divisas.

As eleições de 2014 foram turbulentas, com movimentações políticas em razão da morte do candidato a presidência Eduardo Campos e sua substituição pela candidata Marina Silva, levando ao acirramento da disputa eleitoral. A presidente Dilma ganhou as eleições em segundo turno, com uma margem de votos bem reduzida (51,64% dos votos válidos) em relação ao candidato Aécio Neves (48,36% dos votos válidos).

A presidente Dilma iniciou o segundo mandato em 2015 com baixos níveis de popularidade, ampliação das denúncias de corrupção de aliados pela Operação Lava Jato, redução da governabilidade no Congresso Nacional, em aliança à deterioração dos fundamentos econômicos do país.

1.4 ANÁLISE MACROFINANCEIRA INTERNACIONAL

Como a análise macrofinanceira nacional, a análise macrofinanceira internacional permite ter uma visão geral sobre os fatores macroeconômicos e seus respectivos impactos, de ordem econômica e política, que podem sensibilizar, direta ou indiretamente, as ações e os resultados organizacionais.

Para ilustrar tais impactos, foram escolhidos cinco países para análise, de acordo com as quatro políticas econômicas principais. O critério de escolha baseou-se nos países para e dos quais o Brasil mais exportava e importava bens.

Vale ressaltar que a análise macrofinanceira internacional deve se basear nos países com os quais a empresa estudada tem mais relações diretas e naqueles mais relevantes para a sua atividade-fim.

1.4.1 Estados Unidos

A economia dos Estados Unidos passou por grandes altos e baixos ao longo da sua trajetória capitalista. Para analisar a atual posição do país na economia mundial, será apresentado um panorama geral da evolução da economia do país após a Segunda Guerra Mundial.

Durante esse período, esteve em vigor o sistema monetário internacional de Bretton Woods, que se estabeleceu de 1946 até 1971. O sistema previa regime cambial fixo e tinha como ativo de reserva o padrão dólar-ouro.

Durante o período da Segunda Guerra Mundial (1939-1945), os Estados Unidos se beneficiaram da instabilidade das economias da Europa e do Japão e reafirmaram a sua liderança econômica mundial. Assim, ao final da guerra, o país estava em uma posição extremamente mais confortável do que os países devastados por ela diretamente.

O *boom* do pós-guerra se estendeu do final da década de 1940 até o começo da década de 1970.

Brenner (2003) afirma que o crescimento das grandes economias do período foi possibilitado pelas altas taxas de lucratividade atingidas pelas empresas que fomentaram o investimento, aumentando, assim, a produtividade e a competitividade das empresas.

As altas taxas de lucros foram possibilitadas, além de outros fatores, pelos baixos níveis salariais que decorriam de altos níveis de desemprego e de um cenário de depressão que se afirmou durante a guerra.

Com o Plano Marshall em vigor, os Estados Unidos foram o grande fornecedor de recursos para os países arrasados pela guerra, com destaque para as economias crescentes da Alemanha e do Japão, grande oportunidade para expandir seus investimentos externos e para disseminar o *American way of life* para outros países.

Segundo Gremaud, Vasconcellos e Toneto Junior (2006), ocorreu um crescimento das indústrias de bens de capital no progresso tecnológico desse período, que pode ser evidenciado pelo aumento das vendas de bens de consumo duráveis.

O cenário de depressão nas economias devastadas pela guerra possibilitou a redução de custos da produção industrial nesses países em virtude dos baixos níveis salariais e de investimentos e dos incentivos do governo que possibilitavam maior lucratividade e alta competitividade internacional.

Segundo Brenner (2003), as altas exportações das economias de desenvolvimento tardio se tornaram possíveis pelo crescimento da demanda mundial no período pós-guerra e pela capacidade dessas economias de disputarem as fatias do mercado que já estavam sendo exploradas pelos Estados Unidos e pelo Reino Unido.

Porém, a expansão dessas economias se mostrou positiva para os Estados Unidos, uma vez que também permitia o seu desenvolvimento internacional para o grande mercado consumidor que havia se formado. No entanto, a partir da década de 1960, iniciou-se um excesso de produção em todo o sistema internacional, em que os produtos das economias tardias se tornaram mais atrativos pela manutenção de baixos custos enquanto as empresas norte-americanas estavam atreladas a uma produção obsoleta e de alto custo, provocando queda na balança comercial dos Estados Unidos.

O aumento dos déficits público e comercial dos Estados Unidos, atrelado às questões das guerras da Coreia e do Vietnã, colocaram em dúvida a credibilidade do sistema Bretton Woods, sendo decretado seu fim em 1971, por Richard Nixon, presidente daquele país entre 1969 e 1974.

Somado a isso, entre os períodos de 1970 e 1973, Nixon adotou uma política monetária expansionista e de câmbio flutuante, levando a uma forte queda na cotação do dólar e valorização do marco e do iene. Com isso, os produtos norte-americanos tiveram uma queda nos custos, enquanto o Japão e a Alemanha presenciaram o contrário. Nesse período, os Estados Unidos iniciaram uma política de protecionismo que impunha restrições aos produtos dos países emergentes inicialmente focadas a produtos têxteis e, posteriormente, a produtos japoneses da indústria automobilística e de aço.

Contudo, essas medidas não foram suficientes para os Estados Unidos retomarem o crescimento anterior, em razão do excesso de capacidade produtiva no mercado internacional, que ficou mais acirrado com a entrada dos países do Leste Asiático e da América Latina no comércio internacional com preços competitivos.

Em 1973 e 1979, ocorreram choques do petróleo, com aumentos substanciais de preço dessa matéria-prima, levando a uma retração econômica nos períodos subsequentes.

Ronald Reagan, presidente dos Estados Unidos entre 1981 e 1989, adotou em seu mandato uma política fiscal focada na diminuição de impostos, uma política monetária de juros altos para combater a inflação, e aumentou os gastos militares com o programa "Guerra nas Estrelas", em que buscava coibir as possíveis ações armamentistas do Leste Europeu. Esses fatores acarretaram uma grande dívida pública, bem como a queda do desemprego e da inflação e o aumento do crescimento do PIB.

Entre 1990 e o início de 1991, o país viveu uma séria crise, apresentando a menor taxa de crescimento desde a Grande Depressão. Uma das principais causas da recessão de 1990-1991 foi a queda do consumo. Segundo Blanchard (2007), a incerteza dos consumidores em relação à economia provavelmente foi ocasionada pela iminência da guerra no Oriente Médio, que ameaçava um aumento nos preços do petróleo e um possível envolvimento dos Estados Unidos. Assim, nesse período, é possível verificar queda dos gastos dos consumidores e alta nos preços do petróleo, resultando em um crescimento negativo do PIB em 1991, de acordo com os dados do FMI. Em 1991, os gastos do governo cresceram consideravelmente para tentar conter a recessão.

A partir de 1992, nos Estados Unidos iniciou-se um aumento significativo da produção e investimento. Durante todo restante da década de 1990, o crescimento do PIB foi intenso. Entretanto, esse cenário de expectativas otimistas quanto à elevação dos ganhos das empresas resultou em um crescimento exacerbado dos preços das ações, principalmente do setor de alta tecnologia, mídia e telecomunicações, muito maior do que o crescimento do lucro real dessas empresas. Era o início da bolha do mercado de valores.

Em 2000, as empresas começaram a perceber os primeiros sinais do otimismo exagerado, e o corte nos gastos com investimento em 2001 acarretou um cenário de recessão com queda do PIB e diminuição da demanda.

A Nasdaq (*North American Securities Dealers Automated Quotation System*) é uma bolsa de valores eletrônica localizada em Nova York que se caracteriza por negociar ações de empresas dos setores de alta tecnologia. O índice Nasdaq apresentou seu pico no início de 2000. E, como pode ser visto na Figura 1.22, ao final de

2002, havia decrescido cerca de 70% em relação ao pico de 2000, em decorrência da divulgação dos lucros desastrosos das principais empresas do setor.

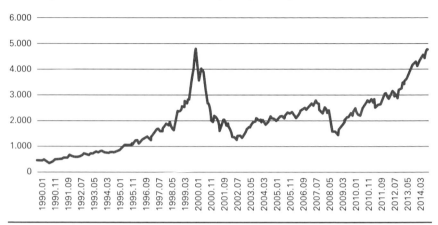

FIGURA 1.22 Índice Nasdaq (fechamento) de 1990 a 2014.

Fonte: Adaptada de Ipeadata (2015).

Com o estouro da bolha, a partir de 2001, os Estados Unidos iniciaram um período de recessão que não era visto há uma década pelo país. O país presenciou queda na produção industrial, aumento do desemprego e baixo crescimento do PIB, que, segundo o FMI, foi de 0,8%.

Ao primeiro sinal de retração da economia, o Federal Reserve iniciou uma política monetária expansionista, tendo como medidas o corte da taxa de juros, uma diminuição dos impostos e aumento dos gastos do governo, visando a aquecer a economia.

Em 11 de setembro de 2001, o país foi vítima de um atentado terrorista que atingiu as Torres do World Trade Center, localizadas na ilha de Manhattan, em Nova York, símbolo do capitalismo norte-americano. O ataque contribuiu para agravar a situação da economia do país, adicionando insegurança e medo. A intervenção dos Estados Unidos no Afeganistão e, posteriormente, no Iraque aumentou substancialmente os gastos públicos com armamentos e a instabilidade do Oriente Médio nesse período, o que colaborou para a elevação do preço do petróleo, culminando no aumento das importações e, consequentemente, piora no saldo da balança comercial do país.

Nessa conjuntura favorável, a economia continuou em expansão, com crescimento da produção industrial e do PIB.

No entanto, no início de 2007, a economia norte-americana apresentou indícios de crise no mercado de hipotecas *subprime*.

Hipotecas *subprime* são empréstimos residenciais que não se encaixam nos critérios de hipotecas *prime*, ou seja, são empréstimos com menor expectativa de pagamento integral. O empréstimo *subprime* facilitou a expansão da compra do imóvel próprio para as comunidades mais pobres, que são geralmente consideradas arriscadas para os empréstimos tradicionais.

Segundo o Relatório do FMI de 2007, até 2003 a maioria das hipotecas era formada por empréstimos do setor *prime*; já em 2006, mais da metade correspondia a empréstimos em não conformidade com as características *prime*.

Com os preços das residências em queda e os juros em alta, os atrasos de pagamentos aumentaram, afetando o resultado de bancos, principalmente os especialistas no mercado *subprime*. A deterioração dos resultados dos bancos, divulgados a partir do início de 2007, causou uma grande insegurança no mercado.

Em 2008, a economia norte-americana entrou em recessão com queda de 0,29% do PIB. A acentuação da crise ainda no primeiro trimestre levou o governo a aprovar o pacote fiscal de incentivo ao consumo e ao investimento privado equivalente a 1% do PIB (Bacen, 2008).

O primeiro trimestre de 2009 caracterizou-se pela intensificação do quadro recessivo na economia dos Estados Unidos com queda nos investimentos fixos não residenciais e das exportações, além de redução do consumo das famílias e expansão dos gastos do governo como forma de amenizar a crise.

A economia mundial demonstrou recuperação em 2010 com a atuação coordenada do Federal Reserve e do Banco Central Europeu com vistas a estabilizar os sistemas financeiros, reduzir os efeitos da crise financeira e favorecer a retomada do crescimento econômico.

A partir de 2010, a economia norte-americana apresentou taxas de crescimento do PIB positivas, com aumento do consumo das famílias, favorecido por um mercado de trabalho mais aquecido, além de melhores expectativas dos empresários e das indústrias, evidenciados pelas elevações na formação bruta de capital fixo e no investimento residencial (Figura 1.23).

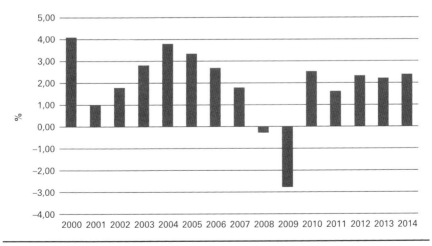

FIGURA 1.23 Crescimento anual do PIB dos Estados Unidos de 2000 a 2014.

Fonte: Adaptada de The World Bank (2015).

1.4.1.1 Política monetária

Nesta parte do livro, serão analisados os principais instrumentos de política monetária utilizados pelos Estados Unidos nos últimos anos e, principalmente, em momentos de turbulência econômica. Também verificar-se-á como essas medidas influenciam o produto e a demanda agregada e, consequentemente, toda a economia.

Nos Estados Unidos, o Banco Central responsável pela política monetária é o Federal Reserve (FED), cujas ações são relacionadas ao custo e à disponibilidade de moeda e de crédito visando ao crescimento econômico, ao controle da inflação e à oferta de empregos.

Um instrumento utilizado pelo FED para determinar a oferta de moeda é a escolha da taxa de juros. Quando o Banco Central opta por diminuir a taxa de juros, ele oferta mais moeda na economia, portanto, proporciona uma maior liquidez.

Em períodos de recessão, é possível observar que o FED opta por adotar uma política expansionista para tentar aumentar a demanda agregada da economia, diminuindo, assim, a taxa de juros.

Tanto na crise de 1991 quanto na de 2001, o FED optou por diminuir a taxa de juros básica. A diminuição dos juros aumenta a liquidez na economia, uma vez que diminui o custo de capital e pode atuar como um impulso para o consumo. A evolução da taxa de juros pode ser vista na Figura 1.24.

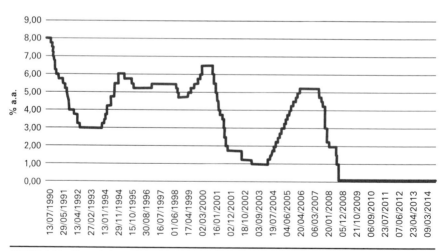

FIGURA 1.24 Taxa de juros básica dos Estados Unidos (Federal Funds) de 1990 a 2014.
Fonte: Adaptada de Ipeadata (2015).

Assim, na crise dos mercados *subprime* em 2008, o FED realizou um corte nas taxas de juros, sendo esta reduzida de 3% para uma banda de flutuação entre 0% e 0,25% ao ano, além de promover uma política monetária agressiva por meio de ações denominadas afrouxamento creditício (*credit easing*) (Bacen, 2008).

O governo dos Estados Unidos criou dois programas de assistência à liquidez, denominados *Term Securities Lending Facility* (TSLF) e *Primary Dealer Credit Facility* (PDCF), que ampliaram o volume, o prazo e a lista de garantias para os títulos hipotecários. Além disso, o Congresso dos Estados Unidos aprovou o *Troubled Asset Relief Program* (Tarp), um programa de US$ 700 bilhões que permitiu ao Tesouro comprar "ativos podres" para recapitalizar o sistema bancário. Grandes instituições foram beneficiadas por esse programa, como Goldman Sachs Group, Morgan Stanley, JPMorgan Chase e Bank of America, afetadas pela quebra do Banco Lehman Brothers e pela desconfiança do mercado financeiro (Bacen, 2008).

Segundo os economistas, a atuação do FED nos momentos de crise não é suficiente para evitar recessões, mas os instrumentos de política monetária ajudam a diminuir a intensidade das recessões.

A taxa de inflação é medida pelo aumento dos preços dos produtos de uma economia, e, quanto maior a oferta de moeda, maior é o consumo e, consequentemente, a inflação. Pela Figura 1.25, é possível perceber que, em momentos de recessão, a inflação diminui, pois o consumo agregado da economia também reduz. O presidente do FED entre 1987 e 2006 foi Alan Greenspan. Durante toda a sua administração, ele não fixou uma meta para a taxa de inflação, como ocorre em alguns países, por exemplo, o Brasil. Porém, é fácil verificar que os Estados Unidos têm optado por manter a inflação em níveis controláveis.

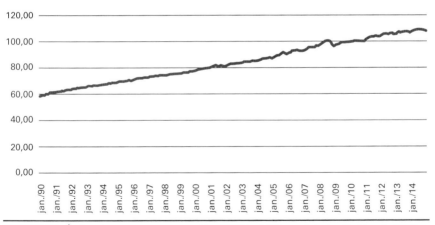

FIGURA 1.25 Índice de preços ao consumidor (2005 = 100) nos Estados Unidos de 1990 a 2014.

Fonte: Adaptada de Bacen (2015).

Os Estados Unidos mantiveram seus índices inflacionários em patamares inferiores ao nível de referência definido pelo FED, que posicionou as taxas básicas de juros nos menores níveis históricos.

1.4.1.2 Política fiscal

Conforme visto no início deste capítulo, a política fiscal compreende a administração das receitas e despesas do governo.

As receitas são provenientes de impostos e aplicações financeiras e os gastos se referem a transferências, despesas correntes e gastos de custeio.

Quando os gastos do governo, mais as amortizações e os juros pagos pela dívida, superam a receita em determinado ano, considera-se que o governo obteve um déficit. Na ocorrência de déficit, aumenta o montante da dívida pública total do país.

Nos Estados Unidos, os gastos ultrapassaram as receitas a partir de 2001, como pode ser observado na Figura 1.26. Uma das causas foi a queda nas receitas, decorrente de uma política de diminuição de impostos a partir de 2000, para tentar manter a atividade econômica aquecida e diminuir os impactos de uma recessão iminente.

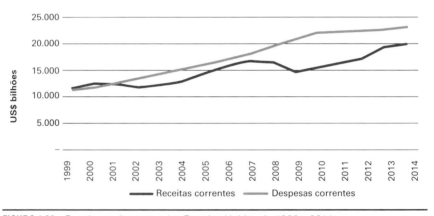

FIGURA 1.26 Receitas e despesas dos Estados Unidos de 1999 a 2014.
Fonte: Adaptada de Bureau Economic Analysis (2015).

Concomitantemente, houve um aumento dos gastos militares depois da intervenção do país no Afeganistão e, posteriormente, no Iraque, aumentando, assim, o déficit orçamentário.

Com a crise dos mercados *subprime*, o Congresso dos Estados Unidos aprovou em 2009 um pacote de US$ 787 bilhões com o objetivo de estimular a economia, por meio de gastos diretos do governo, reduções tributárias e transferências de capitais, além de um Plano de Estabilidade voltado às instituições financeiras afetadas pela crise (Bacen, 2008).

Observa-se que, a partir de 2009, as receitas do governo não acompanharam o crescimento das despesas, levando a um déficit fiscal de US$ 6,264 bilhões em 2010 (Bureau of Economic Analysis, 2015). Desde 2012, houve solicitações do governo para o Congresso dos Estados Unidos aumentar o limite do teto da dívida do país, permitindo que este continue realizando seus gastos e pagando suas dívidas. Contudo, em 2013 não houve autorização, afetando os inúmeros serviços e atividades do país que dependiam de servidores públicos.

Essas solicitações de aumento da dívida levam a grande pressão política e desgaste do governo de Barack Obama, além de gerar paralizações nos sistemas produtivos e serviços essenciais ligados aos recursos do governo federal.

1.4.1.3 Política cambial

A principal variável da política cambial é o valor da moeda local frente às moedas de outros países, ou seja, o câmbio. O valor da moeda local influencia o comércio internacional, na medida em que altera os preços dos produtos no exterior.

Desde o final do Sistema Bretton Woods, as economias adotam uma política de câmbio flutuante; porém, os governos geralmente têm uma meta da taxa de câmbio alcançada pela atuação da política monetária.

Durante toda a década de 1990 e até os dias de hoje, os Estados Unidos lidam com um déficit na balança comercial, ou seja, importam mais do que exportam. Os valores da balança comercial norte-americana podem ser vistos na Figura 1.27.

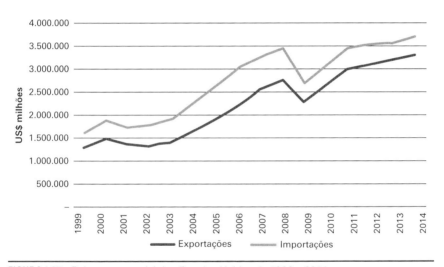

FIGURA 1.27 Balança comercial dos Estados Unidos de 1999 a 2014.
Fonte: Adaptada de Bureau Economic Analysis (2015).

Os motivos do aumento do déficit comercial, a partir de 1997, foram analisados por Blanchard (2007) como decorrentes de três fatores. Primeiro, os Estados Unidos apresentaram uma taxa de crescimento muito maior desde 1996 em relação a seus parceiros comerciais, como o Japão e a União Europeia. Decorrente disso, o país apresentou um aumento da demanda doméstica maior do que a demanda externa por seus produtos, causando o déficit comercial crescente. A valorização do dólar é apresentada como o segundo fator para o déficit da balança comercial. Com a apreciação da moeda, os produtos ficam menos competitivos no exterior, e isso foi exatamente o que ocorreu com o dólar a partir de 1997. O terceiro fator para o aumento do déficit seria o aspecto comportamental da compra dos consumidores norte-americanos, com o aumento da preferência por bens importados. Por esse motivo, os Estados Unidos atuam como o grande importador mundial. São parceiros comerciais e demandam produtos de diversos países do globo, transferindo recursos em moeda forte para seus parceiros econômicos, notadamente os países asiáticos.

Como visto anteriormente, a depreciação da moeda pode alterar a demanda externa por bens dos Estados Unidos. Porém, a desvalorização real do dólar a partir de 2002, isoladamente, não foi suficiente para uma mudança no rumo da balança comercial norte-americana, em virtude da intensidade da competição internacional, notadamente ocasionada pelo baixo custo dos produtos chineses. A evolução da taxa de câmbio norte-americana pode ser vista na Figura 1.28.

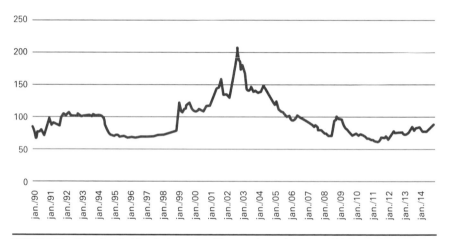

FIGURA 1.28 Taxa de câmbio efetiva real – dólar americano (1994 = 100) de 1990 a 2014.
Fonte: Adaptada de Bacen (2015).

Em 2008, a paridade do dólar em relação às moedas das principais economias desenvolvidas foi influenciada pelo acirramento da crise financeira nos mercados internacionais. Assim, com o aumento da aversão ao risco, houve crescimento da demanda por papéis do governo dos Estados Unidos e, consequentemente, apreciação do dólar em relação ao euro e à libra esterlina.

Com relação à evolução da moeda norte-americana entre os países emergentes, observou-se forte apreciação do dólar, cenário influenciado diretamente pela significativa redução dos preços e das exportações de *commodities*, além de maiores dificuldades de financiamento em um ambiente de escassez de crédito internacional.

A partir de 2010, observa-se um aumento das incertezas sobre a sustentabilidade fiscal de países da Área do Euro, mesmo com a criação de pacotes de ajuda financeira e mecanismos de apoio estabelecidos pelo FMI e pela União Europeia, levando à elevação dos prêmios de risco soberanos da Europa e apreciação do dólar diante do euro e da libra esterlina de 7% e 3,6%, respectivamente (Banco Central do Brasil, 2010).

Com a melhora no ambiente recessivo na Europa em 2013, houve uma depreciação do dólar em relação ao euro (3,9%) e à libra esterlina (1,9%). Porém, em relação às moedas de países emergentes, manteve-se o processo de apreciação da moeda norte-americana (Bacen, 2013).

1.4.1.4 Política de rendas

A política de rendas de um país pode ser analisada a partir da verificação do nível de renda dos trabalhadores e do nível de desemprego da população economicamente ativa.

Nos Estados Unidos, a variação dos salários tem uma proximidade da evolução do crescimento do PIB, mostrando que o aumento na renda tende a aumentar o produto, porém não proporcionalmente, como visto anteriormente neste capítulo. Parte da renda vai para a poupança e o restante, para o consumo.

É interessante ressaltar que nos países desenvolvidos é comum os trabalhadores possuírem outras fontes de renda, além do salário, vindas de ativos financeiros, como ações de empresas, por exemplo.

A crise dos mercados *subprime* afetou substancialmente a renda das famílias norte-americanas, como pode ser observado na Figura 1.29. Houve um momento de inflexão na curva a partir de junho de 2008 com o aumento da incerteza dos mercados financeiros e a percepção de risco das empresas, levando à variação negativa de salários e ao fechamento de postos de trabalho.

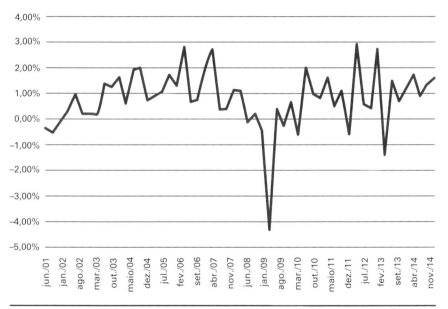

FIGURA 1.29 Variação trimestral dos salários nos Estados Unidos de 2001 a 2014.
Fonte: Adaptada de Bureau Economic Analysis (2015).

O desenvolvimento de uma nação pode ser medido por meio do PIB *per capita*, que é o valor total dos serviços e bens finais produzidos divididos pela quantidade de habitantes de determinado país. O cálculo de PIB *per capita* evita a análise isolada do PIB comparando os valores com o tamanho da população. Nos Estados Unidos, pode-se observar, pela Figura 1.30, um crescimento do PIB *per capita* desde 1990, mesmo com as crises de 1990-1991 e de 2001.

A crise de 2008 afetou a produção do país e, consequentemente o PIB *per capita*. Assim, em 2008 chegou a US$ 48.604, com queda no ano seguinte para US$ 47.002. A partir de 2010, retomou o crescimento e alcançou, em dezembro de 2014, o valor de US$ 54.629.

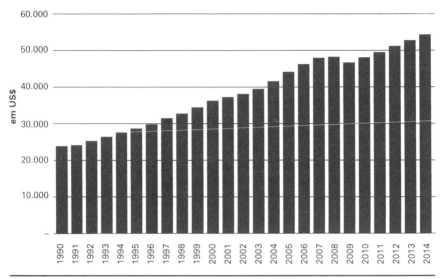

FIGURA 1.30 PIB *per capita* dos Estados Unidos de 1990 a 2014.
Fonte: Adaptada de The World Bank (2015).

Com relação à taxa de desemprego, é possível verificar pela Figura 1.31 que nos Estados Unidos ela é relativamente baixa, tendo uma média de 5,43% desde 1990.

FIGURA 1.31 Taxa de desemprego dos Estados Unidos de 1990 a 2014.
Fonte: Adaptada de Ipeadata (2015).

Após a crise de 1990-1991, o desemprego no país iniciou uma queda constante, chegando a níveis considerados mínimos, em que a demanda por mão de obra se eleva e apresenta um risco de inflação ocasionado pelo aumento dos níveis salariais.

Para conter a inflação, uma medida utilizada pelo governo foi a alta dos juros, que colaboram para diminuir o consumo e evitam a alta nos preços dos bens.

O desemprego voltou a crescer com o estouro da bolha especulativa do mercado acionário em 2001, chegando a 6,4% em junho de 2003. Nos momentos de alta de desemprego, a variação salarial diminui, pois, a oferta de mão de obra aumenta, pressionando os salários para baixo.

As taxas de desemprego dos Estados Unidos aumentaram substancialmente com a crise de 2008, alcançando o ponto máximo da série histórica analisada em outubro de 2009 com 10,2% da força de trabalho do país. Porém, a partir de 2010 houve uma melhora nos indicadores de emprego, com abertura de novos postos de trabalho para acompanhar a recuperação da economia, sobretudo em 2014, ano em que a taxa de desemprego voltou a patamares anteriores aos da crise financeira mundial.

1.4.2 Alemanha

A Alemanha é um grande parceiro comercial do Brasil. No tocante às exportações brasileiras, constata-se que, em 2014, 2,9% do que o país exporta (6,63 bilhões de dólares) tem como destino o país germânico, que é o sexto maior importador dos produtos brasileiros. O Brasil importa da Alemanha 13,84 bilhões de dólares, ou seja, 6% das importações brasileiras provêm desse país, que foi o quarto maior fornecedor de produtos importados ao Brasil no ano de 2014 (Invest & Export Brasil, 2015a). Portanto, o Brasil apresenta déficit comercial em relação à Alemanha e, ainda, tem esse país europeu como um grande parceiro comercial. Já o país não tem a mesma relevância na balança comercial alemã, que tem na França, nos Estados Unidos, no Reino Unido, na China, nos Países Baixos, na Áustria, na Itália, na Polônia, na Suíça e na Bélgica os seus principais parceiros comerciais.

O relacionamento econômico entre o Brasil e a Alemanha aconteceu antes mesmo de o país europeu ser a Alemanha conhecida de hoje. Desde o século 20, o então Império Alemão já intensificava as importações de café, borracha e tabaco da novíssima República do Brasil. O Segundo Reich também investiu capitais diretamente pela instalação de bancos, companhias de eletricidade, fábricas de produtos químicos e mineradoras. Entretanto, foi depois das duas grandes guerras mundiais que as relações se intensificaram, graças ao crescimento econômico da República Federal da Alemanha e à sua política de expansão comercial com todo o mundo ocidental. Naquele momento, o Brasil recebeu grandes indústrias alemãs: a primeira delas foi a Companhia Siderúrgica Mannesmann, em 1954, e, no período governado por Juscelino Kubitschek, chegaram a Volkswagen e os fuscas, a Daimler-Benz e a Vemag, que fabricava os DKW. Com tudo isso, no período de 1953 a 1966, a Alemanha (RFA) foi o país que mais investiu no Brasil e, ainda, era responsável por 9% do comércio exterior brasileiro, segundo Lohbauer (2000). Durante o período militar, a Alemanha participou do processo no qual o governo brasileiro queria diminuir a dependência em relação aos norte-americanos e, por isso, desejava aumentar o comércio com outros países. Além disso, Brasil e Alemanha fizeram um acordo para desenvolver a tecnologia e a produção bélica no país sul-americano. Para se ter ideia, em 1985 o Brasil era um dos cinco maiores fabricantes de produtos bélicos. A indústria bélica brasileira também obteve auxílio de muitos outros países, mas é significativa a participação alemã, apesar de várias restrições, pois os alemães mantinham vários critérios e restrições sobre quais países poderiam comprar armamentos com sua tecnologia.

Atualmente, a economia alemã é a maior economia europeia e se posiciona em quarto lugar na economia global, atrás apenas dos Estados Unidos, da China e do Japão. Apesar de ter saído derrotada nas duas Grandes Guerras Mundiais, ter seu parque industrial destruído, ter de adaptar as fábricas à produção de bens civis, sofrer um processo de hiperinflação no entre guerras, tornar-se um símbolo da divisão mundial entre o capitalismo e o socialismo pela divisão do país em República Federal da Alemanha (Ocidental) e em República Democrática Alemã (Oriental), que foram reunificadas em 1990, a economia alemã apresentou surpreendente recuperação quantitativa e qualitativa, mostrando capacidade e eficiência para superar as adversidades. No ano de 2003, passou a ser o país que mais exporta no mundo. Em 2007, exportou 1,3 trilhão de dólares e estima-se que um em cada três empregos dependa diretamente das exportações. Além disso, o país tem grande prestígio internacional com relação à qualidade dos produtos *made in Germany*.

Por ser um país desenvolvido, aproximadamente 69,5% do PIB pode ser atribuído ao setor de comércio e serviços, 29,6% ao setor industrial e 0,9% à agricultura. No setor industrial, destacam-se a metalurgia, a indústria química, a automobilística, a produção de máquinas em geral, a indústria naval e a alimentícia. Na agricultura, sobressai-se a produção de batata, beterraba, trigo e cevada; já na pecuária, destacam-se a criação bovina e suína.

A Alemanha participa de tratados comerciais e busca melhorar as relações políticas com países europeus desde 1951, por iniciativa francesa e, seis anos após o final da Segunda Guerra Mundial, com a Comunidade Europeia do Carvão e do Aço. Em 1957, os mesmos países assinaram o Tratado de Roma, criando a Comunidade Econômica Europeia (CEE), formada por Alemanha (Ocidental), Bélgica, França, Itália, Luxemburgo e Países Baixos. Vários países foram sendo incorporados à comunidade, como Dinamarca, Irlanda e Reino Unido, em 1973; Grécia, em 1981; Portugal e Espanha, em 1986; e, em 1992, por meio do Tratado de Maastricht, criou-se a União Europeia nos moldes atuais. O alargamento continuou, incorporando Áustria, Finlândia e Suécia, em 1995; República Checa, Chipre, Eslováquia, Eslovênia, Estônia, Hungria, Letônia, Lituânia, Malta e Polônia, em 2004; Bulgária e Romênia, em 2007; Croácia, em 2013 – totalizando 28 países.

A União Europeia passou por três processos principais:
- União aduaneira: visando a diminuir os custos na transação de serviços e mercadorias entre os países-membros e a criação de uma política comum quanto ao comércio com países fora do bloco econômico.
- Mercado livre: eliminação de entraves burocráticos e preparação dos membros para a livre-prestação de serviços.

- União econômica e monetária: criação de uma moeda única e convergência na condução da política econômica, o que facilitou o investimento entre os países da União.

Após esse breve comentário sobre as relações comerciais entre Brasil e Alemanha, e a apresentação da importância alemã na economia global, partir-se-á a estudar mais de perto a macroeconomia desse país, suas singularidades, seus maiores desafios e os momentos mais críticos pelos quais passaram os alemães após a reunificação.

Na política monetária, serão estudados o nível de preço e a taxa de juros. Pode-se estudar apenas uma taxa de juros, apesar de existirem várias na economia, pois as taxas de juros costumam movimentar-se com a mesma tendência e a variarem relativamente pouco entre si. As taxas não são iguais porque existem vários fatores que as influenciam, como a liquidez (as pessoas preferem ativos mais líquidos) e o risco; quanto maior o risco, maiores serão as taxas de juros. Em seguida, serão analisados a política fiscal, a dívida (estoque) e o superávit/déficit fiscal (fluxo), no contexto da União Europeia, restrições e metas a serem cumpridas pelos países que participaram da união monetária. Na política cambial, serão vistos o saldo da balança comercial, as reservas internacionais e as variações na taxa de câmbio. Por fim, na política de renda, analisar-se-ão o PIB e alguns indicadores que afetam diretamente a população, como a produção industrial, a variação nos salários e a porcentagem de desempregados.

1.4.2.1 Política monetária

Essa taxa de juros alemã apresentada a seguir, conceitualmente, equivale à taxa *Overnight*/Selic do mercado brasileiro. O aumento das taxas de juros no início da década de 1990 pode ser considerado uma medida do Deutsche Bundesbank, banco central alemão, para evitar altas consecutivas no nível de preços em resposta à reunificação alemã, pois se esperava um aumento da demanda em consequência dos grandes investimentos na parte oriental do país e também pelo ingresso de vários consumidores no setor interno.

Isso refletiu em toda a Europa, pois já existia um tratado monetário europeu desde 1979 que visava a controlar as flutuações entre as moedas: o Sistema Monetário Europeu (SME). Assim, para manter a paridade marco/franco, por exemplo, a França teve de aumentar mais ainda a taxa de juros, pois os investidores não sabiam se o país manteria a relação monetária em relação ao marco. Outro problema para o restante dos países europeus é que a inflação e a inflação esperada alemã eram mais altas e, consequentemente, sua taxa real de juros mais baixa. Dessa forma, a Europa passou por um período de diminuição das taxas de crescimento do PIB, em razão de aumentos na taxa real de juros, que inibiram o consumo e o investimento. A recessão de 1993 na Europa e na Alemanha tem nesses aumentos da taxa de juros uma de suas possíveis causas. Como era esperado, depois das baixas taxas de crescimento do PIB em 1992 e a recessão de 1993, as taxas de juros começaram a cair, seguindo essa tendência até o final de 1999.

Em 2002 e 2003, o país passava por um período de baixo crescimento econômico. Visando a diminuir os impactos de uma possível recessão, o governo adotou uma política monetária expansionista, de redução na taxa de juros, deslocando a curva da oferta de moeda para a direita na análise da preferência pela liquidez de

Keynes (o retorno esperado da moeda é zero). Deve-se considerar também o fato de que, em recessões, as expectativas não beneficiam o investimento, o que diminui a demanda por crédito e, consequentemente, também a taxa de juros.

Já no final de 2005, em virtude do aquecimento da economia iniciado em 2004, que aumentou a renda e, consequentemente, a demanda por moeda, verificou-se o aumento das taxas de juros. Isso pode ser explicado pela análise da preferência pela liquidez, pois a curva de demanda por moeda se desloca para a direita. Em uma análise alternativa, a abordagem dos fundos emprestáveis, pode-se verificar o mesmo resultado: o crescimento econômico aumenta as possibilidades de investimentos com retornos esperados maiores, o que desloca a curva de oferta de títulos (bônus, dívida) para a direita, pois as empresas desejam realizar maiores investimentos, diminuindo, assim, os preços destes.

Como as taxas de juros e os preços dos títulos são inversamente relacionados, observa-se um aumento nas taxas de juros. Mesmo o efeito de um aquecimento econômico sobre a demanda de títulos, aumentando a demanda e, assim, também os preços dos títulos, e levando a uma redução nas taxas de juros, não mudaria a tendência de aumento nas taxas de juros. Dados empíricos mostram que o deslocamento da curva de oferta é maior que o da curva de demanda por títulos, o que confirma o aumento nas taxas de juros e a congruência das duas análises. Aliás, a partir de evidências empíricas, pode-se observar esse movimento da economia em períodos de crescimento econômicos, nos quais se observa a gradual elevação da taxa de juros. Em recessões, ao contrário, há diminuição das taxas de juros.

Observa-se que a taxa de juros da Alemanha sofreu substancial redução a partir de 1992, apresentando movimentos de alta para atender às conjunturas econômicas, além de acompanhar a consolidação da Área do Euro (Figura 1.32).

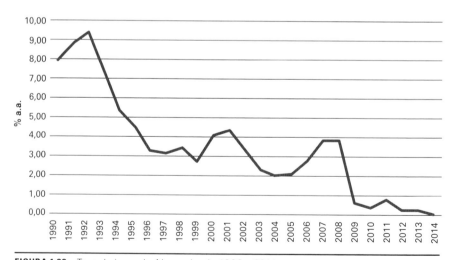

FIGURA 1.32 Taxa de juros da Alemanha de 1990 a 2014.

Fonte: Adaptada de Ipeadata (2015).

A taxa de inflação na Alemanha é baixa, ficando próxima da dos demais países europeus. Contudo, observa-se uma maior pressão dos preços com a retomada do crescimento econômico da Zona do Euro depois de 2010 (Figura 1.33). Baixos índices de inflação estão previstos para 2015, pressionando o presidente do Banco Central Europeu, Mario Draghi, a adotar medidas para evitar a deflação no bloco.

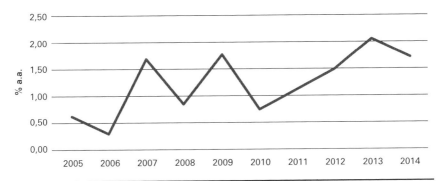

FIGURA 1.33 Taxa de inflação da Alemanha de 2005 a 2014.
Fonte: Adaptada de The World Bank (2015).

O índice de preço ao atacado manteve-se relativamente estável na década de 1990, mas, depois do ano 2000, observaram-se uma maior taxa de crescimento e um descolamento do IPC, o índice de preços ao consumidor após 2004, possivelmente em virtude da alta dos preços das *commodities*, como o alumínio, que teve uma valorização de 95% de 2002 a 2007; o preço do petróleo também se valorizou consideravelmente; de 31 de dezembro de 2004 a 31 de dezembro de 2007, a valorização foi de 132%. O IPA (Índice de Preços por Atacado) vem crescendo a menores taxas, entretanto espera-se que, em um futuro próximo, os preços ao consumidor aumentem com maiores taxas de crescimento, acompanhando o IPA (Figura 1.34).

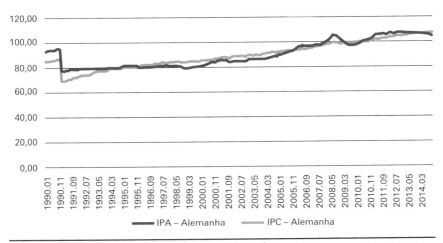

FIGURA 1.34 Índice de Preços ao Consumidor (IPC) e Índice de Preços por Atacado (IPA) da Alemanha de 1990 a 2014 (2005 = 100).
Fonte: Adaptada de Ipeadata (2015).

1.4.2.2 Política fiscal

Quando a Alemanha decidiu participar da união monetária, teve de respeitar alguns critérios, entre eles algumas restrições sobre a política fiscal, que serão detalhadas a seguir:

1.4.2.2.1 Critérios de Maastricht

Visando a possibilitar a união econômica e monetária dos países que desejam adotar a moeda comum, foram criados alguns critérios a serem cumpridos pelos países que adotaram e desejam adotar o euro. São cinco critérios, segundo o manuscrito formulado pela Direção-Geral da Imprensa e da Comunicação da Comissão Europeia concluído em setembro de 2003.

- **Estabilidade dos preços:** a taxa de inflação não deve ultrapassar em mais de 1,5% a taxa de inflação dos três Estados-membros com melhores resultados no ano precedente.
- **Déficit orçamental (diferença entre receita e despesa pública):** o déficit deve, a princípio, ser inferior a 3% do PIB.
- **Dívida:** o limite foi fixado em 60% do PIB, contudo um país com endividamento/PIB mais elevado pode adotar o euro, caso o nível da dívida esteja diminuindo de forma regular.
- **Taxas de juros a longo prazo:** não devem ultrapassar em mais de 2% as taxas dos três Estados-Membros com as melhores taxas de inflação no ano precedente.
- **Estabilidade das taxas de câmbio:** as taxas de câmbio devem permanecer, durante dois anos, entre as margens de flutuação predefinidas. Essas margens são as previstas pelo mecanismo europeu de taxas de câmbio, um sistema opcional para os Estados-membros que quiserem ligar a sua moeda ao euro.

A partir de 1997, o governo alemão começou a diminuir seus déficits em porcentagem do PIB. Em 1998, o déficit foi de 2,2% e, em janeiro de 1999, quando ocorreu a união monetária, a Alemanha estava respeitando o Tratado de Maastricht, chegando a atingir o menor valor registrado desde a reunificação alemã (1,1% do PIB), em 2001. Entretanto, a tendência mudou de queda para uma tendência de crescimento e, em 2003, atingiu 4% do PIB.

A Alemanha apresentou déficit de 0,9% do PIB em 2011, porém essa tendência se alterou com o maior crescimento das receitas do governo, levando a superávits de 0,1% nos anos de 2012 e 2013 e de 0,7% em 2014, resultado da austeridade fiscal prevista nas diretrizes da Área do Euro (Destatis, 2015).

Com relação à dívida pública inferior a 60% do PIB prevista no Tratado de Maastricht, observa-se que esta vem apresentando resultados superiores aos da meta, com valores de 77,9% em 2011, 79,3% em 2012, 77,1% em 2013 e 74,7% em 2014, conforme informações da Destatis (2015). Essa tendência vem sendo acompanhada pelos demais países europeus, cujas dívidas têm crescido substancialmente frente às estagnações das economias, com destaque para Grécia, Portugal, Irlanda, Itália, Espanha, França e Bélgica.

O crescimento da dívida do governo alemão pode ser observado pela Figura 1.35, na qual há maior endividamento do governo após o agravamento da crise financeira mundial em 2008.

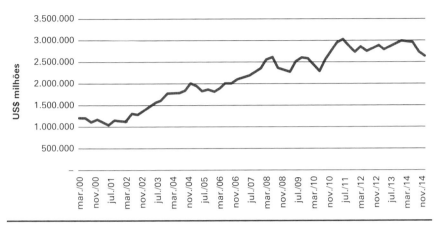

FIGURA 1.35   Dívida do setor público alemão de 2000 a 2014.
Fonte: Adaptada de The World Bank (2015).

1.4.2.3   Política cambial

Desde que o Departamento Federal de Estatísticas (Destatis) começou a acompanhar a balança comercial no país, em 1950, a Alemanha só apresentou déficits comerciais em 1950 e 1951; a partir de 2000, apresentou um crescimento elevado nos saldos positivos, superávits da balança comercial, sendo, em 2014, o saldo de 216.905 milhões de euros, com exportações no valor de 1.113.541 milhões de euros e importações no valor de 916.636 milhões de euros (Figuras 1.36 e 1.37).

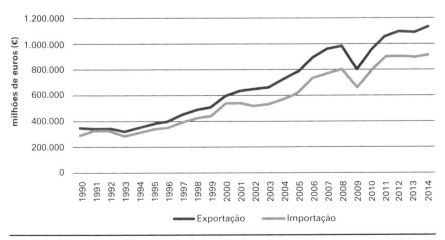

FIGURA 1.36   Importação e exportação na Alemanha de 1990 a 2014.
Fonte: Adaptada de Destatis (2015).

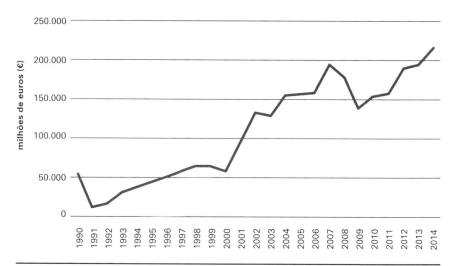

FIGURA 1.37 Saldo da Balança comercial da Alemanha de 1990 a 2014.
Fonte: Adaptada de Destatis (2015).

O comércio exterior é muito importante para a Alemanha, alavancando o país à terceira posição de maiores exportadores do mundo, representando 8% do comércio global. Está atrás apenas da China e dos Estados Unidos, com participações de 12,40% e 8,60%, respectivamente (Exame, 2015b).

Os destinos das exportações alemãs são, em ordem de grandeza, França, Estados Unidos, Reino Unido, China e Países Baixos. Já as importações provêm dos Países Baixos, da França, da China, da Bélgica e da Itália (Invest & Export Brasil, 2015b).

Com o início da utilização do euro em janeiro de 1999, 11 países passaram a utilizar uma única moeda: Alemanha, Áustria, Bélgica, Espanha, Finlândia, França, Irlanda, Itália, Luxemburgo, Países Baixos e Portugal. Pouco tempo depois, a Grécia foi inclusa e o 13º país foi a Eslovênia. Em janeiro de 2008, Malta e Chipre também aderiram ao euro. A moeda comum se desvalorizou em relação ao dólar a partir de janeiro de 1999. Em fevereiro de 2000, era necessário mais de um euro para trocá-lo por um dólar e a moeda europeia continuou valendo menos que o dólar até dezembro de 2002; a partir de então, a moeda só valorizou e, em novembro de 2007, um dólar "comprava" 0,68 euro.

A valorização do euro continuou mesmo depois do aprofundamento da crise *subprime* com origem nos Estados Unidos, sem movimentos bruscos na paridade do poder de compra. Em julho de 2008, houve a maior cotação da moeda em relação ao dólar, com 1 dólar comprando 0,63 euro. Já em dezembro de 2014, a cotação chegou a 0,81 €/US$, com o dólar valorizando-se em relação às principais moedas do mundo ao longo de 2015 (Figura 1.38).

FIGURA 1.38 Taxa de câmbio euro/dólar de 1999 a 2014.

Fonte: Adaptada de Ipeadata (2015).

Apesar da valorização do euro, observa-se que as exportações e, mais surpreendentemente, os superávits da balança comercial continuaram a aumentar. Isso pode ser explicado em grande parte pelas parcerias comerciais alemãs, pois os seus maiores parceiros comerciais também utilizam o euro, caso da França, da Itália, dos Países Baixos, da Bélgica, da Áustria e da Espanha. Outro grande parceiro comercial, a Inglaterra, utiliza a libra, a qual se mantém relativamente pareada ao euro desde julho de 2003, o que beneficia as exportações. Outro fator de importância é a qualidade do produto alemão, reconhecida internacionalmente.

As reservas internacionais alemãs foram de 193 bilhões de dólares em 2014 e, desde janeiro de 2002, apresentam uma tendência de crescimento. Isso pode ser explicado pelos seguidos superávits na balança comercial e pela valorização cambial. A valorização cambial ocorre em virtude de a demanda por euro por outros países, governos, empresas, instituições financeiras, residentes, entre outros, ser maior do que a demanda por moedas estrangeiras dentro da Zona do Euro. Essa maior demanda externa pode ser causada pela necessidade de pagamento de dívidas, compra de títulos e reenvio de lucros, de tal forma que essas atitudes afetam positivamente as reservas internacionais alemãs.

As reservas alemãs cresceram, sobretudo nos períodos de austeridade na economia da Zona do Euro, o que levou a baixo crescimento econômico, aumento do desemprego e baixa inflação (Figura 1.39). Porém, com a crise da dívida grega, essas reservas foram reduzidas em 2013 e 2014, refletindo a oscilação do valor de mercado dos ativos que compõem as reservas, como os títulos da dívida dos Estados Unidos e dos demais países ao redor do mundo.

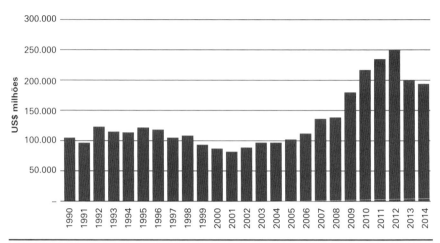

FIGURA 1.39 Reservas internacionais da Alemanha de 1990 a 2014.
Fonte: Adaptada de The World Bank (2015).

1.4.2.4 Política de rendas

A economia alemã é a terceira maior do mundo, fechando 2014 com um PIB de US$ 3.852.556 milhões (Figura 1.40). A partir de 2002, vem apresentando boas taxas de crescimento, sustentadas pelo ambiente de otimismo empresarial, expansão dos gastos de consumo e evolução positiva das exportações.

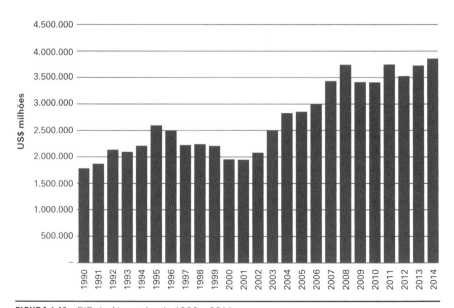

FIGURA 1.40 PIB da Alemanha de 1990 a 2014.
Fonte: Adaptada de The World Bank (2015).

O PIB *per capita* alemão foi de US$ 47.627 em 2014 (Figura 1.41). Sua trajetória ascendente começou, sobretudo, com a maior estabilidade da Área do Euro, aliada a um ambiente econômico internacional favorável ao investimento e consumo.

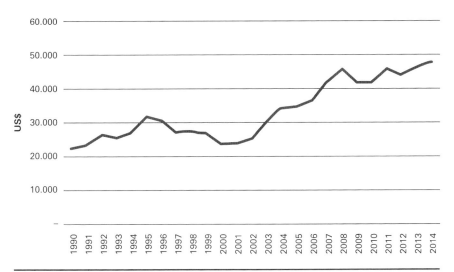

FIGURA 1.41 PIB *per capita* da Alemanha de 1990 a 2014.
Fonte: Adaptada de The World Bank (2015).

É possível observar, na Figura 1.42, que, logo depois da unificação, em 1990 e início de 1991, a Alemanha apresentou um grande crescimento do PIB, com taxas de crescimento de 5,3% e 5,1% a.a., respectivamente, em consequência do grande investimento na reestruturação da Alemanha Oriental e do aumento do mercado consumidor interno, com a entrada de cerca de 17 milhões de pessoas. Mas vale ressaltar que o parque industrial relativamente da Alemanha do Leste está sucateado, e que, com o aumento da população, o PIB *per capita* diminuiu. A reunificação alemã contribuiu significativamente para a recessão alemã de 1993, já que houve grandes investimentos na reestruturação do país.

No ano de 2001, a taxa de crescimento do PIB alemão diminuiu e, em 2003, chegou a ser negativa, segundo dados da Organização das Nações Unidas (ONU). Muitos economistas acreditam que a desaceleração econômica alemã refletiu a crise norte-americana de 2001.

Destaca-se, na Figura 1.42, o forte impacto da crise dos mercados *subprime* em 2008, com a Alemanha sofrendo uma variação negativa do PIB de 14,4% no primeiro trimestre de 2009, evidência do ambiente recessivo na Zona do Euro. Observam-se também variações negativas do PIB alemão no quarto trimestre de 2012, decorrentes da desaceleração econômica do bloco, afetando o investimento e o consumo das famílias e, no segundo trimestre de 2014, em virtude da incerteza no bloco em relação à dívida grega, somada às crises políticas na Ucrânia e no Oriente Médio.

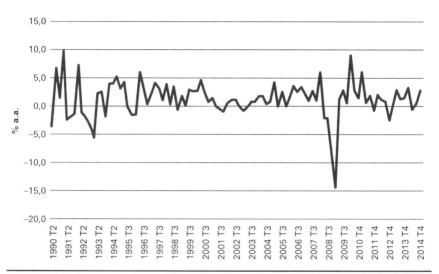

FIGURA 1.42 Variação real do PIB da Alemanha de 1990 a 2014.

Fonte: Adaptada de Ipeadata (2015).

Comparando as taxas de variação da produção industrial alemã com as variações reais do PIB, constatou-se uma similaridade nos comportamentos de ambas, como o esperado, pois, em expansões econômicas, ocorre um aumento da oferta de bens. A produção industrial é muito importante para a Alemanha, pois representa a maior parte das exportações (Figura 1.43).

FIGURA 1.43 Variação da produção industrial da Alemanha de 1990 a 2014.

Fonte: Adaptada de Ipeadata (2015).

O salário dos trabalhadores alemães continua a aumentar, ainda que em taxas menores do que as do início da década de 1990. Essas elevadas e positivas variações salariais no início dos anos 1990 são causadas pelo ajustamento dos salários da área socialista após a reunificação e, principalmente, pelas altas taxas de crescimento do PIB.

Depois dos anos de 1993 e 2003, observam-se diminuições das taxas de aumento dos salários. Isso ocorreu porque são períodos em que a economia está se recuperando de baixas taxas de crescimento econômico e até mesmo de taxas negativas. O processo de ajustamento dos salários muitas vezes é longo, pois existe o que os economistas chamam de rigidez salarial para baixo.

A partir de 2004, viu-se um crescimento dos rendimentos brutos acompanhando a evolução do PIB alemão. Observa-se uma diferença entre as remunerações de homens e mulheres mesmo o país sendo uma economia madura e desenvolvida. Assim, em 2014 as mulheres tiveram ganhos mensais 17,5% inferiores aos dos homens (Figura 1.44).

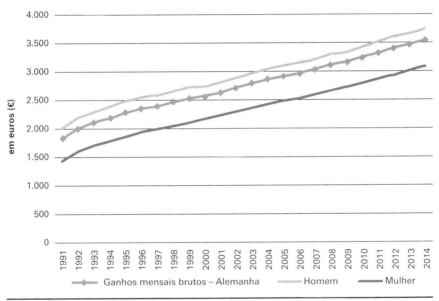

FIGURA 1.44 Ganhos mensais brutos da Alemanha de 1991 a 2014.
Fonte: Adaptada de Destatis (2015).

A taxa europeia de desemprego era baixa na década de 1960 até meados de 1975, quando começou a aumentar e continuou crescendo até o final da década de 1980. A partir de então, essa taxa se manteve elevada e variou em torno de 9% a.a. No mesmo período, também se observou a redução da taxa de inflação, respeitando, assim, a curva de Philips, que mostra uma relação negativa entre inflação e desemprego, ou seja, quando a inflação diminui, a taxa de desemprego aumenta, e o inverso também é verdadeiro. E seguindo a mesma linha de raciocínio, também respeita um dos dez princípios da economia propostos por Mankiw (2005), que enuncia que a sociedade enfrenta um *trade-off* de curto prazo entre inflação e desemprego.

Muitos economistas acreditam que a crise do petróleo na década de 1970 e a diminuição da taxa de progresso tecnológico na década de 1980 tenham aumentado a taxa natural de desemprego. Atribui-se a não adaptação das instituições do mercado europeu às mudanças na economia, pela manutenção da taxa de desemprego elevada nos anos 1990 e no início do século 21, pois se acredita que o seguro-desemprego, o salário mínimo e as legislações protecionistas ao emprego estejam muito altos ou muito rígidos. Após a reunificação, a taxa de desemprego atingiu um mínimo de 6,2% da força de trabalho em abril de 1991, logo depois de um rápido crescimento do PIB, e o ponto máximo de 11,9% em dezembro de 1997. A partir de maio de 2005, quando o desemprego atingiu uma taxa de 11,8% da força de trabalho e cerca de 5 milhões de alemães estavam desempregados, verificou-se uma constante redução nas taxas de desemprego em decorrência do crescimento econômico mundial, somada às pressões populares que levaram o governo a agir de maneira mais enérgica. Assim, em fevereiro de 2008, a taxa de desemprego era de 8%, a menor taxa observada desde setembro de 1993.

A partir de 2008, verificou-se uma trajetória descendente da taxa de desemprego alemã, com esta alcançando a mínima histórica de 6,5% em dezembro de 2014. A Alemanha está em uma posição confortável em relação aos demais países da Zona do Euro, cuja taxa de desemprego consolidada foi de 11,29%, segundo a Eurostat (2015) (Figura 1.45).

FIGURA 1.45 Taxa de desemprego da Alemanha de 1990 a 2014.
Fonte: Adaptada de Ipeadata (2015).

Em situação difícil estão os jovens europeus em busca de emprego, mas somente 7,6% da população jovem alemã está desempregada. Já na Espanha, esse índice é de 53,7%, Grécia, 50,7%, e Itália, 42,9% (G1 Economia, 2014b). Esse índice demonstra a disparidade de indicadores entre os países europeus, fato que dificulta a aprovação de medidas de incentivos fiscais e monetárias em busca de crescimento econômico e bem-estar social, já que as decisões são centralizadas no Banco Central Europeu e os governos têm pouca manobra para ações na área fiscal.

1.4.3 China

A China é um país com características próprias, já que de ampla proporção territorial (9,6 mil km^2), com uma população de 1,357 bilhão de pessoas, com uma economia socialista de mercado com taxas de crescimento real do PIB elevadas. Além disso, o país é o maior exportador do mundo, concentrando cerca de 12,40% do comércio global e, ao mesmo tempo, mantém uma imagem séria, oriental, reservada e de introspecção.

Há mais de 4 mil anos, surgiu o que hoje se conhece como China. O seu processo de origem pode ser dividido em três fases. A primeira, que termina em 221 a.C., é marcada por seu final bélico e de expansão territorial. Na segunda fase, a primeira era imperial, o país continua a expandir-se, conquistando grande parte do território chinês dos atuais limites territoriais e quando a muralha da China é construída. A terceira fase, a segunda era imperial, é caracterizada pela reunificação entre o norte e o sul.

Em meio à nova era iniciada pela Revolução Industrial, a China passou por um período de grande influência política e econômica ocidental inglesa. Essa influência exercida pelos ingleses não é por respeito ou admiração dos chineses para com os *lords*, mas sim por imposição. A Inglaterra, com a intenção de aumentar o mercado consumidor e conseguir novos produtos, voltou seu interesse para o Ocidente; entretanto, a China não se interessou em comercializar com os ocidentais, o que gerou uma série de problemas e as duas Guerras do Ópio – uma de 1839 a 1842 e a segunda de 1856 a 1860.

No início do século 20, a China passava por um período de grandes dificuldades econômicas, levando, assim, a uma condição de vida muito precária ao povo chinês, o que gerou grandes movimentos contra a presença estrangeira no país. Dessa maneira, o período imperial foi encerrado na dinastia Manchu e iniciou-se a República da China por volta de 1911. Contudo, esta foi invadida pelo governo japonês e só recuperou completamente sua soberania após o término da Segunda Guerra Mundial e a proclamação da República Popular da China.

A criação do exército vermelho por Mao Tsé-Tung com o apoio popular dos agricultores, graças à promessa do uso coletivo das terras e a criação de um sistema político igualitário, levou o país a enfrentar uma guerra interna nas décadas de 1930 e 1940. Em 1949, é proclamada a República Popular da China e os perdedores fogem para Taiwan.

O Partido Comunista Chinês logo percebeu que aumentar a produtividade agrícola e desenvolver a indústria pesada eram necessidades iminentes e, com o controle estatal, buscava resolver esses problemas, até que, em 1958, com o "grande salto à frente", a China não viu suas metas realizadas e sofreu com fomes generalizadas. O país seguiu sofrendo com esse problema e, em 1966, se desenvolveu a Revolução Cultural, com grande deslocamento da população jovem urbana para as regiões rurais. A Revolução Cultural foi promovida por choques dentro do partido comunista chinês pela busca de poder e acabou por gerar desaceleração econômica, terminando dez anos mais tarde com a morte de Mao Tsé-Tung.

Em 1972, Richard Nixon visitou Pequim, quando foram estabelecidas relações comerciais entre a China e os Estados Unidos, em um período de desunião entre a União Soviética e a República Popular da China. Assim, nasceu para o mundo um grande dragão econômico. Mas foi somente com Deng Xiaoping, o criador da economia socialista de mercado, que a China ganhou impulso econômico. Em 1978, após um período de prolongada seca, o governo foi forçado a afrouxar os controles sobre a atividade agrícola. Pelas novas regras, os produtores agrícolas podiam reter parte de sua produção para consumo ou venda. Essa oportunidade estimulou muito os camponeses, com aumento significativo da produtividade agrícola. As reformas agrícolas logo foram adaptadas à indústria, obtendo rapidamente sucesso com o relaxamento dos rigorosos controles estatais. No final da década de 1970, também foram criadas as ZEE (Zonas Econômicas Especiais), responsáveis por grande produção industrial e comércio com o exterior.

Segundo Carlos Aguiar de Medeiros, na década de 1980, observam-se termos de troca favoráveis à agricultura (o preço dos produtos agrícolas se valorizou em relação ao dos demais), o que aumentou a renda agrícola e provocou crescimento do consumo de bens industriais; assim, verificou-se no início da década uma grande expansão do setor primário seguida de um grande crescimento da indústria leve voltada à produção de bens de consumo e, no final da década, as mais altas taxas de crescimento ficaram com as indústrias de bens de capital.

A China é uma economia com grande expressão mundial, em razão das suas elevadas taxas de crescimento econômico e da numerosa população.

Com o aumento da importância comercial chinesa, também surgiram vários acordos internacionais, e a importância da China nas relações internacionais aumentou. No ano de 1972, o mesmo ano da visita do presidente norte-americano ao Estado comunista, a China recebeu uma cadeira permanente na Organização das Nações Unidas (ONU), substituindo a República da China (Taiwan). Com o passar dos anos, os chineses estabelecem vários acordos bilaterais de comércio e também acordos em blocos. O país asiático aderiu à Organização Mundial do Comércio (OMC) em 11 de dezembro de 2001. A China também faz parte do FMI (Fundo Monetário Internacional), da Apec (Cooperação Econômica da Ásia e do Pacífico), da Aiea (Agência Internacional de Energia Atômica), da Unesco (Organização das Nações Unidas para Educação) e da OMC (Organização Mundial do Comércio), entre outras.

Outro ponto importante a ser citado é com relação à propriedade privada. Segundo dados da Embaixada da República Popular da China no Brasil, atualmente existem propriedades estatais, coletivas, privadas e societárias, além da presença de propriedades privadas adquiridas com capital estrangeiro e capital misto, principalmente as *joint ventures* voltadas ao mercado interno, que a partir da década de 1990 observaram grande crescimento, frente às voltadas à exportação, que recebiam todo o investimento estrangeiro até então.

1.4.3.1 Política monetária

Segundo Greenspan (2007), pelo fato de a China não ser democrática e, dessa maneira, não apresentar o que ele chama de válvula de segurança para minimizar as fontes de inquietação, ou seja, as pessoas não têm o direito de escolher seus representantes e votar ou deixar de votar no político que as agrade ou desagrade, o país corre maiores riscos de revoltas e manifestações populares. Dessa forma, o governo chinês se preocupa com as taxas de inflação, pois, com frequência, a hiperinflação chinesa da década de 1940 é citada como principal fator para as revoltas que conduziram esse mesmo Partido Comunista Chinês ao poder em 1949.

No início do século 21, observa-se que os alimentos puxaram o aumento do nível de preço chinês. Em todos os anos, o aumento nos preços dos alimentos foi maior do que aquele no nível geral de preços ao consumidor. A inflação chinesa é inconstante, alternando momentos de inflações mais altas e momentos que chegam a apresentar deflação. Para exemplificar, em 1994, o IPC foi de 24,2%; em 1998, foi de –0,8%; no período de 1998 a 2003, o país apresentou pouca variação, alternando baixas deflações com baixas inflações; em 2007, a China apresentou um IPC de 4,75%, uma elevação persistente decorrente da pressão nos preços dos alimentos e superaquecimento da atividade econômica.

Em 2009, o comportamento da inflação na China apresentou dois momentos distintos. Os meses após o acirramento da crise mundial levaram a um menor dinamismo das exportações e à retração nos preços dos alimentos e energia, o que provocou uma variação negativa de 1,8% do IPC em julho (Bacen, 2009).

Porém, com a recuperação dos preços das *commodities*, em aliança a um ambiente de ampliação da liquidez, houve uma reversão na trajetória da variação anual do IPC, que atingiu 1,9% em dezembro de 2009 (Bacen, 2009).

Ao longo de 2011, houve um novo pico de inflação na China em virtude da elevação no preço dos alimentos. Para evitar pressões inflacionárias, o Banco do Povo da China (BPC) adotou o controle inflacionário como prioridade da política macroeconômica, com o objetivo de conter a inflação dos bens e serviços e a elevação dos preços dos ativos imobiliários (Figura 1.46).

FIGURA 1.46 Índice de preços ao consumidor (IPC) na China de 1990 a 2014.
Fonte: Adaptada de Ipeadata (2015).

Em cenário de superaquecimento da atividade econômica, recorde no superávit comercial e ampliação na liquidez interna o BPC atuou de forma contracionista aumentando as taxas de juros do país, que atingiram 7,47% em dezembro de 2007 (Bacen, 2007).

As pressões nos preços dos alimentos e da energia mantiveram-se em 2008, ainda que o governo chinês tenha mantido as taxas de juros ao longo do primeiro semestre, utilizando o aumento do recolhimento compulsório como ferramenta de política monetária. Contudo, no segundo semestre, em resposta à deterioração do ambiente financeiro internacional, o BPC reduziu a taxa de juros para 5,31% a.a. e promoveu cortes nas taxas dos depósitos compulsórios, fixando-a em 14,5% em 2008 (Bacen, 2008).

Diante da trajetória favorável da inflação, o BPC reduziu a taxa básica de juros para 6,31% a.a. em julho de 2012 e nova redução para 6% a.a. em dezembro, cujos valores foram mantidos até novembro de 2014 (Figura 1.47).

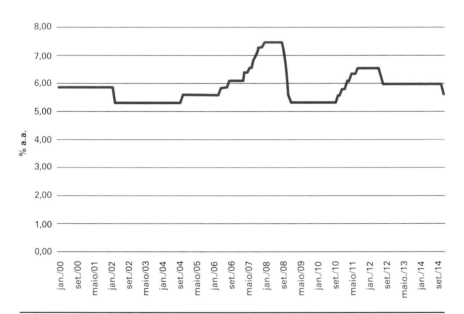

FIGURA 1.47 Taxa de juros da China de 2000 a 2014.
Fonte: Adaptada de Bacen (2015).

1.4.3.2 Política fiscal

A China vem empreendendo uma política fiscal expansionista, visando ao desenvolvimento de áreas essenciais da economia, como infraestrutura de portos e aeroportos, e à sustentabilidade do crescimento chinês a níveis elevados.

Em 2008, o governo chinês introduziu estímulos fiscais da ordem de US$ 586 bilhões destinados a melhorar a infraestrutura aeroviária, ferroviária e as condições gerais do campo (Bacen, 2008).

No período representado na Figura 1.48, o déficit fiscal chinês foi maior em 2010, representando 2,8% do PIB. Com o enfraquecimento da demanda doméstica e as perspectivas de desaceleração da economia internacional, as autoridades chinesas divulgaram ao longo do ano medidas de estímulos a investimentos em infraestrutura e à demanda doméstica por veículos, envolvendo cerca de US$ 100 bilhões (Bacen, 2010).

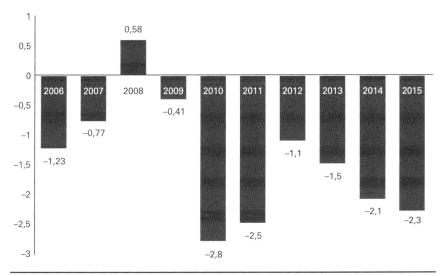

FIGURA 1.48 Déficit orçamentário (% PIB) da China de 2006 a 2015.
Fonte: Adaptada de Trading Economics (2015).

A China fechou 2015 com um déficit fiscal de 2,3% do PIB (Figura 1.48). Assim, o país para suportar uma economia em desaquecimento e elevado endividamento dos governos locais que realizaram investimentos a partir de 2009 com recursos de um programa de estímulo do governo, estão ampliando o endividamento em nível nacional (Exame, 2015a).

As despesas do governo chinês foram de 89.874,2 milhões de yuans em 2010, chegando a 151.661,5 milhões de yuans em 2014, uma alta de 68,7% em 4 anos. Já as receitas do governo alcançaram 83.101,3 milhões de yuans em 2010 e cerca de 140.349,7 yuans em 2014, uma alta de 68,89% em 4 anos (Banco Popular da China, 2015).

Se forem analisadas as receitas e despesas do governo chinês em relação ao PIB, observa-se uma maior convergência em 2014, com estas alcançando 8,6% e 8,2% do PIB, respectivamente (Banco Popular da China, 2015) (Figura 1.49).

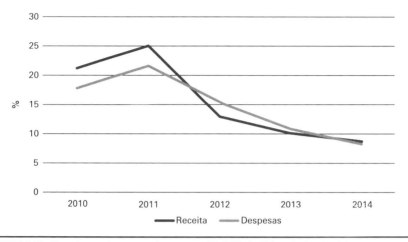

FIGURA 1.49 Receitas e despesas do governo (% PIB) da China de 2010 a 2014.
Fonte: Adaptada de Banco Popular da China (2015).

1.4.3.3 Política cambial

A China passou a fazer parte da OMC em 11 de dezembro de 2001, um fator relevante para o comércio mundial, visto que essa organização regulariza e supervisiona as transações comerciais em âmbito global entre os seus países-membros e a integração cada vez maior da China no mercado mundial é muito bem-vista. Em 2007, a China já era o segundo país em termos de participação no comércio internacional, segundo um levantamento realizado pela OMC. E, em 2014, o país se posicionou como o maior exportador mundial, com uma parcela de 12,40% do comércio global (Tabela 1.2).

TABELA 1.2 Maiores exportadores (em dólares).

2014	País	Valor Total (em US$)	Parcela do comércio global	Em relação a 2013
1°	China	2,34 trilhões	12,40%	aumento de 6%
2°	Estados Unidos	1,62 trilhão	8,60%	aumento de 3%
3°	Alemanha	1,51 trilhão	8,00%	aumento de 4%
4°	Japão	684 bilhões	3,60%	queda de 4%
5°	Holanda	672 bilhões	3,60%	igual
6°	França	583 bilhões	3,10%	igual
7°	Coreia do Sul	573 bilhões	3,00%	aumento de 2%
8°	Itália	529 bilhões	2,80%	aumento de 2%
9°	Hong Kong	524 bilhões	2,80%	queda de 2%
10°	Reino Unido	507 bilhões	2,70%	queda de 6%
25°	Brasil	225 bilhões	1,20%	queda de 7%

Fonte: Adaptada de Exame (2015b).

No ano de 1993, a China apresentou um déficit na balança comercial. Contudo, depois de 1994, o país passou a apresentar seguidos superávits, possíveis graças a mudanças no câmbio, após se perceber que a taxa de câmbio estava muito valorizada, o que deprimia as exportações. O planejamento central comunista passou por um lento processo de desvalorização do câmbio, que não gerou o efeito esperado. Assim, em 1994, com uma grande desvalorização cambial, o país passou a apresentar superávits na balança comercial (Figura 1.50).

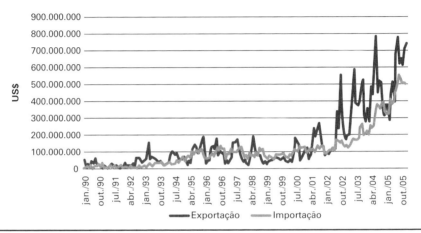

FIGURA 1.50 Balança comercial da China de 1990 a 2005.
Fonte: Adaptada de Bacen (2015).

Com o crescimento vertiginoso chinês a partir de 2006, viu-se a inserção do país no comércio global, tornando-se um grande exportador de bens manufaturados e importador de *commodities* agrícolas e matérias-primas para a crescente indústria do país (Figura 1.51).

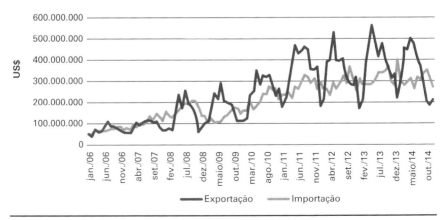

FIGURA 1.51 Balança comercial da China de 2006 a 2014.
Fonte: Adaptada de Bacen (2015).

De novembro de 1986 a novembro de 1989, a taxa de câmbio era fixa em 3,72 yuans por dólar. Então, o governo começou o lento processo de desvalorização e, em dezembro de 1993, a taxa de câmbio era de 5,80. Em janeiro de 1994, a taxa cambial saltou para 8,7, o que representou uma desvalorização de 33,3%. Desde então, o câmbio se manteve fixo em 8,28, até junho de 2005, quando se observou um câmbio, agora, artificialmente desvalorizado. Dessa maneira, iniciou-se um lento processo de valorização da moeda chinesa e, em dezembro de 2007, a taxa de câmbio observada foi de 7,37 yuans por dólar.

A taxa de câmbio chinesa passou a se valorizar com o agravamento da crise financeira mundial, chegando a 6,10 yuans/US$ em janeiro de 2014. Porém, observa-se um movimento das autoridades chinesas na desvalorização do yuan para a manutenção da competitividade das exportações do país em um momento de crescimento econômico enfraquecido (Figura 1.52).

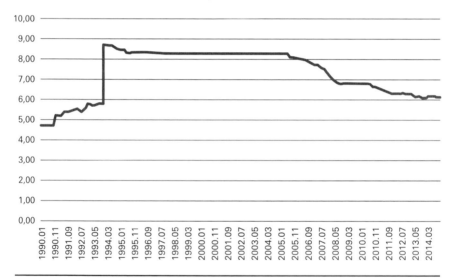

FIGURA 1.52 Taxa de câmbio yuan (US$) de 1990 a 2014.
Fonte: Adaptada de Ipeadata (2015).

Durante esse processo, no qual a taxa de câmbio estava artificialmente desvalorizada, observa-se um grande aumento das reservas internacionais da China. Isso ocorreu porque o câmbio desvalorizado beneficiava as exportações e, assim, aumentava a demanda por moeda local, o yuan. Para manter a taxa cambial fixa nesse patamar desvalorizado, o governo chinês intervinha no mercado e comprava moeda estrangeira para, dessa maneira, diminuir a oferta dessas últimas e manter o preço relativo delas em comparação ao yuan. Para se ter ideia, as reservas internacionais chinesas são nove vezes maiores no ano de 2007 em comparação a 1999.

Como grande país exportador, a China tem as maiores reservas de moeda estrangeira do mundo, alcançando US$ 3,9 trilhões em 2014. O país também é o maior detentor de títulos do governo dos Estados Unidos depois do FED, além de manter títulos da dívida de países da Área do Euro (Figura 1.53).

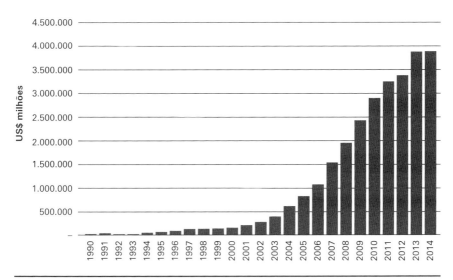

FIGURA 1.53 Reservas internacionais da China de 1990 a 2014.
Fonte: Adaptada de The World Bank (2015).

Outra aplicação prevista das reservas internacionais chinesas são investimentos em empresas do mundo todo, tendo como principal ferramenta o China Investiment Corp (CIC), seu fundo soberano.

1.4.3.4 Política de rendas

A economia chinesa está em grande expansão, sendo responsável pelas maiores taxas de crescimento observadas no mundo. Esse grande crescimento fez a China superar, em termos de PIB a preços correntes, vários países desenvolvidos e de grande expressão econômica mundial.

O PIB chinês apresentou um elevado crescimento a partir de 1994, quando era de 582 bilhões. Em 2006, o PIB foi de 2,73 trilhões de dólares, com taxa real média de crescimento nesse período de 9,7% a.a., taxa alta se comparada à de outros países.

A China era a sexta maior economia do mundo em 2000, com um PIB de US$ 1,2 trilhão. Ultrapassou a França, em 2005, o Reino Unido, em 2006, e a Alemanha, em 2007, tornando-se a terceira maior economia do mundo, com um PIB de US$ 3,5 trilhões (The World Bank, 2015).

Com taxas de crescimento vertiginosas, a China suplantou a economia japonesa em 2009, chegando ao ano de 2014 com um PIB de US$ 10,3 trilhões (Tabelas 1.3 e 1.4).

TABELA 1.3 PIB das 10 maiores economias do mundo (em US$ milhões) de 2000 a 2006.

País	2000	2001	2002	2003	2004	2005	2006
Estados Unidos	10.284.779	10.621.824	10.977.514	11.510.670	12.274.928	13.093.726	13.855.888
Japão	4.731.199	4.159.860	3.980.820	4.302.939	4.655.803	4.571.867	4.356.750
Alemanha	1.947.208	1.947.928	2.076.303	2.502.314	2.815.471	2.857.630	2.998.620
China	1.205.261	1.332.240	1.461.914	1.649.921	1.941.746	2.268.594	2.729.784
Reino Unido	1.548.664	1.529.095	1.674.417	1.943.714	2.298.043	2.412.109	2.582.753
França	1.368.438	1.382.218	1.500.338	1.848.124	2.124.112	2.203.679	2.325.012
Itália	1.142.214	1.162.785	1.267.043	1.570.330	1.799.126	1.853.512	1.943.530
Brasil	657.216	559.612	508.780	559.008	669.643	892.107	1.107.789
Rússia	259.708	306.603	345.110	430.348	591.017	764.016	989.931
Índia	476.609	493.954	523.969	618.356	721.586	834.215	949.117

Fonte: Adaptada de The World Bank (2015).

TABELA 1.4 PIB das 10 maiores economias do mundo (em US$ milhões) de 2007 a 2014.

País	2007	2008	2009	2010	2011	2012	2013	2014
Estados Unidos	14.477.635	14.718.582	14.418.739	14.964.372	15.517.926	16.163.158	16.768.053	17.419.000
China	3.523.094	4.558.431	5.059.420	6.039.659	7.492.432	8.461.623	9.490.603	10.360.105
Japão	4.356.348	4.849.185	5.035.142	5.495.386	5.905.632	5.954.477	4.919.563	4.601.461
Alemanha	3.435.683	3.746.917	3.412.976	3.412.212	3.751.877	3.533.242	3.730.261	3.852.556
Reino Unido	2.963.097	2.791.682	2.308.995	2.407.857	2.592.016	2.614.946	2.678.173	2.941.886
França	2.663.113	2.923.466	2.693.827	2.646.995	2.862.502	2.681.416	2.810.249	2.829.192
Brasil	1.395.968	1.694.616	1.664.563	2.209.400	2.615.190	2.413.174	2.392.095	2.346.118
Itália	2.204.086	2.391.875	2.186.239	2.126.748	2.278.089	2.075.221	2.136.948	2.144.338
Índia	1.238.699	1.224.097	1.365.371	1.708.459	1.835.814	1.831.782	1.861.802	2.066.902
Rússia	1.299.706	1.660.846	1.222.644	1.524.917	1.904.794	2.016.112	2.079.025	1.860.598

Fonte: Adaptada de The World Bank (2015).

O crescimento substancial da economia chinesa pode ser observado pela Figura 1.54, na qual percebe-se que, mesmo com a crise financeira internacional, o país manteve sua economia aquecida, com medidas de políticas monetária expansivas, investimento em infraestrutura e crescimento das exportações de bens e serviços.

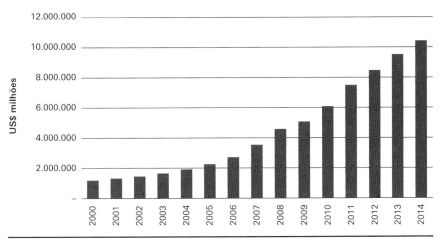

FIGURA 1.54 PIB da China de 2000 a 2014.

Fonte: Adaptada de The World Bank (2015).

Pelas Tabelas 1.5 e 1.6, é possível observar as taxas de crescimento do PIB das 10 maiores economias do mundo. Destacam-se os países emergentes, sobretudo China e Índia, que mantiveram um ritmo acelerado mesmo em um ambiente de incertezas e baixa liquidez internacional.

TABELA 1.5 Crescimento anual do PIB das 10 maiores economias do mundo de 2000 a 2006.

País	2000	2001	2002	2003	2004	2005	2006
Brasil	4,38	1,28	3,07	1,22	5,66	3,15	4,00
China	8,43	8,30	9,09	10,02	10,08	11,35	12,69
França	3,88	1,95	1,12	0,82	2,79	1,61	2,37
Alemanha	2,98	1,70	0,01	−0,72	1,18	0,71	3,71
Índia	3,84	4,82	3,80	7,86	7,92	9,28	9,26
Itália	3,71	1,77	0,25	0,15	1,58	0,95	2,01
Japão	2,26	0,36	0,29	1,69	2,36	1,30	1,69
Rússia	10,00	5,09	4,74	7,30	7,18	6,38	8,15
Reino Unido	3,77	2,66	2,45	4,30	2,45	2,81	3,04
Estados Unidos	4,09	0,98	1,79	2,81	3,79	3,35	2,67

Fonte: Adaptada de The World Bank (2015).

TABELA 1.6 Crescimento anual do PIB das 10 maiores economias do mundo de 2007 a 2014.

País	2007	2008	2009	2010	2011	2012	2013	2014
Brasil	6,01	5,02	-0,24	7,57	3,92	1,76	2,74	0,14
China	14,19	9,62	9,23	10,63	9,48	7,75	7,68	7,35
França	2,36	0,20	-2,94	1,97	2,08	0,18	0,66	0,18
Alemanha	3,27	1,05	-5,64	4,09	3,59	0,38	0,11	1,60
Índia	9,80	3,89	8,48	10,26	6,64	5,08	6,90	7,42
Itália	1,47	-1,05	-5,48	1,71	0,59	-2,77	-1,70	-0,43
Japão	2,19	-1,04	-5,53	4,65	-0,45	1,75	1,61	-0,10
Rússia	8,54	5,25	-7,82	4,50	4,26	3,41	1,34	0,64
Reino Unido	2,56	-0,33	-4,31	1,91	1,65	0,66	1,66	2,55
Estados Unidos	1,78	-0,29	-2,78	2,53	1,60	2,32	2,22	2,39

Fonte: Adaptada de The World Bank (2015).

Mesmo com as elevadas taxas de crescimento econômico, a China ainda tem um PIB *per capita* baixo se comparado ao de países de economia madura. Em 1990, o PIB *per capita* chinês era de US$ 316, chegando, em 2000, ao valor de US$ 955.

Com o crescimento da produção industrial, investimentos em infraestrutura e consumo das famílias, o PIB *per capita* chegou a US$ 2.673 em 2007, alcançando 2014 com valores de US$ 7.594 (Figura 1.55).

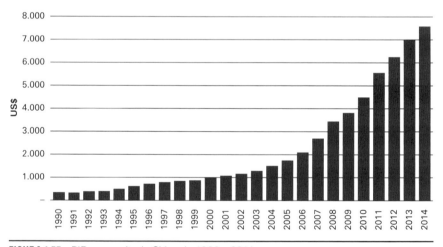

FIGURA 1.55 PIB *per capita* da China de 1990 a 2014.

Fonte: Adaptada de The World Bank (2015).

Vale ressaltar que a população chinesa abrange cerca de 1,357 bilhão de pessoas, o que dilui o PIB e mostra que, apesar de a China apresentar um grande produto e altas taxas de crescimento, o país não é desenvolvido. Fazendo um paralelo, o PIB *per capita* brasileiro em 2014 foi de US$ 11.614.

A taxa de desemprego da força de trabalho chinesa não teve variações significativas de 1991 a 2014 (Figura 1.56). Mesmo em momentos de crise, com destaque para a Crise Asiática de 1997 e a crise dos mercados *subprime* em 2008, ela não sofreu alterações abruptas, estando sempre próxima dos 4%.

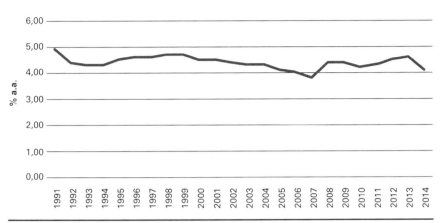

FIGURA 1.56 Taxa de desemprego na China de 1991 a 2014.
Fonte: Adaptada de The World Bank (2015).

1.4.4 Argentina

A Argentina, ao lado do Brasil, é um dos países com maior destaque na América Latina e no Mercosul. As relações comerciais entre Brasil e Argentina são significativas e os dois países são bastante alinhados em relação a desafios, desenvolvimento econômico, político e social, redução de desigualdades e fortalecimento das instituições democráticas.

A Argentina será apresentada, a seguir, por meio de um panorama dos principais acontecimentos políticos e econômicos das últimas décadas e da análise macrofinanceira do país, realizada a partir de dados das políticas monetária, cambial, de rendas e fiscal.

O governo militar na Argentina deixou para o país uma herança de dívida externa que cresceu cerca de 850% entre 1976 e 1983 e quebra do setor industrial. Raúl Ricardo Alfonsín assumiu o governo nesse cenário e instaurou o Plano Austral em 1985, conhecido como "economia de guerra". Esse plano conteve a inflação durante certo período, mas não solucionou os problemas vigentes. Além disso, houve forte insatisfação por parte dos trabalhadores, com alto número de greves sindicais e fortalecimento das oposições.

Carlos Saúl Menem, candidato oposicionista, assumiu o cargo da presidência em 1989, deparando-se com um país de economia extremamente comprometida e com índices inflacionários preocupantes, caminhando para um processo hiperinflacionário. O primeiro mandato de Menem concentrou-se na estabilização da inflação e o principal instrumento para esse fim foi a sanção da Lei da Convertibilidade, impulsionada por Domingo Cavallo, Ministro da Economia.

A Lei da Convertibilidade mantinha o câmbio da argentina fixo, com o peso atrelado ao dólar em proporção igualitária. O peso artificialmente valorizado, no entanto, proporcionou aumento expressivo da dívida externa argentina. É necessário destacar também, nesse governo, um grande número de privatizações no país e o estabelecimento do Tratado de Assunção, que originou o Mercosul. Menem foi reeleito nas eleições presidenciais de 1995 e seu segundo mandato caracterizou-se por uma deterioração das condições de vida da população, aumento do desemprego e da pobreza, além do crescimento da dívida externa.

Fernando de La Rúa sucedeu a Menem e seu governo buscou soluções não ortodoxas para resolver a crise econômica da Argentina, que já se arrastava por muitos anos. Foi marcado por medidas impopulares, como o "corralito", que consistiu na limitação de retirada de dinheiro do sistema bancário. O desemprego e a dívida externa continuaram crescendo e a população, mostrando sua decepção com as medidas civis e econômicas, foi às ruas exigindo mudanças. O movimento conhecido como "Panelaço", pela utilização de panelas levadas às manifestações para "fazer barulho", induziu o decreto de estado de sítio e culminou com a renúncia de Domingo Cavallo e, posteriormente, de Fernando de la Rúa. Ramón Puerta assumiu provisoriamente, seguido por Adolfo Rodriguez Saá. O novo presidente teve seu governo marcado por haver decretado moratória da dívida externa.

O sistema de conversibilidade implantado na Argentina favoreceu um padrão de crescimento baseado no aumento do consumo privado, financiado com endividamento externo. O aumento nos gastos com bens e serviços externos era maior que a capacidade de obtenção de divisas com exportação. Os juros, dessa forma, cresceram expressivamente na participação dos gastos públicos e a recessão entre 1999 e 2002, contribuiu ainda mais para agravar a situação fiscal do setor público argentino. A crise atingiu seu auge em 2001, resultando na renúncia de Saá. Eduardo Camaño, presidente da Câmara de Deputados, assumiu a presidência.

Como forma de solução da crise política instaurada, o Partido Justicialista indicou Eduardo Duhalde como presidente provisório e conseguiu viabilizar essa indicação com Duhalde governando provisoriamente de 2002 a 2003. Néstor Kirchner venceu as eleições presidenciais em 2003 e assumiu um país com indicadores sociais fortemente deteriorados. Os salários reais haviam diminuído ao longo de todo o período anterior ao seu governo e os índices de pobreza e desigualdade estavam entre os piores da América Latina. O peso argentino, sem a condição de câmbio fixo desde o ápice da crise, desvalorizou-se.

A adoção de medidas mais ortodoxas levou a Argentina a, gradativamente, ao longo do governo Kirchner, recobrar parte de sua pujança. Assim, o país viveu no ano de 2007 um período de reestruturação vitoriosa, com crescimento elevado do PIB do país, adoção de uma política monetária-cambial favorável e melhora de indicadores sociais.

A eleição de Cristina Kirchner, esposa do ex-presidente, em 2007, não modificou as possibilidades concretas de melhora dos indicadores sociais e econômicos, seguindo a perspectiva de crescimento da economia mundial.

O primeiro mandato de Cristina Kirchner teve como principais desafios a inflação persistente, a demanda dos sindicatos por salários mais altos e a baixa disponibilidade do crédito para investimentos empresariais.

Em 2007, o país perdeu credibilidade institucional ao realizar uma intervenção no Indec (instituto de pesquisas da argentina semelhante ao IBGE no Brasil), com intenção de maquiar os dados oficiais da inflação no país, que estavam acima dos 20%, segundo analistas privados.

A presidente procurou ampliar os benefícios sociais em seu governo e, com um crescimento econômico sustentável, redução da pobreza e criação de programas de seguridade social, conseguiu sua reeleição em 2011, com vitória em primeiro turno.

Contudo, seu governo também teve escândalos políticos de aliados acusados de tráfico de influências, estatização de empresa no setor de energia e companhia aérea, pressões na ONU para reaver a soberania sobre as Ilhas Malvinas, gerando desavenças com o Reino Unido (as ilhas são consideradas território ultramarino do país), além de ataques ao grupo Clarín, conglomerado de mídia da Argentina.

O PIB da Argentina, como observado na Figura 1.57, atingiu um pico histórico no ano de 1998 e posteriormente sofreu sucessivas desacelerações, com o menor valor no ano de 2002. Após esse período recessivo, houve a retomada do crescimento com os governos de Néstor e Cristina Kirchner, com recuo do PIB do país em 2009, derivado da crise internacional, em que se observou um mercado financeiro com baixa liquidez e de elevada incerteza na economia.

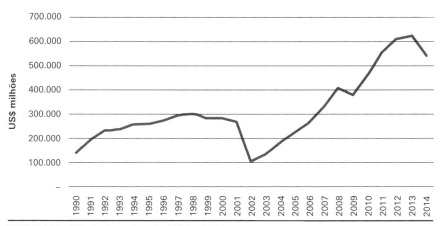

FIGURA 1.57 PIB da Argentina de 1990 a 2014.
Fonte: Adaptada de The World Bank (2015).

1.4.4.1 Política monetária

Na Argentina, o Banco Central responsável pela política monetária é o Banco Central de la República Argentina, que tem ações relacionadas a controle monetário e creditício. Segundo o *site* institucional do banco, o objetivo da sua política monetária consistente, formulada e implementada é garantir o equilíbrio no mercado monetário, incentivando simultaneamente a poupança e o investimento. O Programa Monetário, com o objetivo de equilibrar a oferta e a demanda de dinheiro e proporcionar um ambiente de estabilidade de preços, é base para a política monetária do país.

A evolução da taxa de juros argentina, como apresentada na Figura 1.58, mostra períodos de pico, especialmente nos anos de crise no país, sobretudo em 2001 e 2002. A necessidade de capital do governo no período da crise impactou em um aumento da taxa de juros, adotado pelo governo com o objetivo de atrair capital internacional de forma rápida.

94 Análise Financeira de Empresas

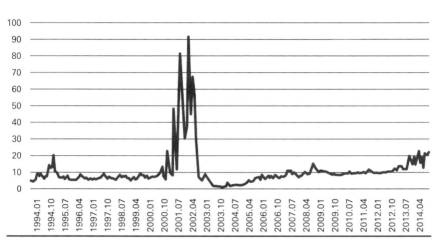

FIGURA 1.58 Taxa de juros da Argentina de 1994 a 2014.
Fonte: Adaptada de Ipeadata (2015).

A Figura 1.59 mostra a evolução do índice de preços ao consumidor na Argentina, tomando-se por base o ano de 2005 igual a 100. A taxa de inflação é medida pelo aumento dos preços dos produtos.

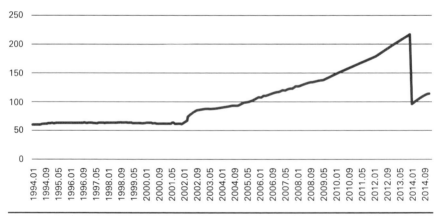

FIGURA 1.59 Índice de preços ao consumidor (IPC) da Argentina (2005 = 100) de 1994 a 2014.
Fonte: Adaptada de Ipeadata (2015).

O período hiperinflacionário argentino terminou com controle dos preços nos anos 1990, decorrente da instauração do Plano de Conversibilidade, correspondendo ao patamar observado no diagrama que se estende até o início de 2002. Em janeiro daquele ano, em virtude da desvalorização do peso, observou-se a explosão de uma inflação acumulada, que chegou a 40%.

Após esse período crítico, os índices arrefeceram um pouco, porém o aumento da inflação na Argentina nos últimos anos constitui-se ainda em um problema real para a economia argentina. Os valores da inflação divulgados pelo Instituto Nacional de

Estatísticas e Censos (Indec), no ano de 2007, foram alvo de críticas, alegando-se uma suposta manipulação do governo. A subestimação dos dados afeta o que a Argentina deve pagar pelos seus títulos públicos e manipula os dados reais sobre a pobreza. Discutem-se também, nesse período, pressões por parte do governo sobre o setor privado para limitar os aumentos de preço por meio de acordos de estabilização.

Segundo a Revista *Veja* (2015), estimativas de consultorias privadas apontam que a Argentina fechou o ano de 2014 com uma inflação entre 35 e 39%, decorrente, sobretudo, da desvalorização cambial do peso argentino e da pressão nos preços dos alimentos.

1.4.4.2 Política fiscal

A análise da administração dos recursos e gastos do governo é o objetivo principal da política fiscal. As receitas do governo proveem essencialmente de tributos arrecadados, enquanto os gastos de consumo, juros de dívidas, prestações de seguridade social e transferências correntes. Observa-se que, a partir de 2001, houve uma queda acentuada dos gastos correntes, inicialmente fruto do período imediatamente posterior ao auge da crise argentina e, na sequência, pelas próprias medidas econômicas adotadas a partir do governo Kirchner. Verifica-se também um aumento dos recursos correntes a partir de 2002, resultando em uma inversão das curvas em que os recursos passam a superar os gastos correntes.

A dívida líquida do setor público em porcentagem do PIB mostra que o governo argentino reduziu seu endividamento a partir de 2005, chegando próximo dos 30% em 2011 (Figura 1.60). Porém, com o agravamento da crise internacional e do ambiente inflacionário do país, a dívida voltou a trajetória ascendente, chegando a 2014 a 43,63% do PIB.

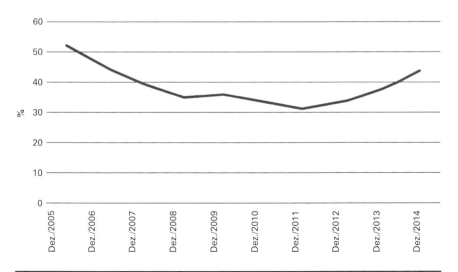

FIGURA 1.60 Dívida líquida do setor público (% PIB) da Argentina de 2005 a 2014.

Fonte: Adaptada de Grupo de Monitoramento Macroeconômico do Mercosul (2015).

O resultado primário é definido pela diferença entre receitas e despesas do governo, excluindo-se da conta as receitas e despesas com juros. Caso essa diferença seja positiva, tem-se um "superávit primário"; caso seja negativa, tem-se um "déficit primário" (Brasil, 2015).

Em 2004, no governo de Néstor Kirchner, iniciou-se a reestruturação da dívida e renegociação com o FMI, aliada a uma contenção dos gastos públicos, já em curso, e ao aumento da arrecadação tributária. Isso permitiu a manutenção de resultados tanto primários quanto financeiros positivos, colocando um ponto final no ciclo deficitário vivido pela Argentina até 2002.

De 2002 a 2009, o governo argentino conquistou resultados primários consistentes decorrentes da recuperação do crescimento e melhoria fiscal, o que incentivava a demanda por moeda argentina e estabilizava o mercado de câmbio. Porém, esse ciclo positivo foi encerrado em 2010, com o crescimento das despesas do governo superiores às das receitas, incorrendo a partir de 2012 em déficit primário e chegando a 2014 a déficit de 0,89% do PIB, pior resultado desde 2000 (Figura 1.61).

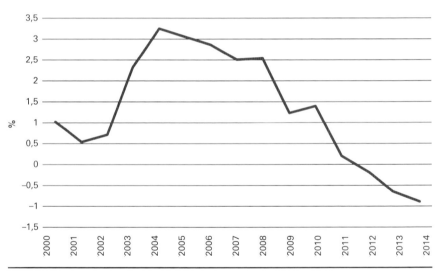

FIGURA 1.61 Resultado primário (% PIB) da Argentina de 2000 a 2014.
Fonte: Adaptada de Grupo de Monitoramento Macroeconômico do Mercosul (2015).

O calote da dívida em 2001 teve impactos em 2014, ano em que credores de fundos que não aceitaram a renegociação da dívida feita pelo presidente Néstor Kirchner em 2005 entraram na justiça dos Estados Unidos para receber o total do valor dos títulos sem descontos ou parcelamento, diferentemente dos 90% dos detentores desses títulos que aceitaram receber menos e de forma parcelada.

Assim, nessa batalha jurídica em junho o governo da Argentina fez um depósito de US$ 1 bilhão para credores que aceitaram a renegociação, porém esses recursos foram bloqueados por decisão de um juiz da corte norte-americana. Com os recursos bloqueados, o governo entrou em um "calote involuntário", o que agravou o perfil institucional do país no mercado internacional (G1 Economia, 2014a).

Em agosto de 2015, a Argentina conseguiu desbloquear os recursos para o pagamento da dívida reestruturada. Porém, essa disputa abriu precedentes para que o governo sofra sanções decorrentes de decisões judiciais desfavoráveis.

1.4.4.3 Política cambial

O câmbio de um país mede o valor da moeda local frente à de outros países. O dólar é a referência mais utilizada para a análise do câmbio de um país. A Figura 1.62 mostra o comportamento do câmbio argentino a partir dos anos 1990.

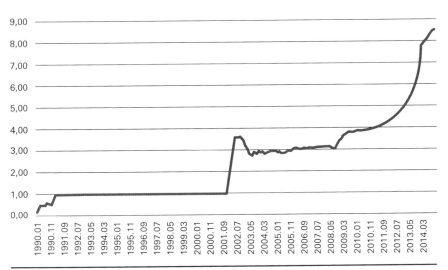

FIGURA 1.62 Taxa de câmbio (peso argentino/dólar) de 1990 a 2014.
Fonte: Adaptada de Ipeadata (2015).

Durante a vigência da conversibilidade, a Argentina manteve o câmbio fixo atrelando o valor da sua moeda (peso) ao dólar, no período de 1991 a 2002. O Plano de Conversibilidade foi proposto como uma tentativa de combater efeitos da elevada inflação. A crise gerada por uma política cambial irreal, que mantinha o peso artificialmente valorizado, prolongou-se até o ano de 2002, seu auge, quando a moeda voltou a variar livremente e sofreu uma drástica e imediata desvalorização. Com o início da recuperação da crise, em meados de 2003, o sistema bancário conseguiu uma considerável recomposição, com aumento de depósitos e empréstimos. O câmbio, que havia atingido a marca de 3,6 peso/dólar, retornou a patamares próximos a 2,8 peso/dólar, sofrendo, a partir daí leves desvalorizações, que resultaram em câmbio próximo de 3,1 peso/dólar ao final de 2007.

Com a crise de 2008, observa-se uma forte desvalorização do peso em relação ao dólar, chegando ao final de 2014 a 8,51 peso/dólar. Nesse período, houve redução na intervenção do Banco Central da Argentina no mercado de câmbio, em que este removendo os controles cambiais na compra de dólares por pessoas físicas, que estavam proibidas desde julho de 2012.

A política cambial da Argentina era vista por analistas como insustentável, em virtude do panorama econômico de baixo crescimento, elevada inflação e aumento do desemprego. Porém, a grande preocupação em torno da desvalorização reside na queda das reservas internacionais do país, sobretudo em 2013 e 2014, pois o país precisa desses recursos para o pagamento dos juros da dívida, além de estar preparado para um cenário econômico adverso, gerando saída de recursos do país em busca de países com menor risco de *default* (Figura 1.63).

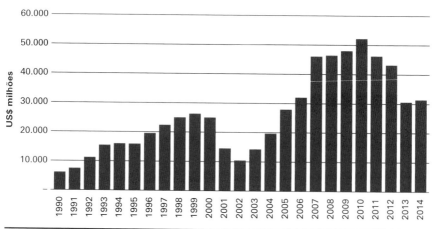

FIGURA 1.63   Reservas internacionais da Argentina de 1990 a 2014.
Fonte: Adaptada de The World Bank (2015).

Observa-se, na Figura 1.64, que as exportações argentinas, que vinham apresentando um crescimento discreto ou estabilização nos anos de 1990, passaram por um relevante crescimento a partir de 2003, com a recuperação da economia. As importações tiveram um comportamento similar nos citados períodos, no entanto experimentaram uma queda no período de 2000 a 2002, retomando seu crescimento nos anos seguintes. Esse comportamento, aliado ao crescimento das exportações, propiciou um saldo positivo praticamente constante na balança comercial, o que não ocorria nos anos 1990.

No primeiro trimestre de 2008, as exportações argentinas alcançaram os 15,7 bilhões de dólares, apresentando um aumento de mais de 40% em relação ao mesmo período de 2007 e de cerca de 140% em relação a 2003. As importações no primeiro trimestre de 2008 alcançaram 12,8 bilhões de dólares, apresentando um aumento de 40% em relação ao mesmo período do ano anterior (Fundación Exportar, 2008). O saldo na balança comercial positivo evidenciou a manutenção do reaquecimento do comércio (tanto as exportações quanto as importações) após os anos de crise na Argentina (Figura 1.64).

Os quatro grandes grupos de exportação Argentina são manufaturas de origem agropecuária, manufaturas de origem industrial, produtos primários e combustíveis e energia. Os principais produtos de exportação são cereais, óleos e azeites vegetais, alimentos de origem agropecuária, material de transporte e química e petroquímica. Os produtos de importação predominantes são manufaturas industriais.

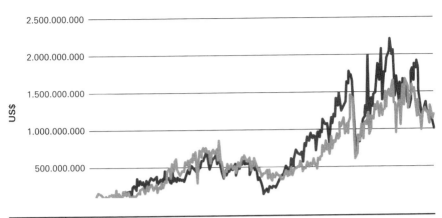

FIGURA 1.64 Balança comercial da Argentina de 1990 a 2014.
Fonte: Adaptada de Bacen (2015).

Os blocos econômicos que mantêm relações comerciais com a Argentina são, prioritariamente, o Mercosul (Mercado Comum do Sul), a União Europeia, a Asean (Associação das Nações do Sudeste Asiático) e o Nafta (Tratado Norte-Americano de Livre Comércio).

É válido observar a importância relevante do Brasil nas relações comerciais com a Argentina. No ano de 2014, 20,3% das exportações argentinas eram destinadas ao Brasil, 6,5% para a China e 5,9% para os Estados Unidos, como pode ser observado na Tabela 1.7.

TABELA 1.7 Destino das exportações da Argentina em 2014.

País	2014	% total
Brasil	13.881	20,3%
China	4.462	6,5%
Estados Unidos	4.040	5,9%
Chile	2.792	4,1%
Venezuela	1.984	2,9%
Índia	1.810	2,6%
Espanha	1.696	2,5%
Canadá	1.657	2,4%
Argélia	1.601	2,3%
Países Baixos	1.574	2,3%
Subtotal	35.498	51,9%
Outros países	32.837	48,1%
Total	**68.335**	**100%**

Fonte: Invest & Export Brasil (2015c).

Com relação às importações, observa-se que o Brasil tem papel preponderante na balança de pagamentos do país, com participação de 21,8% das importações, 16,4% da China e 13,5% dos Estados Unidos, como pode ser observado na Tabela 1.8.

TABELA 1.8 Destino das importações da Argentina em 2014.

País	2014	% total
Brasil	14.208	21,8%
China	10.703	16,4%
Estados Unidos	8.833	13,5%
Alemanha	3.512	5,4%
Bolívia	2.744	4,2%
Trinidad e Tobago	1.842	2,8%
México	1.639	2,5%
Itália	1.629	2,5%
França	1.419	2,2%
Japão	1.374	2,1%
Subtotal	47.904	73,3%
Outros países	17.419	26,7%
Total	**65.323**	**100%**

Fonte: Invest & Export Brasil (2015c).

1.4.4.4 Política de rendas

A Argentina sempre se caracterizou por seus baixos níveis de desemprego, o que propiciava um crescimento da imigração. As sucessivas crises econômicas no país, a partir dos anos 1980, no entanto, resultaram em maior preocupação com a falta de trabalho.

A Figura 1.65 mostra valores crescentes da taxa de desemprego a partir de 1992, atingindo um patamar próximo a 20% em 1995 e 1996. Há uma leve queda nos anos subsequentes, mas os índices ainda permaneceram altos, na casa dos 15%, e voltaram a crescer, atingindo quase 20% em 2002.

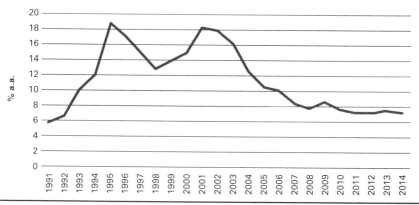

FIGURA 1.65 Taxa de desemprego na Argentina de 1991 a 2014.
Fonte: Adaptada de The World Bank (2015).

A partir de 2003, observa-se uma queda acentuada no desemprego no país, com uma mínima história de 7,1% em 2011. Contudo, com um cenário econômico marcado por elevada inflação, baixo crescimento e câmbio volátil, é possível prever um cenário mais complicado para o mercado de trabalho no país.

É importante ressaltar que a Argentina é o país da América Latina com um dos maiores valores de PIB *per capita*. (Figura 1.66). O país fechou o ano de 2014 com um PIB *per capita* de US$ 12.922 contra US$ 11.613 do Brasil, US$ 10.361 do México e US$ 14.519 do Chile.

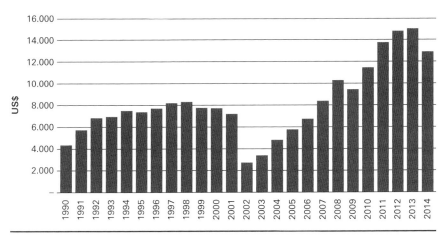

FIGURA 1.66 PIB *per capita* na Argentina de 1990 a 2014.
Fonte: Adaptada de The World Bank (2015).

A Argentina tem um dos maiores índices de desenvolvimento humano (IDH) do mundo. Está presente no seleto grupo de países com desenvolvimento humano elevado, na 49ª posição, com índice de 0,808, na análise da expectativa de vida ao nascer, da educação e do PIB *per capita*. Como medida de comparação, o Chile é o melhor país da América Latina (41ª posição), Uruguai (50ª posição), México (71ª posição) e Brasil (79ª posição) (Human Development Reports, 2014).

QUESTÕES

1. Defina o conceito de macrofinanças e seus aspectos básicos.
2. Qual a importância da análise macrofinanceira para a gestão financeira das empresas?
3. O que são políticas macroeconômicas? Qual a relação existente entre as políticas macroeconômicas e a gestão financeira organizacional?
4. Quais as principais políticas macroeconômicas? Explique.
5. Quais os principais componentes de cada uma das políticas macroeconômicas? Explique.
6. Como as principais políticas macroeconômicas impactam os resultados das empresas? Exemplifique.
7. Por que as variações na taxa de câmbio influenciam de modo diferente os resultados de empresas de setores distintos? Exemplifique.
8. Qual o efeito provável que uma redução do depósito compulsório exercerá sobre a disponibilidade de crédito para as empresas em termos de volume e custo?

9. "A redução nas taxas de juros incentiva o consumo de curto prazo e reduz a poupança para investimentos no longo prazo e, assim, favorece o aumento das receitas das indústrias de bens de capital." Analise se a afirmação é falsa ou verdadeira. Justifique.
10. "Em um cenário no qual a taxa de desemprego absoluto seja muito próxima de zero, os custos das empresas intensivas em mão de obra se elevariam de forma expressiva, comprometendo sua rentabilidade. Dessa forma, é interessante que, no longo prazo, as taxas de desemprego sejam baixas, porém residuais." Analise se a afirmação é falsa ou verdadeira. Justifique.

EXERCÍCIO

1. Escolha um dos componentes de uma das políticas macroeconômicas mostradas no capítulo e identifique o seu impacto no desempenho de três empresas de um mesmo setor.

REFERÊNCIAS BIBLIOGRÁFICAS

ASSAF NETO, A. *Mercado financeiro*. 6. ed. São Paulo: Atlas, 2005.

BANCO CENTRAL DE LA REPÚBLICA ARGENTINA (BCRA). Disponível em: <http://www.bcra.gov.ar/>. Acesso em: 9 abr. 2008.

BACEN – BANCO CENTRAL DO BRASIL. *Copom:* definição e histórico. Disponível em: <http://www.bcb.gov.br/?COPOMHIST>. Acesso em: 13 jan. 2016.

_____. *Glossário*. Disponível em: <http://www.bcb.gov.br/glossario.asp?Definicao=488&idioma=P&idpai=GLOSSARIO>. Acesso em: 6 jan. 2016.

_____. *Política monetária e operações de crédito do SFN*. Disponível em: <http://www.bcb.gov.br/?ECOIMPOM>. Acesso em: 5 jan. 2015.

_____. Relatório Anual 2007. 2007. Disponível em: <http://www.bcb.gov.br/?id=BOLETIMANO&ano=2007>. Acesso em: 20 jul. 2015.

_____. Relatório Anual 2008. 2008. Disponível em: <http://www.bcb.gov.br/?id=BOLETIMANO&ano=2008>. Acesso em: 20 jul. 2015.

_____. Relatório Anual 2009. 2009. Disponível em: <http://www.bcb.gov.br/?id=BOLETIMANO&ano=2009>. Acesso em: 20 jul. 2015.

_____. Relatório Anual 2010. 2010. Disponível em: <http://www.bcb.gov.br/?id=BOLETIMANO&ano=2010>. Acesso em: 20 jul. 2015.

_____. Relatório Anual 2011. 2011. Disponível em: <http://www.bcb.gov.br/?id=BOLETIMANO&ano=2011>. Acesso em: 20 jul. 2015.

_____. Relatório Anual 2012. 2012. Disponível em: <http://www.bcb.gov.br/?id=BOLETIMANO&ano=2012>. Acesso em: 20 jul. 2015.

_____. Relatório Anual 2013. 2013. Disponível em: <http://www.bcb.gov.br/?id=BOLETIMANO&ano=2013>. Acesso em: 20 jul. 2015.

_____. Sistema gerenciador de séries temporais. 2015. Disponível em: <http://www4.bcb.gov.br/pec/series/port/aviso.asp>. Acesso em: 8 jul. 2015.

BANCO POPULAR DA CHINA. Annual Report 2014. 2015. Disponível em: <http://www.pbc.gov.cn/english/130739/index.html>. Acesso em: 17 ago. 2015.

BLANCHARD, O. *Macroeconomia*. São Paulo: Pearson, 2007.

BRAGA, M. B.; TONETO JÚNIOR, R. Conflito, incerteza e aceleração inflacionária. *Est. Econ.*, v. 25, Especial, p. 181-207, 1995/1996.

BRASIL. Orçamento Federal: O que é resultado primário? 2015. Disponível em: <http://www.orcamentofederal.gov.br/perguntasfrequentes/o-que-e-resultado-primario>. Acesso em: 16 ago. 2015.

BRENNER, R. *O boom e a bolha*: os EUA na economia mundial. Rio de Janeiro: Record, 2003.

BRESSER-PEREIRA, L. C. B. O décimo-primeiro plano de estabilização. In: VELLOSO, J.P.R. (Coord.). *Combate à inflação e reforma fiscal*. Rio de Janeiro: José Olympio, 1992. p. 132-150.

BOITO JUNIOR, A. *A hegemonia neoliberal do governo Lula*. Crítica Marxista. 2003. Disponível em: <http://bibliotecavirtual.clacso.org.ar/ar/libros/brasil/unicamp/Governo_Lula.pdf>. Acesso em: 25 set. 2007.

BUREAU OF ECONOMIC ANALYSIS. U.S. Department of Commerce. 2015. Disponível em: <http://www.bea.gov/>. Acesso em: 15 ago. 2015.

COMISSÃO EUROPEIA. Direção-Geral de Imprensa e de Comunicação. Manuscrito concluído em setembro de 2003. Disponível em: <ec.europa.eu/publications/booklets/move/40/pt.doc>. Acesso em: 3 abr. 2008.

DESTATIS. Statistiches Bundesamt. 2015. Disponível em: <https://www.destatis.de/EN/FactsFigures/NationalEconomyEnvironment/NationalAccounts/DomesticProduct/Tables/OnOut_EuropeanSystem.html>. Acesso em: 25 ago. 2015.

DEUTSCHE BUNDESBANK. Disponível em: <http://www.bundesbank.de/index.en>. Acesso em: 7 abr. 2008.

EMBAIXADA DA REPÚBLICA POPULAR DA CHINA. Disponível em: <http://www.embchina.org.br/por/zggk/>. Acesso em: 17 abr. 2008.

EUROSTAT. Database. 2015. Disponível em: <http://ec.europa.eu/eurostat/data/database>. Acesso em: 30 ago. 2015.

ESTADÃO. Governo Dilma registra déficit de R$ 17,2 bi em 2014, pior resultado desde 1997. E&N, 2015. Disponível em: <http://economia.estadao.com.br/noticias/geral,governo-dilma-registra-deficit-de-r-17-2-bi-em-2014-pior-resultado-desde-1997,1626453>. Acesso em: 10 ago. 2015.

EXAME. China prevê forte déficit fiscal para evitar estagnação. Economia, 06 mar. 2015a. Disponível em: <http://exame.abril.com.br/economia/noticias/china-preve-forte-deficit-fiscal-para-evitar-estagnacao>. Acesso em: 15 ago. 2015.

_____. Os 11 maiores exportadores do planeta (e o Brasil em 25º). Economia, 28 abril. 2015b. Disponível em: <http://exame.abril.com.br/economia/noticias/os-11-maiores-exportadores-do-planeta-e-o-brasil-em-25o#2>. Acesso em: 20 ago. 2015.

FERREIRA, A. B. de H. *Novo dicionário Aurélio da língua portuguesa*. 3. ed. Rio de Janeiro: Nova Fronteira, 1976.

FORTUNA, E. *Mercado financeiro*: produtos e serviços. 16. ed. Rio de Janeiro: Qualitymark, 2005.

FUNDACIÓN EXPORT.AR. *Informe de Coyuntura*. Panorama del intercambio comercial argentino. jan./mar. 2008. Disponível em: <http://www.exportar.org.ar>. Acesso em: 1º jun. 2008.

FMI – FUNDO MONETÁRIO INTERNACIONAL. Disponível em: <http://www.imf.org/external/index.htm>. Acesso em: 5 abr. 2008.

G1 ECONOMIA. Balança comercial registra em 2014 primeiro déficit desde 2000. G1, 05 jan. 2015c. Economia. Disponível em: <http://g1.globo.com/economia/noticia/2015/01/balanca-comercial-registra-em-2014-primeiro-deficit-desde-2000.html>. Acesso em: 30 jul. 2015.

_____. Desemprego entre jovens passa dos 50% na Espanha e na Grécia. G1, 31 out. 2014b. Economia. Disponível em: <http://g1.globo.com/economia/noticia/2014/10/desemprego-entre-jovens-passa-dos-50-na-espanha-e-na-grecia.html>. Acesso em: 21 ago. 2015.

_____. Economia brasileira cresce 0,1% em 2014, diz IBGE. G1, 27 mar. 2015a. Economia. Disponível em: <http://g1.globo.com/economia/noticia/2015/03/economia-brasileira-cresce-01-em-2014-diz-ibge.html>. Acesso em: 30 jul. 2015.

_____. Economia brasileira cresce 7,5% em 2010, mostra IBGE. G1, 3 mar. 2011. Economia. Disponível em: <http://g1.globo.com/economia/noticia/2011/03/economia-brasileira-cresce-75-em-2010-mostra-ibge.html>. Acesso em: 4 ago. 2015.

_____. Entenda a crise sobre pagamentos das dívidas na Argentina. G1, 27 jun. 2014a. Economia. Disponível em: <http://g1.globo.com/economia/noticia/2014/06/entenda-crise-sobre-pagamentos-das-dividas-na-argentina.html>. Acesso em: 24 ago. 2015.

_____. Inflação fecha 2014 em 6,41%, abaixo do teto da meta. G1, 09 jan. 2015b. Economia. Disponível em: <http://g1.globo.com/economia/noticia/2015/01/inflacao-fecha-2014-em-641.htmll>. Acesso em: 30 jul. 2015.

GERA, M. *Análise macrofinanceira de empresas*. 2007. 98 f. Trabalho de Conclusão de Curso (Graduação em Administração) – Faculdade de Economia, Administração e Contabilidade de Ribeirão Preto, Universidade de São Paulo, Ribeirão Preto, 2007.

GREENSPAN, A. *A era da turbulência*. Aventuras em um Novo Mundo. Rio de Janeiro: Campus – Elsevier, 2007.

GREMAUD, A. P.; VASCONCELLOS, M. A. S.; TONETO JUNIOR, R. *Economia brasileira contemporânea*. 5. ed. São Paulo: Atlas, 2004.

GRUPO DE MONITORAMENTO MACROECONÔMICO DO MERCOSUL. Estatísticas. 2015. Disponível em: <https://www.gmm-mercosul.org/home>. Acesso em: 1º ago. 2015.

GURD, B. The importance and role of management cases studies. Disponível em: <http://www.mcsj.com>. Acesso em: 20 mar. 2007.

HALL, R. E.; LIEBERMAN, M. *Macroeconomia*: princípios e aplicações. São Paulo: Pioneira Thompson, 2003.

HUMAN DEVELOPMENT REPORTS. Report 2014. Disponível em: <http://hdr.undp.org/sites/default/files/hdr14-report-en-1.pdf>. Acesso em: 28 ago. 2015.

INEPAD – INSTITUTO DE ENSINO E PESQUISA EM ADMINISTRAÇÃO. Disponível em: <http://www.inepad.org.br>. Acesso em: 11 fev. 2008.

INDEC – INSTITUTO NACIONAL DE ESTADÍSTICA Y CENSOS DE LA REPÚBLICA. *Dados estatísticos da população argentina.* Disponível em: <http://www.indec.mecon.ar/>. Acesso em: 23 mar. 2008.

INVEST & EXPORT BRASIL. Comércio Exterior Alemanha. 2015b. Disponível em: <http://www.brasilexport.gov.br/sites/default/files/publicacoes/indicadoresEconomicos/INDAlemanha.pdf>. Acesso em: 23 ago. 2015.

_____. Comércio Exterior Argentina. 2015c. Disponível em: <http://www.brasilexport.gov.br/sites/default/files/publicacoes/indicadoresEconomicos/INDArgentina.pdf>. Acesso em: 23 ago. 2015.

_____. Comércio Exterior Brasileiro. 2015a. Disponível em: <http://www.investexportbrasil.gov.br/sites/default/files/publicacoes/indicadoresEconomicos/ComExtBrasileiroJAN2015.pdf>. Acesso em: 23 ago. 2015.

IPEADATA. Macroeconômico. Rio de Janeiro, 2015. Disponível em: <http://www.ipeadata.gov.br>. Acesso em: 7 jul. 2015.

_____. *Indicadores IPEA*. 2008. Disponível em: <http://www.ipeadata.gov.br>. Acesso em: 9 abr. 2008.

LABORSTA (OIT). *Unemployment*. 2008. Disponível em: <http://laborsta.ilo.org>. Acesso em: 10 maio 2008.

LOHBAUER, C. *Brasil – Alemanha*: fases de uma parceria (1964-1999). São Paulo: Fundação Konrad Adenauer, 2000.

LOPES, L. M.; VASCONCELLOS, M. A. S. *Manual de macroeconomia básico e intermediário*. São Paulo: Atlas, 2000.

MANKIW, N. Gregory. *Introdução à economia*. São Paulo: Thomson, 2005.

MEDEIROS, C. A. China: entre os séculos XX e XXI. In: FIORI, José Luís. *Estado e moedas no desenvolvimento das nações*. Petrópolis: Vozes, 1999.

MINISTÉRIO DE ECONOMÍA Y FINANZAS PÚBLICAS – MECON. Disponível em: <http://www.mecon.gov.ar>. Acesso em: 9 abr. 2008.

MINISTRY OF FINANCE PEOPLE'S REPUBLIC OF CHINA. Disponível em: <http://159.226.208.3/english/english.htm>. Acesso em: 20 abr. 2008.

MISHKIN, F. S. *The economics of money, banking and financial markets*. Addison Wesley Longman, 1998.

NASCIMENTO, C. J. de S. Dez anos de real: impactos nos preços, câmbio e juros. *Conjuntura e Planejamento*, n. 122, p. 4-8, jul. 2004.

OECD – ORGANISATION FOR ECONOMIC CO-OPERATION AND DEVELOPMENT. Disponível em: <http://www.oecd.org/home/>. Acesso em: 15 abr. 2008.

ONU – ORGANIZAÇÃO DAS NAÇÕES UNIDAS. Disponível em: <http://www.un.org>. Acesso em: 22 abr. 2008.

OMC – ORGANIZAÇÃO MUNDIAL DO COMÉRCIO. Disponível em: <http://www.wto.org>. Acesso em: 22 abr. 2008.

PNUD. *Relatório de Desenvolvimento Humano 2007/2008*. 2008. Disponível em: <http://www.laborsta.ilo.org>. Acesso em: 10 maio 2008.

PINDYCK, D. L.; RUBINFELD, R. S. *Microeconomia*. 5. ed. São Paulo: Prentice Hall, 2002.

REUTERS. Arrecadação de impostos cresce 9,8% e bate recorde em 2010. Terra, 20 jan. 2011. Disponível em: <http://economia.terra.com.br/noticias/noticia.aspx?idNoticia=201101201738_RTR_1295544618nN20123293>. Acesso em: 4 ago. 2015.

SCHRICKEL, W. K. *Análise de crédito*: concessão e gerência de empréstimos. 5. ed. São Paulo: Atlas, 2000.

SECRETARIA DE POLÍTICA ECONÔMICA DO MINISTÉRIO DA FAZENDA. Política Econômica. Disponível em: <http://www.spe.fazenda.gov.br/noticias/carga-tributaria-liquida/spe_carga-tributaria-liquida.pdf>. Acesso em: 14 jul. 2015.

THE ECONOMIST. Disponível em: <http://www.economist.com/>. Acesso em: 6 abr. 2008.

THE PEOPLE'S BANK OF CHINA. Disponível em: <http://www.pbc.gov.cn/english/>. Acesso em: 19 abr. 2008.

THE WORLD BANK. Data. 2015. Disponível em: <http://data.worldbank.org/>. Acesso em: 11 ago. 2015.

TRADING ECONOMICS. China Government Budget. 2015. Disponível em: <http://www.tradingeconomics.com/china/government-budget>. Acesso em: 11 ago. 2015.

UNITED NATIONS STATISTICS DIVISION. Disponível em: <http://unstats.un.org/unsd/snaama/selectionbasicFast.asp>. Acesso em: 10 abr. 2008.

VALOR ECONÔMICO. Taxa de desemprego atinge mínima histórica em 2014, aponta IBGE. Brasil, 29 jan. 2015. Disponível em: <http://www.valor.com.br/brasil/3883962/taxa-de-desemprego-atinge-minima-historica-em-2014-aponta-ibge>. Acesso em: 30 jul. 2015.

VASCONCELLOS, M. A. *Economia, micro e macro*. 3. ed. São Paulo: Atlas, 2002.

VEJA. Taxa de desemprego em 2010 é a menor em oito anos. Veja, 27 jan. 2011. Economia. Disponível em: <http://veja.abril.com.br/noticia/economia/taxa-de-desemprego-em-2010-e-a-menor-em-oito-anos>. Acesso em: 4 ago. 2015.

WORLD TRADE ORGANISATION – WTO. Disponível em: <http://www.wto.org/>. Acesso em: 15 abr. 2008.

YAHOO FINANCE. Disponível em: <http://finance.yahoo.com/>. Acesso em: 9 abr. 2008.

2
Análise Setorial

A atividade econômica pode ser analisada tanto no nível agregado (normalmente, em um nível territorialmente estabelecido, como um país, um bloco econômico, uma cidade), quanto no da unidade microeconômica, correspondente à empresa. Como visto no Capítulo 1, a macroeconomia e a microeconomia ocupam-se do estudo desses dois aspectos da Economia.

Há, no entanto, uma possibilidade intermediária de análise da atividade econômica que diz respeito ao agrupamento de um conjunto de atividades econômicas em setores afins. Existem vários critérios de classificação setorial, e diversas entidades publicam tabelas de classificação. Por ora, o que importa aqui é saber que os setores se relacionam às atividades econômicas, e não necessariamente às empresas.

Por essa razão, umas das primeiras providências que o analista financeiro deve tomar ao analisar alguma empresa é identificar em quais setores de atividade econômica ela atua e qual a contribuição de cada um deles para o seu faturamento. Grandes conglomerados econômicos podem ter uma atuação tão diversificada que se torna necessário analisar cada unidade de atuação de forma isolada. Geralmente, nesses casos, empresas isoladas costumam ser constituídas para atuar em diferentes setores, por motivos já discutidos no Capítulo 1.

Este capítulo evidencia a importância da análise setorial para as organizações. Toda empresa opera dentro dos limites de um ou mais setores específicos. Dessa forma, os gestores consideram a evolução, as tendências gerais e forças atuantes nesse setor para o melhor planejamento, delineamento de estratégias e tomada de decisão. A comparação dos resultados da empresa com os obtidos pelo setor e pelas demais empresas atuantes é importante para a avaliação e o *benchmarking* das ações implementadas, contribuindo para a criação e a manutenção do valor ao longo do tempo.

O *benchmarking* é uma prática que possibilita à empresa comparar seu desempenho com o de outras empresas de classe mundial. Por meio dele, a empresa poderá ter um parâmetro para avaliar seu desempenho, como também obter novas ideias para melhorar seus processos (Andion e Fava, 2002).

A análise setorial possibilita analisar a evolução do setor e suas perspectivas a médio e longo prazos, bem como potencializar as oportunidades e minimizar os riscos. Além disso, as informações geradas permitem comparar os resultados e as ações da organização com os de outras empresas similares e atuantes no mesmo ramo de atividade, avaliando-se a adequação das estratégias de diferenciação e posicionamento em relação às demais.

De modo geral, a análise setorial permite verificar e conhecer o contexto econômico em que determinada empresa atua, fornecendo informações e identificando tendências que possam impactar nos negócios da organização, considerando que ela é parte de um contexto maior de atividades integradas e que interagem com cadeias produtivas, arranjos concorrenciais e outros chamados condicionantes setoriais.

Adicionalmente, possibilita avaliar a intensidade dos impactos derivados dos resultados setoriais nas empresas e suas respectivas consequências e tendências, auxiliando nos melhores planejamento e definição de estratégias que possibilitem a geração e manutenção do valor.

2.1 CONCEITO E APLICAÇÃO

Um setor é um grande conjunto de empresas que fornecem produtos e serviços similares aos seus, o que inclui também produtos e serviços complementares ou suplementares aos seus (Augusto, 2007).[1]

Os setores de atividade econômica acabam sendo visualizados, compreendidos e analisados como tal uma vez que, ao longo do tempo, empresas que atuam em mercados semelhantes, vendendo produtos concorrentes, tendem a adotar práticas e filosofias de gestão que vão se consolidando como as melhores ou, no mínimo, comuns entre si. Qualquer nova empresa que atue em um setor já consolidado terá, na maioria dos casos, margem de manobra limitada para adotar práticas de gestão completamente distintas das demais – que terminariam por não ser bem recebidas entre clientes, fornecedores, funcionários, sistema financeiro etc. Dessa forma, as empresas de um mesmo setor tendem a assumir um conjunto de práticas que as expõem e sujeitam de maneira mais ou menos parecida entre si às variáveis macroeconômicas externas e distintas em relação a outros setores de atividade econômica.

O objetivo principal da análise setorial consiste em verificar e conhecer o ambiente econômico específico do setor de atividade econômica principal no qual a empresa atua,[2] identificando tendências que possam impactar os resultados dos negócios e o valor das empresas. A partir dos dados e das informações do setor, a empresa identifica os fatores de risco e as oportunidades de investimentos, potencializando seus esforços para maximizar as oportunidades e minimizar as ameaças.

---

[1] Em diversos livros, artigos científicos e outras publicações, é comum o uso do termo *indústria* como sinônimo de setor, mesmo que se refira a atividades que não têm caráter industrial propriamente dito (p. ex., indústria do entretenimento e indústria financeira).

[2] A análise setorial para empresas que têm mais de um setor de atuação relevante deve compreender esses setores. Normalmente, empresas institucionalmente distintas são formadas para atuar em setores diferentes, controladas pelo mesmo grupo de acionistas.

Adicionalmente, o conhecimento sobre o setor auxilia na avaliação do desempenho da empresa em relação às demais organizações e na projeção de cenários para os diversos segmentos da economia. Nesse sentido, Shimoyama e Zela (2002) definem segmento de mercado como uma parte do mercado com características semelhantes entre si.

A análise setorial é constituída por estudos detalhados sobre o setor de atividade econômica em que a empresa está inserida, bem como por um levantamento profundo sobre seus *players*, regulamentações, legislação vigente, estatísticas de produção, consumo, faturamento e *market share*, e tendências e perspectivas. Adicionalmente, deve-se verificar toda a cadeia de negócios, desde aquisição de insumos até a distribuição e exportação dos produtos, avaliando-se os impactos gerados por mudanças ou interferências nessas atividades. Assim, a análise setorial evidencia a estrutura e a evolução do mercado do setor analisado, os perfis das principais empresas e seus respectivos movimentos.

Um aspecto essencial da análise setorial compreende, também, a determinação de sensibilidade do setor a diferentes componentes das políticas econômicas. Alterações das taxas de juros, mudanças nos depósitos compulsórios, resultado das contas do governo, por exemplo, afetam de modo diferente os setores.

Estas advêm de características intrínsecas ao setor, relacionadas à forma como ele está estruturado e interage com os demais. Um setor fortemente exportador, como o agronegócio, cujos produtos são essencialmente *commodities* com pouca diferenciação, é muito mais impactado pelas alterações nos preços relativos internacionais dos seus produtos decorrentes de mudanças nas taxas de câmbio do que a prestação de serviços ao consumidor final. Contudo, mudanças nas taxas de juros básicas da economia imperceptíveis à maioria das empresas que atuam na produção de aeronaves certamente exercem grande impacto sobre o setor financeiro.

Dessa forma, as análises setoriais envolvem informações sobre:
- **Estrutura** (concorrência, tecnologia, barreiras de entrada e saída).
- **Relacionamentos** (clientes, fornecedores, distribuidores).
- **Mercado** (tamanho do mercado, crescimento, produtos, substitutos).
- **Finanças** (custos, faturamento, margem de lucro).

As informações e os dados setoriais podem ser obtidos de diferentes fontes, como nas associações setoriais ou nos órgãos representativos, em estudos acadêmicos (nacionais e internacionais), nos relatórios de pesquisa, nos relatórios anuais de empresas, nas publicações em jornais e revistas (nacionais e internacionais) – destacando-se as revistas e os sites especializados no setor – e nos estudos setoriais [p. ex., os relatórios disponibilizados pelo Banco Nacional de Desenvolvimento Econômico e Social (BNDES)].

Os estudos setoriais fornecem informações que permitem aos gestores identificar os fatores de risco envolvidos na atividade e as oportunidades de investimentos, além de auxiliar na avaliação do desempenho da empresa em relação aos resultados obtidos pelo setor e pelos concorrentes. Essas informações possibilitam delinear projeções e cenários para os diversos segmentos da economia, auxiliando no planejamento e na tomada de decisão.

A análise envolve, portanto, estudos referentes à estrutura geral do mercado, englobando os dados de produção, faturamento, investimentos, recursos humanos, matérias-primas, equipamentos, fornecedores, concorrentes e dados internacionais. A análise setorial é indispensável para o planejamento, as projeções e a definição de estratégias organizacionais. Os estudos setoriais reúnem, consolidam e analisam as informações que subsidiam a tomada de decisão das organizações inseridas nesses ambientes econômicos.

2.2 ASSOCIAÇÕES SETORIAIS

O desempenho do setor é importante para as organizações na medida em que fornece maiores dados e informações a respeito da evolução histórica, da tendência e das expectativas para as atividades. As associações setoriais tornam-se, portanto, fontes importantes de obtenção de dados do setor, além de representantes das organizações frente às demais instituições.

As associações setoriais têm as missões de desenvolver o setor por meio da promoção de políticas e ações que permitam a obtenção de melhores resultados e disponibilizar informações sobre ele. Geralmente, as associações promovidas para fortalecer as organizações atuantes em um setor específico, pois representam os interesses dos diversos *players* atuantes no setor. Por meio da representação significativa, as associações conseguem melhor articulação para negociar condições e políticas que beneficiem as atividades do setor. Adicionalmente, acompanham o desenvolvimento do setor, organizando e disponibilizando resultados e tendências.

As associações são importantes fontes de informação para a elaboração da análise setorial na medida em que disponibilizam e organizam os dados do setor em relação a demanda, produção, mão de obra empregada, capacidade utilizada e ociosa, faturamento etc. Agregando-se as informações setoriais às expectativas e tendências econômicas, as organizações conseguem delinear metas e estratégias para a obtenção de melhores resultados.

No entanto, é necessário tomar com cautela alguns tipos de pareceres emitidos por entidades, associações ou analistas ligados a setores específicos de atividade econômica. Não é incomum que argumentos isoladamente bem fundamentados sejam apresentados de maneira incoerentemente conectada para justificarem, em geral, mau desempenho generalizado de empresas de um setor ou para demandarem mudanças nas políticas econômicas.

Um exemplo clássico é o de associações de setores que, historicamente, ficaram defasados tecnológica e gerencialmente dos seus concorrentes internacionais, e demandam proteções do governo sob a forma direta de tarifas de importação e desvalorização da moeda local, justificando que a manutenção de um nível adequado de empregos é essencial aos melhores interesses da política de rendas ao preservar empregos que seriam perdidos em caso de abertura comercial.

Em diferentes momentos, depois da liberalização comercial brasileira promovida no início da década de 1990, as indústrias têxtil, de autopeças, do agronegócio, de bens de capital e a financeira, entre outras, utilizaram-se desse expediente para justificar crises setoriais cujas causas não se limitavam às variáveis externas. Por isso, é necessário que o analista financeiro tenha uma visão macrofinanceira bem sustentada, para avaliar de forma crítica os argumentos que as próprias empresas apresentam para seus desempenhos, principalmente quando eles se apresentam negativos para um conjunto de empresas semelhantes. Nessas circunstâncias, os administradores podem tender à busca de causas externas, isentando-se de sua responsabilidade por eventuais desempenhos insatisfatórios obtidos em suas gestões.

O leitor pode tomar como exemplo uma empresa montadora de automóveis, que pertence, portanto, ao setor automobilístico. Nesse caso, segundo Consoni (2004), as maiores referências nacionais são os "Anuários Estatísticos da Indústria Automobilística Brasileira", publicados pela entidade associativa das empresas no Brasil, a Associação Nacional dos Fabricantes de Veículos Automotores (Anfavea). A Anfavea é um exemplo de associação que disponibiliza informações e estatísticas diversas sobre a dinâmica do setor automobilístico, abordando a distribuição geográfica das empresas do setor, o nível de produção, as vendas, o faturamento, o investimento e a balança comercial. Em relação ao setor automobilístico, as informações também podem ser obtidas na Associação Brasileira dos Importadores de Veículos Automotivos (Abeiva), na Associação Brasileira de Engenharia Automotiva (AEA) e na Sociedade dos Engenheiros Automotivos no Brasil (SAE Brasil), integrante da Society of Automotive Engineers (SAE Internacional). Para o exemplo dado, as informações setoriais internacionais podem ser obtidas em organizações como a International Organization of Motor Vehicle Manufacturers (Oica).

Algumas das principais associações setoriais são: Federação Brasileira das Associações de Bancos Comerciais (Febraban); Associação Brasileira de Bancos (ABBC); Associação Brasileira das Concessionárias de Rodovias (ABCR); Associação Brasileira dos Distribuidores de Energia Elétrica (Abradee); Associação Nacional dos Fabricantes de Veículos Automotores (Anapp); Associação Comercial de São Paulo (ACSP); Associação Brasileira das Agências de Comunicação (Abracom); Associação Brasileira de Embalagens (Abre); Associação Brasileira das Empresas de *Software* (Abes); Associação Brasileira da Indústria Química (Abiquim); e Associação Brasileira das Indústrias da Alimentação (Abia).

2.3 ELEMENTOS DA ANÁLISE SETORIAL

Para elaborar a análise setorial, alguns aspectos devem ser abordados para a melhor compreensão do comportamento e das características do setor estudado, como em geral:

- Tamanho do setor (em faturamento, produção e número de empresas).
- Características gerais do setor, como tendência de crescimento, unidades vendidas e mão de obra empregada.
- Principais fatores que afetam o declínio ou o crescimento do setor.
- Dados históricos e sua variabilidade.
- Perspectivas e tendências para os próximos períodos, embasadas em pesquisas e dados apresentados.
- Barreiras de entrada e saída.
- Concorrentes e o nível de competição apresentado.
- Efeito regulador do governo, legislação e órgãos fiscalizadores.

- Principais sistemas de distribuição de bens e serviços utilizados.
- Impacto da tecnologia no desenvolvimento do setor e da empresa.

Para compreender melhor os dados presentes na análise setorial, é essencial o entendimento de que o ciclo econômico influencia os diferentes setores da economia, não necessariamente na mesma intensidade. Assim, tem-se que os diversos setores econômicos são sensíveis, em menor ou maior intensidade, às recessões ou retomadas de crescimento na economia. Tal informação deve ser considerada ao se analisar a evolução do setor e os fatores de maior impacto nos seus resultados, pois a sensibilidade do setor às mudanças econômicas pode interferir na elaboração de ações adequadas e interpretação de resultados obtidos. Geralmente, para verificar a sensibilidade de determinado setor em relação ao ciclo econômico, examinam-se os dados referentes a vendas, alavancagem operacional e alavancagem financeira em diferentes períodos, comparando-se ao comportamento de variáveis macrofinanceiras relacionadas às políticas econômicas.

Um grande desafio da análise setorial está no fato de que, ao longo do tempo, nem sempre de forma lenta, alteram-se as estruturas intrínsecas de operação e relacionamento de diferentes setores de atividade econômica. Quando isso ocorre, a segregação da variabilidade de desempenho que pode ser atribuída às variáveis externas daquela que resulta da própria alteração da estrutura intrínseca do setor pode se tornar um tanto difícil.

Os setores automotivos e de bens duráveis são exemplos de setores mais sensíveis no curto prazo às mudanças no ciclo econômico. Nos períodos de recessão econômica, os consumidores geralmente adiam a opção de compra desses bens, tornando-os mais voláteis. Alguns outros setores, como o de alimentos, medicamentos e serviços públicos, tendem a ser menos sensíveis às condições econômicas no curto prazo.[3]

As organizações devem, portanto, considerar os resultados setoriais e os impactos econômicos no setor para a elaboração de planos e estratégias visando à criação e à manutenção do valor. Para a melhor tomada de decisão e definição de ações futuras, as empresas devem demonstrar conhecimento sobre o setor em que atuam, sendo capazes de avaliar as condições favoráveis e os riscos implícitos, e buscando potencializar as oportunidades e eliminar as ameaças.

Dessa forma, tem-se que os dados sobre investimentos, nível de atividade, projeções e tendências de preço, demanda e consumo são considerados requisitos básicos para a elaboração de uma análise setorial. Algumas ferramentas podem ser utilizadas como auxiliares na análise setorial. A análise de sensibilidade, análise de cenários e o modelo de Monte Carlos são exemplos de ferramentas que possibilitam a execução de projeções diante de diversas situações diferentes.

A análise setorial, quando bem realizada e estudada, torna-se uma ferramenta poderosa para que os gestores possam avaliar os resultados da empresa, comparando-os com os demais desempenhos do setor e inferindo melhorias.

---

[3] Essa é uma típica situação microeconômica de diferença na elasticidade da demanda no curto prazo (Pyndick e Rubinfeld, 2006).

2.3.1 Dimensionamento do setor

Segundo Augusto (2007), qualquer empresa posicionada entre o fornecedor de matéria-prima e os canais de distribuição dos seus produtos e serviços é parte do setor. Dessa forma, o dimensionamento do setor permite verificar as empresas atuantes e suas principais características. Inicialmente, deve-se elaborar um panorama do setor, ou seja, levantar dados que possibilitem sua visão geral, referindo-se principalmente ao seu tamanho e à sua abrangência.

A partir do exposto na visão geral do setor, deve-se detalhar a evolução do mercado setorial, tanto nacional quanto internacional. Essa informação sobre os mercados é importante para a definição de ações visando à importação e/ou exportação, tanto de insumos como de produtos finais. Adicionalmente, permite avaliar alternativas de internacionalização ou ampliação de mercados.

Outro importante item a ser abordado na configuração do setor é a estrutura produtiva apresentada. A partir da identificação da capacidade do setor, da cadeia de produção, oferta e demanda e, também, dos principais fornecedores e concorrentes, pode-se verificar as ameaças e oportunidades do setor. Os riscos e as oportunidades devem ser analisados a partir do ambiente setorial, verificando-se os aspectos políticos e legais específicos do setor; os aspectos econômicos e socioculturais que podem interferir nos resultados setoriais e, consequentemente, no resultado das empresas do setor; os aspectos tecnológicos; e, também, o padrão competitivo observado. Tal ferramenta é conhecida como análise Pest (um acrônimo para a análise estratégica dos fatores externos: Políticos, Econômicos, Sociais e Tecnológicos) e é amplamente utilizada na análise de ambiente, em conjunto com a matriz Swot. A Figura 2.1 representa os fatores a serem analisados no modelo Pest.

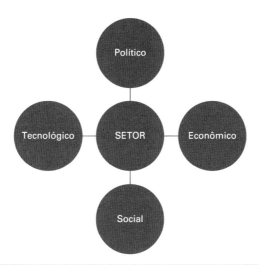

FIGURA 2.1 Modelo Pest.
Fonte: Elaborada pelo autor.

A partir da análise dos dados levantados, pode-se realizar as projeções e tendências para as suas variáveis e o impacto nos resultados e nas estratégias da empresa. Adicionalmente, comparam-se os resultados e as estratégias da organização com as suas principais concorrentes, bem como com o resultado médio do setor. O *benchmarking* é importante para implementar melhorias e corrigir possíveis falhas. Pode-se, ainda, propor a adoção de estratégias em conjunto com outras empresas ou o estabelecimento de parcerias capazes de gerar sinergia e potencializar resultados, configurando ações benéficas para todas as organizações envolvidas.

2.3.1.1 Panorama do setor

O panorama do setor é importante para que se tenha uma visão dos números e da evolução do mercado, bem como informações sobre sua segmentação, barreiras de entrada e saída, ciclo de investimento, nível de produção e também de faturamento. Para melhor entendimento, optou-se pela utilização de estudos setoriais divulgados para exemplificar alguns dos tópicos que compõem o panorama do setor.

Nesse tópico, foram empregados dois estudos principais para exemplificar cada item proposto. O primeiro refere-se a um estudo da indústria de pneus, realizado pelo Banco Nacional de Desenvolvimento Econômico e Social (BNDES), e o segundo a um relatório setorial automotivo, disponibilizado pela Financiadora de Estudos e Projetos (Finep).

Essa parte da análise engloba informações relativas a barreiras de entrada e saída do setor, ciclo de investimentos e nível de atratividade de investimentos do setor, segmentação do setor, produção e faturamento.

2.3.1.1.1 Barreiras de entrada e saída

As barreiras de entrada e saída são importantes para que se possa avaliar os riscos e os investimentos necessários para a empresa atuar ou deixar de atuar em determinado setor. Segundo Nogueira (1998), a ameaça de novos entrantes caracteriza-se como a possibilidade de entrada de novas empresas com recursos substanciais, como nova capacidade de produção e um grande desejo de ganhar parcela do mercado.

Geralmente, as barreiras de entrada referem-se ao *know-how* necessário para atuar em determinado setor e à tecnologia necessária para essa função. As barreiras de entrada dificultam para que novos entrantes atuem em um mercado específico, podendo influenciar o número de concorrentes e questões relacionadas à oferta e demanda de bens e serviços. A entrada de novos concorrentes pode apresentar como consequência uma redução da rentabilidade das empresas já existentes, visto que a entrada de novos concorrentes implica uma queda nos preços e no aumento da demanda por insumos, como afirma Nogueira (1998).

Segundo Nogueira (1998), a intensidade da força representada pela ameaça de novos entrantes depende de barreiras de entrada estabelecidas pelas empresas já presentes na indústria.

Porter (1996) afirma que as barreiras de entrada se agrupam em seis fontes principais:
1. Economias de escala (declínios nos custos unitários de um produto na medida em que o nível de produção aumenta, obrigando as empresas entrantes a ingressarem em larga escala ou sujeitarem-se a uma desvantagem de custo).
2. Diferenciação do produto (identificação e diferenciação de marcas, forçando os novos entrantes a investirem para romper os vínculos estabelecidos entre os consumidores e as empresas já estabelecidas).
3. Necessidade de capital (investimentos em infraestrutura, estoques, cobertura de prejuízos iniciais, pesquisa e desenvolvimento, publicidade inicial, por exemplo).
4. Custo de mudança (custo com o qual se defronta o comprador quando muda de um fornecedor para outro, podendo ser elevado e configurar uma barreira de entrada).
5. Acesso aos canais de distribuição (limitação e controle dos canais por empresas concorrentes).
6. Desvantagem de custo independente de escala (vantagens de custos para as empresas estabelecidas em uma indústria, independentemente da economia de escala, as quais são dificilmente igualadas pelos novos entrantes, como tecnologia patenteada do produto, acesso favorável às matérias-primas, localizações favoráveis, subsídios, curva de aprendizagem ou experiência).

Adicionalmente, tem-se também que as políticas governamentais podem influenciar ou limitar a entrada de novas empresas em determinado setor.

Além desses aspectos, outros fatores podem desestimular a entrada de novos concorrentes na indústria, conforme afirma Nogueira (1998), como a retaliação esperada (a entrada pode ser dissuadida pelas empresas já estabelecidas) e o preço de entrada dissuasivo (indústrias nas quais a rentabilidade é muito baixa não estimulam a entrada de novos competidores).

As barreiras de saída, por sua vez, configuram ações que dificultam a saída da empresa de determinado mercado. É possível citar como barreira de saída os elevados investimentos realizados, dificultando a recuperação desse investimento específico caso a empresa deixe de operar nesse setor. Entretanto, quando se verifica o fato de não haver uma grande quantidade de capital investido no negócio, tem-se uma barreira de saída baixa.

Segundo Porter (1996), as principais fontes que configuram barreiras de saída são os ativos especializados, os custos fixos de saída, as inter-relações estratégicas, as barreiras emocionais e as restrições de ordem governamental e social.

Quando as barreiras de saída são altas, o excesso de capacidade não desaparece da indústria, e as empresas que perdem a batalha competitiva não entregam os pontos, ao contrário, agarram-se com perseverança e, por causa de sua fraqueza, precisam recorrer a táticas extremas. A rentabilidade de toda a indústria pode ser permanentemente reduzida em razão disso (Porter, 1996).

De forma geral, as barreiras de entrada e de saída estão relacionadas de alguma forma, embora apresentem conceitos e definições distintas. No entanto, considerar essa possível relação e as consequências, tanto dos fatores presentes nas barreiras de entrada quanto nas de saída, é importante para a análise da indústria, do setor e do mercado.

O estudo de Consoni (2004) trata do setor automotivo, mais especificamente do segmento de montadoras no Brasil. O autor afirma que as ações das empresas montadoras entrantes têm se orientado pela necessidade de consolidar presença no país e reforçar a imagem da marca no mercado brasileiro. No entanto, há dificuldades em relação ao desenvolvimento de atividades de conteúdo técnico elevado, pois as baixas escalas de produção e vendas não são suficientes para amortizar os gastos decorrentes do desenvolvimento de produtos voltados para as especificidades locais. Assim, têm-se como barreiras de entrada ao segmento de montadoras fatores como elevados investimentos, concorrência estabelecida, necessidade de equipe especializada, infraestrutura tecnológica adequada e dificuldade em promover a integração da cadeia produtiva local.

Por sua vez, segundo afirma Consoni (2004), as montadoras tidas como veteranas realizam investimentos no país há décadas, tanto em infraestrutura como na formação e capacitação de profissionais. Dessa forma, identificam-se como barreiras de saídas os elevados volumes de recursos investidos na formação de profissionais, os investimentos em infraestrutura, tecnologia e laboratórios, e o *know-how* obtido ao longo dos anos, pois algumas empresas já dominam importantes estágios do processo de desenvolvimento de produtos no Brasil.

2.3.1.1.2 Ciclo de investimento

O ciclo de investimento refere-se aos períodos de investimentos e desinvestimentos realizados em determinado setor, mercado ou empresa.

Segundo Faveret Filho e Paula (2002), a mudança do padrão de desenvolvimento brasileiro nos anos 1990 favoreceu os setores em que o país apresentava vantagens comparativas. Observou-se um expressivo ciclo de investimentos no caso da agroindústria, ainda que este estivesse sujeito a flutuações consideráveis (sobretudo por causa da crise financeira pela qual a agricultura passou em meados da década).

Utilizando-se do exemplo adotado, Goldenstein, Alves e Barrios (2007) afirmam que um novo ciclo de investimentos na indústria de pneus teve início a partir de 2004, estimulado pelo ambiente econômico favorável. No entanto, a partir de 2006, com a materialização dos investimentos planejados, o ambiente econômico já não se encontrava tão favorável quanto antes. Nesse intervalo de tempo, ocorreram mudanças de duas naturezas: econômicas e mercadológicas.

No aspecto econômico, Goldenstein, Alves e Barrios (2007) apontam que a valorização do câmbio, com sua manutenção no longo prazo, freou a expansão das exportações. Consequentemente, as metas de exportações das empresas fabricantes de pneus foram reduzidas, frustrando as expectativas iniciais. Já em relação ao perfil do mercado, a principal mudança referiu-se ao acirramento da concorrência no mercado interno de pneus, pois o segmento de maior rentabilidade, o mercado de reposição, conta agora com dois novos *players*. Apesar da quantidade moderada dos pneus chineses importados, estes já representam uma ameaça, ampliando a situação gerada pelo câmbio valorizado.

2.3.1.1.3 Atratividade de investimentos para o setor

A atratividade do setor refere-se às características setoriais e econômicas que tornam o setor mais atrativo para os investidores. A atratividade em termos financeiros está relacionada à possibilidade de geração de valor no longo prazo,[4] que é fortemente dependente da atratividade setorial.

Segundo o exemplo anterior do setor de pneus, Goldenstein, Alves e Barrios (2007) afirmam que, durante o período de 2004 a 2007, diversos fatores alteraram o panorama do setor no país, frustrando as expectativas mais otimistas no curto prazo. Ao longo dos últimos anos, o câmbio valorizou-se, reduzindo a competitividade das exportações; a concorrência tornou-se mais acirrada no mercado interno, com o fortalecimento das empresas remoldadoras de pneus e com a entrada em cena dos pneus importados da China; e os fabricantes não estão conseguindo cumprir as normas de recolhimento e descarte de pneus inservíveis.

2.3.1.1.4 Segmentação do setor

A segmentação do setor faz referência à divisão dos diversos *players* atuantes segundo alguma característica específica. As características que segmentam determinado setor podem ser referentes aos produtos, mercados consumidores, canais de vendas etc. Cada segmento envolve operações diferenciadas e apresenta especificidades. A segmentação é uma importante ferramenta na análise do setor, pois permite comparações através das similaridades e divergências, evidenciando características próprias, comuns aos segmentos, podendo auxiliar na elaboração de estratégias de mercado e modelos de previsão de demanda mais específicos.

É importante estabelecer que há diferenças entre os condicionantes da segmentação sob a óptica do planejamento de marketing[5] daquela que orienta a segmentação setorial para fins de análise financeira. Sob o ponto de vista do analista financeiro, a segmentação interna do setor está ligada à possibilidade de segregação de efeitos relativamente homogêneos entre os segmentos no que diz respeito ao impacto decorrente de variações no comportamento das variáveis macrofinanceiras. Assim, segmentar um setor, segundo o seu mercado consumidor geográfico, pode fazer mais sentido para o analista financeiro, que está interessado em verificar os impactos da política cambial sobre a capacidade de geração de receita do que segmentar por modelos ou categorias de uso dos produtos e/ou setores comuns de um setor.

A Figura 2.2 expõe um exemplo de segmentação setorial, a participação de cada linha de produto (em relação ao faturamento) no mercado mundial de pneus, segundo o estudo de Goldenstein, Alves e Barrios (2007). As estimativas utilizadas no estudo foram extraídas de documentos disponibilizados pela Michelin, mais especificamente o *Michelin Fact-Book 2005*.

---

[4] Para maiores informações, o leitor deve consultar o livro *Finanças corporativas de longo prazo: criação de valor com sustentabilidade financeira*, coordenado pelo Prof. Dr. Alberto Borges Matias (2007).

[5] Para maiores informações, o leitor deve consultar o livro *Administração de marketing*, de Philip Kotler.

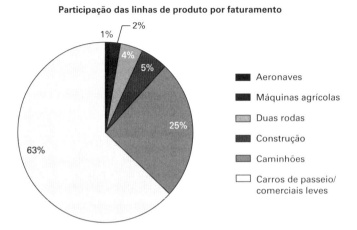

FIGURA 2.2 Segmentação do setor.
Fonte: Goldenstein, Alves e Barrios (2007).

Conforme Goldenstein, Alves e Barrios (2007), observa-se que o mercado mais significativo em volume de vendas globais, aproximadamente 90% do total, é o de pneus destinados a veículos de passeio, comerciais leves e caminhões.

Segundo o exemplo adotado para a melhor compreensão do leitor, tem-se que o mercado ainda pode ser dividido em dois segmentos, de acordo com o canal de vendas utilizado pelas empresas fabricantes: o segmento de equipamento original (OE) e o de reposição (RT).[6] O segmento de equipamento original compreende as vendas para as montadoras, enquanto o de reposição abrange as vendas para os grupos de revendedores, os quais colocam o produto no atacado e no varejo (Goldenstein, Alves, Barrios, 2007).

2.3.1.1.5 Produção

O acompanhamento do nível de produção do setor e de seus segmentos é importante para ter uma visão do crescimento ou da possível redução das atividades. A produção também é importante quando analisada em conjunto com outros fatores, como capacidade utilizada e ociosa, mão de obra empregada e *market share*.

Adicionalmente, a evolução do nível de produção do setor, tanto nacional quanto internacional, permite verificar tendências e obter informações para a elaboração de cenários. Em geral, os dados de produção costumam ser apresentados com os dados de consumo do produto ou serviço, possibilitando uma avaliação sobre oferta e demanda.

No exemplo da indústria de pneus, Goldenstein, Alves e Barrios (2007) relatam que os números da produção de pneus vêm crescendo ao longo dos últimos anos. Em 2005, foram produzidos cerca de 53 milhões de pneus.

---

[6] Do inglês, *original equipment* (OE) e *replacement* (RT) (Goldenstein, Alves, Barrios, 2007).

2.3.1.1.6 Faturamento

Dados sobre o faturamento anual do setor e de seus segmentos são importantes para dimensionar o tamanho do mercado e identificar oportunidades e ameaças. A análise de faturamento pode fornecer informações relevantes sobre o faturamento por produtos, linha, grupos e subgrupos de produtos. A análise do faturamento também expõe as áreas e regiões em que o faturamento é efetuado, permitindo melhor visão estratégica e necessidade de esforços de marketing.

A análise de faturamento também é capaz de expor os dados de faturamento líquido e faturamento bruto. O faturamento bruto pode ser definido como o valor total das vendas de produtos e/ou serviços realizados durante determinado período contábil. O faturamento líquido, por sua vez, é calculado a partir da subtração dos impostos (ICMS – Imposto sobre Circulação de Mercadorias e Serviços, IPI – Imposto sobre Produtos Industrializados, PIS/Pasep – Programa de Integração Social, Cofins – Contribuição para o Financiamento da Seguridade Social, ISS – Imposto sobre Serviços e Simples) do valor do faturamento bruto. Tais informações podem ser relevantes quando se analisam os custos fixos e os custos variáveis da empresa, tributos e encargos que devem ser recolhidos.

Pode-se, adicionalmente, obter informações sobre o faturamento realizado e previsto por setores e também por concorrentes, permitindo uma comparação dos resultados da empresa com os demais.

Seguindo o exemplo dado para melhor compreensão dos tópicos presentes na análise de faturamento, tem-se: o mercado de pneus experimentou vigoroso crescimento nas últimas duas décadas. O faturamento bruto das indústrias do setor praticamente triplicou ao longo desse tempo, ao partir de um patamar de cerca de US$ 35 bilhões em 1985 para US$ 92 bilhões em 2004. Durante esse período, o setor passou por um processo de concentração, em que as dez maiores empresas existentes em 1981 foram objeto de fusões e aquisições, resultando na consolidação em cinco grupos (Goldenstein, Alves, Barrios, 2007).

Os valores encontrados ao longo dos períodos também devem ser comparados, permitindo a visualização de melhorias ou declínios no setor. Tais informações são úteis para rever estratégias e também para comparar os desempenhos obtidos pela empresa e pelo setor como um todo.

Segundo a Associação Nacional da Indústria de Pneumáticos (Anip), o setor gerou faturamento de R$ 14,2 bilhões em 2005, com número de empregos diretos no patamar de 25 mil em 2005, estimando-se em 125 mil o número de indiretos. Os dados preliminares de 2006 mostram que o faturamento desse ano foi semelhante ao do ano anterior, com incremento da ordem de 1% (Goldenstein, Alves, Barrios, 2007).

Outras informações relevantes para o melhor entendimento dos dados de faturamento do setor também podem ser abordadas, como é o caso de determinado segmento que se destaca.

Em 2005, 71% dos 1.047 milhões de pneus destinados aos veículos de passeio e comerciais leves foram vendidos por meio do segmento de reposição. O mesmo aconteceu com os 84% dos 156 milhões de pneus destinados a caminhões. Deve-se ressaltar que é no segmento de reposição que as empresas fabricantes de pneus conseguem obter suas maiores margens de contribuição sobre o preço de venda. Além disso, as vendas no segmento de reposição são menos sujeitas às oscilações de natureza conjuntural, seguindo tendência mais estável ao longo do tempo (Goldenstein, Alves, Barrios, 2007).

Outro aspecto que deve ser abordado quando se analisam o faturamento e os demais dados financeiros do setor é a sazonalidade. Muitos setores apresentam esse fenômeno e, quando comparados os resultados referentes a períodos diferentes, a sazonalidade deve ser considerada, tanto para a análise retrospectiva dos dados quanto para a elaboração de projeções para os períodos seguintes.

2.3.1.2 Evolução do mercado nacional e internacional

Além do panorama do setor, é essencial que a análise setorial apresente dados sobre a evolução do mercado nacional e internacional. Enquanto, no panorama do setor, busca-se obter uma ideia do tamanho do faturamento, dos investimentos e da produção, na evolução de mercado procuram-se os fatores que permitiram que o setor alcançasse tais números nos últimos períodos ou fatores que influenciaram o seu declínio ou mesmo a substituição dos produtos e indústrias.

O mercado pode ser definido como a relação existente entre a oferta e a demanda. Dessa forma, de um lado, têm-se os indivíduos ou empresas que desejam vender bens e/ou serviços (ofertantes), enquanto, do outro, aqueles que desejam adquirir esses bens ou serviços (consumidores). A evolução entre a oferta e demanda, bem como dos fatores que influenciam essa relação, é importante para que as empresas possam direcionar esforços e potencializar ações buscando a criação e manutenção do seu valor com sustentabilidade.

Assim, para analisar a evolução do setor, deve-se atentar também para a evolução de seu respectivo mercado. Focam-se três pontos principais: o mercado consumidor, o mercado concorrente e o mercado fornecedor. Tais mercados devem ser analisados e incorporados na análise setorial, englobando as informações relativas ao mercado tanto nacional quanto internacional.

É válido ressaltar que a análise da evolução do mercado nacional e internacional permite melhor elaboração de estratégias e planos de médio e longo prazo, considerando os principais fatores de impacto na oferta e demanda dos bens e/ou serviços considerados.

2.3.1.2.1 Ciclo de investimento

Assim como é importante para o panorama do setor, o ciclo de investimento o é para a análise do mercado nacional e internacional. Enquanto, no panorama do setor, é importante identificar os ciclos de investimentos, na evolução de mercado é fundamental avaliar as causas e as consequências, para que se possa avaliar os impactos dos investimentos para o setor.

Os investimentos efetuados afetam diretamente a capacidade instalada do setor, a qualidade dos produtos e/ou serviços ofertados e a competitividade das empresas atuantes nos diversos segmentos identificados. Segundo Silva (2000), a competitividade é uma importante peça na globalização, cujas vantagens que advêm da sua busca são os principais fatores da dinamização e da versatilidade do sistema produtivo. É importante buscar identificar os fatores que motivaram a realização dos investimentos no setor e quais os principais resultados esperados.

De acordo com Pyndick e Rubinfeld (2006), o volume de investimentos em bens produtivos pelas empresas é bem mais elástico no longo prazo do que no curto. No caso brasileiro, isso determinou, no passado recente, um *boom* de investimentos em expansão produtiva logo depois da implantação do Plano Real, seguido de um longo período de investimentos produtivos limitados desde a crise cambial de 1999, revertido apenas mais recentemente, com evidentes impactos na competitividade e capacidade de expansão de diversos setores.

Voltando ao exemplo da indústria de pneus, Goldenstein, Alves e Barrios (2007) afirmam que a perspectiva de rentabilidade influenciou o investimento das indústrias fabricantes no Brasil ao longo do período de 2004 a 2007.

Os fabricantes de pneus anunciaram uma série de investimentos, aproveitando tanto o crescimento do mercado interno quanto o cenário favorável às exportações, com boa liquidez internacional graças ao crescimento econômico global (Goldenstein, Alves, Barrios, 2007).

Adicionalmente, têm-se o valor dos investimentos realizados, os resultados diretos gerados por esse investimento e, também, os fatores que motivaram as indústrias fabricantes a investirem nesse período.

Os investimentos, que totalizam cerca de R$ 3 bilhões e resultarão em um aumento de 30% da capacidade instalada no país, foram motivados por três fatores: aumento da demanda no mercado interno, cenário favorável às exportações e deslocamento da produção da indústria mundial de pneus para países de baixo custo salarial (Goldenstein, Alves, Barrios, 2007).

Quando se analisa o ciclo de investimentos com foco na evolução do mercado, é importante verificar se as expectativas e os resultados esperados inicialmente se consolidaram. Muitas vezes, os investimentos realizados não são capazes de gerar o impacto desejado, pois podem ser afetados por variáveis econômicas que influenciam ou limitam o poder desses investimentos. Voltando ao exemplo da indústria de pneus, há um ciclo de investimentos iniciado em 2004. No entanto, o cenário econômico nacional e mundial no início do ciclo é distinto do contexto econômico verificado na sua fase de maturação. Além dos aspectos macroeconômicos, é importante considerar o impacto da concorrência e de possíveis novos entrantes e o desenvolvimento tecnológico.

Entretanto, com os investimentos planejados em 2004 alcançando sua maturidade, o cenário do país atualmente já não está mais favorável. A valorização do câmbio frustra as expectativas de exportações, e o crescimento da participação dos pneus remoldados e chineses no mercado de reposição acirra a competição no mercado interno (Goldenstein, Alves, Barrios, 2007).

2.3.1.2.2 Mercado consumidor

Conforme exposto anteriormente, o mercado pode ser definido como a relação existente entre aqueles que desejam vender bens e/ou serviços e os que desejam adquiri-los. Dessa forma, tem-se a interação entre diferentes *players*, comprando e vendendo diferentes bens e/ou serviços.

Assim, o mercado consumidor é composto pelos clientes que desejam adquirir os bens e/ou serviços ofertados e para os quais as empresas produzem e ofertam suas mercadorias e serviços. A evolução desse mercado é importante para que as empresas possam verificar tendências de consumo e balizar decisões relacionadas a produtos ou linhas de produtos.

Uma fundamental distinção que o analista deve fazer é verificar se um setor se caracteriza por vender seus produtos e/ou serviços diretamente aos seus consumidores finais ou a outros agentes intermediários. Essa diferenciação é importante, pois a propagação de efeitos decorrentes de alteração na política de rendas, na disponibilidade de crédito e em outros componentes da política monetária atinge diferentes setores envolvidos em uma cadeia produtiva em velocidade e com intensidades diferentes.

No caso da indústria de pneus, Goldenstein, Alves e Barrios (2007) afirmam que as revendas no varejo se destinam ao consumidor final, enquanto, no atacado, se dirigem tanto às sub-revendedoras como às empresas com frota própria, como construtoras, empresas de ônibus e transportadoras. Tal informação derivada do mercado consumidor é importante para que a empresa possa planejar suas ações de *marketing* e focar seus principais consumidores.

A comparação com os anos anteriores e as previsões de especialistas para os próximos períodos são importantes para que as empresas possam adequar seu planejamento e também comparar seus resultados com as informações expostas. Tal comparação permite avaliações sobre decisões e estratégias, possibilitando melhorias e mudanças. Utilizando-se o estudo da indústria de pneus, há o seguinte exemplo: o período de 2000 a 2003 foi marcado pela baixa demanda de pneus por causa da estagnação da produção automobilística interna, que levou os fabricantes a reforçarem os negócios de exportação, com oportunidades de rentabilidade mais elevada. Em 2004, houve uma recuperação repentina da produção de veículos no Brasil, o que alterou o quadro da demanda por pneus. Naquele ano, a fabricação de veículos cresceu 27%, aquecendo a demanda de pneus das montadoras (Goldenstein, Alves, Barrios, 2007).

Quando se voltam aos estudos utilizados como exemplos, verificam-se as informações relacionadas à evolução do mercado, inclusive com dados adicionais de produção, permitindo a melhor visualização do contexto abordado.

Em 2005, o volume de vendas internas atingiu cerca de 38 milhões de unidades, incluídas as importações diretas, enquanto as exportações foram da ordem de 18 milhões de unidades (Goldenstein, Alves, Barrios, 2007).

Dessa forma, apresentam-se os volumes vendidos, diferenciando-se o volume consumido pelo mercado interno e externo. É importante também que se identifiquem os segmentos do setor que apresentam maior consumo e faturamento, além de sua evolução. Outro item importante a ser abordado quando se analisa o mercado consumidor de determinado setor refere-se aos principais países consumidores, pois isso permite analisar as estratégias de atuação internacional ou ampliação de mercados das empresas.

As vendas para as montadoras e exportações estão em um movimento crescente, enquanto o volume destinado ao mercado de reposição sofreu uma queda. Vale destacar que as exportações aumentaram apesar da valorização do câmbio no decorrer dos últimos anos, provavelmente por força dos contratos *inter-company* e da estratégia global de produção das empresas (Goldenstein, Alves, Barrios, 2007).

No exemplo da indústria de pneus, conforme o estudo de Goldenstein, Alves e Barrios (2007), tem-se que as vendas de pneus são destinadas a três segmentos distintos: montadoras, mercado de reposição e mercado externo. Adicionalmente, as montadoras respondem por 26% das vendas e o mercado de reposição, composto por lojas revendedoras de pneus, por 42%. As exportações representam 32% das vendas, destinadas a cerca de 100 países, principalmente Estados Unidos, França, Argentina e México. As exportações são, em sua maioria, operações *inter-company*. No mercado interno, as vendas às montadoras respondem por 26% da produção e o mercado de reposição, por aproximadamente 41% da produção de pneus (Goldenstein, Alves, Barrios, 2007).

Embora as vendas às montadoras sejam expressivas, é o segmento de reposição que absorve a maior parcela da produção mundial. Apresenta o comportamento da venda de pneus destinados a veículos de passeio e comerciais leves, dividida pelas diferentes regiões geográficas (Goldenstein, Alves, Barrios, 2007).

Em relação ao consumo, é importante destacar os principais mercados e o volume destinado a estes. Na indústria de pneus, a partir de um dos exemplos adotados para compreender melhor este capítulo destinado à análise setorial, Goldenstein, Alves e Barrios afirmam que em 2005 as vendas somaram cerca de 1 bilhão de unidades, sendo o mercado concentrado na Europa, na América do Norte e na Ásia (89% do total).

É importante também analisar as concentrações e a representatividade dessas para a empresa e para o mercado como um todo. Assim, conforme o estudo sobre a indústria de pneus, Goldenstein, Alves e Barrios (2007) observam que, apesar de o mercado asiático ser menor do que o europeu e o norte-americano, as vendas no segmento de equipamento original são maiores. Isso se deve ao fato de a Ásia apresentar uma produção automobilística crescente enquanto a Europa e a América do Norte caracterizarem-se pela produção automobilística estagnada e uma frota de veículos mais numerosa (Goldenstein, Alves, Barrios, 2007).

2.3.1.2.3 Mercado concorrente

Quando se refere aqui a mercado, afirma-se que este pode ser definido como a relação existente entre aqueles que desejam vender bens e/ou serviços e os que desejam adquiri-los. Os *players* que querem adquirir os bens e/ou serviços ofertados são denominados mercado consumidor. Analogamente, o mercado concorrente é formado pelos *players* que ofertam mercadorias e/ou serviços similares. A evolução desse mercado é importante para que as empresas possam balizar decisões relacionadas a produtos ou linhas de produtos, qualidade, preços e esforços de marketing.

Nos últimos anos a competição entre empresas tem crescido significativamente. Segundo Pires (1998), muitas empresas em nações industrializadas vêm enfrentado mercados altamente competitivos e com novos e crescentes critérios qualificadores para competição ou, apenas, para garantir a própria sobrevivência. Nos chamados países em desenvolvimento industrial, como o Brasil, muitas empresas agora têm de conviver com a realidade de uma economia aberta e os desafios da competição em uma dimensão global.

Assim, o mercado concorrente engloba as empresas que produzem e ofertam mercadorias ou serviços idênticos ou similares. Quando se analisa o mercado concorrente, deve-se avaliar a concentração de empresas no mercado, a participação de mercado das principais empresas e, também, o perfil do mercado, identificando-se mudanças e tendências que possam configurar informações relevantes para a análise financeira da empresa e o planejamento futuro. É essencial também conhecer quais são as empresas líderes no setor e qual o faturamento e abrangência, bem como as principais áreas de atuação dessas.

Um aspecto relevante para o analista financeiro do mercado concorrente diz respeito às possibilidades operacionais que a empresa analisada tem para reagir a variações favoráveis ou desfavoráveis em componentes das políticas econômicas.

Nesse sentido, Petroni (2004) afirma que ocorreu um forte movimento de fusões, aquisições e alianças nas empresas do setor automobilístico mundial nos últimos anos, refletindo-se também no Brasil. Dessa forma, é possível verificar que as informações referentes à concentração e participação de mercado são importantes para que se analise o contexto como um todo, permitindo relacionar as causas e consequências, auxiliando na previsão de tendências e elaboração de projeções. No caso do setor automobilístico, é válido concluir que a consolidação e a concentração do setor ajudaram algumas empresas a apresentarem melhor posicionamento, visto que o cenário atual é cada vez mais competitivo.

O desempenho de segmentos específicos do setor pode sofrer impactos derivados da concorrência, sendo válido ressaltar que esta não se limita apenas aos produtos e serviços similares, mas também àqueles tidos como substitutos. Utilizando o estudo da indústria de pneus como exemplo, Goldenstein, Alves e Barrios (2007) afirmam que o segmento de reposição, ao contrário dos demais, perdeu fôlego a partir de 2005 em virtude do acirramento da concorrência interna com os pneus remoldados e os importados chineses. Essa informação é relevante para as empresas que atuam no setor, pois indica a entrada de novos *players* e o impacto provocado com essa inclusão.

Tais informações podem ser vistas no trabalho sobre a indústria de pneus. Segundo Goldenstein, Alves e Barrios (2007), a Pirelli é a empresa líder no mercado interno de pneus, seguida pela Goodyear e a Bridgestone, que se alternam na segunda e na terceira posições, e pela Michelin, que ocupa a quarta colocação. A Michelin tem percentuais mais modestos de participação de mercado, já que seu foco são os pneus de ônibus e caminhões, de menor volume de vendas, mas de maior valor agregado (Goldenstein, Alves, Barrios, 2007). Adicionalmente, tem-se uma referência sobre a evolução no mercado concorrente: dados de 2005 indicam que as cinco maiores empresas do setor detinham 64% de todo o mercado de pneus. Os números do mercado mundial (Tabela 2.1) mostram um cenário diferente e que fornece pistas da capacidade de investimento de *players* aparentemente inofensivos no mercado interno. Nos últimos 10 anos, Bridgestone e Michelin têm se alternado na liderança de vendas do setor, enquanto a Goodyear ocupa o terceiro lugar em participação de mercado. Em conjunto, as três maiores empresas detinham mais da metade do mercado mundial (Goldenstein, Alves, Barrios, 2007).

TABELA 2.1 Participação no mercado mundial do setor de pneus.

Empresa	Participação no mercado (em %)	Participação acumulada (em %)
Bridgestone	18,2	18,2
Michelin	17,7	35,9
Goodyear	17,3	53,2
Continental	6,3	59,5
Pirelli	4,5	64,0
Sumitomo	3,6	67,6
Yokohama	2,9	70,5
Hankook	2,5	73,0
Cooper	2,1	75,1
Kumho	1,9	77,0
Toyo	1,8	78,8
Outros	21,2	100
Total	100	–

Fonte: Tire Business Sept. 2006 (referência de 2005) – Global Tire Company Rankings – Goldenstein, Alves e Barrios (2007).

Conforme o exemplo escolhido, Goldenstein, Alves e Barrios (2007) afirmam que o mercado de pneus experimentou vigoroso crescimento durante o período de 1985 a 2004, quando o faturamento bruto das indústrias do setor praticamente triplicou, passando de um patamar de cerca de US$ 35 bilhões em 1985 para US$ 92 bilhões em 2004.

Durante esse período, o setor passou por um processo de concentração, em que as dez maiores empresas existentes em 1981 foram objeto de fusões e aquisições, resultando na consolidação em cinco grupos (Goldenstein, Alves, Barrios, 2007). Assim, tem-se que a indústria de pneus se concentra em grandes empresas internacionais, sendo essas a Goodyear, a Pirelli, a Bridgestone, a Firestone, a Michelin e a Continental. Adicionalmente, há considerações a respeito do perfil de mercado e das mudanças recentes nas condições apresentadas.

Em relação ao perfil do mercado, a principal mudança foi o acirramento da concorrência no mercado interno de pneus, já que o segmento de maior rentabilidade, o mercado de reposição, conta com dois novos *players*. Os pneus chineses importados ainda estão em quantidade moderada, mas já representam uma ameaça, ampliada pela situação do câmbio (Goldenstein, Alves, Barrios, 2007).

2.3.1.2.4 Mercado fornecedor

O mercado fornecedor é composto pelos *players* que ofertam os equipamentos, os insumos, as embalagens etc. É formado, portanto, por empresas fornecedoras de materiais, equipamentos e insumos necessários para que as empresas produzam e comercializem seus produtos e/ou serviços.

A análise do mercado fornecedor é importante para que se obtenham as informações necessárias para auxiliar no planejamento de médio e longo prazos, bem como projeções financeiras e definição de estratégias de produzir ou comprar (decisões de *make* ou *buy*). Segundo Pietro (2004), muitas empresas optam pela terceirização de parte de sua fabricação para que possam se concentrar em diferenciais competitivos, como a imagem da marca e a inovação de seus produtos.

Utilizando-se como exemplo informações do setor automotivo, tem-se que o mercado fornecedor engloba os fornecedores de matérias-primas, como empresas dos setores químico, siderúrgico e eletrônico, empresas de logística e transporte, empresas de comunicação, empresas de distribuição, empresas de comercialização (p. ex., as concessionárias), agentes financiadores, empresas de serviços associados, oficinas e autopeças etc.

No exemplo utilizado, da indústria de pneus, é possível citar como participantes do mercado consumidor as empresas produtoras de cabos e aros metálicos, insumos básicos na produção de pneus. Além dos insumos para a produção de pneus, atualmente há a alternativa de os pneus usados serem usados como matéria-prima para a remoldagem.

A importação de pneus usados, utilizados como matéria-prima para a remoldagem, tornou-se o centro de uma polêmica entre os diversos atores do setor. A competitividade dos pneus remoldados se dá, em grande medida, pela utilização de carcaças de pneus usados importados da Europa como matéria-prima para a remoldagem, a custos muito reduzidos. Isso vem gerando uma polêmica de âmbito nacional (Goldenstein, Alves, Barrios, 2007).

As tendências e alternativas de utilização, substituição ou diversificação de insumos também devem ser consideradas, pois podem influenciar os custos de produção e a qualidade dos produtos. Adicionalmente, os fornecedores devem ser analisados pelas empresas na tentativa de minimizar os riscos de falta de produtos, as falhas de entregas e as demais situações que podem comprometer a produção e oferta de produtos.

2.3.1.3 *Estrutura produtiva*

A análise da estrutura produtiva é útil para a empresa avaliar os pontos fortes e fracos presentes em todo o seu processo, inclusive para verificar os custos provenientes de cada etapa e a capacidade de atender e se adaptar a mudanças na quantidade demandada.

Mais do que os arranjos operacionais e logísticos, ao analista financeiro interessa especialmente a estrutura financeira que opera por trás das atividades de um setor, sendo especialmente importante determinar, para o setor analisado, qual o grau no qual as empresas desse setor podem se diferenciar e quais são essencialmente "travados" em razão de componentes externos. A indústria petroquímica, por exemplo, tem pouco controle sobre o custo de insumos, dado que são, em sua maioria, cotados no mercado *spot*[7] de *commodities* derivadas do petróleo, enquanto

---

[7] Negociação de produtos padronizados, conhecidos e com pouca variabilidade, cujo preço é negociado no momento da compra e da venda.

o setor hoteleiro apresenta grande margem para variação de custos de prestação de serviços entre as diferentes empresas. No momento de comparar o desempenho de empresas diferentes do mesmo setor, essa percepção é fundamental para determinar a relevância de diferenças entre duas ou mais empresas.

A gestão estratégica de custo se insere nesse ambiente por meio da análise da cadeia de valor,[8] do posicionamento estratégico e do direcionador de custo em cada ponto que agrega valor ao produto, afirma Silva (2000). A análise e a avaliação da estrutura de produção, portanto, tornam-se ferramentas úteis para auxiliar o entendimento de alterações nas contas dos balanços e resultados financeiros, possibilitando o uso das informações obtidas para a melhor tomada de decisão.

O desempenho dos setores está intimamente relacionado a fatores macroeconômicos, pois movimentam um grande volume de recursos e envolvem diferentes cadeias de valor. Assim, tem-se que a expansão ou retração das atividades de determinados setores pode refletir em diferentes segmentos relacionados, estendendo-se desde os fornecedores de insumos até a prestação de serviços.

No caso do setor automotivo, por exemplo, o desempenho do setor afeta desde os fornecedores de matérias-primas e máquinas até a rede de comercialização e serviços associados. Portanto, os resultados do setor também podem influenciar outros setores, assim como o setor automotivo pode sofrer esse tipo de influência. Adicionalmente, tem-se que os resultados obtidos também são determinantes para investimentos e modernização de polos produtivos, inovação tecnológica, criação de novos empregos etc. Dessa forma, a análise da estrutura produtiva configura-se como uma fonte importante de informações para que se possam efetuar melhorias, potencializar oportunidades e minimizar os riscos existentes.

Padilha e Bomtempo (1999) definem cadeia produtiva como um sistema constituído por agentes formadores de decisão, envolvidos em um processo interdependente, por meio de um fluxo de produtos e serviços em uma direção. Assim, tem-se que a ideia de cadeia produtiva pode envolver desde os fornecedores de insumos até consumidores finais.

A partir dos dados da cadeia produtiva, pode-se identificar quais os atores de maior impacto e influência, tanto para o setor como para uma empresa específica.

As empresas devem ser vistas como importantes elos econômicos pertencentes à cadeia produtiva, capazes de gerar emprego, renda e investimentos industriais. A análise do comportamento desses elos é estratégica e impacta o nível de desemprego e os investimentos, tanto diretos como indiretos. Adicionalmente, os impactos gerados por medidas aplicadas em determinado setor podem refletir em diversos outros setores da economia. Por exemplo, analisando-se o setor automotivo, tem-se que medidas impostas e implementadas para as empresas desse setor específico podem influenciar os desempenhos e resultados de outras empresas e setores, como o de serviços de distribuição, equipamentos e insumos, comércio etc. Paralelamente, deve-se considerar toda a cadeia de produção e refino de combustíveis, pois podem afetar o desempenho do setor e das empresas atuantes.

---

[8] Para uma discussão detalhada sobre cadeia de valor, o leitor deve consultar o livro *Gerenciamento da cadeia de suprimentos*, de Ronald H. Ballou (2006).

Outro fator importante é a capacidade ocupada e ociosa, tanto da empresa como do setor. Quando se analisam os dados referentes à capacidade ociosa do setor, pode-se verificar o impacto dos investimentos realizados e os resultados que eles provocam na estrutura produtiva.

O setor atravessa um ciclo de investimentos, com previsão de aumento de 30% de sua capacidade instalada. Duas novas plantas foram implantadas recentemente no estado da Bahia e as demais unidades industriais nacionais estão sendo ampliadas e/ou modernizadas. Os principais *players* mundiais estão presentes no país, que ampliou vigorosamente sua capacidade exportadora nos últimos cinco anos. Esse ciclo iniciou-se em 2004 e os investimentos estão sendo maturados em 2006 e 2007 (Goldenstein, Alves, Barrios, 2007).

De forma geral, a análise da estrutura produtiva também pode agregar informações referentes à cadeia de produção e fornecedores, na tentativa de relacionar as informações de maneira efetiva e facilitar a compreensão dos aspectos setoriais de forma sistêmica.

As primeiras empresas a instalarem plantas no Brasil foram a Goodyear, a Firestone e a Pirelli, na década de 1940. A Michelin iniciou produção local apenas no início da década de 1980. Com a inauguração da planta da Continental em 2006, os cinco maiores produtores mundiais passaram a fabricar no Brasil. O país é o sétimo maior produtor mundial de pneus para automóveis e o quinto em pneus para caminhão/ônibus e caminhonetes (Goldenstein, Alves, Barrios, 2007).

Silva (2000) desenvolveu um estudo em que analisou uma empresa do setor automobilístico e seus respectivos fornecedores do ramo produtivo de escapamento, estruturando a cadeia de valor e desenvolvendo uma metodologia para compreensão de como se agregava valor em cada ponto da cadeia produtiva, qual era o posicionamento estratégico e o direcionador de custo. Segundo o estudo de Silva (2000), a análise possibilitou que a empresa melhorasse o seu nível de informações fundamentais para a tomada de decisões relacionadas à formação do custo ao longo da cadeia de valor, as principais variáveis que alteram o custo em cada ponto da cadeia de valor, os direcionadores de custo, o impacto dos impostos na formação do custo e do preço de venda, o início e término da participação de cada empresa na formação do valor do produto, o posicionamento estratégico de cada empresa e uso do custo-meta, o custo e benefício de cada esforço na redução do custo, a sensibilidade do custo (elasticidade direcionador-custo) e a determinação da importância do custo marginal na identificação do melhor ponto de produção.

Dessa forma, verifica-se que, em alguns casos, a análise da estrutura produtiva torna-se fundamental para complementar os demais itens expostos na análise setorial, permitindo que a empresa utilize tais informações na definição de suas estratégias organizacionais e também direcione esforços para os fatores de maior impacto em seus resultados.

2.3.2 Ameaças e oportunidades

No cotidiano de qualquer organização, estão presentes ameaças e oportunidades.

As oportunidades são situações, condições ou tendências que podem contribuir ou potencializar os resultados ou o desempenho das organizações. Andion e

Fava (2002) as definem como fatores do ambiente geral ou da indústria que, se bem aproveitados, podem fornecer uma vantagem competitiva para a empresa. Como exemplo, os autores citam as falhas apresentadas pelo concorrente, que podem ser aproveitadas pela empresa como uma oportunidade para melhorar o seu produto e ganhar em diferencial.

Já as ameaças configuram situações, condições ou tendências que podem prejudicar, atrapalhar ou comprometer o desenvolvimento ou os resultados das organizações, dificultando ou inibindo os processos necessários para a geração e manutenção do valor. Segundo Andion e Fava (2002), elas consistem em fatores que podem perturbar o funcionamento da empresa, causando dificuldades para a sua gestão e seu desempenho. A entrada de um novo concorrente forte no mercado, a implementação de restrições tarifárias por parte de um país importador dos produtos da empresa, a diminuição da demanda são todos aspectos que podem ser definidos como ameaças para a empresa (Andion e Fava, 2002).

A análise setorial pode auxiliar a empresa a identificar de forma mais efetiva as oportunidades e as ameaças, possibilitando que as primeiras sejam mais bem exploradas e as segundas minimizadas. Dessa forma, na identificação das ameaças e oportunidades é necessário analisar o ambiente externo à empresa e buscar os diversos aspectos que podem afetar o negócio, como concorrentes, mercado consumidor, legislação, tecnologia etc. É preciso, portanto, avaliar diferentes aspectos, que podem afetar a empresa de maneira positiva ou negativa, configurando-se em oportunidades ou ameaças.

Para a análise setorial e, posteriormente, a análise financeira da organização, é essencial que as oportunidades e ameaças sejam identificadas de maneira clara, explicitando com precisão o que, de fato, constitui elemento facilitador ou inibidor da gestão organizacional.

Saber utilizar os instrumentos do planejamento de forma coerente, adaptando-os à realidade da empresa e às suas necessidades, pode ser então uma excelente arma competitiva. Para utilizá-la de modo eficaz, é importante que os gestores conheçam bem cada um dos elementos do planejamento e suas funções, assim como as mudanças que estão ocorrendo no contexto competitivo, as quais estão influenciando na própria prática do planejamento e lançando alguns desafios para a sua gestão nas empresas (Andion e Fava, 2002).

Para a análise das ameaças e oportunidades do setor e, também, da economia como um todo, pode-se utilizar a análise Swot (*strenghts* – pontos fortes, *weaknesses* – pontos fracos, *opportunities* – oportunidades, *threats* – ameaças/riscos). Trata-se de uma ferramenta muito utilizada para analisar cenários ou o ambiente, sendo importante para as melhores gestão e planejamento estratégico de uma corporação ou empresa. No entanto, em virtude da facilidade de sua aplicação, a matriz Swot pode ser utilizada para qualquer tipo de análise de cenário ou ambiente.

A análise Swot, que pode ser definida como um sistema simples para posicionar ou verificar a posição estratégica da empresa diante de um cenário ou ambiente, é dividida em ambiente interno (forças e fraquezas) e externo (oportunidades e ameaças). Visando à melhor utilização das informações geradas, a análise Swot deve ser atualizada regularmente, de acordo com a velocidade com que o ambiente competitivo e/ou a empresa mudam.

As forças e fraquezas são determinadas pela posição atual da empresa e se relacionam, geralmente, a fatores internos. Já as oportunidades e ameaças são antecipações do futuro e estão diretamente ligadas a fatores externos. Considerando a divisão entre fatores internos e externos, tem-se que o ambiente interno é aquele que pode ser controlado pelos gestores da empresa, uma vez que resulta das estratégias de atuação definidas pela organização. É válido ressaltar que as estratégias afetam a empresa como um todo e definem sua postura perante o mercado. De forma análoga, considera-se que o ambiente externo é aquele que não pode ser totalmente controlado pelos gestores da organização.

Para complementar a análise do ambiente externo da organização, pode-se utilizar a ideia proposta pela matriz Swot, concentrando-se na identificação das oportunidades e ameaças, com seus respectivos impactos para a organização. Deve-se estar sempre atento às oportunidades e aos riscos. Avanços tecnológicos são exemplos de oportunidades para a empresa, mas também podem se tornar uma ameaça caso a empresa não se adapte ou não acompanhe o ritmo de mudanças, não apenas no setor em que atua, como também em todo o ambiente econômico. As ameaças podem ser identificadas com mudanças no estilo de vida, enxugamento de mercados e entrada de novos concorrentes. No entanto, a empresa pode transformar os riscos em oportunidades.

O conhecimento do ambiente e a identificação das ameaças e oportunidades são úteis para auxiliar a empresa a delinear suas estratégias de forma efetiva e a atingir suas metas. Em geral, as empresas necessitam monitorar as forças macroambientais (demográficas, econômicas, tecnológicas, políticas, legais, sociais e culturais) e os atores microambientais que possam afetar o desempenho da empresa, como consumidores, concorrentes, fornecedores e canais de distribuição.

Stollenwerk (1999) afirma que aprender sobre o futuro, antecipando ameaças e oportunidades, é importante para a realização de planejamentos mais efetivos e desenvolvimento de competências. Adicionalmente, conhecer sobre o ambiente externo com conteúdo prospectivo permite antecipar ameaças e oportunidades para a organização e os movimentos de seus concorrentes, clientes e fornecedores, bem como mudanças/rupturas nas forças-motrizes ou forças do macroambiente.

Assim, as organizações devem estar preparadas para se adaptar às tendências e mudanças importantes, identificando as oportunidades e ameaças presentes no ambiente em que atuam.

Portanto, é importante que os gestores identifiquem o conjunto de oportunidades que a empresa poderá explorar para gerar maior valor, bem como o conjunto de ameaças. Destaca-se que as oportunidades não identificadas ou não aproveitadas devidamente podem se transformar em ameaças futuras. Contudo, tem-se que as ameaças, quando bem administradas, podem ser transformadas em oportunidades de negócios. Portanto, a identificação das oportunidades e ameaças e as ações derivadas dessa análise merecem atenção especial dos gestores e analistas envolvidos no planejamento e na definição de estratégias organizacionais.

Para melhor avaliação do sistema em que a organização está inserida, apresentam-se cinco grupos principais que devem ser analisados em relação às oportunidades e ameaças: político e legal, natural e ambiental, econômico, sociocultural e tecnológico.

2.3.2.1 Aspectos políticos e legais

Os aspectos políticos e legais referem-se a todos os fatores derivados de decisões políticas e/ou legais que possam impactar as atividades da empresa ou do setor. Tais influências podem ser positivas ou negativas, mas devem ser monitoradas e acompanhadas para que as organizações se adaptem e possam utilizá-las como oportunidades de negócio.

Diversos fatores políticos e legais podem influenciar os processos organizacionais, entre eles as políticas públicas, as políticas governamentais de incentivo e/ou restrição, as influências políticas e de demais grupos de interesse, a legislação e fiscalização, as barreiras sanitárias, as atualizações de leis, os impostos e taxas.

No exemplo da indústria de pneus, há uma resolução que torna as empresas fabricantes responsáveis pelo recolhimento de pneus inservíveis. Segundo Goldenstein, Alves e Barrios (2007), apesar dos esforços das empresas fabricantes e da unificação de suas ações de recolhimento de pneus inservíveis, com instalação de ecopontos em diversos municípios do país, as metas não estão sendo cumpridas desde 2003. As empresas afirmam que as obrigações da resolução são inexequíveis e, no momento, estão procurando reformulá-la por meio da redução do quantitativo e da inclusão de novos atores, como o poder público e as empresas de recolhimento de lixo. Alegam que não podem ser responsabilizadas, sozinhas, pelo recolhimento (Goldenstein, Alves, Barrios, 2007).

A partir do exemplo dado, identifica-se um impacto derivado dos aspectos políticos e legais expostos. Como resultado desse fator político-legal, os fabricantes enfrentam um novo problema: os passivos ambientais gerados a partir do descumprimento da Resolução. Esses passivos ambientais são crescentes, já que as multas não estão sendo pagas graças à obtenção de liminar na Justiça e as empresas continuam descumprindo a Resolução (Goldenstein, Alves, Barrios, 2007).

2.3.2.2 Aspectos naturais e ambientais

Os aspectos naturais e ambientais remetem-se a mudanças na natureza e no ambiente. São exemplos os desastres ecológicos e naturais que podem impactar as atividades da empresa, bem como a preocupação com a preservação do ambiente e a questão da sustentabilidade, que não devem ser esquecidas pelas organizações, pois representam oportunidades para que possam desenvolver ou melhorar a imagem de seus produtos.

A questão ambiental tem sido amplamente discutida e abordada no meio empresarial. As organizações agora precisam atentar para o aspecto sustentável com maior ênfase, pois o tema tornou-se relevante para inúmeras atividades organizacionais, como a obtenção de financiamentos. Segundo Azevedo, Gianluppi e Malafaia (2007), as empresas e os consumidores necessitam de soluções que não prejudiquem o meio ambiente, para que, posteriormente, não sejam afetados pelos danos causados a este.

Retomando o exemplo da indústria de pneus, tem-se que um fator atualmente discutido concerne justamente ao impacto ambiental dos pneus abandonados ou dispostos inadequadamente, cujos resíduos são de difícil eliminação. A fim de solucionar esse problema, o Conselho Nacional do Meio Ambiente (Conama) criou uma resolução que dispõe de normas sobre o assunto, obrigando as empresas fabricantes a darem destinação ambientalmente adequada aos pneus inservíveis (Goldenstein, Alves, Barrios, 2007).

Outro exemplo é o ajustamento das montadoras para atender a normas e procedimentos ambientais vigentes, visando promover a produção limpa e incentivar o desenvolvimento de tecnologias que reduzam a degradação ambiental gerada pela emissão de poluentes.

2.3.2.3 Aspectos econômicos

Os aspectos econômicos também devem ser considerados quando se avaliam as oportunidades e ameaças do setor e do ambiente. São diversos os fatores econômicos que podem influenciar as organizações, entre eles taxas de juros, câmbio, renda, nível de emprego, inflação, índices de preços etc.

Considerando o setor automotivo, por exemplo, tem-se que, apesar dos bons resultados obtidos em 2004 e 2005, as perspectivas para as montadoras não se revelaram tão positivas para o ano de 2006. Alguns fatores econômicos influenciaram o desempenho do setor, como o câmbio valorizado (que dificultou as vendas externas) e as elevadas taxas de juros (empecilho para as vendas no mercado interno).

2.3.2.4 Aspectos socioculturais

Os aspectos socioculturais referem-se a fatores como cultura, hábitos de consumo, preferências, tendências populacionais, nível educacional, estilo de vida, distribuição etária e geográfica da população-alvo da empresa etc. As preocupações com ambiente e responsabilidade social têm forte impacto nos negócios e na imagem da empresa.

Considerando o exemplo da indústria automotiva, um aspecto sociocultural que afeta as empresas do setor refere-se à preocupação com a conservação ambiental. Atualmente, a questão ambiental tem sido amplamente discutida e valorizada pelos consumidores. Dessa forma, há a possibilidade de alterações nos hábitos de consumo de automóveis, pois os consumidores preocupados com a degradação ambiental e aquecimento global poderão optar por transportes alternativos ou movidos por combustíveis que provoquem menor agressão ao meio ambiente. Têm-se, portanto, ameaças e oportunidades relacionadas a essa questão e as empresas devem estar atentas a esses sinais.

2.3.2.5 Aspectos tecnológicos

Os aspectos tecnológicos referem-se às mudanças resultantes do desenvolvimento e da inovação tecnológica, as quais podem afetar os produtos e processos das organizações, configurando-se como ameaças ou oportunidades.

A inovação e o desenvolvimento tecnológico envolvem pesquisa e desenvolvimento de produtos na área e investimentos. Os aspectos tecnológicos impactam fortemente a competitividade das empresas. Considerando-se o setor automotivo, verifica-se que um dos principais problemas a ser enfrentados pela indústria automobilística no Brasil é alcançar o nível de competitividade necessário para atuar em âmbito mundial, continuando a atrair investimentos frente a novos competidores, como China, Índia e Japão.

2.4 *VALUATION* (AVALIAÇÃO DE EMPRESAS)

Na análise setorial, se faz necessário o entendimento dos riscos, custos e padrões do setor para que seja possível uma análise comparativa entre o desempenho da empresa e os seus concorrentes (ou mercado) como um todo.

Nesse quesito, o analista financeiro dispõe de algumas ferramentas essenciais para essa análise, entre elas o método de fluxo de caixa descontado e a análise por múltiplos de mercado. O propósito deste capítulo não é o aprofundamento nessas ferramentas, mas emitir um panorama geral que facilite a compreensão das ferramentas e a sua aplicabilidade. Para melhor entendimento sobre a ferramenta e suas nuances, recomenda-se a consulta de livros e artigos especializados.

2.4.1 Método de fluxo de caixa descontado

O método de fluxo de caixa descontado (FCD) é um dos modelos de avaliação mais utilizados pelo analista, em virtude de sua robustez e versatilidade. Seu conceito consiste na projeção de fluxos de caixa futuros da empresa, trazidos a valor presente pela utilização de uma taxa de retorno/desconto (WACC).

$$\text{Valor da Empresa} = \sum_{i=1}^{n} \frac{FC_i}{(1+r)^i}$$

Em que:
FC_i = fluxo de caixa projetado para o período i
r = taxa de retorno estimada
i = período

Um ponto essencial nesse processo é a determinação da taxa de retorno esperada, que, na verdade, é a taxa de desconto que reflete o risco inerente aos fluxos de caixa estimados, sendo usualmente utilizado o WACC (*weighted average cost of capital*). Já um dos pilares desse modelo é a correta mensuração do custo de capital próprio, que deve abranger todos os riscos envolvidos. A seguir, será detalhado como calcular esse custo, com atenção especial ao cálculo do beta.

2.4.1.1 CAPM

Primeiro, para o melhor entendimento sobre o beta e sua importância, é necessário compreender que ele é parte de um cálculo para a estimação da remuneração do capital próprio.

O modelo de equilíbrio de ativos financeiros, comumente denominado CAPM (*capital asset pricing model*), foi desenvolvido a partir do princípio de diversificação de carteiras proposto por Markowitz (1952). Segundo Bragança, Rocha e Camacho (2006), o CAPM é o modelo mais usual para estimar a parcela de remuneração do capital próprio.

O CAPM tem papel central, apesar de controverso, nas discussões de finanças corporativas (Damodaran, 1999), porém não é o único modelo utilizado. O foco do livro será na discussão de sua utilização, em decorrência de sua ampla aceitação, porém é importante ter conhecimento da existência de outros modelos. Na Tabela 2.2, estão resumidos os quatro principais modelos de estimação.

TABELA 2.2 Resumo de quatro modelos de mensuração de risco.

Modelo	Suposição	Medida de risco de mercado
CAPM	Não existem custos de transação ou informação privada. Portanto, o portfólio diversificado inclui todos os investimentos negociados, em proporção ao seu valor de mercado	Beta calculado e comparado ao portfólio de mercado
APM (*arbitrage pricing model*)	Investimentos com a mesma exposição ao risco de mercado devem ser negociadas ao mesmo preço (sem arbitragem)	Beta calculado e comparado contra múltiplos (não especificados) fatores de risco de mercado
Modelo multifatorial	Mesma suposição da arbitragem	Beta calculado e comparado contra múltiplos fatores macroeconômicos especificados
Modelo de *proxy*	Em longos períodos, elevados retornos sobre o investimento devem ser compensados por elevados riscos de mercado	*Proxies* para o risco de mercado, por exemplo, incluem capitalização do mercado e índices de preço/valor contábil

Fonte: Damodaran (1999).

O CAPM estabelece que, em um mercado completo e competitivo, a remuneração exigida pelo investidor marginal e diversificado varia em proporção direta com o beta, medida do risco sistemático do investimento. Por risco sistemático, entende-se a correlação do retorno da empresa analisada com o retorno de um índice representativo do mercado como um todo (Bragança, Rocha, Camacho, 2006).

Segundo a Stern Stewart & Co. (2006), a metodologia do CAPM é usada para calcular o retorno esperado para um investimento, o qual pode ser entendido como o custo de oportunidade do acionista. Assim, a fórmula de cálculo do custo do capital próprio é expressa por:

Retorno esperado = taxa livre de risco + β × prêmio de risco esperado

Em que:

Taxa livre de risco = geralmente, considera-se a taxa livre de risco o retorno pago pelos títulos do governo norte-americano

β = sensibilidade dos retornos de uma ação em relação ao retorno do portfólio de mercado

Prêmio de risco esperado = diferença entre retorno esperado do mercado acionário e retorno esperado em títulos livres de risco

No entanto, para países emergentes, é usual o cálculo do custo do capital próprio das empresas com base no modelo CAPM com dados norte-americanos, ajustados ao chamado risco-país.[9] Assim, para países como o Brasil, tem-se que:

$$K_e = R_f + \beta \times (R_m - R_f) + R_p\text{[10]}$$

Em que:
K_e = custo de capital próprio ou taxa requerida de retorno para o título
R_f = taxa de retorno do ativo livre de risco
R_m = taxa de retorno da carteira de mercado
$(R_m - R_f)$ = prêmio por unidade de risco de mercado
R_p = risco-país

2.4.1.2 Beta

Depois da definição do CAPM e da exposição de sua utilização, é preciso compreender a função do beta em termos econômicos e financeiros. Segundo Bragança, Rocha e Camacho (2006), a ideia essencial é que o beta (risco não sistemático) de determinada empresa é a combinação linear dos betas de cada um dos negócios englobados por essa empresa, ponderados pela participação que eles tenham no valor da empresa como um todo.

Segundo a definição da Stern Stewart & Co. (2006), o beta refere-se à sensibilidade dos retornos de uma ação em relação ao retorno do portfólio de mercado, indicando quão arriscada é a ação em relação ao mercado. Um beta maior que 1,0 significa que a ação é mais arriscada que o índice de mercado (Stern Stewart & Co., 2006).

O beta é a medida estatística que reflete o risco de um ativo em relação ao risco da carteira de mercado. Se o beta do ativo for igual a 1,0, diz-se que seu risco varia com o mercado; beta maior que 1,0 revela risco maior que o de mercado; e beta menor que 1,0 indica risco menor que o de mercado. Medida de risco sistemático. O beta alavancado mede o risco total da empresa: risco econômico (risco do negócio) e risco financeiro (endividamento). O beta não alavancado reflete somente o risco do negócio, não considerando em seu cálculo o endividamento da empresa (Assaf Neto, 2006).

Dessa maneira, o beta reflete o risco do negócio e o risco financeiro de uma empresa. Pode-se definir o risco de negócio como o grau de incerteza relacionado à projeção do retorno sobre o ativo, o qual não poderia ser inibido pela diversificação. Bragança, Rocha e Camacho (2006) definem o risco de negócio como o risco sistemático (não diversificável) quando todo o capital da empresa é capital próprio. O risco financeiro, por sua vez, é definido como risco adicional em virtude

---

[9] Para maiores detalhes, o leitor deve consultar Matias (2007).

[10] Esta fórmula é a mesma apresentada anteriormente, com a diferença da adição da variável risco-país. As siglas foram utilizadas para facilitar a discussão.

do uso de capital de terceiros no financiamento do projeto, isto é, o risco adicionado ao projeto em decorrência da alavancagem financeira ou do risco de preços.

Segundo um estudo da Teleco (2007), o valor dos betas deve ter como base o retorno de operadoras com ações negociadas publicamente que tenham liquidez satisfatória. Assim, o cálculo envolveria considerações sobre a frequência das observações, o período a ser utilizado e a escolha do índice representativo da carteira do mercado.

Conforme exposto por Damodaran (1999), o beta é estimado pela regressão do retorno do ativo contra um índice de ações, sendo que a inclinação encontrada representa o beta do ativo.

Pode-se obter os valores de beta divulgados por consultorias financeiras, como a Thomson Financial, a Bloomberg, a Value Line, a Standard & Poor's etc. O acadêmico Aswath Damodaran publica periodicamente em seu site[11] diversos índices, entre eles os betas de diversos setores da economia.

A Tabela 2.3 apresenta os valores dos betas de 20 diferentes setores de países emergentes, conforme divulgado por Damodaran em janeiro de 2015. Nos dados divulgados, há betas calculados para 95 setores da economia, porém, por razões de otimização, não serão exibidos todos os dados.

TABELA 2.3 Betas calculados para 20 indústrias.

Indústria	Número de empresas	Beta	Alavancagem* (%)	Beta desalavancado	Desvio padrão do capital próprio (%)
Autopeças	381	1,33	14,24	1,19	48,52
Bancos (regionais)	75	0,73	223,76	0,26	30,95
Bebidas (alcoólicas)	117	0,95	3,85	0,92	44,13
Materiais de construção	214	1,04	26,15	0,86	47,82
Química (especialistas)	416	1,23	27,66	1,00	49,75
Carvão e energia	109	1,41	61,13	0,92	51,85
Educação	81	1,22	20,30	1,04	48,94
Agricultura	282	0,97	27,83	0,77	44,42
Produtos de saúde	155	1,21	5,86	1,15	53,33
Petróleo e gás (integrado)	22	1,57	67,72	1,05	32,72
Metais preciosos	96	1,63	45,62	1,17	56,96
Varejo (automotivo)	75	1,10	72,88	0,69	44,91
Varejo (alimentação e compras)	61	0,87	37,92	0,67	42,00
Software (entretenimento)	50	1,42	4,01	1,37	60,60
Software (internet)	140	1,57	4,42	1,51	57,85
Aço	514	1,27	106,17	0,65	48,71
Serviços telefônicos	114	0,88	36,53	0,67	41,10
Tabaco	34	0,45	2,92	0,44	38,83
Transportes	140	1,17	62,88	0,77	47,34
Utilidades (geral)	12	0,83	226,13	0,28	36,50

* Calculado pela relação entre capital de terceiros sobre o capital próprio.

---

[11] Damodaran Online. Disponível em: <http://pages.stern.nyu.edu/~adamodar/>. Acesso em: 23 nov. 2016.

2.4.2 Análise por múltiplos

A análise por múltiplos consiste na utilização comparativa de índices que relacionam o valor (ou preço da ação) da empresa a diversas variáveis. Essa comparação deve ser realizada com empresas do mesmo setor e segmento, pois refletem características intrínsecas à sua indústria de atuação.

Na Tabela 2.4, são relacionados os principais múltiplos utilizados pelo mercado, contudo essa tabela deve ser usada com cuidado, pois esse método revela apenas a situação atual da empresa, sem levar em consideração fluxos futuros de caixa, como ocorre com o FCD.

TABELA 2.4 Resumo de múltiplos de mercado.

Múltiplo	Sigla	Definição	Forma de cálculo	Valor ideal
Valor patrimonial	VPA	Valor (por ação) do patrimônio líquido de uma empresa	Patrimônio líquido/total de ações	N/A
Cotação/valor patrimonial	Cot/VPA	Indica a relação entre o preço que o mercado está disposto a pagar e o valor patrimonial da empresa	Preço da ação/valor patrimonial	Quanto menor, melhor
Preço/lucro	P/L	Determina o prazo médio de retorno do investimento. Em virtude dessa natureza, só faz sentido se a empresa apresentar lucro	Preço da ação/lucro por ação	Quanto menor, melhor
Valor de mercado	VM	É obtido multiplicando-se a quantidade total de ações pelo valor do título de maior liquidez em bolsa (para uma melhor apuração do índice, o número total de ações ordinárias e preferenciais poderão ser multiplicadas por suas respectivas cotações)	Preço da ação × número total de ações	Quanto maior, melhor
Valor econômico	VE	Calculado por meio do somatório do valor presente dos fluxos de caixa operacionais da empresa, descontada sua dívida	Somatório dos fluxos de caixas operacionais	Quanto maior, melhor
Payout	*Payout*	Percentual do lucro, definido nos estatutos sociais da empresa e destinado à distribuição de dividendos	Lucro líquido ajustado × porcentagem de dividendos	Quanto maior, melhor
Valor de mercado/Ebitda	VM/Ebitda	Indica o valor da empresa frente à sua geração operacional de caixa	Valor de mercado/Ebitda	Quanto menor, melhor
Dividend Yield	*Yield*	Percentual de dividendos pagos por ação relativamente ao seu preço	Dividendo por ação/preço em bolsa	Quanto maior, melhor

Fonte: Cavalcante e Associados (1999).

2.5 PADRÃO COMPETITIVO E ESTRATÉGIAS

Uma questão que deve ser considerada quando se analisam o setor e o ambiente refere-se ao padrão competitivo e às estratégias utilizadas pelas indústrias. Tais informações podem ser utilizadas pelas empresas para implementar melhorias e realizar mudanças, buscando melhores resultados e a geração de valor de maneira sustentável.

Silva (2005) ressalta que os fatores que determinam o padrão competitivo de um mercado devem ser compreendidos a partir da cadeia de valor de que a firma participa. A análise da cadeia de valor parte da estruturação dos processos desde a matéria-prima até o consumidor final. Shank e Govindarajan (1997) afirmam que a cadeia de valor é o conjunto de atividades criadoras de valor desde as fontes de matérias-primas básicas, passando por fornecedores de componentes, até o produto final entregue nas mãos do consumidor. A empresa deve estabelecer vantagens competitivas sustentáveis para permanecer ou ganhar novos mercados, porém, para isso, deve compreender o ambiente em que se encontra (Silva, 2004).

Haguenauer e Prochnik (2000) afirmam que, a partir do estudo das cadeias, pode-se observar que a competitividade das empresas não depende apenas da sua eficiência econômica e estratégia de conduta. O meio ambiente em que a empresa atua, tanto no que diz respeito aos parceiros sobre a cadeia produtiva como no que tange às demais instituições, tem forte influência sobre o sucesso das empresas (Silva, 2005).

Adicionalmente, tem-se que a análise de estratégias da indústria, mercado, alianças e parcerias pode configurar oportunidades para as empresas melhorarem seus desempenhos, inclusive financeiros. Em relação a parcerias, um exemplo do setor automotivo é o caso da China. Atualmente, o país é uma das maiores produtoras mundiais de veículos por meio de *joint ventures* entre as montadoras mundiais e as empresas chinesas locais.

2.6 TENDÊNCIAS E PERSPECTIVAS

A partir das informações obtidas pela análise macroeconômica e setorial, é importante identificar as tendências e perspectivas para que se elaborem projeções adequadas, de acordo com os cenários esperados.

Dessa forma, são realizadas projeções e definições de tendências de curto, médio e longo prazos, as quais também permitem antecipar os fatores de risco e as oportunidades de negócios.

Como exemplo, em relação às perspectivas do setor automotivo, Pietro (2004) afirma que as empresas automobilísticas evoluíram muito nos últimos anos, porém o principal desafio está em se tornarem mais dinâmicas, virtuais e colaborativas, buscando gerar valor para seus acionistas.

Adicionalmente, Goldenstein, Alves e Barrios (2007) relatam que inúmeras fábricas nos Estados Unidos e na Europa Ocidental estão sendo fechadas, enquanto diversos investimentos são feitos no Brasil, na Ásia e no Leste Europeu.

A Continental, por exemplo, além de estar investindo no Brasil, fez investimentos na Malásia, com o intuito de ampliar a produção já existente naquele país, ao mesmo tempo que fechou uma de suas unidades industriais nos Estados Unidos e planeja o de outras plantas consideradas "caras". Já a Goodyear, além do investimento no Brasil, dobrou recentemente sua capacidade de produção na China (Goldenstein, Alves, Barrios, 2007).

QUESTÕES

1. Qual a importância da análise setorial para a análise financeira organizacional?
2. Quais os principais aspectos que devem ser abordados na análise setorial? Justifique.
3. Como as variáveis macroeconômicas podem afetar os resultados setoriais? Exemplifique.
4. Defina e exemplifique:
   a) Barreiras de entrada.
   b) Barreiras de saída.
5. O que é ciclo de investimentos? Qual a sua importância para a gestão financeira empresarial?
6. Como as informações setoriais podem auxiliar na tomada de decisão?
7. Como pode ser definido o beta setorial? Qual a sua finalidade?
8. Como as questões socioambientais podem influenciar os resultados financeiros da empresa?
9. Como a estrutura produtiva pode influenciar a gestão financeira organizacional?
10. Qual a importância da análise setorial para a construção de cenários?

EXERCÍCIO

1. Escolha um setor ou segmento econômico. Baseando-se nos aspectos apresentados no capítulo, faça uma breve análise sobre a evolução e as perspectivas desse setor e discuta como alguns componentes das políticas econômicas afetam de forma direta as empresas que fazem parte dele.

REFERÊNCIAS BIBLIOGRÁFICAS

ANDION, M. C.; FAVA, R. *Planejamento estratégico*. Coleção Gestão Empresarial, Curitiba, v. 2, p. 27, 2002.

ASSAF NETO, A. *Finanças corporativas e valor*. 2. ed. São Paulo: Atlas, 2006.

AUGUSTO, A. *Como escrever um* business plan. Disponível em: <http://www.alvaroaugusto.com.br/bizplan/bizplan_6.html>. Acesso em: 17 jul. 2007.

AZEVEDO, D. B.; GIANLUPPI, L. D. F.; MALAFAIA, G. C. Os custos ambientais como fator de diferenciação para as empresas. *Perspectiva Econômica*, v. 3, n. 1, p. 82-95, jan./jun. 2007.

BALLOU, R. H. *Gerenciamento da cadeia de suprimentos*. Porto Alegre: Bookman, 2006.

BRAGANÇA, G. F. de; ROCHA, K.; CAMACHO, F. A taxa de remuneração do capital e a nova regulação das telecomunicações. IPEA. *Texto para discussão*, n. 1160, fev. 2006.

CAVALCANTE E ASSOCIADOS. Up-to-date Ano 1, n. 40 – Análise por Múltiplos. Disponível em: <http://www.cavalcanteassociados.com.br/utd/UpTo-Date040.pdf>. Acesso em: 12 fev. 2016.

CONSONI, F. *Desenvolvimento de produtos nas montadoras de automóveis no Brasil.* Financiadora de Estudos e Projetos (Finep), 2004. Disponível em: <http://www.finep.gov.br/PortalDPP/relatorio_setorial_final/relatorio_setorial_final_impressao.asp?lst_setor=9>. Acesso em: 20 jul. 2007.

DAMODARAN, A. *Damodaran online.* Betas by sector. Disponível em: <http://pages.stern.nyu.edu/~adamodar/New_Home_Page/datafile/Betas.html>. Acesso em: 6 ago. 2007.

_____. Estimating equity risk premium. Working paper. Stern School of Business, New York University, New York, NY. 1999.

FAVARET FILHO, P.; PAULA, S. de. *BNDES 50 anos* – histórias setoriais: a agroindústria. 2002. Disponível em: <http://www.bndes.gov.br/conhecimento/livro_setorial/setorial05.pdf>. Acesso em: 23 jul. 2007.

GERA, M. *Análise macrofinanceira de empresas.* 2007. 98 f. Trabalho de Conclusão de Curso (Graduação em Administração) – Faculdade de Economia, Administração e Contabilidade de Ribeirão Preto, Universidade de São Paulo, Ribeirão Preto, 2007.

GEMCO. *Magazine Luiza agora também é banco.* Disponível em: <http://www.gemco.com.br/downloads/comunic/Magazine%20Luiza%20agora%20tamb%C3%A9m%20%C3%A9%20banco_08.12.doc>. Acesso em: 20 set. 2007.

GOLDENSTEIN, M.; ALVES, M. de F.; BARRIOS, M. T. Panorama da indústria de pneus no Brasil: ciclo de investimentos, novos competidores e a questão do descarte de pneus inservíveis. *BNDES setorial*, Rio de Janeiro, n. 25, p. 107-130, mar. 2007.

HAGUENAUER, L.; PROCHNIK, V. *Identificação de cadeias produtivas e oportunidades de investimento no Nordeste.* Fortaleza: Banco do Nordeste, 2000.

IDG NOW. *Magazine Luiza espera faturar R$ 350 mi com vendas eletrônicas em 2007.* Disponível em: <http://idgnow.uol.com.br/internet/2007/03/26/idgnoticia.2007-03-26.0112820414/>. Acesso em: 20 set. 2007.

IPEADATA – INSTITUTO DE PESQUISA ECONÔMICA APLICADA. Disponível em: <http://www.ipeadata.gov.br>. Acesso em: 10 set. 2007.

LAFIS – CONSULTORIAS, ANÁLISES SETORIAIS E DE EMPRESAS. *Monitor setorial mensal*: comércio. Junho 2007. Disponível em: <http://www.lafis.com.br/>. Acesso em: 10 set. 2007.

MAGAZINE LUIZA. Disponível em: <http://www.magazineluiza.com.br>. Acesso em: 20 set. 2007.

MARKOWITZ, H. M. Portfolio selection. *Journal of Finance*, v. 7, n. 1, p. 77-91, 1952.

MATIAS, A. B. (Coord.). *Finanças corporativas de longo prazo*: criação de valor com sustentabilidade financeira. São Paulo: Atlas, 2007.

MORESI, E. A. D. *Inteligência organizacional:* um referencial integrado. Brasília, v. 30, n. 2, p. 35-46, maio/ago. 2001.

NOGUEIRA, A. S. *Padrão de concorrência e estrutura competitiva da indústria suinícola catarinense.* 1998. Dissertação (Mestrado em Engenharia de Produção) – Universidade Federal de Santa Catarina, Florianópolis, 1998.

PADILHA, G. M. A.; BOMTEMPO, J. V. A inserção dos transformadores de plástico na cadeia produtiva de produtos plásticos. *Polímeros*, São Carlos, v. 9, n. 4, p. 86-91, out./dez. 1999.

PANORAMA SETORIAL. *Análise setorial*. Disponível em: <http://www.panoramasetorial.com.br/produtos/menu.asp?id=1>. Acesso em: 17 jul. 2007.

PETRONI, P. Desafios da indústria automotiva. Disponível em: <http://www.ibm.com/br/services/articles/2004/05/a23m027t16s022005.shtml>. Acesso em: 31 jul. 2007.

PIRES, S. I. *Supply chain management*. 1998. Disponível em: <http://www.numa.org.br/artigos_visualizacao/supply_chain/supply_chainv4.html>. Acesso em: 3 ago. 2007.

PORTER, M. E. *Estratégia competitiva*: técnicas para análise de indústrias e da concorrência. 12. ed. Rio de Janeiro: Campus, 1996. 362 p.

PYNDICK, R. S.; RUBINFELD, D. L. *Microeconomia*. 6. ed. São Paulo: Prentice Hall do Brasil, 2006.

SHANK, J. K.; GOVINDARAJAN, V. *A revolução dos custos*: como reinventar e redefinir sua estratégia de custos para vencer em mercados crescentemente competitivos. 2. ed. Rio de Janeiro: Campus, 1997.

SHIMOYAMA, C.; ZELA, D. R. *Administração de marketing*. Coleção Gestão Empresarial, Curitiba, v. 3, p. 1, 2002.

SILVA, C. L. *Análise metodológica da competitividade e gestão estratégica de custos na cadeia de valor*: um estudo de caso do setor automobilístico. 2000. Dissertação (Mestrado em Gestão de Negócios) – Departamento de Engenharia de Avaliação e de Inovação Tecnológica, Universidade Federal de Santa Catarina, Florianópolis, 2000.

_____. *Competitividade na cadeia de valor*: um modelo econômico para tomada de decisão empresarial. 2. ed. Curitiba: Juruá, 2004.

_____. Competitividade internacional da indústria brasileira exportadora de papel de imprimir e escrever à luz da cadeia de valor. *Revista Produção*, v. 15, n. 1, p. 114-126, jan./abr. 2005.

STERN STEWART & CO. – VALUE ADVISORS. *Rentabilidade do setor elétrico brasileiro*. Fevereiro 2006. Disponível em: <http://www.acendebrasil.com.br/archives/files/20060221_Rentabilidade_CBIEE_SStewart.pdf>. Acesso em: 5 ago. 2007.

STOLLENWERK, M. F. L. Gestão do conhecimento, inteligência competitiva e estratégia empresarial: em busca de uma abordagem integrada. Sistema de Inteligência Competitiva, 3, *Curso de Especialização em Inteligência Competitiva*. Salvador: MCT/INT, CNPq/IBICT,UFBA/ICI, FLEM, 1999.

TELECO. *Tutoriais operações*. 2007. Disponível em: <http://www.teleco.com.br/tutoriais/tutorialwacc/pagina_7.asp>. Acesso em: 6 ago. 2007.

TENDÊNCIAS CONSULTORIA INTEGRADA. *Tendências setoriais*: comércio varejista. Maio 2007. Disponível em: <http://ww2.tendencias.inf.br/>. Acesso em: 10 set. 2007.

PARTE II
Análise dos Demonstrativos Contábeis

3
Fundamentos de Contabilidade

Este capítulo tem como objetivo apresentar os principais conceitos de contabilidade para que o leitor consiga aplicá-los na leitura de demonstrações contábeis, um dos principais veículos de informação entre a entidade que reporta a informação e seu usuário, que, por sua vez, realiza a análise para a tomada de decisão. O entendimento da linguagem adotada, portanto, torna-se fundamental para auxiliar no entendimento dos fenômenos ocorridos em determinado período.

Essa linguagem está sendo consolidada no país por meio da emissão de pronunciamentos contábeis, os CPC, emitidos pelo Comitê de Pronunciamentos Contábeis (CPC), criado em 2005 em razão, principalmente, da necessidade de convergência internacional e da centralização da emissão de normas. Essas normas "espelham" as normas internacionais emitidas pelo International Accounting Standards Board (Iasb), as International Financial Reporting Standards (IFRS), amplamente adotadas no mundo.

Essas normas são apoiadas publicamente por organizações internacionais, como o G20, o Banco Mundial, o FMI, o Comitê de Basileia, a Iosco e a Ifac. A Fundação IFRS publica perfis sobre a utilização das normas em 140 jurisdições, incluindo todos do G20, com o objetivo de acompanhar a convergência contábil mundial. Dessas jurisdições, 116 adotam as normas internacionais citadas. Entre os países acompanhados pela fundação e que não adotam tais padrões,[1] estão: Bolívia, China, Egito, Guiné-Bissau, Macau, Níger, Vietnã e Estados Unidos. Este último adota o padrão nacional emitido pelo Financial Accounting Standards Board (Fasb), no entanto há uma ampla discussão para a convergência entre o Iasb e o Fasb.

No Brasil, a emissão desses pronunciamentos, pelo CPC, não é suficiente para que as entidades os adotem. Cabe aos órgãos reguladores (CVM, CFC, Susep, Aneel, ANTT, ANS e Bacen) aprová-los para, enfim, poderem ser utilizados como

---

[1] Informação divulgada pela IFRS (2015).

norma. Entre os reguladores, o Banco Central do Brasil (Bacen) é o que apresenta menor adoção dos pronunciamentos contábeis emitidos pelo CPC, em virtude de sua característica principal – controle dessas instituições subordinadas a esse regulador –; sendo assim, o leitor que analisar as demonstrações contábeis de instituições financeiras precisa conhecer as normas direcionadas a elas. No entanto, essa não adoção não quer dizer que essas entidades não publiquem informações de acordo com o padrão internacional, já que muitas delas divulgam-nas, por exigência da CVM (por serem de capital aberto) ou voluntariamente. Portanto, a publicação é realizada em dois padrões: o estabelecido pelo Banco Central do Brasil (BR-GAAP) e aquele pelos pronunciamentos contábeis do CPC.

Mas por que adotar padrões internacionais de contabilidade? Um dos principais motivos é a possibilidade de captação externa de recursos, uma vez que a análise dos resultados de uma empresa brasileira fica compreensível para uma instituição ou para um investidor estrangeiro. Além disso, essas normas são amplamente discutidas, anteriormente à adoção no Iasb, em audiências públicas que contam com contribuições e análises em âmbito mundial e, depois, em audiências públicas no Brasil, coordenadas pelo CPC.

A seguir, serão apresentadas as principais características da informação contábil que as entidades que utilizam essas normas precisam adotar e, também, servem de base para a emissão de novos pronunciamentos.

3.1 ESTRUTURA CONCEITUAL DA CONTABILIDADE

A estrutura conceitual da contabilidade, comumente chamada de "CPC 00", é um instrumento que serve de base para a elaboração das demonstrações contábeis e dos demais pronunciamentos técnicos, portanto entendê-la é fundamental: todas as normas e as próprias demonstrações precisam basear-se nela. Além disso, auxilia os usuários das demonstrações contábeis a interpretarem suas informações.

Afinal, quem são os usuários das demonstrações contábeis? São diversos, entre eles, o governo, as autoridades tributárias, os estudantes, os investidores, os pesquisadores, os credores. No entanto, as demonstrações não são direcionadas para atender a todos esses usuários, tendo o custo informacional como o principal motivo. Sendo assim, há um direcionamento delas para os fornecedores de capital, que são os investidores e credores, atuais ou em potencial.

Entende-se, portanto, que as demonstrações contábeis são direcionadas para o público indicado anteriormente, mas isso não impede a sua utilização pelos demais públicos dessas informações.

Essas informações são apresentadas por relatórios compostos por balanço patrimonial, demonstração do resultado do exercício, do resultado abrangente, dos fluxos de caixa e das mutações do patrimônio líquido, e notas explicativas.[2] Caso a companhia seja de capital aberto, ainda há a demonstração do valor adicionado.

O balanço patrimonial demonstra a posição financeira da entidade em determinada data, como se fosse uma "foto" em dado dia, mostrando qual é a origem dos

---

[2] Demonstrações obrigatórias determinadas pela Lei n. 6.404, de 15 de dezembro de 1976 (Brasil, 1976).

recursos (composto pelo passivo), por exemplo, fornecedores, empréstimos, contas a pagar, patrimônio líquido; e onde esses recursos estão aplicados (composto pelo ativo), por exemplo, caixa, estoques, clientes, ativo imobilizado, investimentos, entre outros.

A demonstração do resultado do exercício tem o objetivo de exibir a composição do resultado da entidade em determinado exercício social, ou seja, demonstra se ela teve lucro ou prejuízo com as suas atividades e a "anatomia" do resultado, ou seja, qual é a sua composição. Complementando a demonstração do resultado do exercício, tem-se a demonstração do resultado abrangente, que, a partir do resultado líquido, mostra itens da receita e despesa que não foram reconhecidos no resultado do período, mas sim diretamente no patrimônio líquido (caso dos instrumentos financeiros disponíveis para venda, *hedge* de fluxo de caixa).

A demonstração das mutações do patrimônio líquido exibe o montante das variações e em quais contas do patrimônio líquido houve alterações, além de evidenciar a destinação do resultado do período. A entidade conta, também, com a demonstração do fluxo de caixa (DFC) e demonstração do valor adicionado (DVA), explicados ao longo do capítulo.

Depois da adoção das normas internacionais, chama-se atenção às notas explicativas, que são parte integrante do conjunto das demonstrações contábeis. Como essas normas exigem o uso de estimativas, interpretação e análise técnica da operação, as notas se tornam cada vez mais relevantes para a compreensão dos dados divulgados. Elas demonstram como a entidade chegou a determinados valores que constam nas demais demonstrações, divulgando modelos de cálculos e premissas adotadas. Além disso, é um espaço em que ela divulga fatos qualitativos que podem impactar resultados futuros (exemplo disso são os ativos contingentes e os riscos inerentes a atividade).

Em suma, as informações divulgadas possibilitam aos fornecedores de capital estimarem os fluxos futuros de caixa para tomada de decisão e, também, para chegarem a um valor estimado da entidade.

Foi discutido, portanto, que as demonstrações contábeis são direcionadas para investidores e credores, e são compostas por diversas demonstrações e notas explicativas com o intuito de auxiliar na compreensão dos fenômenos ocorridos. Com isso, pode-se chegar ao objetivo dessas demonstrações, que é o de fornecer informação útil para os usuários tomarem decisões em relação ao fornecimento de recursos à entidade, preconizado pela estrutura conceitual, pois, se a informação não fizer diferença na tomada de decisão do usuário, para que divulgá-la? Cabe à administração o julgamento da utilidade da informação.

Definir se uma informação é útil pode ser difícil, pois o que é útil para um pode não o ser para outro, a estrutura conceitual traz características da informação que ajudam os gestores a definirem se ela é útil ou não. Elas são divididas em características qualitativas fundamentais e características qualitativas de melhoria, que serão discutidas no tópico seguinte.

3.1.1 Características qualitativas fundamentais da informação contábil

As características da informação contábil ajudam no julgamento da administração em definir se uma informação é útil ou não, como informado no tópico anterior. Sendo assim, a estrutura conceitual define alguns parâmetros da informação para que a entidade decida sobre a necessidade da divulgação. Do lado do usuário, uma vez que a informação foi divulgada, presume-se que ela tem impacto na tomada de decisão do investidor.

São definidas duas características fundamentais da informação contábil: a relevância e a representação fidedigna. Ressalta-se que a informação considerada útil contém essas duas características.

Uma informação é relevante quando faz diferença na tomada de decisão do usuário; para isso, ela precisa ter valor preditivo, valor confirmatório ou ambos. Valor preditivo é quando a informação permite prever comportamentos futuros de itens patrimoniais, fluxos de caixa, receitas, despesas e, consequentemente, resultados. Valor confirmatório, por sua vez, é tido quando uma informação é capaz de confirmar estimativas anteriores, ou seja, o que foi previsto com uma informação com valor preditivo pode ser confirmado nos períodos seguintes com a informação de valor confirmatório.

A relevância tem ligação direta com a materialidade da informação, ou seja, a não divulgação da informação pode influenciar a tomada de decisão do usuário, de modo a construir uma opinião errônea sobre determinado fenômeno.

Uma informação com representação fidedigna significa que ela está retratada da forma como ocorreu e que há informações necessárias para que o usuário entenda qual foi o fenômeno, o impacto (ou possível impacto) financeiro e as premissas utilizadas para chegar aos cálculos apresentados.

Para uma representação fiel, a informação precisa de três atributos: completa, neutra e livre de erro. Uma informação é completa quando há a possibilidade de o usuário entender o fenômeno ocorrido, com explicações de premissas de cálculos, o evento em si, bem como seu impacto para a entidade.

A neutralidade da informação se dá pela divulgação do impacto que realmente ocorreu, sem suavização ou intensificação, ou seja, não é objetivo da informação contábil influenciar o comportamento dos usuários, mas sim fornecer dados da realidade da empresa para que ele tome sua própria decisão sem influência de uma possível necessidade da entidade. A determinação desse atributo fez com que fosse retirada a característica da prudência (ou, em alguns casos, conservadorismo), em razão da inconsistência das definições, apesar de ainda ser utilizado por algumas normas. A prudência determina, por um lado, que, na dúvida, subavalie o ativo e superavalie o passivo; por outro, a neutralidade determina que o fenômeno deve ser retratado da maneira que ocorreu sem essa condição de subavaliação ou superavaliação.

O último atributo dessa característica é que a informação deve ser livre de erros, o que não pode se confundido com a exatidão da informação. Uma informação livre de erros significa que sofreu um processo de apuração com estimativas consistentes, cujas limitações e natureza estão retratadas.

Ao ler essas características, pode-se sentir falta de um item bem discutido quando da convergência da contabilidade brasileira com a internacional – o conceito de essência sobre a forma. Esse conceito ainda é considerado um dos principais aspectos dessa convergência, pois é o retrato da informação da forma como ela é, e não como está estipulada em contratos, isso quando o fenômeno ocorrido difere do contratado (caso do *leasing* financeiro, que será discutido nos itens a seguir). Esse conceito não integra a estrutura conceitual, pois a representação fidedigna engloba exatamente a definição de essência sobre a forma, portanto, em virtude da redundância, manteve-se somente uma característica.

3.1.2 Características qualitativas de melhoria da informação contábil

Essas características têm esse nome porque incrementam a utilidade da informação financeira, uma vez que já atendem às características qualitativas fundamentais. São elas: comparabilidade; verificabilidade; tempestividade; e compreensibilidade.

A comparabilidade incrementa essa utilidade porque permite ao usuário comparar informações entre entidades e entre períodos, na mesma entidade, uma vez que são similares. A consistência auxilia na comparabilidade, visto que há a utilização dos mesmos métodos para gerar a informação nos períodos, mas isso não quer dizer que, se a utilização de outro método gerar uma informação mais bem compreendida, esse novo método não possa ser usado. Deverá sê-lo porque as explicações pertinentes à mudança do método são fornecidas aos usuários.

Uma informação é verificável quando as explicações e premissas divulgadas permitem aos usuários chegarem a um consenso sobre o real valor de, por exemplo, determinado ativo. Essa verificação pode ser de maneira direta (p. ex., apuração do caixa) ou indireta, por meio da utilização dos mesmos dados de entrada de modelos, fórmulas e recálculo dos dados obtidos. Isso quer dizer que as informações contábeis possibilitam que os usuários cheguem próximo (ou no mesmo valor) ao valor divulgado pela entidade.

Um fenômeno é relevante somente quando está em tempo de influenciar uma tomada de decisão, sendo considerado uma informação tempestiva. Ele tem em conta que a informação mais antiga é a de menor utilidade, se comparada com as novas informações, para o usuário tomar sua decisão. Isso não quer dizer que informações antigas não têm utilidade, já que podem servir para a análise de tendência futura de resultados.

A compreensibilidade leva em conta, primeiro, que o usuário da informação tem conhecimento razoável do negócio e analisa as informações de forma cuidadosa, ou seja, para analisar as demonstrações contábeis, há a necessidade de conhecimentos mínimos. Pelo lado da entidade, e para tornar uma informação compreensível, precisa-se divulgá-la de maneira clara e concisa, conforme preconiza a estrutura conceitual.

As características fundamentais e as de melhoria são de extrema importância para a utilidade dos relatórios contábeis, podendo tornar mais segura a tomada de decisão dos usuários da informação, no entanto há uma premissa, que é recomendada às entidades, de sempre analisar o custo/benefício da informação. Custo elevado na geração da informação prejudica os investidores na forma de diminuição de dividendos, no entanto a ausência da informação pode fazer com que os investidores incorram em custos para obtê-las. Desse modo, as normas contábeis deixam o julgamento do custo/benefício para a entidade, ou seja, cabe a ela uma análise minuciosa do benefício da informação em relação ao seu custo de geração.

Para os usuários, portanto, uma vez divulgadas as informações contábeis, isso quer dizer que a administração as julgou relevante e que representam todos os fenômenos relevantes ocorridos corretamente. Além disso, esperam-se esforços da entidade em melhorar a utilidade das informações, tudo isso julgando o custo/benefício da informação. No próximo item, será iniciada a discussão dos conceitos presentes nas demonstrações contábeis.

3.1.3 Itens das demonstrações contábeis

Se um item está apresentado nas demonstrações contábeis, quer dizer que passou por três etapas: atendimento da definição; reconhecimento; e mensuração. Antes de explicar cada item, cabe ressaltar que as demonstrações contábeis são elaboradas seguindo uma premissa fundamental, o da continuidade, ou seja, o que está publicado leva em consideração que a entidade não pretende encerrar as suas atividades em um futuro previsível ou não está em processo de liquidação. Caso não atenda à premissa de continuidade, as bases de elaboração e mensuração serão diferentes. Sendo assim, o que será descrito nas três etapas mencionadas leva em conta a premissa de continuidade da entidade.

Os elementos das demonstrações contábeis, definidos na estrutura conceitual,[3] são: ativo, passivo, patrimônio líquido, receita, despesa. O entendimento do que significa, conceitualmente, cada um desses item contribui para a gestão da empresa identificar, por exemplo, se tem um ativo ou não, e para o usuário entender o que significa os itens e por que estão alocados em determinado local.

3.1.3.1 Definição

O ativo é definido, conforme o Pronunciamento Conceitual Básico (R1), como "um recurso controlado pela entidade como resultado de eventos passados e do qual se espera que fluam futuros benefícios econômicos para a entidade".

A palavra controle, nessa definição, significa que não necessariamente se tem a propriedade do bem para se ter o controle. O *leasing* financeiro, um contrato de aluguel de um item (em forma), não transfere, inicialmente, a propriedade para a entidade.

No entanto, se a entidade controlar esse item, for resultado de eventos passados, e terá para si os benefícios econômicos futuros dele, há o atendimento da definição do ativo. No caso desse tipo de *leasing*, a entidade arca com o prejuízo do equipamento, se houver, e também controla os benefícios econômicos futuros, portanto tem um ativo (em essência). Assim, essa definição acaba por ser mais ampla do que "bens e direitos".

Esses benefícios econômicos futuros podem vir por meio da produtividade do item, caso seja um maquinário, por exemplo, e por um item conversível em caixa, por exemplo, contas a receber. Portanto, espera-se com o ativo que benefícios, em momentos futuros, fluam para a entidade.

---

[3] Foram utilizadas as definições constantes no Pronunciamento Conceitual Básico (R1).

O passivo é definido pelo Pronunciamento Conceitual Básico (R1) como "uma obrigação presente da entidade, derivada de eventos passados, cuja liquidação se espera que resulte na saída de recursos da entidade capazes de gerar benefícios econômicos". Sendo assim, para ter um passivo há a necessidade de que a obrigação seja presente, ou seja, que já tenha um compromisso contratual ou estatutário firmado. No entanto, não é só uma questão contratual, mas a entidade pode ter que reconhecer um passivo caso tome ações que implicarão saída de recursos posteriormente, por exemplo, uma empresa automobilística que detecta um defeito e, antes de receber reclamações pelos clientes, resolve fazer um *recall* de todos os veículos. Sendo assim, a entidade, agora, tem uma obrigação presente com todos seus clientes.

Espera-se que um passivo exija a saída de recursos da entidade, seja pelo pagamento da dívida em dinheiro, seja pela entrega de outro ativo (p. ex., pagamento com a entrega de um veículo), seja pelos serviços, entre outras.

O patrimônio líquido está definido, no Pronunciamento Conceitual Básico (R1), como "o interesse residual nos ativos da entidade depois de deduzidos todos os seus passivos". De forma simplória, essa definição mostra que esse item é o ativo após serem deduzidos seus passivos. É entendido, de forma geral, como o capital dos sócios da entidade, no entanto, além disso, dentro do patrimônio líquido estão as reservas que representam retenções de lucros para cobertura de algum evento futuro e/ou ajustes para a manutenção do capital, portanto sua análise é fundamental.

Os três itens citados representam a composição do balanço patrimonial da entidade, que permite a análise de liquidez, o endividamento, a imobilização, entre outros. Quando se trata de análise de desempenho, é necessário o confronto das receitas e despesas de determinado período (que consta na demonstração de resultado do período), que possibilita, por exemplo, análise de retornos, margens operacionais e de resultado.

Receitas "são aumentos nos benefícios econômicos durante o período contábil, sob a forma de entrada de recursos ou do aumento de ativos ou diminuição de passivos, que resultam em aumentos do patrimônio líquido, e que não estejam relacionados com a contribuição dos detentores dos instrumentos patrimoniais", conforme descrito no Pronunciamento Conceitual Básico (R1). Sendo assim, a receita aumenta o ativo (ou diminui o passivo) e, ao mesmo tempo, aumenta o patrimônio líquido, exceto transação com sócios. Essa explicação se relaciona à operacionalização contábil da receita. Esse item é relacionado à atividade da entidade, como vendas, aluguéis, juros, entre outros.

As despesas, por sua vez, são definidas neste Pronunciamento como "decréscimos nos benefícios econômicos durante o período contábil, sob a forma de saída de recursos ou da redução de ativos ou assunção de passivos, que resultam em decréscimo do patrimônio líquido, e que não estejam relacionados com distribuições aos detentores dos instrumentos patrimoniais". Representam os gastos consumidos em determinado período, podendo se dar, por exemplo, por meio de depreciação, custos, salários, honorários.

3.1.3.2 *Reconhecimento*

O processo de reconhecimento consiste em incorporar um item ao balanço patrimonial ou à demonstração do resultado do exercício. Não necessariamente um item que atenda à definição de ativo, por exemplo, discutido no item anterior, está apto a ser evidenciado nas demonstrações contábeis. Para isso, é necessário que, além de atender à definição do item, satisfaça aos critérios de reconhecimento.

Uma vez que o item atende à definição de determinado elemento (ativo, passivo, patrimônio líquido, receita e despesa), tem que ser provável que algum benefício econômico futuro referente a ele seja recebido ou entregue pela entidade e que seu custo, ou valor, seja mensurado de forma confiável.[4]

3.1.3.3 Mensuração

A mensuração determina o montante pelo qual um elemento das demonstrações contábeis será reconhecido. Na contabilidade, existem algumas bases de mensuração, e a decisão de utilizar uma ou outra é determinada pelas demais normas. As bases são o custo histórico, o custo corrente, o valor realizável e o valor presente.

A mais comumente utilizada é o custo histórico, que considera o valor da data da transação. Sendo assim, por essa base, os ativos são registrados pelo valor da data de aquisição e os passivos, pelo montante de recursos recebidos ou pelo montante que se espera entregar para liquidação da obrigação.

O custo corrente refere-se ao valor de entrada de um ativo na data do balanço patrimonial. Percebe-se que, enquanto o custo histórico refere-se ao valor da data da transação, esta base utiliza os valores como se a transação ocorresse na data de fechamento das demonstrações contábeis.

O valor realizável de um item é aquele em que se espera que um ativo obtenha caso seja vendido e o valor que se espera caso um passivo seja liquidado. Apesar de parecer semelhante ao conceito de custo corrente, o conceito de valor realizável considera o valor de saída de um ativo ou passivo, na data do fechamento das demonstrações.

Por fim, tem-se a base do valor presente, que considera os fluxos de caixa descontados que seria recebido de um ativo, ou que seria utilizado para liquidação de um passivo.

3.2 NORMAS E SUAS APLICAÇÕES

Os tópicos a seguir apresentam discussões sobre normas contábeis, utilizando as definições que elas contêm, com objetivo de fornecer recursos ao leitor para que ele possa compreender melhor os demonstrativos contábeis, lembrando que algumas das informações são exclusivas das notas explicativas. A leitura e a compreensão do conjunto de demonstrativos contábeis se tornam relevantes uma vez que o usuário da informação tem que tomar a decisão do fornecimento de recursos para a entidade. Essa preocupação também precisa ser compreendida pelos demais usuários (governo, pesquisadores, estudantes etc.) da informação financeira, pois podem atuar como fiscalizadores, divulgadores sobre a relevância das normas e/ou como contratados (elaborador da demonstração contábil) da entidade.

---

[4] Entende-se que uma informação é confiável quando, semelhantemente ao descrito quando da discussão sobre a representação fidedigna (tópico 3.1.1), é completa, neutra e livre de erro.

Espera-se que, com o entendimento dos tópicos a seguir, baseados nas normas publicadas pelo CPC, o leitor, ao se deparar com tais situações preconizadas em cada um dos itens, consiga compreender de maneira razoável o fenômeno descrito, no entanto cabe ressaltar que para a compreensão completa dos itens é indispensável a leitura integral das normas.

3.2.1 Valor justo

O conceito de valor justo é utilizado por diversas normas, portanto cabe ser explicado inicialmente para que se facilite o entendimento das demais normas quando for citado o tema. O valor justo, apesar de presente nas normas, foi regulamentado, de fato, em 2012. Anteriormente, esse conceito era confundido, pois a definição deixava brecha às interpretações. As normas emitidas antes desta ainda apresentam a definição antiga e serão atualizadas conforme haja revisões.

O valor justo é definido na norma[5] como o preço que seria recebido pela venda de um ativo ou que seria pago pela transferência de um passivo em uma transação não forçada entre participantes de mercado na data de mensuração (conceito do valor realizável).

Percebe-se, portanto, que a referência do valor justo é o preço de saída do ativo ou passivo. Este era o ponto obscuro antes dessa definição, não havia uma explicação clara sobre o valor de entrada ou de saída, mas agora o há. E esse valor precisa estar "aos olhos" do mercado, ou seja, terá que ser buscado no mercado.

Quando se diz para considerar os participantes do mercado, significa dizer entre compradores e vendedores independentes à entidade, conhecedores da transação, interessados e capazes de realizá-la.

Para determinar esse valor, a entidade poderá utilizar uma ou mais de três técnicas: abordagem de mercado; abordagem do custo; e abordagem da receita. A primeira refere-se a preços de transação de mercado e múltiplos, ou seja, voltado às movimentações observáveis do mercado. A segunda utiliza como parâmetro o cálculo do custo de reposição de um item que dificilmente encontra transações de mercado, por exemplo, um parque fabril de uma empresa produtora de cimento. A última é a abordagem que utiliza métodos de estimativa de fluxo de caixa como fluxo de caixa descontado e Black & Scholes.

Para alimentar essas técnicas, há a necessidade de informações ou *inputs*. Estas são classificadas em três níveis, do 1 ao 3. Quanto mais próximo ao nível 1, quer dizer que as informações foram coletadas de preços cotados no mercado e não houve a necessidade de ajuste por parte da entidade. E, quanto mais próximo ao 3, os dados se tornam não observáveis.

Os *inputs* de nível 1 são preços cotados em mercados ativos que não sofrem ajustes por parte da administração da entidade, pois o ativo é o mesmo do que está sendo negociado no mercado, por exemplo, arroba do boi gordo, cotação da saca de café etc.

---

[5] CPC 46.

Nos *inputs* de nível 2, há a necessidade de ajustes por parte da administração, pois considera-se que o que se tem disponível, para avaliar o valor justo do ativo, são informações de ativos similares. Como são similares, há a necessidade de ajustes, por exemplo, da condição e localização do ativo e do volume de atividade. Em relação ao nível 1, no nível 2 há interferência na determinação do valor pela entidade.

Os *inputs* de nível 3 são considerados mais subjetivos, pois são utilizados dados não observáveis, em virtude da ausência de dados observáveis. A entidade deve utilizá-los, mas deve ajustar, sempre que possível, com dados disponíveis no mercado.

É importante ressaltar que a entidade deverá divulgar em notas explicativas a técnica utilizada e o nível das informações. Não há relação com o nível das informações e a técnica aplicada, e várias técnicas podem ser aplicadas para determinar o valor justo de determinado item, caso seja um conjunto de ativos. Sendo assim, o usuário, ao se deparar com um ativo em que sua mensuração foi indicada ser a valor justo, deverá analisar a técnica e o nível de subjetividade das informações utilizadas para cálculo para, assim, tomar uma adequada decisão sobre aquela transação.

3.2.2 Estoques

Para a análise do estoque, é importante que o usuário entenda qual é o método de custeio utilizado para a divulgação e quais são os critérios de mensuração. Esse entendimento impacta na análise do custo da mercadoria (serviço, produto) vendida, que auxilia na compreensão das margens do resultado (bruta, operacional, líquida).

O método de custeio utilizado para divulgação é o de absorção, cujos gastos consumidos do período são separados em custos e despesas. Despesas, entendidas como gastos que ocorrem fora da área de produção (p. ex., comerciais e administrativos), são reconhecidas no período em que são consumidas. Custos são entendidos[6] como gastos consumidos para aquisição e transformação e aqueles incorridos para trazer os estoques à sua atual condição e localização. Esses custos são classificados em diretos e indiretos. Os diretos são aqueles identificáveis de maneira clara no produto, portanto a utilização de critérios de rateio é minimizada. Para alocação dos custos indiretos aos produtos, aqueles não identificados de forma clara no produto, é necessária a utilização de critérios de rateio cuja excessiva subjetividade (dos critérios) pode distorcer a tomada de decisão do usuário.

Além disso, observa-se que, quanto maior a produção de um período (com manutenção da receita e custos), menor é o custo de um produto, pois o rateio dos custos indiretos é realizado para uma maior quantidade de produtos. Sendo assim, fornece a sensação de que os custos da entidade podem ter sido reduzidos. No entanto, essa situação impactará em um estoque maior. Logo, cabe a análise conjunta entre custo e estoque.

O valor dos estoques deve ser atribuído pela utilização do método Primeiro que Entra, Primeiro que Sai (Peps) ou pelo custo médio ponderado. Além disso, os estoques devem ser reduzidos ao seu valor realizável líquido caso haja evidências de

---

[6] Definição adotada pelo CPC 16 (R1).

que o valor registrado na contabilidade pode não ser recuperável. Esse é o preço de venda deduzido dos gastos estimados para sua conclusão e dos gastos estimados para concretizar a venda. Os estoques não devem ser registrados por uma quantia em que não se espera recuperar.

As notas explicativas, mais uma vez, auxiliam nessa compreensão, pois demonstram as políticas utilizadas para mensuração do estoque, as perdas referentes à redução do valor realizável líquido, o montante do custo reconhecido, entre outros, desde que confeccionadas de forma adequada.

3.2.3 Instrumentos financeiros

Para entender este item, é necessária a explicação de alguns conceitos definidos nas normas.[7] Instrumentos financeiros são aqueles que dão origem a um ativo financeiro e a um passivo financeiro ou instrumento patrimonial. O ativo e o passivo são originados em entidades diferentes, por exemplo, a debênture da origem a um passivo na entidade que emite e um ativo na entidade que adquire esse título. A venda a prazo dá origem ao instrumento financeiro "contas a receber" em uma entidade e "fornecedores a pagar" em outra.

Um ativo financeiro se configura em caixa, instrumento patrimonial de outra entidade, direito contratual de receber caixa ou outro ativo financeiro, direito contratual de realizar uma troca favorável para a entidade, contrato que pode ser liquidado com instrumentos patrimoniais da entidade (consideram derivativos, e não derivativos, sob condições determinadas). Do lado do passivo, a entidade registra um passivo financeiro quando há uma obrigação contratual de entregar caixa ou troca de ativo/passivo financeiro de forma desfavorável, contrato que pode ser liquidado com instrumentos patrimoniais da entidade (consideram derivativos, e não derivativos, sob condições determinadas). Por fim, há os instrumentos patrimoniais, contratos que evidenciem a participação no patrimônio líquido de uma entidade (p. ex., ações).

Uma vez que a entidade tem um instrumento financeiro, ela deverá classificá-lo em uma das quatro categorias preconizadas nas normas. Tal decisão dependerá, basicamente, do tipo do instrumento financeiro, da intenção e da capacidade da entidade em relação a ele. A intenção e a capacidade deverão ser explicitadas nas notas explicativas. As categorias são: ativo financeiro ou passivo financeiro mensurado a valor justo por meio do resultado; investimentos mantidos até o vencimento; empréstimos e recebíveis; e ativos financeiros disponíveis para venda. Todos os títulos são reconhecidos inicialmente pelo seu valor justo menos custos de transação, diferenciando-se nas mensurações subsequentes.

Os ativos/passivos financeiros mensurados a valor justo por meio do resultado são aqueles adquiridos com a finalidade de venda ou de recompra em prazo muito curto. São designados no momento do reconhecimento inicial e, para eles, pode ser considerada uma categoria que engloba os itens direcionados para especulação. Englobam títulos públicos, títulos emitidos por empresas não financeiras, títulos de governos estrangeiros, derivativos (exceto *hedge*), entre outros. Esses títulos são

---

[7] Conceitos definidos pelos CPC 38, CPC 39 e CPC 40 (R1).

mensurados pelo seu valor justo, cuja oscilação é reconhecida no resultado do período em que ocorrer.

Os ativos mantidos até o vencimento são títulos não derivativos cujos pagamentos são fixos e determináveis, há um vencimento definido e intenção de mantê-lo até este prazo, exemplo, títulos públicos, títulos emitidos por empresas não financeiras, títulos de governos estrangeiros, entre outros. Observa-se que os títulos exemplificados nessa categoria também foram explicitados na categoria anterior, portanto a intenção é uma das premissas fundamentais para classificá-los. Além disso, a entidade deverá ter capacidade financeira de se manter até o vencimento, ou seja, fluxo de caixa positivo independente do investimento no título. Um título não poderá ser classificado nessa categoria se não houver um período determinado para o vencimento ou houver intenção de venda. Esses títulos são mensurados subsequentemente pelo custo amortizado, calculado pelo método da taxa de juros efetiva que desconta os fluxos de caixa a valor presente líquido de comissões pagas e recebidas entre as partes.

Empréstimos e recebíveis são títulos não derivativos com pagamentos fixos e determináveis, ou predetermináveis (caso de utilização de taxa pós-fixada), em que não há cotação em mercado ativo, critério que diferencia esta categoria daquela mantida até o vencimento. A avaliação subsequente assemelha-se à dos títulos mantidos até o vencimento.

Por fim, tem-se a categoria de ativos financeiros disponíveis para venda, que engloba títulos não derivativos, designados como disponível para a venda e não classificados nas outras categorias. Esses títulos também são avaliados pelo valor justo (semelhante à primeira categoria explicada), no entanto as oscilações são reconhecidas em conta específica diretamente no patrimônio líquido da entidade.

Há limitações e condicionantes caso a entidade deseje reclassificar os instrumentos financeiros entre as categorias, fazendo com que haja certa proteção ao usuário contra uma possível manipulação dos resultados. O instrumento mantido até o vencimento poderá ser reclassificado para disponível para venda caso haja alteração na intenção ou capacidade de manter o título. Um título disponível para venda poderá ser reclassificado como empréstimos e recebíveis caso haja intenção e capacidade de manter até o vencimento e que não tenha sido classificado inicialmente como disponível para venda. Os títulos avaliados a valor justo por meio do resultado poderão ser reclassificados para qualquer categoria desde que atenda a circunstâncias determinadas. As demais reclassificações estão vedadas.

Os derivativos não utilizados para *hedge* são classificados na categoria de valor justo por meio do resultado. Esses títulos são chamados de derivativos por atender às seguintes três características: o valor altera em resposta a outro ativo (p. ex., taxa de juros específica, taxa de câmbio, preço de mercadoria); o desembolso inicial é zero ou mínimo (margem); e a liquidação é em momento futuro. Eles podem ter dois objetivos – a especulação (apostar na queda ou na alta) e a proteção (*hedge*) na tentativa de minimização dos riscos ou da troca de riscos.

O *hedge*, portanto, serve como proteção a determinado risco na tentativa de assegurar o valor que será desembolsado para liquidar determinada dívida. A eficácia desses instrumentos utilizados como *hedge* deve ser analisada pela entidade. Ele deve ser altamente eficaz durante o período e é preciso haver mecanismos confiáveis de comprovação da eficácia. Este termo, eficácia, refere-se ao grau em que a variação do valor justo do ativo protegido foi compensada com a variação do valor justo ou fluxo de caixa do instrumento utilizado para *hedge*. Sua ineficácia deve ser reconhecida diretamente no resultado no período em que ocorrer. Percebe-se, portanto, que a norma determina critérios para que a entidade classifique instrumentos financeiros para proteção, para se diferenciar dos títulos utilizados para especulação.

A importância da classificação desses títulos para proteção reside na forma de contabilização. Caso seja denominada *hedge*, a entidade deverá classificá-lo como proteção ao valor justo, ao fluxo de caixa, ou proteção de investimentos realizados no exterior. Cada forma tem sua contabilização específica que impacta de forma diferente o resultado. O *hedge* de valor justo tem suas variações registradas no resultado do período; já os outros dois em conta específica diretamente no patrimônio líquido.

A regulamentação da determinação e da classificação de um instrumento financeiro tenta fazer com que a entidade explicite a intenção com aqueles títulos (especulação, manter até o vencimento, proteção). Cada classificação impacta de forma diferente o resultado, portanto há critérios de reclassificação para que a entidade não reclassifique de uma categoria para outra simplesmente "aproveitando-se" de determinada oscilação do mercado.

3.2.3.1 IFRS 9

A normatização de instrumentos financeiros incorrerá em mudanças a partir da vigência de uma nova norma, o que ocorrerá em 2018.

As categorias de classificação serão reduzidas a duas: valor justo (por meio do resultado ou por meio do resultado abrangente) e custo amortizado. A classificação nestas categorias dependerá das características do instrumento financeiro e do modelo de negócio da instituição, que inclui a intenção. Para um instrumento de patrimônio, se a intenção é a de manter para negociação deverá ser classificado como "valor justo por meio do resultado", no entanto se a intenção não é negociar estes instrumentos a curto prazo, deverá ser classificado como "valor justo por meio de outros resultados abrangentes".

Para os demais instrumentos, se o fluxo de caixa do título é constituído por principal e juros, e o modelo de negócio é a de manter o instrumento para obter este fluxo de caixa contratual, então a entidade deverá classificá-lo como "custo amortizado". Mas, se o modelo de negócio é o de obter estes fluxos, bem como pela venda destes itens, então, deverá classificar como "valor justo por meio de outros resultados abrangentes". A entidade também tem a "opção pelo valor justo", caso verifique que um instrumento financeiro é mais bem demonstrado por este tipo de mensuração, ou seja, diminuindo o descasamento contábil.

Uma das novidades dessa normatização é a de reconhecimento da redução ao valor recuperável (*impairment*). O modelo de reconhecimento dessas perdas, vigente até essa nova norma, era o de "perdas incorridas", ou seja, são as perdas decorrentes de eventos com evidência objetiva de perda (visão no passado). O novo modelo traz o conceito de "perdas esperadas", ou seja, considera possíveis eventos futuros na perda de crédito.

A entidade reconhecerá essa perda durante a vida inteira do título ou para os primeiros doze meses. Se esse ativo for um ativo contratual ou um recebível com um componente significativo de financiamento, ou um recebível de arrendamento, e a entidade elege a opção de mensuração dessas perdas para a vida inteira, então a entidade considerará o montante total do ativo. Esse caso ocorre, também, se esse recebível ou ativo contratual não contiver um componente significativo de financiamento, ou caso haja um aumento significativo no risco. Caso essas questões sejam negativas, então a entidade registra a perda esperada para os doze meses. Percebe-se, portanto, que há uma maior aproximação entre a contabilidade e a área de crédito das instituições.

As instituições financeiras serão mais impactadas que as demais, pois as demais instituições trabalham, em sua maioria, somente com recebíveis comerciais. Para estas, que trabalham com recebíveis comerciais, de arrendamentos e para ativos contratuais, há uma abordagem simplificada. Se estes ativos não contiverem um componente significativo de financiamento, então a perda esperada deverá ser reconhecida para a vida inteira do título. Caso tenha esse componente, então deverá escolher entre a abordagem geral ou reconhecer, também, a perda esperada para a vida inteira.

3.2.4 Operações de arrendamento mercantil (*leasing*)

Até a adoção das normas internacionais, principalmente a que discorre sobre o assunto,[8] essa operação era reconhecida como "fora" do balanço patrimonial. No lugar da aquisição, estava o arrendamento, que, na forma, é considerada semelhante a um aluguel, cujo valor pago é reconhecido diretamente nas despesas.

Com a convergência da contabilidade brasileira às normas internacionais, trazendo o conceito de representação fidedigna (que engloba a essência sobre a forma), o arrendamento mercantil financeiro (ou *leasing* financeiro) acabou por ser reconhecido no balanço patrimonial. Portanto, se a entidade controla o ativo, mesmo que arrendado, usufruirá dos benefícios futuros, sendo responsável pelos riscos decorrentes de um evento passado (realização do contrato de arrendamento), portanto há um ativo, e o custo, definido em contrato, é confiavelmente mensurado. Sendo assim, há um acréscimo no ativo (imobilizado) e no passivo (dívidas).

Um dos objetivos, antes da convergência, de manter o *leasing* financeiro fora do balanço é o não aumento do endividamento da entidade, mas, com o padrão de essência sobre a forma, há o reconhecimento tanto do ativo quanto da dívida.

Há dois tipos de *leasing*: financeiro e operacional. No primeiro, há a transferência de riscos, benefícios futuros, controle de forma substancial ao arrendatário de tal modo que ele deverá registrar um ativo em contrapartida da dívida em seu passivo. Esse tipo de operação faz com que o arrendatário arque com prejuízos e usufrua dos benefícios desse ativo. O *leasing* operacional se configura de maneira semelhante a um aluguel e não há reconhecimento de um ativo ou passivo, pois os riscos e o controle substancial do bem são mantidos com o arrendador.

---

[8] Aprovação do CPC 06 (R1) em 05/11/2010.

Nem todas as operações de arrendamento mercantil, ou *leasing*, dão origem ao registro de um ativo e um passivo. Dependerá da transferência ou não de riscos e benefícios do ativo em questão, ou seja, se é classificado como financeiro ou operacional.

3.2.5 Ativo não circulante mantido para venda e operação descontinuada

Quando a entidade decide pela venda de um ativo não circulante (p. ex., imobilizado) ou uma operação descontinuada (p. ex., linha de negócios, operações em determinada área geográfica, subsidiária), há um tratamento especial a ser dado. Ela deverá classificar esses itens no ativo circulante, desde que atendam a algumas condições.

O ativo ou uma operação descontinuada deve estar disponível para venda imediata e ser altamente provável, ou seja, a gestão deve estar empenhada na procura do comprador, o valor de venda deve ser próximo ao seu valor justo e, além disso, espera-se que essa transação ocorra dentro de um ano. Tal ativo ainda pode permanecer no ativo circulante, caso supere um ano, desde que tenham ocorrido eventos fora do controle da entidade e ela ainda continue com o compromisso de venda.

Como a classificação desses ativos se dá no ativo circulante, as normas tentam impedir que haja manobras contábeis para aumentar a liquidez da entidade, pois, com essa classificação, verifica-se um incremento no valor do ativo circulante. Portanto, tem que haver um grau razoável de certeza de venda desses ativos.

A partir do momento da decisão da venda, a entidade deverá classificar o ativo não circulante pelo menor valor entre seu valor contábil líquido (valor contábil menos depreciação) e o valor justo menos os custos relativos à sua venda.

Esses ativos são divulgados separadamente no balanço patrimonial. Na demonstração do resultado do exercício, a entidade deverá destacar o resultado dessas operações mantidas para venda, geralmente reconhecidas como resultado das operações descontinuadas, depois resultado líquido do período (resultado das operações continuadas). Além disso, em notas explicativas, a entidade deverá divulgar a descrição do ativo, os fatos e as circunstâncias para a venda, o segmento do ativo e os reflexos na demonstração do fluxo de caixa.

Observa-se que esses ativos e operações descontinuadas são separados no balanço patrimonial e na demonstração do resultado do período para que o usuário consiga identificar as operações (e os ativos) que estão sendo vendidas. Ressalta-se que as notas explicativas complementam o entendimento do usuário, uma vez que traz a descrição desse ativo e os motivos de a entidade querer descontinuar tal operação ou ativo.

3.2.6 Ativo intangível

Ativo intangível é definido[9] como um ativo não monetário identificável e sem substância física. Portanto, atende à definição de ativo, não é representado por

---

[9] CPC 04 (R1).

dinheiro ou por direitos determináveis em dinheiro, é identificável contratualmente e desprovido de substância física. O que será discutido neste item aplica-se a itens como gastos com propaganda, marcas, patentes, treinamento, *software*, pesquisa e desenvolvimento.

Para reconhecer um ativo intangível nas demonstrações contábeis, é necessário que ele atenda aos critérios de definição e de reconhecimento do ativo (tópicos 3.1.3.1 e 3.1.3.2). Esse é o principal ponto em que os ativos intangíveis deixam de ser reconhecidos, mas não necessariamente a entidade deixa de ter um ativo.

A marca é um exemplo: com certeza, há gastos da entidade para a divulgação de sua marca e, em alguns casos, esta pode se tornar o ativo mais valioso que a entidade tem. Esse item atende à definição de ativo, pois é um recurso controlado pela entidade, oriundo de eventos passados e, espera-se, que fluam benefícios econômicos. No entanto, no momento do reconhecimento, o critério de mensurar o custo confiavelmente faz com que esse item não seja evidenciado nas demonstrações contábeis. Quais gastos formam o ativo marca? Será possível afirmar que os gastos com propaganda formam a marca? Será que o bom atendimento do cliente (gastos com aperfeiçoamento da logística, SAC etc.) também forma o valor da marca?

Pode-se dizer, portanto, que o ativo marca nunca será reconhecido nas demonstrações contábeis? Não, pois em uma combinação de empresas a marca pode ser um item negociado separadamente e, uma vez adquirido, com valor especificado para esse item, o critério de reconhecimento de confiabilidade da mensuração do custo é atendido, portanto se tem um ativo registrado nas demonstrações contábeis como marca. Situação semelhante refere-se ao ágio por expectativa de rentabilidade futura (*goodwill*).

Outro caso são os gastos com treinamento de pessoal, realizados, em sua maioria, com a esperança de que benefícios futuros sejam gerados para a entidade; portanto, por que não reconhecer esses gastos como ativo, já que se têm os custos mensurados confiavelmente? Ao se deparar com a definição do ativo, observa-se que um dos itens que satisfaz à definição é de controlar o recurso. Será que se controla o funcionário com conhecimento? E se ele pedir demissão? Portanto, o item de controle não é satisfeito.

É possível observar que a entidade efetua gastos com o objetivo de obter benefícios econômicos futuros (gastos com propaganda e marketing, treinamento, entre outros), mas estes não necessariamente são reconhecidos como ativos, e sim como despesas do período.

Os gastos com pesquisa e desenvolvimento também precisam ser analisados a partir dessas perspectivas. No momento da pesquisa de determinado produto, ainda não se tem certeza de que benefícios futuros fluirão para a entidade, portanto ainda não se tem um ativo. Mas, no momento do desenvolvimento, em que as pesquisas já foram comprovadas, tais gastos podem ser ativados por satisfazerem à definição e aos critérios de reconhecimento.

Uma vez que o ativo intangível satisfaz à definição de ativo e aos critérios de reconhecimento, o valor da mensuração inicial depende do tipo de transação: aquisição é reconhecida pelo custo; no desenvolvimento, os gastos são ativados; na combinação de negócios, pelo valor justo; na permuta, pelo valor justo desde que mensurado confiavelmente, caso contrário pelo valor do ativo cedido; na subvenção, faculta entre o valor justo e o valor nominal.

Para a mensuração depois do reconhecimento, que determina a amortização ou o ajuste no valor do intangível, é necessário determinar se ele tem vida útil definida ou indefinida. Caso o intangível, por força de contrato, tenha vida útil definida, será amortizado de acordo com o período. Caso o item seja de vida útil indefinida, ele não deverá ser amortizado, e sim submetido ao teste de recuperabilidade de seu valor (este item será discutido no tópico 3.2.11).

Entender a composição e os critérios para reconhecer um ativo intangível auxilia o usuário das demonstrações contábeis na compreensão de resultados de entidades que atuam com constante desenvolvimento de produtos (p. ex., indústria farmacêutica). Os gastos com pesquisa, gerados nesse período, ocorrem, portanto, com o objetivo de que benefícios futuros fluam para a entidade. Para essas entidades, um relatório adicional, ou nas notas explicativas, pode ser pertinente para especificar os projetos cujos gastos estão sendo efetuados e a expectativa com cada um deles, o que pode auxiliar o usuário na sua tomada de decisão.

3.2.7 Ativo imobilizado

Os itens tangíveis são reconhecidos como imobilizado se forem mantidos para uso (p. ex., produção, fins administrativos, aluguel) e ao se esperar que sejam utilizados por mais de um período. Espera-se com a informação do ativo imobilizado que o usuário tenha informação sobre o investimento e o consumo desses ativos em suas atividades.

O imobilizado é reconhecido pelo seu valor à vista na data da transação, ou seja, se for uma aquisição a prazo, a entidade deverá calcular o valor presente dele. Poderá haver a necessidade de incorrer em custos com transporte do item, instalação, entre outros, cuja verificação se entram ou não na composição do custo do imobilizado se dá pela premissa fundamental de que o reconhecimento cessa quando o item está no local e nas condições pretendidas pela administração. Posteriormente, caso haja substituição de peças que possam impactar no fluxo de benefícios futuros do imobilizado, também podem ser reconhecidos.

Gastos com manutenção do imobilizado para garantir o bom funcionamento, transferência do item para outro local e custos administrativos não podem ser reconhecidos com o item, mas são considerados despesas.

O método e a vida útil da depreciação do item serão definidos pela administração, ou seja, as alíquotas definidas pelo fisco são para fins fiscais somente, devendo a depreciação refletir, portanto, o consumo previsto do ativo imobilizado. Depreciação[10] é entendida como a alocação sistemática do valor depreciável de um ativo ao longo da sua vida útil.

A entidade deve escolher o método mais adequado para refletir o consumo dos benefícios econômicos futuros do ativo. Existe o método da linha reta, cuja despesa é constante durante a vida útil. Há, também, o método dos saldos decrescentes, que

---

[10] Conforme definido no CPC 27.

aloca maior despesa durante o início da vida útil e menos nos últimos períodos. E, por fim, o método das unidades produzidas, baseado na produção do período e que deve ser revisado pelo menos ao fim de cada período.

Sendo assim, pretende-se que as entidades divulguem o consumo dos ativos imobilizados conforme a real utilização e não utilizem as alíquotas que obedecem aos fins fiscais, bem como podem não refletir a realidade. As movimentações do imobilizado, causadas pela depreciação, com as alíquotas de depreciação aplicadas deverão ser publicadas em notas explicativas e podem auxiliar o usuário a avaliar o consumo dos itens reconhecidos.

3.2.8 Propriedade para investimento

Propriedades para investimento, conforme definido na norma CPC 28, referem-se à propriedade mantida para auferir aluguel ou para valorização do capital ou para ambas, e não para uso na produção ou venda no curso ordinário do negócio. Esse item, portanto, não está abrangido pelo escopo da norma de ativo imobilizado em virtude da possibilidade de mensuração a valor justo e pela obtenção de fluxo de caixa independentemente de outros ativos, de modo diferente do fluxo de caixa dos ativos imobilizados derivados de seu uso.

Ativos definidos como propriedades para investimento são mensurados inicialmente pelos seus custos somados aos custos de transação, por exemplo, serviços legais, remuneração de profissionais, impostos na transferência, entre outros. A mensuração subsequente desses ativos pode ser efetuada pelo valor justo ou pelo custo. Caso a opção seja pelo custo, a entidade deverá divulgar o valor justo em notas explicativas.

3.2.9 Investimento em coligada, em controlada e em empreendimento controlado em conjunto

Antes de entender como as demonstrações contábeis refletem tais transações, cabe compreender os conceitos utilizados por norma.[11] Coligada é a entidade pela qual o investidor tem influência significativa, a qual não necessariamente significa algum percentual de participação, mas o poder de participar das decisões operacionais e financeiras de determinada entidade, sem que haja o controle. No entanto, há a presunção definida de que 20% das ações ordinárias de uma entidade podem significar que há essa influência.

Controlada é a entidade pela qual um investidor tem o controle, definido basicamente (conforme olhar mais aprofundado no tópico 3.2.20) como o poder de afetar os retornos por meio do seu poder, bem como a exposição ao retorno decorrente do envolvimento com ela. Empreendimento controlado em conjunto, por sua vez, é um acordo contratual em que duas ou mais partes têm o controle de forma conjunta e o direito sobre o patrimônio líquido deste.

A informação referente a um investimento – se é considerado uma coligada, controlada ou um empreendimento controlado em conjunto – é dada, por algumas

---

[11] CPC 18 (R2).

entidades, nas notas explicativas cujos percentuais de participação e resultados são divulgados.

O método de reconhecimento desse tipo de investimento é denominado método de equivalência patrimonial (MEP), no qual, inicialmente, o investimento realizado é reconhecido pelo custo e é alterado, nos demais períodos, para refletir a participação no patrimônio líquido da investida. Os resultados são reconhecidos na demonstração do resultado do exercício com o nome de resultado da equivalência patrimonial (REP). É uma forma tempestiva de demonstrar os ganhos com os investimentos, ou seja, é o reconhecimento por competência.

É possível que as entidades, investidora e investida, apresentem transações entre elas (p. ex., se cliente e fornecedor), caso em que há um tratamento especial para os valores gerados nelas. Uma das premissas é a de que o resultado reconhecido como REP deve refletir as transações com terceiros e, também, é uma tentativa de evitar o gerenciamento de resultados por meio delas.

Essas transações são denominadas ascendentes (*upstream*) e descendentes (*downstream*). As primeiras ocorrem quando há venda de ativos da coligada para o investidor, por exemplo; nas segundas, a operação inversa. Para cálculo pelo MEP, o resultado dessas transações deve ser eliminado na proporção da participação da investidora na investida, além disso, deve-se observar se há lucros não realizados entre elas.

Caso essas transações sejam realizadas entre controladora e controlada, o resultado deve ser reconhecido na vendedora, mas não nas demonstrações individuais da controladora, até que esses itens sejam vendidos para entidades não pertencentes ao grupo econômico.[12] Portanto, espera-se que o resultado reflita a participação de terceiros na transação.

Quando o investimento não configurar um investimento em coligada, controlada ou empreendimento controlado em conjunto, o uso do MEP deve ser descontinuado pela entidade.

3.2.10 Ativo biológico e produto agrícola

Na atividade agrícola, as mudanças físicas de um animal, por exemplo, estão diretamente relacionadas com o aumento ou a diminuição dos benefícios econômicos que fluirão para a entidade. Essa regulamentação[13] determina a agregação do valor do ativo biológico ano a ano, mostrando uma informação útil sobre seu desempenho, ou seja, mostra o benefício futuro no presente.

Ativo biológico é um animal e/ou um ser vivo. Este sofre transformação biológica, como crescimento, procriação, produção, ou seja, há mudanças qualitativas e quantitativas em seu estado. Por sua vez, produto agrícola é aquele colhido do ativo biológico. Entende-se por colheita a extração do produto ou a cessação da vida do ativo biológico.

---

[12] Grupo econômico, pelo CPC 36 (R3), é entendido como a controladora e todas as suas controladas.
[13] CPC 29.

Esse tipo de ativo, o biológico, deve ser reconhecido quando atender à definição de ativo e seu valor justo puder ser mensurado confiavelmente. Essa premissa pode ser rejeitada caso haja ausência de confiabilidade e, ocorrendo isso, a mensuração deverá ser realizada pelo custo.

A variação do valor justo do ativo biológico reconhecido é registrada diretamente no resultado em que ocorrer.

O produto agrícola também deve ser mensurado pelo valor justo e há uma premissa de que este pode sê-lo de maneira confiável, diferentemente do ativo biológico. A partir desse ponto, o produto agrícola é registrado como estoque, por este valor mencionado, e, então, seu tratamento é ditado pela norma CPC 16 (R1) – Estoques.

3.2.11 Redução ao valor recuperável dos ativos *(impairment)*

Caso o usuário da informação financeira se depare com uma conta de resultado citando a redução ao valor recuperável de ativos (ou perda por *impairment*), quer dizer que alguns dos itens reconhecidos nas demonstrações contábeis tiveram seus valores reduzidos em razão de algum fenômeno (p. ex., deterioração mais rápida que o previsto, mudança de condições de mercado, incêndios etc.), que deverá ser retratado em notas explicativas.

Levando em conta a representação fidedigna, quando a entidade tem indícios de que o valor do ativo registrado pode não ser recuperável, ela deverá aplicar o teste de recuperabilidade para comprovar isso. Esses indícios podem advir de fontes externas (diminuição do valor de mercado, mudanças tecnológicas, oscilação de taxa de juros) e/ou internas (dano físico, obsolescência, inatividade, fluxo de caixa gerado abaixo do inicialmente previsto). Sendo assim, deverá ser calculado o valor recuperável do ativo ou da unidade geradora de caixa.

Valor recuperável é o maior valor entre seu valor justo, líquido de despesas com vendas, e seu valor em uso. O valor justo de um item é determinado conforme descrito no item 3.2.1 ("Valor justo"). Já o valor em uso é determinado calculando o valor presente de fluxos de caixa futuros esperados do ativo ou da unidade geradora de caixa. Sendo assim, o maior valor dentre esses dois é considerado o valor recuperável.

Esse valor recuperável é comparado ao valor contábil (líquido de depreciação, se houver) do ativo, ou unidade geradora de caixa. Caso o valor contábil exceda o valor recuperável, essa diferença deverá ser reconhecida como despesa no resultado do período. Se o valor contábil for menor que o valor recuperável, não há reconhecimento a se fazer. Portanto, essa despesa representa a perda no valor econômico do ativo.

É possível que aconteça o reconhecimento da perda por *impairment*, por exemplo, em virtude das condições de mercado, mas que, posteriormente, podem ser revertidas. A entidade que reconheceu a perda que hoje não existe mais poderá fazer a reversão no limite do que foi reconhecido no resultado quando do registro da perda por *impairment*.

O *impairment* pode ser considerado um mecanismo de conservadorismo podendo ser definido como o reconhecimento tempestivo assimétrico das perdas em relação aos ganhos.[14] Em outras palavras, caso o ativo perca valor, há o reconhecimento, mas, caso haja aumento de valor, não há ajustes.

O reconhecimento do aumento do valor é permitido pelo IFRS, no entanto não o é no Brasil. Antes de 2008, era permitido esse reconhecimento no país, notório como reavaliação, porém, em virtude do mau uso dessa permissão, a Lei n. 11.638, de 28 de dezembro de 2008, vetou essa utilização. O valor do ativo reavaliado impactava diretamente o patrimônio líquido da entidade, bem como na relação passivo/patrimônio líquido (indicador utilizado para a análise de demonstrações contábeis); com isso, algumas empresas utilizavam tal manobra para aumentar essa relação e, também, para não deixar que o patrimônio líquido ficasse negativo. Em razão desses usos impróprios da norma, a reavaliação foi proibida no Brasil.

3.2.12 Provisões, passivos contingentes e ativos contingentes

Antes de iniciar a discussão a respeito desses assuntos, cabe relembrar dois conceitos importantes discutidos em tópicos anteriores. Passivo é definido como uma obrigação presente da entidade, derivada de eventos passados cuja liquidação se espera que resulte na saída de recursos da entidade capazes de gerar benefícios econômicos. Para ser reconhecido, esse item deve ter seu custo mensurado com confiabilidade.

Provisão é um passivo, mas de prazo e/ou valor incerto. A entidade deverá reconhecer um passivo mesmo que haja incerteza no prazo de pagamento, bem como no valor do desembolso futuro necessário para sua liquidação. A obrigação pode ser legal (força contratual) ou não formalizada (criação de expectativas de que cumprirá as responsabilidades) derivada de eventos passados; além disso, é provável que haja saída de recursos e a estimativa do valor da obrigação pode ser feita com confiabilidade.

Um dos critérios para reconhecimento de uma provisão, portanto, é de que seja provável a saída de recursos. Ser "provável" quer dizer que um item tem mais chances de ocorrer do que de não ocorrer. Não são definidos percentuais de estimativa, por exemplo, 51% de chances de ocorrer, pois poderiam servir como alvos de manipulação. Cabe à administração fazer o julgamento da probabilidade de ocorrência desse item.

Provisões são constituídas, por exemplo, para cobertura de uma provável perda em um processo trabalhista, danos ambientais, cuja reclamação está sendo realizada, entre outros. No momento do reconhecimento, há o impacto no passivo com a contrapartida como despesa no resultado do período, no montante reconhecido. Isso faz com que a empresa retenha recursos na entidade e evite a distribuição destes (dividendos, investimentos etc.) para cobrir obrigações prováveis futuras.

Ressalta-se que o conceito de "provisão" não é mais utilizado para contas do ativo em virtude de sua definição. Antes da adoção dessas normas, havia a utilização da provisão para crédito de liquidação duvidosa (PCLD), reconhecida como redutora de clientes. Atualmente, essa conta é nomeada como perda esperada com crédito de liquidação duvidosa (PECLD).

---

[14] Sobre conservadorismo, ver Basu (1997).

Caso a saída de recursos seja possível (mais provável que não do que sim), este item é tratado como um passivo contingente e suas estimativas de prazo e montante deverão ser divulgados em notas explicativas. Ainda, se um item tiver uma estimativa remota de saída de recursos, nenhuma divulgação é necessária.

Ativo contingente, de modo semelhante ao passivo contingente, não deve ser reconhecido, mas sua natureza e estimativas financeiras deverão ser divulgadas em notas explicativas. Esse item pode ser considerado um instrumento de conservadorismo, pois permite o reconhecimento de um passivo provável de ocorrer, mas não de um ativo provável. Esse ativo provável é tratado como um ativo contingente.

3.2.13 Receitas

Em sua maioria, as normas tratam de elementos do ativo e do passivo cuja oscilação impacta o resultado. No entanto, há uma única norma que trata somente de resultado, que é o CPC 30 (R1) – Receitas. A importância dessa norma reside na proteção dos interesses dos investidores, pois a receita é usada para medir o tamanho de uma empresa. Além disso, protege contra uma possível antecipação de receitas ou o reconhecimento por valores maiores que os devidos.

Segundo a norma, a receita é o ingresso bruto de benefícios econômicos durante o período observado no curso das atividades ordinárias da entidade que resultam no aumento do seu patrimônio líquido, exceto os aumentos do patrimônio líquido relacionados às contribuições dos proprietários (aumento de capital).

Para reconhecimento da receita, são necessários a transferência significativa dos riscos e benefícios (essência sobre a forma), não manter o efetivo controle, despesas incorridas devem ser mensuradas confiavelmente e ser provável que benefícios futuros fluirão para a entidade. Com esses critérios, portanto, quando há a realização da venda para um cliente com alto risco de crédito, não é considerado receita (não é provável que os benefícios econômicos fluam). Quando há a realização da venda para a entrega futura, a receita deverá ser reconhecida somente na entrega da mercadoria (transferência de riscos e benefícios). A consignação, por exemplo, há transferência de riscos (contrato), mas ainda há o envolvimento na gestão do item, portanto a receita é reconhecida no momento da venda.

Destaca-se que as normas fiscais podem ter outro tratamento para esses eventos, portanto estes deverão sofrer ajustes para apuração de impostos.

Sobre a mensuração da receita, ela é realizada pelo valor justo. Caso seja uma venda a prazo, o valor da receita é registrado pelo valor presente do fluxo de caixa considerando a taxa da negociação, os juros são reconhecidos, por competência, na medida em que são gerados.

Ressalta-se que, na demonstração do resultado do exercício, a receita apresentada é a receita líquida (receita bruta líquida de impostos), pois as normas consideram os impostos sobre receita como um repasse, e não receita, no entanto, em notas explicativas, há a conciliação entre a receita bruta e a receita líquida.

3.2.14 Tributos sobre o lucro

Em virtude das distinções entre as normas tributárias e as normas contábeis, há diferenças entre a apuração do lucro pelos dois normativos. A diferença entre o imposto sobre o lucro apurado seguindo cada norma é denominada Imposto de Renda Diferido (IRD), que é o ajuste do imposto de renda corrente por competência. Além disso, é um caso especial, pois não tem como ter avaliação a valor justo dessas contas e não há como vendê-lo separadamente. Sendo assim, essa conta será maior ou menor dependendo das características tributárias dos países.

Portanto, o resultado é apurado e mensurado considerando as normas contábeis, além de ajustado conforme as leis tributárias do país para chegar ao lucro tributável e ao imposto de renda corrente, caso a opção do regime de tributação seja o lucro real. O lucro tributável[15] é o lucro (prejuízo) para um período, determinado de acordo com as regras estabelecidas pelas autoridades tributárias, sobre o qual os tributos sobre o lucro serão devidos (recuperáveis). O tributo corrente[16] é o valor do tributo devido (recuperável) sobre o lucro tributável (prejuízo fiscal) do período. Em outras palavras, o lucro tributável é aquele calculado considerando as regras tributárias e o imposto de renda corrente é o valor resultante da aplicação da alíquota do imposto sobre o lucro tributável do período.

Para conhecimento dessas diferenças, é necessário saber a base fiscal do ativo ou passivo, que é o valor do item para fins fiscais. Para o ativo, se o valor contábil for menor que a base fiscal, haverá uma diferença temporária dedutível. Caso o valor contábil seja maior que a base fiscal, haverá uma diferença temporária tributável. No caso do passivo, se o valor contábil for maior que a base fiscal, haverá diferença dedutível e, se o valor contábil for menor que a base fiscal, a diferença temporária será tributável.

O IRD passivo é reconhecido para todas as diferenças temporárias tributáveis. Já o IRD ativo deve ser realizado para todas as diferenças temporárias dedutíveis. A reversão deste deve ser realizada na medida em que haja reversões tributárias nos períodos em que se espera que essa dedução seja reconhecida, ou que seja provável a existência de lucros tributáveis em períodos futuros, caso a entidade não atenda a esses critérios o IRD ativo não deverá ser reconhecido.

Quanto maior a "distância" entre as normas contábeis e as tributárias, maiores serão os valores de imposto de renda diferido reconhecido. As normas contábeis utilizam o julgamento da administração diferentemente das normas tributárias, caso, por exemplo, da depreciação de um bem que já é determinado para cada ativo nas normas fiscais.

3.2.15 Resultado por ação

A norma[17] que faz referência sobre resultado por ação estabelece determinados procedimentos para que a entidade apresente seu resultado por ação. Sendo assim, aplica-se a entidades que têm ações ordinárias publicamente negociadas ou que estão em processo de emissão de ações ordinárias para negociação. Apesar de a

---

[15] Definido conforme CPC 32.

[16] Idem.

[17] CPC 41.

norma se referenciar, na maioria das vezes, às ações ordinárias, ela deixa claro[18] que esses mesmos procedimentos também têm de ser adotados para as ações preferenciais, se a entidade as apresentar.

Dois tipos de cálculos devem ser apresentados na demonstração do resultado do exercício: resultado por ação básico e resultado por ação diluído. Para calcular o primeiro, divide-se o resultado do período pelo número médio ponderado de ações ordinárias. Para o segundo, o denominador deverá ser ajustado com potenciais ações ordinárias diluidoras (p. ex., passivos financeiros ou instrumento de capital que sejam conversíveis em ações ordinárias).

3.2.16 Efeitos das mudanças nas taxas de câmbio e conversão de demonstrações contábeis

Atualmente, tem-se um número crescente de operações no exterior, bem como de importações e exportações, captação de recursos e investimentos estrangeiros. As normas contábeis fornecem parâmetros para esse tipo de operação, no entanto é necessária a leitura de notas explicativas para entender quais o tipo da moeda e o efeito no resultado.

Há três tipos de moeda: funcional; estrangeira; e de apresentação. A moeda funcional é aquela do ambiente econômico principal que a entidade opera, ou seja, a moeda em que se dá a maioria das transações de compra e venda, do país que influencia a estrutura de precificação, influencia custos e despesas etc. Portanto, a moeda funcional é na qual se têm as principais transações. A moeda estrangeira é qualquer moeda diferente da funcional. E, por último, a moeda de apresentação é aquela em que as demonstrações contábeis são apresentadas.

As informações sobre qual moeda é a funcional, se as demonstrações estão em moeda de apresentação e o efeito das transações em moeda estrangeira podem ser obtidas nas notas explicativas.

Operacionalmente, as transações em moeda estrangeira precisam ser convertidas em moeda funcional para que seja realizado o fechamento das demonstrações contábeis. Para fazer essa conversão, é necessário saber o que são itens monetários e não monetários. Os primeiros se relacionam a itens passíveis de se transformar em dinheiro de forma rápida, e os segundos são os demais itens do balanço.

Para transformar itens monetários de operações em moeda estrangeira (p. ex., contas a receber em moeda diferente da funcional) para a moeda funcional, a entidade deverá considerar o câmbio da data do fechamento das demonstrações. Para itens não monetários, utiliza-se o câmbio da data da realização da transação, se o item estiver mensurado a custo histórico, ou a da data de determinação do valor justo, se o item estiver avaliado a valor justo. Além disso, para os itens da demonstração do resultado do exercício, a transformação se dá pela taxa de câmbio da data da transação. O efeito dessas transações deverá ser reconhecido no resultado do período.

É possível que, por uma necessidade de captação de recursos ou de avaliação de crédito por algum fornecedor da entidade, seja preciso elaborar as demonstra-

---

[18] Parágrafo 3A do CPC 41.

ções contábeis na moeda do país em que a empresa, potencial credora, está instalada. Sendo assim, a entidade poderá fazer a transformação dos itens em outra moeda, em moeda de apresentação, utilizando o mesmo critério citado anteriormente, de itens monetários, não monetários e da demonstração do resultado do exercício. No entanto, os ajustes são realizados diretamente no patrimônio líquido, e não no resultado.

Observe, portanto, que a conversão de moeda estrangeira para moeda funcional o impacto é reconhecido no resultado, pois há um ganho/perda por transacionar (importar, exportar, investir) com entidades situadas em países diferentes. Na transformação de moeda funcional para moeda de apresentação não há um ganho/perda, pois essa conversão é para fins "informativos" e a entidade não pode afirmar que gerou resultado por essa modificação de moeda.

Para o usuário da informação, a observação sobre o tipo de moeda auxilia a compreensão e a análise dos impactos da variação cambial de determinado período reconhecidos no resultado. Essa compreensão também pode auxiliar a análise do risco da exposição cambial da entidade.

3.2.17 Demonstração dos fluxos de caixa (DFC)

Essa demonstração faz parte do conjunto de demonstrações obrigatórias em que as entidades estão sujeitas. Independentemente da empresa, os usuários estão interessados em saber como a entidade gera e utiliza o caixa, pois as empresas precisam de recursos para bancar suas operações, como comprar, pagar salários, impostos etc.

Ela explica a variação do caixa (caixa e depósitos bancários) e equivalentes de caixa (aplicações de curto prazo de alta liquidez e com risco baixo de mudança). Essa explicação é evidenciada pela divisão da movimentação de recursos das atividades operacionais, de investimento e de financiamento.

As atividades operacionais são as principais geradoras de receita da entidade e, nessa divisão, é possível analisar qual foi a movimentação dos itens que fazem parte do giro dela. A análise do fluxo de caixa operacional, em conjunto com a demonstração do resultado do exercício, permite evidenciar o descasamento entre o caixa e o regime competência.

A atividade de investimento é direcionada para evidenciar a aquisição e venda de ativos de longo prazo. Essa separação permite analisar o gasto realizado com o objetivo de obter fluxos futuros de caixa. Por fim, a atividade de financiamento demonstra o impacto, no período da composição do capital próprio e capital de terceiros, que permite ao usuário prever o fluxo de caixa futuro exigido pelos fornecedores de capital.

Há duas alternativas, para a entidade, de apresentar essa demonstração: o método direto e o indireto. O primeiro método inicia com as principais classes de recebimento e pagamento, como vendas, pagamento de fornecedores, pagamento de despesas, entre outros. O indireto começa com o resultado líquido e são realizados ajustes de transações que não impactam em caixa (p. ex., depreciação) e transações correspondentes às demais atividades (investimento e financiamento). O mais usual é o método indireto, uma vez que, caso a entidade divulgue pelo método direto, terá que fazer a conciliação entre o resultado líquido e o caixa operacional (presente no método indireto).

Ainda, há uma falta de consenso em relação à classificação de alguns itens entre as atividades operacionais e a de financiamento, caso dos juros, dividendos e juros sobre capital próprio. Para a classificação desses itens, será necessário julgamento da administração sobre em qual dessas atividades esses itens demonstrarão ao usuário maior aderência às características qualitativas da informação. Mesmo assim, a norma encoraja a classificação dos juros recebidos e pagos, dividendos e juros sobre capital próprio recebidos como atividade operacional, e os dividendos e juros sobre capital próprio pagos como atividade de financiamento.

3.2.18 Demonstração do valor adicionado (DVA)

Exigida para empresas de capital aberto, a DVA tem como objetivo evidenciar a formação da riqueza criada pela entidade e sua distribuição.

A parte de criação da riqueza considera três principais componentes: receita; insumos adquiridos de terceiros; e valor adicionado recebido em transferência. A primeira refere-se, principalmente, às receitas brutas (inclui impostos sobre receita) de produtos e serviços da entidade e a PECLD. Os insumos adquiridos de terceiros representam, basicamente, os custos e as despesas operacionais em determinado período (custo da mercadoria vendida, serviços de terceiras, consumo de materiais, depreciação, entre outros). Por fim, o valor adicionado recebido em transferência representa o resultado gerado por outra entidade e transferido à primeira em decorrência de algum tipo de investimento (p. ex., receita financeira, resultado de equivalência patrimonial, aluguéis, entre outros).

O resultado dessa primeira parte denomina-se "valor adicionado a distribuir". Esse valor é distribuído considerando quatro principais grupos: pessoal; impostos, taxas e contribuições; remuneração do capital de terceiros; e remuneração do capital próprio. Com essa distribuição, é possível verificar quanto cada grupo consumiu da riqueza criada pela entidade.

O cálculo do valor adicionado demonstra quanto a entidade agrega de valor aos insumos adquiridos no momento do consumo ou da venda. Esse valor poderia ser utilizado como cálculo do produto interno bruto (PIB) em razão da semelhança de metodologia. O que diferencia é que o valor adicionado é calculado levando em conta a realização (competência) e o PIB calculado em cima da produção. A diferença entre os dois parâmetros, portanto, será tão maior quanto for a diferença entre os estoques inicial e final, pois, assumindo a inexistência de estoques, esses valores tenderiam a convergir.

3.2.19 Combinação de negócios

Na tentativa de diversificação de riscos, aumento de participação de mercado e incremento em margens de retorno, as entidades podem adquirir outras entidades. Sendo assim, há a necessidade de determinar formas de como reconhecer e mensurar essas transações. Uma combinação de negócios ocorre quando a adquirente obtém o controle da adquirida. Controle[19] é definido como o poder de governar as políticas financeiras e operacionais e o de obter os benefícios de suas atividades.

Para as normas internacionais, não existe a fusão, em virtude da necessidade de definir se é a entidade que publicará as demonstrações contábeis. Além disso, o controle é independente, por exemplo, da quantidade de ações ordinárias adquiridas, há a necessidade de comprovar o efetivo controle, que não necessariamente pode ocorrer com a aquisição de 51% de ações ordinárias de uma entidade.

Um negócio é um conjunto integrado de atividades, além dos ativos, que proporcionam valor à empresa, por meio de redução de custos, maior retorno para acionistas, por exemplo.

Para realizar a combinação de negócios, cujos efeitos deverão ser evidenciados em notas explicativas, a entidade deverá utilizar o método de aquisição, o qual identifica o comprador (quem obtém o controle), bem como determina a data de aquisição (quando se obtém o controle), o custo da aquisição (contraprestação transferida para a aquisição), o reconhecimento, a classificação e a mensuração de ativos e passivos assumidos, o reconhecimento da participação dos acionistas não controladores (caso a aquisição seja inferior a 100%) e o reconhecimento do ágio por expectativa de rentabilidade futura (*goodwill*) ou compra vantajosa.

No momento da aquisição, a empresa adquirida deverá ter seus ativos identificáveis e passivos assumidos avaliados pelo valor justo. Ressalta-se que, nesse momento, os ativos identificáveis podem constar de ativos intangíveis não reconhecidos pela adquirida, como marcas, carteira de clientes, desde que contenham a identificação de seus valores justos separadamente.

A diferença entre os ativos identificáveis e passivos assumidos é chamada de valor justo dos ativos líquidos, que deverá ser comparado ao valor da contraprestação para reconhecimento do *goodwill* ou compra vantajosa. O *goodwill* ocorre quando o valor da contraprestação é maior que o valor justo dos ativos líquidos, ou seja, de forma simplória, é quando se paga mais do que vale. Essa diferença é reconhecida no valor do ativo da adquirente e sua recuperabilidade deve ser testada, ao menos, uma vez no período.

Esse ágio por expectativa de rentabilidade futura, ou *goodwill*, representa o valor que a adquirente pagou a mais e na qual espera que benefícios futuros fluam para a entidade, por exemplo, pela sinergia entre elas. Portanto, atende aos critérios de definição e reconhecimento de um ativo e ele é registrado.

A compra vantajosa ocorre quando o valor da contraprestação é menor que o valor justo dos ativos líquidos, ou, de forma simplória, quando há o pagamento menor do que a entidade vale. Essa diferença é reconhecida diretamente no resultado do período da adquirente, pois, diferentemente do *goodwill*, esse é um resultado já realizado, pois haverá a incorporação de ativos líquidos cujo montante supera o valor pago (contraprestação).

Cabe ressaltar, mais uma vez, que as notas explicativas são de extrema importância para o entendimento da combinação de negócios, pois ela traz o cálculo dos ativos identificáveis e dos passivos assumidos, além de demonstrar o valor da con-

---

[19] Vide CPC 15 (R1).

traprestação e o cálculo da compra vantajosa/*goodwill*. Ainda, caso haja a geração de um *goodwill*, a entidade deverá explicar os motivos que a levaram a pagar um valor maior do que o valor justo dos ativos líquidos. Sendo assim, o usuário da informação tem explicações sobre a operação em si e os motivos que levaram a entidade a desembolsar determinado montante para aquisição.

3.2.20 Demonstrações consolidadas, combinadas e separadas

Antes de entrar no entendimento da consolidação e do seu objetivo, é interessante destacar a diferença das demonstrações consolidadas, combinadas, separadas e individual. As consolidadas são as demonstrações contábeis do grupo econômico em que ativos, passivos, patrimônio líquido, receitas, despesas e fluxo de caixa da controladora e suas controladas[20] são apresentados como se se referissem a uma única empresa.

As demonstrações combinadas são semelhantes às consolidadas e se diferenciam por não haver nelas uma figura legal de uma controladora. Geralmente, são aplicadas às empresas familiares, em que não há uma *holding* constituída, ou no caso de pessoa física que controla diversas empresas. O procedimento de consolidação é o mesmo.

Demonstrações separadas podem ser mais comumente aplicadas a entidades de investimento (p. ex., *venture capital*), nas quais há o registro do investimento pelo custo ou valor justo. Nesses tipos de entidades, a representação fidedigna da informação não se dá pela consolidação, e sim pela demonstração do valor desses investimentos por tais valores citados. O investimento alto pode fazer com que haja o controle, mas a intenção não é de sinergia operacional, e sim da obtenção de retornos, fato que as diferencia das demonstrações consolidadas.

A demonstração individual, existente no Brasil e não preconizada pelas normas internacionais, é a demonstração contábil da controladora. Tem o intuito de atender à legislação societária, por exemplo, para distribuição de dividendos.

Em suma, as demonstrações individuais são as demonstrações da controladora, as separadas são as demonstrações da controladora com tratamento específico para os investimentos e asconsolidadas e combinadas exigem o atendimento do procedimento de consolidação, no entanto, na segunda, não há uma figura legal de uma controladora.

A consolidação tem o objetivo de mostrar os resultados das operações e a posição financeira do grupo econômico como se fosse uma única empresa. Isso permite uma análise mais criteriosa, pelo usuário, pois possibilita a separação de ganhos advindos de terceiros daqueles intragrupos.

Para a entidade definir se deve ou não realizar a consolidação, é necessário definir se há o controle. Obtém-se isso quando há: poder sobre a investida; capacidade de dirigir as atividades relevantes da entidade, ou seja, aquelas que afetam significativamente o retorno; exposição ao retorno decorrente desse envolvimento; e

---

[20] O conceito de controladora e suas controladas refere-se à definição de grupo econômico, preconizado pelo CPC 36 (R3).

capacidade de utilizar seu poder para afetar o retorno da investida. Percebe-se, portanto, que os critérios para verificação do controle[21] não são baseados na proporção do investimento.

Definido que há o controle, a entidade deverá aplicar os procedimentos de consolidação. É preciso combinar ativos, passivos, patrimônio líquido, receitas, despesas e fluxos de caixa da controladora com suas controladas, eliminar o valor contábil do investimento da controladora em cada controlada e no patrimônio líquido de cada controlada, além de eliminar, integralmente, ativos, passivos, patrimônio líquido, receitas, despesas e fluxos de caixa oriundos de transações entre entidades do grupo econômico.

Caso a controladora não tenha 100% de determinadas controladas, as demonstrações contábeis serão afetadas. No balanço patrimonial, haverá uma linha demonstrando a participação de não controladores no patrimônio líquido da entidade. Na demonstração do resultado do exercício, haverá uma linha informando quanto, do resultado do período, corresponde aos não controladores.

Observa-se que o procedimento de consolidação faz com que as transações intragrupo sejam eliminadas protegendo o investidor contra qualquer possível má intenção em aumentar o patrimônio e/ou receita (uma vez que podem servir para medir o tamanho da empresa e para a abertura de linhas de crédito). Portanto, as demonstrações consolidadas demonstram somente as transações com terceiros, considerando o grupo econômico.

3.2.21 Divulgação sobre partes relacionadas

As normas contábeis demonstram preocupações com o entendimento das informações pelo usuário da informação. Uma delas se externaliza quando se percebe a exigência de divulgação sobre transações entre partes relacionadas.

Parte relacionada, segundo a norma,[22] refere-se a qualquer entidade ou pessoa relacionada à entidade que está elaborando as demonstrações contábeis. Há diversas condições que definem que uma pessoa ou entidade é uma parte relacionada, nem todas as relações são consideradas, por exemplo, relação cliente-fornecedor.

De forma geral, são consideradas partes relacionadas a entidade ou a pessoa que tiver controle da entidade, exercer influência significativa na entidade, a parte de um empreendimento em conjunto e se a parte for membro do pessoal-chave da gerência da entidade ou da sua empresa-mãe.

A divulgação das transações com partes relacionadas tem o objetivo de assegurar que o usuário tenha informações necessárias para identificar que a posição financeira possa ter sido afetada por essas transações. Sendo assim, requer a divulgação delas e de saldos que ainda estiverem pendentes. Exemplos de transações são prestação ou utilização de serviços, locação, compra ou venda de bens, transferências segundo acordos financeiros, entre outros.

---

[21] Critérios estabelecidos pelo CPC 36 (R3).

[22] CPC 05 (R1).

Além de divulgar as transações, há a necessidade de fazê-lo em relação ao tipo de relação entre as partes, por exemplo, relacionamento entre empresa-mãe e subsidiária e remuneração do pessoal-chave da gerência.

Contudo, é possível perceber que há certa proteção dos usuários da informação, principalmente dos investidores minoritários, por exemplo, contra uma possível transação com partes relacionadas que possa, em essência, ser uma distribuição de lucro.

3.2.22 Informações por segmento

As entidades divulgam informações, em notas explicativas, sobre os resultados referentes aos seus segmentos operacionais. Essa divulgação auxilia o usuário na compreensão dos resultados de diversos produtos segmentados considerando o ambiente econômico envolvido para essa atividade. Analogamente, é como se fossem balanços patrimoniais e demonstrações de resultado do exercício resumidos de determinadas operações da entidade, agrupados por critérios definidos por ela.

Um segmento operacional[23] é um componente da entidade cujas atividades têm a obtenção de receitas e despesas, os resultados são revistos pelo gestor para revisão avaliação de desempenho e alocação de recursos, e há informação individualizada disponível. Um segmento pode ser identificado, por exemplo, pela diferença entre produtos e serviços, área geográfica etc.

A entidade deve divulgar, com a definição citada, basicamente, informações do resultado do período, incluindo os componentes de formação deste resultado, os ativos e passivos, bem como as bases de mensuração. Além disso, ela deve apresentar uma conciliação dos resultados, ativos e passivos, com os da entidade. Isso pode ajudar o usuário a avaliar a relevância daquele segmento para a entidade, bem como a composição do resultado e o investimento pelo qual este resultado está sendo gerado.

3.2.23 Políticas contábeis, mudança de estimativa e retificação de erro

A entidade, ou o ambiente regulatório, pode entender que uma informação pode ser mais bem representada utilizando outras formas de mensuração, por exemplo, do que as formas atuais. Além disso, pode ser que as interferências do ambiente influenciem nas estimativas utilizadas pela entidade, como o cálculo da PECLD, as provisões, o valor justo, entre outros.

Para atender à característica da representação fidedigna da informação divulgada, é possível que a entidade, ou o normatizador, utilize parâmetros de maneira mais adequada que os empregados atualmente. Essas alterações podem impactar na mudança dos resultados reconhecidos nesse período e nos períodos anteriores, caso esse critério seja utilizado.

A definição do refazimento das demonstrações contábeis utilizadas depende de algumas condições. Caso seja a adoção inicial de determinada norma, a entidade

---

[23] Definição utilizada no CPC 22.

deverá seguir as condições transitórias específicas contidas nas normas. No entanto, caso seja alteração voluntária, a entidade deverá divulgar as demonstrações com alteração retrospectiva considerando os saldos de abertura do período anterior mais antigo apresentado.

Também há um tratamento específico a seguir se a entidade identificar mudanças nas estimativas utilizadas para determinar os valores de ativos e passivos. Elas são fundamentais para a elaboração das demonstrações contábeis, pois estas são baseadas em estimativas, em grande parte, e não em números exatos, e são aplicados aos itens que não podem ser mensurados com precisão. As premissas que baseiam essas estimativas podem mudar conforme há alguma alteração no ambiente de atuação da entidade, portanto a modificação deve ser feita de forma prospectiva, dada a sua natureza. Sendo assim, não há alterações em períodos anteriores a serem realizadas.

A ocorrência de erros, por sua vez, é passível de acontecer, por exemplo, em cálculos, estimativas, classificação, mensuração. Independentemente de ser intencional ou não, a entidade deverá alterar suas demonstrações de maneira retrospectiva, demonstrando valores comparativos para os períodos anteriores em relação ao atual. Se for impraticável a alteração retrospectiva, a entidade deverá alterar suas demonstrações até o último período possível.

Ressalta-se que as mudanças das políticas contábeis, estimativas e retificação de erros deverão ser divulgadas e justificadas em notas explicativas. Em alguns casos, como o da retificação de erros, o montante e a natureza do erro deverão ser apresentados e caberão ao usuário a análise e o julgamento para sua tomada de decisão.

3.2.24 Evento subsequente

No intervalo entre a data do balanço e a data de autorização de emissão das demonstrações contábeis, realizada pela administração da entidade, podem ocorrer eventos significativos e que podem ser julgados como informação útil na tomada de decisão dos usuários. No entanto, as informações geradas nesse intervalo podem impactar, ou não, o resultado do período anterior. Sendo assim, esses eventos subsequentes determinam a necessidade de ajustes nas demonstrações contábeis ou requerem divulgação em notas explicativas.

Os eventos que levam a ajustes nas demonstrações contábeis são referentes às condições informacionais já existentes até a data do fechamento do balanço. Por exemplo, a falência declarada de um cliente, posterior ao fechamento do balanço. Presume-se que a falência não aconteça de uma hora para outra, portanto a empresa teria condições de verificar que haveria a chance de um de seus clientes ir à falência. Se a entidade tiver valores registrados no contas a receber referente ao cliente que declarou falência, ela deverá refazer as demonstrações avaliando a necessidade de baixar como perda ou de classificação como PECLD, com impacto direto no resultado do período.

Há eventos, também ocorridos nesse intervalo citado, que não demandam ajustes nas demonstrações contábeis, pois são eventos cujas condições surgiram depois da data de fechamento do balanço, por exemplo, uma combinação de negócios, classificação de ativo mantido para venda, incêndio em estoques, alteração no valor justo de ativos importantes etc. São eventos relevantes que podem fazer diferença na tomada de decisão do usuário, portanto a natureza do evento e a estimativa do efeito financeiro (se possível) devem ser divulgadas em notas explicativas.

RESUMO

Entender a linguagem contábil se torna essencial para os usuários que precisam tomar uma decisão utilizando essas informações. Para uma melhor compreensão, ela precisa ser complementada com informações da economia em geral, do mercado de atuação e de outras fontes disponíveis não abrangidas pelas demonstrações contábeis. As características qualitativas da informação são essenciais para que as entidades aumentem a utilidade do relatório contábil diante da concorrência de diversos outros tipos de relatórios que, em alguns momentos, podem ser divulgados antes da publicação das demonstrações. Portanto, o atendimento a essas características qualitativas, por parte da entidade, pode trazer maior confiança e utilidade para os usuários, em geral. Ressalta-se que as notas explicativas revelam-se cada vez mais importantes para compreender os fenômenos ocorridos na entidade, em que parte deles são divulgados apenas nelas, e são relevantes para a tomada de decisão. As normas contábeis utilizam o conceito de essência sobre a forma, portanto espera-se que os fenômenos sejam retratados conforme o real impacto na entidade. Não há percentuais estabelecidos, e sim conceitos e critérios (p. ex., controle, influência significativa); sendo assim, o julgamento pela administração das entidades é cada vez mais exigido. Muito foi comentado sobre a importância das informações para investidores e credores, dando a entender que esses normativos são direcionados a entidades de grande porte, capital aberto. Todas as entidades podem utilizar o padrão internacional de contabilidade; para as pequenas e médias empresas, há um pronunciamento específico,[24] com alguns procedimentos, de certa maneira, mais simplificados em comparação às normas tratadas aqui. Sendo assim, esse padrão se coloca ao alcance de todas as entidades, com o intuito de cada vez mais consolidar a convergência da contabilidade brasileira e contribuir para o aumento da utilidade da informação divulgada nas demonstrações contábeis.

QUESTÕES

1. Quais são as características qualitativas da informação contábil? Como elas contribuem para aumentar a utilidade da informação divulgada nas demonstrações contábeis?
2. Quais são os critérios para o reconhecimento dos elementos patrimoniais nas demonstrações contábeis?
3. Quem são os usuários da informação contábil? Há algum direcionamento dessas informações para determinado grupo de usuário?
4. Em alguns normativos, há a necessidade de determinação do valor justo para publicação nas demonstrações contábeis. Como os níveis de informação (*inputs*) podem auxiliar na compreensão e na tomada de decisão dos usuários da informação?

---

[24] CPC PME (R1) – Contabilidade para Pequenas e Médias Empresas.

5. Como a operação de *leasing* é reconhecida nas demonstrações contábeis do arrendatário?
6. Cite exemplos e justifique a razão pela qual determinados ativos intangíveis não podem ser reconhecidos nas demonstrações contábeis.
7. Qual a influência das alíquotas fiscais de depreciação no reconhecimento desse tipo de despesa nas demonstrações contábeis?
8. Qual a diferença entre passivo, provisão e passivo contingente?
9. Qual a importância da normatização da receita em relação à proteção dos usuários das demonstrações contábeis?
10. Como são tratados o *goodwill* e a compra vantajosa nas demonstrações contábeis?
11. O que são demonstrações consolidadas, combinadas, separadas e individual?
12. Quais são os tópicos, entre os tratados neste capítulo, cujas informações são divulgadas exclusivamente em notas explicativas?

REFERÊNCIAS BIBLIOGRÁFICAS

BASU, S. The Conservatism Principle and the Asymmetric Timeliness of Earnings. *Journal of Accounting and Economics*, v. 24, p. 3-37, 1997.

BRASIL. Lei n. 6.404, de 15 de dezembro de 1976. Dispõe sobre as Sociedades por Ações. Disponível em: <http://www.planalto.gov.br/ccivil_03/LEIS/L6404consol.htm>. Acesso em: 17 maio 2015.

_____. Lei n. 11.638, de 28 de dezembro de 2007. Disponível em: <http://www.planalto.gov.br/ccivil_03/_ato2007-2010/2007/Lei/L11638.htm>. Acesso em: 15 maio 2015.

CPC – COMITÊ DE PRONUNCIAMENTOS CONTÁBEIS. *Pronunciamento técnico CPC 00 (R1)*: estrutura conceitual para elaboração e divulgação de relatório contábil-financeiro. Brasília, 2011. Disponível em: <http://www.cpc.org.br/Arquivos/Documentos/147_CPC00_R1.pdf>. Acesso em: 13 maio 2015.

_____. *Pronunciamento técnico CPC 04 (R1)*: ativo intangível. Brasília, 2010. Disponível em: <http://www.cpc.org.br/Arquivos/Documentos/187_CPC_04_R1_rev%2006.pdf>. Acesso em: 16 maio 2015.

_____. *Pronunciamento técnico CPC 05 (R1)*: divulgação sobre partes relacionadas. Brasília, 2010. Disponível em: <http://www.cpc.org.br/Arquivos/Documentos/159_CPC_05_R1_rev%2006.pdf>. Acesso em: 13 maio 2015.

_____. *Pronunciamento técnico CPC 06 (R1)*: operações de arrendamento mercantil. Brasília, 2010. Disponível em: <http://www.cpc.org.br/Arquivos/Documentos/163_CPC_06_R1_rev%2003.pdf>. Acesso em: 13 maio 2015.

_____. *Pronunciamento técnico CPC 15 (R1)*: combinação de negócios. Brasília, 2011. Disponível em: <http://www.cpc.org.br/Arquivos/Documentos/235_CPC_15_R1_rev%2006.pdf>. Acesso em: 18 maio 2015.

_____. *Pronunciamento técnico CPC 16 (R1)*: estoques. Brasília, 2009. Disponível em: <http://www.cpc.org.br/Arquivos/Documentos/243_CPC_16_R1_rev%2003%20(2).pdf>. Acesso em: 14 maio 2015.

_____. *Pronunciamento técnico CPC 18 (R2)*: investimento em coligada, em controlada e em empreendimento controlado em conjunto. Brasília, 2012. Disponível em: <http://www.cpc.org.br/Arquivos/Documentos/263_CPC_18_(R2)_rev%2007.pdf>. Acesso em: 14 maio 2015.

_____. *Pronunciamento técnico CPC 22*: informação por segmento. Brasília, 2009. Disponível em: <http://www.cpc.org.br/Arquivos/Documentos/292_CPC_22_rev%2006.pdf>. Acesso em: 17 maio 2015.

_____. *Pronunciamento técnico CPC 27*: ativo imobilizado. Brasília, 2009. Disponível em: <http://www.cpc.org.br/Arquivos/Documentos/316_CPC_27_rev%2006.pdf>. Acesso em: 21 maio 2015.

_____. *Pronunciamento técnico CPC 28*: propriedades para investimento. Brasília, 2009. Disponível em: <http://www.cpc.org.br/Arquivos/Documentos/320_CPC_28_rev%2006.pdf>. Acesso em: 19 maio 2015.

_____. *Pronunciamento técnico CPC 29 (R1)*: ativo biológico e produto agrícola. Brasília, 2009. Disponível em: <http://www.cpc.org.br/Arquivos/Documentos/324_CPC_29_rev%2003.pdf>. Acesso em: 19 maio 2015.

_____. *Pronunciamento técnico CPC 30 (R1)*: receitas. Brasília, 2012. Disponível em: <http://www.cpc.org.br/Arquivos/Documentos/332_CPC%2030%20(R1)%2031102012-limpo%20final.pdf>. Acesso em: 13 maio 2015.

_____. *Pronunciamento técnico CPC 32*: tributos sobre o lucro. Brasília, 2009. Disponível em: <http://www.cpc.org.br/Arquivos/Documentos/340_CPC_32_rev%2004.pdf>. Acesso em: 17 maio 2015.

_____. *Pronunciamento técnico CPC 36 (R3)*: demonstrações consolidadas. Brasília, 2012. Disponível em: <http://www.cpc.org.br/Arquivos/Documentos/448_CPC%2036%20R3%20rev%2004.pdf>. Acesso em: 19 maio 2015.

_____. *Pronunciamento técnico CPC 38*: instrumentos financeiros: reconhecimento e mensuração. Brasília, 2009. Disponível em: <http://www.cpc.org.br/Arquivos/Documentos/406_CPC_38_rev%2006.pdf>. Acesso em: 14 maio 2015.

_____. *Pronunciamento técnico CPC 39*: instrumentos financeiros: apresentação. Brasília, 2009. Disponível em: <http://www.cpc.org.br/Arquivos/Documentos/410_CPC_39_rev%2006.pdf>. Acesso em: 14 maio 2015.

_____. *Pronunciamento técnico CPC 40 (R1)*: instrumentos financeiros: evidenciação. Brasília, 2012. Disponível em: <http://www.cpc.org.br/Arquivos/Documentos/418_CPC_40_R1_rev%2004.pdf>. Acesso em: 14 maio 2015.

_____. *Pronunciamento técnico CPC 41*: resultado por ação. Brasília, 2010. Disponível em: <http://www.cpc.org.br/Arquivos/Documentos/430_CPC_41_rev%2003.pdf>. Acesso em: 16 maio 2015.

_____. *Pronunciamento técnico CPC 46*: mensuração do valor justo. Brasília, 2012. Disponível em: <http://www.cpc.org.br/Arquivos/Documentos/395_CPC_46_rev%2006.pdf>. Acesso em: 16 maio 2015.

_____. *Pronunciamento técnico CPC PME (R1)*: contabilidade para pequenas e médias empresas com glossário de termos. Brasília, 2009. Disponível em: http://www.cpc.org.br/Arquivos/Documentos/392_CPC_PMEe Glossario_R1.pdf>. Acesso em: 20 maio 2015.

IFRS. Analysis of the IFRS jurisdiction profiles. Disponível em: <http://www.ifrs.org/Use-around-the-world/Pages/Analysis-of-the-IFRS-jurisdictional--profiles.aspx>. Acesso em: 18 maio 2015.

_____. Standard 9. Financial instruments. Disponível em: <http://eifrs.ifrs.org/eifrs/bnstandards/en/2016/ifrs09.pdf>. Acesso em: 16 jun. 2016.

4
Análise Financeira Retrospectiva

As empresas de capital aberto, por força de lei, devem publicar uma série de demonstrativos e relatórios financeiros ao público, de forma sistemática, periódica e padronizada.

Esses demonstrativos e relatórios financeiros configuram a fonte primária utilizada para uma série de técnicas que serão apresentadas neste livro e, também, a principal referência utilizada por analistas financeiros ao levantarem informações sobre as empresas analisadas.

Os demonstrativos financeiros têm duas funções básicas para a comunidade financeira. Em primeiro lugar, atuam como uma forma de divulgação sistemática de informações sobre o resultado da gestão dos administradores a acionistas, governo, clientes, fornecedores e demais partes interessadas na empresa, sendo o primeiro – mas não o único – instrumento de prestação de contas, pelos administradores da empresa, de sua gestão.[1]

Uma das condições básicas para que investidores coloquem seus recursos próprios em determinado negócio a ser administrado por outros indivíduos é a possibilidade de acompanharem o resultado dessa gestão, o que seria muito dificultado sem a existência de uma forma padronizada de divulgação de informações por parte dos administradores que têm uma perspectiva interna e ativa dos resultados decorrentes das suas decisões na condução dos negócios. Do mesmo modo, as instituições financeiras que emprestam recursos à empresa desejam informar-se sobre sua capacidade de pagamento, assim como os fornecedores que concedem prazos de pagamentos.

Além disso, por terem diretrizes e normas padronizadas de elaboração, os demonstrativos possibilitam a comparação entre diferentes empresas ou mesmo entre

---

[1] Para uma apresentação técnica detalhada relacionada a questões mais recentes e tópicos pontuais da elaboração de demonstrativos financeiros, ver o Ofício-Circular/CVM/SNC/SEP n. 1/2007.

o desempenho de determinada empresa em distintos períodos. Essa segunda função básica implica a possibilidade de que a gestão de diferentes empresas ou da mesma empresa em diferentes momentos possam ser comparadas. Essa comparação seria dificultada se, por exemplo, a cada ano, um critério diferente fosse utilizado para determinar o valor monetário dos estoques, ou se cada empresa divulgasse uma informação individual sobre o seu lucro em determinado período, sem especificar os critérios utilizados para computar a depreciação de suas máquinas.

4.1 APRESENTAÇÃO GERENCIAL E UTILIZAÇÃO DOS DEMONSTRATIVOS CONTÁBEIS

É importante que o analista financeiro esteja atento a diferenças fundamentais de metodologia e abordagem utilizadas pelos profissionais da contabilidade, que elaboram os demonstrativos financeiros, e pelos analistas financeiros, que empregarão as informações já publicadas para executarem seu trabalho.

4.1.1 Sistemas eletrônicos de divulgação de demonstrativos contábeis

As companhias brasileiras de capital aberto publicam, regularmente, demonstrativos e relatórios financeiros, também publicados no *Diário Oficial* do estado no qual está localizada a sede da empresa e em jornal local de grande circulação. Além disso, o órgão regulador do mercado de capitais, a Comissão de Valores Mobiliários (CVM), implantou um sistema eletrônico de divulgação dos demonstrativos e relatórios das companhias de capital aberto no Brasil.

Esse sistema eletrônico (Sistema de Divulgação Externa), cujos acesso e divulgação são compartilhados com a Bolsa de Valores de São Paulo (Bovespa), permite o acesso fácil e rápido a todos os demonstrativos e relatórios financeiros divulgados desde 1998. As empresas enviam os dados em formatos padronizados e predefinidos, que são, por sua vez, inseridos no Sistema de Divulgação Externa.[2]

A sistematização da divulgação de informações financeiras de companhias abertas é um destaque brasileiro, possibilitando acesso fácil e detalhado às informações oficialmente publicadas pelas companhias de maneira mais fácil que a maioria dos demais países, mesmo os desenvolvidos. Nos Estados Unidos, o maior mercado corporativo mundial, o órgão que exerce função análoga à da CVM é a Securities Exchange Commission (SEC), que também apresenta um sistema de divulgação de demonstrativos e relatórios financeiros das empresas com registro de empresa aberta naquele país, o Electronic Data-Gathering, Analysis and Retrieval System (Edgar).[3]

---

[2] Vários provedores privados de informações financeiras também fornecem informações financeiras consolidadas, normalmente com base nos próprios demonstrativos e relatórios consolidados pela CVM, para os quais o acesso é público e gratuito. No Brasil, um dos fornecedores de informações financeiras consolidadas mais conhecido do público especializado é o Economática, cujo *software* pode ser acessado em terminais específicos na maioria das grandes universidades.

[3] Ver: <http://www.sec.gov/edgar.html>.

Com a consolidação e o acesso eletrônico aos demonstrativos financeiros, tornou-se mais fácil o levantamento de um grande número de informações financeiras de diversas empresas, não apenas do Brasil.

4.1.2 Organização das informações financeiras publicadas pelas companhias brasileiras

Em 2007, com o objetivo de harmonizar as normas contábeis brasileiras com as internacionais, foi aprovada a Lei n. 11.638/2007, que alterou diversos aspectos contábeis importantes. Entre eles, ressaltam-se a introdução do grupo de ativos intangíveis e a exclusão do ativo diferido e da reserva de reavaliação, as quais serão abordadas no decorrer deste capítulo.

Analisar-se-ão, agora, os aspectos gerenciais mais relevantes dos principais relatórios e demonstrativos financeiros cuja publicação é obrigatória, no Brasil, para as companhias de capital aberto. Serão utilizadas a classificação e a nomenclatura adotadas pela CVM.

4.1.2.1 Demonstrativos financeiros padronizados (DFP)

Os DFP apresentam, de maneira organizada e padronizada, os demonstrativos contábeis de publicação obrigatória para as empresas abertas e, também, informações adicionais de publicação obrigatória.

Trata-se de demonstrativos e informações de publicação obrigatória ou recomendada pela legislação, publicados anualmente:[4]

- Demonstração do Resultado do Exercício (DRE).
- Demonstração de Resultado do Exercício Consolidado.
- Demonstração de Resultado Abrangente (DRA).
- Balanço patrimonial.
- Balanço patrimonial consolidado.
- Demonstração das Mutações do Patrimônio Líquido (DMPL).
- Demonstração dos Fluxos de Caixa (DFC).
- Demonstração do Valor Adicionado (DVA).
- Notas explicativas.
- Parecer dos auditores independentes.
- Relatório da administração.

Os DFP apresentam normas específicas para serem elaboradas e, em geral, são publicados no Sistema de Divulgação Externa até 30 de março do ano seguinte ao exercício ao qual se referem.

4.1.2.2 Informações anuais (IAN)

Além da publicação anual dos demonstrativos financeiros padronizados (DFP), as companhias de capital aberto devem publicar informações anuais (IAN) até 30

---
[4] Lei n. 11.638/2007 e Instrução CVM 469/08.

dias após a realização da assembleia geral ordinária dos acionistas,[5] o que normalmente ocorre até 30 de abril de cada ano.

As IAN compreendem dados de controle acionário, relatório de desempenho empresarial, projeções da empresa para o próximo exercício, características das debêntures da empresa, distribuição de dividendos aprovada e/ou realizada no exercício e até mesmo comentários sobre os processos produtivos, as marcas e as patentes e os problemas ambientais da empresa.

Parte das IAN é de divulgação obrigatória e parte, voluntária (diferentemente do que ocorre com os DFP). A iniciativa da CVM de consolidar uma série de informações relevantes para o acionista em um único local facilita a obtenção de um grande número de informações adicionais que facilitarão e enriquecerão o trabalho do analista financeiro.

É importante que, ao avaliar determinada empresa, o analista verifique quais informações adicionais (além dos demonstrativos contábeis obrigatórios) estão disponíveis para consulta. Elas podem fornecer indicativos e dados importantes, tanto para a análise de desempenho passado como para a previsão de desempenho futuro da empresa. No entanto, parte das IAN é de divulgação facultativa e, assim, a CVM não pode exigir sua publicação por todas as companhias.

4.1.2.3 Informações trimestrais (ITR)

Também nomeadas demonstrações intermediárias,[6] as ITR são um grupo de demonstrativos contábeis e informações divulgados, em geral, até 15 de abril (1º trimestre), 15 de julho (2º trimestre) e 15 de outubro (3º trimestre). As informações do 4º trimestre são incluídas nos DFP e na IAN, havendo publicação de três conjuntos de ITR por ano.

Dos demonstrativos financeiros, são publicados trimestralmente o balanço patrimonial, o balanço patrimonial consolidado, a demonstração do resultado e a demonstração do resultado consolidado, acompanhados de comentários do desempenho consolidado, que constituem uma versão simplificada das informações divulgadas no relatório da administração (que integra os DFP, publicados anualmente).

4.1.3 Demonstrativos contábeis consolidados e não consolidados

As companhias de capital aberto, em geral, são empresas de médio e grande porte, muitas delas se constituindo em grandes conglomerados empresariais, com atuação em diversos setores de atividade econômica.

Isso significa que, frequentemente, uma empresa individual torna-se proprietária de outras, total ou parcialmente. Sempre que uma empresa "A" é proprietária de

---

[5] Para informações detalhadas sobre o funcionamento da assembleia geral e outros órgãos de direção e controle das empresas de capital aberto, recomenda-se o livro *Curso de direito comercial*, de Rubens Requião (2000).

[6] Para informações mais detalhadas sobre esse tipo de demonstração, consultar o Pronunciamento Técnico CPC 21 – Demonstração Intermediária.

mais de 50% das ações com direito a voto (ações ordinárias) de outra empresa "B", diz-se que a primeira é a controladora da segunda, e a empresa "B" é controlada pela empresa "A".

As demonstrações consolidadas consideram a empresa "A" e a empresa "B" como uma entidade só, enquanto as demonstrações não consolidadas, também chamadas demonstrações separadas, apresentam o investimento de "A" em "B" pelo seu custo histórico. Dessa forma, a propriedade de outras empresas aparece como investimento no balanço patrimonial da empresa controladora "A", e os resultados da empresa controlada "B", que "pertencem" à controladora "A", são listados na demonstração de resultados da empresa "A" como resultado da equivalência patrimonial.[7]

Cada empresa apresenta seus próprios demonstrativos contábeis, independentemente do perfil do seu quadro de acionistas. No entanto, ao analisar o desempenho de uma empresa que tenha participação em outras, é necessário considerar o fato de que parte do seu resultado decorre da "apropriação" do resultado gerado por outras empresas distintas.

A propriedade de partes do capital de uma empresa por outra, no lugar de pessoas físicas, ocorre por diversas razões, compreendendo a gestão de empresas que administram participações em outras empresas, exigências da lei, facilidades tributárias, entre outras.

Na maioria das situações, o analista financeiro deve sempre utilizar os demonstrativos consolidados. Essa orientação é especialmente válida quando a empresa em análise é uma *holding*, ou seja, uma empresa cujo objetivo é ter e administrar a participação no capital de outras empresas. Se o analista desejar analisar o desempenho de uma ou mais empresas que compõem uma *holding*, normalmente terá mais dificuldade em obter dados das controladas do que da controladora.

Outro fato ao qual o analista financeiro deve estar atento é a existência de empresas de participações criadas com o objetivo de agregar toda participação familiar em uma entidade jurídica separada, o que ocorre para, de certa forma, proteger as relações societárias na empresa operacional de eventuais conflitos familiares, especialmente os de natureza sucessória.

4.1.4 Demonstrativos de fluxos e demonstrativos de estoques

Para fins gerenciais, os demonstrativos contábeis podem ser agrupados em duas categorias associadas à relação temporal neles contida.

O balanço patrimonial é a principal demonstração contábil, pois reflete a posição financeira da empresa em uma determinada data – usualmente o fim do período social ou uma data prefixada. Ele é composto por duas colunas postas lado a lado que representam as origens e as aplicações dos recursos. As origens são representa-

---

[7] Há critérios para a contabilização de investimento em participações societárias e para contabilização do resultado da equivalência patrimonial. Para maiores detalhes, consultar *Manual de contabilidade das sociedades por ações: aplicável às demais sociedades*, de Sérgio de Iudícibus, Eliseu Martins e Ernesto Rubens Gelbcke (2006).

das ao lado direito e englobam recursos de terceiros, denominados passivos, e recursos próprios, o patrimônio líquido. Já as aplicações são representadas na coluna esquerda do balanço e são chamadas de ativo.

Dessa forma, o balanço patrimonial refere-se sempre a uma data específica, e não a um período, podendo-se afirmar que o balanço patrimonial é um demonstrativo de estoques, no sentido de que reflete a posição de suas contas em um momento dado qualquer.

A Lei n. 11.638/2007 alterou a estrutura do ativo ao excluir o subgrupo de ativo diferido e incluir o de intangíveis. No patrimônio líquido, foram excluídas as contas de reserva de reavaliação e lucros e prejuízos acumulados, assim como foram inseridas as contas de ações em tesouraria, ajuste de avaliação patrimonial, prejuízos acumulados e reserva de lucros. Todos os outros principais demonstrativos obrigatórios (DRE, DFC e DMPL), ao contrário do balanço patrimonial, refletem fluxos econômicos diversos que ocorreram durante uma unidade de tempo. A demonstração de resultados do exercício reflete as receitas durante certo período (p. ex., de 1º de janeiro a 31 de dezembro), os custos produtivos durante certo período etc.

No caso da DFC, a relação entre as informações nela contidas e o intervalo que ela compreende é ainda mais explícita: na DFC aparecem apenas as movimentações financeiras ocorridas durante um dado período, sendo essa a demonstração na qual há maior associação temporal entre a ocorrência de eventos e a contabilização explícita em termos temporais.

Essa simples diferenciação de demonstrativo de fluxos *versus* demonstrativos de estoques de contas contábeis tem implicações significativas no processo de análise financeira, especialmente nas abordagens utilizadas para comparar demonstrativos de 2 ou mais anos.

Dado um período qualquer iniciado na data "X0" e finalizado na data "X1", pode-se afirmar que:

- Os demonstrativos de fluxo (DRE, DMPL, DFC) do período X0-X1 explicam as variações das contas dos demonstrativos de estoque (balanço patrimonial) levantados na data X0 e na data X1;
- As diferenças entre as contas dos demonstrativos de estoque das datas X0 e X1 refletem as movimentações financeiro-econômicas na empresa nesse período, expressas por meio dos demonstrativos de fluxos do período X0-X1.

Essa diferenciação primária deve estar bem determinada para o analista financeiro, de forma a permitir a utilização e a análise correta dos dados dos demonstrativos financeiros, bem como a correta padronização e o ajuste das demonstrações.

4.2 LEITURA DOS DEMONSTRATIVOS CONTÁBEIS

Depois de obtidos, os demonstrativos financeiros devem ser avaliados com um olhar crítico pelo analista, antes mesmo da realização das padronizações, dos cálculos de índices e da determinação de risco. É relativamente comum que o analista se detenha nos demonstrativos contábeis e dali extraia praticamente todos os seus cálculos, índices e conclusões.

É necessário compreender, todavia, que os demonstrativos contábeis refletem, de forma padronizada e resumida, uma série de fatos e acontecimentos existentes em determinada data (balanço patrimonial) ou que se sucederam ao longo de todo um período (DRE, DFC, DMPL). Essa redução de informação não deve passar despercebida do analista: por um lado, possibilita a compreensão fácil e em linguagem e metodologia relativamente padronizadas do desempenho e situação financeira das empresas, mas, por outro, pode não revelar todo o conjunto de fatores que contribuíram para tal desempenho, o que leva à necessidade de uma leitura crítica dos demonstrativos financeiros.

Nesta seção, serão apresentadas algumas orientações sobre os procedimentos práticos que o analista financeiro deve adotar depois de obter os demonstrativos financeiros de uma empresa que pretende analisar.

4.2.1 Verificações preliminares

Antes de analisar os demonstrativos financeiros, o analista deve verificar a ocorrência de alguns eventos que podem determinar comportamentos aparentemente "anormais" da evolução dos demonstrativos contábeis da empresa.

4.2.1.1 Alterações patrimoniais

Fusões, aquisições e reestruturações societárias podem implicar grandes mudanças nos grandes grupos de contas contábeis, e especialmente no patrimônio líquido. Quando isso ocorre, é importante verificar se os demonstrativos da empresa analisada estão na mesma base de demonstrativos de anos anteriores. Na maior parte dos casos, as empresas publicam, com os demonstrativos mais recentes, um ou dois demonstrativos de exercícios anteriores que podem refletir a maior parte desses impactos. Reforça-se aqui a importância dessas verificações com o exemplo hipotético a seguir.

Suponha-se uma empresa hipotética que atua no setor de mineração, com atividades principais em extração de bauxita e de cassiterita. Por uma decisão estratégica, a empresa vende suas atividades de bauxita para outra companhia e permanece apenas com as atividades de cassiterita. Os balanços patrimoniais levantados antes e depois dessa operação terão grandes alterações em razão da venda dessa unidade de negócios, presumindo um cenário no qual a empresa, no caso, não reinvestiu os valores da venda e distribuiu aos acionistas o lucro obtido com a alienação daquela unidade produtiva. Se o analista desprezar esse fato em todas as suas análises, poderá desviar-se do foco de uma série de variações em contas patrimoniais, estabelecendo causas imediatas que ignoram o fato maior e mais relevante de que a empresa se desfez de parte significativa de seus negócios, "reduzindo" o seu tamanho.

Outra verificação importante diz respeito à incorporação de controladas. Quando uma empresa adquire integralmente outra, pode optar não apenas por incorporar a gestão e as atividades operacionais da nova empresa,[8] como também por dissolver a

---

[8] Nesse caso, haveria uma relação de controle, com os impactos contábeis decorrentes da relação de demonstrativos.

personalidade jurídica da controlada e incorporar todos os seus ativos e passivos. Quando isso ocorre, mudanças expressivas podem se dar nas contas patrimoniais. Empréstimos e financiamentos, títulos a pagar, contas a receber, por exemplo, passam a ser integralmente refletidos no balanço da controladora. A utilização de demonstrativos consolidados, especialmente para análises financeiras que compreendam períodos prolongados, minimiza de modo significativo esses efeitos.

4.2.1.2 Republicação de demonstrativos anteriores

Em certas circunstâncias, a autoridade de regulação do mercado (CVM) pode ordenar a republicação de demonstrativos contábeis que tenham sido elaborados em desacordo com as instruções e normas aplicáveis. As retificações também podem ocorrer de forma voluntária por parte da empresa. Quando acontece isso, o analista deve se certificar de que as mudanças não afetaram, de maneira significativa, suas conclusões.

A maior parte das retificações se refere ao tratamento contábil dado a eventos financeiros que levam a dúvidas em relação à sua classificação e apresentação. Situações típicas envolvem classificação de desembolsos, reconhecimento de impactos financeiros de processos judiciais em andamento,[9] reconhecimento de receitas antecipadas de produtos em desenvolvimento, determinação do valor de ativos que guardam certo grau de intangibilidade, tratamento de benefícios fiscais (como isenções e créditos presumidos), entre outros.

4.2.1.3 Empresas em recuperação judicial

Empresas sujeitas ao regime de recuperação judicial têm tratamento especial atribuído aos seus empréstimos, financiamentos e outros passivos financeiros e operacionais. Ao avaliar uma empresa que está em regime de recuperação judicial, o analista deve considerar atentamente todos os impactos sobre o tratamento contábil dos passivos operacionais e financeiros que essa situação traz.

Uma das consequências possíveis é a transferência de passivos exigíveis de curto prazo para o grupo dos passivos exigíveis de longo prazo. Além disso, são relativamente comuns arranjos negociados com credores que implicam substituição de instrumento de dívida, com alongamento e mudança de perfil, além de, em menor escala, operações que implicam troca de dívida por participação acionária.

---

[9] Situação relativamente comum, corresponde a empresas que deixam de recolher determinados tributos ou reduzem o seu montante, fundamentadas em decisões judiciais provisórias (liminares), que podem ser revertidas posteriormente. Se as liminares que sustentavam o não recolhimento dos tributos são cassadas, a empresa tem, em regra, de recolher a diferença retroativa. As empresas podem, ou não, relacionar essa expectativa de débito tributário futuro no balanço, e a CVM pode solicitar que as empresas refaçam as demonstrações contábeis por essa razão, sob certas circunstâncias.

4.2.1.4 Balanços com ressalvas dos auditores independentes

O parecer dos auditores independentes é um componente obrigatório dos demonstrativos financeiros das empresas com capital aberto no Brasil. A auditoria externa implica uma avaliação por profissionais sem nenhuma relação ou interesse direto com a empresa, se os demonstrativos contábeis atendem às regulamentações legais.[10] A imensa maioria dos balanços publicados apresenta-se sem opinião modificada,[11] com um texto similar ao exposto na sequência, com o parecer dos auditores independentes sobre os demonstrativos contábeis de uma empresa, no caso a TAM S.A., em exercício encerrado em 31/12/2006:

> Examinamos os balanços patrimoniais da TAM S.A. e os balanços patrimoniais consolidados dessa Companhia e suas controladas, levantados em 31 de dezembro de 2006 e 2005, e as respectivas demonstrações de resultados, das mutações do patrimônio líquido e das origens e aplicações de recursos, correspondentes aos exercícios findos naquelas datas, elaborados sob a responsabilidade de sua Administração. Nossa responsabilidade é a de expressar uma opinião sobre essas demonstrações financeiras.
>
> [...] Em nossa opinião, as demonstrações financeiras acima referidas representam, adequadamente, em todos os aspectos relevantes, a posição patrimonial e financeira da TAM S.A. e a posição patrimonial e financeira consolidada dessa Companhia e suas controladas em 31 de dezembro de 2006 e 2005, os resultados de suas operações, as mutações do seu patrimônio líquido e as origens e aplicações de seus recursos, correspondentes aos exercícios findos naquelas datas, de acordo com as práticas contábeis adotadas no Brasil.

Caso as demonstrações não estejam totalmente de acordo com as normas e legislações vigentes, o autor pode emitir parecer com opinião modificada, que se divide em três categorias – ressalva, opinião adversa e abstenção de opinião –, variando de acordo com a gravidade do caso. Os demonstrativos podem aparecer com ressalvas quando, em sua maioria, estão adequados, com exceção de alguns itens. No caso de opinião adversa, os demonstrativos não retratam adequadamente a realidade da entidade. Há, ainda, casos mais graves de distorção em que o auditor se recusa a emitir o parecer a respeito daquele conjunto de demonstrações.

A existência de eventual opinião modificada sobre os demonstrativos financeiros, no parecer dos auditores independentes, pode lançar sérias dúvidas sobre um ou mais aspectos relevantes para o analista ao analisar as demonstrações contábeis da empresa. Todavia, mesmo uma publicação de demonstrativos contábeis sem ressalvas não implica, necessariamente, o fato de que os dados estão apresentados da maneira mais recomendada possível. O parecer dos auditores apenas informa que os dados foram levantados e apresentados de acordo com um conjunto amplo de normas regulamentadoras aplicáveis.

---

[10] A auditoria externa tem outros objetivos complementares, que procuram lidar com problemas da relação de agente principal.

[11] Para maiores informações, consultar o livro *Análise avançada das demonstrações contábeis – uma abordagem crítica*, de Eliseu Martins, Josedilton Alves Diniz e Gilberto José Miranda.

4.2.2 Contas analíticas e contas sintéticas

A legislação, em seus diversos níveis, demanda a publicação de uma série de contas nos demonstrativos contábeis das empresas. Além disso, desde que obedecidas as regulamentações e os princípios contábeis, as empresas são livres para publicarem uma série de contas adicionais, além do mínimo requerido. O resultado pode envolver a produção de demonstrativos com um grande número de contas, o que nem sempre é interessante para a qualidade do trabalho do analista financeiro.

Dessa forma, pode-se verificar que os demonstrativos contábeis contêm contas analíticas e sintéticas.[12] Veja-se o exemplo da Tabela 4.1 de um fragmento de balanço patrimonial.

No demonstrativo da Tabela 4.1, extraído do Sistema de Divulgação Externa da CVM (já apresentado neste capítulo) e ajustado, é possível visualizar contas sintéticas e contas analíticas. As contas sintéticas representam a somatória de duas ou mais contas sintéticas, ou de duas ou mais contas analíticas, com menor grau de detalhamento. Já as contas analíticas representadas em *itálico* correspondem às contas apresentadas, nesse demonstrativo, como finais em seu máximo grau de detalhamento.

TABELA 4.1 Balanço patrimonial consolidado (ativo).

Natura Cosméticos S.A. – Balanço patrimonial consolidado (ativo) em R$ mil		
Código da conta	Descrição da conta	31/12/X2
1	Ativo total	6.248.321
1.01	Ativo circulante	3.512.933
1.01.01	Disponibilidades	1.309.308
1.01.01.01	*Caixa e equivalente de caixa*	1.016.293
1.01.01.02	*Aplicações financeiras*	293.015
1.01.02	Créditos	807.001
1.01.02.01	*Contas a receber de clientes*	906.918
1.01.02.02	*Provisões para créditos de liquidação duvidosa*	–99.917
1.01.03	Estoques	799.521
1.01.03.01	*Produtos acabados*	627.433
1.01.03.02	*Matérias-primas e materiais de embalagens*	189.742
1.01.03.03	*Materiais promocionais*	62.883
1.01.03.04	*Produtos em elaboração*	18.576
1.01.03.05	*Provisão para perdas*	–99.113
1.01.04	Impostos a recuperar	181.104
1.01.05	Outros	597.103
1.01.05.01	*Instrumentos financeiros derivativos*	153.634
1.01.05.02	*Outros ativos circulantes*	262.365
1.02	Ativo não circulante	2.735.388
1.02.01	Ativo realizável a longo prazo	818.398

(Continua)

---

[12] As expressões *conta analítica* e *conta sintética* podem ter outros usos correntes entre os contadores, especialmente no processo de escrituração contábil corriqueiro.

TABELA 4.1 Balanço patrimonial consolidado (ativo). *(Continuação)*

\multicolumn{3}{l}{Natura Cosméticos S.A. – Balanço patrimonial consolidado (ativo) em R$ mil}
Código da conta	Descrição da conta	31/12/X2
1.02.01.01	*Imposto a recuperar*	175.062
1.02.01.02	*Imposto de renda e contribuição social diferido*	193.767
1.02.01.03	*Depósitos judiciais*	412.404
1.02.01.04	*Outros ativos não circulantes*	37.165
1.02.02	Ativo não circulante	1.916.990
1.02.02.01	*Investimentos*	0
1.02.02.02	*Imobilizado*	1.439.704
1.02.02.03	*Intangível*	477.286

O valor de *contas a receber* foi de R$ 906.918,00, e o balanço, na versão apresentada, não apresenta nenhum outro tipo de detalhamento. Raciocínio semelhante se aplica às provisões para créditos de liquidação duvidosa,[13] de R$ 99.917,00. Essas duas contas são chamadas analíticas.

Já a conta *créditos* é a soma de contas a receber e das provisões para créditos de liquidação duvidosa. Isso significa que, no nível de detalhamento desse balanço apresentado, a conta *créditos* é o resultado da soma algébrica de outras duas contas que a detalham e, por isso, é chamado de conta sintética. Há contas sintéticas apuradas pela soma de outras contas sintéticas, como o *ativo total*, que, nesse balanço patrimonial, é a soma do *ativo circulante* com o *ativo não circulante*.

No balanço patrimonial exposto, foram apresentados, na coluna da esquerda, os códigos utilizados pela empresa para codificar suas contas. Esses códigos destinam-se a permitir a fácil classificação das contas, já que cada nível hierárquico de contas recebe mais um grupo de dois dígitos separados por um ponto do anterior. É interessante lembrar que os códigos, embora sequenciais, não são os mesmos para todas as empresas.

Será visto, posteriormente, como pode-se reduzir a quantidade de contas exibidas em um demonstrativo contábil para um nível mais adequado ao trabalho do analista financeiro.

4.2.3 Intervalos de contabilização de resultados intermediários

A situação mais comum, para o analista financeiro, envolve a análise de resultados durante todo um ano, ou de vários exercícios anuais consecutivos. Em algumas circunstâncias, no entanto, o analista estará interessado no desempenho da empresa durante uma unidade de tempo menor. Acessando a DRE das IFT, são publicadas no Sistema de Divulgação Externa quatro colunas de valores (além da descrição da conta), conforme a Tabela 4.2.

---

[13] Essa conta normalmente é chamada, também, de Provisão Estimada para Créditos de Liquidação Duvidosa (PECLD).

TABELA 4.2 Colunas de valores (DRE).

Descrição da conta	Valor do trimestre atual	Valor acumulado do atual exercício	Valor do igual trimestre do exercício anterior	Valor acumulado do exercício anterior
	1/7/X2 a 30/9/X2	1/1/X2 a 30/9/X2	1/7/X1 a 30/9/X1	1/1/X1 a 30/9/X1

Observa-se que, na segunda e na quarta colunas, são informados os resultados trimestrais para o período da divulgação dos dados (terceiro trimestre, no caso do exemplo da Tabela 4.2), enquanto, na terceira e na quinta colunas, aparecem os dados dos valores acumulados desde o encerramento do último exercício anual até a data de encerramento do exercício trimestral atual, para o ano atual e anterior, respectivamente.

As empresas não divulgam demonstrativos com saldos acumulados dos últimos 12 meses em outra data que não o encerramento do exercício.[14] Dessa forma, quando se deseja obter esse tipo de informação, é necessário padronizar os demonstrativos antes para, depois, realizar os ajustes que possibilitem esse tipo de comparação.[15]

Serviços de divulgação financeira como Economática[16] realizam esse tipo de compilação, utilizando critérios próprios e não oficiais. Quando o analista financeiro recorrer a esse tipo de fonte, deve estar ciente de que critérios não necessariamente aprovados pelas autoridades de mercado foram utilizados para compor tais demonstrativos.

4.3 PADRONIZAÇÃO DOS DEMONSTRATIVOS CONTÁBEIS

Conforme comentado, as empresas adotam diferentes padrões de contas para a publicação de seus demonstrativos contábeis. Além disso, utilizam metodologias ligeiramente distintas para apurar determinados tipos de eventos financeiros ocorridos ou verificáveis em determinado exercício.

Por essa razão, o analista deve padronizar os demonstrativos contábeis antes de realizar o trabalho de análise. A padronização envolve um conjunto de ajustes, correções e modificações nas demonstrações contábeis que têm como objetivos:

- Estabelecer uma base comparativa confiável entre as demonstrações de uma mesma empresa ao longo de um intervalo de tempo no qual sucessivos demonstrativos foram publicados.
- Permitir a comparação mais efetiva e precisa entre o desempenho de duas ou mais empresas com demonstrativos publicados na mesma data.

---

[14] O que quase sempre ocorre em 31 de dezembro de cada ano.

[15] Reforça-se a informação de que os balanços patrimoniais não estão sujeitos a essas restrições, pois se constituem em demonstrativos de estoques de contas, e não de fluxos, conforme já visto.

[16] Ver: <http://www.economatica.com.br>.

Uma consequência imediata da padronização dos demonstrativos contábeis aqui sugerida é a perda da conformidade plena às normas que regulamentam a elaboração e a publicação dos demonstrativos contábeis no país. Deve-se lembrar, no entanto, que, para os objetivos da análise financeira, a não conformidade estrita aos padrões é aceitável, uma vez que as diretrizes específicas que norteiam a construção dos demonstrativos nem sempre se mostram mais adequadas à sua posterior análise.

4.3.1 Plano de contas padronizado

Nas Tabelas 4.3 e 4.4, é apresentado um plano de contas padronizado que tem como objetivo facilitar o uso das diversas ferramentas de análise financeira tratadas neste livro. Um plano de contas contém um conjunto de contas sintéticas e analíticas que consolidam as informações financeiras dos demonstrativos contábeis. Depois da apresentação do plano de contas genérico para o balanço patrimonial e para a DRE, tratar-se-á dos procedimentos para ajuste dos demonstrativos contábeis de uma empresa de capital aberto.

Assim, após a apresentação dos planos de contas padronizados, serão discutidos os procedimentos de adequação dos demonstrativos contábeis das empresas de capital aberto a eles. As contas analíticas estão destacadas em *itálico*.[17]

TABELA 4.3 Balanço patrimonial padronizado.

Balanço patrimonial padronizado			
Conta sintética	**ATIVO TOTAL**	Conta sintética	**PASSIVO TOTAL**
Conta sintética	**Ativo circulante**	Conta sintética	**Passivo circulante**
Conta analítica	*Disponibilidades e aplicações financeiras*	Conta analítica	*Empréstimos e financiamentos*
Conta analítica	*Recebíveis*	Conta analítica	*Debêntures*
Conta analítica	*Estoques*	Conta analítica	*Fornecedores*
Conta analítica	*Outros*	Conta analítica	*Impostos, taxas e contribuições*
Conta sintética	**Ativo não circulante**	Conta analítica	*Dividendos a pagar*
		Conta analítica	*Provisões*
		Conta analítica	*Dívidas com pessoas ligadas*
		Conta analítica	*Outros*
		Conta sintética	**Passivo não circulante**
		Conta sintética	**Passivo realizável a longo prazo**
Conta sintética	*Investimentos*	Conta analítica	*Empréstimos e financiamentos*
Conta analítica	*Investimentos em coligadas*	Conta analítica	*Debêntures*
Conta analítica	*Imóveis para aluguel*	Conta analítica	*Provisões*

(Continua)

---

[17] Os modelos de demonstrativos padronizados aqui apresentados destinam-se à análise financeira de demonstrativos realizada a partir das técnicas e ferramentas apresentadas neste livro. Outros autores propõem modelos diferentes de padronização, todos com o objetivo final de permitir que o analista possa visualizar e trabalhar com informações dos demonstrativos de forma mais eficiente em relação ao seu objetivo, que, é preciso relembrar, pode ser diferente dos de outros usuários das demonstrações contábeis.

TABELA 4.3 Balanço patrimonial padronizado. *(Continuação)*

Balanço patrimonial padronizado

Conta sintética	Imobilizado	Conta analítica	Dívidas com pessoas ligadas
Conta analítica	Imóveis em uso	Conta analítica	Outras provisões
Conta analítica	Máquinas e equipamentos	Conta analítica	Resultados de exercícios futuros
		Conta analítica	Dívidas com pessoas ligadas
Conta sintética	Intangível	Conta analítica	Participações minoritárias
		Conta analítica	Outros
Conta analítica	Marcas e patentes	Conta sintética	**Patrimônio líquido**
		Conta analítica	Resultados de exercícios futuros
		Conta analítica	Dívidas com pessoas ligadas
Conta analítica	Licenças de software	Conta analítica	Capital social realizado
		Conta analítica	Participações minoritárias
		Conta analítica	Outros
		Conta analítica	Reservas de capital
		Conta sintética	**Patrimônio líquido**
		Conta analítica	Resultados de exercícios futuros
		Conta analítica	Reservas de reavaliação
		Conta analítica	Capital social realizado
		Conta analítica	Participações minoritárias
		Conta analítica	Adiantamento para futuro
		Conta analítica	Aumento de capital
		Conta sintética	Reservas de capital
			Patrimônio líquido
		Conta analítica	Lucros e prejuízos acumulados
		Conta analítica	Reservas de reavaliação
		Conta analítica	Capital social realizado
		Conta analítica	Outras reservas de lucro
		Conta analítica	Adiantamento para futuro
		Conta analítica	Aumento de capital
			Reservas de capital
		Conta analítica	Lucros e prejuízos acumulados
		Conta analítica	Reservas de reavaliação
		Conta analítica	Outras reservas de lucro
		Conta analítica	Adiantamento para futuro
			Aumento de capital
		Conta analítica	Lucros e prejuízos acumulados
		Conta analítica	Outras reservas de lucro

TABELA 4.4 DRE padronizada.

	Demonstração de resultado do exercício
Sintética	Receita bruta
Analítica	*Deduções da receita bruta*
Sintética	(=) Receita líquida
Analítica	*Custo de produtos e/ou serviços*
Sintética	(=) Resultado bruto
Sintética	Despesas da atividade
Analítica	*Com vendas*
Analítica	*Gerais e administrativas*
Sintética	(=) Resultado da atividade
Analítica	*Outras receitas operacionais*
Analítica	*Outras despesas operacionais*
Sintética	(=) Resultado antes de juros e tributos
Sintética	Resultado financeiro
Analítica	*Receitas financeiras*
Analítica	*Despesas financeiras*
Analítica	*Resultado da equivalência patrimonial*
Sintética	(=) Resultado operacional
Sintética	Resultado não operacional
Analítica	*Receitas não operacionais*
Analítica	*Despesas não operacionais*
Sintética	(=) Resultado antes de IR e contribuição social
Analítica	*Provisão para IR e contribuição social*
Analítica	*Participações*
Analítica	*Contribuições*
Analítica	*IR diferido*
Analítica	*Reversão de juros sobre o capital próprio*
Sintética	(=) Resultado do exercício

4.3.2 Conversão de demonstrativos contábeis no modelo padronizado

Conforme já comentado, cada companhia tem certa liberdade no modo de organizar e apresentar as contas de seus demonstrativos contábeis, obedecidas as diretrizes dos órgãos reguladores e normativos do mercado. Por isso, é interessante que o analista financeiro converta os demonstrativos contábeis das empresas que pretende analisar para um formato padronizado, conforme apresentado na seção anterior.

Essa conversão dos demonstrativos em formato padronizado é a primeira etapa da padronização dos demonstrativos contábeis e não envolve alteração substancial do conteúdo da informação, mas um rearranjo da disposição dos dados contábeis de forma a permitir a aplicação mais eficiente dos métodos de análise financeira apresentados neste livro. O objetivo da conversão em modelo padronizado é representar o mesmo conteúdo das contas contábeis originais dos demonstrativos da empresa em um modelo apropriado para a análise financeira – em uma etapa posterior, ajustes e correções serão realizados.

Os passos para a conversão dos demonstrativos contábeis (mais especificamente, do balanço patrimonial e da DRE) nos formatos padronizados são:

1. Identificar as contas analíticas e sintéticas nos demonstrativos originais da empresa.
2. Fazer a correspondência entre as contas analíticas dos demonstrativos originais com as contas analíticas dos demonstrativos padronizados, nos casos em que essa relação seja óbvia – mesmo nome de contas ou mesmo conteúdo, mas apenas nomes alterados (p. ex., clientes e contas a receber).[18]
3. Verificar se alguma das contas ainda sem correspondência nos demonstrativos padronizados está representada por uma ou mais contas ainda sem correspondência nos demonstrativos originais.
4. Analisar o conteúdo das contas que permaneçam sem correspondência nos demonstrativos originais e procurar relacioná-las a uma ou mais contas nos demonstrativos padronizados, ainda que essas já estejam vinculadas a outras contas dos demonstrativos originais.
5. Calcular os valores das contas analíticas dos demonstrativos padronizados a partir da soma das contas dos balanços originais a elas associada.
6. Somando-se os valores das contas de nível inferior, determinar o valor das contas sintéticas dos demonstrativos padronizados.

Nesse processo, é necessário observar que:

- Toda conta analítica dos demonstrativos originais deve estar associada a uma única conta do demonstrativo padronizado (exceto em casos nos quais seja possível, por meio de informações das notas explicativas, "desdobrar" a conta analítica do demonstrativo em outras contas, passando a ser uma conta sintética).[19]
- Nenhuma conta analítica dos demonstrativos originais pode ficar sem associação com alguma conta analítica dos demonstrativos padronizados.
- Pode haver contas dos demonstrativos padronizados que permaneçam com valor zero em razão de sua inexistência para a empresa analisada.
- Os valores das contas sintéticas, ainda que com nomes idênticos, podem ser diferentes entre os demonstrativos originais e padronizados.
- Os valores do ativo total, do passivo total e da receita bruta total devem ser necessariamente idênticos entre os demonstrativos originais e padronizados.

A seguir, será demonstrado o procedimento de conversão de demonstrativos extraídos da CVM para o modelo padronizado apresentado nesta seção, tomando como fonte os demonstrativos anuais da Natura Cosméticos S.A.[20] para o exercício encerrado em 31/12/X2 (Tabelas 4.5 a 4.7).

---

[18] As correspondências entre os "grupos", ou contas sintéticas de primeiro nível, podem divergir em virtude dos próprios critérios de classificação utilizados, o que não deve ser motivo de maiores preocupações para o analista, que, em caso de dúvidas, deverá sempre consultar as notas explicativas em busca de informações complementares.

[19] Esse procedimento só faz sentido se utilizado em casos excepcionais, nos quais a empresa divulga seus demonstrativos originais de maneira muito "compacta", situações nas quais o conteúdo efetivo de uma conta pode ser de fato associado a duas ou mais contas dos demonstrativos padronizados.

[20] A Natura Cosméticos S.A. é uma das empresas que divulgam seus demonstrativos com maior grau de detalhamento entre as empresas de capital aberto no Brasil. A elevada pulverização do controle acionário e a participação no nível diferenciado de governança corporativa do Novo Mercado são alguns dos fatores que podem explicar esse nível de detalhamento.

TABELA 4.5 Balanço patrimonial – ativo (Natura Cosméticos S.A.).

Natura Cosméticos S.A. – Balanço patrimonial consolidado (ativo)

Código da conta	Descrição da conta	31/12/X2 R$ mil
1	**ATIVO TOTAL**	**6.248.321**
1.01	**Ativo circulante**	**3.512.933**
1.01.01	Disponibilidades	1.309.308
1.01.01.01	*Caixa e equivalentes de caixa*	1.016.293
1.01.01.02	*Aplicações financeiras*	293.015
1.01.02	Créditos	807.001
1.01.02.01	*Contas a receber de clientes*	906.918
1.01.02.02	*Provisões para créditos de liquidação duvidosa*	-99.917
1.01.03	Estoques	799.521
1.01.03.01	*Produtos acabados*	627.433
1.01.03.02	*Matérias-primas e materiais de embalagens*	189.742
1.01.03.03	*Materiais promocionais*	62.883
1.01.03.04	*Produtos em elaboração*	18.576
1.01.03.05	*Provisão para perdas*	-99.113
1.01.03.06	*Impostos a recuperar*	181.104
1.01.04	Outros ativos circulantes	415.999
1.01.04.01	*Instrumentos financeiros derivativos*	153.634
1.01.04.02	*Outros*	262.365
1.02	**Ativo não circulante**	**2.735.388**
1.02.01	Ativo realizável a longo prazo	818.398
1.02.01.01	Tributos diferidos	193.767
1.02.01.01.01	*Imposto de renda e contribuição social diferidos*	193.767
1.02.01.01.02	*Despesas antecipadas*	0
1.02.01.01.03	*Créditos com partes relacionadas*	0
1.02.01.01.04	*Créditos com coligadas*	0
1.02.01.01.05	*Créditos com controladores*	0
1.02.01.01.06	*Créditos com outras partes relacionadas*	0
1.02.01.02	Outros ativos não circulantes	624.631
1.02.01.02.01	*Imposto a recuperar*	175.062
1.02.01.02.02	*Depósitos judiciais*	412.404
1.02.01.02.03	*Outros ativos não circulantes*	37.165
1.02.01.03	Ativos não circulantes	1.916.990
1.02.01.03.01	*Investimentos*	0
1.02.01.03.02	*Participações societárias*	0
1.02.01.03.03	*Participações em coligadas*	0
1.02.01.03.04	*Outras participações societárias*	0
1.02.01.03.05	*Imobilizado*	1.439.704
1.02.01.03.06	*Intangível*	477.286

TABELA 4.6 Balanço patrimonial – passivo (Natura Cosméticos S.A.).

Natura Cosméticos S.A. – Balanço patrimonial consolidado (passivo)

Código da conta	Descrição da conta	31/12/X2 R$ mil
2	**PASSIVO E PATRIMÔNIO LÍQUIDO**	6.248.321
2.01	**Passivo circulante**	2.326.840
2.01.01	Empréstimos e financiamentos	693.117
2.01.02	Debêntures	0
2.01.03	Fornecedores	706.586
2.01.03.01	Fornecedores nacionais	671.761
2.01.03.02	Fornecedores estrangeiros	11.396
2.01.03.03	Frete	23.429
2.01.04	Obrigações sociais e trabalhistas	177.636
2.01.05	Obrigações fiscais	659.309
2.01.06	Outras obrigações	90.192
2.02	**Passivo não circulante**	2.753.231
2.02.01	Empréstimos e financiamentos	2.200.789
2.02.02	Debêntures	0
2.02.03	Obrigações fiscais	215.647
2.02.04	Provisões	73.829
2.02.04.01	Tributários	43.857
2.02.04.02	Cíveis	16.310
2.02.04.03	Trabalhistas	13.662
2.02.05	Outras provisões	262.966
2.03	**Patrimônio líquido**	1.168.250
2.03.01	Capital social realizado	427.073
2.03.02	Ações em tesouraria	-83.984
2.03.03	Reservas de capital	150.442
2.03.04	Reservas de lucro	162.612
2.03.05	Dividendo adicional proposto	496.393
2.03.05.01	Dividendos	474.004
2.03.05.02	Juros sobre o capital próprio	22.389
2.03.06	Outros resultados abrangentes	-6.899
2.03.07	Participação dos acionistas não controladores no patrimônio líquido das controladas	22.613

TABELA 4.7   DRE (Natura Cosméticos S.A.).

Natura Cosméticos S.A. – Demonstração de resultado do exercício consolidada		1/1/X2 a 31/12/X2 R$ mil
3.01	Receita bruta de vendas e/ou serviços	9.451.703
3.02	Deduções da receita bruta	–2.441.392
3.03	(=) Receita líquida de venda e/ou serviços	7.010.311
3.04	Custo de bens e/ou serviços vendidos	–2.089.785
3.05	(=) Resultado bruto	4.920.526
3.06	Despesas/receitas operacionais	–3.504.530
3.06.01	Com vendas	–2.470.730
3.06.02	Gerais e administrativas	–1.042.651
3.06.02.01	Despesas gerais	–962.154
3.06.02.02	Remuneração dos administradores	–18.554
	Resultado de equivalência patrimonial	0
	Participação dos colaboradores e administradores no lucro	–61.943
	(=) Resultado da atividade	1.407.145
3.06.03	Outras receitas (despesas) operacionais, líquida	8.851
3.06.03.01	Resultado na venda do imobilizado	13.397
3.06.03.02	Créditos tributários de PIS e Cofins	0
3.06.03.03	Créditos extemporâneos de PIS e Cofins	7.299
3.06.03.04	Outras receitas (despesas) operacionais	–11.845
	(=) Resultado antes do resultado financeiro e dos tributos	1.415.996
3.06.04	Financeiras	–158.250
3.06.04.01	Receitas financeiras	364.222
3.06.04.02	Despesas financeiras	–522.472
3.09	(=) Resultado antes tributação/participações	1.257.746
3.10	Despesa com imposto de renda e contribuição social	–409.940
	Correntes	–408.121
	Diferidos	–1.819
3.15	(=) Lucro/prejuízo do período	847.806

Ao se observarem os demonstrativos expostos, verifica-se que apresentam um grande número de contas: 38 no balanço patrimonial ativo, 30 no balanço patrimonial passivo e 29 na DRE. Esses números são não apenas elevados, como também, na prática, pouco ajudam o analista a desenvolver o seu trabalho.

Verifica-se um número expressivo de contas com valor *zero*. Isso pode ocorrer por diversas razões, entre elas pode-se destacar:

- O demonstrativo foi apresentado lado a lado com o demonstrativo de outro exercício, no qual aquela conta não tinha valor zero.
- As contas dos demonstrativos padronizados que permaneceram zeradas foi em razão de sua inexistência para a empresa analisada.

Na demonstração de resultados apresentada, a Natura Cosméticos S.A. também divulgou vários componentes analíticos de resultado, como a despesa e a receita não operacionais separadas e a receita e a despesa financeira também individualizadas, permitindo a visualização de como se estruturaram os componentes agregados do resultado não operacional e da despesa financeira líquida.

Esse padrão de contas contábeis utilizado pela empresa pode diferir daqueles empregados por outras empresas, e mesmo das demonstrações publicadas em outros anos. Dessa forma, a padronização sugerida permitirá ao analista comparar esses demonstrativos da Natura Cosméticos S.A. do exercício anual do ano X2 com outros demonstrativos da própria Natura Cosméticos S.A. de outros períodos, com outras empresas que publicaram seus demonstrativos para o mesmo exercício e com um conjunto mais amplo de empresas ao longo de um intervalo de tempo.

Seguindo as etapas descritas nesta seção, classificam-se as contas do balanço original em analíticas (apresentadas em itálico) e sintéticas. Na etapa seguinte, serão delimitadas as correspondências entre as contas dos demonstrativos originais e dos demonstrativos padronizados, seguindo os passos 2, 3 e 4 do roteiro apresentado no item 4.3.2. As associações determinadas foram as apresentadas nas Tabelas 4.8 a 4.10.

TABELA 4.8 Ativo original *versus* ativo padronizado.

Natura Cosméticos S.A. – Balanço patrimonial	31/12/X2 R$ mil	Correspondência
ATIVO TOTAL	**1.200.396**	
Ativo circulante	**883.158**	
Disponibilidades	287.203	Disponibilidades e aplicações financeiras
Caixa	*5.830*	
Bancos	*28.283*	
Aplicações financeiras	*253.090*	
Créditos	402.120	Recebíveis
Clientes	402.120	
Contas a receber	*435.748*	
Provisão para perdas em crédito	*−33.628*	
Créditos diversos	*0*	
Estoques	117.533	Estoques
Mercadorias para revenda	*116.552*	
Materiais auxiliares e almoxarifado	*981*	
Outros	76.302	Outros
Outras contas a receber	*11.084*	
Impostos a recuperar	*28.432*	
Impostos diferidos	*35.748*	
Despesas antecipadas	*1.038*	
Ativo não circulante	**317.238**	
Ativo realizável a longo prazo	36.805	
Créditos diversos	0	Créditos diversos
Créditos com pessoas ligadas	733	Créditos com pessoas ligadas
Com coligadas e equiparadas	*0*	
Com controladas	*0*	
Com outras pessoas ligadas	*733*	
Outros	36.072	Outros
Depósitos judiciais	*2.276*	
Outras contas a receber	*4.712*	
Impostos a recuperar	*13.453*	
Impostos diferidos	*15.631*	

(Continua)

TABELA 4.8 Ativo original *versus* ativo padronizado. *(Continuação)*

Natura Cosméticos S.A. – Balanço patrimonial	31/12/X2 R$ mil	Correspondência
Ativo permanente	280.433	
Investimentos	63	Investimentos
Participações em coligadas e equiparadas	0	
Participações em coligadas e equiparadas/ágio	0	
Participações em controladas	0	
Participações em controladas/ágio	0	
Outros investimentos	63	
Imobilizado	241.062	Imobilizado
Intangível	39.309	Intangível
Diferido	0	Diferido

TABELA 4.9 Passivo original *versus* passivo padronizado.

Renner – Balanço patrimonial	31/12/X2 R$ mil	Correspondência
PASSIVO TOTAL	**1.200.396**	
Passivo circulante	**627.633**	
Empréstimos e financiamentos	*93.365*	Empréstimos e financiamentos
Debêntures	*0*	Debêntures
Fornecedores	*220.272*	Fornecedores
Impostos, taxas e contribuições	131.378	Impostos, taxas e contribuições
Impostos sobre vendas	*74.256*	
Encargos sociais	*6.019*	
Impostos parcelados	*1.086*	
Outros impostos	*4.132*	
Provisão para IR e contribuição social	*42.058*	
Provisão para encargos sobre férias	*3.827*	
Dividendos a pagar	49.604	Dividendos a pagar
Dividendos propostos	*33.381*	
Juros sobre capital próprio	*16.186*	
Outras obrigações estatutárias	*37*	
Provisões	18.497	Provisões
Provisões para férias	*10.839*	
Provisões para riscos trabalhistas	*2.689*	
Provisões para riscos cíveis	*4.969*	
Dívidas com pessoas ligadas	*0*	Dívidas com pessoas ligadas
Outros	114.517	Outros
Salários a pagar	*27.648*	
Aluguéis	*13.154*	
Participações estatutárias	*4.329*	
Outras obrigações	*62.544*	
Obrigações com clientes	*6.842*	

(Continua)

TABELA 4.9 Passivo original *versus* passivo padronizado. *(Continuação)*

Renner – Balanço patrimonial	31/12/X2 R$ mil	Correspondência
Passivo não circulante	28.797	
Passivo exigível a longo prazo	28.797	
Empréstimos e financiamentos	0	Empréstimos e financiamentos
Debêntures	0	Debêntures
Provisões	19.033	Provisões
Provisão para riscos tributários e cíveis	*19.033*	
Dívidas com pessoas ligadas	0	Dívidas com pessoas ligadas
Adiantamento para futuro aumento de capital	0	
Outros	9.764	Outros
Impostos parcelados	*5.864*	
Outras obrigações	*3.900*	
Resultados de exercícios futuros	0	Resultado de exercício futuro
Participação de acionistas não controladores	0	Participações minoritárias
Patrimônio líquido	543.966	
Capital social realizado	*399.820*	Capital social realizado
Reservas de capital	118.165	Outras reservas de lucro
Correção monetária do capital	*0*	
Subvenções para investimentos	*0*	
Ágio na incorporação	*118.165*	
Reservas de reavaliação	*0*	
Reservas de lucro	*25.981*	
Legal	1.780	
Outras reservas de lucro	24.201	
Para investimentos	*24.201*	
Para aumento de capital	*0*	
Lucros/prejuízos acumulados	0	Lucros/prejuízos acumulados
Adiantamento para futuro aumento de capital	0	Adiantamento para futuro aumento de capital

TABELA 4.10 DRE original *versus* DRE padronizada.

Natura Cosméticos S.A. – Demonstração de Resultado do Exercício	1/1/X2 a 31/12/X2 R$ mil	Correspondência
Receita bruta de vendas e/ou serviços	**1.942.945**	Receita bruta
Deduções da receita bruta	–506.840	Deduções da receita bruta
(=) Receita líquida de venda e/ou serviços	**1.436.105**	
Custo de bens e/ou serviços vendidos	–780.789	Custo de produtos e/ou serviços
(=) Resultado bruto	**655.316**	
Despesas/receitas operacionais	–516.615	
Com vendas	–356.989	Com vendas
Gerais e administrativas	–146.834	Gerais e administrativas
Despesas gerais	*–143.503*	
Remuneração dos administradores	*–4.331*	

(Continua)

TABELA 4.10 DRE original *versus* DRE padronizada. *(Continuação)*

Natura Cosméticos S.A. – Demonstração de Resultado do Exercício	1/1/X2 a 31/12/X2 R$ mil	Correspondência
Financeiras	-6.906	
Receitas financeiras	*110.562*	Receitas financeiras
Despesas financeiras	*-117.468*	Despesas financeiras
Outras receitas operacionais	43.356	Outras receitas operacionais
Resultado de serviços financeiros	*27.034*	
Outras receitas operacionais líquidas	*16.322*	
Outras despesas operacionais	-49.242	Outras despesas operacionais
Despesas tributárias	*-10.423*	
Amortização de ágio	*-116*	
Depreciações e amortizações	*-38.703*	
Despesas extraordinárias	*0*	
Resultado da equivalência patrimonial	*0*	Resultado da equivalência patrimonial
(=) Resultado operacional	**138.701**	
Resultado não operacional	-5.031	
Receitas	*103*	Receitas não operacionais
Despesas	*-5.134*	Despesas não operacionais
(=) Resultado antes tributação/participações	**133.670**	
Provisão para IR e contribuição social	*-42.365*	Provisão para IR e contribuição social
IR diferido	*11.846*	IR diferido
Participações/contribuições estatutárias	-4.329	
Participações	*-4.329*	Participações
Contribuições	*0*	Contribuições
Reversão dos juros sobre capital próprio	*0*	Reversão dos juros sobre capital próprio
Participação de acionistas não controladores	*0*	Participações
(=) Lucro/prejuízo do período	**98.822**	

Na alocação das contas sintéticas dos demonstrativos originais, verificam-se várias das situações enunciadas. Algumas contas analíticas, como *debêntures* (circulantes e não circulantes), *imobilizado* e *receita bruta*, foram associadas a uma única conta, também analítica, dos demonstrativos padronizados. Há casos em que a divergência é apenas de nome, como entre *participação de acionistas não controladores* (demonstrativo original) e *participação de minoritários* (demonstrativo padronizado) ou *créditos* e *recebíveis* (passo 2).

Para outras contas, houve a associação entre uma conta analítica do demonstrativo padronizado e uma conta sintética do demonstrativo original, como em *estoques*, *investimentos* e *outras receitas operacionais* (passo 3). Isso ocorre, basicamente, porque o nível de detalhamento necessário à aplicação das técnicas de análise financeira para a Natura Cosméticos S.A. – e para qualquer outra empresa – aqui apresentadas é menor do que o exigido para divulgação nos balanços. Todavia, o analista deve, sempre, analisar as informações mais detalhadas quando isso se fizer necessário.

Depois de aplicar os passos 2 e 3, a conta *participação de acionistas não controladores* da demonstração de resultado original[21] permanecia sem alocação. Essa conta se refere à distribuição de resultados por forma diversa do pagamento de dividendos e juros sobre o capital, devida a acionistas que não detêm o poder de controle e constituindo-se, assim, em mais uma despesa de caráter não operacional atípico do que em uma distribuição de resultado propriamente dita. Por isso, aloca-se essa conta a participações no balanço patrimonial padronizado.

Feitas as alocações, pode-se verificar que a maior parte da estrutura original dos demonstrativos foi mantida, e a maior diferença entre os demonstrativos padronizados e o original corresponde à redução do nível de detalhamento. Todavia, algumas mudanças de categorias ou grupos sintéticos ocorreram, como:

- *Resultados de exercícios futuros* do balanço patrimonial original tornou-se uma categoria do passivo não circulante no demonstrativo padronizado.
- *Despesas gerais e administrativas* e *despesas com vendas* passam a compor um item separado de dedução do resultado bruto, que dará origem a uma nova conta da demonstração de resultados padronizada, chamada resultado da atividade.
- *Adiantamento para futuro aumento de capital* que tinha um componente do passivo não circulante passa a ser apresentado com a conta de mesmo nome como uma conta analítica do patrimônio líquido.

Após esses processos de padronização, serão apresentados os demonstrativos padronizados da Natura Cosméticos S.A. para o exercício encerrado em 31/12/X2 (Tabelas 4.11 e 4.12).

TABELA 4.11 Balanço patrimonial padronizado.

Natura Cosméticos S.A. – Balanço patrimonial padronizado			
ATIVO	31/12/2013 R$ mil	**PASSIVO**	31/12/X2 R$ mil
ATIVO TOTAL	6.248.321	**PASSIVO TOTAL**	6.248.321
Ativo circulante	3.512.933	**Passivo circulante**	2.326.840
Disponibilidades e aplicações financeiras	1.309.308	Empréstimos e financiamentos	693.117
Contas a receber	807.001	Debêntures	0
Estoques	799.521	Fornecedores	706.586
Impostos a recuperar	181.104	Impostos, taxas e contribuições	927.137
Outros	415.999	**Passivo não circulante**	2.753.231
Ativo não circulante	2.735.388	Empréstimos e financiamentos	2.200.789
Ativo realizável a longo prazo	818.398	Debêntures	0
Tributos diferidos	193.767	Outras obrigações	215.647
Imposto a recuperar	175.062	Provisões	336.795
			(Continua)

---

[21] Não se deve confundir com a conta homônima que existe no balanço patrimonial e tem significado diferente.

TABELA 4.11 Balanço patrimonial padronizado. *(Continuação)*

Natura Cosméticos S.A. – Balanço patrimonial padronizado

ATIVO	31/12/2013 R$ mil	PASSIVO	31/12/X2 R$ mil
Ativo não circulante	2.735.388	Empréstimos e financiamentos	2.200.789
Depósitos judiciais	412.404	**Patrimônio líquido**	1.168.250
Outros ativos não circulantes	37.165	Capital social realizado	427.073
Ativo não circulante	1.916.990	Reservas de capital	66.458
Investimentos	0	Reservas de lucros	659.005
Imobilizado	1.439.704	Outros resultados abrangentes	−6.899
Intangível	477.286	Participação dos acionistas não controladores no patrimônio líquido das controladas	22.613

TABELA 4.12 DRE padronizada.

Natura Cosméticos S.A. – DRE padronizada	1/1/X2 a 31/12/X2
Receita bruta	**9.451.703**
Deduções da receita bruta	−2.441.392
(=) Receita líquida	**7.010.311**
Custo de produtos e/ou serviços	−2.089.785
(=) Resultado bruto	**4.920.526**
Despesas da atividade	−3.513.381
Com vendas	−2.470.730
Gerais e administrativas	−1.042.651
(=) Resultado da atividade	**1.407.145**
Outras receitas (despesas) operacionais, líquida	8.851
(=) Resultado antes do resultado financeiro e dos tributos	**1.415.996**
Resultado financeiro	−158.250
Receitas financeiras	364.222
Despesas financeiras	−522.472
(=) Resultado antes dos tributos sobre o lucro	**1.257.746**
Imposto de renda e contribuição social sobre o lucro	−409.940
(=) Resultado do exercício	**847.806**

4.4 AJUSTES NOS DEMONSTRATIVOS CONTÁBEIS

Na seção anterior, foram apresentados um modelo padronizado para os dois principais demonstrativos contábeis e, também, os procedimentos a serem adotados para converter os demonstrativos divulgados pelas empresas no modelo proposto. Agora, discutir-se-á outra categoria de ajustes a serem realizados nos demonstrativos contábeis antes que sejam submetidos à análise. Esses ajustes referem-se não apenas a disposição, detalhamento e organização de contas sintéticas e analíticas, como também à modificação dos valores de contas específicas.

Uma vez que há uma grande preocupação dos órgãos normativos em estabelecer um padrão para a divulgação dos demonstrativos financeiros, por que se deve realizar alguns ajustes? Mais uma vez, a resposta está na facilitação do trabalho do analista financeiro que está interessado em analisar as informações contidas nos demonstrativos financeiros de forma diferente daquela que pode ter orientado o legislador ou os órgãos normativos quando determinam aspectos do formato oficial de apresentação e divulgação deles.

No Brasil, a partir de interesses ligados à política fiscal – em uma situação na qual a Receita Federal procura maximizar a arrecadação tributária –, vários "corpos estranhos" foram introduzidos na normatização sobre a escrituração contábil de forma artificial, sem consistência adequada com os princípios contábeis que norteiam, de forma geral, o processo de escrituração, elaboração, apresentação e divulgação dos demonstrativos. Essa é mais uma razão pela qual sugere-se que, antes de submetidos à análise, os demonstrativos contábeis sejam objeto de alguns ajustes.

4.4.1 Correção monetária

O fenômeno macroeconômico da inflação implica na perda do poder de compra ao longo do tempo, e pode ser definido como aumento generalizado e contínuo no nível de preços (Gremaud, 2006). A inflação faz com que uma unidade monetária qualquer hoje (real, dólar, euro, peso) tenha um poder de compra inferior ao que apresentava no passado. Em caso de deflação, o efeito é oposto: a mesma quantidade de reais hoje adquire uma maior quantidade de produtos que no passado.

A fórmula[22] geralmente utilizada para o cálculo da taxa de inflação é:

$$Lp = \sum_{n=1}^{i} \frac{p_t^i}{p_o^i} \times w_o^i - 1$$

Em que:
Lp = taxa de inflação dos preços entre o período base 0 e a data t
p_t^i = preço do serviço ou bem i na data t
p_o^i = preço do serviço ou bem i na época base 0
w_o^i = peso relativo do serviço ou bem i em uma cesta de consumo total do período base 0

Suponha-se uma empresa que tenha, há 5 anos, pagado R$ 110 milhões em salários e encargos sobre sua força de trabalho. Atualmente, essa mesma empresa pagou os mesmos R$ 110 milhões em salários e encargos, e o número de funcionários, suas funções, bem como as alíquotas dos encargos sociais, permaneceram os mesmos. Pode-se afirmar que as despesas de pessoal permaneceram inalteradas?

Uma primeira comparação poderia permitir essa conclusão, já que o valor nominal dos salários e encargos pagos permaneceu o mesmo. No entanto, assumindo que houve inflação positiva nesse período,[23] pode-se afirmar que os R$ 110 milhões dos 5 anos

---

[22] A fórmula apresentada é também chamada de índice de Laspeyres. Há outras formas de calcular a inflação, que dependem, basicamente, da forma como a "cesta de consumo" utilizada é calculada e apurada.

[23] Inflação negativa é um termo substituto para deflação, sendo adotado aqui com o mesmo significado.

atrás têm um poder de compra geral menor do que os R$ 110 milhões atuais. Em outras palavras, ainda que os salários tivessem permanecido completamente estagnados, os preços de outros bens e serviços da economia (máquinas, equipamentos, matérias-primas, aluguéis etc.) são maiores atualmente, e a empresa consegue adquirir menor quantidade de bens e serviços hoje do que ontem, com os mesmos R$ 110 milhões.

Por essa razão, sugere-se a aplicação da correção monetária simples dos balanços. *Correção monetária dos demonstrativos financeiros* pode ser entendida como o processo de atualizar os valores expressos nas suas contas contábeis de modo a refletir o seu valor real em uma data mais apropriada à análise financeira. A correção monetária é especialmente importante quando se pretende comparar demonstrativos encerrados ou elaborados para duas ou mais datas diferentes.[24]

Um engano comum que pode ser cometido é o de imaginar que, depois da implantação do Plano Real (julho/1994), a inflação no Brasil tornou-se inexpressiva ao ponto de ser completamente desprezível. Pode-se, ainda, imaginar que o efeito da inflação é passível de ser completamente ignorado para a inflação de moedas de países ou blocos econômicos desenvolvidos, como os Estados Unidos ou a União Europeia.

Embora as variações de preço no Brasil venham, desde 1994, representando oscilações muito menores que as taxas de inflação de quatro dígitos verificadas desde a década de 1980, ainda assim elas não podem ser desprezadas. Todos os principais índices de inflação apurados desde a implantação do Plano Real já acumulavam altas superiores a 100% após 10 anos. Mesmo uma taxa reduzida de inflação de 1,5% ao ano, acumulada ao longo de 10 anos sucessivos, representa uma perda de valor real de 13,8%, justificando-se, assim, a correção monetária dos demonstrativos financeiros (nacionais ou internacionais).

4.4.1.1 Construção de índice de inflação

Um índice de inflação (diferentemente de medida de variação de preços) pode ser construído para refletir o acúmulo das variações periódicas (diária, quinzenal, mensal, anual etc.) dos preços, medido segundo determinado critério. Pode ser representado como um número absoluto que, tendo estabelecidos uma base e um valor inicial arbitrário, passa a incorporar na periodicidade definida (dia a dia, mês a mês etc.) as variações de preço ocorridas.

O objetivo da criação de um índice é permitir a fácil conversão dos valores nominais de moeda para valores reais, em qualquer data para a qual o índice tenha sido calculado. São irrelevantes para o uso dos índices a sua data-base e o seu valor inicial absoluto, desde que todas as datas envolvidas no processo de correção monetária tenham um índice apurado que cubra todo o período.

---

[24] No Brasil, durante o período de taxa de inflação elevada, consolidaram-se a apresentação de demonstrativos financeiros em unidade monetária constante (UMC) e a aplicação da *correção monetária integral*. Os métodos aqui sugeridos diferem significativamente desses procedimentos, têm aplicação gerencial e destinam-se a facilitar o trabalho de análise. Para maior compreensão sobre a correção monetária integral, ver o livro *Correção monetária integral das demonstrações financeiras*, de Marcelo Cavalcanti Almeida (2001).

A maioria dos organismos que calculam e apuram as taxas de inflação[25] também compila tabelas com os índices de inflação acumulados. Uma vez que esses dados nem sempre estão disponíveis de maneira tão ampla como as taxas de inflação propriamente ditas, julga-se importante explicar o processo de construção de um índice de inflação e sua posterior utilização para a correção monetária dos demonstrativos financeiros.

Os passos para a construção de um índice de inflação específico para o processo de correção monetária são:

1. Determinar a data mais antiga a partir da qual será feita a correção monetária.
2. Determinar a data mais recente, para a qual os demonstrativos serão corrigidos.[26]
3. Escolher uma metodologia de cálculo da inflação mais conveniente.[27]
4. Levantar as taxas de inflação para todos os períodos entre o período imediatamente anterior (dia, mês, ano) à data mais antiga e a data mais recente.
5. Fixar um valor arbitrário inicial[28] do índice para o primeiro mês da série e calcular o impacto das taxas de inflação de cada período sobre o índice do mês anterior, gerando, assim, o índice do mês.

Suponha-se um cálculo, por exemplo, de um índice de inflação para posterior correção de demonstrativos contábeis, sendo a empresa um grande conglomerado econômico na área de mineração e aço, com forte participação das exportações nas receitas totais. Tenha-se o exemplo de que a data mais antiga a partir da qual será feita a correção monetária (passo 1) é 31/6/2012, e a correção monetária será realizada até 30/7/2016. Logo, o primeiro mês cuja inflação impactará o índice será janeiro/2013 e o último, julho/2016.

A partir desses dados, escolheu-se aqui uma metodologia de determinação de taxa de inflação mais adequada. Os diferentes índices de inflação refletem oscila-

---

[25] No Brasil, destacam-se a FGV (<www.fgv.br>), que apura o IGP em suas diversas séries; o IBGE (<www.ibge.gov.br>), que apura o IPCA e o INPC; e a Fipe, que apura o IPC (<www.fipe.org.br>).

[26] É possível fazer a correção monetária de uma data mais recente para uma data mais antiga seguindo-se os mesmos procedimentos explicitados a seguir. No entanto, essa prática é pouco usual, uma vez que o interesse do analista e do seu público, quase sempre, é tomar ciência das informações em valores reais o mais próximos possível da data presente.

[27] Os diferentes "índices de inflação" brasileiros têm critérios de compilação e cálculo que diferem entre si, especialmente no tocante ao dia do mês no qual começa sua apuração e ao público para o qual uma "cesta de produtos" é determinada. Para uma apresentação sumária dos principais índices de inflação brasileiros, suas bases de cálculo, seus locais de pesquisa e períodos de coleta, ver *Economia brasileira contemporânea*, de Amaury Patrick Gremaud, Marco Antonio Sandoval de Vasconcellos e Rudinei Toneto Júnior (2006).

[28] O valor inicial pode ser qualquer número positivo diferente de zero. A escolha relativamente comum do valor 100 pela maioria dos órgãos que calculam e apresentam os índices de inflação é mero costume. O valor inicial do índice pode ser 1, 45, 200, 553.872 ou qualquer outro.

ções de diferentes cestas de produtos. Uma opção apropriada para o caso é a utilização do Índice de Preços ao Consumidor Amplo (IPCA),[29] aferido pelo Fundação Instituto Brasileiro de Geografia e Estatística (IBGE), cuja metodologia abrange um maior número de produtos, representando uma cesta de produtos e serviços mais correspondente à economia real. Outra alternativa seria a utilização do Índice Geral de Preços – Disponibilidade Interna (IGP-DI) da Fundação Getulio Vargas (FGV), que é mais impactado pelos custos industriais. No exemplo mostrado (Tabela 4.13), escolheu-se a utilização do IGP-DI, que será utilizado para demonstrar a construção de um índice de inflação. Se outro índice de inflação fosse escolhido, o procedimento seria o mesmo, alterando-se apenas os valores das taxas de inflação apuradas mensalmente. O primeiro mês da série será junho/2012 e o último, julho/2016.[30]

TABELA 4.13 Variação IGP-DI.

Mês	Ano	IGP-DI (variação)
Junho	2012	0,34%
Julho	2012	0,22%
Agosto	2012	1,10%
Setembro	2012	1,10%
Outubro	2012	1,03%
Novembro	2012	1,58%
Dezembro	2012	0,38%
Janeiro	2013	0,98%
Fevereiro	2013	0,96%
Março	2013	0,61%
Abril	2013	0,50%
Maio	2013	0,01%
Junho	2013	−0,13%
Julho	2013	−0,05%
Agosto	2013	0,61%
Setembro	2013	0,75%
Outubro	2013	0,40%
Novembro	2013	0,43%
Dezembro	2013	−0,16%

(Continua)

---

[29] O IPCA é o índice de preços cuja variação anual é utilizada pelo Banco Central do Brasil como referência para o controle do sistema de metas de inflação. Sua adoção é discutida no livro *Economia brasileira contemporânea*, de Amaury Patrick Gremaud, Marco Antonio Sandoval de Vasconcellos e Rudinei Toneto Júnior (2006).

[30] Os índices de inflação não necessariamente cobrem o período inteiro de um mês, semana ou ano. Há taxas calculadas entre os dias 15 de cada mês, por exemplo. Para valores de inflação reduzidos, esse efeito pode ser desconsiderado. Se o analista desejar utilizar métodos mais sofisticados, pode empregar técnicas de composição de taxas de inflação como se fossem taxas de juros, segundo instruções detalhadas em manuais de matemática financeira, como *Finanças corporativas e valor*, de Alexandre Assaf Neto (2004).

TABELA 4.13 Variação IGP-DI. *(Continuação)*

Mês	Ano	IGP-DI (variação)
Janeiro	2014	0,30%
Fevereiro	2014	0,07%
Março	2014	0,56%
Abril	2014	1,02%
Maio	2014	0,91%
Junho	2014	0,69%
Julho	2014	1,52%
Agosto	2014	1,29%
Setembro	2014	0,88%
Outubro	2014	−0,31%
Novembro	2014	0,25%
Dezembro	2014	0,66%
Janeiro	2015	0,31%
Fevereiro	2015	0,20%
Março	2015	0,31%
Abril	2015	−0,06%
Maio	2015	0,32%
Junho	2015	0,76%
Julho	2015	0,14%
Agosto	2015	0,46%
Setembro	2015	1,36%
Outubro	2015	0,63%
Novembro	2015	0,28%
Dezembro	2015	0,69%
Janeiro	2016	0,40%
Fevereiro	2016	0,85%
Março	2016	1,48%
Abril	2016	0,45%
Maio	2016	−0,45%
Junho	2016	−0,63%
Julho	2016	−0,55%

O próximo passo é a fixação de um número-base inicial, que será arbitrado em 1.000. Dessa forma, o índice de inflação inicial no mês de junho/2010 é 1.000. Sendo g a taxa de inflação definida para um período (dia, mês, ano) t, a fixação do índice de inflação V para o final do período t é dada por:[31]

$$V_t = V_{t-1} \times (1 + g_t)$$

Fixado o índice para o primeiro mês (junho/2012) no valor 1.000, é possível definir o valor do índice para julho/2012:

---

[31] Para maiores informações sobre utilização de números-índice, ver *Estatística aplicada: números-índices, regressão e correlação* (Séries Temporais), de Milone e Angelini (2004).

$$V_{jul.12} = V_{jun.12} \times (1 + V_{jul.12}) \rightarrow$$

$$V_{jul.12} = 1.000 \times (1 + 0{,}0022)$$

$$= 1.002{,}2$$

Aplicando-se o procedimento aos demais meses, é possível construir a tabela completa (Tabela 4.14) do índice de inflação considerado aqui para todo o período avaliado.

TABELA 4.14 Índice de inflação.

Mês	Ano	IGP-DI (variação)	Índice
Junho	2012	0,34%	1.000
Julho	2012	0,22%	1.002
Agosto	2012	1,10%	1.013
Setembro	2012	1,10%	1.024
Outubro	2012	1,03%	1.035
Novembro	2012	1,58%	1.051
Dezembro	2012	0,38%	1.055
Janeiro	2013	0,98%	1.066
Fevereiro	2013	0,96%	1.076
Março	2013	0,61%	1.082
Abril	2013	0,50%	1.088
Maio	2013	0,01%	1.088
Junho	2013	−0,13%	1.087
Julho	2013	−0,05%	1.086
Agosto	2013	0,61%	1.093
Setembro	2013	0,75%	1.101
Outubro	2013	0,40%	1.105
Novembro	2013	0,43%	1.110
Dezembro	2013	−0,16%	1.108
Janeiro	2014	0,30%	1.111
Fevereiro	2014	0,07%	1.112
Março	2014	0,56%	1.118
Abril	2014	1,02%	1.130
Maio	2014	0,91%	1.140
Junho	2014	0,69%	1.148
Julho	2014	1,52%	1.166
Agosto	2014	1,29%	1.181
Setembro	2014	0,88%	1.191
Outubro	2014	−0,31%	1.187
Novembro	2014	0,25%	1.190
Dezembro	2014	0,66%	1.198
Janeiro	2015	0,31%	1.202
Fevereiro	2015	0,20%	1.204
Março	2015	0,31%	1.208
Abril	2015	−0,06%	1.207
Maio	2015	0,32%	1.211

(Continua)

TABELA 4.14 Índice de inflação. *(Continuação)*

Mês	Ano	IGP-DI (variação)	Índice
Junho	2015	0,76%	1.220
Julho	2015	0,14%	1.222
Agosto	2015	0,46%	1.228
Setembro	2015	1,36%	1.244
Outubro	2015	0,63%	1.252
Novembro	2015	0,28%	1.256
Dezembro	2015	0,69%	1.264
Janeiro	2016	0,40%	1.269
Fevereiro	2016	0,85%	1.280
Março	2016	1,48%	1.299
Abril	2016	0,45%	1.305
Maio	2016	−0,45%	1.299
Junho	2016	−0,63%	1.291
Julho	2016	−0,55%	1.284

4.4.1.2 Correção das contas contábeis

Uma vez conhecidos os índices de inflação para o período necessário, pode-se proceder à aplicação da correção monetária propriamente dita. Isso implica trazer todas as contas contábeis para um mesmo valor real, a data de ajuste, eliminando ou reduzindo os efeitos da inflação sobre o valor real das contas contábeis. Esse processo é muito semelhante ao estabelecimento de uma data focal, da definição de taxas de juros associadas a intervalos e do desconto dessas taxas de juros para encontrar o valor do dinheiro no tempo para qualquer data determinada (Assaf Neto, 2004).

A correção monetária depende da fixação de uma data para a qual convergirão, em termos reais, todas as contas dos demonstrativos, a qual é, normalmente, determinada como:

- A data de encerramento do demonstrativo contábil mais recente.
- A data de encerramento do período mais próxima do dia no qual o analista financeiro está trabalhando na análise.[32]

Escolhida essa *data de convergência*, procede-se, então, à conversão de todos os demonstrativos para a mesma data. Retomando o exemplo da seção anterior, será demonstrado o cálculo dos *fatores de correção monetária*, que são valores pelos quais as contas dos demonstrativos devem ser multiplicadas para obter-se o valor dessa conta corrigido monetariamente. Os fatores de correção monetária são sempre relativos, correspondendo à correção de uma data inicial d para uma data de convergência k:

$$CF_{d \to k} = \frac{V_k}{V_d}$$

---

[32] Para índices de inflação de periodicidade mensal, isso equivaleria ao último dia do mês imediatamente anterior.

Em que:

$CF_{d \to k}$ = fator de correção monetária da data inicial d até a data de convergência k
V_k = índice de inflação do período encerrado na data de convergência
V_d = índice de inflação da data original para correção monetária

Retomando o exemplo da seção anterior, a data de convergência é definida como 31/7/2016. Para calcular o fator de correção monetária de maio de 2014, por exemplo, tem-se:

$$CF_{\text{maio 14} \to \text{jul. 16}} = \frac{V_{\text{jul. 16}}}{V_{\text{maio 14}}} \to CF_{\text{maio 14} \to \text{jul. 16}}$$

$$= \frac{1.217}{1.080} \to CF_{\text{maio 14} \to \text{jul. 16}}$$

$$= 1,1269$$

Com os coeficientes determinados, a correção monetária torna-se um procedimento relativamente simples: basta multiplicar o coeficiente de correção monetária apropriado pelo valor da conta do demonstrativo na data.[33] Na Tabela 4.15, são apresentados os coeficientes de correção monetária para o período já utilizado como exemplo.

TABELA 4.15 Fator de correção monetária.

Mês	Ano	Índice	Fator de correção
Junho	2012	1.000	1,2838
Julho	2012	1.002	1,2809
Agosto	2012	1.013	1,2670
Setembro	2012	1.024	1,2532
Outubro	2012	1.035	1,2404
Novembro	2012	1.051	1,2212
Dezembro	2012	1.082	1,2165
Janeiro	2013	1.088	1,2047
Fevereiro	2013	1.088	1,1933
Março	2013	1.087	1,1860
Abril	2013	1.086	1,1801
Maio	2013	1.093	1,1800
Junho	2013	1.101	1,1816
Julho	2013	1.105	1,1821
Agosto	2013	1.110	1,1750
Setembro	2013	1.108	1,1662
Outubro	2013	1.111	1,1616

(Continua)

---

[33] Se houver inflação negativa acumulada, o valor da conta na data de convergência será *menor* que o valor na data original, se esta anteceder àquela. Em situações normais, no entanto, haverá quase sempre inflação positiva acumulada, e o valor da conta na data de convergência será maior.

TABELA 4.15 Fator de correção monetária. *(Continuação)*

Mês	Ano	Índice	Fator de correção
Novembro	2013	1.112	1,1566
Dezembro	2013	1.118	1,1585
Janeiro	2014	1.130	1,1550
Fevereiro	2014	1.140	1,1542
Março	2014	1.148	1,1478
Abril	2014	1.166	1,1362
Maio	2014	1.181	1,1259
Junho	2014	1.191	1,1182
Julho	2014	1.187	1,1015
Agosto	2014	1.190	1,0874
Setembro	2014	1.198	1,0780
Outubro	2014	1.202	1,0813
Novembro	2014	1.204	1,0786
Dezembro	2014	1.208	1,0715
Janeiro	2015	1.207	1,0682
Fevereiro	2015	1.211	1,0661
Março	2015	1.220	1,0628
Abril	2015	1.222	1,0634
Maio	2015	1.228	1,0600
Junho	2015	1.244	1,0521
Julho	2015	1.252	1,0506
Agosto	2015	1.256	1,0458
Setembro	2015	1.264	1,0317
Outubro	2015	1.269	1,0253
Novembro	2015	1.280	1,0224
Dezembro	2015	1.299	1,0154
Janeiro	2016	1.305	1,0114
Fevereiro	2016	1.299	1,0028
Março	2016	1.291	0,9882
Abril	2016	1.284	0,9838
Maio	2016	1.082	0,9882
Junho	2016	1.088	0,9945
Julho	2016	1.088	1,0000

Antes de prosseguir com um exemplo prático de correção monetária, no entanto, cabe uma discussão sobre a data original correta a partir da qual as contas dos demonstrativos devem ser corrigidas.

No caso dos demonstrativos de estoques (balanço patrimonial), é relativamente simples a determinação dessa data: como eles se referem à posição de uma conta contábil em uma data determinada, a data original é a própria data de referência do demonstrativo. Assim, se um balanço patrimonial foi levantado em 30/6/2015, é a partir dessa data original que suas contas serão corrigidas.

Situação um pouco mais complexa ocorre para os demonstrativos de fluxo (DRE). Uma demonstração de resultados anual (1/1-31/12), por exemplo, compreende nas suas contas o efeito econômico de eventos que ocorreram ao longo de 12 meses. Parte da receita foi obtida logo em janeiro e, se a data de convergência for 31/12 do mesmo ano, por exemplo, seria necessário, a rigor, corrigir monetariamente a receita pelos efeitos acumulados da inflação de quase 12 meses. Outra parte da receita foi obtida no último dia do ano e, assim, já está expressa no seu valor real, pois foi obtida na própria data de convergência.

Nessas situações, seria necessário corrigir monetariamente cada lançamento contábil, a partir da data em que este ocorreu. No entanto, o analista financeiro não tem meios de saber a quantidade dos itens componentes de cada conta da demonstração de resultados (ou de outro demonstrativo contábil de fluxo) que ocorreu em cada dia do ano. Mesmo o usuário interno da empresa analisada teria muita dificuldade em compilar as movimentações diárias e aplicar a correção monetária em uma base também diária.

Por essa razão, propõe-se um critério simplificado para lidar com a situação: *os demonstrativos de fluxo devem ser corrigidos desde o dia correspondente à metade do intervalo que abrange*. Se uma demonstração de resultados cobre um período de 12 meses (um ano civil completo), a correção monetária para ela será feita a partir da metade do ano, ou seja, considerando-se a data original para fins de correção monetária 30/6/2016.[34]

Esse critério implica a presunção de que tanto a receita distribui-se de forma uniforme ao longo do período como de que as taxas de inflação também são uniformes ao longo do ano. Isso, obviamente, não é o que ocorre na economia real. Em cenários de inflação controlada, entretanto, o segundo efeito pode ser relativamente desprezado. Exceto em casos excepcionais, a sazonalidade de receita também não se torna um obstáculo intransponível para a utilização desse procedimento, que é, ainda nesses casos, preferível ao estabelecimento da data original para fins de correção monetária como a data do encerramento de um exercício (para os demonstrativos de fluxo, obviamente). Se os intervalos de apuração de um demonstrativo de fluxo são curtos (p. ex., uma DRE de 2º trimestre de 2016), as perdas de confiabilidade e consistência de informação que ocorrem se eles tiverem sua data inicial determinada como o fim do exercício são significativamente menores do que os demonstrativos de fluxo com intervalos de cobertura maiores (p. ex., demonstrações de resultado anuais).

Posto isso, será demonstrado um exemplo de correção monetária dos demonstrativos da Natura Cosméticos S.A. até julho/2015, para demonstrativos consolidados anuais para o exercício encerrado em 31/12/2012, conforme as Tabelas 4.16 e 4.17.[35]

---

[34] Para demonstrativos semestrais, as datas correspondentes à metade de cada semestre do ano são 31/3 (1º semestre) e 30/9 (2º semestre). Para demonstrativos trimestrais, ao longo do ano, as datas correspondentes à metade de cada semestre são: 15/2, 15/5, 14/8 e 15/11, respectivamente, para o 1º, 2º, 3º e 4º trimestres do ano.

[35] A partir deste ponto do livro, todos os demonstrativos de exemplo já serão apresentados na forma padronizada, salvo menção em contrário.

TABELA 4.16 Balanço padronizado da Natura Cosméticos S.A.

Natura Cosméticos S.A. – Balanço patrimonial padronizado

ATIVO	31/12/2012 R$ mil	PASSIVO	31/12/2012 R$ mil
ATIVO TOTAL	**3.221.871**	**PASSIVO TOTAL**	**3.221.871**
Ativo circulante	**1.869.897**	**Passivo circulante**	**1.196.459**
Disponibilidades e aplicações financeiras	560.229	Empréstimos e financiamentos	226.595
Contas a receber	570.280	Debêntures	0
Estoques	571.525	Fornecedores	366.494
Impostos a recuperar	101.464	Impostos, taxas e contribuições	603.370
Outros	66.399	**Passivo não circulante**	**767.910**
Ativo não circulante	**1.351.974**	Empréstimos e financiamentos	465.068
Ativo realizável a longo prazo	671.434	Debêntures	0
Tributos diferidos	180.259	Outras obrigações	209.316
Imposto a recuperar	109.264	Provisões	93.526
Depósitos judiciais	337.007	**Patrimônio líquido**	**1.257.502**
Outros ativos não circulantes	44.904	Capital social realizado	418.061
Ativo não circulante	680.540	Reservas de capital	149.613
Investimentos	0	Reservas de lucros	713.023
Imobilizado	560.467	Outros resultados abrangentes	–23.196
Intangível	120.073	Participação dos acionistas não controladores no patrimônio líquido das controladas	1

TABELA 4.17 DRE padronizada da Natura Cosméticos S.A.

Natura Cosméticos S.A. – DRE padronizada	1/1/2012 a 31/12/2012
Receita bruta	**6.959.788**
Deduções da receita bruta	–1.823.076
(=) Receita líquida	**5.136.712**
Custo de produtos e/ou serviços	–1.556.806
(=) Resultado bruto	**3.579.906**
Despesas da atividade	–2.394.532
Com vendas	–1.704.322
Gerais e administrativas	–690.210
(=) Resultado da atividade	**1.185.374**
Outras receitas (despesas) operacionais, líquida	–17.468
(=) Resultado antes do resultado financeiro e dos tributos	**1.167.906**
Resultado financeiro	–49.736
Receitas financeiras	53.639
Despesas financeiras	–103.375
(=) Resultado antes dos tributos sobre o lucro	**1.118.170**
Imposto de renda e contribuição social sobre o lucro	–374.120
(=) Resultado do exercício	**744.050**

O balanço patrimonial será corrigido de junho/2012 até julho/2016. A DRE será corrigida de junho/2012 até julho/2016, considerando-se que 31/6 corresponde à data que divide em dois o intervalo de 1/1/2012 a 31/12/2012. Assim, repetindo-se os procedimentos descritos anteriormente, utilizando o IGP-DI como medida da taxa de inflação, cria-se a tabela de índices de inflação e fatores de correção associados (Tabela 4.18).

TABELA 4.18 Índices de inflação e fatores de correção.

Mês	Ano	IGP-DI (variação)	Índice	Fator de correção
Junho	2012	0,34%	1.000	1,2838
Julho	2012	0,22%	1.002	1,2809
Agosto	2012	1,10%	1.013	1,2670
Setembro	2012	1,10%	1.024	1,2532
Outubro	2012	1,03%	1.035	1,2404
Novembro	2012	1,58%	1.051	1,2212
Dezembro	2012	0,38%	1.082	1,2165
Janeiro	2013	0,98%	1.088	1,2047
Fevereiro	2013	0,96%	1.088	1,1933
Março	2013	0,61%	1.087	1,1860
Abril	2013	0,50%	1.086	1,1801
Maio	2013	0,01%	1.093	1,1800
Junho	2013	−0,13%	1.101	1,1816
Julho	2013	−0,05%	1.105	1,1821
Agosto	2013	0,61%	1.110	1,1750
Setembro	2013	0,75%	1.108	1,1662
Outubro	2013	0,40%	1.111	1,1616
Novembro	2013	0,43%	1.112	1,1566
Dezembro	2013	−0,16%	1.118	1,1585
Janeiro	2014	0,30%	1.130	1,1550
Fevereiro	2014	0,07%	1.140	1,1542
Março	2014	0,56%	1.148	1,1478
Abril	2014	1,02%	1.166	1,1362
Maio	2014	0,91%	1.181	1,1259
Junho	2014	0,69%	1.191	1,1182
Julho	2014	1,52%	1.187	1,1015
Agosto	2014	1,29%	1.190	1,0874
Setembro	2014	0,88%	1.198	1,0780
Outubro	2014	−0,31%	1.202	1,0813
Novembro	2014	0,25%	1.204	1,0786
Dezembro	2014	0,66%	1.208	1,0715
Janeiro	2015	0,31%	1.207	1,0682
Fevereiro	2015	0,20%	1.211	1,0661
Março	2015	0,31%	1.220	1,0628
Abril	2015	−0,06%	1.222	1,0634
Maio	2015	0,32%	1.228	1,0600
Junho	2015	0,76%	1.244	1,0521
Julho	2015	0,14%	1.252	1,0506

(Continua)

TABELA 4.18 Índices de inflação e fatores de correção. *(Continuação)*

Mês	Ano	IGP-DI (variação)	Índice	Fator de correção
Agosto	2015	0,46%	1.256	1,0458
Setembro	2015	1,36%	1.264	1,0317
Outubro	2015	0,63%	1.269	1,0253
Novembro	2015	0,28%	1.280	1,0224
Dezembro	2015	0,69%	1.299	1,0154
Janeiro	2016	0,40%	1.305	1,0114
Fevereiro	2016	0,85%	1.299	1,0028
Março	2016	1,48%	1.291	0,9882
Abril	2016	0,45%	1.284	0,9838
Maio	2016	−0,45%	1.082	0,9882
Junho	2016	−0,63%	1.088	0,9945
Julho	2016	−0,55%	1.088	1,0000

Destacam-se, na Tabela 4.19, os dois fatores de correção que serão utilizados. As contas do balanço patrimonial serão multiplicadas por 1,2165, e as da DRE serão multiplicadas por 1,2838.[36] Depois dessas operações algébricas simples, são apresentados os mesmos demonstrativos da Brasmotor padronizados e, agora, também atualizados (Tabela 4.20).

TABELA 4.19 Balanço padronizado e atualizado da Natura Cosméticos S.A.

Natura Cosméticos S.A. – Balanço patrimonial padronizado e atualizado			
ATIVO	31/12/2012 R$ mil	PASSIVO	31/12/2012 R$ mil
ATIVO TOTAL	3.919.406	**PASSIVO TOTAL**	3.919.406
Ativo circulante	2.274.730	**Passivo circulante**	1.455.492
Disponibilidades e aplicações financeiras	681.519	Empréstimos e financiamentos	275.653
Contas a receber	693.746	Debêntures	0
Estoques	695.260	Fornecedores	445.840
Impostos a recuperar	123.431	Impostos, taxas e contribuições	734.000
Outros	80.774	**Passivo não circulante**	934.163
Ativo não circulante	**1.644.676**	Empréstimos e financiamentos	565.755
Ativo realizável a longo prazo	816.799	Debêntures	0
Tributos diferidos	219.285	Outras obrigações	254.633

(Continua)

---

[36] Observa-se, na Tabela 4.18, construída para o período junho/2012 a julho/2016, que os fatores de correção são idênticos aos apurados para a Tabela 4.17, embora os índices não o sejam. Isso demonstra, mais uma vez, que a escolha do valor inicial do índice é arbitrária. As duas tabelas seriam idênticas para o período iniciado em junho/2013 se o analista tivesse fixado arbitrariamente o valor inicial do índice em junho/2013 como 1.030.

TABELA 4.19 Balanço padronizado e atualizado da Natura Cosméticos S.A. *(Continuação)*

Natura Cosméticos S.A. – Balanço patrimonial padronizado e atualizado

ATIVO	31/12/2012 R$ mil	PASSIVO	31/12/2012 R$ mil
Imposto a recuperar	132.920	*Provisões*	113.774
Depósitos judiciais	409.969	**Patrimônio líquido**	1.529.751
Outros ativos não circulantes	54.626	*Capital social realizado*	508.571
Ativo permanente	827.877	*Reservas de capital*	182.004
Investimentos	0	*Reservas de lucros*	867.392
Imobilizado	681.808	*Outros resultados abrangentes*	–28.218
Intangível	146.069	*Participação dos acionistas não controladores no patrimônio líquido das controladas*	1

TABELA 4.20 DRE padronizada e atualizada da Natura Cosméticos S.A.

Natura Cosméticos S.A. – DRE padronizada e atualizada	1/1/2012 a 31/12/2012
Receita bruta	**8.934.976**
Deduções da receita bruta	–2.340.465
(=) Receita líquida	**6.594.511**
Custo de produtos e/ou serviços	–1.998.628
(=) Resultado bruto	**4.595.883**
Despesas da atividade	–3.074.100
Com vendas	–2.188.009
Gerais e administrativas	–886.092
(=) Resultado da atividade	**1.521.783**
Outras receitas (despesas) operacionais, líquida	–22.425
(=) Resultado antes do resultado financeiro e dos tributos	**1.499.358**
Resultado financeiro	–63.851
Receitas financeiras	68.862
Despesas financeiras	–132.713
(=) Resultado antes dos tributos sobre o lucro	**1.435.507**
Imposto de renda e contribuição social sobre o lucro	–480.295
(=) Resultado do exercício	**955.211**

É importante lembrar que a correção monetária não altera as proporções entre as contas do balanço patrimonial, bem como não torna diferentes entre si os valores do ativo total e do passivo total, já que todas as contas são corrigidas pelo mesmo fator. No entanto, como a DRE é corrigida por outro fator, a perfeita correspondência entre suas contas e as do balanço patrimonial pode ser perdida, o que ocorre, por sua vez, com muito mais benefícios para a análise do valor real dos demonstrativos nas próximas etapas a serem apresentadas. Por essa razão, caso o analista deseje elaborar a DFC a partir dos demonstrativos, deverá fazê-lo antes de aplicar os procedimentos da correção monetária.

Outra implicação da metodologia aqui apresentada é que, a rigor, toda demonstração de resultados analisada isoladamente de outras com o balanço patrimonial encerrada na mesma data em tese teria de ser corrigida para a metade do período de sua abrangência. No entanto, é altamente arriscada em sua fundamentação e confiabilidade a análise financeira que tome como fontes apenas uma demonstração de resultado e um balanço patrimonial, sendo recomendado, no mínimo, a utilização do balanço patrimonial encerrado no início do período de abrangência da demonstração de resultado – tópico que será discutido em detalhes posteriormente.

4.4.2 Reserva de reavaliação (extinta)

Um dos princípios contábeis é o da contabilização dos ativos pelo seu custo histórico. Dessa forma, se um terreno foi adquirido há cinco anos pelo valor de R$ 510 mil, este será o seu valor no ativo não circulante – imobilizado – indefinidamente, exercício após exercício. No entanto, flutuações no preço de mercado desse terreno podem ocorrer: uma nova avenida comercial pode ter sido aberta nas proximidades, valorizando o terreno; por sua vez, a instalação de uma unidade prisional pode desvalorizá-lo; sem se avaliar, por si sós, as oscilações de preços típicas do mercado imobiliário.

Quando os valores de realização dos ativos – montantes pelos quais a empresa conseguiria se desfazer deles, vendendo-os a terceiros – ficam bem superiores ao valor do custo histórico, isso pode subestimar o valor real dos ativos[37] e, consequentemente, do patrimônio líquido associado a essa valorização "oculta", que não aparece no balanço. Nessas situações, a empresa poderia realizar um *processo de reavaliação contábil dos ativos*, mediante laudo pericial elaborado por ao menos dois peritos habilitados. Contudo, a Lei n. 11.638/2007 eliminou a possibilidade da reavaliação de ativos.

Apesar de discordar das normas internacionais de contabilidade, a Lei n. 11.638/2007 eliminou esse procedimento com base no seu mau uso no Brasil, pois algumas empresas utilizavam o processo de reavaliação para cobrir patrimônios líquidos negativos, diminuir dividendos etc. Um problema gerencial para o analista que emergia da constituição, por parte da empresa, de reserva de reavaliação, diz respeito à geração um tanto artificial de resultados. Ao ser formada uma reserva de reavaliação, o valor do patrimônio líquido aumenta, sem que nenhuma atividade ou evento – além da própria decisão de revisar o valor dos ativos – tenha acontecido. Além disso, os benefícios econômicos dos ativos reavaliados somente serão percebidos se forem alienados ou realizados.

Com a eliminação do procedimento, a Lei n. 11.638/2007 apresentou duas possibilidades para as empresas estornarem esta reserva: manter o saldo até sua completa realização ou estorná-lo até o fim do exercício social. A empresa que optou pela primeira alternativa abaixará a reserva de acordo com a realização do ativo por meio de depreciação, amortização, exaustão ou outras formas de redução até o

---

[37] A perda de valor real decorrente da inflação já é ajustada mediante correção monetária.

abaixamento total da reserva. Caso a empresa tenha optado por abaixar a reserva ao fim do exercício social, deve estornar o saldo completo da reserva, assim como abaixar o aumento realizado no ativo.

Quando era encontrado um valor de mercado superior ao dos ativos, a empresa podia lançar no seu ativo imobilizado um valor maior e mais próximo do valor de mercado para os ativos e, em contrapartida, lançar um aumento do patrimônio líquido no passivo. Isso ocorria porque a valorização até então "oculta" do ativo passava a ser "explícita", e a contrapartida dessa movimentação era um aumento no patrimônio dos sócios, uma vez que os terceiros que financiam a empresa nada ganham ou perdem com a reavaliação.[38] Para que fique claro ao usuário dos demonstrativos que parte do aumento do patrimônio está associada à reavaliação de ativos, essa diferença devia ser lançada em uma conta especial no patrimônio líquido, chamada reserva de reavaliação. Ao longo do tempo, esse ativo reavaliado sofria depreciação e, gradualmente, o valor da reserva de reavaliação era reduzido paralelamente à redução progressiva do seu valor no ativo imobilizado. A seguir, será mostrado um exemplo hipotético de como eliminar a reserva de reavaliação do balanço patrimonial de uma empresa. No exemplo apresentado no início desta seção, se o terreno que originalmente foi lançado no ativo imobilizado com valor de R$ 510 mil se valorizou e, seis anos depois, foi reavaliado em R$ 840 mil, no exercício durante o qual a reavaliação ocorreu o patrimônio líquido da empresa aumentará em R$ 330 mil (840.000 – 510.000), decorrentes exclusivamente da decisão de reavaliação.[39] No entanto, a empresa não reavalia seus ativos anualmente: o que pode assegurar que essa valorização do terreno ocorreu, de fato, no 6º ano após a compra, e não no 2º ano? O terreno pode, até, ter se valorizado mais até o 4º ano seguinte à compra, tendo, depois, reduzido o seu valor de mercado. Por fim, a empresa pode ter dificuldades de achar um comprador para o terreno nesse novo preço de mercado, ainda que ele tenha sido avaliado como o justo.

Por essa razão, a prudência recomenda que os efeitos da constituição de reserva de reavaliação sejam eliminados do balanço patrimonial. Para tanto, sempre que o balanço patrimonial de uma empresa em análise apresentar reserva de reavaliação, o analista deverá:

1. Eliminar o valor da reserva de reavaliação.
2. Subtrair o valor da reserva de reavaliação do valor do ativo imobilizado.
3. Recalcular todas as contas sintéticas afetadas por esse ajuste.

A reversão da reserva de reavaliação deve ser realizada depois da padronização dos demonstrativos; indistintamente, antes ou depois da correção monetária.

Na Tabela 4.21, há um exemplo desse procedimento para a Sanepar, no seu balanço patrimonial anual de 31 de dezembro do ano X1.

---

[38] Há algumas implicações tributárias decorrentes da constituição de reserva de reavaliação cuja discussão foge ao escopo deste livro.

[39] A consulta à demonstração das mutações do patrimônio líquido (DMPL) pode propiciar esclarecimentos adicionais sobre a origem de variações aparentemente "estranhas" ocorridas no patrimônio líquido da empresa analisada.

TABELA 4.21 Balanço padronizado da Sanepar.

Sanepar – Balanço patrimonial padronizado e atualizado			
ATIVO	**31/12/X1** **R$ mil**	**PASSIVO**	**31/12/X1** **R$ mil**
ATIVO TOTAL	**3.044.138**	**PASSIVO TOTAL**	**3.044.138**
Ativo circulante	**228.261**	**Passivo circulante**	**313.595**
Disponibilidades e aplicações financeiras	43.426	Empréstimos e financiamentos	119.037
Recebíveis	167.796	Debêntures	0
Estoques	11.967	Fornecedores	35.560
Outros	5.072	Impostos, taxas e contribuições	13.640
Ativo não circulante	**2.815.877**	Dividendos a pagar	143
Ativo realizável a longo prazo	152.338	Provisões	43.201
Créditos diversos	152.338	Dívidas com pessoas ligadas	0
Créditos com pessoas ligadas	0	Outros	102.014
Outros	0	**Passivo não circulante**	**1.625.916**
Ativo permanente	2.663.539	Passivo exigível a longo prazo	1.625.916
Investimentos	638	Empréstimos e financiamentos	979.595
Imobilizado	2.662.583	Debêntures	95.166
Intangível	0	Provisões	242.291
Diferido	318	Dívidas com pessoas ligadas	0
		Outros	308.864
		Resultados de exercícios futuros	0
		Participações minoritárias	0
		Patrimônio líquido	**1.104.627**
		Capital social realizado	831.706
		Reservas de capital	8.125
		Reservas de reavaliação	179.838
		Adiantamento para futuro aumento de capital	0
		Lucros e prejuízos acumulados	0
		Outras reservas de lucro	84.958

Verifica-se que, em 31 de dezembro de X1, havia uma reserva de reavaliação de quase R$ 180 milhões em valores da época. Não há como identificar, apenas por esse balanço, em que exercício essa reserva foi constituída. Entretanto, como o objetivo aqui é o de reverter a reserva de reavaliação, torna-se irrelevante saber quando a reserva foi constituída: se o caso fosse de ajuste dos vários balanços patrimoniais de exercícios sucessivos, em todos as reservas de reavaliação seriam revertidas.

Para fazer o ajuste, modificam-se as contas descritas na Tabela 4.22.

TABELA 4.22 Ajustes de contas.

Conta	Valor original	Ajuste	Valor ajustado
Reservas de reavaliação	179.838	–179.838	0
Imobilizado	2.662.583	–179.838	2.482.745

Depois do ajuste, o novo balanço patrimonial da Sanepar em 31 de dezembro de X1 assume a forma apresentada na Tabela 4.23.

TABELA 4.23 Balanço patrimonial ajustado da Sanepar.

Sanepar – Balanço patrimonial ajustado			
ATIVO	**31/12/X1 R$ mil**	**PASSIVO**	**31/12/X1 R$ mil**
ATIVO TOTAL	**2.864.300**	**PASSIVO TOTAL**	**2.864.300**
Ativo circulante	**228.261**	**Passivo circulante**	**313.595**
Disponibilidades e aplicações financeiras	43.426	Empréstimos e financiamentos	119.037
Recebíveis	167.796	Debêntures	0
Estoques	11.967	Fornecedores	35.560
Outros	5.072	Impostos, taxas e contribuições	13.640
Ativo não circulante	**2.636.039**	Dividendos a pagar	143
Ativo realizável a longo prazo	152.338	Provisões	43.201
Créditos diversos	152.338	Dívidas com pessoas ligadas	0
Créditos com pessoas ligadas	0	Outros	102.014
Outros	0	**Passivo não circulante**	**1.625.916**
Ativo permanente	2.483.701	Passivo exigível a longo prazo	1.625.916
Investimentos	638	Empréstimos e financiamentos	979.595
Imobilizado	2.482.745	Debêntures	95.166
Intangível	0	Provisões	242.291
Diferido	318	Dívidas com pessoas ligadas	0
		Outros	308.864
		Resultados de exercícios futuros	0
		Participações minoritárias	0
		Patrimônio líquido	**924.789**
		Capital social realizado	831.706
		Reservas de capital	8.125
		Reservas de reavaliação	0
		Adiantamento para futuro aumento de capital	0
		Lucros e prejuízos acumulados	0
		Outras reservas de lucro	84.958

4.4.3 Ativo diferido (extinto)

O conceito de *ativo*, bastante discutido em Contabilidade, pode ser definido de forma prática como um bem ou direito de propriedade da empresa que gerará benefícios econômicos mensuráveis futuros. Os custos e as despesas, por sua vez, estão associados às atividades operacionais e não operacionais, ocorrendo em função destas, impactando o resultado econômico da empresa e possibilitando o seu funcionamento.

Essa diferença é bem simples de ser observada ao se compararem, em uma indústria alimentícia, a compra de uma máquina processadora de alimentos e o pagamento das despesas de vigilância, ambos ocorridos em um mesmo mês qualquer, e tendo a máquina sido comprada à vista. A máquina gerará inúmeros benefícios futuros de natureza econômica à indústria, possibilitando a produção dos seus produtos, que serão posteriormente vendidos. Já as despesas de vigilância cobrem um benefício (segurança), que já ocorreu. A fatura da empresa de segurança refere-se a serviços já prestados, e os custos de vigilância de setembro não trazem nenhum benefício futuro. A máquina processadora é um ativo, o serviço de vigilância é uma despesa.

Em outras circunstâncias, a distinção entre o caráter de ativo ou de despesa de determinado desembolso pode não ser tão clara, ou mesmo totalmente confusa. Uma usina hidrelétrica que faz obras de repotenciação de turbinas (de forma simples, um processo que permite, mediante a atualização e modernização tecnológica, que uma mesma turbina gere uma maior quantidade de energia elétrica) fará um grande desembolso imediato. No entanto, os benefícios dessa modernização serão percebidos ao longo do prazo de vida útil da própria turbina. Por isso, esse gasto que a empresa fez com a repotenciação pode ser refletido mediante um aumento no valor do seu ativo imobilizado, no qual estarão listadas as turbinas. Posteriormente, ele será amortizado.

Há alguns outros tipos de gastos que, no entanto, não implicam aumento de um ativo já existente, mas, ao mesmo tempo, podem gerar benefícios futuros. Uma empresa que está expandindo o seu espectro de atuação pode incorrer em uma série de gastos para construir novas fábricas e pontos de venda, entre os quais as despesas de instalação, configuração e *startup* deles, treinamento extraordinário da força de trabalho, licenças de instalação e operação junto aos órgãos públicos etc. Essas despesas associadas à expansão, por exemplo, não integram o valor dos novos ativos imobilizados da empresa (novas máquinas e equipamentos, eventualmente novos imóveis). No entanto, é possível visualizar que essas despesas não são correntes, ou seja, não se trata de gastos comuns da operação da empresa, e sim de investimentos que a empresa realizou para viabilizar sua expansão e, assim, gerar benefícios futuros na forma de receitas e, possivelmente, lucro adicional.

Quando um gasto (p. ex., pagamento de pessoal ou de taxas públicas) que normalmente seria classificado como despesa é avaliado como um componente de um investimento que gerará benefícios futuros, ele podia ser lançado como ativo diferido, em vez de contabilizado como despesa do exercício. Um ativo diferido representava o lançamento de despesas e custos que gerariam benefícios específicos futuros à empresa, dentro dos limites e condições determinados pela normatização contábil. Esse ativo diferido seria amortizado ao longo de um prazo determinado, normalmente de cinco anos, durante os quais espera-se que os benefícios futuros também sejam apropriados pela empresa.[40]

A Lei n. 11.638/2007 alterou a classificação deste grupo de ativos que antes abrangia "as aplicações de recursos em despesas que contribuirão para a formação do

---

[40] Reforça-se, apenas, a necessidade de compreensão da distinção dos regimes de caixa e competência para avaliar o impacto econômico e contábil da escrituração de gastos como ativo diferido: o desembolso e os fluxos de caixa associados permanecem inalterados.

resultado de mais de um exercício social" para apenas os gastos de reestruturação que contribuirão de maneira efetiva para o aumento por um período maior que um exercício social e despesas pré-operacionais. Apesar da mudança na definição para melhorar o processo de convergência com as normas internacionais de contabilidade, a Medida Provisória n. 449/2008 revogou o inciso V da Lei n. 6.404/76, que instituía esse grupo no ativo.

Da mesma maneira que ocorreu com a reserva de reavaliação, as empresas não poderiam mais apresentar esse grupo de contas nas demonstrações a partir do exercício social de 2008; assim, esses ativos tiveram de ser reclassificados entre os demais grupos. Caso o ativo diferido não pudesse ser reclassificado em razão de sua natureza específica, este deveria ser mantido no balanço até sua completa amortização e sujeito ao teste de recuperabilidade (*impairment*).[41]

4.4.4 Reserva para manutenção do capital de giro

O capital de giro de uma empresa pode ser entendido como o volume de recursos necessário ao seu funcionamento operacional. Nas suas atividades diárias, a empresa tem um descasamento de fluxos financeiros, uma vez que compra mercadorias com algum prazo para pagamento, posteriormente utiliza determinado espaço de tempo para transformá-las e/ou vendê-las, e as vendas podem ser recebidas apenas após um prazo de pagamento concedido aos clientes. Além disso, salários, tributos e outros custos que incidem sobre a produção não são pagos necessariamente no mesmo momento em que contribuem para a produção e/ou venda. Por essas razões, aqui apresentadas de forma muito simplificada, a empresa pode necessitar do que se chama *capital de giro*, ou seja, um montante de recursos que emprega para fazer frente à não paridade e à variabilidade das entradas (recebimentos) e pagamentos (recebimentos) decorrentes de suas atividades de operação e financiamento de curto prazo.[42]

O balanço patrimonial apresenta a estrutura de financiamento e aplicação de recursos da empresa. Os recursos de financiamento normalmente têm um custo que se torna explícito na DRE. Quando uma empresa toma empréstimos, a contrapartida estará expressa nas despesas financeiras. Quando uma empresa adquire um ativo imobilizado, haverá despesas de depreciação correspondentes.

Os recursos empregados no capital de giro podem ter duas origens (como todo componente do ativo): recursos de terceiros ou recursos próprios (dos sócios). Calcula-se o capital de giro próprio (CGP) da seguinte forma:

$$CGP = PL - ANC$$

---

[41] Para maiores informações a respeito do teste de recuperabilidade, consultar o Pronunciamento técnico CPC 01 (R1) – Redução ao Valor Recuperável de Ativos.

[42] Para uma discussão mais detalhada sobre capital de giro, o leitor pode consultar o livro *Finanças corporativas de curto prazo: a gestão do valor do capital de giro*, coordenado pelo Prof. Dr. Alberto Borges Matias (2007).

Em que:

PL = patrimônio líquido

ANC = ativo não circulante

Verifica-se que o capital de giro próprio corresponde ao capital dos sócios que está empregado em financiamento de ativos de curto prazo (ativo circulante). Quando o capital de giro próprio é negativo, há uma situação na qual a totalidade das necessidades de financiamento dos ativos de curto prazo é suprida por outras fontes que não os recursos dos sócios aplicados na empresa.

Os custos dos recursos de terceiros já estão expressos tanto em termos de despesas financeiras (para os passivos de origem financeira) como de aumento nos custos operacionais[43] (para os passivos operacionais, como fornecedores a pagar). Já o custo dos recursos próprios empregados em giro (se existir) não está expresso em nenhum componente da DRE, mas gera um benefício correspondente à possibilidade de funcionamento operacional da empresa.

Como o capital de giro tem natureza monetária, se todas as condições operacionais e de desempenho da empresa forem mantidas, o capital de giro próprio aumentará na exata proporção da inflação, pois aumentarão na proporção tanto as necessidades quanto as fontes de financiamento do mesmo. A correção monetária dos demonstrativos, já tratada em seção anterior, atualiza o valor real dessas fontes e aplicações de recursos, mas ignora o fato de que *a simples existência de inflação significa aumento na necessidade nominal de recursos para manutenção do capital de giro próprio*. Suponha-se uma empresa fictícia cujo balanço patrimonial na data *t* seja o apresentado na Tabela 4.24.

TABELA 4.24 Balanço patrimonial na data *t*.

Ativo total	100.000	Passivo total	100.000
Ativo circulante	56.000	Passivo circulante	27.000
Ativo não circulante	44.000	Passivo não circulante	12.000
		Patrimônio líquido	61.000

Calculando o capital de giro próprio para a empresa em *t*, de acordo com a fórmula apresentada, tem-se que: depois de um ano, na data *t* + 1, a empresa manteve sua estrutura e desempenho idênticos, e a variação de preços e poder de compra tanto dos ativos quanto dos passivos foi rigorosamente igual à taxa de inflação, que foi de 10% ao ano. Em *t* + 1, o balanço patrimonial dessa empresa será como descrito na Tabela 4.25.

---

[43] Há passivos chamados de "passivos sem custo", fontes de terceiros que, financiando a empresa, o fazem sem cobrar encargos durante período limitado, como o governo – ao recolher impostos decorrido certo tempo do fato gerador – e os empregados – ao receberem salários após já terem trabalho.

TABELA 4.25 Balanço patrimonial na data $t + 1$.

Ativo total	110.000	Passivo total	110.000
Ativo circulante	61.600	Passivo circulante	29.700
Ativo não circulante	48.400	Passivo não circulante	13.200
		Patrimônio líquido	67.100

Nessa circunstância, o capital de giro próprio será de $ 18.700, ou seja, 10% superior ao capital de giro próprio em t. Embora as contas dos demonstrativos que expressam valores monetários possam ser corrigidas, a moeda, em espécie ou em disponibilidade imediata, não o é. De uma forma ou de outra, essa empresa fictícia teve um acréscimo nominal de $ 1.700 no volume de recursos próprios empregados em giro para manter-se nessa estrutura. Se isso não tivesse ocorrido, a estrutura de financiamento (passivo) da empresa teria sido alterada.

Reforça-se, mais uma vez, que o efeito da correção monetária alcança a variação dos preços dos ativos e passivos. Os recursos de terceiros já refletem, nos demonstrativos, as variações e os custos implícitos das oscilações do poder de compra da moeda, na forma de despesas financeiras cobradas pelas instituições financeiras (que já incluem tanto os encargos reais como os encargos compensatórios, direta ou indiretamente, na manutenção do valor real desses créditos de terceiros contra a empresa). Isso não ocorre com os recursos próprios, razão pela qual os resultados de uma empresa, para um intervalo qualquer, podem estar artificialmente "inflados" por não preverem essa necessidade de que uma parte da geração econômica de resultados seja reservada para preservar o valor real da parcela dos recursos próprios que está empregada em giro. Já as máquinas e os equipamentos, por exemplo, valorizam-se simplesmente em razão da existência da inflação: líquidas da depreciação, tornam-se nominalmente mais "caras" pelo simples efeito associado ao aumento de preços dos equipamentos novos.[44]

No caso de capital de giro próprio negativo, o raciocínio oposto se aplica: quando apenas terceiros financiam o capital de giro da empresa, há um ganho monetário decorrente do fato de que, para um mesmo valor de recursos próprios empregados em outras atividades não relacionadas ao capital de giro, terceiros aumentaram seus investimentos nominais em giro, comparativamente aos recursos aplicados pelos sócios. Tomando-se o ativo circulante, pode-se dizer que ele demandou um financiamento nominalmente superior de terceiros, mantido tudo o mais constante na empresa no que diz respeito a desempenho e estrutura, quando existe inflação. Esse fato implica um ganho indireto, ou uma necessidade reversa de recursos próprios para aplicação em giro. O resultado econômico final sobre a demonstração de resultados é o oposto daquele verificado quando há recursos próprios empregados em capital de giro.

---

[44] Obviamente, presume-se aqui, para fins de ilustração apenas, que o valor real dos equipamentos não está sujeito a variações decorrentes de alterações no equilíbrio entre oferta e demanda, bem como decorrentes de obsolescência tecnológica, por exemplo.

Para a realização desse ajuste de reserva para manutenção de capital de giro, que deve ser realizado antes da aplicação dos procedimentos de correção monetária dos demonstrativos e depois dos ajustes da reserva de reavaliação e dos ativos diferidos descritos neste capítulo, para um período compreendido entre t e $t + 1$, o analista deve:

1. Calcular o capital de giro próprio expresso nos balanços encerrados em t e $t + 1$.
2. Calcular o capital de giro próprio médio entre t e $t + 1$, pela média aritmética simples.
3. Determinar a reserva para manutenção do capital de giro, dada como a aplicação do índice de inflação entre t e $t + 1$ sobre o capital de giro próprio médio desse intervalo.
4. Lançar o valor calculado, se positivo (capital de giro próprio positivo), como despesa não operacional; se negativo (ausência de recursos próprios empregados em capital de giro: capital de giro próprio negativo), como receita não operacional.

Agregando-se esses procedimentos, a reserva para manutenção do capital de giro (RMCG) entre os momentos t e $t + 1$ (a ser lançada como receita ou despesa não operacional) pode ser formulada como:

$$RMCG = g_{t \to t+1} \times \frac{(PL_{t+1} - ANC_{t+1}) + (PL_t - ANC_t)}{2}$$

Em que:

$g_{t \to t+1}$ = taxa de inflação entre t e $t + 1$[45]

PL = patrimônio líquido

ANC = ativo não circulante

Depois desse procedimento, basta somar o módulo da RMCG à despesa (se positiva, aumentando o valor da despesa) ou à receita não operacional (se negativa, aumentando o valor da receita).

Exemplifica-se o procedimento de lançamento de ajuste de reserva de manutenção do capital de giro utilizando os demonstrativos da Vale, para o período 1º de janeiro a 31 de dezembro de X2. Para tanto, são levantados dois balanços patrimoniais de 31 de dezembro de X1 e 31 de dezembro de X2, bem como a DRE de X2 (Tabelas 4.26 a 4.28).

---

[45] Se o analista tiver montado uma tabela de índices de inflação conforme sugerido neste capítulo, poderá reverter seu cálculo facilmente.

TABELA 4.26 Balanço patrimonial da Vale.

Vale do Rio Doce – Balanço patrimonial padronizado

ATIVO	31/12/X1 R$ mil	PASSIVO	31/12/X1 R$ mil
ATIVO TOTAL	**53.593.732**	**PASSIVO TOTAL**	**53.593.732**
Ativo circulante	**12.570.842**	**Passivo circulante**	**11.666.956**
Disponibilidades e aplicações financeiras	*2.703.252*	*Empréstimos e financiamentos*	*3.456.420*
Recebíveis	*4.317.239*	*Debêntures*	*–*
Estoques	*3.234.595*	*Fornecedores*	*2.684.097*
Outros	*2.315.756*	*Impostos, taxas e contribuições*	*–*
Ativo não circulante	**41.022.890**	*Dividendos a pagar*	*2.907.335*
Ativo realizável a longo prazo	*4.234.947*	*Provisões*	*541.947*
Créditos diversos	*143.144*	*Dívidas com pessoas ligadas*	*81.026*
Créditos com pessoas ligadas	*5.999*	*Outros*	*1.996.131*
Outros	*4.085.804*	**Passivo não circulante**	**17.874.645**
Ativo permanente	36.787.943	Passivo exigível a longo prazo	14.915.628
Investimentos	*2.814.357*	*Empréstimos e financiamentos*	*9.066.375*
Imobilizado	*33.767.779*	*Debêntures*	*–*
Intangível	*205.807*	*Provisões*	*3.746.143*
		Dívidas com pessoas ligadas	*3.065*
		Outros	*2.100.045*
		Resultados de exercícios futuros	8.507
		Participações minoritárias	2.950.510
		Patrimônio Líquido	**24.052.131**
		Capital social realizado	*14.000.000*
		Reservas de capital	*–*
		Reservas de reavaliação	*–*
		Adiantamento para futuro aumento de capital	*–*
		Lucros e prejuízos acumulados	*–*
		Outras reservas de lucro	*10.052.131*

TABELA 4.27 Balanço patrimonial da Vale.

Vale do Rio Doce – Balanço patrimonial padronizado

ATIVO	31/12/X2 R$ mil	PASSIVO	31/12/X2 R$ mil
ATIVO TOTAL	**123.008.906**	**PASSIVO TOTAL**	**123.008.906**
Ativo circulante	**27.169.656**	**Passivo circulante**	**16.642.684**
Disponibilidades e aplicações financeiras	9.777.975	Empréstimos e financiamentos	3.661.155
Recebíveis	7.952.637	Debêntures	–
Estoques	6.369.398	Fornecedores	5.164.431
Outros	3.069.646	Impostos, taxas e contribuições	2.166.715
Ativo não circulante	**95.839.250**	Dividendos a pagar	3.188.554
Ativo realizável a longo prazo	6.690.103	Provisões	1.000.791
Créditos diversos	234.038	Dívidas com pessoas ligadas	29.622
Créditos com pessoas ligadas	10.975	Outros	1.431.416
Outros	6.445.090	**Passivo não circulante**	**67.267.462**
Ativo permanente	89.149.147	Passivo exigível a longo prazo	61.259.436
Investimentos	1.856.000	Empréstimos e financiamentos	46.003.623
Imobilizado	77.611.135	Debêntures	–
Intangível	9.682.012	Provisões	6.481.281
		Dívidas com pessoas ligadas	–
		Outros	8.774.532
		Resultados de exercícios futuros	7.196
		Participações minoritárias	6.000.830
		Patrimônio líquido	**39.098.760**
		Capital social realizado	19.492.401
		Reservas de capital	–
		Reservas de reavaliação	–
		Adiantamento para futuro aumento de capital	–
		Lucros e prejuízos acumulados	–
		Outras reservas de lucro	19.606.359

TABELA 4.28 DRE da Vale.

Vale do Rio Doce – DRE padronizada e atualizada	1/1/X2 a 31/12/X2
Receita bruta	**46.745.559**
Deduções da receita bruta	-1.454.593
(=) Receita líquida	**45.290.966**
Custo de produtos e/ou serviços	-20.756.134
(=) Resultado bruto	**24.534.832**
Despesas da atividade	-1.951.560
Com vendas	-383.280
Gerais e administrativas	-1.568.280
(=) Resultado da atividade	**22.583.272**
Outras receitas operacionais	372.330
Outras despesas operacionais	-2.867.288
(=) Resultado antes de juros e tributos	**20.088.314**
Resultado financeiro	-1.944.146
Receitas financeiras	864.391
Despesas financeiras	-2.609.640
Resultado da equivalência patrimonial	-198.897
(=) Resultado operacional	**18.144.168**
Resultado não operacional	-214.309
Receitas não operacionais	1.212.468
Despesas não operacionais	-1.426.777
(=) Resultado antes de IR e contribuições sociais	**17.929.859**
Provisão para IR e contribuição social	-3.389.687
Participações	-1.109.167
Contribuições	–
IR diferido	–
Reversão dos juros sobre capital próprio	–
(=) Resultado do exercício	**13.431.005**

No caso da Vale, o capital de giro líquido é negativo, ou seja, não há recursos próprios empregados em capital de giro. Calculando-se a variação da inflação medida por meio do IGP-DI/FGV, de 31/12/X1 a 31/12/X2, há uma variação total de 2,63%. Aplicando-se a fórmula do ajuste de reserva para manutenção do capital de giro, tem-se:

$$RMCG = g_{dez./X1 \to dez./X2} \times \frac{(PL_{X2} - ANC_{X2}) + (PL_{X1} - ANC_{X1})}{2}$$

$$RMCG = 2{,}63\% \times \frac{(39.098.760 - 95.839.250) + (24.052.131 - 41.022.890)}{2}$$

$$RMCG = 2{,}63\% \times (36.855.625) = (969.303)$$

Dessa forma, verifica-se que a Vale sofreu um efeito monetário decorrente da reserva de manutenção do capital de giro negativo em R$ 969.303,00. Como se trata de uma reserva negativa decorrente do fato de a empresa não ter recursos próprios aplicados em giro, representando um "ganho" monetário à empresa, esse valor será lançado como ajuste, aumentando, em módulo, o valor das receitas não operacionais do exercício (Tabela 4.29).

TABELA 4.29 Receitas não operacionais.

Conta	Valor original	Ajuste	Valor ajustado
Receitas não operacionais	1.212.468	969.303	2.181.771

Depois dos ajustes, a DRE ajustada assume a forma mostrada na Tabela 4.30.

TABELA 4.30 DRE da Vale.

Vale do Rio Doce – DRE padronizada e atualizada	1/1/X2 a 31/12/X2 R$ mil
Receita bruta	**46.745.559**
Deduções da receita bruta	-1.454.593
(=) Receita líquida	**45.290.966**
Custo de produtos e/ou serviços	-20.756.134
(=) Resultado bruto	**24.534.832**
Despesas da atividade	-1.951.560
Com vendas	-383.280
Gerais e administrativas	-1.568.280
(=) Resultado da atividade	**22.583.272**
Outras receitas operacionais	372.330
Outras despesas operacionais	-2.867.288
(=) Resultado antes de juros e tributos	**20.088.314**
Resultado financeiro	-1.944.146
Receitas financeiras	864.391
Despesas financeiras	-2.609.640
Resultado da equivalência patrimonial	-198.897
(=) Resultado operacional	**18.144.168**
Resultado não operacional	754.994
Receitas não operacionais	2.181.771
Despesas não operacionais	-1.426.777
(=) Resultado antes de IR e contribuições sociais	**18.889.162**
Provisão para IR e contribuição social	-3.389.687
Participações	-1.109.167
Contribuições	–
IR diferido	–
Reversão dos juros sobre capital próprio	–
(=) Resultado do exercício	**14.400.308**

Verifica-se como foram alterados o resultado não operacional e outras rubricas sintéticas que lhe seguem, como o resultado do exercício e o resultado antes do IR e das contribuições sociais, referentes à variação positiva da perda negativa/ganho de ordem monetária decorrente da contabilização dos efeitos da reserva para manutenção do capital de giro.

4.4.5 Conversão dos demonstrativos para moedas estrangeiras

Em várias situações, o analista pode desejar comparar os demonstrativos das empresas de capital aberto brasileiras com os de empresas internacionais. Nesse caso, possivelmente existirá uma diferença entre as moedas nas quais são apurados os demonstrativos de outras empresas.

Sempre que qualquer informação monetária comparativa é fornecida em moeda distinta daquela com a qual se pretende comparar, é necessário realizar a conversão cambial para permitir a análise conjunta das mesmas. No caso específico dos impactos da variação cambial sobre os demonstrativos financeiros, esse impacto se dá nos termos das variações das taxas relativas de câmbio entre as moedas.

Especificamente no que diz respeito à comparação de resultados entre empresas brasileiras e estrangeiras, durante muito tempo se utilizou a conversão direta dos demonstrativos contábeis das empresas brasileiras para padrões internacionais (Matarazzo, 2002). Em tempos de inflação elevada e perda do poder de referência da moeda nacional, a simples conversão monetária dos demonstrativos nominados em moeda nacional para o dólar americano representou uma alternativa viável, não apenas para comparação de balanços, mas também como própria forma indireta de atualização monetária.

O analista pode se deparar com uma miríade de situações nas quais se torna necessário comparar o desempenho de empresas nacionais com o de empresas internacionais. Como será visto nos capítulos seguintes, o valor absoluto das contas contábeis por si só não expressa um conjunto amplo de informações úteis, mas, ainda assim, o analista pode desejar comparar empresas de países diferentes em relação a porte, faturamento, total de captações e aplicações de recursos etc. Nessas, e apenas nessas situações, recomenda-se a utilização de um método simples, que consiste em converter, à taxa de câmbio da data de levantamento do último balanço patrimonial (mais recente) e de fechamento da última DRE, os demonstrativos em real para moedas estrangeiras.

Assim, depois de terem sido os demonstrativos atualizados e ajustados, pode-se fazer a conversão de uma conta contábil qualquer pela simples divisão do valor da conta pela cotação da moeda internacional em reais do dia útil imediatamente anterior à data de levantamento do balanço patrimonial mais recente da série de dados utilizada.

Esse procedimento assegura a facilidade em se comparar, rapidamente, os demonstrativos das empresas internacionais com empresas nacionais em um período especificado. No entanto, é necessário lembrar que essa mera conversão de demonstrativos não pretende, de maneira alguma, lidar, avaliar ou demonstrar o impacto que as variações cambiais exercem sobre as diferentes rubricas dos demonstrativos das empresas. Essas situações fogem ao escopo deste capítulo, e o método aqui apresentado jamais será suficiente para atender aos requisitos de tais análises.

É preciso lembrar, ainda, que um grande número de informações relevantes para a atividade do analista está na comparação relativa entre diferentes rubricas e/

ou entre diferentes períodos ao longo do intervalo de análise. Assim, quando for possível obter as mesmas informações derivadas dos demonstrativos nacionais e estrangeiros, tais quais indicadores de análise, por exemplo, eles podem ser comparados com eficácia entre empresas internacionais e nacionais.[46]

Se o analista desejar comparar o desempenho de empresas cujas moedas estejam em três ou mais moedas, deverá escolher uma delas para ser a moeda de referência, e converter os demonstrativos das demais empresas à mesma moeda referencial. Por fim, a conversão monetária deve ser feita, sempre, para o final do intervalo de análise. A conversão dos valores de cada período de análise, simplesmente, pode induzir o analista a erros decorrentes das oscilações das cotações das moedas e da desconsideração da inflação em todos os países das moedas utilizadas nos demonstrativos comparados.

QUESTÕES

1. Por que mesmo em um cenário com baixa inflação é necessária a correção monetária dos demonstrativos financeiros?
2. Qual a diferença entre um desembolso que é escriturado como despesa do exercício e outro que o é como ativo diferido?
3. Justifique conceitualmente a razão pela qual é recomendável que se considerem os efeitos monetários da reserva para manutenção do capital de giro.
4. Por que os passivos financeiros são atualizados de acordo com a inflação, e não de acordo com os seus custos nominais?
5. Diferencie a metodologia utilizada para atualizar monetariamente os valores das contas do balanço patrimonial e da Demonstração de Resultado do Exercício.
6. Diferencie as contas sintéticas das contas analíticas e explique como, durante o processo de padronização, uma conta analítica pode se tornar sintética.
7. "Uma empresa cujos demonstrativos financeiros são aprovados por auditores independentes tem bom desempenho financeiro e boas perspectivas de crescimento avaliadas por empresas especializadas." Está correto esse entendimento? Explique.
8. Qual o impacto que um processo de fusão pode ter sobre a análise dos demonstrativos financeiros dos exercícios imediatamente anterior e posterior a ele?
9. Qual categoria de demonstração contábil é mais adequada ao processo de análise financeira: consolidadas ou não consolidadas? Justifique.
10. Discuta e explique a diferença fundamental entre demonstrativos de fluxo e demonstrativos de estoque citando um exemplo de cada e apresentando as inter-relações entre ambos.

---

[46] Deve-se lembrar que os critérios de apuração de diversas rubricas dos demonstrativos contábeis podem ser diferentes (Iudícibus et al., 2006; Matarazzo, 2003; Assaf Neto, 2004), daí a necessidade de o analista fazer eventuais ajustes e correções para refinamento de sua análise, cuja discussão foge ao escopo deste livro.

EXERCÍCIO

1. Selecione uma empresa de capital aberto diferente de todas as citadas neste capítulo e aplique todos os passos de padronização, correção e ajustes nos seus balanços patrimoniais e em suas demonstrações de resultados de três anos consecutivos.

REFERÊNCIAS BIBLIOGRÁFICAS

ALMEIDA, M. C. *Correção monetária integral das demonstrações financeiras*. 2. ed. São Paulo: Atlas, 2001.

ASSAF NETO, A. *Finanças corporativas e valor*. São Paulo: Atlas, 2004.

GERA, M. *Análise macrofinanceira de empresas*. 2007. 98 f. Trabalho de Conclusão de Curso (Graduação em Administração) – Faculdade de Economia, Administração e Contabilidade de Ribeirão Preto, Universidade de São Paulo, Ribeirão Preto, 2007.

GREMAUD, A. P.; VASCONCELLOS, M. A. S.; TONETO JUNIOR, R. *Economia brasileira contemporânea*. 5. ed. São Paulo: Atlas, 2006.

IUDÍCIBUS, S.; MARTINS, E.; GELBCKE, E. R. *Manual de contabilidade das sociedades por ações*: aplicável às demais sociedades. 6. ed. São Paulo: Atlas, 2006.

MATARAZZO, D. C. *Análise financeira de balanços*: abordagem básica e gerencial. 6. ed. São Paulo: Atlas, 2003.

MATIAS, A. B. (Coord.). *Finanças corporativas de longo prazo*: criação de valor com sustentabilidade financeira. São Paulo: Atlas, 2007.

MILONE, G.; ANGELINI, F. *Estatística aplicada*: números-índices, regressão e correlação. Séries Temporais. São Paulo: Atlas, 2004.

REQUIÃO, R. *Curso de direito comercial*. 22. ed. São Paulo: Saraiva, 2000.

5
Análise Horizontal e Vertical

A análise dos demonstrativos financeiros conta com o apoio de ferramentas de diferentes níveis de complexidade, utilizadas para que sejam obtidos os mais variados tipos de informações. A análise horizontal e a análise vertical estão entre as ferramentas que apresentam a aplicação mais simples, porém oferecem informações valiosas para a análise (Assaf Neto, 2014).

Essas ferramentas utilizam, respectivamente, a evolução histórica dos demonstrativos financeiros das empresas e a evolução das contas contábeis em relação a uma conta base selecionada. Dessa forma, é possível verificar a evolução dos demonstrativos da empresa e de seu desempenho ao longo dos exercícios, assim como quais foram as contas desses demonstrativos que causaram maior impacto nas mudanças percebidas. Essas informações geradas são essenciais para a avaliação do desempenho empresarial.

5.1 ANÁLISE FINANCEIRA RELATIVA

É possível realizar a análise direta dos demonstrativos financeiros com base nos valores publicados pelas empresas ao longo dos exercícios (trimestres e anos), porém, em virtude do excesso de informações, há uma dificuldade na visualização da dinâmica do comportamento das contas contábeis.

Nesse sentido, ao se utilizarem os demonstrativos, consegue-se verificar a variação e a evolução dos valores das contas contábeis ao longo dos períodos. Entretanto, não é possível tanto analisar qual foi a variação percentual de uma conta de um período para o outro quanto identificar quais contas contribuíram de maneira mais impactante para as mudanças ocorridas em seus somatórios.

É importante destacar, novamente, que o processo de análise financeira é realizado de forma retrospectiva, portanto são utilizados dados históricos da empresa para analisar a sua situação econômica financeira atual, com a expectativa de empregar essas informações para projetar o futuro da companhia. Assim, a análise retrospectiva auxilia a empresa a realizar a comparação temporal de seus indicadores e sua evolução, permitindo ao analista concluir o desempenho da empresa hoje em relação ao seu desempenho no passado.

Dessa forma, a análise financeira retrospectiva, para o usuário externo à empresa, compreende a reconstrução e o estudo de fatores múltiplos e variados refletidos de forma consolidada em algumas poucas dezenas de contas dos demonstrativos financeiros padronizados.

Como observado na Figura 5.1, o analista tem acesso aos demonstrativos financeiros da empresa que refletem os lançamentos contábeis e, por sua vez, as atividades e operações da empresa. Assim, a compreensão retrospectiva da empresa se baseia nas variações nas contas dos demonstrativos, que explicam parte da variação do desempenho financeiro da companhia analisada.

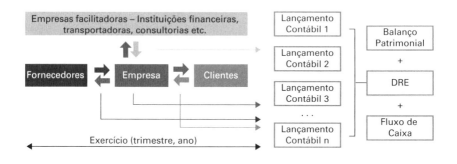

FIGURA 5.1 Análise financeira a partir dos demonstrativos financeiros.

Tomando da econometria alguns conceitos elementares de análise de conjunto de dados (Wooldridge, 2005) e adaptando-os aos objetivos deste capítulo, serão estudados alguns métodos objetivos para a análise financeira relativa, que podem ser referentes à:

- Comparação de valores de uma conta contábil em relação aos valores da mesma conta de outros períodos – análise horizontal ou longitudinal.
- Comparação de valores de uma conta contábil em relação a outras contas contábeis do mesmo período – análise vertical ou transversal.

Serão apresentados diferentes exemplos de empresas brasileiras de capital aberto, relacionadas às diferentes áreas da economia para demonstrar os procedimentos de análise. Todos os demonstrativos, salvo menção em contrário, serão apresentados na forma padronizada e corrigida monetariamente com base no IPCA.

A forma padronizada de organização dos demonstrativos financeiros para a construção da base de dados utilizada na análise horizontal e vertical inclui em um mesmo plano de contas valores de diferentes períodos adequadamente indicados. Os dados deverão ser inseridos do período mais antigo para o mais recente, o que permitirá visualizar a evolução cronológica dos valores das contas contábeis.

No exemplo apresentado na sequência, verificam-se os diferentes períodos (1 a 5) e as contas que compõem o plano de contas (A a Z). Portanto, nesse quadro devem ser incluídos o número de períodos que se deseja estudar e o número de contas contábeis necessárias para abarcar todo o demonstrativo financeiro estudado, seja ele o balanço patrimonial, seja a demonstração do resultado do exercício (DRE), seja o fluxo de caixa.

Assim, deve-se entender os demonstrativos contábeis sequenciais, para dois ou mais exercícios, como uma matriz bidimensional formada por n contas contábeis apuradas para t períodos, que pode ser esquematizada como no Quadro 5.1.

QUADRO 5.1 Matriz bidimensional.

Conta contábil (n)	Período (t)				
	1	2	3	4	5
A	A1	A2	A3	A4	A5
B	B1	B2	B3	B4	B5
C	C1	C2	C3	C4	C5
D	D1	D2	D3	D4	D5
E	E1	E2	E3	E4	E5
F	F1	F2	F3	F4	F5
...	...	...	...	...	...
Z	Z1	Z2	Z3	Z4	Z5

O resultado alcançado depois de organizar os demonstrativos de acordo com os procedimentos demonstrados será semelhante ao apresentado na sequência. Esses demonstrativos (ativo, passivo e DRE) referem-se ao primeiro semestre da empresa Magazine Luiza para o período de 2011 a 2015. Os valores apresentados já passaram pelo processo de atualização monetária tornando todos os valores equivalentes à última data analisada (Tabelas 5.1 a 5.3).

TABELA 5.1 Ativo da Magazine Luiza (2011-2015).

	Ativo Magazine Luiza	6/2011 R$ mil	6/2012 R$ mil	6/2013 R$ mil	6/2014 R$ mil	6/2015 R$ mil
1	**Ativo Total**	**5.751.421**	**6.373.779**	**5.009.475**	**4.916.835**	**4.685.649**
1.01	**Ativo Circulante**	**4.338.628**	**4.660.922**	**3.052.374**	**2.882.875**	**2.688.776**
1.01.01	Caixa e Equivalentes de Caixa	63.120	174.719	206.093	314.868	228.545
1.01.02	Aplicações Financeiras	856.463	317.626	629.152	310.914	240.273
1.01.03	Contas a Receber	2.130.472	2.448.964	535.088	632.676	422.050
1.01.04	Estoques	1.145.317	1.408.797	1.226.849	1.253.651	1.301.395
1.01.05	Ativos Biológicos	–	–	–	–	–
1.01.06	Tributos a Recuperar	21.891	33.000	268.981	211.938	339.667
1.01.07	Despesas Antecipadas	–	–	–	–	–
1.01.08	Outros Ativos Circulantes	121.363	277.817	186.211	158.828	156.846
1.02	**Ativo Não Circulante**	**1.412.794**	**1.712.856**	**1.957.101**	**2.033.960**	**1.996.873**
1.02.01	Ativo Realizável a Longo Prazo	436.166	501.919	575.079	598.895	613.490

(Continua)

TABELA 5.1 Ativo da Magazine Luiza (2011-2015). *(Continuação)*

Ativo Magazine Luiza		6/2011 R$ mil	6/2012 R$ mil	6/2013 R$ mil	6/2014 R$ mil	6/2015 R$ mil
1.02.01.01	Aplicações Fin. Avaliadas a Valor Justo	31.882	32.424	–	–	26.664
1.02.01.03	Contas a Receber	12.152	3.250	4.654	4.207	2.463
1.02.01.06	Tributos Diferidos	247.791	257.618	173.064	160.965	172.662
1.02.01.09	Outros Ativos Não Circulantes	144.341	208.627	397.361	433.722	411.701
1.02.02	**Permanente**	**976.627**	**1.210.937**	**1.382.023**	**1.435.065**	**1.383.383**
1.02.02.01	Investimentos	–	–	276.163	314.520	315.107
1.02.02.02	Imobilizado	486.778	658.972	596.217	585.914	567.382
1.02.02.03	Intangível	489.849	551.966	509.642	534.632	500.894

TABELA 5.2 Passivo da Magazine Luiza (2011-2015).

Passivo Magazine Luiza		6/2011 R$ mil	6/2012 R$ mil	6/2013 R$ mil	6/2014 R$ mil	6/2015 R$ mil
2	**Passivo Total**	**5.751.421**	**6.373.779**	**5.009.475**	**4.916.835**	**4.685.649**
2.01	**Passivo Circulante**	**3.583.684**	**3.825.192**	**2.534.485**	**2.218.730**	**1.899.016**
2.01.01	Obrigações Sociais e Trabalhistas	148.803	159.791	147.871	167.906	146.658
2.01.02	Fornecedores	1.206.859	1.268.291	1.524.451	1.303.350	1.182.396
2.01.03	Obrigações Fiscais	42.455	39.472	33.250	50.899	31.216
2.01.04	Empréstimos e Financiamentos	434.693	281.321	624.199	462.846	373.112
2.01.05	Outras Obrigações	1.750.874	2.076.318	204.714	233.728	165.635
2.02	**Passivo Não Circulante**	**1.347.468**	**1.798.238**	**1.691.313**	**1.920.286**	**2.045.736**
2.02.01	Empréstimos e Financiamentos	674.409	1.122.042	1.004.264	1.264.467	1.494.020
2.02.02	Outras Obrigações	409.305	36.713	421.787	1.943	2.557
2.02.03	Tributos Diferidos	16.074	10.061	–	–	–
2.02.04	Provisões	247.680	231.318	265.263	287.256	254.366
2.02.06	Lucros e Receitas a Apropriar	–	398.104	–	366.620	294.793
2.03	**Patrimônio Líquido Consolidado**	**820.270**	**750.348**	**783.676**	**777.819**	**740.896**
2.03.01	Capital Social Realizado	792.423	755.295	707.897	664.545	610.265
2.03.02	Reservas de Capital	–	1.756	4.936	8.624	7.153
2.03.04	Reservas de Lucros	5.796	16.601	7.687	53.776	118.678
2.03.05	Lucros/Prejuízos Acumulados	22.050	–23.416	64.727	51.682	5.926
2.03.08	Outros Resultados Abrangentes	–	112	–1.571	–808	–1.126

TABELA 5.3 DRE da Magazine Luiza (2011-2015).

DRE Magazine Luiza		1/2011 a 6/2011 R$ mil	1/2012 a 6/2012 R$ mil	1/2013 a 6/2013 R$ mil	1/2014 a 6/2014 R$ mil	1/2015 a 6/2015 R$ mil
3.01	Receita de Venda de Bens e/ou Serviços	3.827.077	4.540.572	4.238.223	5.130.635	4.485.763
3.02	Custo dos Bens e/ou Serviços Vendidos	−2.565.211	−3.057.555	−3.042.532	−3.735.817	−3.206.464
3.03	Resultado Bruto	1.261.866	1.483.017	1.195.691	1.394.818	1.279.298
3.04	Despesas/Receitas Operacionais	−1.112.107	−1.435.732	−991.842	−1.173.315	−1.082.530
3.04.01	Despesas com Vendas	−757.065	−949.368	−832.101	−929.797	−849.604
3.04.02	Despesas Gerais e Administrativas	−250.701	−281.392	−271.541	−292.749	−292.762
3.04.03	Perdas pela não Recuperabilidade Ativos	−137.313	−212.161	−11.815	−13.125	−13.368
3.04.04	Outras Receitas Operacionais	32.972	7.189	96.639	15.732	24.010
3.04.05	Outras Despesas Operacionais	–	–	–	–	–
3.04.06	Resultado de Equivalência Patrimonial	–	–	26.976	46.623	49.194
3.05	Resultado Antes do Res. Fin. e dos Trib.	149.759	47.285	203.849	221.503	196.768
3.06	Resultado Financeiro	−116.653	−106.395	−123.759	−171.220	−215.077
3.06.01	Receitas Financeiras	–	–	33.807	52.488	71.291
3.06.02	Despesas Financeiras	–	–	−157.567	−223.708	−286.368
3.07	Resultado Antes dos Trib. sobre o Lucro	33.106	−59.110	80.089	50.283	−18.308
3.08	IR e CSLL	−10.748	35.441	−14.596	2.194	24.368
3.11	Lucro/Prejuízo Consolidado do Período	22.358	−23.669	65.493	52.476	6.059

5.1.1 Seleção do intervalo e da periodicidade de análise

Nos exemplos anteriores, o intervalo selecionado para a análise foi de 5 anos, porém esse período pode variar de acordo com a decisão do analista. Portanto, ao decidir utilizar as ferramentas de análise financeira relativa, o analista deve selecionar um intervalo de tempo de análise, determinando as datas inicial e final de seu estudo. Quando a análise retrospectiva tem como objetivo avaliar o desempenho da empresa até a data de divulgação mais recente dos demonstrativos financeiros, escolhe-se, em geral, como data final da análise o trimestre divulgado mais recentemente. Visto que a divulgação de demonstrativos financeiros das empresas de capital aberto no Brasil ocorre trimestralmente, a data inicial da análise poderá ser conforme o Quadro 5.2.

QUADRO 5.2 Exemplo de data de análise.

Trimestre	Data do demonstrativo
1º trimestre	31/3/X1
2º trimestre	30/6/X1
3º trimestre	30/9/X1
4º trimestre	31/12/X1

Já a determinação da data inicial é um pouco mais complexa e deve levar em conta objetivos específicos do analista ao aplicar as ferramentas de análise financeira relativa, bem como seu conhecimento prévio da empresa. Quanto maior o período compreendido na análise, melhor a observação do analista sobre o impacto das mudanças estruturais da empresa no seu desempenho ou determinar tendências para as diversas contas e os fatos e decisões administrativas que nelas estão refletidas. Em outras palavras, quanto maior o tempo, mais indicativos consistentes de desempenho e tendências futuras poderão ser identificados.

Além disso, períodos mais extensos permitem uma avaliação mais adequada dos impactos de variáveis relacionadas às políticas econômicas sobre o desempenho da empresa. Assaf Neto (2014) aponta o intervalo de 3 a 5 anos como o adequado para a análise dos indicadores. Em situações específicas de análise de curto prazo, como a avaliação do impacto das despesas tributárias antes e depois da promulgação de uma nova legislação sobre o tema, ou quando se analisam empresas que sofreram mudanças muito radicais em períodos recentes, como a aquisição por outra empresa ou mudança expressiva de portfólio, a análise de longos períodos pode não ser a mais adequada, recomendando-se, nesse caso, uma data inicial de análise mais próxima.

Outro aspecto importante de todos os procedimentos de análise relativa diz respeito à conjunção do balanço patrimonial e da demonstração de resultado do exercício. Portanto, independentemente do período selecionado para a análise é importante que o balanço patrimonial e a DRE correspondam ao mesmo intervalo de tempo. Por exemplo, se o analista define que sua análise será relativa ao primeiro trimestre dos anos de X1 a X5 ele deverá utilizar os demonstrativos apresentados no Quadro 5.3.

QUADRO 5.3 Períodos de análise.

Anos	Balanço patrimonial	DRE
X1	1º trimestre de X1	1º trimestre de X1
X2	1º trimestre de X2	1º trimestre de X2
X3	1º trimestre de X3	1º trimestre de X3
X4	1º trimestre de X4	1º trimestre de X4
X5	1º trimestre de X5	1º trimestre de X5

Não faria sentido realizar a análise do balanço patrimonial do 1º trimestre de X1 e a DRE do 2º trimestre de X1, porque não há correspondência entre os valores do balanço e os resultados da DRE.

Após a definição dos intervalos de anos que serão analisados, deve-se definir a periodicidade em que serão levantados os balanços patrimoniais, que deverá ser a mesma para as demonstrações de resultado do exercício. Normalmente, utilizam-se demonstrativos apurados anualmente e encerrados em 31 de dezembro de cada ano, porém o analista poderá selecionar um dos quatro trimestres do ano para a análise.

Essa escolha necessita de cuidados, pois a divulgação de informações pelas empresas é realizada de duas formas distintas, para o período e o valor acumulado. Desse modo, considere-se uma situação em que se pretende analisar o segundo trimestre de um ano. Nesse caso, é possível analisar as informações referentes especificamente a esse período, portanto de 1/4/X1 a 30/6/X1, ou o valor acumulado no ano, 1/1/X1 a 30/6/X1. Esses valores apresentarão valores distintos porque, no primeiro caso, a empresa terá atuado por apenas três meses no ano e, no segundo, ela apresentará o resultado acumulado em seis meses de atividade.

Uma questão que deve ser considerada na determinação dos intervalos de análise é a sazonalidade de negócios da empresa estudada. Ciclos anuais de análise tendem a reduzir o impacto de variações sazonais de negócio na avaliação de desempenho. A utilização de outros intervalos (p. ex., trimestrais) de análise relativa pode ser muito mais impactada pela oscilação sazonal de negócios, de acordo com o setor avaliado, conforme os exemplos:

1. Uma indústria de chocolates especializada em ovos de Páscoa terá um estoque elevado se um balanço trimestral for apurado alguns dias antes do feriado da Páscoa e poderá ter um volume muito maior de contas a receber no trimestre imediatamente posterior.
2. O volume de contas a receber do varejo no último trimestre de cada ano tende a ser maior que nos demais, pois no balanço de 31/12/X1 estão refletidos praticamente todos os créditos de clientes que fizeram compras de Natal de forma parcelada.
3. Companhias agrícolas têm grandes oscilações trimestrais das despesas associadas ao cultivo agrícola, além de apresentarem variações expressivas em seus estoques.

Contudo, a utilização de balanços de periodicidade inferior à anual pode, exatamente, permitir a análise mais detalhada do desempenho de uma empresa nos diferentes momentos de sazonalidade anual. A escolha dependerá, mais uma vez, dos objetivos específicos do analista em cada processo de análise.

5.2 ANÁLISE HORIZONTAL

Os valores de uma conta contábil específica, se analisados de forma isolada, pouco ou nada informam ao analista quando estudados para um único período. Isso ocorre porque a análise de apenas um período não oferece uma base de comparação. Por exemplo, uma empresa que apresenta um lucro líquido no ano X5 de 5% em relação à receita líquida pode ser visto como negativo se verificado que essa margem foi de 8% em X3 e de 10% em X4. Portanto, ao serem comparados os valores dos demonstrativos financeiros atuais aos demonstrativos financeiros de períodos anteriores devidamente atualizados monetariamente, torna-se possível analisar a evolução de aspectos de desempenho e gestão financeira, refletidos nas contas dos balanços por meio das oscilações relativas que ocorrem nos valores dessas contas entre anos diferentes.

Nas Tabelas 5.4 a 5.6, há o exemplo dos demonstrativos da Vale, sendo a data inicial de análise relativa 31 de dezembro de 2010 e a final 31 de dezembro de 2014.

TABELA 5.4 Análise horizontal do ativo da Vale (2010-2014).

Ativo Vale		12/2010 R$ mil	12/2011 R$ mil	12/2012 R$ mil	12/2013 R$ mil	12/2014 R$ mil
1	Ativo Total	271.346.517	286.298.081	304.542.280	314.433.506	315.856.987
1.01	Ativo Circulante	67.627.375	48.484.479	52.528.559	61.517.111	54.411.169
1.01.01	Caixa e Equivalentes de Caixa	16.251.618	7.961.641	13.597.431	13.428.421	10.686.221
1.01.03	Contas a Receber	17.801.369	19.372.297	16.738.615	15.050.914	10.363.844
1.01.04	Estoques	9.209.716	11.873.974	11.774.497	10.409.012	12.103.909
1.01.06	Tributos a Recuperar	3.435.582	5.059.837	5.271.042	9.977.389	8.822.826
1.01.08	Outros Ativos Circulantes	20.929.090	4.216.731	5.146.976	12.651.375	12.434.369
1.02	Ativo Não Circulante	203.719.142	237.813.601	252.013.721	252.916.395	261.445.818
1.02.01	Ativo Realizável a Longo Prazo	9.768.916	12.450.169	17.754.128	20.440.910	19.308.137
1.02.01.03	Contas a Receber	351.699	482.150	572.441	608.099	616.872
1.02.01.06	Tributos Diferidos	2.910.400	4.273.341	9.280.466	11.415.096	10.690.948
1.02.01.08	Créditos com Partes Relacionadas	61.773	1.091.840	949.916	272.136	94.285
1.02.01.09	Outros Ativos Não Circulantes	6.445.044	6.602.838	6.951.306	8.145.578	7.906.032
1.02.02	Permanente	193.950.227	225.363.433	234.259.593	232.475.485	242.137.681
1.02.02.01	Investimentos	9.416.187	18.094.089	14.882.980	9.045.600	11.114.022
1.02.02.02	Imobilizado	162.890.716	185.788.608	197.901.761	206.090.367	212.684.910
1.02.02.03	Intangível	21.643.325	21.480.736	21.474.852	17.339.519	18.338.749

Verifica-se no ativo o constante crescimento do ativo total, tornando-se, dessa forma, necessário justificar esse aumento por meio das contas de ativo circulante e ativo não circulante. Nota-se a princípio que a conta ativo não circulante apresentou redução de valores em 2011 e 2014 e a ativo não circulante revelou constantes aumentos até a última data analisada. Observa-se que a realização da análise é possível, porém torna-se cada vez mais trabalhosa quando se busca analisar as contas de maneira mais pontual. Dessa forma, no momento de justificar as reduções no ativo circulante e os aumentos no ativo não circulante, o processo se torna bastante difícil e impreciso. Isso ocorre porque se trata de valores altos e muito diversos entre si, tornando a verificação da participação de cada uma das contas em relação a sua influência no ativo total bastante difícil de ser compreendida.

TABELA 5.5 Análise horizontal do passivo da Vale (2010-2014).

Passivo Vale		12/2010 R$ mil	12/2011 R$ mil	12/2012 R$ mil	12/2013 R$ mil	12/2014 R$ mil
2	Passivo Total	210.985.748	237.088.552	266.921.654	291.880.311	309.415.532
2.01	Passivo Circulante	29.967.559	20.686.760	25.668.298	22.517.296	28.513.757
2.01.01	Obrigações Sociais e Trabalhistas	2.429.079	2.949.164	3.450.953	3.498.280	3.127.133
2.01.02	Fornecedores	7.623.563	10.688.358	10.559.595	9.519.309	11.709.661
2.01.03	Obrigações Fiscais	2.175.084	2.335.727	2.252.458	2.966.374	2.428.259
2.01.04	Empréstimos e Financiamentos	6.353.113	3.438.308	8.092.567	4.479.143	3.814.910
2.01.05	Outras Obrigações	10.421.552	2.717.014	483.002	516.299	822.775
2.01.06	Provisões	2.670.863	2.851.884	4.074.904	2.146.772	6.667.272
2.01.07	Passivos sob. At. Não Cor. a Ven. e Desc.	6.867.703	–	372.576	1.130.998	297.301
2.02	Passivo Não Circulante	64.692.081	69.721.172	88.343.919	117.240.949	131.300.152
2.02.01	Empréstimos e Financiamentos	46.271.544	48.573.610	62.481.411	69.827.631	73.651.173
2.02.02	Outras Obrigações	4.324	206.029	167.080	12.056	291.890
2.02.03	Tributos Diferidos	16.498.135	12.816.742	8.846.747	8.146.248	8.983.744
2.02.04	Provisões	20.425.791	22.595.949	29.300.101	48.314.063	50.001.394
2.03	Patrimônio Líquido Consolidado	116.326.108	146.680.620	152.909.437	152.122.066	149.601.623
2.03.01	Capital Social Realizado	64.304.466	90.566.819	85.570.693	80.795.148	78.258.477
2.03.02	Reservas de Capital	5.136.411	1.310.327	-900.930	-850.651	-931.226
2.03.04	Reservas de Lucros	87.019.106	82.340.270	80.563.864	66.168.119	50.961.910
2.03.05	Lucros/Prejuízos Acumulados	–	–	16.689	–	–
2.03.06	Ajustes de Avaliação Patrimonial	-32.645	265.127	-4.765.087	-3.033.084	-4.609.794
2.03.07	Ajustes Acumulados de Conversão	-12.233.572	-1.227.737	10.273.271	16.728.754	24.550.777
2.03.09	Participação dos Acionistas Não Contr.	5.412.000	3.870.490	3.702.388	4.068.045	3.226.456

Em relação ao passivo total, percebe-se um constante crescimento, acompanhado de reduções no passivo circulante para os períodos de 2011 e 2013, crescimentos constantes do passivo não circulante e a quase estabilidade do patrimônio líquido. A análise mais uma vez se torna complexa, na medida em que se observa a estrutura de capital da empresa sem contar com as porcentagens de participação de cada uma das contas oferecidas pela análise vertical. Essa análise semelhante à do ativo reflete as dificuldades de análise com números absolutos.

TABELA 5.6 Análise horizontal da DRE da Vale (2010-2014).

DRE Vale		1/2010 a 12/2010 R$ mil	1/2011 a 12/2011 R$ mil	1/2012 a 12/2012 R$ mil	1/2013 a 12/2013 R$ mil	1/2014 a 12/2014 R$ mil
3.01	Receita de Venda de Bens e/ou Serviços	106.597.990	126.317.476	110.359.401	112.258.380	91.661.643
3.02	Custo dos Bens e/ou Serviços Vendidos	−45.143.396	−52.562.535	−61.365.728	−58.082.312	−61.353.019
3.03	Resultado Bruto	61.454.593	73.754.942	48.993.673	54.176.068	30.308.623
3.04	Despesas/Receitas Operacionais	−8.719.056	−9.030.080	−31.295.626	−17.191.529	−12.061.768
3.04.01	Despesas com Vendas	−647.387	−723.964	−664.611	−240.167	−211.266
3.04.02	Despesas Gerais e Administrativas	−3.338.729	−4.210.613	−4.505.972	−2.861.354	−2.492.069
3.04.03	Perdas pela Não Recuperabilidade de Ativos	–	–	−14.413.963	−5.960.929	−2.890.548
3.04.04	Outras Receitas Operacionais	–	3.085.761	–	−561.902	−457.686
3.04.05	Outras Despesas Operacionais	−7.325.356	−9.481.132	−13.175.185	−8.671.990	−7.195.686
3.04.06	Resultado de Equivalência Patrimonial	2.592.416	2.299.867	1.464.105	1.104.811	1.185.487
3.05	Resultado Antes do Res. Fin. e dos Trib.	52.735.537	64.724.861	17.698.048	36.984.538	18.246.855
3.06	Resultado Financeiro	−2.830.528	−6.352.528	−8.405.107	−18.442.834	−14.753.163
3.06.01	Receitas Financeiras	4.127.649	5.564.941	3.091.271	6.410.099	9.000.068
3.06.02	Despesas Financeiras	−7.867.607	−13.430.514	−13.010.722	−26.809.821	−24.319.307
3.07	Resultado Antes dos Tributos sobre o Lucro	49.905.009	58.372.333	9.292.941	18.541.704	3.493.692
3.08	IR e CSLL	−8.505.772	−10.541.636	3.117.831	−16.865.727	−2.699.603
3.09	Resultado Líquido das Op. Cont.	40.489.808	46.317.653	10.896.427	−280.911	228.014
3.10	Resultado Líquido de Op. Descont.	−293.692	–	–	−3.984	–
3.11	Lucro/Prejuízo Consolidado do Período	81.595.354	94.148.351	23.307.199	1.391.082	1.022.103

Quanto à DRE, assim como nos demonstrativos anteriormente apresentados, é possível realizar uma análise grosseira, porém informações de extrema importância, como a porcentagem da receita líquida direcionada aos gastos com o administrativo e despesas com vendas ou o seu desenvolvimento ao longo dos anos, são ausentes.

Assim, a partir dos demonstrativos padronizados, sequenciados e ajustados, o analista já poderia iniciar a análise das variações de cada conta. No entanto, colocadas da forma como estão, as contas dos demonstrativos refletem números absolutos cuja comparação não é necessariamente fácil, especialmente quando se toma um conjunto amplo das contas dos demonstrativos padronizados.

Para facilitar o trabalho da análise, é possível utilizar a análise horizontal, que procura comparar os valores das contas dos demonstrativos entre períodos diferentes.

Em termos matemáticos, o seu cálculo é bastante simples e aplica-se uma classificação que pode ser em análise horizontal encadeada e análise horizontal não encadeada.

5.2.1 Análise horizontal encadeada

A análise horizontal destaca a evolução de cada uma das contas dos demonstrativos financeiros ao longo dos exercícios (Megliorini, Vallim, 2008). Assim, quando o analista deseja acompanhar a evolução com base em um valor-índice ou um percentual de cada conta dos demonstrativos entre os intervalos de um e outro exercício (mês, trimestre, ano etc.), a análise horizontal encadeada se mostra a ferramenta mais adequada. Essa técnica nada mais é do que a transformação dos valores absolutos, conforme apresentados nos demonstrativos originais, em números-índice que refletem a variação percentual do valor das contas atuais em relação ao seu valor no período anterior. A técnica pode representar também a simples variação percentual das contas de um período em relação ao seu valor anterior. Portanto, esse índice mostra quanto o valor de uma conta cresceu ou reduziu entre os períodos.

O cálculo da análise horizontal encadeada pode ser realizado de duas maneiras. A primeira apresenta a variação de um período em relação ao seu período anterior na forma de um índice que apresenta para o valor inicial o número 100. Na Tabela 5.7, são apresentados inicialmente os valores da conta receita líquida da empresa Vale; em seguida, mostram-se como se montam as fórmulas para realizar a análise horizontal encadeada por índice e, por fim, os resultados obtidos.

$$AH = \frac{\text{Valor da conta em t}}{\text{Valor da conta em t}-1} \times 100$$

TABELA 5.7 Primeira maneira de fazer a análise horizontal encadeada – exemplo da Vale.

DRE Vale	12/2010 R$ mil	12/2011 R$ mil	12/2012 R$ mil	12/2013 R$ mil	12/2014 R$ mil
Receita líquida	106.597.990	126.317.476	110.359.401	112.258.380	91.661.643

DRE Vale	12/2010	12/2011	12/2012	12/2013	12/2014
Receita líquida	100	$\frac{2011}{2010} \times 100$	$\frac{2012}{2011} \times 100$	$\frac{2013}{2012} \times 100$	$\frac{2014}{2013} \times 100$

DRE Vale	12/2010	12/2011	12/2012	12/2013	12/2014
Receita líquida	100	118,50	87,37	101,72	81,65

Portanto, os valores obtidos nessa análise horizontal mostram o crescimento ou decrescimento no período de acordo com o valor base (100). Como exemplo, tem-se o ano de 2011, que apresenta o índice 118,5, o que reflete um aumento de 18,5% em relação ao valor dessa conta em 2011. Já a receita líquida de 2014 apresenta o índice 81,65, o que representa um decrescimento da receita em 18,35% em relação a 2013.

Já a segunda forma de cálculo da análise horizontal apresenta a variação de forma percentual em relação ao seu valor inicial (período anterior). A sua fórmula de cálculo é representada pela seguinte expressão:

$$AH = \left(\frac{\text{Valor da conta em } t}{\text{Valor da conta em } t-1} - 1\right) \times 100$$

Portanto, o valor da análise horizontal é obtido pela divisão do valor de uma conta dos demonstrativos financeiros no período atual (t) pelo valor dessa mesma conta no período anterior ($t - 1$); em seguida, subtrai-se 1 e multiplica-se por 100 apenas para que se alcance um valor percentual da variação. O exemplo da Tabela 5.8 segue a mesma lógica do da Tabela 5.7, porém apresenta os resultados obtidos como variações percentuais em relação ao seu valor inicial.

TABELA 5.8 Segunda maneira de fazer a análise horizontal encadeada – exemplo da Vale.

DRE Vale	12/2010 R$ mil	12/2011 R$ mil	12/2012 R$ mil	12/2013 R$ mil	12/2014 R$ mil
Receita líquida	106.597.990	126.317.476	110.359.401	112.258.380	91.661.643

DRE Vale	12/2010	12/2011	12/2012	12/2013	12/2014
Receita líquida		$\left(\frac{2011}{2010}-1\right) \times 100$	$\left(\frac{2012}{2011}-1\right) \times 100$	$\left(\frac{2013}{2012}-1\right) \times 100$	$\left(\frac{2014}{2013}-1\right) \times 100$

DRE Vale	12/2010	12/2011	12/2012	12/2013	12/2014
Receita líquida		18,5%	−12,3%	1,72%	−18,35%

O que se observa, por exemplo, nos cálculos mostrados é que houve uma redução de 18,35% na receita líquida da Vale em relação a 2013.

É indiferente o uso de uma ou outra forma de cálculo da análise horizontal. A escolha dependerá de o analista decidir entre o uso de um valor-índice ou da apresentação da variação percentual dos valores das contas.

5.2.2 Situações especiais da análise horizontal

Algumas questões devem ser observadas relativamente à construção da análise horizontal. Como o cálculo da análise horizontal encadeada toma por base o valor da conta no período anterior, o cálculo será iniciado a partir do segundo período para o qual os demonstrativos foram levantados, visto que o primeiro período não apresenta valor de comparação anterior. É possível, ainda, que ocorram situações nas quais o valor da conta no período anterior seja *zero* (0), situação na qual a presença de qualquer valor para essa conta no período seguinte deve implicar a atribuição de valor infinito a ele. Veja o exemplo da Tabela 5.9.

TABELA 5.9 Problemas da análise horizontal – infinito.

Ativo circulante	12/2010 R$ mil	12/2011 R$ mil	12/2012 R$ mil	12/2013 R$ mil	12/2014 R$ mil
Estoque	100.000	150.000	0,00	50.000	100.000

No caso mostrado, a análise horizontal para 2013 apresentará o seguinte cálculo:

$$AH = \frac{50.000}{0} \times 100 = \textit{impossível}$$

A segunda situação ocorre quando há decrescimento nos valores das contas para os períodos posteriores. Nesse caso, o valor da análise horizontal apresentará valor inferior a 100, conforme exemplo da Tabela 5.10.

TABELA 5.10 Problemas da análise horizontal – valor inferior a 100.

Ativo circulante	12/2010 R$ mil	12/2011 R$ mil	12/2012 R$ mil	12/2013 R$ mil	12/2014 R$ mil
Estoque	400.000	300.000	350.000	450.000	400.000

Nesse caso, o cálculo apresentará o valor de 75, o que significa que o valor atual é equivalente a 75% do valor obtido no exercício anterior.

$$AH = \frac{300.000}{400.000} \times 100 = 75\%$$

Portanto, houve um decréscimo de 25% (75 a 100) no período atual. Destaca-se que esse tipo de dificuldade de leitura pode ser evitado quando da utilização da segunda forma de cálculo da análise horizontal:

$$AH = \left(\frac{300.000}{400.000} - 1\right) \times 100 = -25\%$$

Outra situação importante se refere ao sinal da base utilizada no cálculo da análise horizontal. Quando o valor da base apresenta valor negativo e o período seguinte dessa mesma conta apresentar valor positivo, o valor do índice será negativo. Em outra situação, o valor da base poderá ser negativo e o valor seguinte também negativo; dessa forma, o valor do índice será positivo. Veja o exemplo da Tabela 5.11.

TABELA 5.11 Problemas da análise horizontal – reversão.

DRE	12/2010 R$ mil	12/2011 R$ mil	12/2012 R$ mil	12/2013 R$ mil	12/2014 R$ mil
Lucro/prejuízo	–300.000	600.000	–350.000	–450.000	400.000

DRE Vale	12/2010	12/2011	12/2012	12/2013	12/2014
Lucro/prejuízo	100%	–200%	–58%	129%	–89%

O índice do ano de 2011 apresenta valor negativo (–200%), porém reflete uma redução do prejuízo e alcance de resultado positivo (R$ 600.000). No ano de 2012, o número-índice apresenta valor negativo (–58%), o que significa uma redução do lucro (R$ –350.000). Já o ano de 2013 apresenta índice positivo (129%), ainda que o lucro atingido tenha sido negativo (R$ –450.000), o que significa aumento do prejuízo. É importante analisar esse tipo de situação com cuidado para evitar confusões na análise horizontal (Assaf Neto, 2014).

Após os procedimentos de cálculo, os índices devem ser colocados em uma matriz semelhante à dos demonstrativos padronizados, substituindo-se os valores nominais pelos valores reais, em que cada coluna representará a variação entre dois períodos. A interpretação, por sua vez, dos índices deve ser precedida de alguns cuidados. Quando um índice de análise horizontal para determinada conta for negativo em um período, isso significa que houve a redução do valor dessa conta em relação ao período anterior, como a reversão da conta de lucro no exercício atual para prejuízo no exercício seguinte. Somente observando o sinal original do valor da conta é possível conhecer o sentido da reversão.

Outro cuidado essencial que deve ser tomado antes da realização da análise horizontal é a atualização monetária dos valores dos demonstrativos financeiros. Na Tabela 5.12, são apresentados exemplos de análise horizontal com o ativo circulante nominal e, em seguida, com o ativo circulante real.

TABELA 5.12 Atualização monetária dos demonstrativos.

Ativo circulante nominal		12/2010	12/2011	12/2012	12/2013	12/2014
1.01	Ativo Circulante	100%	76%	115%	124%	94%
1.01.01	Caixa e Equivalentes de Caixa	100	52	181	105	85
1.01.03	Contas a Receber	100	116	91	95	73
1.01.04	Estoques	100	137	105	94	124
1.01.06	Tributos a Recuperar	100	157	110	200	94
1.01.08	Outros Ativos Circulantes	100	21	129	260	105

Ativo circulante real		12/2010	12/2011	12/2012	12/2013	12/2014
1.01	Ativo Circulante	100%	72%	108%	117%	88%
1.01.01	Caixa e Equivalentes de Caixa	100	49	171	99	80
1.01.03	Contas a Receber	100	109	86	90	69
1.01.04	Estoques	100	129	99	88	116
1.01.06	Tributos a Recuperar	100	147	104	189	88
1.01.08	Outros Ativos Circulantes	100	20	122	246	98

Verifica-se que a primeira análise horizontal apresenta valores sensivelmente superiores aos apresentados pela análise horizontal atualizada monetariamente. Isso ocorre porque, no ativo circulante atualizado, o efeito da inflação foi depurado, portanto apresentam-se as reduções ou os aumentos reais das contas. Retomando o exemplo da Vale, é mostrada a Tabela 5.13, com os índices de análise horizontal encadeada.

TABELA 5.13 Análise horizontal encadeada do ativo da Vale (2010 a 2014).

Ativo Vale		12/2010	12/2011	12/2012	12/2013	12/2014
1	Ativo Total	100%	106%	106%	103%	100%
1.01	Ativo Circulante	100	72	108	117	88
1.01.01	Caixa e Equivalentes de Caixa	100	49	171	99	80
1.01.03	Contas a Receber	100	109	86	90	69
1.01.04	Estoques	100	129	99	88	116
1.01.06	Tributos a Recuperar	100	147	104	189	88
1.01.08	Outros Ativos Circulantes	100	20	122	246	98
1.02	Ativo Não Circulante	100	117	106	100	103
1.02.01	Ativo Realizável a Longo Prazo	100	127	143	115	94
1.02.01.03	Contas a Receber	100	137	119	106	101
1.02.01.06	Tributos Diferidos	100	147	217	123	94
1.02.01.08	Créditos com Partes Relacionadas	100	1.767	87	29	35
1.02.01.09	Outros Ativos Não Circulantes	100	102	105	117	97
1.02.02	Permanente	100	116	104	99	104
1.02.02.01	Investimentos	100	192	82	61	123
1.02.02.02	Imobilizado	100	114	107	104	103
1.02.02.03	Intangível	100	99	100	81	106

A partir da análise horizontal, a avaliação da evolução dos demonstrativos financeiros se torna mais prática.

Verifica-se que houve crescimento do ativo total da empresa em todo o período, porém de modo decrescente. Veja que se inicia com um crescimento de 6% nos dois primeiros anos, 3% em 2013 e aumento inferior a 1% em 2014. A partir do crescimento do ativo total, buscam-se a justificativas desse comportamento no ativo circulante e não circulante.

O ativo circulante apresentou variações de comportamento ao longo do período, reduções nos anos de 2011 e 2014 e crescimentos expressivos de 8% em 2012 e 17% em 2013. Porém, ocorreram reduções ainda mais expressivas nos anos de 2011 e 2014, –28% e –12%, respectivamente. Quanto ao ativo não circulante, verifica-se constante crescimento ao longo do período, sendo de 17%, 6%, inferior a 1% e 3% respectivamente.

Nesse ponto, cabe uma reflexão bastante importante para a qual não se encontra uma resposta direta na análise horizontal. A conta ativo não circulante é composta pelo somatório das contas ativo realizável a longo prazo e ativo permanente, assim, as variações nessas contas impactarão o valor do somatório. Observe a Tabela 5.14.

TABELA 5.14 Análise aprofundada das contas do ativo.

Conta	2011	2012	2013	2014
Impacto no Ativo Não Circulante	17	6	0,4	3
Ativo Realizável a Longo Prazo	27	43	15	−6
Ativo Permanente	16	4	−1	4

Portanto, percebe-se que, por mais que o ativo realizável a longo prazo aumente ou decresça, seu impacto é muito pequeno em relação ao ativo não circulante. Por sua vez, por menor que seja a variação do ativo permanente, seu impacto no ativo não circulante é bastante alto. Dessa forma, é possível concluir que o ativo permanente tem uma participação muito superior ao ativo realizável a longo prazo no valor do ativo não circulante.

A análise horizontal permite visualizar a variação de uma conta de um período para o outro, porém não possibilita a análise do impacto dessa conta em relação ao valor total do ativo, passivo ou DRE. A análise vertical será a responsável por apresentar de maneira direta essa informação.

Continuando a análise horizontal, nota-se na Tabela 5.15 que o passivo total apresenta crescimento em todo o período, porém de modo decrescente a partir de 2012 (12%, 13%, 9% e 6%). O passivo circulante sofre um forte decrescimento nos anos de 2011 e 2013 (−31% e −12%) acompanhados de forte crescimento em 2012 e 2014 (24% e 27%). O passivo não circulante apresenta crescimento em todo o período (8%, 27%, 33% e 12%), e, por sua vez, o patrimônio líquido reveza dois períodos de crescimento em 2011 e 2012 (26% e 4%) com dois períodos de redução, 2013 e 2014 (−1% e −2%).

Pode-se notar que a conta lucros e prejuízos acumulados apresenta a legenda **inf**, o que significa que não foi possível realizar a análise horizontal porque se trata de uma divisão por zero (0).

Quanto à demonstração do resultado do exercício, apresentado na Tabela 5.16, o primeiro ponto a se notar com a análise horizontal é a forte redução do lucro sofrida pela empresa a partir de 2012 (75%, 93% e 26%). Assim, cabe ao analista explicar essa redução com base nas informações apresentadas em momentos anteriores ao lucro final da empresa. Nota-se que um conjunto de dados auxiliou o alcance dessa redução. Inicialmente, vê-se a redução da receita da empresa nos anos de 2012 e 2014, seguida de um aumento nos custos dos bens vendidos de 16% em 2011, 17% em 2012 e 6 % em 2014. Esses fatores tiveram um forte impacto no resultado bruto desse período. No ano de 2012, houve um grande aumento das despesas operacionais da empresa (347%). Outros fatores, como IR e CSLLL e resultados líquidos de operações continuadas, também influenciaram os resultados obtidos.

Nota-se que o IR e o CSLL dos anos de 2012 e 2013 apresentam resultados negativos. Isso significa que houve uma inversão em relação aos resultados dessa conta no ano anterior, o que torna necessária a visualização do valor da conta em 2011 e 2012 para compreender se essa inversão gerou valor positivos ou negativos. Nesse caso, em 2012, o valor da conta se inverteu de um resultado negativo para positivo (R$ 3.117.831) e, em 2013, de positivo para negativo (R$ −16.865.727).

5 Análise Horizontal e Vertical 253

TABELA 5.15 Análise horizontal encadeada do passivo da Vale (2010 a 2014).

Passivo Vale		12/2010	12/2011	12/2012	12/2013	12/2014
2	**Passivo Total**	**100%**	**112%**	**113%**	**109%**	**106%**
2.01	**Passivo Circulante**	**100**	**69**	**124**	**88**	**127**
2.01.01	Obrigações Sociais e Trabalhistas	100	121	117	101	89
2.01.02	Fornecedores	100	140	99	90	123
2.01.03	Obrigações Fiscais	100	107	96	132	82
2.01.04	Empréstimos e Financiamentos	100	54	235	55	85
2.01.05	Outras Obrigações	100	26	18	107	159
2.01.06	Provisões	100	107	143	53	311
2.01.07	Passivos sob. At. Não Cor. a Ven. e Desc.	100	0	inf	304	26
2.02	**Passivo Não Circulante**	**100**	**108**	**127**	**133**	**112**
2.02.01	Empréstimos e Financiamentos	100	105	129	112	105
2.02.02	Outras Obrigações	100	4.765	81	7	2.421
2.02.03	Tributos Diferidos	100	78	69	92	110
2.02.04	Provisões	100	111	130	165	103
2.03	**Patrimônio Líquido Consolidado**	**100**	**126**	**104**	**99**	**98**
2.03.01	Capital Social Realizado	100	141	94	94	97
2.03.02	Reservas de Capital	100	26	−69	94	109
2.03.04	Reservas de Lucros	100	95	98	82	77
2.03.05	Lucros/Prejuízos Acumulados	100	inf	inf	0	inf
2.03.06	Ajustes de Avaliação Patrimonial	100	−812	−1.797	64	152
2.03.07	Ajustes Acumulados de Conversão	100	10	−837	163	147
2.03.09	Participação dos Acionistas Não Contr.	100	72	96	110	79

TABELA 5.16 Análise horizontal encadeada da DRE da Vale (2010 a 2014).

DRE Vale		1/2010 a 12/2010	1/2011 a 12/2011	1/2012 a 12/2012	1/2013 a 12/2013	1/2014 a 12/2014
3.01	Receita de Venda de Bens e/ou Serviços	100%	118%	87%	102%	82%
3.02	Custo dos Bens e/ou Serviços Vendidos	100	116	117	95	106
3.03	**Resultado Bruto**	**100**	**120**	**66**	**111**	**56**
3.04	Despesas/Receitas Operacionais	100	104	347	55	70
3.04.01	Despesas com Vendas	100	112	92	36	88
3.04.02	Despesas Gerais e Administrativas	100	126	107	64	87
3.04.03	Perdas pela Não Recuperabilidade de Ativos	100	inf	inf	41	48

(Continua)

TABELA 5.16 Análise horizontal encadeada da DRE da Vale (2010 a 2014).
(Continuação)

DRE Vale		1/2010 a 12/2010	1/2011 a 12/2011	1/2012 a 12/2012	1/2013 a 12/2013	1/2014 a 12/2014
3.04.04	Outras Receitas Operacionais	100	inf	0	inf	81
3.04.05	Outras Despesas Operacionais	100	129	139	66	83
3.04.06	Resultado de Equivalência Patrimonial	100	89	64	75	107
3.05	Resultado Antes do Res. Fin. e dos Trib.	100	123	27	209	49
3.06	Resultado Financeiro	100	224	132	219	80
3.06.01	Receitas Financeiras	100	135	56	207	140
3.06.02	Despesas Financeiras	100	171	97	206	91
3.07	Resultado Antes dos Tributos sobre o Lucro	100	117	16	200	19
3.08	IR e CSLL	100	124	−30	−541	16
3.09	Resultado Líquido das Op. Cont.	100	114	24	−3	−81
3.10	Resultado Líquido de Op. Descont.	100	0	inf	inf	0
3.11	Lucro/Prejuízo Consolidado do Período	100	115	25	6	73

5.2.3 Análise horizontal não encadeada

Há situações nas quais o analista está interessado mais nas variações acumuladas de prazos mais longos dos valores das contas contábeis dos demonstrativos padronizados do que nas oscilações entre cada período de análise. Nessa situação, é interessante utilizar a análise horizontal não encadeada.

Essa técnica da análise relativa é bem semelhante à análise horizontal encadeada, mas dela difere por estabelecer como a base de um índice os valores que as contas assumiram no primeiro período analisado, calculando-se, a partir daí, as variações observadas entre o valor das contas contábeis em cada período relativamente ao valor das contas originais.

Para a determinação do índice de análise horizontal não encadeada, utiliza-se um procedimento análogo ao da construção de tabelas de números-índice de forma múltipla (Milone, Angeline, 2004), por meio da seguinte fórmula:

$$AH = \frac{Valor\ da\ conta\ em\ t}{Valor\ da\ conta\ em\ t_0} \times 100$$

Voltando ao exemplo da Vale, veja a Tabela 5.17.

TABELA 5.17 Análise horizontal não encadeada da Vale (2010 a 2014).

DRE Vale	12/2010 R$ mil	12/2011 R$ mil	12/2012 R$ mil	12/2013 R$ mil	12/2014 R$ mil
Receita líquida	106.597.990	126.317.476	110.359.401	112.258.380	91.661.643
DRE Vale	**12/2010**	**12/2011**	**12/2012**	**12/2013**	**12/2014**
Receita líquida	100	$\dfrac{2011}{2010} \times 100$	$\dfrac{2012}{2010} \times 100$	$\dfrac{2013}{2010} \times 100$	$\dfrac{2014}{2010} \times 100$
Receita líquida	100	118,50	103,50	105,31	85,99

Nota-se que, com a análise horizontal não encadeada, a base de cálculo é sempre o valor do período inicial, no caso do exemplo apresentado, 2010.

Em t_0, todas as contas assumem valor 100, exceto aquelas cujo valor seja inexistente na data dos primeiros demonstrativos. Após os devidos cálculos para os períodos subsequentes ao primeiro, os índices devem substituir os valores originais das contas dos demonstrativos, observando-se que, quando uma conta contábil de demonstrativo padronizado apresentar valor zero no demonstrativo mais antigo, a presença de qualquer valor diferente de zero nos períodos seguintes para aquela conta implica um índice com valor infinito para os períodos em que isso ocorrer.

Quando um índice de análise horizontal não encadeada for negativo para alguma conta contábil em algum dos períodos analisados, tem-se uma reversão da conta naquele período, relativamente à data inicial dos demonstrativos. Essas reversões são comuns em contas da demonstração de resultados do exercício, pois não é raro que empresas tenham resultado positivo em um exercício e prejuízo no seguinte. Uma vez que ao analista não é possível conhecer o sentido da inversão (p. ex., se de lucro para prejuízo ou vice-versa) apenas observando os valores dos índices de análise longitudinal encadeada, é sempre necessário consultar o sinal dessas contas contábeis que podem assumir valores com sinais distintos para a correta utilização dos índices. Observa-se agora o uso da análise horizontal não encadeada no exemplo apresentado anteriormente para a empresa Vale, conforme a Tabela 5.18.

TABELA 5.18 Análise horizontal não encadeada do ativo da Vale (2010 a 2014).

Ativo Vale		12/2010	12/2011	12/2012	12/2013	12/2014
1	**Ativo Total**	**100%**	**106%**	**112%**	**116%**	**116%**
1.01	**Ativo Circulante**	**100%**	**72%**	**78%**	**91%**	**80%**
1.01.01	Caixa e Equivalentes de Caixa	100	49	84	83	66
1.01.03	Contas a Receber	100	109	94	85	58
1.01.04	Estoques	100	129	128	113	131
1.01.06	Tributos a Recuperar	100	147	153	290	257
1.01.08	Outros Ativos Circulantes	100	20	25	60	59
1.02	**Ativo Não Circulante**	**100**	**117**	**124**	**124**	**128**
1.02.01	**Ativo Realizável a Longo Prazo**	**100**	**127**	**182**	**209**	**198**

(Continua)

TABELA 5.18 Análise horizontal não encadeada do ativo da Vale (2010 a 2014). *(Continuação)*

Ativo Vale		12/2010	12/2011	12/2012	12/2013	12/2014
1.02.01.03	Contas a Receber	100	137	163	173	175
1.02.01.06	Tributos Diferidos	100	147	319	392	367
1.02.01.08	Créditos com Partes Relacionadas	100	1.767	1.538	441	153
1.02.01.09	Outros Ativos Não Circulantes	100	102	108	126	123
1.02.02	**Permanente**	**100**	**116**	**121**	**120**	**125**
1.02.02.01	Investimentos	100	192	158	96	118
1.02.02.02	Imobilizado	100	114	121	127	131
1.02.02.03	Intangível	100	99	99	80	85

A análise horizontal não encadeada permite a análise a partir da data inicial de 12/2010 (Tabelas 5.18 a 5.20). Portanto, quaisquer variações apresentadas referem-se ao valor inicial da conta. Em relação ao ativo total, verifica-se um crescimento de 16% em relação ao seu valor em 2010.

TABELA 5.19 Análise horizontal não encadeada do passivo da Vale (2010 a 2014).

Passivo Vale		12/2010	12/2011	12/2012	12/2013	12/2014
2	**Passivo Total**	**100%**	**112%**	**127%**	**138%**	**147%**
2.01	**Passivo Circulante**	**100**	**69**	**86**	**75**	**95**
2.01.01	Obrigações Sociais e Trabalhistas	100	121	142	144	129
2.01.02	Fornecedores	100	140	139	125	154
2.01.03	Obrigações Fiscais	100	107	104	136	112
2.01.04	Empréstimos e Financiamentos	100	54	127	71	60
2.01.05	Outras Obrigações	100	26	5	5	8
2.01.06	Provisões	100	107	153	80	250
2.01.07	Passivos sob. At. Não Cor. a Ven. e Desc.	100	0	5	16	4
2.02	**Passivo Não Circulante**	**100**	**108**	**137**	**181**	**203**
2.02.01	Empréstimos e Financiamentos	100	105	135	151	159
2.02.02	Outras Obrigações	100	4.765	3.864	279	6.751
2.02.03	Tributos Diferidos	100	78	54	49	54
2.02.04	Provisões	100	111	143	237	245
2.03	**Patrimônio Líquido Consolidado**	**100**	**126**	**131**	**131**	**129**
2.03.01	Capital Social Realizado	100	141	133	126	122
2.03.02	Reservas de Capital	100	26	−18	−17	−18
2.03.04	Reservas de Lucros	100	95	93	76	59
2.03.05	Lucros/Prejuízos Acumulados	100	inf	inf	inf	inf
2.03.06	Ajustes de Avaliação Patrimonial	100	−812	14.597	9.291	14.121
2.03.07	Ajustes Acumulados de Conversão	100	10	−84	−137	−201
2.03.09	Participação dos Acionistas Não Contr.	100	72	68	75	60

Quanto ao passivo, nota-se que todas as contas apresentam varrições positivas em relação ao seu valor inicial em 2010. O passivo total, por exemplo, apresentou crescimento de 47% em relação a 2010.

TABELA 5.20 Análise horizontal não encadeada da DRE da Vale (2010 a 2014).

DRE Vale		1/2010 a 12/2010	1/2011 a 12/2011	1/2012 a 12/2012	1/2013 a 12/2013	1/2014 a 12/2014
3.01	Receita de Venda de Bens e/ou Serviços	100%	118%	104%	105%	86%
3.02	Custo dos Bens e/ou Serviços Vendidos	100	116	136	129	136
3.03	**Resultado Bruto**	**100**	**120**	**80**	**88**	**49**
3.04	Despesas/Receitas Operacionais	100	104	359	197	138
3.04.01	Despesas com Vendas	100	112	103	37	33
3.04.02	Despesas Gerais e Administrativas	100	126	135	86	75
3.04.03	Perdas pela Não Recuperabilidade de Ativos	100	inf	inf	inf	inf
3.04.04	Outras Receitas Operacionais	100	inf	inf	inf	inf
3.04.05	Outras Despesas Operacionais	100	129	180	118	98
3.04.06	Resultado de Equivalência Patrimonial	100	89	56	43	46
3.05	**Resultado Antes do Res. Fin. e dos Trib.**	**100**	**123**	**34**	**70**	**35**
3.06	Resultado Financeiro	100	224	297	652	521
3.06.01	Receitas Financeiras	100	135	75	155	218
3.06.02	Despesas Financeiras	100	171	165	341	309
3.07	**Resultado Antes dos Tributos sobre o Lucro**	**100**	**117**	**19**	**37**	**7**
3.08	IR e CSLL	100	124	−37	198	32
3.09	Resultado Líquido das Op. Cont.	100	114	27	−1	1
3.10	Resultado Líquido de Op. Descont.	100	0	0	1	0
3.11	**Lucro/Prejuízo Consolidado do Período**	**100**	**115**	**29**	**2**	**1**

A DRE evidencia a grande redução do lucro em relação ao seu período inicial em 2010. Nota-se que a redução foi de aproximadamente 99%.

5.3 ANÁLISE VERTICAL

Na análise horizontal, utilizam-se os índices para comparar a evolução de cada conta contábil ao longo dos períodos selecionados. Na análise vertical, o interesse do analista é verificar o comportamento relativo das contas em relação a um parâmetro predefinido para cada período isoladamente.

Portanto, a análise vertical apresenta as alterações ocorridas nas estruturas dos demonstrativos financeiros por meio da proporção percentual das diversas contas em relação a uma conta-parâmetro. Importante destacar que na análise vertical o resultado obtido com a análise de dados nominais ou reais será o mesmo.

A análise absoluta do valor da conta custo dos bens e/ou serviços vendidos não diz, a princípio, nada em relação à rentabilidade e à estrutura de receita de uma empresa qualquer. É pouco útil ao analista saber que, no ano de 2015, por exemplo, tais custos atingiram R$ 50 bilhões. O valor das contas contábeis em geral ganha muito mais significado para o analista apenas a partir do momento em que são comparadas. Por meio da análise vertical, é possível avaliar mudanças importantes na estrutura de capital da empresa ou analisar quais contas impactam de maneira mais onerosa o seu lucro líquido. O cálculo da análise vertical é bastante simples e depende basicamente da seleção de uma conta-parâmetro ou base.

5.3.1 Determinação da conta-base

Determinar uma conta-base apropriada é fundamental para que o analista possa utilizar de maneira efetiva os índices de análise vertical calculados para os demonstrativos da empresa que analisa. A conta-base serve de parâmetro para comparação relativa de todas as demais.

No caso do balanço patrimonial, normalmente as contas-base selecionadas são ativo total e passivo total, por representarem, cada uma, a quantidade de capital investido na empresa, efetivamente proporcionando uma medida financeira de seu tamanho. A seleção de outras contas-base normalmente não é interessante e resulta em aplicação limitada dos índices calculados da análise vertical.

Escolher uma conta-base para a demonstração de resultados do exercício envolve algumas considerações diferentes. A demonstração de resultados representa um conjunto amplo de fluxos financeiros que se inicia com a apropriação de receita em decorrência de suas atividades e termina com a apuração do resultado líquido, que representa o efeito líquido de todos os fluxos econômicos (impostos, custos de mão de obra e matéria-prima, depreciação, pagamento/recebimento de juros etc.) experimentados pela empresa em determinado período em relação à receita gerada.

Aqui, analisar verticalmente permite examinar em profundidade o que se chama de formação de resultado, ou seja, avaliar como os diferentes fatores que deslocam recursos da empresa para si (p. ex., empregados em função de salários pagos, governo em função de impostos recolhidos, instituições financeiras em função de empréstimos concedidos, fornecedores em função de vendas de matéria-prima) ou de si para a empresa (clientes ao comprar produtos) interagem para formar o resultado líquido final, que representa, embora de maneira controversa, o primeiro passo no cálculo de uma medida efetiva de eficiência do desempenho da empresa e, por conseguinte, de seus gestores (Matias, 2007).

Dessa forma, como regra geral, a adoção da receita como conta-base é o procedimento mais indicado. A receita se constitui, efetivamente, no único fluxo operacional (relacionado às atividades-fim da empresa) de recursos para a empresa, enquanto vários outros fluxos de saída (impostos, fornecedores, salários etc.) serão, em geral, cobertos com o fluxo de recursos positivos da receita. No entanto, recomenda-se a adoção da receita líquida, e não da receita bruta, como o indicador mais apropriado para atuar como conta-base ao se calcular o índice-padrão da análise vertical.

A receita líquida considera deduções sobre as quais a empresa não apenas tem pouco ou nenhum controle, como também estão sujeitas a variações expressivas dos fatores que lhes determinam, como mudança na alíquota de impostos que incidem diretamente sobre a receita. Dada essa volatilidade, a utilização da receita líquida proporciona fundamentos mais adequados para ser escolhida como conta-base.

5.3.2 Cálculo e interpretação dos índices de análise vertical

O índice de análise vertical é calculado, para cada conta em cada período analisado conforme a seguinte expressão:

$$AV = \frac{\text{Valor de uma conta}_t}{\text{Valor da conta base}_t} \times 100$$

Utilizando-se do mesmo exemplo da Vale, apresentam-se os índices da análise vertical na Tabela 5.21.

TABELA 5.21 Análise vertical da conta estoques do Ativo da Vale.

Ativo Vale	Estoques
31/12/2010	$\frac{\text{Estoques 2010}}{\text{Ativo total 2010}} \times 100$
31/12/2011	$\frac{\text{Estoques 2011}}{\text{Ativo total 2011}} \times 100$
31/12/2012	$\frac{\text{Estoques 2012}}{\text{Ativo total 2012}} \times 100$
31/12/2013	$\frac{\text{Estoques 2013}}{\text{Ativo total 2013}} \times 100$
31/12/2014	$\frac{\text{Estoques 2014}}{\text{Ativo total 2014}} \times 100$

Ativo Vale	12/2010	12/2011	12/2012	12/2013	12/2014
Estoques	3%	4%	4%	3%	4%

Verifica-se na análise vertical da Vale (Tabela 5.22) que seu ativo permanente corresponde pela maior parte de seus ativos, variando ao longo dos períodos de 71 a 77% do ativo total. Dessa forma, qualquer alteração nessa conta implicará grande alteração do ativo total. É interessante verificar as contas em que se concentram os ativos de uma empresa, uma informação que auxilia na análise de qual é o ramo de atividade dessa companhia. No caso da Vale, é natural ter uma concentração tão grande em ativos permanentes, especialmente imobilizados, visto que se trata de uma companhia de mineração.

TABELA 5.22 Análise vertical do ativo da Vale (2010 a 2014).

Ativo Vale		12/2010	12/2011	12/2012	12/2013	12/2014
1	**Ativo Total**	**100%**	**100%**	**100%**	**100%**	**100%**
1.01	**Ativo Circulante**	**25**	**17**	**17**	**20**	**17**
1.01.01	Caixa e Equivalentes de Caixa	6	3	4	4	3
1.01.03	Contas a Receber	7	7	5	5	3
1.01.04	Estoques	3	4	4	3	4
1.01.06	Tributos a Recuperar	1	2	2	3	3
1.01.08	Outros Ativos Circulantes	8	1	2	4	4
1.02	**Ativo Não Circulante**	**75**	**83**	**83**	**80**	**83**
1.02.01	Ativo Realizável a Longo Prazo	4	4	6	7	6
1.02.01.03	Contas a Receber	0	0	0	0	0
1.02.01.06	Tributos Diferidos	1	1	3	4	3
1.02.01.08	Créditos com Partes Relacionadas	0	0	0	0	0
1.02.01.09	Outros Ativos Não Circulantes	2	2	2	3	3
1.02.02	**Permanente**	**71**	**79**	**77**	**74**	**77**
1.02.02.01	Investimentos	3	6	5	3	4
1.02.02.02	Imobilizado	60	65	65	66	67
1.02.02.03	Intangível	8	8	7	6	6

A análise vertical do passivo (Tabela 5.23) permite visualizar de uma forma simples a estrutura de capital da empresa por meio da relação entre o capital de terceiros (passivo circulante) e o capital próprio (patrimônio líquido). No caso da Vale, é possível verificar uma maior concentração do capital próprio financiando suas operações, porém com sua redução ao longo dos períodos analisados. Verifica-se também a maior concentração dos passivos no longo prazo, o que, de maneira geral, é positivo para o financiamento das empresas.

TABELA 5.23 Análise vertical do passivo da Vale (2010 a 2014).

Passivo Vale		12/2010	12/2011	12/2012	12/2013	12/2014
2	**Passivo Total**	**100%**	**100%**	**100%**	**100%**	**100%**
2.01	**Passivo Circulante**	**14**	**9**	**10**	**8**	**9**
2.01.01	Obrigações Sociais e Trabalhistas	1	1	1	1	1
2.01.02	Fornecedores	4	5	4	3	4
2.01.03	Obrigações Fiscais	1	1	1	1	1
2.01.04	Empréstimos e Financiamentos	3	1	3	2	1
2.01.05	Outras Obrigações	5	1	0	0	0
2.01.06	Provisões	1	1	2	1	2
2.01.07	Passivos sob. At. Não Cor. a Ven. e Desc.	3	0	0	0	0
2.02	**Passivo Não Circulante**	**31**	**29**	**33**	**40**	**42**
2.02.01	Empréstimos e Financiamentos	22	20	23	24	24
2.02.02	Outras Obrigações	0	0	0	0	0
2.02.03	Tributos Diferidos	8	5	3	3	3
2.02.04	Provisões	10	10	11	17	16

(Continua)

TABELA 5.23 Análise vertical do passivo da Vale (2010 a 2014). *(Continuação)*

Passivo Vale		12/2010	12/2011	12/2012	12/2013	12/2014
2.03	Patrimônio Líquido Consolidado	55	62	57	52	48
2.03.01	Capital Social Realizado	30	38	32	28	25
2.03.02	Reservas de Capital	2	1	0	0	0
2.03.04	Reservas de Lucros	41	35	30	23	16
2.03.05	Lucros/Prejuízos Acumulados	0	0	0	0	0
2.03.06	Ajustes de Avaliação Patrimonial	0	0	−2	−1	−1
2.03.07	Ajustes Acumulados de Conversão	−6	−1	4	6	8
2.03.09	Participação dos Acionistas Não Contr.	3	2	1	1	1

O uso da análise vertical é bastante útil para a montagem de gráficos, em que a visualização das proporções das contas em relação ao seu total é privilegiada. A Figura 5.2 apresenta a estrutura de capital da Vale.

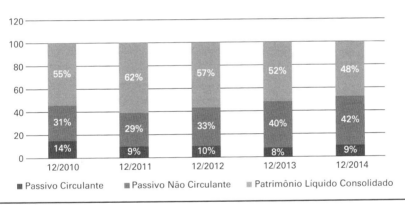

FIGURA 5.2 Estrutura de capital da Vale.

Quanto à análise da DRE, apresentada na Tabela 5.24, o analista poderá verificar quanto cada uma das contas onera o lucro líquido. No caso da Vale, verifica-se que o custo dos bens e/ou serviços vendidos sofreu aumentos no período, sendo responsável proporcionalmente a 67% das receitas líquidas. As despesas operacionais variaram bastante ao longo do período (7 a 28%), porém apresentaram grande redução em relação ao ano de 2012. O resultado financeiro apresentou forte alta, contudo com aspecto negativo, visto que as despesas financeiras superaram bastante suas receitas financeiras. Por fim, a análise do lucro líquido mostra que a empresa apresentou resultados bastante positivos nos dois primeiros anos analisados em virtude do resultado líquido com operações continuadas. Porém, esse valor se reduz bruscamente nos últimos três anos, finalizando 2014 com margem próxima a 1%.

Os valores negativos apresentados na DRE não significam uma redução nos valores apresentados, mas significa que serão valores subtraídos da receita.

TABELA 5.24 Análise vertical da DRE da Vale (2010 a 2014).

DRE Vale		1/2010 a 12/2010	1/2011 a 12/2011	1/2012 a 12/2012	1/2013 a 12/2013	1/2014 a 12/2014
3.01	Receita de Venda de Bens e/ou Serviços	100%	100%	100%	100%	100%
3.02	Custo dos Bens e/ou Serviços Vendidos	−42	−42	−56	−52	−67
3.03	**Resultado Bruto**	**58**	**58**	**44**	**48**	**33**
3.04	Despesas/Receitas Operacionais	−8	−7	−28	−15	−13
3.04.01	Despesas com Vendas	−1	−1	−1	0	0
3.04.02	Despesas Gerais e Administrativas	−3	−3	−4	−3	−3
3.04.03	Perdas pela Não Recuperabilidade de Ativos	0	0	−13	−5	−3
3.04.04	Outras Receitas Operacionais	0	2	0	−1	0
3.04.05	Outras Despesas Operacionais	−7	−8	−12	−8	−8
3.04.06	Resultado de Equivalência Patrimonial	2	2	1	1	1
3.05	**Resultado Antes do Res. Fin. e dos Trib.**	**49**	**51**	**16**	**33**	**20**
3.06	Resultado Financeiro	−3	−5	−8	−16	−16
3.06.01	Receitas Financeiras	4	4	3	6	10
3.06.02	Despesas Financeiras	−7	−11	−12	−24	−27
3.07	**Resultado Antes dos Tributos sobre o Lucro**	**47**	**46**	**8**	**17**	**4**
3.08	IR e CSLL	−8	−8	3	−15	−3
3.09	Resultado Líquido das Op. Cont.	38	37	10	0	0
3.10	Resultado Líquido de Op. Descont.	0	0	0	0	0
3.11	**Lucro/Prejuízo Consolidado do Período**	**77**	**75**	**21**	**1**	**1**

QUESTÕES

1. Qual o objetivo de se fazer análise horizontal e vertical?
2. O que se pretende com a realização da análise vertical?
3. De que forma as análises horizontal e vertical se complementam para a análise financeira?
4. Como deve ser determinado o intervalo de análise?
5. Quais os cuidados que devem ser tomados ao se escolherem intervalos diferentes dos anuais?
6. Quais são os tipos de análise horizontal? Diferencie-os.
7. Para que serve a conta-base?
8. Quais considerações devem ser tomadas para escolher uma conta-base para a demonstração de resultado?

9. Como a análise vertical pode auxiliar na análise da estrutura de capital das empresas?
10. No caso brasileiro, qual receita se recomenda adotar como indicador mais apropriado na determinação da conta-base? Justifique.

EXERCÍCIO

1. Escolha uma empresa de capital aberto e aplique, tanto no balanço patrimonial quanto na demonstração de resultado, os conceitos aprendidos dos tipos de análise horizontal e análise vertical.

REFERÊNCIAS BIBLIOGRÁFICAS

ASSAF NETO, A.; LIMA, F. G. *Curso de administração financeira*. 3. ed. São Paulo: Atlas, 2014.

BM&FBovespa. *Relatórios financeiros Magazine Luiza*. Disponível em: <http://www.bmfbovespa.com.br/cias-listadas/empresas-listadas/ResumoDemonstrativosFinanceiros.aspx?codigoCvm=4170&idioma=pt-br>. Acesso em: 16 set. 2015.

_____. *Relatórios financeiros Magazine Luiza*. Disponível em: <http://www.bmfbovespa.com.br/Cias-Listadas/Empresas-Listadas/ResumoDemonstrativosFinanceiros.aspx?codigoCvm=22470&idioma=pt-br>. Acesso em: 16 set. 2015.

MATIAS, A. B. (Coord.). *Finanças corporativas de longo prazo*: criação de valor com sustentabilidade financeira. São Paulo: Atlas, 2007.

MEGLIORINI, E.; VALLIM, M. A. *Administração financeira*: uma abordagem brasileira. São Paulo: Pearson, 2008.

WOOLDRIDGE, J. M. *Introdução à econometria*: uma abordagem moderna. São Paulo: Thomson Learning, 2005.

6
Indicadores de Análise Financeira

Seja no contexto da tomada de decisões, seja no da avaliação de seus resultados, o administrador se vê diante de dados que têm muito mais sentido quando comparados a outros do que quando avaliados isoladamente. Por exemplo, para o gestor de uma companhia aérea, a informação de que em determinado dia foram transportados 48.200 passageiros é quase inútil se ela não puder ser parametrizada pelos 74 mil assentos em voos que estavam disponíveis para venda naquele dia ou pelo ponto de equilíbrio das operações com a frota atual, que é de 54.240 passageiros.

Da mesma forma, o analista financeiro faz um uso muito mais proveitoso das informações financeiras da empresa analisada quando os dados financeiros são comparados a outros dados financeiros relevantes. Mas comparações dos valores absolutos ainda são insuficientes, exceto no sentido de fornecer uma ordem de dimensão sobre o tamanho ou a extensão das atividades de duas ou mais empresas. As contas dos demonstrativos financeiros têm algumas relações especiais entre si, cuja investigação pode ser de grande interesse do analista ao avaliar uma empresa. Essas relações são construídas quase sempre por meio de comparação relativa de razão (dividindo-se o valor de uma conta pelo valor de outra) e recebem o nome de indicadores de análise financeira. Neste capítulo, serão discutidos seus cálculos, funções e usos.

No Capítulo 5, foram estudados os índices de análise financeira relativa (análise vertical e análise horizontal) e sabe-se que alguns dos índices de análise vertical representam, também, indicadores de análise financeira. Como será visto, algumas dessas relações são de especial interesse para o analista, pois fornecem informações importantes sobre rentabilidade, sustentabilidade financeira, endividamento, entre outros aspectos críticos para a administração financeira da empresa e para a sua avaliação. Entretanto, dada a sua facilidade de cálculo, muitas vezes os indicadores de análise financeira são utilizados como única fonte de análise financeira de uma empresa. Em alguns casos, essa atitude sujeita o analista a sérios erros de avaliação.

Os indicadores são uma das ferramentas mais importantes de que o analista dispõe para o seu trabalho, mas não devem ser utilizados "às cegas". Além disso, é importante conhecer as implicações e os limites de cada indicador. O bom analista é capaz de perceber além dos números calculados: as complexas interações entre os fatores que determinam o desempenho financeiro da empresa e que são refletidas pelo indicador.

Nesse ponto, para efeitos de nomenclatura, será estabelecida uma convenção básica: indicador de análise financeira representa, de forma genérica, uma relação entre duas ou mais contas dos demonstrativos financeiros, que serão aqui apresentadas; enquanto índice de análise financeira refere-se ao valor numérico calculado para um indicador em determinado período de análise. O cálculo dos índices dos indicadores será, obviamente, realizado sempre com os dados já ajustados e atualizados segundo o modelo especificado anteriormente.

Como toda ferramenta de análise que envolve a padronização de seu uso, os indicadores de análise financeira apresentam vantagens e restrições. Eles permitem a rápida avaliação e comparação do desempenho financeiro de empresas, uma vez que o analista tenha se acostumado ao seu uso. Depois de repetir os procedimentos de análise várias vezes, o analista é capaz de desenvolver uma ideia básica sobre o desempenho da empresa após analisar rapidamente os índices dos indicadores de análise financeira, muito mais rapidamente do que se fosse investigar, a esmo, relações entre contas contábeis sem um prévio planejamento – os indicadores de análise financeira já são focados nas relações mais importantes para o analista.

Além disso, os indicadores possibilitam estabelecer uma base padronizada e confiável de comparação de desempenho financeiro entre empresas diferentes,[1] permitindo ao analista comparar o desempenho da empresa que está avaliando com o de outras do mesmo setor ou do mesmo país. Por exemplo, comparar o resultado do exercício da Cyrella Realty e da Anhanguera Educacional para um ano qualquer pode não ser muito útil na maioria das situações, pois os números absolutos pouco ou nada dizem sobre o desempenho das empresas, exceto se tiveram resultado positivo ou negativo no exercício. Já a comparação da proporção do resultado líquido em relação à receita líquida das duas empresas fornece uma importante medida de rentabilidade, e o analista poderá investigar as razões das diferenças dos índices desse indicador entre essas duas empresas.

Contudo, os indicadores não devem ser tomados como verdades absolutas sobre o desempenho das empresas. Eles presumem algumas condições de (relativa) normalidade operacional e podem, em alguns casos, fornecer informações que representam "armadilhas" numéricas: por exemplo, ao se calcular a razão entre resultado e patrimônio líquido para duas empresas, o valor encontrado pode ser numericamente idêntico, sendo que em uma dessas empresas houve lucro e o patrimônio líquido é positivo, enquanto na outra ocorreu prejuízo no período e o patrimônio lí-

---

[1] Desde que os demonstrativos das empresas comparadas tenham a mesma periodicidade, intervalo de análise e tenham sido submetidos aos mesmos procedimentos de padronização de suas contas. A falha na preparação dos demonstrativos previamente ao cálculo dos índices invalida ou prejudica toda a sua posterior utilização no processo de análise financeira.

quido já era negativo, resultando na apuração de um índice também positivo. Empresas em situação de recuperação judicial, que passaram por drásticas reestruturações operacionais ou, especialmente, as que apresentam patrimônio líquido negativo em algum ou todos os períodos de análise devem ter seus índices de indicadores de análise financeira avaliados com cautela adicional.

A utilização dos indicadores deve sempre ser integrada ao objetivo do analista ao avaliar e analisar determinada empresa e, dependendo do objetivo, um ou outro indicador será mais relevante para a análise. A condição essencial para o bom uso dos indicadores de análise financeira é a compreensão da conexão existente entre as relações traduzidas pelo indicador e os aspectos de gestão e desempenho financeiro que o analista pretende avaliar.

6.1 MODELO E2S

Indicadores de análise financeira existem às dezenas e podem ser facilmente encontrados nos diversos manuais de análise, muitas vezes com ligeiras variações em suas definições. Assim como no tocante a outras ferramentas, um aspecto essencial para sua confiabilidade é a consistência. Por isso, será apresentado aqui um modelo sistemático de indicadores de análise financeira chamado E2S, desenvolvido pelo Instituto de Ensino e Pesquisa em Administração (Inepad, 2008) para a análise financeira de empresas de capital aberto.[2] O modelo é formado por indicadores agrupados em três grandes categorias funcionais de análise (com subcategorias também classificadas):

1. **Estratégia:**
   - Captação de recursos.
   - Aplicação de recursos.

2. **Eficiência:**
   - Receitas e despesas.
   - Rentabilidades.

3. **Solvência:**
   - Liquidez.
   - Gestão do capital de giro.

Essas três categorias podem ser entendidas como grandes balizadoras do desempenho financeiro de uma empresa. Ao avaliar a estratégia (financeira) dela, o analista preocupa-se com as fontes e destinação dos recursos. A empresa, conforme já discutido, em última instância pertence àqueles que nela aportaram recursos, sob as mais diferentes condições: sócios (investimento inicial); governo (impostos pagos depois do fatos geradores[3]); instituições financeiras; funcionários (trabalham

---

[2] O modelo comporta, atualmente, variações para instituições financeiras, seguradoras e empresas de capital aberto. Somente esta última será apresentada e discutida neste livro.

[3] Em direito tributário, fato gerador é o evento que dá origem à obrigação de pagar determinado imposto, taxa ou contribuição.

e recebem posteriormente aos serviços prestados à empresa); fornecedores (concedem prazo para pagamento de matérias-primas adquiridas); clientes (quando realizam pagamentos antecipados); enfim, todos os atores econômicos que de alguma forma investiram recursos na empresa, possibilitando que ela os aplicasse em suas atividades; e os indicadores de análise financeira de estratégia avaliam exatamente as decisões de captação e aplicação de recursos tomadas pela empresa.

A eficiência (financeira) está relacionada aos reflexos das decisões tomadas pela empresa em relação a todas as funções administrativas (produção e operação, marketing, recursos humanos, pesquisa e desenvolvimento, finanças etc.), sobre o fluxo dos recursos econômicos que a empresa arrecada dos clientes e, posteriormente, vai alocando aos vários agentes com os quais se relaciona (governo, funcionários, fornecedores etc.), até a obtenção do resultado final, a parcela de riqueza (em sentido estrito) que a empresa efetivamente cria em decorrência da sua existência.

Por fim, por meio da análise de solvência, é possível avaliar a capacidade que a empresa tem de fazer frente aos riscos típicos da atividade empresarial e honrar compromissos com todos aqueles que nela investiram recursos, especialmente com aqueles cujos investimentos de recursos têm caráter de serem exigíveis, ou seja, essencialmente, todos exceto os sócios. Os indicadores de análise de solvência permitem comparar o quanto empresas diferentes têm maior ou menor capacidade de honrarem seus compromissos com terceiros, uma vez que, no curto e curtíssimo prazos, nenhuma empresa vai à falência e compromete sua existência por apresentar resultados negativos ou oferecer produtos ruins ao mercado, e sim por não apresentar recursos para fazer frente às suas necessidades imediatas de caixa para pagar fornecedores ou funcionários, quitar empréstimos devidos ou outras obrigações do gênero.[4]

A maioria dos indicadores do modelo E2S é resultado da adaptação e/ou classificação sistemática de indicadores que refletem relações entre contas dos demonstrativos financeiros há muito conhecidas no mercado. Seu principal mérito está na utilização harmônica dos indicadores com os procedimentos de ajuste, correção e atualização descritos no Capítulo 3. Mais uma vez, reafirma-se a importância da consistência no uso das ferramentas de análise financeira e apresenta-se o modelo E2S como uma proposta sistemática e integrada de uso de indicadores de análise financeira.

Nas próximas seções, serão apresentados e discutidos cada indicador de análise financeira do modelo E2S, com sua nomenclatura, fórmula e interpretação objetiva imediata, ou seja, qual o parâmetro geral que deve ser utilizado para a avaliação do índice calculado para determinado indicador: quanto maior, melhor; ou quanto menor, melhor. Em geral, um endividamento menor em relação ao patrimônio líquido é melhor do que um endividamento maior sobre o mesmo patrimônio líquido. No entanto, essa interpretação direcional é apenas de ordem geral, não devendo ser jamais tomada isoladamente como uma avaliação de qual empresa é

---

[4] Sucessivos prejuízos ou oferta ruim de produtos certamente são causas mediatas de deterioração da situação financeira de uma empresa, mas, no curtíssimo prazo, em geral nenhuma empresa vê abruptamente seu funcionamento regular ser encerrado por essas razões.

"melhor" que outra. Se a análise financeira por meio de índices não deve ser utilizada isoladamente para avaliar empresas, muito menos o deve ser um único indicador isolado.

A maioria dos índices pode ser convertida em porcentagem multiplicando-os por 100. Utilizar-se-á a razão simples para mera padronização de cálculo. Exceto quando indicado, os valores das contas devem ser tomados em módulo; tomando como exemplo um índice que utilize uma conta de receita cuja indicação é negativa no modelo ajustado definido neste livro, ele deverá ser calculado empregando-se apenas seu valor em módulo, positivo.

6.1.1 Estratégia

Os indicadores de análise financeira de estratégia, como visto na introdução da seção, avaliam a empresa em relação à captação de aplicação de recursos.

6.1.1.1 Captação

A existência da empresa é possibilitada, exclusivamente, pelo aporte de recursos que outras pessoas, físicas e jurídicas, nela fizeram. Os sócios aportam capital social, e os terceiros recursos sob as mais diferentes formas, de empréstimos simples concedidos por instituições financeiras ao trabalho para recebimento em data posterior (funcionários). Esse conjunto de recursos, monetários ou não, é refletido no grupo *passivo* do balanço patrimonial.

O passivo compõe-se basicamente do capital próprio (dos sócios), refletido no patrimônio líquido, e do capital de terceiros, demonstrado no passivo circulante e no passivo não circulante. A diferença básica e fundamental dessas duas fontes de recursos está na sua exigibilidade,[5] ou seja, na possibilidade de que os detentores desse capital venham a demandar a sua devolução incondicional ou condicional por parte da empresa. Cada operação de captação com terceiros tem um prazo de vencimento no qual ela deverá ser paga, liquidada e/ou renovada: os salários devem ser pagos em data determinada após o período trabalhado, os impostos têm um prazo máximo de pagamento após os fatos geradores, financiamentos têm um fluxo de pagamentos em geral predeterminado etc. Já o capital dos sócios não é exigível, as ações (ou cotas) detidas por um sócio não têm de ser "pagas" pela empresa, nem podem os acionistas ou cotistas exigirem que a empresa devolva os recursos investidos por eles.

Esse balanço entre capital próprio e capital de terceiros, e entre as diferentes categorias, prazos e exigibilidades de capital de terceiros investidos na empresa, forma a estrutura de capital. Os índices que avaliam a captação medem, essencialmente, quão apropriada é a captação de recursos da empresa considerando as aplicações que ela faz desse recurso e a proporção entre os diferentes tipos e categorias de capital passíveis de serem investidos na empresa.

---

[5] Para uma discussão aprofundada sobre a estrutura de capital de uma empresa, ver *Finanças corporativas de longo prazo: criação de valor com sustentabilidade financeira*, de Alberto Borges Matias (2007b).

6.1.1.1.1 Capitalização ajustada

Fórmula 1:

$$\frac{Patrimônio\ líquido}{Passivo\ circulante + Passivo\ não\ circulante}$$

Interpretação: Quanto maior, melhor.

Em tese, qualquer proporção entre capital próprio e capital de terceiros seria possível na formação da estrutura de capital de uma empresa. Em uma situação extrema hipotética, uma empresa poderia captar apenas recursos dos sócios e, assim, não estar sujeita a nenhum risco de crédito por não apresentar passivos de terceiros. Essa empresa teria de pagar seus funcionários imediatamente após depois de trabalharem e, também, quitar todos os impostos no momento exato em que efetuasse a venda de seus produtos e serviços. Além disso, todos os seus insumos e matérias-primas seriam comprados à vista, nenhum empréstimo seria tomado e mesmo os pagamentos que podem ser realizados alguns dias depois seriam sempre realizados de imediato. Nesse cenário, o patrimônio líquido equivaleria a todo o ativo, e o capital de terceiros seria zero.

Essa situação é altamente improvável: de alguma forma, a empresa utilizará ao menos os chamados passivos operacionais (fornecedores, salários, impostos) em algum momento e em alguma proporção. Se a quantidade de capital próprio da empresa (patrimônio líquido) é muito superior ao capital de terceiros utilizado, o risco que os fornecedores, funcionários e governo têm de não receber o que lhes é devido é pequeno: a empresa tem um alto volume de recursos próprios que podem ser utilizados para quitar esses compromissos.

No entanto, é incomum que as empresas utilizem apenas passivos operacionais. Frequentemente, elas tomam recursos emprestados de instituições financeiras, como desconto de duplicatas e cheques, empréstimos para capital de giro etc., aumentando o total de capital de terceiros empregado. É possível, ainda, que a empresa tome recursos no longo prazo, por exemplo, sob a forma de debêntures, aumentando drasticamente a quantidade de capital de terceiros em relação ao capital próprio. A empresa pode dispor de um maior volume de capital de terceiros do que de capital próprio.

Em outro extremo, uma empresa hipoteticamente poderia ser financiada totalmente por capital de terceiros: os sócios colocam alguns poucos centavos para formar o capital social e, mediante empréstimos, financiamentos e diferimentos, buscam todos os recursos necessários à operação da empresa.

Ambas as situações extremas, em que a empresa é financiada apenas por capital de terceiros ou apenas por capital próprio, são improváveis. A *capitalização* refere--se, dessa forma, à comparação do volume de capital próprio em relação ao capital de terceiros. A princípio, quanto mais capital próprio a empresa tiver em relação ao capital de terceiros, maior será sua capacidade de honrar seus compromissos com terceiros, pois, a cada unidade de capital que é exigível (passivo circulante e passivo não circulante), há mais capital não exigível para fazer a cobertura (dos passivos).

Se a utilização de capital de terceiros representa risco para a empresa – e, portanto, justificaria uma política de manter a utilização desse capital nos mínimos níveis possíveis –, contudo ela possibilita rentabilidade adicional decorrente da *alavancagem* (Matias, 2007). Dentro de certos limites, e ao se compararem empresas semelhantes, é possível afirmar que maior capitalização indica melhor estrutura de capital em termos dos riscos inerentes à utilização de capital de terceiros. A empresa com mais capital próprio em relação ao capital de terceiros está menos exposta a riscos financeiros decorrentes da exigibilidade do capital de terceiros.

Quando a capitalização é baixa, o potencial de uso de capital próprio para fazer frente a eventos inesperados que afetem o fluxo de caixa, como a necessidade de reposição imediata de uma máquina de fabricação ou uma súbita queda nas vendas, é limitado, aumentando, assim, o risco.

Em geral, empresas do setor de indústria de base ou de *commodities* tendem a apresentar menor capitalização, dada a maior previsibilidade de suas operações. Empresas de serviços tendem a uma capitalização maior, pois têm menos ativos que possam ser dados em garantias ao maior volume de empréstimos e estão sujeitas a maior volatilidade em seus fluxos de caixa. Nas instituições financeiras, a capitalização e sua análise assumem uma importância muito maior, e sua existência e dinâmica são muito diferentes das aplicáveis a empresas não financeiras.

Ao se analisar a evolução da capitalização ao longo de determinado período, é importante que sejam considerados os movimentos da estrutura de capital. Em geral, se uma empresa está em processo de expansão dos seus ativos, haverá um movimento de aumento ou diminuição da capitalização dependendo de quem está financiando a expansão: credores ou novos aportes dos sócios. Não é incomum que uma empresa aumente de maneira expressiva suas operações – construindo mais uma fábrica, por exemplo – elevando sua captação de terceiros e reduzindo sua capitalização. Todavia, a obtenção de resultados líquidos expressivos não distribuídos aos sócios aumenta o patrimônio líquido e, assim, a capitalização.

Dessa forma, ao avaliar a capitalização, o analista deve levar em consideração se a obtenção de resultados ou de prejuízos está reduzindo, em geral, a capitalização e o eventual aumento ou redução no "tamanho" das operações da empresa em termos do seu ativo total, compreendendo como a empresa administrou sua captação, sempre à luz das condições gerais de créditos nos mercados nos quais atua, do ambiente econômico geral e das políticas de gestão de recursos e ativos financeiros dos seus sócios.

É interessante relembrar que, se a capitalização é muito baixa, por exemplo, inferior a 0,1, a ocorrência de lucros não distribuídos ou prejuízos pode afetar gravemente o índice. Se há prejuízo expressivo em termos do capital próprio total, o patrimônio líquido poderá ficar negativo. Quando isso ocorre, a capitalização fica negativa e pode ser entendida como a parcela do capital de terceiros empregado na empresa que excede os ativos da empresa, representando o prejuízo coberto por terceiros. No entanto, essa é uma situação totalmente anômala e insustentável no médio e no longo prazos.

6.1.1.1.2 Capitalização seca

Fórmula 2:

$$\frac{\text{Patrimônio líquido} - \text{Investimentos}}{\text{Passivo circulante} + \text{Passivo não circulante}}$$

Interpretação: quanto maior, melhor.

Parte dos ativos de uma empresa pode ser composta por *investimentos*, que representam participações societárias em outras empresas. Se for tomado o balanço não consolidado de uma *holding*,[6] verificar-se-á que, em geral, apresenta uma elevada capitalização e que a maior aplicação dos seus recursos são os investimentos nas controladas.

Na maioria das situações, não faz sentido, no longo prazo, tomar capital de terceiros para adquirir participações societárias, pois a diferença no custo de capital não é suficiente para justificar os riscos ao fluxo de caixa gerados em decorrência de empréstimos tomados para que se invista na compra de participação acionária em outra empresa, ou seja, utilizar capital de terceiros para aplicá-lo como capital próprio em outra empresa. Os *investimentos* costumam representar os ativos de realização mais difícil, pois envolvem a venda de participação acionária para que se convertam em dinheiro.[7]

Por essa razão, uma forma alternativa de análise de capitalização é deduzir do seu capital próprio a rubrica "investimentos", considerando implicitamente que o capital próprio equivalente aos investimentos não é conversível facilmente em recursos monetários para cobrir compromissos de fluxo de caixa relacionados ao capital de terceiros. A chamada capitalização seca representa o índice de capitalização calculado ao se excluírem do capital próprio os investimentos.

6.1.1.1.3 Endividamento ajustado total

Fórmula 3:

$$\frac{\text{Passivo circulante} + \text{Passivo não circulante}}{\text{Patrimônio líquido}} = \frac{1}{\text{Capitalização ajustada}}$$

Interpretação: quanto menor, melhor.

O endividamento avalia as mesmas relações que a capitalização, apenas invertendo a razão: o endividamento ajustado mede a proporção do capital de terceiros em relação ao capital próprio, e o índice pode ser calculado como o inverso da capitalização ajustada.

---

[6] Para discussão mais detalhada, verificar Capítulo 3, sobre ajustes de demonstrativos, especificamente a discussão sobre utilização de demonstrativos financeiros consolidados.

[7] Esse raciocínio não se aplica aos investimentos representados por participações minoritárias pequenas em empresas de capital aberto negociado com liquidez suficiente em bolsas de valores.

6.1.1.1.4 Endividamento seco

Fórmula 4:

$$\frac{Passivo\ circulante + Passivo\ não\ circulante}{Patrimônio\ líquido - Investimentos} = \frac{1}{Capitalização\ seca}$$

Interpretação: quanto menor, melhor.

Da mesma forma que o endividamento ajustado, o endividamento seco avalia as mesmas relações da capitalização seca de forma oposta, e o índice é calculado como o inverso da capitalização seca.

6.1.1.1.5 Captação de curto prazo

Fórmula 5:

$$\frac{Passivo\ circulante}{Passivo\ circulante + Passivo\ não\ circulante}$$

Interpretação: quanto menor, melhor.

O capital de terceiros da empresa pode, basicamente, ser classificado em captações de curto e longo prazos. É classificado como passivo circulante aquele cujo prazo de exigibilidade é igual ou inferior a um ano, ou, alternativamente, inferior a um ciclo operacional (Iudícibus et al., 2006) se este for maior que um ano.[8] Em sua maioria, o passivo circulante representa capital aplicado de curto e curtíssimo prazo. Quase todos os balanços apresentarão valores para contas como *fornecedores*, *impostos* e *provisões*, e, em geral, o prazo de pagamento desses passivos é bem inferior a um ano.

O perfil da captação de recursos de terceiros de curto prazo em relação à captação de recursos de terceiros totais é importante ao impactar, indiretamente, a liquidez da empresa e o perfil do capital de giro (Matias, 2007). Tem-se reforçado aqui o entendimento de que os passivos de uma empresa são capital aplicado por terceiros, e não dívidas a serem pagas no seu vencimento. Isso ocorre porque, com exceção das empresas muito capitalizadas ou daquelas com grande volume de ativos realizáveis no curtíssimo prazo, é simplesmente impossível a uma empresa "desmontar" sua estrutura (ou seja, reduzir o seu ativo) sem comprometer a sua sustentabilidade no longo prazo apenas para fazer frente aos compromissos de capitais de terceiros. A maioria dos passivos circulantes e não circulantes é renovada constantemente, e seus níveis alteram-se de maneira menos frequente do que podem fazer supor os prazos de vencimento das obrigações representadas no passivo circulante.

Como exemplo, é possível citar a rubrica *impostos, taxas e contribuições*. As diferentes obrigações tributárias de uma empresa têm prazos de recolhimento distintos

---

[8] É rara a utilização do conceito de ciclo operacional para fins de classificação de passivos e ativos para classificação como passivo circulante de obrigações com exigibilidade superior a um ano, já que a contraparte da adoção desse critério é a classificação de ativos realizáveis em prazo superior a um ano, mas inferiores ao ciclo operacional como circulantes.

e diversos: algumas devem ser pagas de 5 a 20 dias após o fato gerador, outras são recolhidas trimestralmente e, algumas, até mesmo semanalmente. A cada ocorrência de um fato gerador, em geral, a venda de produtos e/ou serviços ou o pagamento de salários aumenta um pouco o volume dos passivos tributários da empresa, e, a cada vez que ela paga esses tributos, uma parcela da rubrica é reduzida. Fato idêntico ocorre com o passivo *fornecedores*, cujos níveis tendem a se manter no curtíssimo prazo relativamente às vendas.

Na captação de longo prazo, as operações costumam ser mais estruturadas, e as movimentações, menos frequentes. Fato é que, ao serem captados no longo prazo, os recursos de terceiros investidos na empresa proporcionam alguma estabilidade maior à administração financeira dela, pois não estão sujeitos a renovação constante e imediata: suas cláusulas em geral são pactuadas em um horizonte de tempo amplo que facilita o planejamento financeiro da empresa. Em geral, o endividamento de longo prazo é formado por operações de empréstimo sob a forma de debêntures ou financiamentos especiais, e, raramente, por fontes operacionais. A princípio, maior captação de longo prazo é preferível à captação de curto prazo e, quanto menor a parcela do capital de terceiros aplicada em curto prazo, melhor para a empresa, que está sujeita a menos percalços na renovação dessas aplicações de capital, mas há exceções.

Em primeiro lugar, é essencial ressaltar a necessidade de análise do custo de endividamento no curto e longo prazos. De nada é proveitoso à empresa ter uma baixa captação de curto prazo se o custo do endividamento de longo prazo é muito maior, prejudicando, assim, sua rentabilidade. Em segundo lugar, é necessário considerar que parte do *passivo circulante* pode ser considerada de *passivo sem custos*, por representar obrigações cujo diferimento – ou seja, cujo pagamento não imediato ao evento que lhes deu causa – ocorre sem custo financeiro adicional algum. Em geral, são passivos sem custos de rubricas como *impostos, taxas e contribuições* (desde que recolhidas no prazo de vencimento),[9] *salários* e parte de *fornecedores*, passivos cujo pagamento antecipado dificilmente traria algum desconto ou ganho financeiro à empresa.

Além disso, é importante verificar o fluxo do financiamento de longo prazo no decorrer dos períodos analisados: todo passivo não circulante, ao aproximar-se da data de sua exigibilidade, será listado no passivo circulante. O monitoramento desse fluxo de passivos é de grande auxílio ao analista para verificar as variações, em uma sequência de períodos de análise, dos índices de endividamento de curto prazo.

Por fim, a análise da captação de curto prazo pode revelar alguns problemas importantes de sustentabilidade financeira: é comum que empresas que passam por períodos de dificuldades de financiamento por terceiros e obtenham resultados negativos subsequentes apresentem, ao mesmo tempo, redução na capitalização e aumento no endividamento de curto prazo, uma situação potencialmente danosa à sua sobrevivência se persistir indefinidamente, visto que a redução na capitalização aumenta o risco para terceiros investirem na empresa, e o aumento do endivida-

---

[9] É rara a ocorrência de desconto para pagamento antecipado de impostos de pessoa jurídica.

mento de curto prazo aumenta a possibilidade de que esses aplicadores de recursos se recusem a renovar suas aplicações, conduzindo à situação de potencial insolvência. Contudo, quando uma empresa até então pouco capitalizada aumenta a participação de capital próprio, frequentemente torna-se capaz de tomar empréstimos no longo prazo, reduzindo o endividamento de curto prazo e, em geral, o custo dos seus passivos, pois o risco aos terceiros que nela investem capital diminui. Mais uma vez, reforça-se a necessidade de que os indicadores de análise financeira sejam, sempre, analisados de forma conjunta.

6.1.1.1.6 Captação de longo prazo

Fórmula 6:

$$\frac{Passivo\ não\ circulante}{Passivo\ circulante + Passivo\ não\ circulante} = (1 - Captação\ de\ curto\ prazo)$$

Interpretação: quanto maior, melhor.

A captação de longo prazo representa o complemento da captação de curto prazo, ou seja, a parcela do capital de terceiros representada por recursos de longo prazo, cuja exigibilidade é superior a um ano ou superior a um ciclo operacional, se este for maior que um ano.

A interpretação, a análise e a consideração da evolução da captação de longo prazo devem ser realizadas de forma conjunta e complementar à captação de curto prazo.

Muitas operações de captação de longo prazo têm como garantias componentes do ativo permanente. Por essa razão, empresas cujas operações demandam níveis de imobilização de ativos mais elevados, exigindo pesada infraestrutura física, em geral apresentam maiores níveis de captação de longo prazo do que empresas de serviços pouco imobilizadas em seus ativos.

6.1.1.1.7 Exigibilidades tributárias

Fórmula 7:

$$\frac{Impostos,\ taxas\ e\ contribuições}{Passivo\ circulante + Passivo\ não\ circulante}$$

Interpretação: quanto menor, melhor.

A participação das exigibilidades tributárias em relação ao total do capital de terceiros investido na empresa é um item bastante polêmico. Por um lado, trata-se, como já se comentou, de passivo sem custos no que diz respeito a pagamento de tributos dentro do prazo de vencimento, e, por outro, o potencial de utilização dessa fonte de financiamento é relativamente reduzido, e a possibilidade de seu emprego está restrita às determinações da legislação e, portanto, completamente fora do controle administrativo interno da empresa.

Por isso, uma participação elevada de *impostos, taxas e contribuições* sobre o total do capital de terceiros é indesejável e arriscada, exceto se o endividamento ajustado for muito baixo – situação em que qualquer capital de terceiros é pouco em relação ao capital total. Se o endividamento ajustado for considerável, e a participação das exigibilidades tributárias relevante, a empresa está em risco de não conseguir renovar essa fonte de financiamento no longo prazo.

Além do mais, a causa mais frequente de elevados índices de exigibilidades tributárias são tributos atrasados e participação em programas de refinanciamento tributário. No caso de tributos em atraso, o custo financeiro e os riscos implícitos da inadimplência tributária – incluindo pesadas multas, juros e processos cíveis e criminais contra os administradores da empresa – são consideravelmente elevados, implicando o comprometimento tanto do fluxo de caixa como da rentabilidade futura da empresa. Já nas situações em que a empresa adere a refinanciamentos tributários, parte de sua receita estará imediatamente comprometida por um longo prazo, prejudicando sua rentabilidade e revelando uma má gestão financeira passada que permitiu a acumulação de tributos não pagos nos vencimentos devidos.

No Brasil, não é incomum que empresas estejam arguindo na Justiça a necessidade ou não de pagamentos de determinados tributos. Em algumas situações, a empresa pode estar amparada por decisões judiciais provisórias (liminares) que a livram do pagamento de determinado tributo, total ou parcialmente. Quando as decisões definitivas relativas a essas causas são tomadas de forma desfavorável à empresa, pode ser gerado um grande passivo tributário referente aos débitos em atraso; ou se de outra forma a decisão é favorável, provisões previamente lançadas no passivo podem ser baixadas e incorporadas ao patrimônio líquido. Recomenda-se ao analista a consulta às notas explicativas dos demonstrativos financeiros padronizados e, mais ainda, das demonstrações anuais, em que as empresas devem explicar detalhadamente as causas tributárias em andamento e como elas estão contabilizadas.

Algumas empresas beneficiam-se de uma modalidade especial de diferimento tributário na qual parte de seus impostos pode ser paga no futuro, eventualmente com redução de alíquotas e apenas com correção monetária. Quando isso ocorre, haverá uma redução relativa no volume de tributos a pagar durante o período de diferimento e um aumento relativo durante o período de amortização. As notas explicativas evidenciam o volume dos diferimentos tributários usufruídos pela empresa e se há algum tipo de cláusula condicionante ao seu posterior pagamento ou definitiva isenção parcial ou total.

6.1.1.1.8 Comprometimento bancário

Fórmula 8:

$$\frac{\textit{Empréstimos e financiamentos}}{\textit{Passivo circulante + Passivo não circulante}}$$

Interpretação: quanto menor, melhor.

Já se apresenta o conceito de que o capital de terceiros pode ter, essencialmente, origem operacional ou financeira. O comprometimento bancário é o indicador que avalia o quanto do capital de terceiros é de origem financeira, referente a empréstimos e financiamentos tomados junto a instituições do sistema financeiro nacional e/ou do exterior.

Como regra geral, quanto menor a participação do capital de origem financeira em relação ao capital de terceiros total, melhor. Isso ocorre porque as fontes operacionais apresentam um custo geralmente inferior às fontes financeiras no financiamento de terceiros à empresa. Além disso, bancos e demais instituições financeiras, pela sua própria natureza, exigem garantias e determinados comprometimentos que demandam, indiretamente, a manutenção de certos padrões de liquidez que implicam a manutenção de uma estrutura de captação e aplicação de recursos talvez não desejada pela empresa.

A maioria das empresas tem algum tipo de capital de terceiros de origem financeira, sob a forma de desconto de duplicatas, financiamento para capital de giro, antecipação de receitas, *commercial papers*, notas promissórias, debêntures e outros instrumentos, contudo algumas constituem operações estruturadas com bancos sinérgicos próprios ou outras instituições financeiras por meio dos quais o comprometimento bancário é drasticamente reduzido e as operações financeiras transferidas a uma terceira instituição.[10]

Alterações bruscas no nível de comprometimento bancário de um período a outro podem indicar mudança na estratégia de gestão de ativos e passivos por parte da empresa, e o analista deverá investigar os impactos dessa mudança. Ademais, quando a empresa expande rapidamente o tamanho dos seus ativos, frequentemente observa-se alguma alteração no comprometimento bancário, aliada à mudança na captação de longo prazo, quando operações estruturadas de financiamento de longo prazo são utilizadas para a ampliação de parques industriais ou mesmo compra de outras empresas. Recentemente, no cenário brasileiro, o aumento da capitalização por meio de operações de aumento de capital próprio por emissão de ações para venda em Bolsa de Valores tomou uma importância não observada antes, e várias empresas de grande porte expandiram seus ativos permanentes sem aumentarem, de imediato, os seus níveis de comprometimento bancário e, às vezes, até mesmo os diminuindo.

Outra interação interessante ocorre entre o comprometimento bancário e a estratégia de financiamento a clientes, quando empresas especialmente de atuação no varejo tomam recursos em longo prazo, por meio da venda de suas carteiras de crédito, e os utilizam como forma de renovação da capacidade de financiamento a clientes, situação típica no Brasil.

É pouco comum a redução brusca do nível de comprometimento bancário acompanhado apenas do aumento do financiamento com passivos operacionais, sem alteração no endividamento ajustado expressiva e proporcionalmente. Quando isso ocorre, o analista deve procurar por sinais de liquidação de ativos permanentes, especialmente de investimentos, ou pela alteração no perfil do ativo circulante. O oposto, conforme comentado anteriormente, ocorre mais frequentemente.

---

[10] Para uma discussão detalhada de estratégias de utilização de instituições financeiras segregadas da empresa para a gestão dos fluxos financeiros diferidos, ver Matias (2007).

6.1.1.1.9 Comprometimento com fornecedores

Fórmula 9:

$$\frac{Fornecedores}{Passivo\ circulante + Passivo\ não\ circulante}$$

Interpretação: quanto maior, melhor.

Os fornecedores constituem uma categoria especial de passivos sem custos. Em geral, segundo as práticas comerciais de cada setor de atividade econômica, é comum a concessão de prazos usuais de pagamentos de mercadorias, insumos e matérias-primas adquiridas pelos seus consumidores intermediários. Muitos dos fornecedores de uma empresa estarão já ajustados a ciclos financeiros razoavelmente bem definidos, e a empresa poderia obter pouco benefício financeiro ao pressionar pela concessão de descontos para pagamentos à vista. Esse fato é especialmente mais comum nas aquisições rotineiras de matérias-primas e insumos do que na aquisição de ativos imobilizados, por certo.

Dessa forma, a utilização do capital de terceiros representado pelos prazos de pagamentos concedidos pelos fornecedores é, quase sempre, uma forma barata e de renovação relativamente simples ao longo do tempo para a empresa. Quanto maior a parcela do capital de terceiros representada por *fornecedores*, geralmente menor tende a ser o custo do capital de terceiros da empresa e, assim, quanto maior o comprometimento com fornecedores, melhor.

A análise comparada do comprometimento com fornecedores entre empresas de um mesmo setor pode, de alguma maneira, refletir estratégias comerciais de compra diferentes ou mesmo o uso do poder de barganha com fornecedores em intensidades diferentes, já que empresas cujos produtos e serviços são semelhantes adquirem matérias-primas e insumos em proporções também semelhantes. Algumas empresas dentro de dado setor terão maior poder de imporem prazos maiores aos seus fornecedores, o que pode representar uma vantagem financeira interessante dado o baixo custo desse tipo de passivo. Não obstante, o analista deve verificar se um maior comprometimento com fornecedores que a média do setor eventualmente verificado não representa, na verdade, inadimplência crônica no pagamento a estes adotado pela empresa ou, ainda, em caso de alterações bruscas nesse indicador, o início de uma escalada de comprometimento da capacidade de pagamento da empresa, especialmente se o aumento do comprometimento com fornecedores vier acompanhado, de forma expressiva, com aumento do comprometimento com impostos e do endividamento ajustado.

A análise do comprometimento com fornecedores é mais relevante nas empresas cujas atividades implicam a obtenção de baixas margens de contribuição e elevada participação dos *custos dos produtos e/ou serviços vendidos* em relação à *receita líquida*, e crucial naquelas que atuam essencialmente com a comercialização de mercadorias com pouco valor agregado e baixas margens. Nesses casos, as oscilações no comprometimento com fornecedores podem ser determinantes no custo do passivo total e na rentabilidade do negócio.

6.1.1.2 Aplicação

Os recursos que a empresa capta, próprios ou de terceiros, são aplicados nas suas diversas atividades e correspondem ao grupo *ativo* do balanço patrimonial. O *ativo* reflete as diversas categorias de bens e direitos, financeiramente mensuráveis, nos quais estão investidos os recursos captados pela empresa. É interessante reforçar o conceito de que a existência de *ativos*, e assim da própria empresa, se dá apenas na medida e em razão de agentes externos, sócios ou terceiros, terem investido o capital representado pelo "outro lado" do balanço patrimonial, o *passivo* e o *patrimônio líquido*, que também determinam, efetivamente, a quem "pertencem" os ativos da empresa e em qual proporção. Embora contraintuitivo, esse raciocínio, se bem compreendido, permite ao analista uma clara visão da perspectiva de propriedade e gestão a partir da qual a empresa é concebida: um conjunto de aplicações (ativos) de recursos diversos destinados a remunerar de maneira apropriada aqueles que aí investiram seu capital (*passivo* e *patrimônio líquido*).

A aplicação de recursos pode ser categorizada em dois grandes grupos: o *ativo circulante* e o *ativo não circulante*. Em geral, os recursos aplicados no *ativo circulante* são aqueles relacionados com as necessidades de operação cotidiana da empresa, como *recebíveis* e *estoques*, renovados frequentemente conforme a empresa completa seus ciclos operacionais. Já o *ativo não circulante* é formado, na maioria das empresas, majoritariamente pelo *ativo permanente*, que representa, no modelo de demonstrativos ajustados sugerido neste livro, os *investimentos* em outras empresas controladas e coligadas, o *ativo intangível* e o *imobilizado*, correspondendo, estes dois últimos, a toda a estrutura de bens e direitos de caráter não circulante, como imóveis, bens de capital (máquinas e equipamentos utilizados na produção), patentes, licenças etc.

6.1.1.2.1 Imobilização ajustada do capital próprio

Fórmula 10:

$$\frac{Ativo\ permanente}{Patrimônio\ líquido}$$

Interpretação: quanto menor, melhor.

No modelo brasileiro de demonstrativos contábeis, os dois grandes grupos do balanço patrimonial (*ativo* e *passivo* + *patrimônio líquido*) são organizados em ordem de liquidez e de exigibilidade, respectivamente. A liquidez de um ativo, especificamente, refere-se à sua facilidade e velocidade de transformação em dinheiro, e a exigibilidade de um passivo refere-se ao prazo no qual ele deverá ser pago. A adequada coordenação entre a liquidez dos ativos e a exigibilidade dos passivos é fundamental para a gestão financeira da empresa, e descuidos sérios nesse aspecto podem aumentar as dificuldades de financiamento por terceiros da empresa e, no limite, conduzir à sua falência.

Como já se discutiu anteriormente, o capital próprio, representando pelo *patrimônio líquido*, não é exigível pelos sócios, que não podem simplesmente demandar sua pronta devolução em uma data estipulada. Em contrapartida, o *ativo permanente* representa recursos aplicados em bens e direitos que não se realizam (ou seja, se convertem em dinheiro) normalmente com o exercício das operações da empresa. Essa diferença fica mais clara quando se comparam os *recebíveis* dos clientes e o *imobilizado*, por exemplo: embora o volume de contas a receber de clientes possa permanecer constante no médio prazo, no decorrer do tempo créditos concedidos a clientes vão sendo liquidados em dinheiro e novas operações de crédito a clientes são realizadas – os ativos realizam-se em moeda no transcurso normal do negócio. Já um imóvel ou uma máquina utilizada na fábrica (componentes do *ativo imobilizado*) não serão convertidos em dinheiro normalmente, apenas se, no curto ou médio prazo, a empresa vender o imóvel ou a máquina.

Assim, os recursos aplicados no *ativo permanente* não se realizam pelo simples transcorrer do tempo e representam uma aplicação de longo prazo de recursos cuja transformação em dinheiro, se necessária para cobrir necessidades de pagamento aos terceiros que financiaram a empresa, é tanto demorada quanto possivelmente danosa à própria continuidade operacional da empresa, prejudicando sua sustentabilidade financeira de longo prazo.

Posto isso, é possível comparar a parcela dos recursos investidos na empresa não exigíveis (o *patrimônio líquido*) que está comprometida em aplicação de demorada e difícil realização (*ativo permanente*), representada pela imobilização ajustada do patrimônio líquido. Índices inferiores a 1,0 indicam que o volume de recursos captados não exigíveis da empresa é superior ao volume de recursos aplicados de difícil realização, havendo, portanto, uma "folga" financeira de recursos não exigíveis aplicada em ativos de maior liquidez, o que aumenta, de certa maneira, a liquidez da empresa como um todo. Visto de outra forma, o cenário no qual esse índice é menor do que 1,0 indica que todo o capital de terceiros foi aplicado apenas em ativos "não permanentes", que se realizam naturalmente com o andamento das atividades da empresa e, assim, em tese, proporcionam aos terceiros maior segurança ao investirem recursos na empresa.

Quando o índice de imobilização ajustada do patrimônio líquido é maior que 1,0, é possível deduzir que há recursos de terceiros aplicados no *ativo permanente*, pois o *ativo permanente* supera o *patrimônio líquido*. Nessa situação, a empresa começa a ficar pressionada a gerar resultados futuros suficientes à cobertura do custo de financiamento da parcela dos recursos de terceiros aplicada em *ativo permanente* ou vê-se em situação de maior necessidade de renovar as aplicações obtidas de terceiro para sua continuidade operacional, o que pode ser percebido como um fator de aumento de risco, promovendo financiamento de terceiros a custos mais elevados.

Se o índice de imobilização ajustada do patrimônio líquido é muito elevado, por assim dizer, em geral superior a 3,0 ou até mesmo 6,0 em alguns setores de atividade econômica, algumas situações específicas podem estar ocorrendo. A empresa pode estar com uma baixa capitalização, fato cujas consequências são apontadas na seção que trata desse indicador. É também possível que a empresa tenha utilizado um grande volume proporcional de captação de longo prazo aplicada em *ativo imobilizado*, em operações cruzadas nas quais os ativos são as próprias garantias dos empréstimos. Outra possibilidade é a de que perdas substanciais nas outras categorias de ativos tenham aumentado a participação relativa dos ativos imobilizados, o que representa uma situação de risco financeiro no longo prazo.

A imobilização ajustada do patrimônio líquido varia substancialmente entre diferentes setores de atividade econômica. Empresas industriais que produzem produtos com baixas margens de contribuição e longos fóciclos operacionais são tipicamente as que apresentam maior imobilização do patrimônio líquido. Empresas de comercialização de produtos acabados com baixa agregação de valor aos produtos (p. ex., distribuidores) têm menor imobilização, e as empresas de serviço costumam ser as que apresentam os menores índices para esse indicador, pois, além da menor necessidade de ativos imobilizados, são, em geral, as mais capitalizadas.

6.1.1.2.2 Imobilização de recursos não correntes

Fórmula 11:

$$\frac{Ativo\ permanente}{Patrimônio\ líquido + Passivo\ não\ circulante}$$

Interpretação: quanto menor, melhor.

É comum que a maior parte do *passivo exigível a longo prazo* seja representada por financiamentos estruturados dentro de projetos de investimento ou custeio vinculados; muitas vezes, há garantias específicas e prazos de pagamentos bastante alongados. Alguns desses instrumentos, por meio dos quais terceiros investem na empresa, preveem, inclusive, a possibilidade de que convertam seus créditos em ações, tornando-se sócios da empresa, caso de operações que envolvem debêntures conversíveis, por exemplo.

Assim, pode-se considerar que a exigibilidade e os potenciais desafios de renovação do capital de terceiros formados pelo *passivo não circulante* são substancialmente inferiores aos que se aplicam ao *passivo circulante*. Dessa forma, pode-se analisar a imobilização não apenas do capital próprio, mas também dos chamados recursos não correntes, que correspondem ao *patrimônio líquido* e ao *passivo não circulante*.

Essa relação é medida pela imobilização de recursos não correntes, e o raciocínio a ela aplicável é análogo à análise da imobilização do patrimônio líquido. No entanto, alguns valores-chave têm implicações bem importantes: quando a imobilização de recursos não correntes supera 1,0, isso indica que recursos captados no curto prazo, por meio das rubricas do *passivo circulante*, estão financiando aplicações de longo prazo no *ativo permanente*, situação quase sempre indesejada e indicadora de potencial liquidez inadequada da empresa. Nessa situação, qualquer incapacidade de geração de recursos para remunerar o capital de terceiros ou dificuldade na manutenção do nível de captação de curto prazo implicarão dificuldades financeiras de fluxo de caixa bastante sérias para a empresa, dada a baixa capacidade de utilização de recursos do *ativo permanente* para fazer frente a uma redução na capitalização ou, potencialmente, no endividamento de longo prazo não associado a aumento na capitalização.

6.1.1.2.3 Recursos de longo prazo em giro

Fórmula 12:

$$\frac{\text{Patrimônio líquido + Passivo não circulante – Ativo não circulante}}{\text{Patrimônio líquido + Passivo não circulante}}$$

Interpretação: quanto maior, melhor.

O capital de giro líquido (CGL) corresponde aos recursos aplicados no *ativo circulante* que excedem as captações realizadas pelo *passivo circulante*, ou seja, aos recursos captados no longo prazo que financiam ativos de curto prazo, ou à parcela de recursos aplicados no curto prazo não cobertos por recursos captados no longo prazo (*passivo não circulante + patrimônio líquido*), caso o capital de giro líquido seja negativo.

Se o capital de giro líquido é positivo e o índice de recursos de longo prazo aplicados em giro maior que 1,0, indica que a empresa se encontra em uma situação relativamente mais confortável na qual os recursos de longo prazo financiam parte das necessidades de aplicação de curto prazo. Assim, quanto maiores os recursos de longo prazo em giro, menos a empresa dependerá de renovações de captações de curto prazo para financiar suas atividades de curto prazo, o que dá mais estabilidade à administração das captações da empresa e reduz seu risco financeiro no curto prazo.

Quando o capital de giro líquido é negativo, isso significa que recursos captados no curto prazo financiam ativos de longo prazo, situação merecedora de atenção por parte do analista. Caso essa situação não seja acompanhada da existência de *patrimônio líquido* negativo, a análise do índice negativo pode ser realizada da mesma forma.

A análise dos motivos que geram variação no capital de giro líquido é relativamente complexa e, por si só, torna-se um tópico específico nos estudos de administração financeira (Matias, 2007). Pode-se, no contexto dos objetivos deste capítulo, determinar que as alterações nos recursos próprios em giro devem-se a duas causas distintas: redução na captação de longo prazo e/ou capitalização, originada por uma piora no perfil da captação de recursos; ou aumento da aplicação em *ativos permanentes*, decorrentes de alterações no perfil da aplicação de recursos. Raramente, ambos ocorrem de maneira simultânea.

Entre diferentes setores de atividade econômica, a necessidade de *ativos imobilizados* exerce grande influência sobre o nível de recursos de longo prazo em giro. Também influencia o endividamento de curto prazo elevado, que aumenta os recursos disponíveis para aplicação em curto prazo.

6.1.1.2.4 Recursos próprios em giro

Fórmula 13:

$$\frac{\text{Patrimônio líquido – Ativo não circulante}}{\text{Patrimônio líquido}}$$

Interpretação: quanto maior, melhor.

A análise dos recursos próprios em giro é análoga à dos recursos de longo prazo em giro, mas é mais restrita no sentido de considerar apenas os recursos próprios (*patrimônio líquido*) empregados em giro. Essa análise utiliza o conceito de capital de giro próprio (CGP), que corresponde à diferença entre o *ativo permanente* e o *passivo circulante e não circulante*.

Quando o índice de recursos próprios em giro é superior a 1,0, deduz-se que o capital próprio da empresa é suficiente para financiar todas as aplicações de longo prazo e, ainda, uma parte das aplicações em curto prazo. Nessa circunstância, pode-se verificar a existência de uma "folga" financeira decorrente do fato de a empresa não depender da renovação da captação de terceiros para financiar seu *ativo circulante*. Tal situação não é frequente na maioria dos setores de atividade econômica, mas algumas empresas particulares apresentam alto índice de recursos próprios em giro, normalmente quando adotam estratégias especiais de gestão do capital de giro.

Também são dois os principais fatores que determinam variações bruscas nos recursos próprios em giro: alterações na capitalização e na administração simultânea do *ativo circulante* em relação ao ativo não circulante. Normalmente, ambos os fatores não concorrem de modo simultâneo para alterações significativas dos recursos próprios em giro.

Empresas cujos setores econômicos de atuação se caracterizam por altas margens de contribuição dos produtos e/ou serviços tendem a apresentar maior volume de recursos próprios em giro. Em setores de atuação nos quais o faturamento é altamente proporcional ao tamanho do *ativo imobilizado* e as margens são baixas, valores baixos e negativos para o índice de recursos próprios em giro são mais comuns.

6.1.1.2.5 Aplicação em ativos de crédito

Fórmula 14:

$$\frac{Recebíveis}{Ativo\ total - Ativo\ permanente}$$

Interpretação: quanto maior, melhor.

Parte dos recursos da empresa estará aplicada nos seus clientes. Isso ocorre por meio da criação dos *recebíveis*, ou seja, de instrumentos de crédito representados por vendas realizadas aos clientes e ainda não recebidas pela empresa. Trata-se de uma aplicação relativamente líquida, em que a receita já foi gerada e apropriada no momento da venda, dependendo esses ativos, para sua realização em dinheiro, apenas do pagamento dos clientes.

De forma geral, quanto maior a aplicação em ativos de crédito, melhor a liquidez da empresa, comparando-se à aplicação em termos de seus ativos totais, ou seja, do total de recursos aplicados na empresa. No entanto, a análise desse indicador e de suas oscilações inspira cuidados especiais.

Quando a aplicação em ativos de crédito é expressiva em relação ao total de recursos aplicados na empresa de forma não permanente (normalmente, quando seu índice supera 0,4 ou 0,5), alguma distorção ou peculiaridade na estratégia de atuação da empresa é verificada, considerando, obviamente, tratar-se de uma empresa não financeira. A concessão de altos volumes de crédito a clientes, revelada por elevada aplicação em ativos de crédito, aumenta a concentração do risco financeiro decorrente da inadimplência e insolvência dos seus clientes. A causa mais comum da elevada aplicação em ativos de crédito é a concessão de prazos alongados de pagamentos, levando a uma necessidade de recursos que deverá ser suprida por fontes de recursos que talvez não fossem necessárias se a empresa operasse em paridade ao seu setor de atuação.

No entanto, o cenário macroeconômico brasileiro dos últimos 15 anos propiciou uma intrincada combinação de altas taxas de juros praticadas no crédito ao consumidor final e poucas opções de captação não vinculada para esse mesmo consumidor junto ao sistema bancário. Esses fatores circunstanciais, aliados à cultura disseminada de pagamentos alongados em várias parcelas, geram oportunidades de ganhos para empresas atuantes no comércio varejista ou venda direta ao consumidor mediante a captação de recursos financeiros a custos mais baixos do que aquele cobrado dos clientes. Assim, em situações como essas, uma participação anômala da aplicação em ativos de crédito pode se constituir na principal fonte de resultado financeiro, de forma direta ou camuflado como resultado operacional, que traz implícitos nas margens os ganhos financeiros da concessão de prazos de pagamento estendidos, como o caso de empresas de setores específicos, como lojas de departamento e, em menor grau, supermercados e hipermercados. O analista deve sempre estar atento a essa possibilidade de buscar informações nas notas explicativas sobre o perfil dos *recebíveis* e a eventual receita por eles gerada.

Parte das empresas que atuam em setores como os exemplificados pode adotar práticas mais sofisticadas para se apropriar de ganhos financeiros decorrentes do financiamento a clientes, como a criação de bancos sinérgicos, operações de *vendor* e outras, discutidas por Matias (2007).

Há uma situação distinta à qual o analista deve ficar atento: aumento expressivo da aplicação em ativos de crédito acompanhado do aumento das captações financeiras de curto prazo, listados na rubrica *empréstimos e financiamentos* do *passivo circulante*, representando a fonte específica mais comum: as duplicatas descontadas. Quando isso ocorre, a empresa está elevando seu endividamento de curto prazo e ampliando o prazo médio de pagamento, gerando também um aumento possivelmente repentino na aplicação em ativos de crédito. Nesse cenário, em que as novas aplicações em ativos de crédito representadas por *recebíveis* são financiadas pelo aumento na captação financeira de curto prazo, a empresa pode estar expandindo suas operações em um ritmo insustentável financeiramente, sobretudo se as margens dos seus produtos e serviços forem baixas.

Em vários setores de atividade econômica, é possível aumentar o volume de vendas no curto prazo, sem a realização de todos os investimentos necessários em ativos de outras categorias – uma situação que não se sustenta no longo prazo – mediante aumento nos prazos de pagamento concedidos aos clientes (aplicando-se recursos nos clientes). Quando isso ocorre, a aplicação em ativos de crédito pode aumentar rapidamente, em geral acompanhada do aumento do comprometimento bancário representado por operações como desconto de duplicatas, que transformam as vendas marginais em recursos às custas das margens de contribuição.

Outro fator que pode concorrer para o aumento súbito da aplicação em ativos de crédito é um aumento rápido e consistente da inadimplência ou mesmo dos níveis de insolvência. Quando isso ocorre, outras fontes de crédito deverão financiar a mudança no perfil dos recebimentos de clientes da empresa.

6.1.1.2.6 Aplicação em estoques

Fórmula 15:

$$\frac{Estoques}{Ativo\ total - Ativo\ permanente}$$

Interpretação: quanto menor, melhor.

Os *estoques* representam uma aplicação de recursos com liquidez inferior aos *recebíveis*, pois ainda não foram vendidos e estão sujeitos a fatores como obsolescência e perda. Em geral, não é possível distinguir pelos demonstrativos financeiros a parcela dos estoques que corresponde ao produto acabado, aquele referente a matérias-primas e insumos de produção e a que compreende produtos em elaboração.

Nas condições mais comuns, é mais favorável à empresa a manutenção de menores recursos aplicados em *estoques*. Estes, ao contrário dos *recebíveis*, não geram normalmente retorno financeiro à empresa e, ainda, implicam custos de armazenagem e transporte. Os *estoques* são uma das aplicações evidenciadas no *ativo circulante* análogas aos passivos sem custos, já discutidos, sendo às vezes classificados como ativos sem retorno. No entanto, como em vários outros índices, essa afirmação não deve ser tomada de maneira absoluta.

Algumas empresas, notadamente as que atuam no setor de *commodities* ou que dependem e utilizam insumos e matérias-primas duráveis e sujeitos a alta volatilidade de preços, nas quais as margens de contribuição são particularmente reduzidas, utilizam-se dos estoques como ferramenta de *hedge*, procurando adquirir tais matérias-primas, insumos e mesmo produtos para revenda nos momentos em que estão mais baratos no mercado, obtendo resultados financeiros quando da sua utilização a um custo menor que o de mercado ou venda a preço superior ao de compras. Outras empresas utilizarão os estoques como ferramenta especulativa, auferindo ganhos e perdas de acordo com o acerto de suas decisões de compra e venda. Em ambos os casos, serão comuns variações bruscas no índice entre os diferentes períodos em que o analista estiver avaliando a empresa que adote tais estratégias.

Notadamente, empresas de serviço têm aplicações em estoque reduzidas ou desprezíveis, pois sua atividade-fim em geral não comporta qualquer tipo de estocagem, mas apenas de prestação do serviço mediante sua aquisição. Empresas com alta sazonalidade de demanda na cadeia produtiva provavelmente apresentarão variações cíclicas expressivas nas aplicações em estoques se forem as que administram os estoques de toda a cadeia, caso das fábricas de brinquedos e outros itens cuja demanda aumenta destacadamente nas proximidades do Natal. O analista deve, sempre, ater-se a esses fatores externos ao buscar as razões que determinam as variações no índice.

6.1.1.2.7 Aplicações em disponibilidades

Fórmula 16:

$$\frac{Disponibilidade\ e\ aplicações\ financeiras}{Ativo\ total - Ativo\ permanente}$$

Interpretação: quanto maior, melhor.

As disponibilidades financeiras imediatas, seja em moeda corrente, seja em depósitos à vista em instituições financeiras, além de aplicações imediatamente conversíveis em dinheiro, constituem a aplicação mais líquida de recursos que a empresa pode fazer. Ao se deter nas aplicações em disponibilidades, o analista pode verificar qual a proporção do capital investido em outras rubricas do ativo que não o permanente que está disponível praticamente de forma imediata para uso.

Normalmente, quanto maiores as aplicações em disponibilidades, maior a liquidez da empresa em relação aos terceiros que lhe financiaram e mais confortável é sua situação financeira no curto prazo. Entretanto, as empresas em geral não mantêm altas suas aplicações em disponibilidades, pois essas aplicações tendem a gerar uma rentabilidade menor do que a esperada – considerados, teoricamente, os riscos envolvidos por seus ativos, que possibilitam rentabilidade maior que a obtida em razão da aplicação financeira direta de curto prazo deles por meio das alternativas tradicionais do mercado financeiro.

As variações das aplicações em disponibilidades são das mais interessantes para o analista buscar sua causa, já que podem estar ligadas às alterações na estrutura de captação de recursos, à apropriação de lucros e prejuízos diretamente contra as disponibilidades, ao aumento ou à redução da imobilização, sendo tudo isso geralmente ligado a alguma alteração no ciclo financeiro da empresa.

Índices de aplicações em disponibilidades muito altos são raros. Quando isso ocorre, a empresa possivelmente está preparando alguma ação específica de grande porte, como redução no endividamento de curto prazo, aumento do *ativo imobilizado* etc.

6.1.1.2.8 Aplicações em investimentos

Fórmula 17:

$$\frac{Investimentos}{Ativo\ total}$$

Interpretação: quanto menor, melhor.

Quando se utilizam demonstrações contábeis consolidadas, os investimentos em controladas e coligadas são apropriados segundo o critério de equivalência patrimonial em cada uma das rubricas das demonstrações da empresa consolidada (Iudícibus et al., 2006). Assim, restam na rubrica *investimentos* que são listados como investimentos residuais, cuja consolidação não é obrigatória.

A ausência de consolidação é um fator de redução de transparência expressivo, ao não permitir a análise dos impactos positivos ou negativos que a empresa controladora sofre em razão do desempenho da coligada ou controlada cujo desempenho não foi consolidado na controladora. Por sua vez, nessa mesma rubrica *investimentos*, também podem ser incluídas participações societárias inexpressivas frente ao ativo total e minoritárias em relação ao controle das empresas participadas.[11] Por essa razão, a princípio pode-se considerar que, quanto menor a participação dos *investimentos* em relação aos ativos totais, melhor.

Contudo, há empresas que adotam estratégias de participação difusa em várias outras sociedades de capital aberto como parte de sua gestão da aplicação de recursos. Informações claras e detalhadas nas notas explicativas sobre em que consistem os *investimentos* e por que a empresa os mantém são uma boa indicação ao analista de que a empresa analisada não está utilizando expedientes normativos para fornecer informação incompleta aos usuários das suas demonstrações contábeis. Se não é o caso e, contudo, a aplicação em investimentos é expressiva, o analista deve buscar identificar possíveis fontes de resultados marginais negativos oriundos desses investimentos.

6.1.1.2.9 Aplicações em imobilizado

Fórmula 18:

$$\frac{Imobilizado}{Ativo\ total}$$

Interpretação: quanto menor, melhor.

Na discussão do indicador imobilização do patrimônio líquido, foi abordada a questão da realização e da liquidez dos diferentes tipos de ativos nos quais a empresa aplica os recursos que capta com sócios e com terceiros. Há um conjunto de ativos, o denominado *ativo permanente*, que, em situação normal, não é realizado com o funcionamento corrente operacional dos negócios da empresa. A rubrica que, em geral, mais se destaca nesse grupo é o *imobilizado*, referente a máquinas, imóveis, licenças, patentes, benfeitorias, pontos comerciais, contratos de comercialização apreçados etc., que são de baixíssima liquidez, porém, em muitos casos, indispensáveis à própria consecução das atividades da empresa.

A aplicação em ativo imobilizado implica destinar parte dos recursos captados a aplicações de longo prazo e de pouca liquidez de curto prazo para satisfação dos compromissos com os terceiros que financiam a empresa. Tradicionalmente, a existência de um grande *imobilizado* era tida como um sinônimo de solidez e segurança da empresa, literalmente. No entanto, a visão moderna da administração financeira está preocupada com a capacidade que um conjunto de ativos, financiados por uma estrutura de captação específica, tem de remunerar os terceiros que forneceram recursos à empresa e, ainda, gerar riqueza para os seus sócios no longo prazo, sendo muito menos importante ao analista avaliar a quantidade de máquinas ou o valor dos imóveis nos quais as fábricas de dada empresa estão instaladas.

---

[11] As normas contábeis determinam, para empresas que adotam a consolidação, em que situações não é necessário consolidar alguma ou nenhuma parte das participações societárias nos demonstrativos da empresa controladora.

Posto isso, pode-se afirmar, inicialmente, que, quanto menor a aplicação em imobilização, maiores a liquidez e a capacidade de pagamento de terceiros e remanejamento de recursos que a empresa tem entre seus ativos. No entanto, obviamente, quase toda empresa necessita manter algum ativo imobilizado para que suas operações possam existir, e ao analista cabe buscar a identificação da adequação da aplicação em imobilizado em relação ao contexto geral da estrutura de captação e aplicação de recursos, bem como considerar aspectos da rentabilidade gerada pelos recursos aplicados na empresa. Situação particularmente danosa se dá quando uma empresa apresenta alta aplicação em imobilizado, baixa capitalização e, consequentemente, alta imobilização dos recursos próprios: essa empresa tem – como será apresentado nas próximas seções deste capítulo – possivelmente uma baixa liquidez e enfrentará grandes desafios em renovar seus financiamentos de terceiros para se manter funcionando. É particularmente tentador o entendimento de que a existência de uma elevada aplicação em imobilizado fornece maiores garantias para a tomada de empréstimos bancários. Por um lado, a existência de ativos reais (em níveis controlados) é interessante, pois, em caso de necessidade de financiamento bancário, muitas vezes a empresa tomadora é requisitada a apresentar garantias reais para obtenção de empréstimo e negociação de menores taxas de juros. Por outro, mesmo que a oferta de garantias auxilie a redução do risco percebido pelo terceiro que empresta à empresa, especialmente se tratar de instituição financeira executando operação de empréstimo, em geral não se justifica o aumento da aplicação em imobilizado pela possível redução do custo de captação com terceiros. Se ocorrerem, simultaneamente, aumento da aplicação em imobilizado expressivo e redução do comprometimento bancário, o analista deverá verificar atentamente condições, como atrasos no pagamento de impostos ou na quitação de obrigações com fornecedores – a utilização de passivo operacional para aplicação em imobilizado é altamente arriscada para a sustentabilidade financeira da empresa.

As oscilações bruscas no indicador de aplicação em imobilizado devem ser avaliadas pelo analista fundamentalmente em relação ao tipo de movimentação na estrutura de aplicação dos recursos ocorrida: predominou aumento ou redução real do *imobilizado*, ou a variação das demais rubricas fez com que a participação relativa do *imobilizado* aumentasse ou diminuísse. A análise conjunta da aplicação em imobilizado com o endividamento de longo prazo e a capitalização é de grande auxílio para o entendimento de como a execução de projetos de investimento de longo prazo afeta a estrutura de captação e aplicação de recursos da empresa.

Os níveis médios de aplicação em imobilizado variam drasticamente entre os setores de atividade econômica. As indústrias extrativistas, de base e de bens de capital costumam apresentar elevados índices de aplicação em imobilizado, pois dependem, para funcionar, de pesados investimentos em máquinas, equipamentos e instalações fabris dificilmente sujeitos a terceirização ou operações assemelhadas, por se constituírem em ativos muito específicos da atividade de cada uma delas. Empresas predominantemente comerciais tendem a apresentar comportamento misto em relação à aplicação em imobilizado, basicamente dependente do modelo de gestão dos pontos comerciais mediante propriedade ou aluguel deles. Empresas de serviço apresentam aplicação em imobilizado intermediária, pois muitas vezes aplicam poucos recursos em rubricas como *estoque*, tipicamente apresentando, também, capitalização mais elevada. As empresas de soluções tecnológicas, como as desenvolvedoras de *software*, por exemplo, tendem a apresentar menores níveis de imobilização, pois sua produção independe da existência de equipamentos pesados e caros, bem como do estabelecimento de unidades de produção robustas. Por fim, caso especial se aplica a empresas do tipo *trading*, especializadas na compra e venda de *commodities* de baixo valor agregado: em geral, têm grandes aplicações em estoque e baixa aplicação em imobilizado.

6.1.2 Eficiência

Pode-se avaliar os resultados avaliados de uma empresa em termos da eficiência de suas operações, das diversas relações verificáveis entre rubricas de despesas e receitas, e, também, da geração de resultado em razão de vários parâmetros comparativos. Se a análise da estrutura avalia a gestão dos recursos que fazem a empresa "funcionar", a análise da eficiência financeira relacionará as despesas da empresa às suas receitas.

6.1.2.1 Receitas e despesas

Anteriormente, deteve-se na discussão de como, para a quase totalidade das empresas, existe apenas um fluxo de entrada de recursos operacionais, formado pela *receita*, e vários fluxos de saída, representados pelos diferentes agentes que, no decorrer das operações da empresa, são remunerados pelo fornecimento de capital (instituições financeiras), trabalho (funcionários) e produtos (fornecedores), exercício de poder de tributar (governo) etc.

Idealmente, a máxima eficiência hipotética seria a de uma empresa que apenas arrecada recursos de seus clientes sem nenhum custo e despesa, situação completamente irreal. Várias categorias de gastos implicarão a utilização de parcela da receita recebida, e é possível que o analista avalie a eficiência das decisões dos gestores, refletidas nos demonstrativos contábeis, em comparação a outras empresas do setor ou a outro conjunto conveniente de empresas qualquer. As decisões dos gestores de diferentes empresas podem conduzir a diferentes níveis de utilização de fluxos remunerados para pagamento desses agentes que propiciam o funcionamento da empresa, ou a quantidade de recursos que levantam pela venda de seus produtos e serviços ou por outras decisões indiretas. Os indicadores de eficiência, mais ainda que os de liquidez ou de estrutura, devem ser rigorosamente ponderados em razão do setor de atividade econômica no qual a empresa atua.

6.1.2.1.1 Despesa de *overhead*

Fórmula 19:

$$\frac{\textit{Despesa da atividade}}{\textit{Receita líquida}}$$

Interpretação: quanto menor, melhor.

No Capítulo 3, foram explicitadas as razões de conveniência do uso da *despesa da atividade* como um parâmetro importante para a análise financeira normalmente não expresso, na forma agrupada, na demonstração de resultados do exercício (DRE). As *despesas da atividade*, associadas a itens relacionados em *outras despesas operacionais*, não estão diretamente ligadas ao volume de produtos e/ou serviços vendidos, pois não correspondem a insumos, mercadorias ou matérias-primas utilizados em sua produção e elaboração e/ou aquisição; e, de certa forma, correspondem a despesas de gestão que não agregam resultado por si ou em decorrência de sua execução direta, não sendo incorporadas aos produtos vendidos. Esse conjunto de despesas é chamado *overhead*.

O indicador despesas de *overhead* mede o quanto essas despesas representam em proporção da *receita líquida*. Como regra geral, melhor é a situação na qual as despesas de *overhead* são menores, pois isso representa maior flexibilidade no controle dos custos e despesas totais em caso de redução do nível de vendas. Quando as despesas de *overhead* são elevadas, a empresa pode ver seu resultado comprometido com muito mais facilidade se houver alterações na receita ou no custo dos produtos vendidos e/ou dos serviços prestados.

Em geral, quando uma empresa atravessa períodos de queda generalizada nas vendas, é comum que as despesas de *overhead* aumentem de maneira perceptível entre períodos de análise, pois, se a redução nos custos dos produtos e serviços pode ocorrer de forma quase imediata à redução na demanda, ajustes na estrutura administrativa da empresa são mais lentos, demorados e, ainda, implicam despesas extraordinárias não recuperáveis – como indenizações por demissão – nas quais a empresa pode desejar não incorrer de imediato em virtude das expectativas de reversão da demanda ou de recomposição de margem dos produtos. Se a rubrica *outras despesas operacionais* for excepcionalmente elevada em relação a períodos anteriores, o analista deverá verificar atentamente as notas explicativas em busca de informações sobre eventuais despesas decorrentes de reestruturação.

O índice das despesas de *overhead* varia significativamente conforme as margens médias de contribuição das vendas da empresa. Empresas de comercialização de produtos indiferenciados (p. ex., distribuidores atacadistas) tendem a apresentar o menor índice de despesas de *overhead*, e a capacidade de mantê-las reduzidas pode ser crucial na determinação da rentabilidade. Empresas cuja atuação se concentra na prestação de serviços especializados de alto nível e intensivos em pesquisa e desenvolvimento têm, em geral, despesas de *overhead* mais elevadas. Aquelas que atravessam períodos prolongados de reestruturação organizacional, ou que passaram no passado recente por processos de fusão e aquisição, também tendem a apresentar despesas de *overhead* mais elevadas que suas congêneres.

O analista, ao comparar empresas com atuação parecida, poderá ter uma boa medida do impacto que a administração e a gestão da empresa têm sobre a receita líquida. Quando as despesas de *overhead* aumentam desproporcionalmente às variações em empresas do mesmo setor, podem-se questionar e avaliar em que medida os aumentos nas despesas de *overhead* são sobrepujados por maior rentabilidade, representam antecipação a aumento na receita ou se constituem um fator a prejudicar o desempenho global da empresa.

Essa avaliação torna-se mais importante, pois, de todas as rubricas de despesas da empresa, as de *overhead* estão, em geral, entre as de mais alta discricionariedade, ou seja, representam aquelas sobre as quais a empresa tem maior nível de controle e possibilidade de determinação mediante decisões autônomas que independem diretamente de fornecedores, da demanda do mercado, de preços de insumos e matéria-prima, de melhorias tecnológicas no parque produtivo ou mesmo de legislação normativa do governo.

6.1.2.1.2 Custo de produção

Fórmula 20:

$$\frac{\textit{Custo de produtos/serviços}}{\textit{Receita líquida}}$$

Interpretação: quanto menor, melhor.

Uma parcela dos desembolsos que a empresa realiza está diretamente relacionada à venda de bens e/ou prestação de serviços. São custos diretos ou tomados como diretos, cujo volume é determinado, exatamente, pelas vendas, formando o custo de produção, refletidos como a proporção da receita líquida que é empregada para cobrir os custos diretos incorridos na sua geração. De todas as demais rubricas que impactam o fluxo financeiro da empresa em termos de sua receita líquida, os custos de produção são os mais fortemente vinculados a ela. Ao incorrer em itens que impactam o custo de produção, a empresa está incorporando-os diretamente nos produtos e serviços que vende aos clientes.

Antes da contabilização do *custo de produtos e/ou serviços vendidos*, os impostos que têm como fato gerador a obtenção de receita, de forma direta (p. ex., PIS/Cofins cumulativos) ou indireta (ICMS líquido devido sobre o valor agregado na produção), são listados como *deduções da receita bruta*, sequer chegando a integrar a receita líquida, pois deles o governo imediatamente se apropria após a realização de operações de venda.

As oscilações no custo de produção entre períodos diferentes podem refletir em melhorias operacionais na tecnologia empregada na produção, nas decisões de marketing, na compra de matérias-primas, no poder de barganha com fornecedores e clientes, nas estratégias de gestão da cadeia de suprimentos, na alocação do *ativo imobilizado* utilizado para produzir os produtos vendidos etc.

Se determinada empresa não altera bruscamente o seu portfólio de produtos e serviços entre dois períodos subsequentes, o custo de produção tende à variação em pequena proporção, uma vez que são relativamente complexas as mudanças de curto prazo com grande impacto na estrutura de custos de determinada atividade econômica ao ponto de justificar grandes variações no custo de produção entre períodos pequenos. De qualquer forma, quando o custo de produção se altera de modo consistente, pode estar ocorrendo um grande fortalecimento ou enfraquecimento de posição competitiva.[12]

---

[12] Questão a ser detalhadamente discutida ao se analisar a rentabilidade.

Os índices médios do custo de produção variam de maneira expressiva entre setores de atividade econômica diferenciados, e a análise geral dos índices medianos entre setores diferentes pode ser de grande auxílio ao analista que pretende compreender como alterações nos fatores que determinam o custo de produção impactam setores diferentes e quão relevantes são esses impactos. Como regra geral, pode-se afirmar que, quanto menor o custo de produção, mais flexibilidade de gestão financeira terá a empresa, sendo preferível esse cenário ao oposto, com as devidas ressalvas de praxe, principalmente no que diz respeito à ocorrência simultânea de um baixíssimo custo de produção com elevadas despesas de *overhead*, por exemplo.

Quando o custo de produção é alto, tal como ocorre em comercialização de insumos (combustíveis, fertilizantes, energia elétrica) e *commodities* padronizadas (p. ex., grãos e minerais), as empresas necessitam monitorar fortemente a variação desses custos e, principalmente, a possibilidade e a velocidade em que alterações podem ser repassadas aos seus clientes, pois pouca margem restará após o pagamento dos custos de produção. Nesses casos, empresas com estruturas administrativas e de vendas mais "enxutas", apresentando despesas de *overhead* menores que as de seus pares, encontram-se especialmente bem posicionadas para períodos de crise, nos quais geralmente se expandem. A produção de *commodities* também tende a apresentar custos medianos de produção elevados, mas determinadas estratégias podem ter vantagens bastante específicas em termos de custos de produção em mercados em que o preço final dos produtos tende a ser padronizado, o que lhes gerará uma rentabilidade marginal adicional extremamente elevada.

Na análise das empresas industriais, diferentes níveis de custos de produção podem revelar decisões estratégicas de produção distintas – como o nível de terceirização e *outsourcing* das atividades produtivas – ou, ainda, indicar, para o caso de empresas comparadas cuja rentabilidade seja parecida, níveis diferentes de comprometimento da receita líquida com os diversos fatores a serem remunerados na sua operação e administração. Com cuidado, o analista poderá identificar o nível de exposição de empresas concorrentes a variações, especialmente as mais bruscas, em fatores alheios ao controle delas, como taxa relativa de câmbio, custo de mão de obra e das matérias-primas e insumos de produção. Em geral, quanto maior o emprego de tecnologia intensiva em capital e maior a agregação de valor aos produtos alcançada pela empresa, menor o seu custo de produção em razão da receita líquida.

O setor de serviço tende a apresentar custos de produção mais reduzidos, mas algumas operações extremamente padronizadas acabam por contabilizar parcelas mais expressivas dos seus custos como diretos, porém, geralmente, é baixo o custo de produção das empresas do setor de serviço e extremamente baixo o de empresas que atuam em setores de serviços com alta intensidade tecnológica e mão de obra qualificada.

6.1.2.1.3 Despesa administrativa

Fórmula 21:

$$\frac{\textit{Despesas gerais e administrativas}}{\textit{Receita líquida}}$$

Interpretação: quanto menor, melhor.

O indicador despesa administrativa avalia a parcela da receita líquida comprometida com itens de despesa como pagamentos de seguros, manutenção de escritórios, insumos administrativos de toda ordem, além de todo o custo normalmente associado a atividades funcionais que se enquadram no que comumente se chama "administração geral".[13] Como se trata de funções de suporte, normalmente não são associadas diretamente à produção de bens ou à execução de serviços, tampouco à venda e à comercialização destes, que fazem parte de outra rubrica.

A despesa administrativa deve ser mantida no menor nível possível – quanto mais baixo seu índice, menor parcela da receita líquida está comprometida com atividades que não agregam valor imediato aos produtos e serviços. Estruturas administrativas são facilmente expansíveis no curto prazo, mas sua redução proporcional é desafiadora, em especial se composta predominantemente por custos de pessoal.

Assim, não raro empresas permitem de forma negligente o aumento da despesa administrativa – até mesmo porque sua redução impacta diretamente a compensação e as condições de trabalho dos gestores de alto nível da empresa –, afetando seu resultado, e se veem em dificuldades de reduzi-la, pois tais medidas de redução, embora potencialmente sustentáveis financeiramente a longo prazo, implicam desembolsos ainda maiores no curto prazo, especialmente quando envolvem redução das despesas de pessoal – com pagamento imediato de indenizações e outras despesas associadas. O analista deve, ao verificar tais aumentos, procurar identificar sua causa e se atentar a potenciais reduções na rentabilidade daí oriunda, principalmente se outras rubricas que compõem o *overhead* também aumentarem.

Contudo, empresas que conseguem expandir fortemente sua receita sem aumento proporcional nas despesas administrativas, reduzindo dessa forma o índice da despesa administrativa, demonstram capacidade de aumentar sua sinergia interna e se fortalecem em termos de sua competitividade financeira no longo prazo.

6.1.2.1.4 Despesa de comercialização

Fórmula 22:

$$\frac{Despesas\ com\ vendas}{Receita\ líquida}$$

Interpretação: quanto menor, melhor.

Alguns tipos de despesas não são diretamente associados à venda de produtos, mas dependem do fechamento de negócios. A participação desse tipo de despesa pode ser medida por meio do indicador despesa de comercialização.

A evolução das despesas com comercialização pode ser comparada à margem líquida e à rentabilidade do resultado da atividade, a fim de determinar se um eventual aumento está sendo mais que compensado pela rentabilidade adicional gerada

---

[13] A gestão financeira propriamente dita em geral tem seus custos de estrutura e pessoal aqui listados.

(ou vice-versa). Quanto mais complexos os processos de negociação e transação de um setor de atividade econômica, maiores os índices de despesa de comercialização das empresas que nele atuam.

6.1.2.1.5 Eficiência operacional

Fórmula 23:

$$\frac{Receita\ líquida}{Despesa\ da\ atividade} = \frac{1}{Overhead\ ratio}$$

Interpretação: quanto maior, melhor.

O indicador eficiência operacional é uma forma alternativa de apresentação e avaliação dos mesmos conceitos presentes no indicador de despesas de *overhead*, sendo calculado como seu inverso. Algumas publicações e sistemas de informação utilizam essa nomenclatura, e apenas no sentido de tornar mais claras a utilização e a aplicação dos conceitos estabelecidos neste livro essa forma de avaliação das despesas de *overhead* é citada e explicitada.

6.1.2.1.6 Custo do endividamento

Fórmula 24:

$$\frac{Despesa\ financeira}{Passivo\ circulante\ e\ não\ circulante}$$

Interpretação: quanto menor, melhor.

Quando terceiros aportam capital na empresa, em geral são remunerados pelo pagamento de *despesas financeiras*, e a razão destas em relação ao capital de terceiros total informa o custo do endividamento da empresa.[14]

O custo do endividamento depende, obviamente, do endividamento da empresa e dos custos implicados nas diversas operações de financiamento de terceiros obtidos durante todo ou parte do período analisado, sendo um indicador extremamente importante não apenas para avaliação da eficiência da empresa, como também para toda uma análise, mais complexa e estruturada, do custo de capital, quando se avalia tanto o seu desempenho quanto a gestão de longo prazo da empresa (Matias, 2007). O custo do endividamento deve ser analisado com vários aspectos da estrutura financeira, como a capitalização e o endividamento de curto e

---

[14] Reforça-se o conceito de que a rubrica *despesas financeiras* refere-se apenas ao pagamento de juros e outros encargos financeiros sobre o passivo. A amortização de passivos, ou seja, a utilização de recursos em caixa para o pagamento de obrigações que a empresa tem com terceiros, não é considerada pela demonstração de resultado, pois se trata de mera readequação de aplicações e captações de recursos sem nenhum impacto decorrente das atividades da empresa. Assim, jamais as despesas financeiras podem ser confundidas com o volume de empréstimos pagos pela empresa em dado período.

longo prazo, comprometimento bancário, além das imobilizações, pois todos esses aspectos da estrutura de aplicação e captação de recursos – conforme se discutiu nas seções relativas aos indicadores correspondentes – interferem na percepção de risco dos terceiros que financiam a empresa e, consequentemente, na remuneração que esses terceiros terminam por exigir para aportarem recursos.

Em um cenário hipotético, poder-se-ia conceber um "mundo ideal" no qual a capitalização e o custo do endividamento fossem mínimos e a despesa financeira, desprezível – situação totalmente inconcebível do ponto de vista dos terceiros chamados a financiar empresa com tamanho risco e tão pouco remunerado. Assim, o custo do endividamento está associado fortemente ao endividamento total e, em certa medida, ao comprometimento bancário, pois a aplicação de recursos realizada por terceiros representados por instituições financeiras concedendo empréstimos e financiamentos certamente importará, no decorrer do período, em pagamento de encargos financeiros (juros) que representam a remuneração por esse capital.[15]

De qualquer forma, analisando-se em caráter primário, o menor custo do endividamento é sempre preferível. Os terceiros que aplicam recursos na empresa dispõem de diversos instrumentos para poderem ser adequadamente remunerados e restituídos, sejam eles jurídicos em sentido estrito, sejam mesmo extrajurídicos. Funcionários podem recorrer à justiça do trabalho ou fazer greve, por exemplo. Fornecedores podem se recusar ao fornecimento de matéria-prima se não forem adequadamente pagos ou reduzir drasticamente os prazos concedidos para pagamento – situação potencialmente danosa para uma empresa com problemas de liquidez, discutida na apresentação do indicador comprometimento com fornecedores. Nesse sentido, as instituições financeiras têm no empréstimo e financiamento a outros agentes não apenas uma atividade acessória ao negócio principal (como ocorre ao fornecedor), mas sim o seu negócio principal. Dessa forma, seus parâmetros para estabelecimento das taxas de juros a serem cobradas da empresa que delas toma recursos costumam refletir, em certa medida, o risco percebido por elas em relação à remuneração e à restituição desse capital aportado pelos terceiros. Se, para duas ou mais empresas semelhantes especialmente em termos de capitalização, o custo do endividamento é maior em uma delas, com alguma probabilidade pode-se afirmar que a maior despesa financeira é situação menos desejável por implicar maior risco e, possivelmente, maior comprometimento da receita com a remuneração dos recursos de terceiros.

Não existe um padrão específico de maior ou menor índice mediano de custo do endividamento em razão, apenas, da natureza operacional das atividades econômicas de diferentes setores. Esse impacto é indireto e decorre da diferença da percepção do risco setorial da empresa e, de maneira mais direta, da estrutura de capitalização típica de cada setor.

Aspecto a ser jamais negligenciado pelo analista na variação do custo do endividamento são os fatores macroeconômicos que determinam as taxas de juros básicas

---

[15] As operações com debêntures conversíveis eventualmente podem implicar diferimento do pagamento de alguns encargos a serem posteriormente convertidos em capital próprio, mas, ainda assim, apresentam encargos contabilizados na rubrica despesas financeiras.

praticadas no setor financeiro das praças nacionais em que a empresa capta seus recursos e das taxas de câmbio das empresas. No Brasil, as oscilações em geral mais intensas das taxas de juros pelo Banco Central do Brasil[16] podem impactar fortemente a despesa financeira da empresa, pois, historicamente, a maior parte da captação de recursos de médio e longo prazo com bancos é realizada por meio de instrumentos financeiros cujos encargos são estipulados, ao menos em parte, em razão de *spread* adicionado à taxa básica de juros, uma situação que somente no passado recente começou a ser revertida. Se uma empresa brasileira apresentar captação expressiva em moeda estrangeira, a valorização do real reduzirá o impacto desses encargos na demonstração de resultados dos exercícios, o oposto aplicando-se à desvalorização do real.

Frequentemente, as notas explicativas trazem informações muito úteis ao analista na compreensão da formação da rubrica *despesas financeiras*, elencando os principais instrumentos de captação, seus custos específicos e seus prazos de vencimento individualmente detalhados, além de menção da moeda na qual estão nominados. Essas informações adicionais das notas explicativas são valiosas e, quando existentes, devem ser o ponto de partida do analista na avaliação tanto da despesa financeira em relação a outras empresas do setor como também da sua evolução temporal.

De certa maneira, o indicador custo do endividamento, embora relacione apenas duas rubricas da demonstração de resultados do exercício, é um dos que mais se associam a diversos aspectos da estrutura de captação e aplicação de recursos, refletindo uma miríade de fatores que o influenciam. Por isso, o analista deve considerar todas as questões e possibilidades levantadas nesta seção ao avaliar a variação temporal e relativa do custo do endividamento, pois raramente podem ser explicadas pela variação de um único de seus condicionantes citados.

6.1.2.1.7 Despesa financeira

Fórmula 25:

$$\frac{Despesa\ financeira}{Receita\ líquida}$$

Interpretação: quanto menor, melhor.

Se o capital de terceiros investido na empresa precisa, de algum modo, ser remunerado, e o custo do endividamento mede esse custo em relação ao capital de terceiros, o indicador despesa financeira avalia o quanto dos fluxos de recursos ingressos na empresa por meio da venda de produtos e/ou serviços é destinado à remuneração do capital que terceiros investiram na empresa para que esta pudesse aplicá-los nos ativos que geraram tal receita.

---

[16] Outro reflexo facilmente observado pelo analista são maiores índices de despesa financeira em empresas brasileiras do que em congêneres internacionais, dadas as altas taxas reais de juros praticadas no Brasil desde a implantação do Plano Real (julho/1994).

Além da análise relativa em termos de período e setor, especialmente importante para considerações sobre o custo do endividamento, a despesa financeira acrescenta ao analista a possibilidade de dimensionar o impacto da remuneração do capital de terceiros em relação à receita líquida, ou seja, quanto dos fluxos de ingresso de recursos na empresa é diretamente direcionado à remuneração dos que nela aportaram capital, particularmente dos que o fazem sob a forma de empréstimos e financiamentos.

Entre empresas semelhantes em capitalização e atuantes no mesmo setor, a prática de margens expressivamente menores por parte de uma delas implicará a maior despesa financeira, comprometendo de pronto maior parcela da receita líquida. Entre diferentes setores com custos medianos de endividamento semelhantes, quanto maiores as margens dos produtos e/ou serviços, menores tendem a ser os índices de despesa financeira.

O aumento vertiginoso, rápido e relativo (em relação a empresas que atuam no mesmo setor de atividade econômica) da despesa financeira de uma empresa entre períodos de análise, após ter excluído como cláusula provável o impacto cambial e/ou mudanças na política monetárias, pode ser um sério indicador de redução generalizada da capacidade de pagamento da empresa, ainda mais se acompanhado de aumento do endividamento de curto prazo e de alguns dos outros sinais de atenção discutidos na análise da estrutura financeira da empresa.

6.1.2.1.8 Despesa operacional

Fórmula 26:

$$\frac{\textit{Despesa da atividade + Outras despesas operacionais}}{\textit{Ativo total – Ativo permanente}}$$

Interpretação: quanto menor, melhor.

As despesas operacionais da empresa podem ser avaliadas em relação ao volume total de recursos operacionais aplicados nas atividades da empresa, calculando-se o indicador despesa operacional. Este permite que se comparem, entre diferentes empresas e/ou entre diferentes períodos de análise, a eficiência da empresa em incorrer em despesas menores para administrar um mesmo volume de ativos relacionados à operação, excluídos os ativos permanentes cuja realização, conforme visto, não é natural e corriqueira ao ciclo normal de negócios.

A lógica básica que sustenta a análise desse indicador é a de que as empresas devem minimizar suas despesas não agregadoras de valor imediato relativamente aos ativos dos quais necessitam para gerar suas receitas (parte das quais destinadas exatamente ao pagamento dessas despesas).

Esse indicador possibilita uma comparação interessante entre a eficiência, medida em termos dessa minimização de despesas não agregadoras de valor, entre empresas de um mesmo setor, avaliando se as decisões de aplicação de recursos, medidas em razão da alocação dos recursos captados em diferentes ativos, têm como consequência eventual necessidade aumentada ou diminuída de despesa operacional: é mais eficiente a empresa que gera menores despesas ao administrar o mesmo volume de recursos aplicados ou, posta a questão de outra forma, é mais eficiente a empresa que administra maior volume de recursos aplicados com a mesma despesa administrativa.

É interessante a análise simultânea da despesa financeira e da despesa operacional. A despesa financeira pode, eventualmente, variar consideravelmente em razão de eventos externos que determinaram queda ou aumento na receita, e o analista pode investigar o indicador despesa operacional para determinar se um ganho ou perda de eficiência administrativa ocorreram concomitantemente, ou não. Quando o indicador despesa administrativa se eleva, mas o indicador despesa operacional permanece estável, pode-se concluir que a deterioração do primeiro se deve mais à oscilação da receita, talvez condicionada por fatores externos, do que a impactos diretos de decisões que aumentaram o "peso" da administração e de sua despesa associada em relação à quantidade de recursos investidos em ativos que se realizam normalmente com o andamento dos ciclos de negócio da empresa.

6.1.2.1.9 Provisionamento para Imposto de Renda e contribuição

Fórmula 27:

$$\frac{\textit{Provisão para IR e contribuição social}}{\textit{Resultado de IR, contribuições e participações}}$$

Interpretação: quanto menor, melhor.

As exigências e as determinações da legislação tributária são majoritariamente impositivas e estão, em geral, alheias – em seus impactos gerados sobre o resultado da empresa – às decisões de gestão financeira que a empresa pode tomar. Em algumas situações específicas, a empresa poderá adotar medidas práticas que diminuem o impacto líquido final sobre o seu resultado, reduzindo a parcela do fluxo de recursos destinada a remunerar um dos agentes interessados em seu funcionamento: o governo.

O indicador provisionamento para imposto de renda e contribuição mede a participação das provisões que a empresa faz para pagar os tributos sobre a renda,[17] ou seja, sobre a geração de resultado, em relação ao resultado gerado antes desse provisionamento. Se a empresa apresentar prejuízo no exercício, a provisão negativa se referirá a um crédito tributário a ser compensado quando a empresa obtiver lucros em períodos futuros, de acordo com a legislação tributária.

---

[17] A razão pela qual apenas os tributos sobre a renda são evidenciados na demonstração de resultados do exercício dessa forma, no final da demonstração, é que os demais tributos têm como fatos geradores (que promovem obrigação tributária) outros eventos que não a obtenção de resultado. Assim, os tributos que incidem diretamente sobre a receita são apresentados como deduções da receita, os encargos sobre a folha de pagamentos compõem parte da rubrica despesas administrativas – tratando-se de salários de pessoal não operacional, por exemplo – e assim por diante, não sendo possível, mediante avaliação de uma única rubrica, avaliar a "carga tributária total" paga por uma empresa.

6.1.2.2 Rentabilidades

Retomando, mais uma vez, a discussão dos fluxos financeiros básicos da empresa – um grande fluxo de entrada de recursos, formado pela receita, e vários fluxos de saída de recursos, compostos pelos custos e despesas –, a análise da rentabilidade se ocupa da capacidade da empresa em gerir suas atividades e tomar suas decisões financeiras relativamente à parcela de recursos da receita que não é comprometida por custos e despesas.

De certa maneira, as avaliações de rentabilidade e os indicadores utilizados para tanto ajudam o analista a compreender a capacidade de geração de recursos por parte da empresa sob diferentes critérios. Nenhuma empresa consegue se manter financeiramente sustentável a longo prazo se o fluxo de entrada de recursos é consistentemente inferior ao fluxo de saída, seja pelo aumento do risco para terceiros que financiam esse negócio, seja porque os sócios, em tese, não aceitarão aumentar seus níveis de financiamento com capital próprio a longo prazo a um negócio incapaz de gerar resultados que lhes compense de modo adequado pelos recursos que aportaram na empresa.

Os indicadores do tipo margem relacionam parcelas da receita não alocadas à medida que são progressivamente contabilizados os fluxos que demandam desembolsos da empresa em razão de sua existência e funcionamento. Os indicadores do tipo giro mensuram a velocidade de realização dos ativos ou, de outra forma, sua capacidade de geração de receita. Por fim, os indicadores do tipo rentabilidade avaliam a capacidade da empresa em gerar resultado em razão de diferentes medidas de recursos aplicados e/ou captados para tanto.

A utilização dos vários indicadores conjuntos de análise da rentabilidade é útil ao permitir a análise dos vários componentes dos desembolsos da empresa que se apropriam de parcelas da receita, facilitando a compreensão dos impactos que fatores externos macroeconômicos e setoriais, bem como decisões internas da empresa, articulam na determinação do resultado final.

6.1.2.2.1 Margem bruta

Fórmula 28:

$$\frac{Resultado\ bruto}{Receita\ líquida} = (1 - custo\ de\ produção)$$

Interpretação: quanto maior, melhor.

A margem bruta se refere ao percentual da receita líquida que não é comprometido com *custo dos produtos e/ou serviços vendidos*, e pode ser calculada, alternativamente, como o complementar do indicador custo de produção.

Pode-se entender a margem bruta como uma medida do grau de discricionariedade que a empresa acaba por apresentar sobre a sua *receita líquida*, ou seja, sua capacidade financeira proporcional de direcionar seu fluxo financeiro a atividades não diretamente relacionadas à produção dos produtos ou prestação dos serviços vendidos.

Raciocínio inverso àquele desenvolvido na abordagem do indicador custo de produção, inclusive no que diz respeito aos fatores que afetam o indicador, aplica-se à margem bruta: sempre que há uma elevação do custo de produção, haverá necessariamente uma redução na margem bruta de mesmo valor absoluto.

6.1.2.2.2 Margem da atividade

Fórmula 29:

$$\frac{Resultado\ da\ atividade}{Receita\ líquida}$$

Interpretação: quanto maior, melhor.

A rubrica *resultado da atividade* evidencia o resultado financeiro da empresa em determinado período após o pagamento dos custos e despesas cotidianos, associados à sua atividade, compreendendo o *custo dos produtos e/ou serviços vendidos*, de natureza direta e vinculados ao volume de vendas, e as *despesas da atividade*, que abarcam os gastos realizados pela empresa para cobrir as suas funções usualmente classificadas como administração geral e as despesas relacionadas à estrutura de comercialização e venda de produtos e/ou serviços.

A margem da atividade, que relaciona o *resultado da atividade* com a *receita líquida*, expressa a parcela da receita líquida que não é comprometida em seu funcionamento normal e pelos custos associados à produção. Reforça-se que os custos de remuneração do capital de terceiros, expressos em *despesas financeiras*, não são contabilizados de forma alguma para o cálculo do *resultado da atividade*, pois a atividade financeira é considerada complementar para empresas que não atuam no setor financeiro.[18]

Por excluir qualquer despesa não associada às suas operações e à administração dessas operações, a comparação da margem dos índices de atividade entre diferentes empresas de um mesmo setor é a que melhor pode revelar ao analista a eficácia de geração de resultado de empresas semelhantes, sendo mais eficazes aquelas que apresentam maiores margens de atividade. A análise comparada da margem de atividade também permite excluir fatores não operacionais da análise do resultado e dá ao analista uma ideia de como as duas ou mais empresas gerariam resultado se fossem assemelhadas suas demais despesas e suas estruturas de capital e custo de captação de recursos. Em outras palavras, a margem da atividade informa quão bem uma empresa aérea administra as atividades de transporte e venda de bilhetes, uma mineradora prospecta, extrai e vende minérios, uma loja de departamentos compra, promove e vende seus produtos etc.

A comparação setorial das medianas dos índices de margem da atividade também é bastante útil ao analista, possibilitando a avaliação, em certa medida, do grau de

---

[18] Instituições bancárias têm como objetivo principal a geração de resultado pela obtenção de superávit entre as despesas de captação de recursos e as receitas de empréstimo de recursos, posta a questão de forma simples, razão pela qual sua rentabilidade deve ser calculada com base em outros parâmetros não aplicáveis a empresas não financeiras.

competitividade operacional do setor, em raciocínio que se expanda a partir da análise individual de empresas: quanto menor a margem da atividade, mais sensível a alterações na produtividade, no custo de produção e na despesa administrativa será a empresa (ou o setor). Empresas individuais que apresentam consistentemente, ao longo de vários períodos, margem bruta menor que a de suas congêneres e despesa administrativa maior tendem a exibir sérios problemas de gestão que podem ser eventualmente mascarados por bons resultados não operacionais ou, caso contrário, encontram-se em posição financeira competitiva significativamente inferior aos concorrentes, comprometendo a sua sustentabilidade de longo prazo.

6.1.2.2.3 Contribuição do resultado financeiro

Fórmula 30:

$$\frac{\textit{Resultado financeiro}}{\textit{Receita líquida}}$$

Interpretação: quanto maior, melhor.

Determinados ativos, como parte das *disponibilidades e aplicações financeiras*, geram *receita financeira* que não está ligada, de modo algum, à atividade operacional da empresa,[19] e sim à obtenção de resultado decorrente de investimentos e desinvestimentos em instrumentos financeiros dos mais diversos, de títulos de renda fixa a complexos contratos de *hedge* ou mesmo atuação especulativa em mercados futuros.[20] Também incorre a empresa em *despesas financeiras*, abordadas na discussão sobre esse indicador. A soma de ambas as rubricas corresponde ao *resultado financeiro*, e pode ser útil a análise da contribuição do resultado financeiro para a formação da *receita líquida*.

A empresa pode ter, ainda, *investimentos* em coligadas e controladas, cujas participações proporcionais no capital delas dará origem ao *resultado da equivalência patrimonial*. Como em todo este capítulo presumiu-se a utilização de demonstrativos contábeis consolidados, possivelmente a participação da rubrica *investimentos* no ativo total será pequena, analogamente à participação do *resultado da equivalência patrimonial* em relação à receita total.

Uma contribuição do resultado financeiro positivo indica que a *receita financeira* superou a *despesa financeira*, sendo uma situação razoavelmente incomum

---

[19] Novamente é válida a ressalva no que diz respeito à atividade de bancos e demais instituições financeiras.

[20] Os investimentos em participações societárias acionárias podem ser considerados investimentos, a serem alocados no ativo permanente, se forem adquiridos com o objetivo de aquisição de participação e/ou controle em outras companhias. A compra de ações com liquidez minimamente satisfatória na bolsa de valores, inexpressiva do ponto de vista do capital total da empresa cujos papéis foram adquiridos, destinada apenas a investimento financeiro das disponibilidades, é listada no *ativo circulante* e os resultados obtidos com sua negociação e posse são listados como *resultado financeiro*. O resultado dos investimentos é contabilizado como *receita da equivalência patrimonial*.

para empresas do setor não financeiro, e que os custos de remuneração do capital de terceiros foram todos cobertos com os resultados obtidos por uma parcela do ativo que é dimensionada pelas aplicações em disponibilidades. Uma combinação de contribuição do resultado financeiro positivo e baixas aplicações em disponibilidades indica um excepcional desempenho de natureza não operacional que, em geral, não pode ser esperado no longo prazo e que, nos períodos em que ocorre, pode mascarar eventuais desempenhos ruins nas rentabilidades e nas margens. Já nos casos em que a aplicação em disponibilidade é elevada, espera-se que a contribuição do resultado financeiro seja condizente com a proporção dos ativos alocados em investimentos financeiros e *investimentos* em controladas e coligadas. Nestes últimos casos, as notas explicativas podem oferecer explicações complementares sobre a razão da aplicação anormalmente elevada em disponibilidade e, também, especificar quais investimentos a compõem, permitindo ao analista buscar as origens do *resultado financeiro* favorável.

Posto isso, o analista deve considerar que a tendência geral de longo prazo é a obtenção de contribuição do resultado financeiro negativa, pois a aplicação em disponibilidade não costuma ser suficiente para cobrir os custos de remuneração do capital de terceiros investido na empresa, sempre se considerando o nível de endividamento total dela. Assim, se a *receita financeira* é inexpressiva em relação à *despesa financeira*, os pressupostos, considerações e avaliações válidas para análise do indicador de despesa financeira são transpostos à avaliação da contribuição do resultado financeiro.

6.1.2.2.4 Margem operacional

Fórmula 31:

$$\frac{Resultado\ operacional}{Receita\ líquida}$$

Interpretação: quanto maior, melhor.

Um conjunto de eventos básicos ligado à obtenção de receita e à sua destinação ocorre com todas as empresas, compreendendo, como já visto, a realização das vendas, a contabilização dos custos dos produtos e/ou serviços dessas vendas no período, o pagamento das despesas relacionadas à estrutura administrativa, a remuneração do capital de terceiros na empresa e a eventual obtenção de *receita financeira* decorrente de investimentos financeiros ou de participação em controladas e/ou coligadas realizados pela empresa. Esses fatores correspondem a um conjunto de atividades operacionais que se dão de maneira cotidiana, cíclica e necessária para a existência da empresa, em níveis e condições exaustivamente discutidos nas seções anteriores ao serem analisados diferentes indicadores.

A margem operacional é o indicador que mede a parcela da receita líquida não comprometida nem pelo custo de produção, nem pela despesa da atividade, nem pelo impacto decorrente do *resultado financeiro*. Sua avaliação permite uma comparação adequada entre desempenho de empresas diferentes, em termos de geração de resultado, antes da contabilização das *receitas* e *despesas não operacionais*, que são, em geral, atípicas, não cíclicas e desvinculadas das variáveis fundamentais da administração financeira; e também antes da contabilização dos impostos, participações e contribuições.

6.1.2.2.5 Margem líquida

Fórmula 32:

$$\frac{Resultado\ líquido}{Receita\ líquida}$$

Interpretação: quanto maior, melhor.

Quando todos os fluxos de desembolsos associados à atividade da empresa em determinado período são contabilizados contra o fluxo de entrada referente à receita, obtém-se o denominado *resultado líquido*, que representa o fluxo de recursos não comprometidos com todos os fatores econômicos que impactam as atividades da empresa, demandando pagamento, remuneração ou provisão, exceto a remuneração do capital próprio, a distribuição desse resultado para os próprios sócios e destinações assemelhadas.[21]

A comparação desse resultado líquido, produto final da atividade da empresa em um período qualquer considerado, em relação à receita líquida obtida nesse mesmo período compõe a margem líquida. Essa margem líquida representa a geração excedente (ou deficitária, em caso de prejuízo) de recursos pela empresa no período – e apenas no período – abrangido pela demonstração do resultado do exercício: a empresa obteve receita, destinou parte dela ao pagamento do *custo dos produtos e/ou serviços vendidos*, pagou todas as suas despesas não associadas diretamente às vendas, remunerou o capital de terceiros, recebeu resultado de investimentos em outras empresas ou ativos financeiros, foi diminuída ou aumentada em razão de eventos atípicos e excepcionais, pagou ou provisionou recursos necessários às suas obrigações tributárias e gerou um excedente, que pertence aos sócios e é incorporado ao patrimônio líquido ou parcial (ou totalmente) distribuído aos sócios como dividendos.

Quando a empresa apresenta prejuízo (*resultado líquido negativo*), a margem líquida será negativa, e representará a proporção da receita líquida indiretamente "consumida" para fazer frente às necessidades de direcionamento de fluxo de recursos que não foram cobertas pela *receita líquida* do período analisado.

É importante reforçar o conceito de que, para um período de análise considerado, o *resultado líquido* poderá ser destinado tanto à composição de reserva de lucros quanto à distribuição entre os sócios. Os impactos que uma ou outra opção têm sobre o conceito de margem líquida são nulos, pois a diferença de lucros apropriados ao *patrimônio líquido* ou distribuídos como dividendos apenas diz respeito ao fato de que o resultado líquido pode ter sido convertido em dinheiro e entregue aos sócios (dividendos) ou, indiretamente, reaplicado na empresa como capital pró-

---

[21] Ver Matias (2007) para uma discussão ampla sobre as rubricas econômicas desconsideradas pelo modelo clássico e oficial dos demonstrativos contábeis.

prio (incorporação ao patrimônio líquido). Na análise do custo do capital próprio e do financiamento de longo prazo da empresa, cabe discussão mais detalhada sobre política de dividendos, seus impactos sobre o custo de capital e tópicos relacionados (Matias, 2007).

Possivelmente, a margem líquida, ou suas variações que diferem apenas em razão da nomenclatura utilizada, é o indicador de análise financeira mais calculado e divulgado por usuários e provedores de informações financeiras. Esse indicador é abrangente, informando o desempenho final da empresa, porém é incapaz de fornecer por si só ao analista muita informação sobre os fatores que o determinaram.

Ao observar a margem líquida média nas mais variadas empresas, o analista ou qualquer outro usuário poderá perceber como a parcela dos fluxos de recursos recebidos pela empresa destinada aos sócios é, em geral, uma pequena proporção da receita total dela. Já a comparação da margem líquida mediana entre diferentes setores fornece um panorama interessante da atratividade setorial e dos prováveis impactos que os fatores externos macroeconômicos, políticos, ambientais e sociais exerceram sobre os diferentes setores de atividade econômica.

6.1.2.2.6 Giro do ativo operacional

Fórmula 33:

$$\frac{Receita\ líquida}{Ativo\ total - Ativo\ permanente}$$

Interpretação: quanto maior, melhor.

Giro, em análise financeira, significa a capacidade de geração de receita em face da mobilização de certa quantidade de recursos aplicada em ativos, considerados em suas diferentes acepções e abrangência. Sócios e terceiros aplicam capital na empresa, esta toma suas decisões de alocação desses recursos em ativos, e a utilização e/ou realização destes implica a geração dos fluxos de entrada de receita.

Já se abordou a diferenciação básica do ativo operacional e do *ativo permanente* quanto ao fato de que os itens componentes do ativo operacional (*ativo circulante* e *ativo realizável a longo prazo*) normalmente são realizados, ou seja, convertidos em recursos monetários em algum momento do ciclo de negócios da empresa. Assim, o giro do ativo operacional mensura, exatamente, a velocidade de realização desses ativos no intervalo compreendido em cada período de análise ou, de outra forma, a capacidade de esses ativos gerarem *receita líquida* mediante sua articulação, utilização e realização ao longo de um período.

A avaliação do giro operacional deve ser realizada sempre em conjunto com a análise da margem operacional e da rentabilidade do ativo operacional, discussão abordada na apresentação da análise composta giro × margem.

Ainda assim, pode-se afirmar que, mantidas a margem operacional e as demais condições geradoras de rentabilidade entre duas ou mais empresas, é situação preferível a de uma empresa que gera, a partir do mesmo volume de recursos aplicados, maior receita.

6.1.2.2.7 Giro do ativo total

Fórmula 34:

$$\frac{Receita\ líquida}{Ativo\ total}$$

Interpretação: quanto maior, melhor.

O giro do ativo total apresenta significado análogo ao giro do ativo operacional, mas considera a capacidade de geração de receita, ou a velocidade de realização, do ativo total, tomando, assim, como base comparativa, a totalidade do capital aplicado na empresa. O *ativo imobilizado* – em geral, o principal componente do *ativo permanente*, que é excluído do cálculo do giro do ativo operacional – compõe-se de itens cuja destinação de recursos aplicados por parte da empresa só faz sentido no que diz respeito à sua capacidade de geração de receitas para a empresa. Por exemplo, quase nunca há sentido em se adquirirem bens de capital (que se depreciam e ainda podem estar sujeitos à obsolescência) sem que haja a firme intenção de produzir produtos a partir deles, e, da mesma forma, empresas não dedicadas ao setor imobiliário em geral adquirem imóveis para a instalação de unidades de produção e vendas.[22]

Esse indicador pode variar drasticamente entre os setores de atividade econômica, segundo a maior ou menor necessidade de *ativo imobilizado* e, em certa medida, dos demais ativos, para o funcionamento das empresas desses setores. Empresas fortemente dependentes de *ativo imobilizado* em setores nos quais a participação dessa rubrica seja elevada em relação ao *ativo total* tendem a apresentar menor giro do ativo total, como a indústria pesada de bens de capital. Empresas comerciais de varejo em geral têm giro do ativo total bastante elevado. No setor de serviços intensivos em mão de obra, costumam ser encontradas as empresas com os mais altos índices de giro do ativo total, dado que estas dependem de reduzida imobilização.

Fixados todos os demais parâmetros de rentabilidade e margem, a situação mais favorável em uma comparação entre empresas e setores é aquela em que se encontra o maior giro do ativo total, denotando maior capacidade de realização de receitas deles.

---

[22] Quando há aquisição de imóveis com o fim de constituição de ativo financeiro sujeito à valorização para posterior venda ou aluguel, sem intenção de uso como parte das instalações produtivas e/ou de vendas da empresa, ela deve ser explicitada nas notas explicativas. Nessas situações, a empresa pode constituir uma subsidiária integral responsável apenas por gerir essa atividade imobiliária, medida que pode promover benefícios fiscais importantes. Quando isso ocorre, os imóveis são lançados indiretamente na rubrica *investimentos* referentemente à participação da empresa no capital dessa subsidiária, e os resultados auferidos da propriedade e negociação imobiliária aparecem na rubrica *resultado da equivalência patrimonial*, feitas as considerações de praxe sobre consolidação de demonstrativos contábeis.

6.1.2.2.8 Rentabilidade da atividade do patrimônio líquido

Fórmula 35:

$$\frac{Resultado\ da\ atividade}{Patrimônio\ líquido}$$

Interpretação: quanto maior, melhor.

Ao apresentar o indicador margem da atividade, fez-se uma discussão das implicações do conceito implícito na rubrica *resultado da atividade*. O indicador daí gerado, a rentabilidade da atividade do patrimônio líquido, possibilita comparações entre a aplicação de capital próprio e a geração de resultado e, por conseguinte, a avaliação dos impactos das decisões tomadas pela empresa no que diz respeito à capitalização comparada à aplicação de recursos nos ativos.

Em geral, a análise da rentabilidade da atividade do patrimônio líquido torna possível avaliar o impacto da capacidade de geração de resultado na atividade-fim entre empresas com perfis de alocação geral dos recursos – aplicados nos ativos – bastante diferentes entre si. De forma direta, dados índices de capitalização não muito díspares, a análise do indicador permite identificar entre duas ou mais empresas que geraram maior resultado da atividade ao tomarem decisões de endividamento e aplicação dos recursos em ativos operacionais e no *ativo permanente*.

6.1.2.2.9 Rentabilidade do ativo total[23]

Fórmula 36:

$$\frac{Receita\ líquida}{Ativo\ total}$$

Interpretação: quanto maior, melhor.

Ao se confrontar o *resultado líquido* com o *ativo total*, obtém-se um indicador de análise financeira amplamente utilizado por analistas e outros usuários interessados: a rentabilidade do ativo que mede a geração excedente de receita a todas as rubricas de custos e despesas em termos do capital total investido na empresa, razão pela qual o indicador também é conhecido como retorno sobre o investimento.

Para a determinação da rentabilidade do ativo, concorrem dois fatores básicos, que por si só são o produto de uma série combinada de outros fatores de influência no desempenho: (1) as diferentes margens dos resultados intermediários, que refletem a capacidade da empresa em minimizar as apropriações do fluxo de recursos da receita pelos diversos agentes e fatores que concorrem para sua obtenção; e (2) o volume total de capital que a empresa utiliza para obtenção dessa receita.

Assim, em uma situação hipotética em que duas empresas tenham *receita líquida* semelhante, uma poderá empregar maior volume de capital (maior *ativo total*) do que outra, e obter, ao mesmo tempo, a mesma *rentabilidade do ativo* ao administrar seu

---

[23] Indicador conhecido em inglês também por ROA (*return on assets*) ou ROI (*return on investment*).

negócio, de modo a obter maiores margens e comprometer menor parcela da sua receita com custo de produção, *despesas financeiras* e vice-versa. Ao se tratar da análise composta giro × margem, serão discutidas de maneira mais aprofundada essas relações.

A rentabilidade do ativo será sempre menor que a rentabilidade do patrimônio líquido, exceto no improvável e hipotético caso de uma empresa cuja capitalização seja igual a 1,0, ou seja, uma empresa que não utilize capital de terceiros. Assim, apenas uma parte dos ativos da empresa representa aplicação de recursos próprios dos sócios, o que poderia induzir o usuário desatento à conclusão de que o endividamento é sempre positivo conquanto permite o aumento dos recursos aplicados, possível aumento na receita e, mantida a margem operacional, maior rentabilidade sobre um mesmo volume de capital próprio. No entanto, é sempre necessário reforçar que todo o custo do capital de terceiros está explícito sob a forma de *despesa financeira* e outras rubricas da demonstração de resultados do exercício, ou seja, ao se endividar, a empresa incorre em despesas que podem, ou não, compensar a maior geração de receita que a aplicação de recursos tomados de terceiros pode permitir (Matias, 2007).

6.1.2.2.10 Rentabilidade do ativo operacional

Fórmula 37:

$$\frac{Resultado\ líquido}{Ativo\ total - Ativo\ permanente}$$

Interpretação: quanto maior, melhor.

De maneira análoga à rentabilidade do ativo total, é possível e muitas vezes útil a comparação do *resultado líquido* em razão do ativo operacional, que se realiza naturalmente à medida que transcorre o ciclo de negócios da empresa.

Ao desconsiderar o *ativo permanente*, esse indicador permite ao analista avaliar com maior exatidão a geração de resultado em face da maior ou menor aplicação de recursos em ativos não permanentes, facilitando comparações de desempenho entre empresas que, embora atuem no mesmo setor, tenham tanto imobilização como capitalização muito distintas, isolando qualquer impacto decorrente da imobilização maior ou menor do capital total investido.

Na comparação entre duas ou mais empresas, o analista poderá aferir a rentabilidade do ativo operacional e a rentabilidade do ativo total para avaliar a pertinência e eficácia das decisões de imobilização eventualmente tomadas entre empresas diferentes ou pela mesma empresa ao longo de períodos subsequentes de análise.

6.1.2.2.11 Rentabilidade do patrimônio líquido[24]

Fórmula 38:

$$\frac{Resultado\ líquido}{Patrimônio\ líquido}$$

Interpretação: quanto maior, melhor.

---

[24] Indicador conhecido em inglês também por ROE (*return on equity*).

O mais conhecido dos indicadores de análise financeira, também utilizado comumente por pessoas leigas à análise financeira, é a rentabilidade do patrimônio líquido, que expressa a geração de resultado líquido final da empresa em razão do capital próprio dos sócios nela investido. Representa, para o período considerado, o retorno financeiro, sob a forma de "lucro" proporcional, obtido pelos sócios sobre o capital aportado, depois da consideração de todos os impactos sobre o fluxo de recursos evidenciados pelas diferentes rubricas da demonstração de resultados do exercício.

A rentabilidade do patrimônio líquido é indiferente ao fato de que esse resultado líquido obtido pode ser distribuído diretamente aos sócios – sob a forma de pagamento de dividendos – ou indiretamente, reinvestido na própria empresa, quando fica retido no *patrimônio líquido* como *lucro acumulado, reserva de lucro* ou *capital social aumentado*.

Não deixa de ser necessário evidenciar, novamente, que a rentabilidade do patrimônio líquido desconsidera os custos do capital próprio para os sócios, ou seja, o fato de que os sócios possivelmente tiveram outras oportunidades de investimento dos seus recursos no momento em que decidiram investi-los na empresa, e que a perda desses possíveis retornos que poderiam ser obtidos em decorrência do investimento dos recursos dos sócios em alternativas financeiras *stricto sensu* e não financeiras implica um custo que deveria ser mais do que compensado pelo resultado obtido (Matias, 2007). No entanto, uma vez aportados na empresa e que a etapa de decisão de investimento na empresa por parte dos sócios seja ultrapassada, a rentabilidade do patrimônio líquido expressa de maneira razoavelmente adequada a geração excedente de recursos, que lhes pertence.

Enquanto a decisão de tomada de capital de terceiros implica compromissos de restituição e/ou remuneração desse capital, exigências cujo não atendimento pode implicar, no limite, a falência da empresa e a cessação de sua existência, o capital dos sócios não tem nenhuma garantia de que será remunerado. Esse capital está sujeito a todos os riscos da atividade empresarial mediante a possibilidade de se apropriar do excedente correspondente ao *resultado líquido* quando este é positivo, isto é, após todos os demais agentes envolvidos no funcionamento da empresa (bancos, fornecedores, governo, entre outros) terem sido devidamente atendidos no tocante às obrigações que a empresa tomou para com eles, a partir do fluxo positivo de receita gerada pela venda de produtos ou serviços.

Contudo, havendo *prejuízo líquido*, é o capital dos sócios que será indiretamente utilizado para fazer frente às necessidades de cumprimento de obrigações financeiras assumidas pela empresa, pois esse prejuízo implicará o aumento do endividamento (captação de mais recursos), a redução da aplicação de recursos totais (redução dos ativos), o aporte de mais capital pelos sócios (aumento do volume de capital próprio investido na empresa) ou, mais provavelmente, uma combinação das soluções.

A rentabilidade do patrimônio líquido é acompanhada de perto por analistas e por acionistas que desejam acompanhar o desempenho que os diretores e outros representantes por eles eventualmente contratados para administrar a empresa estão obtendo em termos de lhes gerar resultado compatível com o capital que investiram na empresa.

6.1.3 Solvência

Os indicadores de solvência avaliam a capacidade da empresa em utilizar de forma adequada seus recursos aplicados para quitar as obrigações com terceiros, correspondendo ao último grande grupo de indicadores do modelo E2S a ser analisado.

A solvência complementa-se à estratégia e à rentabilidade na avaliação abrangente do desempenho da empresa. Ela se refere a um estado verificado na data focal dos demonstrativos, que se torna importante pela percepção dos terceiros em relação à capacidade da empresa em honrar seus compromissos. Quando a solvência é reduzida, várias atividades da empresa são prejudicadas, sua captação em princípio torna-se mais cara e, no limite, os agentes dos quais a empresa depende para existir podem se recusar a transacionar e/ou financiar a empresa, determinando o encerramento de suas atividades e sua falência.

Muitas são as causas mediatas, de longo prazo, que conduzem uma empresa à falência e determinam o encerramento de suas atividades normais, conquanto a causa imediata da interrupção de atividades da empresa seja sempre sua incapacidade de honrar compromissos financeiros com terceiros no curtíssimo prazo. Nesse sentido, os indicadores de solvência avaliam exatamente essa capacidade.

6.1.3.1 Liquidez

Na análise da solvência, a liquidez refere-se, em sentido estrito, ao efeito combinado decorrente da existência de ativos a serem realizados e passivos a serem exigidos em prazos diferentes. Idealmente, a empresa teria ativos que se realizam nos mesmos volumes e horizontes temporais que seus passivos, sem nenhum risco de não realização dos ativos.

Como isso é virtualmente impossível, as empresas apresentam um descompasso entre os volumes e prazos de realização de seus ativos e passivos, o que leva a excesso ou falta de recursos, em um horizonte de tempo a ser considerado.

6.1.3.1.1 Liquidez geral

Fórmula 39:

$$\frac{\textit{Ativo total} - \textit{Ativo permanente}}{\textit{Passivo circulante} + \textit{Passivo não circulante}}$$

Interpretação: quanto maior, melhor.

A liquidez geral relaciona as aplicações em ativos ligados à operação da empresa em face do capital de terceiros total de que a empresa dispõe. Seus conceitos e implicações estão ligados à imobilização ajustada: quando o índice de imobilização ajustada é maior que 1,0, as aplicações em ativos que se realizam normalmente com o transcorrer do ciclo de negócios da empresa serão inferiores ao capital de terceiros, implicando o fato de que parte do capital de terceiros está financiando aplicações de longo prazo no *ativo permanente*, levando a uma liquidez geral inferior a 1,0. Quando o índice de imobilização ajustada é inferior a 1,0, a relação é inversa, indicando que parte do capital próprio está aplicada em ativos de realização esperada durante o ciclo de negócios, situação que é, certamente, mais favorável.

O analista poderá estabelecer uma boa base comparativa entre empresas de um mesmo setor ao comparar a liquidez geral, no que diz respeito à sua capacidade de pagamento de médio prazo. A análise da liquidez geral adquire especial importância quando da concessão de crédito por parte de instituições financeiras por médio ou longo prazo, uma vez que, ao conceder o crédito, liberando o capital para uso da empresa, estabelece-se a necessidade de que a empresa faça os pagamentos e as restituições de capital devidos em um horizonte amplo de tempo, e, se ela já se encontra em situação de liquidez inadequada, o custo dessa captação poderá aumentar ou o crédito poderá ser negado, prejudicando a captação de recursos por parte da empresa.

Também é comum o uso do indicador de liquidez geral por parte de empresas cujos clientes praticam adiantamentos de receita como prática usual nos negócios, tal qual é o caso de várias indústrias de bens de capital. Nessas situações, ao adiantar à empresa recursos que ela posteriormente utilizará para produzir os bens a serem entregues no futuro, é do máximo interesse do cliente assegurar-se de que a empresa terá condições de fazer as contrapartidas de produção a esses recursos, e uma liquidez inadequada pode indicar maior probabilidade de que a empresa não utilize de forma adequada os adiantamentos feitos pelos clientes, comprometendo a entrega futura dos bens a serem produzidos.

Apesar dessas colocações, o analista não deve tomar qualquer situação de liquidez geral inferior a 1,0 como negativa: é necessário analisar, nesses casos, de modo especial o perfil do *passivo exigível a longo prazo*, verificando seu perfil, custo e exigibilidade, a fim de verificar a quão adequada é a estratégia de constituir *ativo permanente* mediante aplicação de recursos captados de terceiros. Uma situação certamente bem mais crítica é aquela na qual capital de terceiros de curto prazo (*passivo circulante*) é aplicado no longo prazo.

6.1.3.1.2 Liquidez corrente

Fórmula 40:

$$\frac{\textit{Ativo circulante}}{\textit{Passivo circulante}}$$

Interpretação: quanto maior, melhor.

A liquidez corrente toma em seu cálculo apenas os recursos captados e aplicados no curto prazo, avaliando a "folga financeira" de curto prazo da empresa. É um indicador atentamente observado em empresas cuja capacidade de pagamento de longo prazo pode estar sob suspeita: a deterioração rápida da liquidez corrente é um forte indício de que problemas mais graves e imediatos de cumprimento de obrigações com terceiros podem ocorrer.

Quando a liquidez corrente é maior que 1,0, a empresa tem ativos de realização no curto prazo que superam a captação de curto prazo, o que significa que parte das suas aplicações de curto prazo foram realizadas com recursos captados no longo prazo ou, ainda, com recursos de capital próprio – situações que evidenciam a existência de um excedente de recursos no curto prazo ao qual a empresa poderá recorrer em caso de dificuldades.

A análise da liquidez corrente e dos fatores que a determinam em uma empresa fornece ao analista uma visão abrangente das decisões de curto prazo de captação e financiamento e, também, uma avaliação comparativa de quanto estão expostas a impactos externos de curtíssimo prazo diferentes empresas do mesmo setor, especialmente se sobrevierem a um conjunto amplo de empresas dificuldades de renovarem suas captações de curto prazo.

6.1.3.1.3 Liquidez seca

Fórmula 41:

$$\frac{\textit{Ativo circulante} - \textit{Estoques}}{\textit{Passivo circulante}}$$

Interpretação: quanto maior, melhor.

Em alguns setores de atividade econômica, elevada aplicação em estoques é típica das empresas que neles atuam, em decorrência de fatores que incluem produção de produtos não perecíveis com baixa margem bruta, elevadas necessidades de *ativo imobilizado*, sazonalidade, volatilidade na demanda etc. Tome-se o caso da indústria da material escolar, cuja demanda é concentrada em dois grandes picos durante o ano, um principal em janeiro-fevereiro e um secundário em agosto: é muito mais barato manter estoques por meses de materiais escolares do que arcar com o custo da ociosidade de uma capacidade produtiva adicional que viesse a permitir a fabricação rápida dos produtos nos períodos de alta demanda.

Quando isso ocorre, o analista pode ter interesse em avaliar a liquidez desconsiderando os *estoques*, a fim de compará-la com a liquidez corrente e mesmo com a liquidez geral, para dimensionar o impacto sobre a capacidade de pagamento que tem a não consideração dos *estoques*, que se constituem em ativo cuja realização depende da obtenção de vendas de produtos e serviços, não de maneira assegurada por preço superior aos dos próprios estoques – risco especialmente elevado em setores que apresentam elevado custo de produção.

A liquidez seca, assim chamada por excluir dos ativos o *estoque*, permite essa análise. Quando a liquidez seca é inferior a 1,0 e a corrente superior a 1,0, pode-se afirmar que a capacidade de realização dos estoques em receita, e a sua realização pelas margens esperadas, assume uma importância crucial na capacidade de pagamento da empresa no curto prazo, e fatores como mudanças súbitas nas taxas de câmbio que tornem os produtos estocados pouco competitivos em termos dos preços, ou reduções acentuadas de demanda induzidas por fatores relacionados às políticas monetárias e de rendas, assumem importância especial na avaliação da solvência da empresa.

6.1.3.2 Coeficientes do capital de giro

A análise da gestão do capital de giro[25] compreende uma abordagem profunda das diferentes fontes e aplicações de recursos no curto prazo e das decisões tomadas

---

[25] Conceito já apresentado sucintamente e discutido de igual forma na seção que trata dos indicadores financeiros de estrutura.

pelos gestores em relações a esses componentes (Matias, 2007). No que diz respeito à análise financeira, dois coeficientes básicos podem ser utilizados para complementar a análise de solvência.

6.1.3.2.1 Coeficiente do capital de giro líquido

Fórmula 42:

$$\frac{\textit{Ativo circulante} - \textit{Passivo circulante}}{\textit{Receita líquida}}$$

Interpretação: quanto maior, melhor.

O capital de giro líquido, medido pela diferença entre o *ativo circulante* e o *passivo circulante*, expressa a quantidade de recursos captados no longo prazo de terceiros e/ou de capital próprio aplicada em ativos de realização de curto prazo ou, se negativo o cálculo, a quantidade de recursos aplicados em *ativo não circulante* captada por meio de fontes de curto prazo.

Esse capital de giro líquido pode ser dimensionado relativamente à receita líquida, gerando-se o indicador coeficiente do capital de giro líquido, permitindo, com a análise dos indicadores de liquidez, dimensionar o quanto o "descasamento" entre ativos e passivos de curto prazo representa em relação à *receita líquida*. Em situações nas quais a liquidez corrente seja baixa, mas a aplicação em imobilizado, elevada paralelamente à obtenção de elevada margem bruta, perde alguma importância o impacto negativo no risco decorrente da baixa liquidez em virtude de fontes de recursos não comprometidas com o custo de produção expressivo em relação ao capital de giro líquido negativo – situação em que o coeficiente de capital de giro líquido seria negativo e próximo de zero.

6.1.3.2.2 Coeficiente do capital de giro próprio

Fórmula 43:

$$\frac{\textit{Patrimônio líquido} - \textit{Ativo não circulante}}{\textit{Receita líquida}}$$

Interpretação: quanto maior, melhor.

Quando o capital de giro próprio, ou seja, a quantidade de recursos próprios dos sócios que é aplicada no *ativo circulante*, se positivo, ou o volume de recursos do *ativo permanente* financiado por capital de terceiros, se negativo, é comparado à receita líquida, obtém-se o indicador coeficiente do capital de giro próprio, cuja análise deve ser feita em conjunto com a avaliação do indicador recursos próprios em giro.

A análise desse indicador possibilita ao analista dimensionar, em virtude dos fluxos de entrada de recursos da receita líquida, o impacto potencial que dificuldades de financiamento por terceiros podem trazer à empresa em razão de mudanças no seu nível de imobilização ou no endividamento total.

6.2 CÁLCULO, INFORMAÇÕES COMPLEMENTARES E APRESENTAÇÃO DOS INDICADORES

Os índices dos indicadores de análise financeira devem ser calculados utilizando-se dados contábeis ajustados e atualizados, e é preciso empregar a mesma periodicidade em todos os períodos de análise, em todas as empresas analisadas. Recomenda-se que os índices sejam calculados e listados em uma tabela, agrupados por período nas colunas e, também, colocados em subgrupos por categoria nas linhas, facilitando a rápida comparação, conforme será demonstrado a seguir. Se os índices forem analisados em um contexto de comparação de percentis, estes podem ser colocados em uma tabela igualmente organizada ou como uma coluna adicional ao lado de cada período.

Conforme já se mencionou, exceto quando indicado de maneira inversa, os valores de contas expressas de forma negativa na demonstração de resultados (custos e despesas) devem ser tomados em módulo.

6.2.1 Exemplos de apresentação de indicadores

A seguir, será apresentado o cálculo de todos os índices para os indicadores de análise financeira apresentados neste capítulo, para algumas empresas de diferentes setores de atividade econômica (Tabelas 6.1 a 6.20). O leitor fará melhor uso dessa seção ao rever a descrição detalhada dos indicadores, associá-los ao comportamento das diversas rubricas dos demonstrativos contábeis, também apresentados para cada uma das empresas, sua evolução entre os períodos e as diferenças principais que podem ser notadas entre os índices calculados para empresas dos diferentes setores.

6.2.1.1 Indústria

TABELA 6.1 Ativo padronizado da Embraer.

BALANÇO PATRIMONIAL PADRONIZADO	31/12/X5	31/12/X4	31/12/X3	31/12/X2	31/12/X1
ATIVO TOTAL	27.653.600	25.282.776	21.834.128	19.819.526	17.760.611
Ativo circulante	15.434.358	14.377.681	12.341.063	11.565.943	10.546.759
Disponibilidades e aplicações financeiras	6.437.798	6.539.959	5.470.163	4.706.955	4.501.311
Recebíveis	1.910.943	1.476.301	1.292.514	1.191.926	805.675
Estoques	6.388.910	5.701.624	4.967.368	5.108.842	4.642.565
Outros	696.707	659.797	611.018	558.219	597.207
Ativo não circulante	12.219.242	10.905.095	9.493.065	8.253.584	7.213.852
Ativo realizável a longo prazo	3.488.084	3.171.630	3.273.257	3.193.825	3.155.635
Créditos diversos	2.070.639	1.814.354	1.941.818	1.641.645	1.509.969
Créditos com pessoas ligadas	–	–	–	–	–
Outros	1.414.344	1.345.666	1.321.895	1.539.305	1.637.089
Ativo permanente	8.731.158	7.733.465	6.219.808	5.059.759	4.058.217
Investimentos	1.070	13	8.204	6.168	10
Imobilizado	5.381.011	4.968.792	4.003.561	3.245.125	2.542.040
Intangível	3.349.077	2.764.660	2.208.042	1.808.466	1.516.167
Diferido	–	–	–	–	–

TABELA 6.2 Passivo padronizado da Embraer.

BALANÇO PATRIMONIAL PADRONIZADO	31/12/X5	31/12/X4	31/12/X3	31/12/X2	31/12/X1
PASSIVO TOTAL	**27.653.600**	**25.282.776**	**21.834.128**	**19.819.526**	**17.760.611**
Passivo circulante	**6.781.058**	**7.210.898**	**6.421.969**	**6.358.181**	**5.056.303**
Empréstimos e financiamentos	238.146	197.781	774.383	563.268	153.562
Fornecedores	2.604.594	2.526.594	1.747.227	1.856.792	1.587.959
Impostos, taxas e contribuições	356.351	378.687	296.283	224.663	189.529
Dividendos a pagar	–	–	–	–	–
Provisões	253.792	245.412	222.789	606.625	655.296
Dívidas com pessoas ligadas	–	–	–	–	–
Outros	3.328.175	3.862.425	3.381.287	3.106.833	2.469.956
Passivo não circulante	**10.607.056**	**9.017.645**	**7.696.369**	**6.485.505**	**6.075.994**
Empréstimos e financiamentos	6.423.876	5.272.158	3.984.549	3.146.434	2.883.315
Provisões	406.956	413.299	361.397	150.905	105.094
Dívidas com pessoas ligadas	–	–	–	–	–
Outros	3.390.096	3.080.231	3.101.350	3.000.321	2.899.688
Lucros e receitas a apropriar	386.128	251.957	249.073	187.846	187.897
Patrimônio líquido	**10.265.486**	**9.054.232**	**7.715.789**	**6.975.840**	**6.628.314**
Capital social	4.789.617	5.096.516	5.397.761	5.712.915	6.084.432
Reservas de capital	–	–	–	–	–
Ajustes de avaliação patrimonial	1.367.087	303.369	–782.339	–1.374.427	–2.288.296
Reservas de lucro	3.843.265	3.407.743	2.888.733	2.390.327	2.614.162
Participação de não controladores	265.517	246.604	211.634	247.025	218.017
Lucros e prejuízos acumulados	–	–	–	–	–

TABELA 6.3 DRE padronizada da Embraer.

DRE PADRONIZADA	1/1/X5 a 31/12/X5	1/1/X4 a 31/12/X4	1/1/X3 a 31/12/X3	1/1/X2 a 31/12/X2
Receita bruta	14.935.910	14.509.576	13.727.033	11.758.400
Deduções da receita bruta	–	–	–	–
(=) Receita líquida	14.935.910	14.509.576	13.727.033	11.758.400
Custo de produtos e/ou serviços	–11.977.173	–11.215.381	–10.408.943	–9.111.367
(=) Resultado bruto	2.958.737	3.294.195	3.318.090	2.647.033
Despesas da atividade	–1.478.535	–1.524.281	–1.678.099	–1.363.230
Com vendas	–989.413	–1.041.548	–1.063.505	–838.358
Gerais e administrativas	–489.122	–482.733	–614.594	–524.872
(=) Resultado da atividade	1.480.202	1.769.914	1.639.991	1.283.803
Outras receitas operacionais	376.808	608.672	147.310	154.148
Outras despesas operacionais	–553.088	–669.802	–418.345	–814.905
(=) Resultado antes de juros e tributos	1.303.922	1.708.784	1.368.956	623.046
Resultado financeiro	–102.871	–269.843	8.560	–167.374
Receitas financeiras	–192.063	–220.975	7.880	–60.033
Despesas financeiras	89.340	–48.869	–1.996	–106.597
Resultado da equivalência patrimonial	–148	–	2.677	–744
(=) Resultado operacional	1.201.051	1.438.940	1.377.516	455.672
Resultado não operacional	–	–	–	–
Receitas não operacionais	–	–	–	–
Despesas não operacionais	–	–	–	–
(=) Resultado antes de IR, contribuições e participações	1.201.051	1.438.940	1.377.516	455.672
Provisão para IR e contribuição social	–374.451	–602.140	–589.754	–251.405
Participações	–	–	–	–
Contribuições	–	–	–	–
IR diferido	–	–	–	–
Reversão dos juros sobre capital próprio	–	–	–	–
(=) Resultado do exercício	826.600	836.800	787.762	204.267

TABELA 6.4 Indicadores de análise financeira da Embraer.

INDICADORES DE ANÁLISE FINANCEIRA*	Situação mais favorável	1/1/X5 a 31/12/X5	1/1/X4 a 31/12/X4	1/1/X3 a 31/12/X3	1/1/X2 a 31/12/X2
ESTRATÉGIA					
Captação					
Capitalização ajustada	Maior	0,590	0,558	0,547	0,543
Capitalização seca	Maior	0,590	0,558	0,546	0,543
Endividamento ajustado total	Menor	1,694	1,792	1,830	1,841
Endividamento seco	Menor	1,694	1,792	1,832	1,843
Captação de curto prazo	Menor	0,390	0,444	0,455	0,495
Captação de longo prazo	Maior	0,610	0,556	0,545	0,505
Exigibilidades tributárias	Menor	0,020	0,023	0,021	0,017
Comprometimento bancário	Menor	0,383	0,337	0,337	0,289
Comprometimento com fornecedores	Maior	0,150	0,156	0,124	0,145
ESTRATÉGIA					
Aplicação					
Imobilização ajustada do capital próprio	Menor	0,851	0,854	0,806	0,725
Imobilização de recursos não correntes	Menor	0,418	0,428	0,404	0,376
Recursos de longo prazo em giro	Maior	0,415	0,397	0,384	0,387
Recursos próprios em giro	Maior	−0,190	−0,204	−0,230	−0,183
Aplicação em ativos de crédito	Maior	0,101	0,084	0,083	0,081
Aplicação em estoques	Menor	0,338	0,325	0,318	0,346
Aplicações em disponibilidades	Maior	0,340	0,373	0,350	0,319
Aplicações em investimentos	Menor	0,000	0,000	0,000	0,000
Aplicações em imobilizado	Menor	0,195	0,197	0,183	0,164
EFICIÊNCIA					
Receitas e despesas					
Despesa de overhead	Menor	0,099	0,105	0,122	0,116
Custo de produção	Menor	0,802	0,773	0,758	0,775
Despesa administrativa	Menor	0,033	0,033	0,045	0,045
Despesa de comercialização	Menor	0,066	0,072	0,077	0,071
Eficiência operacional	Maior	10,102	9,519	8,180	8,625
Custo do endividamento	Menor	0,005	0,003	0,000	0,008
Despesa financeira	Menor	0,006	0,003	0,000	0,009
Despesa operacional	Menor	0,107	0,125	0,134	0,148
Provisionamento para IR e contribuições	Menor	0,312	0,418	0,428	0,552
Rentabilidades					
Margem bruta	Maior	0,198	0,227	0,242	0,225
Margem da atividade	Maior	0,099	0,122	0,119	0,109
Contribuição do resultado financeiro	Maior	−0,007	−0,019	0,001	−0,014
Margem operacional	Maior	0,080	0,099	0,100	0,039
Margem líquida	Maior	0,055	0,058	0,057	0,017
Giro do ativo operacional	Maior	0,789	0,827	0,879	0,797
Giro do ativo total	Maior	0,540	0,574	0,629	0,593

(Continua)

6 Indicadores de Análise Financeira   317

TABELA 6.4   Indicadores de análise financeira da Embraer. *(Continuação)*

INDICADORES DE ANÁLISE FINANCEIRA*	Situação mais favorável	1/1/X5 a 31/12/X5	1/1/X4 a 31/12/X4	1/1/X3 a 31/12/X3	1/1/X2 a 31/12/X2
Rentabilidade da atividade do patrimônio líquido	Maior	0,144	0,195	0,213	0,184
Rentabilidade do Ativo Total (ROI)	Maior	0,030	0,033	0,036	0,010
Rentabilidade do Ativo Operacional	Maior	0,044	0,048	0,050	0,014
Rentabilidade do Patrimônio Líquido (ROE)	Maior	0,081	0,092	0,102	0,029
SOLVÊNCIA					
Liquidez					
Liquidez geral	Maior	1,088	1,081	1,106	1,149
Liquidez corrente	Maior	2,276	1,994	1,922	1,819
Liquidez seca	Maior	1,334	1,203	1,148	1,016
Coeficientes do capital de giro					
Coeficiente do capital de giro líquido	Maior	0,579	0,494	0,431	0,443
Coeficiente do capital de giro próprio	Maior	–0,131	–0,128	–0,129	–0,109

* Índices calculados com demonstrações de resultados do exercício encerradas nos períodos listados e balanços patrimoniais levantados no encerramento de cada um deles.

6.2.1.2   Varejo

TABELA 6.5   Ativo padronizado da Arezzo.

BALANÇO PATRIMONIAL PADRONIZADO	31/12/X5	31/12/X4	31/12/X3	31/12/X2	31/12/X1
ATIVO TOTAL	**796.509**	**748.967**	**717.420**	**609.062**	**340.649**
Ativo circulante	**618.653**	**588.533**	**578.770**	**515.725**	**265.586**
Disponibilidades e aplicações financeiras	200.385	197.589	227.822	207.005	16.519
Recebíveis	277.913	263.357	235.262	214.209	168.195
Estoques	98.131	90.561	85.800	68.446	62.071
Outros	42.224	37.026	29.886	26.066	18.800
Ativo não circulante	**177.856**	**160.434**	**138.650**	**93.337**	**75.063**
Ativo realizável a longo prazo	12.013	16.085	15.909	20.060	29.143
Créditos diversos	7.860	10.193	8.828	8.024	9.317
Créditos com pessoas ligadas	–	–	–	–	1.347
Outros	4.153	5.892	7.082	12.036	18.480
Ativo permanente	165.843	144.349	122.741	73.277	45.920
Investimentos	–	–	–	–	–
Imobilizado	75.767	72.935	68.847	36.133	27.155
Intangível	90.076	71.414	53.894	37.144	18.765
Diferido	–	–	–	–	–

TABELA 6.6 Passivo padronizado da Arezzo.

BALANÇO PATRIMONIAL PADRONIZADO	31/12/X5	31/12/X4	31/12/X3	31/12/X2	31/12/X1
PASSIVO TOTAL	**796.509**	**748.967**	**717.420**	**609.062**	**340.649**
Passivo circulante	**178.803**	**153.078**	**143.596**	**122.042**	**119.140**
Empréstimos e financiamentos	65.081	63.669	48.283	24.911	34.769
Fornecedores	70.315	37.093	40.015	44.474	36.515
Impostos, taxas e contribuições	31.996	33.755	39.259	31.694	29.525
Dividendos a pagar	–	–	–	–	–
Provisões	–	–	–	–	–
Dívidas com pessoas ligadas	–	–	–	–	–
Outros	11.411	18.562	16.039	20.963	18.331
Passivo não circulante	**41.413**	**48.377**	**62.292**	**28.940**	**35.763**
Empréstimos e financiamentos	34.329	41.055	57.747	21.200	24.643
Provisões	5.317	5.153	3.424	5.079	5.856
Dívidas com pessoas ligadas	950	929	1.097	1.079	2.636
Outros	817	1.240	25	1.582	2.627
Lucros e receitas a apropriar	–	–	–	–	–
Patrimônio líquido	**576.293**	**547.512**	**511.531**	**458.080**	**185.746**
Capital social	220.086	167.258	120.425	48.805	27.132
Reservas de capital	70.739	136.508	195.527	283.549	90.218
Ajustes de avaliação patrimonial	–	–	–	–	–
Reservas de lucro	285.468,00	243.745,76	195.579,13	125.726,39	68.396,26
Participação de não controladores	–	–	–	–	–
Lucros e prejuízos acumulados	–	–	–	–	–

TABELA 6.7 DRE padronizada da Arezzo.

DRE PADRONIZADA	1/1/X5 a 31/12/X5	1/1/X4 a 31/12/X4	1/1/X3 a 31/12/X3	1/1/X2 a 31/12/X2
Receita bruta	**1.052.909**	**1.024.652**	**969.573**	**809.780**
Deduções da receita bruta	–	–	–	–
(=) Receita líquida	**1.052.909**	**1.024.652**	**969.573**	**809.780**
Custo de produtos e/ou serviços	–603.610	–571.644	–546.051	–474.106
(=) Resultado bruto	**449.299**	**453.008**	**423.521**	**335.674**
Despesas da atividade	–297.521	–296.079	–273.687	–202.080
Com vendas	–221.352	–217.538	–201.194	–144.592
Gerais e administrativas	–76.169	–78.542	–72.494	–57.488
(=) Resultado da atividade	**151.778**	**156.929**	**149.834**	**133.594**
Outras receitas operacionais	–	1.076	–	1.990
Outras despesas operacionais	–3.708	–	–5.351	–
(=) Resultado antes de juros e tributos	**148.070**	**158.005**	**144.483**	**135.583**
Resultado financeiro	13.417	8.116	5.972	14.052
Receitas financeiras	28.393	25.791	21.774	27.013
Despesas financeiras	–14.976	–17.675	–15.802	–12.961
Resultado da equivalência patrimonial	–	–	–	–
(=) Resultado operacional	**161.487**	**166.120**	**150.455**	**149.635**
Resultado não operacional	–	–	–	–
Receitas não operacionais	–	–	–	–
Despesas não operacionais	–	–	–	–
(=) Resultado antes de IR, contribuições e participações	**161.487**	**166.120**	**150.455**	**149.635**
Provisão para IR e contribuição social	–48.735	–48.481	–41.281	–40.362
Participações	–	–	–	–
Contribuições	–	–	–	–
IR diferido	–	–	–	–
Reversão dos juros sobre capital próprio	–	–	–	–
(=) Resultado do exercício	**112.752**	**117.639**	**109.174**	**109.273**

TABELA 6.8 Indicadores de análise financeira da Arezzo.

INDICADORES DE ANÁLISE FINANCEIRA*	Situação mais favorável	1/1/X5 a 31/12/X5	1/1/X4 a 31/12/X4	1/1/X3 a 31/12/X3	1/1/X2 a 31/12/X2
ESTRATÉGIA					
Captação					
Capitalização ajustada	Maior	2,617	2,718	2,485	3,034
Capitalização seca	Maior	2,617	2,718	2,485	3,034
Endividamento ajustado total	Menor	0,382	0,368	0,402	0,330
Endividamento seco	Menor	0,382	0,368	0,402	0,330
Captação de curto prazo	Menor	0,812	0,760	0,697	0,808
Captação de longo prazo	Maior	0,188	0,240	0,303	0,192
Exigibilidades tributárias	Menor	0,145	0,168	0,191	0,210
Comprometimento bancário	Menor	0,451	0,520	0,515	0,305
Comprometimento com fornecedores	Maior	0,319	0,184	0,194	0,295
ESTRATÉGIA					
Aplicação					
Imobilização ajustada do capital próprio	Menor	0,288	0,264	0,240	0,160
Imobilização de recursos não correntes	Menor	0,268	0,242	0,214	0,150
Recursos de longo prazo em giro	Maior	0,712	0,731	0,758	0,808
Recursos próprios em giro	Maior	0,691	0,707	0,729	0,796
Aplicação em ativos de crédito	Maior	0,441	0,436	0,396	0,400
Aplicação em estoques	Menor	0,156	0,150	0,144	0,128
Aplicações em disponibilidades	Maior	0,318	0,327	0,383	0,386
Aplicações em investimentos	Menor	0,000	0,000	0,000	0,000
Aplicações em imobilizado	Menor	0,095	0,097	0,096	0,059
EFICIÊNCIA					
Receitas e despesas					
Despesa de overhead	Menor	0,283	0,289	0,282	0,250
Custo de produção	Menor	0,573	0,558	0,563	0,585
Despesa administrativa	Menor	0,072	0,077	0,075	0,071
Despesa de comercialização	Menor	0,210	0,212	0,208	0,179
Eficiência operacional	Maior	3,539	3,461	3,543	4,007
Custo do endividamento	Menor	0,068	0,088	0,077	0,086
Despesa financeira	Menor	0,014	0,017	0,016	0,016
Despesa operacional	Menor	0,478	0,490	0,469	0,377
Provisionamento para IR e contribuições	Menor	0,302	0,292	0,274	0,270
Rentabilidades					
Margem bruta	Maior	0,427	0,442	0,437	0,415
Margem da atividade	Maior	0,144	0,153	0,155	0,165
Contribuição do resultado financeiro	Maior	0,013	0,008	0,006	0,017
Margem operacional	Maior	0,153	0,162	0,155	0,185
Margem líquida	Maior	0,107	0,115	0,113	0,135
Giro do ativo operacional	Maior	1,670	1,695	1,630	1,511

(Continua)

TABELA 6.8 Indicadores de análise financeira da Arezzo. *(Continuação)*

INDICADORES DE ANÁLISE FINANCEIRA*	Situação mais favorável	1/1/X5 a 31/12/X5	1/1/X4 a 31/12/X4	1/1/X3 a 31/12/X3	1/1/X2 a 31/12/X2
Giro do ativo total	Maior	1,322	1,368	1,351	1,330
Rentabilidade da atividade do patrimônio líquido	Maior	0,263	0,287	0,293	0,292
Rentabilidade do Ativo Total (ROI)	Maior	0,142	0,157	0,152	0,179
Rentabilidade do ativo operacional	Maior	0,179	0,195	0,184	0,204
Rentabilidade do Patrimônio Líquido (ROE)	Maior	0,196	0,215	0,213	0,239
SOLVÊNCIA					
Liquidez					
Liquidez geral	Maior	2,864	3,001	2,888	3,549
Liquidez corrente	Maior	3,460	3,845	4,031	4,226
Liquidez seca	Maior	2,911	3,253	3,433	3,665
Coeficientes do capital de giro					
Coeficiente do capital de giro líquido	Maior	0,418	0,425	0,449	0,486
Coeficiente do capital de giro próprio	Maior	0,378	0,378	0,385	0,450

* Índices calculados com demonstrações de resultados do exercício encerradas nos períodos listados e balanços patrimoniais levantados no encerramento de cada um deles.

6.2.1.3 Agronegócio

TABELA 6.9 Ativo padronizado da São Martinho.

BALANÇO PATRIMONIAL PADRONIZADO	31/12/X5	31/12/X4	31/12/X3	31/12/X2	31/12/X1
ATIVO TOTAL	**7.168.924**	**5.361.236**	**5.548.435**	**4.807.364**	**5.319.467**
Ativo circulante	**1.749.599**	**917.933**	**954.628**	**565.447**	**525.405**
Disponibilidades e aplicações financeiras	1.020.112	586.688	598.581	268.453	165.949
Recebíveis	156.317	76.726	58.308	71.176	52.882
Estoques	177.443	106.044	114.391	165.922	133.473
Outros	395.727	148.475	183.348	59.896	173.101
Ativo não circulante	**5.419.325**	**4.443.304**	**4.593.807**	**4.241.916**	**4.794.062**
Ativo realizável a longo prazo	1.105.628	773.867	734.008	781.107	881.515
Créditos diversos	105.974	108.164	95.754	103.326	106.354
Créditos com pessoas ligadas	34	2.048	2.269	39	268
Outros	999.620	663.655	635.985	677.742	774.893
Ativo permanente	4.313.697	3.669.436	3.859.799	3.460.809	3.912.547
Investimentos	429.780	572.222	639.156	–	–
Imobilizado	3.383.376	2.891.936	2.960.699	3.417.003	3.865.332
Intangível	500.541	205.278	259.944	43.806	47.215
Diferido	–	–	–	–	–

TABELA 6.10 Passivo padronizado da São Martinho.

BALANÇO PATRIMONIAL PADRONIZADO	31/12/X5	31/12/X4	31/12/X3	31/12/X2	31/12/X1
PASSIVO TOTAL	**7.168.924**	**5.361.236**	**5.548.435**	**4.807.364**	**5.319.467**
Passivo circulante	**1.419.892**	**738.437**	**564.587**	**406.568**	**611.304**
Empréstimos e financiamentos	872.419	467.815	270.930	168.159	415.078
Fornecedores	95.476	68.557	86.843	72.874	94.223
Impostos, taxas e contribuições	99.119	75.015	68.398	77.735	73.868
Dividendos a pagar	–	–	–	–	–
Provisões	–	–	–	–	–
Dívidas com pessoas ligadas	–	–	–	841	156
Outros	352.878	127.050	138.416	87.800	28.135
Passivo não circulante	**3.132.947**	**2.413.829**	**2.616.513**	**2.070.735**	**2.282.591**
Empréstimos e financiamentos	2.367.660	1.224.940	1.325.369	680.727	798.271
Provisões	55.430	60.279	67.811	88.604	86.242
Dívidas com pessoas ligadas	–	–	–	–	–
Outros	709.857	1.128.610	1.223.333	1.301.404	1.398.078
Lucros e receitas a apropriar	–	–	–	–	–
Patrimônio líquido	**2.616.085**	**2.208.971**	**2.367.335**	**2.330.061**	**2.425.572**
Capital social	812.992	784.437	692.129	543.784	457.322
Reservas de capital	6.823	-8.762	-13.476	-2.265	-2.412
Ajustes de avaliação patrimonial	1.405.708	1.188.263	1.426.598	1.556.529	1.783.133
Reservas de lucro	390.562	245.032	262.084	232.013	277.735
Participação de não controladores	–	–	–	–	–
Lucros e prejuízos acumulados	–	–	–	–	-90.205

TABELA 6.11 DRE padronizada da São Martinho.

DRE PADRONIZADA	1/1/X5 a 31/12/X5	1/1/X4 a 31/12/X4	1/1/X3 a 31/12/X3	1/1/X2 a 31/12/X2
Receita bruta	**1.916.044**	**1.631.947**	**1.455.472**	**1.544.693**
Deduções da receita bruta	–	–	–	–
(=) Receita líquida	**1.916.044**	**1.631.947**	**1.455.472**	**1.544.693**
Custo de produtos e/ou serviços	–1.370.538	–1.158.838	–1.047.768	–1.068.367
(=) Resultado bruto	**545.506**	**473.108**	**407.704**	**476.326**
Despesas da atividade	–230.196	–199.457	–182.426	–190.050
Com vendas	–85.749	–78.628	–67.369	–69.425
Gerais e administrativas	–144.447	–120.829	–115.057	–120.625
(=) Resultado da atividade	**315.310**	**273.652**	**225.278**	**286.276**
Outras receitas operacionais	108.005	3.304	3.079	–
Outras despesas operacionais	–	–	–	–5.062
(=) Resultado antes de juros e tributos	**423.315**	**276.956**	**228.357**	**281.214**
Resultado financeiro	–141.562	–58.815	–71.580	–46.123
Receitas financeiras	179.498	72.806	42.898	75.071
Despesas financeiras	–321.060	–131.621	–114.478	–121.194
Resultado da equivalência patrimonial	–	–	–	–
(=) Resultado operacional	**281.753**	**218.141**	**156.777**	**235.090**
Resultado não operacional	–	–	–	–
Receitas não operacionais	–	–	–	–
Despesas não operacionais	–	–	–	–
(=) Resultado antes de IR, contribuições e participações	**281.753**	**218.141**	**156.777**	**235.090**
Provisão para IR e contribuição social	–25.521	–56.992	–47.860	–65.373
Participações	–	–	–	–
Contribuições	–	–	–	–
IR diferido	–	–	–	–
Reversão dos juros sobre capital próprio	–	–	–	–
(=) Resultado do exercício	**256.232**	**161.149**	**108.917**	**169.717**

TABELA 6.12 Indicadores de análise financeira da Renar.

INDICADORES DE ANÁLISE FINANCEIRA*	Situação mais favorável	1/1/X5 a 31/12/X5	1/1/X4 a 31/12/X4	1/1/X3 a 31/12/X3	1/1/X2 a 31/12/X2
ESTRATÉGIA					
Captação					
Capitalização ajustada	Maior	0,575	0,701	0,744	0,941
Capitalização seca	Maior	0,480	0,519	0,543	0,941
Endividamento ajustado total	Menor	1,740	1,427	1,344	1,063
Endividamento seco	Menor	2,082	1,926	1,841	1,063
Captação de curto prazo	Menor	0,312	0,234	0,177	0,164
Captação de longo prazo	Maior	0,688	0,766	0,823	0,836
Exigibilidades tributárias	Menor	0,022	0,024	0,022	0,031
Comprometimento bancário	Menor	0,712	0,537	0,502	0,343
Comprometimento com fornecedores	Maior	0,021	0,022	0,027	0,029
ESTRATÉGIA					
Aplicação					
Imobilização ajustada do capital próprio	Menor	1,649	1,661	1,630	1,485
Imobilização de recursos não correntes	Menor	0,750	0,794	0,774	0,786
Recursos de longo prazo em giro	Maior	0,057	0,039	0,078	0,036
Recursos próprios em giro	Maior	–1,072	–1,011	–0,940	–0,821
Aplicação em ativos de crédito	Maior	0,055	0,045	0,035	0,053
Aplicação em estoques	Menor	0,062	0,063	0,068	0,123
Aplicações em disponibilidades	Maior	0,357	0,347	0,354	0,199
Aplicações em investimentos	Menor	0,060	0,107	0,115	0,000
Aplicações em imobilizado	Menor	0,472	0,539	0,534	0,711
EFICIÊNCIA					
Receitas e despesas					
Despesa de overhead	Menor	0,120	0,122	0,125	0,123
Custo de produção	Menor	0,715	0,710	0,720	0,692
Despesa administrativa	Menor	0,075	0,074	0,079	0,078
Despesa de comercialização	Menor	0,045	0,048	0,046	0,045
Eficiência operacional	Maior	8,324	8,182	7,978	8,128
Custo do endividamento	Menor	0,071	0,042	0,036	0,049
Despesa financeira	Menor	0,168	0,081	0,079	0,078
Despesa operacional	Menor	0,081	0,118	0,108	0,145
Provisionamento para IR e contribuições	Menor	0,091	0,261	0,305	0,278
Rentabilidades					
Margem bruta	Maior	0,285	0,290	0,280	0,308
Margem da atividade	Maior	0,165	0,168	0,155	0,185
Contribuição do resultado financeiro	Maior	–0,074	–0,036	–0,049	–0,030
Margem operacional	Maior	0,147	0,134	0,108	0,152
Margem líquida	Maior	0,134	0,099	0,075	0,110
Giro do ativo operacional	Maior	0,671	0,965	0,862	1,147

(Continua)

TABELA 6.12 Indicadores de análise financeira da Renar. *(Continuação)*

INDICADORES DE ANÁLISE FINANCEIRA*	Situação mais favorável	1/1/X5 a 31/12/X5	1/1/X4 a 31/12/X4	1/1/X3 a 31/12/X3	1/1/X2 a 31/12/X2
Giro do ativo total	Maior	0,267	0,304	0,262	0,321
Rentabilidade do Ativo Total (ROI)	Maior	0,036	0,030	0,020	0,035
Rentabilidade do ativo operacional	Maior	0,090	0,095	0,065	0,126
Rentabilidade do Patrimônio Líquido (ROE)	Maior	0,098	0,073	0,046	0,073
SOLVÊNCIA					
Liquidez					
Liquidez geral	Maior	0,627	0,537	0,531	0,544
Liquidez corrente	Maior	1,232	1,243	1,691	1,391
Liquidez seca	Maior	1,107	1,099	1,488	0,983
Coeficientes do capital de giro					
Coeficiente do capital de giro líquido	Maior	0,172	0,110	0,268	0,103
Coeficiente do capital de giro próprio	Maior	–1,463	–1,369	–1,530	–1,238

* Índices calculados com demonstrações de resultados do exercício encerradas nos períodos listados e balanços patrimoniais levantados no encerramento de cada um deles.

6.2.1.4 Indústria de bens de consumo

TABELA 6.13 Ativo padronizado da Hypermarcas.

BALANÇO PATRIMONIAL PADRONIZADO	31/12/X5	31/12/X4	31/12/X3	31/12/X2	31/12/X1
ATIVO TOTAL	**13.887.691**	**13.303.064**	**14.263.526**	**15.894.011**	**12.687.095**
Ativo circulante	**4.825.420**	**4.016.028**	**4.521.059**	**5.627.978**	**5.700.651**
Disponibilidades e aplicações financeiras	1.829.905	1.233.086	1.956.875	3.096.821	3.060.883
Recebíveis	1.553.826	1.308.099	1.362.569	1.121.890	1.436.323
Estoques	661.666	629.157	494.491	644.907	591.593
Outros	780.023	845.685	707.123	764.360	611.853
Ativo não circulante	**9.062.271**	**9.287.036**	**9.742.467**	**10.266.034**	**6.986.444**
Ativo realizável a longo prazo	444.540	271.995	353.276	495.729	130.644
Créditos diversos	425.416	227.444	209.084	218.228	90.284
Créditos com pessoas ligadas	–	–	–	–	48
Outros	15.242	39.619	131.667	260.038	39.899
Ativo permanente	8.617.731	9.015.041	9.389.191	9.770.305	6.855.800
Investimentos	641	1.334	2.943	518	22.493
Imobilizado	1.666.691	1.619.267	1.551.807	1.501.298	939.650
Intangível	6.950.399	7.394.440	7.834.441	8.268.490	5.893.657
Diferido	–	–	–	–	–

TABELA 6.14 Passivo padronizado da Hypermarcas.

BALANÇO PATRIMONIAL PADRONIZADO	31/12/X5	31/12/X4	31/12/X3	31/12/X2	31/12/X1
PASSIVO TOTAL	**13.887.691**	**13.303.064**	**14.263.526**	**15.894.011**	**12.687.095**
Passivo circulante	**2.989.129**	**2.039.822**	**1.869.496**	**1.908.284**	**2.221.253**
Empréstimos e financiamentos	1.731.023	818.520	390.048	635.136	620.746
Fornecedores	706.642	532.038	524.860	346.765	233.970
Impostos, taxas e contribuições	203.987	226.596	235.761	225.307	191.009
Dividendos a pagar	–	–	–	–	–
Provisões	–	–	–	–	–
Dívidas com pessoas ligadas	–	–	–	–	–
Outros	347.477	462.668	718.826	701.076	1.175.529
Passivo não circulante	**3.422.599**	**3.731.098**	**4.653.578**	**6.058.652**	**4.039.087**
Empréstimos e financiamentos	3.073.876	3.340.795	4.072.702	4.788.025	3.127.131
Provisões	156.778	159.697	240.000	593.167	42.497
Dívidas com pessoas ligadas	–	–	–	–	6.892
Outros	191.945	230.607	340.876	677.459	862.568
Lucros e receitas a apropriar	–	–	–	–	–
Patrimônio líquido	**7.475.963**	**7.532.144**	**7.740.452**	**7.927.076**	**6.426.755**
Capital social	5.269.124	5.606.748	5.895.262	6.234.633	4.219.040
Reservas de capital	1.421.371	1.518.106	1.588.067	1.663.529	1.783.916
Ajustes de avaliação patrimonial	–204.443	–217.543	–230.401	–243.854	63.868
Outras reservas de lucro	989.911	624.833	487.524	272.768	359.931
Participação de não controladores	–	–	–	–	–
Lucros e prejuízos acumulados	–	–	–	–	–

TABELA 6.15 DRE padronizada da Hypermarcas.

DRE PADRONIZADA	1/1/X5 a 31/12/X5	1/1/X4 a 31/12/X4	1/1/X3 a 31/12/X3	1/1/X2 a 31/12/X2
Receita bruta	**4.680.348**	**4.531.623**	**4.365.530**	**3.965.521**
Deduções da receita bruta	–	–	–	–
(=) Receita líquida	**4.680.348**	**4.531.623**	**4.365.530**	**3.965.521**
Custo de produtos e/ou serviços	–1.698.353	–1.606.636	–1.650.529	–1.575.133
(=) Resultado bruto	**2.981.995**	**2.924.987**	**2.715.001**	**2.390.389**
Despesas da atividade	–1.970.540	–1.919.405	–1.833.753	–1.840.331
Com vendas	–1.730.199	–1.682.784	–1.569.085	–1.530.382
Gerais e administrativas	–240.341	–236.621	–264.668	–309.949
(=) Resultado da atividade	**1.011.455**	**1.005.583**	**881.249**	**550.058**
Outras receitas operacionais	123.316	133.257	377.540	244.132
Outras despesas operacionais	–224.071	–183.392	–389.775	–292.022
(=) Resultado antes de juros e tributos	**910.700**	**955.448**	**869.013**	**502.167**
Resultado financeiro	–417.376	–621.433	–479.405	–725.713
Receitas financeiras	179.762	167.453	231.233	319.763
Despesas financeiras	–596.525	–787.442	–710.052	–1.045.475
Resultado da equivalência patrimonial	–613	–1.444	–586	–
(=) Resultado operacional	**493.324**	**334.015**	**389.609**	**–223.546**
Resultado não operacional	–	–	–	–
Receitas não operacionais	–	–	–	–
Despesas não operacionais	–	–	–	–
(=) Resultado antes de IR, contribuições e participações	**493.324**	**334.015**	**389.609**	**–223.546**
Provisão para IR e contribuição social	–81.115	–58.610	–132.586	17.408
Participações	–	–	–	–
Contribuições	–	–	–	–
IR diferido	–	–	–	–
Reversão dos juros sobre capital próprio	–	–	–	–
(=) Resultado do exercício	**412.209**	**275.404**	**257.023**	**–206.137**

TABELA 6.16 Indicadores de análise financeira da Hypermarcas.

INDICADORES DE ANÁLISE FINANCEIRA*	Situação mais favorável	1/1/X5 a 31/12/X5	1/1/X4 a 31/12/X4	1/1/X3 a 31/12/X3	1/1/X2 a 31/12/X2
ESTRATÉGIA					
Captação					
Capitalização ajustada	Maior	1,166	1,305	1,187	0,995
Capitalização seca	Maior	1,166	1,305	1,186	0,995
Endividamento ajustado total	Menor	0,858	0,766	0,843	1,005
Endividamento seco	Menor	0,858	0,766	0,843	1,005
Captação de curto prazo	Menor	0,466	0,353	0,287	0,240
Captação de longo prazo	Maior	0,534	0,647	0,713	0,760
Exigibilidades tributárias	Menor	0,032	0,039	0,036	0,028
Comprometimento bancário	Menor	0,749	0,721	0,684	0,681
Comprometimento com fornecedores	Maior	0,110	0,092	0,080	0,044
ESTRATÉGIA					
Aplicação					
Imobilização ajustada do capital próprio	Menor	1,153	1,197	1,213	1,233
Imobilização de recursos não correntes	Menor	0,791	0,800	0,758	0,699
Recursos de longo prazo em giro	Maior	0,168	0,175	0,214	0,266
Recursos próprios em giro	Maior	-0,212	-0,233	-0,259	-0,295
Aplicação em ativos de crédito	Maior	0,295	0,305	0,280	0,183
Aplicação em estoques	Menor	0,126	0,147	0,101	0,105
Aplicações em disponibilidades	Maior	0,347	0,288	0,401	0,506
Aplicações em investimentos	Menor	0,000	0,000	0,000	0,000
Aplicações em imobilizado	Menor	0,120	0,122	0,109	0,094
EFICIÊNCIA					
Receitas e despesas					
Despesa de overhead	Menor	0,421	0,424	0,420	0,464
Custo de produção	Menor	0,363	0,355	0,378	0,397
Despesa administrativa	Menor	0,051	0,052	0,061	0,078
Despesa de Comercialização	Menor	0,370	0,371	0,359	0,386
Eficiência operacional	Maior	2,375	2,361	2,381	2,155
Custo do endividamento	Menor	0,093	0,136	0,109	0,131
Despesa financeira	Menor	0,127	0,174	0,163	0,264
Despesa operacional	Menor	0,416	0,490	0,456	0,348
Provisionamento para IR e contribuições	Menor	0,164	0,175	0,340	-0,078
Rentabilidades					
Margem bruta	Maior	0,637	0,645	0,622	0,603
Margem da atividade	Maior	0,216	0,222	0,202	0,139
Contribuição do resultado financeiro	Maior	-0,089	-0,137	-0,110	-0,183
Margem operacional	Maior	0,105	0,074	0,089	-0,056
Margem líquida	Maior	0,088	0,061	0,059	-0,052
Giro do ativo operacional	Maior	0,888	1,057	0,896	0,648

(Continua)

TABELA 6.16 Indicadores de análise financeira da Hypermarcas. (*Continuação*)

INDICADORES DE ANÁLISE FINANCEIRA*	Situação mais favorável	1/1/X5 a 31/12/X5	1/1/X4 a 31/12/X4	1/1/X3 a 31/12/X3	1/1/X2 a 31/12/X2
Rentabilidade da atividade do patrimônio líquido	Maior	0,135	0,134	0,114	0,069
Rentabilidade do Ativo Total (ROI)	Maior	0,030	0,021	0,018	–0,013
Rentabilidade do ativo operacional	Maior	0,078	0,064	0,053	–0,034
Rentabilidade do Patrimônio Líquido (ROE)	Maior	0,055	0,037	0,033	–0,026
SOLVÊNCIA					
Liquidez					
Liquidez geral	Maior	0,822	0,743	0,747	0,769
Liquidez corrente	Maior	1,614	1,969	2,418	2,949
Liquidez seca	Maior	1,393	1,660	2,154	2,611
Coeficientes do capital de giro					
Coeficiente do capital de giro líquido	Maior	0,392	0,436	0,607	0,938
Coeficiente do capital de giro próprio	Maior	–0,339	–0,387	–0,459	–0,590

* Índices calculados com demonstrações de resultados do exercício encerradas nos períodos listados e balanços patrimoniais levantados no encerramento de cada um deles.

TABELA 6.17 Ativo padronizado da Arteris.

BALANÇO PATRIMONIAL PADRONIZADO	31/12/X5	31/12/X4	31/12/X3	31/12/X2	31/12/X1
ATIVO TOTAL	**9.599.828**	**7.841.188**	**6.816.396**	**6.620.210**	**6.124.905**
Ativo circulante	**1.818.486**	**1.235.880**	**1.014.167**	**1.658.349**	**1.762.820**
Disponibilidades e aplicações financeiras	1.584.828	1.039.915	839.296	1.485.699	1.607.184
Recebíveis	154.062	134.828	125.211	118.386	107.365
Estoques	9.950	8.153	10.005	11.379	3.581
Outros	69.646	52.984	39.655	42.885	44.689
Ativo não circulante	**7.781.342**	**6.605.308**	**5.802.229**	**4.961.862**	**4.362.085**
Ativo realizável a longo prazo	323.175	273.099	231.701	204.620	130.911
Créditos diversos	54.103	21.677	16.577	17.418	18.153
Créditos com pessoas ligadas	–	–	–	–	–
Outros	269.069	251.399	215.114	187.165	112.552
Ativo permanente	7.458.167	6.332.209	5.570.528	4.757.242	4.231.174
Investimentos	1.052	1.120	1.187	1.256	1.338
Imobilizado	61.486	49.349	53.202	62.760	61.121
Intangível	7.395.629	6.281.740	5.516.140	4.693.226	4.168.715
Diferido	–	–	–	–	–

TABELA 6.18 Passivo padronizado da Arteris.

BALANÇO PATRIMONIAL PADRONIZADO	31/12/X5	31/12/X4	31/12/X3	31/12/X2	31/12/X1
PASSIVO TOTAL	**9.599.828**	**7.841.188**	**6.816.396**	**6.620.210**	**6.124.905**
Passivo circulante	**1.757.816**	**958.191**	**1.178.437**	**1.127.741**	**2.079.922**
Empréstimos e financiamentos	1.078.249	306.967	532.816	508.516	1.568.058
Fornecedores	142.868	129.940	123.228	135.428	90.352
Impostos, taxas e contribuições	149.563	172.995	150.258	134.103	115.923
Dividendos a pagar	–	–	–	–	–
Provisões	193.538	148.473	154.339	114.901	61.566
Dívidas com pessoas ligadas	152	164	291	1.112	1.037
Outros	193.598	199.816	217.796	234.792	244.023
Passivo não circulante	**5.713.235**	**4.882.988**	**3.826.822**	**3.824.438**	**2.664.404**
Empréstimos e financiamentos	4.974.256	4.082.057	3.112.544	3.187.215	1.974.332
Provisões	–	–	–	–	–
Dívidas com pessoas ligadas	484.562	485.573	357.471	233.014	240.588
Outros	–	–	–	–	–
Lucros e receitas a apropriar	254.417	315.358	356.807	404.210	449.484
Patrimônio líquido	**2.128.777**	**2.000.009**	**1.811.138**	**1.668.031**	**1.380.579**
Capital social	873.822	821.910	766.307	706.268	697.521
Reservas de capital	–	–	–	–	–
Ajustes de avaliação patrimonial	–22.271	–23.698	–25.099	–26.564	–28.292
Reservas de lucro	1.277.226	1.201.796	1.069.930	988.327	711.350
Participação de não controladores	–	–	–	–	–
Lucros e prejuízos acumulados	–	–	–	–	–

TABELA 6.19 DRE padronizada da Arteris.

DRE PADRONIZADA	1/1/X5 a 31/12/X5	1/1/X4 a 31/12/X4	1/1/X3 a 31/12/X3	1/1/X2 a 31/12/X2
Receita bruta	**4.018.133**	**3.593.888**	**3.514.795**	**3.234.937**
Deduções da receita bruta	–	–	–	–
(=) Receita líquida	**4.018.133**	**3.593.888**	**3.514.795**	**3.234.937**
Custo de produtos e/ou serviços	–2.812.470	–2.380.460	–2.372.917	–2.089.493
(=) Resultado bruto	**1.205.663**	**1.213.428**	**1.141.878**	**1.145.444**
Despesas da atividade	–201.345	–216.166	–206.343	–194.472
Com vendas	–	–	–	–
Gerais e administrativas	–201.345	–216.166	–206.343	–194.472
(=) Resultado da atividade	**1.004.318**	**997.262**	**935.535**	**950.972**
Outras receitas operacionais	11.968	13.790	11.797	16.248
Outras despesas operacionais	–3.755	–3.348	–4.170	–3.277
(=) Resultado antes de juros e tributos	**1.012.531**	**1.007.704**	**943.162**	**963.944**
Resultado financeiro	–322.374	–295.565	–267.540	–247.1530
Receitas financeiras	127.375	64.974	115.589	186.681
Despesas financeiras	–449.749	–360.539	–383.129	–433.833
Resultado da equivalência patrimonial	–	–	–	–
(=) Resultado operacional	**690.157**	**712.139**	**675.623**	**716.791**
Resultado não operacional	–	–	–	–
Receitas não operacionais	–	–	–	–
Despesas não operacionais	–	–	–	–
(=) Resultado antes de IR, contribuições e participações	**690.157**	**712.139**	**675.623**	**716.791**
Provisão para IR e contribuição social	–233.297	–215.918	–220.815	–234.439
Participações	–	–	–	–
Contribuições	–	–	–	–
IR diferido	–	–	–	–
Reversão dos juros sobre capital próprio	–	–	–	–
(=) Resultado do exercício	**456.860**	**496.221**	**454.807**	**482.352**

TABELA 6.20 Indicadores de análise financeira da Arteris.

INDICADORES DE ANÁLISE FINANCEIRA*	Situação mais favorável	1/1/X5 a 31/12/X5	1/1/X4 a 31/12/X4	1/1/X3 a 31/12/X3	1/1/X2 a 31/12/X2
ESTRATÉGIA					
Captação					
Capitalização ajustada	Maior	0,285	0,342	0,362	0,337
Capitalização seca	Maior	0,285	0,342	0,362	0,337
Endividamento ajustado total	Menor	3,510	2,921	2,764	2,969
Endividamento seco	Menor	3,511	2,922	2,765	2,971
Captação de curto prazo	Menor	0,235	0,164	0,235	0,228
Captação de longo prazo	Maior	0,765	0,836	0,765	0,772
Exigibilidades tributárias	Menor	0,020	0,030	0,030	0,027
Comprometimento bancário	Menor	0,810	0,751	0,728	0,746
Comprometimento com fornecedores	Maior	0,019	0,022	0,025	0,027
ESTRATÉGIA					
Aplicação					
Imobilização ajustada do capital próprio	Menor	3,503	3,166	3,076	2,852
Imobilização de recursos não correntes	Menor	0,951	0,920	0,988	0,866
Recursos de longo prazo em giro	Maior	0,008	0,040	–0,029	0,097
Recursos próprios em giro	Maior	–2,655	–2,303	–2,204	–1,975
Aplicação em ativos de crédito	Maior	0,072	0,089	0,101	0,064
Aplicação em estoques	Menor	0,005	0,005	0,008	0,006
Aplicações em disponibilidades	Maior	0,740	0,689	0,674	0,797
Aplicações em investimentos	Menor	0,000	0,000	0,000	0,000
Aplicações em imobilizado	Menor	0,006	0,006	0,008	0,009
EFICIÊNCIA					
Receitas e despesas					
Despesa de overhead	Menor	0,050	0,060	0,059	0,060
Custo de produção	Menor	0,700	0,662	0,675	0,646
Despesa administrativa	Menor	0,050	0,060	0,059	0,060
Despesa de comercialização	Menor	0,000	0,000	0,000	0,000
Eficiência operacional	Maior	19,956	16,626	17,034	16,634
Custo do endividamento	Menor	0,060	0,062	0,077	0,088
Despesa financeira	Menor	0,112	0,100	0,109	0,134
Despesa operacional	Menor	0,096	0,145	0,169	0,106
Provisionamento para IR e contribuições	Menor	0,338	0,303	0,327	0,327
Rentabilidades					
Margem bruta	Maior	0,300	0,338	0,325	0,354
Margem da atividade	Maior	0,250	0,277	0,266	0,294
Contribuição do resultado financeiro	Maior	–0,080	–0,082	–0,076	–0,076
Margem operacional	Maior	0,172	0,198	0,192	0,222
Margem líquida	Maior	0,114	0,138	0,129	0,149
Giro do ativo operacional	Maior	1,876	2,382	2,821	1,736
Giro do ativo total	Maior	0,419	0,458	0,516	0,489
Rentabilidade da atividade do patrimônio líquido	Maior	0,472	0,499	0,517	0,570
Rentabilidade do Ativo Total (ROI)	Maior	0,048	0,063	0,067	0,073
Rentabilidade do ativo operacional	Maior	0,213	0,329	0,365	0,259
Rentabilidade do Patrimônio Líquido (ROE)	Maior	0,215	0,248	0,251	0,289

(Continua)

TABELA 6.20 Indicadores de análise financeira da Arteris. (*Continuação*)

INDICADORES DE ANÁLISE FINANCEIRA*	Situação mais favorável	1/1/X5 a 31/12/X5	1/1/X4 a 31/12/X4	1/1/X3 a 31/12/X3	1/1/X2 a 31/12/X2
SOLVÊNCIA					
Liquidez					
Liquidez geral	Maior	0,287	0,258	0,249	0,376
Liquidez corrente	Maior	1,035	1,290	0,861	1,471
Liquidez seca	Maior	1,029	1,281	0,852	1,460
Coeficientes do capital de giro					
Coeficiente do capital de giro líquido	Maior	0,015	0,077	−0,047	0,164
Coeficiente do capital de giro próprio	Maior	−1,407	−1,281	−1,136	−1,018

* Índices calculados com demonstrações de resultados do exercício encerradas nos períodos listados e balanços patrimoniais levantados no encerramento de cada um deles.

6.2.2 Situações particulares

Determinadas situações observadas nas contas dos demonstrativos contábeis podem impactar a apresentação de alguns indicadores, sendo as mais relevantes discutidas nesta seção.

6.2.2.1 Indicadores comparativos de contas de demonstrativos distintos

No cálculo dos indicadores apresentados, estão envolvidas contas do balanço patrimonial e da demonstração de resultados do exercício, simultaneamente. Quando isso ocorre, o analista deve tomar alguns cuidados na interpretação e no uso dos indicadores.

Conforme se discutiu no Capítulo 3, o balanço patrimonial pode ser levantado para qualquer data e refletirá um estado preciso das captações e aplicações de recursos em qualquer momento. Assim, os indicadores de análise financeira que consideram apenas contas do balanço patrimonial podem ser livremente comparados, sem maiores problemas. Por sua vez, as contas da demonstração de resultados se referem à soma de fluxos econômicos de ingresso ou saída de recursos em razão de diversos eventos, fatores e agentes, e, dessa forma, oferecem um resultado acumulado para um período com início e fim previamente fixados. Índices de análise financeira que envolvem apenas cálculos com contas da demonstração de resultado (DRE) podem, também, ser considerados livremente e comparados entre si.

No entanto, na mecânica de alguns índices, como o giro do ativo total e a despesa financeira, está envolvido o cálculo da manipulação de contas do balanço patrimonial *e* da demonstração de resultados do exercício. Nesses casos, a utilização de intervalos consistentes e semelhantes de análise é fundamental: quando se calcula o índice da despesa financeira, divide-se o valor da rubrica *despesas financeiras* pelo capital de terceiros. Se, hipoteticamente, a despesa financeira não variar e tampouco o volume do capital de terceiros, caso se utilize a demonstração de resultados trimestral, o índice calculado refletirá a despesa financeira de três meses, mas, se for empregada a demonstração de resultados anual, o denominador será quatro vezes maior, pois implicará a acumulação da despesa financeira de 12 meses (4 trimestres × 3 meses), comparados a um mesmo volume de capital de terceiros, que, teoricamente, não se alterou. Por essa razão, costuma-se se referir a esses índices como rentabilidade *anual* do patrimônio líquido, giro *trimestral* dos ativos etc.

Assim, os índices que envolvem manipulação de duas ou mais rubricas de demonstrativos diferentes só podem ser comparados de imediato se a periodicidade da demonstração de resultados utilizada no cálculo de índices de períodos diferentes ou entre empresas diferentes for a mesma. Sem esse cuidado, erros crassos de análise serão cometidos, e suas conclusões, possivelmente invalidadas.

6.2.2.2 Patrimônio líquido e rubricas de resultado negativas

Quando o patrimônio líquido é negativo, algumas implicações de ordem prática, matemática e conceitual aparecem. A existência de patrimônio líquido negativo pode ser entendida de formas distintas (com a mesma implicação matemática e contábil): a parcela de resultados negativos acumulados, qualquer que seja a sua origem, foi sendo progressivamente financiada pela redução do capital próprio até que este exauriu-se, gerando um déficit não coberto por capital próprio; o volume de capital de terceiros não aplicado em nenhum ativo, mas sim destinado à compensação da necessidade não suprida de capital próprio para igualar a capitalização a zero, em razão do acúmulo de fluxos de resultado negativos; a quantidade teórica de capital de terceiros que não poderia ser restituída caso, hipoteticamente, fosse possível liquidar, imediatamente, todos os passivos e realizar todos os ativos segundos seus valores contábeis.

Nessas situações de ocorrência de patrimônio líquido negativo, calcular indicadores em que o patrimônio líquido entra como denominador isolado perde o sentido: não há que se falar na imobilização de recursos próprios inexistentes, tampouco faz sentido prático mensurar a rentabilidade de patrimônio líquido negativo. Quando o patrimônio líquido atua apenas como parte do cálculo algébrico de um terceiro conceito, ele pode ser utilizado se sua adição ou subtração não subverter o sentido de seu cálculo. No caso de indicadores que avaliam direta ou indiretamente relações ligadas ao capital de giro próprio, não há sentido em calculá-los se o patrimônio líquido é negativo. Vale reforçar que a existência de patrimônio líquido negativo é anômala, atípica e completamente insustentável no médio e mesmo no curto prazo na empresa.

Situação menos incomum é a apresentação de resultado (bruto, da atividade, operacional, líquido) negativo em determinados períodos. Quando isso acontece, os indicadores de rentabilidade assumirão sinais negativos, e o resultado não deve, dessa forma, ser tomado em módulo, e sim em seu valor absoluto, para o cálculo dos indicadores que o utilizam como uma das variáveis. O mesmo se aplica à rubrica *resultado financeiro* e ao *provisionamento para impostos e contribuições*, no que diz respeito aos indicadores que os utilizam como variáveis no cálculo dos seus índices.

Como curiosidade, percebe-se que o cálculo da rentabilidade do patrimônio líquido para uma empresa que, em dado intervalo, apresentou resultado líquido negativo e na data focal do balanço tinha patrimônio líquido negativo, implicará a divisão de um número negativo por outro, indicando hipoteticamente uma rentabilidade positiva, o que de maneira alguma corresponde à realidade.

Quando um índice não puder ser calculado em razão da existência de patrimônio líquido negativo, ao serem elaboradas tabelas agregadas com indicadores de análise, o autor deverá mencionar em legenda a razão da não apresentação do índice de determinada empresa para o período em questão – e não preencher o campo com valores numéricos como 0 ou 1.

6.2.2.3 Indicadores cujo cálculo resulta em denominador zero

Embora incomuns, podem ocorrer situações nas quais o denominador da fórmula de cálculo do índice relativo a determinado indicador, em determinado período, é zero. Quando isso ocorre, ele deverá ser informado como "infinito", considerando-se o limite da função que determina o índice quando o denominador de sua fórmula é zero (Stewart, 2005).

6.3 CÁLCULO E UTILIZAÇÃO DE PERCENTIS

Durante todo o capítulo, enfatizaram-se a utilidade e até mesmo a necessidade da comparação dos índices calculados para os indicadores de análise financeira entre empresas diferentes como forma de permitir uma avaliação relativa do desempenho financeiro da empresa nos aspectos avaliados por cada índice.

Nesse sentido, uma técnica bastante adequada para a comparação do desempenho financeiro relativo da empresa ao longo de vários períodos de análise consiste no cálculo e na análise do percentil do desempenho da empresa, para cada indicador, em todos os períodos analisados, quando o analista dispõe de uma amostra dos índices calculados para esses mesmos indicadores para outras empresas do mesmo setor ou de um conjunto amplo de empresas atuantes no mesmo mercado. O percentil de determinado índice em determinado período representa, em uma escala na qual os índices de diferentes empresas foram calculados e ordenados do mais para o menos favorável, a proporção de índices que se situam, na escala ordenada, em posição igual ou inferior à do índice avaliado.

Ao se utilizar uma amostra razoavelmente grande de empresas, possivelmente haverá combinações empresas × índices, que representarão *outliers* (dados atípicos), ou seja, casos que destoam extremamente da distribuição geral dos valores dos índices calculados para determinado indicador. Além disso, como se pode notar ao longo da apresentação de cada índice, os números absolutos dos índices fazem menos sentido se tomados de maneira absoluta do que quando comparados a um conjunto mais amplo de outros índices calculados para o mesmo indicador. Ao se calcular e utilizar o percentil de um índice, perde-se, a princípio, sua dimensão de ordem de grandeza em relação aos demais, pois os índices de determinado indicador para determinado período são apenas ordenados, sendo irrelevantes as variações entre cada posição na escala ordenada – diferenças essas que o analista poderá considerar em outros momentos de sua análise.

De acordo com a adaptação do protocolo básico definido por Stevenson (1997), o percentil pode ser calculado da seguinte forma:

$$P_{x,i,t} = \left(1 - \frac{rk}{N}\right) \times 100$$

Em que:

$P_{x,i,t}$ = percentil do índice calculado para o indicador i da empresa x no período t

rk = número de casos (empresas) do indicador i para o período t com posição no *ranking*, ordenado a partir do índice mais favorável, que possuem índices mais favoráveis aos da empresa x

N = total de casos da amostra

Na Tabela 6.21, é exemplificado o cálculo dos percentis tomando uma lista hipotética de 40 índices de margem bruta para um período de 1/1/2006 a 31/12/2006 entre empresas de setores de atividades quaisquer, da qual se deseja calcular o percentil da empresa Z analisada cujo índice de margem bruta no período foi 0,06.

TABELA 6.21 Cálculo do percentil da empresa Z.

0,45	0,48	0,01	0,04
0,22	0,73	0,65	0,23
0,37	0,61	0,30	0,06
0,06	0,71	0,42	0,10
0,78	0,46	**0,06**	0,12
0,61	0,58	0,31	0,25
0,61	−0,05	0,70	−0,35
0,54	0,23	0,45	0
0,84	0,13	0,67	0,81
0,37	0,18	−0,11	−0,02

A margem bruta é um indicador que pode assumir o valor máximo hipotético de 1,0 e que, em tese, não apresenta valor mínimo conceitualmente determinável. Representa um indicador cuja direção de interpretação é do tipo quanto maior, melhor. Assim, na Tabela 6.22, a mesma lista está organizada em ordem decrescente, posicionando o maior índice de margem bruta na primeira posição.

TABELA 6.22 Cálculo do percentil da empresa Z em ordem decrescente.

0,84	0,61	0,31	0,06
0,81	0,58	0,3	**0,06**
0,78	0,54	0,25	0,06
0,73	0,48	0,23	0,04
0,71	0,46	0,23	0,01
0,7	0,45	0,22	0
0,67	0,45	0,18	−0,02
0,65	0,42	0,13	−0,05
0,61	0,37	0,12	−0,11
0,61	0,37	0,1	−0,35

Verifica-se que, no *ranking* ordenado na Tabela 6.22, 30 empresas apresentaram margem bruta superior à da empresa Z, 3 apresentaram o mesmo índice de margem bruta (0,06) e 7, margem bruta inferior à da empresa Z, totalizando os 40 casos (empresas) dessa amostra específica. Tem-se, assim:

$$P_{Z, margem\ bruta, 2006} = \left(1 - \frac{30}{40}\right) \times 100 = 25\%$$

O percentil da margem bruta da empresa Z em 2006 foi de 25%, ou seja, 25% das empresas da amostra tiveram desempenho de margem bruta pior do que a empresa Z nesse período. O analista pode emparelhar os percentis de um mesmo indicador ao longo dos períodos de análise para verificar a evolução relativa. Pode, ainda, julgar conveniente exibir a variação do percentil em um gráfico com os percentis de outros indicadores relacionados ao objetivo de comparar a evolução relativa do desempenho financeiro empresarial da empresa ao de uma amostra de concorrentes selecionados.

Amostras particularmente úteis para seleção e ordenamento de índices são empresas que atuam no mesmo setor de atividade econômica ou em setores assemelhados, uma amostra ampla das empresas de capital aberto de determinado mercado e amostra de empresas que experimentaram algum evento específico em comum (fusão ou aquisição, expansão internacional, tomadoras de crédito oficial em determinado período etc.).

6.4 ROTEIRO BÁSICO PARA ANÁLISE INTEGRADA DOS INDICADORES

Nesta seção, pretende-se apresentar um roteiro básico para a utilização integrada e eficiente das técnicas de análise financeira por meio de indicadores apresentados e detalhados neste capítulo.

Inicialmente, o analista deve calcular todos os índices e organizá-los na forma sugerida. Depois disso, sugere-se que inicie a análise pelo desempenho financeiro relacionado à estratégia de captação, passando, em seguida, para a discussão da eficiência na gestão de receitas e despesas e, por fim, avaliando a solvência. Essa ordem, em geral, facilita o trabalho de análise e diminui as armadilhas de reciprocidade analítica, quando um fator ou variável está relacionado à variação ou avaliação de determinado indicador, que, por sua vez, ajuda a explicar o comportamento do primeiro fator ou variável.

O analista deve se ater ao fato de que seu papel não é analisar a mera variação matemática do indicador, e sim a interação entre fatores determinantes, externos e internos à empresa, aos aspectos de desempenho financeiro que cada indicador avalia. Os indicadores só se prestam à análise financeira por sistematizarem, sintetizarem e padronizarem uma série de relações relevantes entre aspectos da operação financeira da empresa, sem que estes tenham uma "vida própria" que existe de forma independente da empresa. Quanto mais o analista conhecer profundamente aquelas relações expressas pelos indicadores e as interações entre os diversos aspectos que determinam o desempenho da empresa, tanto melhor sua análise.

A opção por enumerar todos os indicadores apresentados e analisá-los de maneira isolada gerará um grande parecer de análise, talvez com pouca substância. É preferível ao analista se preocupar em analisar os aspectos de desempenho financeiro implícito nos indicadores da mesma forma como eles foram discutidos quando apresentados individualmente. Como se afirmou por várias vezes neste capítulo, as decisões financeiras empresariais, quer voluntárias, quer impostas por fatores externos, têm um sem-número de impactos cruzados e recíprocos, e um dos papéis fundamentais da boa análise financeira é avaliar o impacto global da soma dessas pequenas decisões que interagem entre si.

Se o analista dispuser de uma amostra de outras empresas para comparar os índices calculados para os indicadores da empresa que avalia em relação a outras, tanto melhor. Aconselha-se fortemente o uso da comparação dos percentis, como apresentados neste capítulo, para permitir um adequado posicionamento do desempenho relativo da empresa. A comparação setorial e/ou de mercado geral não deve constituir uma seção estanque da análise, e sim permear todas as discussões e conclusões apresentadas pelo analista, que deve também buscar relacionar os impactos externos que mais exerceram impacto no desempenho financeiro da empresa.

Sempre que possível, a análise financeira que utiliza um número razoável de períodos subsequentes permite uma avaliação mais precisa da evolução e dos rumos de longo prazo do desempenho financeiro da empresa analisada. A análise que utiliza um único intervalo de demonstração do resultado do exercício e dois balanços patrimoniais levantados no início e fim desse intervalo fica pobre, limitada em seu poder de indicar os prováveis direcionamentos futuros do desempenho da empresa.

6.4.1 Quadro Peso × Nota

Com o auxílio do Quadro Peso × Nota, pode-se calcular a nota global da empresa analisada por meio da divisão dos três grupos (estratégia, eficiência e solvência), em combinação com seus pesos e a subdivisão dos grupos em subgrupos, também com seus pesos já distribuídos ao longo das contas. Atribuindo-se notas a cada indicador, chega-se à nota global advinda da somatória da nota dos três grupos.

Os pesos foram atribuídos a cada indicador por meio da avaliação dos analistas financeiros que participaram da elaboração deste livro, conforme o modelo do Quadro 6.1.

QUADRO 6.1 Peso x nota.

Grupo	Peso	Subgrupo	Peso	Indicadores	Peso	Indicador	Nota do Indicador	Nota$_{indice}$ x Peso$_{indice}$	Nota Subgrupo	Nota Grupo	Nota Global
Estratégia	0,40	Captação	0,60	1. Capitalização	0,10						
				2. Capitalização Ajustada	0,10						
				3. Capitalização Seca	0,10						
				4. Endividamento	0,10						
				5. Endividamento Ajustado	0,10						
				6. Endividamento Seco	0,10						
				7. Captação de Curto Prazo	0,10						
				8. Captação de Longo Prazo	0,05						
				9. Exigibilidades Tributárias	0,05						
				10. Comprometimento Bancário	0,15						
				11. Comprometimento com Fornecedor	0,05						
		Aplicação	0,40	1. Imobilizado	0,20						
				2. Imobilização Ajustada	0,20						
				3. Imobilização de Recursos Não Correntes	0,15						
				4. Imobilização de Recursos Não Correntes Ajustada	0,15						
				5. Recursos de Longo Prazo em Giro	0,03						
				6. Recursos Próprios em Giro	0,05						
				7. Aplicações em Ativos de Crédito	0,05						
				8. Aplicações em Estoques	0,10						
				9. Aplicações em Disponibilidades	0,03						
				10. Aplicações em Investimentos	0,03						
				11. Aplicações em Imobilizado	0,03						

(Continua)

QUADRO 6.1 Peso × nota. (*Continuação*)

Grupo	Peso	Subgrupo	Peso	Indicadores	Peso	Nota do Indicador	Indicador	Nota$_{indice}$ × Peso$_{indice}$	Nota Subgrupo	Nota Grupo	Nota Global
Eficiência	0,30	Receitas e Despesas	0,50	1. Eficiência Operacional	0,05						
				2. Custo de Produção	0,10						
				3. Despesa Administrativa	0,15						
				4. Despesa de Comercialização	0,15						
				5. *Overhead Ratio*	0,05						
				6. Despesa Financeira	0,15						
				7. Custo de Endividamento	0,15						
				8. Despesa Operacional	0,15						
				9. Provisionamento para Imposto de Renda e Contribuição	0,05						
		Rentabilidade	0,50	1. Margem Bruta	0,05						
				2. Margem da Atividade	0,10						
				3. Margem Financeira	0,05						
				4. Margem Operacional	0,05						
				5. Margem Líquida	0,05						
				6. Giro do Ativo Operacional	0,15						
				7. Giro do Ativo Total	0,15						
				8. Rentabilidade Líquida do Patrimônio Líquido Final	0,15						
				9. Rentabilidade da Atividade do Patrimônio Líquido Ajustado	0,10						
				10. Rentabilidade do Ativo	0,15						
Solvência	0,30	Liquidez	0,40	1. Liquidez Geral	0,25						
				2. Liquidez Corrente	0,40						
				3. Liquidez Seca	0,25						
				4. Disponibilidade Imediata	0,10						
		Gestão do Capital de Giro	0,60	1. Coeficiente do Capital de Giro Líquido	0,15						
				2. Coeficiente do Capital de Giro Próprio	0,15						
				3. Coeficiente da Necessidade de Capital de Giro	0,30						
				4. Coeficientes do Saldo de Tesouraria	0,40						

QUESTÕES

1. Explique a diferença entre as categorias de indicadores (estrutura, eficiência e segurança).
2. A presença de patrimônio líquido negativo nos demonstrativos pode afetar de forma crítica a interpretação dos indicadores de análise financeira. Explique claramente os motivos pelos quais isso ocorre.
3. O endividamento de uma empresa é um fator que influencia as diversas rentabilidades medidas em função do patrimônio líquido, em um efeito chamado alavancagem. Descreva o impacto que o endividamento exerce sobre a sensibilidade das rentabilidades do patrimônio líquido em relação às rentabilidades do ativo.
4. Qual a diferença entre ativos operacionais e ativos não operacionais?
5. Explique o conceito de giro do ativo implícito nesse indicador e relacione-o com o grupo do patrimônio líquido.
6. Como as diferenças entre o custo dos produtos e/ou serviços vendidos entre empresas do mesmo setor podem afetá-las em momentos de queda de receita causada por fatores macroeconômicos externos que enfraquecem a demanda em todo o setor?
7. Explique a razão para, no cálculo do custo da dívida da empresa, serem considerados apenas os passivos financeiros geradores de encargos, relacionando-os com a existência de passivos sem custos e determinando as razões pelas quais estes devem ser excluídos.
8. Os indicadores de liquidez auxiliam na compreensão dos riscos de insolvência, e no curto prazo são mais importantes do que a análise da rentabilidade ou mesmo da estrutura de capital para determinar o risco imediato de insolvência de uma empresa. Demonstre e explique.
9. Comente a inter-relação entre as alterações na estrutura de capital e as alterações nos indicadores de liquidez que daí decorrem.
10. O uso de indicadores de análise financeira possibilita a comparação objetiva do desempenho financeiro da empresa de acordo com diversas abordagens. No entanto, o uso indiscriminado dos indicadores como única ferramenta de análise sujeita o analista a riscos de erros grosseiros em sua avaliação. Comente os fatores internos e externos à empresa que podem afetar a validade do uso dos indicadores de análise financeira como ferramenta de tomada de decisão.

REFERÊNCIAS BIBLIOGRÁFICAS

INEPAD – INSTITUTO DE ENSINO E PESQUISA EM ADMINISTRAÇÃO. Disponível em: <http://www.inepad.com.br/>. Acesso em: 10 abr. 2008.

IUDÍCIBUS, S.; MARTINS, E.; GELBCKE, E. R. *Manual de contabilidade das sociedades por ações*: aplicável às demais sociedades. 6. ed. São Paulo: Atlas, 2006.

MATIAS, A. B. (Coord.). *Finanças corporativas de curto prazo*: a gestão do valor do capital de giro. São Paulo: Atlas, 2007a.

_____. (Coord.). *Finanças corporativas de longo prazo*: criação de valor com sustentabilidade financeira. São Paulo: Atlas, 2007b.

STEVENSON, W. J. *Estatística aplicada à administração*. São Paulo: Harbra, 1997.

STEWART, J. *Cálculo*. 5. ed. São Paulo: Cengage Learning, 2005. v. 1.

7
Identidades de Análise Financeira

Nos capítulos anteriores, verificou-se como é possível a utilização de diversas medidas de relação entre as contas contábeis para a compreensão dos fatores que determinam o desempenho financeiro da empresa analisada. Aqui, serão apresentadas algumas abordagens complementares de análise financeira baseadas nas identidades financeiras.

Uma *identidade*, em matemática, compreende uma situação na qual dois valores ou conjuntos de variáveis podem ser expressos como uma igualdade, ou seja, separados por um sinal de igual (=). Embora pareçam óbvias, algumas identidades construídas com indicadores de análise financeira e algumas outras relações podem ser de grande interesse, pois trazem implícito o fato de que um aspecto do desempenho pode ser explicado em razão de outro(s).

Ao se compararem empresas distintas, é possível notar também como diferentes fatores interagem entre si, determinando as diferenças de desempenho financeiro entre elas, e também como, ao longo de um período, diferenças internas na influência e no impacto individual desses fatores sobre uma mesma empresa concorrem para explicar a diferença de seu desempenho. Torna-se, dessa forma, difícil, quando não impossível, isolar toda a influência que um único fator exerce sobre o desempenho financeiro das empresas e períodos analisados, e a compreensão de algumas identidades especiais de análise apresenta-se como uma alternativa interessante que permite ao analista verificar interações dinâmicas, concorrentes e parcialmente recíprocas entre esses fatores.

Isso ocorre porque a influência dos inúmeros fatores internos que determinam o desempenho da empresa não é estática e, ainda, tem que ser somada à influência dos fatores externos. Cada decisão que a empresa toma nas suas funções administrativas de recursos humanos, marketing, produção e finanças impacta imediatamente um conjunto de aspectos mensuráveis financeiramente, refletidos nos demonstrativos contábeis e nos parâmetros de análise financeira a partir deles calculados. Os diversos agentes internos e externos à empresa reagem imediata e prontamente a um sem-número de decisões anteriores tomadas por outros agentes, sendo impossível a determinação de uma única causa que explique alterações nos padrões de desempenho da empresa. Como exemplo, pode-se citar um aumento de preços que termina por aumentar as margens à custa do volume de produção e pode ser justificado pela entrada de um novo concorrente internacional no mercado em razão da valorização da moeda local, tudo acompanhado por uma queda no custo de produção motivada pela redução da demanda internacional por *commodities* essenciais à empresa em virtude do desaquecimento da economia em determinado bloco econômico, associado a uma política monetária expansionista no mercado interno com aumento da concessão de crédito. Cabe ao analista navegar por essa miríade de fatores e relações recíprocas para determinar quais foram mais decisivas, e como a empresa reagiu a elas comparativamente a outras empresas congêneres, ao seu mercado local e internacional e a si mesma em tempos passados.

Não obstante essa análise integrada seja desafiadora e, até certo ponto, dependente da aceitação da validade de alguns modelos preestabelecidos que associam o desempenho financeiro da empresa, medido por um parâmetro qualquer, em relação a fatores internos e externos, a análise de identidades financeiras pode dar sua grande contribuição ao possibilitar uma visão integrada, didática e objetiva das interações de alguns desses fatores ou classes de fatores que determinam o desempenho financeiro da empresa.

7.1 MARGEM DA ATIVIDADE, CUSTO DA ATIVIDADE E CUSTO DE PRODUÇÃO

A margem da atividade, a despesa de *overhead* e o custo de produção podem ser relacionados entre si para analisar o nível de exposição da empresa a alterações rápidas do nível de vendas e/ou de impactos significativos nos fatores que determinam os custos de produção.

É possível reescrever a margem da atividade por meio das seguintes manipulações algébricas simples:

I. $\text{custo de produção} = \dfrac{\text{custo dos produtos e/ou serviços vendidos}}{\text{receita líquida}}$

II. $\text{margem bruta} = \dfrac{\text{resultado bruto}}{\text{receita líquida}} = \dfrac{\text{receita líquida} - \text{custos dos serviços e/ou produtos vendidos}}{\text{receita líquida}}$

$= 1 - \dfrac{\text{custos dos produtos e/ou serviços vendidos}}{\text{receita líquida}} = (1 - \text{custo de produção})$

III. $\text{despesa de overhead} = \dfrac{\text{despesas da atividade}}{\text{receita líquida}}$

IV. $\text{margem da atividade} = \dfrac{\text{resultado da atividade}}{\text{receita líquida}} = \dfrac{\text{resultado bruto} - \text{despesas da atividade}}{\text{receita líquida}}$

$= \text{margem bruta} - \dfrac{\text{despesas da atividade}}{\text{receita líquida}} = (\text{margem bruta} - \text{despesa de overhead})$

$\text{margem da atividade} = 1 - (\text{custo de produção} + \text{despesas de overhead})$

Isso significa que a margem da atividade pode também ser entendida como a parcela da receita líquida não comprometida com o custo de produção e com as despesas de *overhead*. Graficamente, é possível representar uma composição hipotética desses três indicadores como indicado na Figura 7.1.

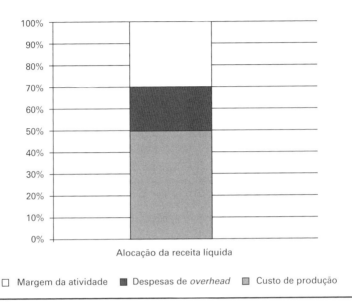

FIGURA 7.1 Margem da atividade, despesas de *overhead* e custo de produção.

Nesse caso, as receitas líquidas da empresa estariam comprometidas em 0,5 (50%) com custo de produção, 0,2 (20%) com despesas de *overhead*, sendo a margem da atividade equivalente a 0,3 (30%) da receita líquida. Como a margem da atividade é calculada como a parcela da receita que excede àquelas rubricas evidenciadas pelos indicadores citados (*custos de produção e/ou serviços* e *despesas da atividade*), margens da atividade semelhantes podem ser obtidas mediante composição muito diferente entre despesas de *overhead* e custos de produção. Por sua vez, os impactos da diferente composição entre despesas de *overhead* e custo de produção na determinação da margem da atividade se traduzem em exposição diferente a fatores e eventos que impactem a *receita líquida*, o custo de produção ou as *despesas da atividade*.

7.1.1 Efeitos da composição de custo de produção e despesa de *overhead*

Uma mesma margem da atividade pode ser obtida por meio de combinações muito distintas entre despesas de *overhead* e *custo de produção*. Margem da atividade de 0,3 pode ser obtida como resultado conjunto combinado como demonstrado na Tabela 7.1.

TABELA 7.1 Obtenção da margem de atividade.

Situação hipotética	Custo de produção	Despesa de *overhead*	Margem da atividade
A	0,20	0,50	0,30
B	0,44	0,26	0,30
C	0,53	0,17	0,30
D	0,62	0,08	0,30

Nas quatro situações indicadas na tabela, uma margem da atividade idêntica indica quatro situações muito distintas. No caso "A", o custo de produção é muito baixo, no entanto a empresa apresenta um alto comprometimento de sua *receita líquida* com despesas administrativas que não se agregam imediatamente aos produtos e/ou aos serviços vendidos. No caso "D", a situação é oposta: para cada unidade monetária obtida como *receita líquida*, a empresa apresenta a mesma geração de fluxos livres que a empresa "A", no entanto apenas 8% da sua receita líquida é destinada aos desembolsos associados às despesas da atividade. Os casos "B" e "C" representam cenários intermediários.

7.1.2 Consequências de impactos nos condicionantes da margem da atividade

Na comparação entre empresas diferentes, ambas com margem da atividade semelhante, quanto maior o custo de produção, mais sensível é sua capacidade de geração de *resultado da atividade* em virtude de aumento relativo do custo de produção em razão de fatores como alta no preço de matérias-primas, produtos para revenda ou insumos que não é repassada indiretamente ao preço dos produtos e/ou serviços vendidos.

Além disso, quanto maior o custo de produção, maior o impacto no desempenho financeiro da empresa que ocorre potencialmente em razão da sua capacidade de elevar os preços dos produtos e/ou serviços vendidos em face de aumentos nos seus custos diretos e menor sua geração marginal de *resultado da atividade* em virtude do aumento no volume de vendas, pois parte considerável da receita já estará comprometida com provável custo de produção que, em geral, pouco decresce em face do aumento de curto prazo no volume vendido.

Despesas de *overhead* superiores, por sua vez, implicam o fato de que uma queda no volume vendido decorrente de queda na demanda de mercado trará um impacto maior ao *resultado da atividade* da empresa, pois parte dos itens que compõem os *custos de produtos e/ou serviços vendidos* tem natureza variável, ou seja, concorrem na medida proporcional do volume de vendas, de forma que a empresa simplesmente deixa de neles incorrer quando há queda nas vendas. Contudo, no curto prazo, quase todos os itens formadores das *despesas da atividade* são de natureza fixa, e a empresa terá que alocar recursos para seu pagamento independentemente do volume de vendas no curto período. Assim, se duas empresas têm a mesma margem da atividade, mas uma apresenta despesa de *overhead* razoavelmente superior à outra, caso ambas experimentem a mesma redução percentual na *receita líquida*, essa empresa que tem maior *despesa de overhead* verá sua margem da atividade reduzir-se mais que a outra empresa, de maior participação do custo de produção, para a qual o maior volume proporcional de custos deixa de existir quando ambas veem suas vendas reduzidas em volume na mesma proporção.

Ao avaliar margens da atividade diferentes para duas ou mais empresas do mesmo setor, é possível ao analista, utilizando essa identidade financeira, comparar a exposição das empresas aos mesmos riscos que impactam um mesmo setor de atividade econômica. Ao analisar o comportamento da margem operacional de uma empresa ao longo de vários períodos de análise, é possível tanto avaliar como a eventual mudança na composição da margem da atividade influenciou sobremaneira o desempenho passado quanto, mais importante, determinar mudanças na geração de *resultado da atividade* futuro.

7.1.3 Exemplo de aplicação

Serão utilizadas como exemplo as empresas Sanepar e Sabesp – atuantes no setor de fornecimento de água e serviços de saneamento, como coleta de esgoto –, cujos demonstrativos ajustados e atualizados e indicadores de análise financeira pertinentes a essa análise para um período de cinco anos são apresentados nas Tabelas 7.2 a 7.9.

TABELA 7.2 Ativo padronizado da Sabesp.

BALANÇO PATRIMONIAL PADRONIZADO	X1	X2	X3	X4	X5
ATIVO TOTAL	17.050.053	16.280.024	14.842.526	15.445.858	15.562.419
Ativo circulante	2.040.906	1.434.091	1.292.216	1.790.903	1.919.032
Disponibilidades e aplicações financeiras	*526.014*	*331.096*	*110.915*	*290.812*	*328.206*
Recebíveis	*1.155.911*	*1.026.403*	*1.083.468*	*1.413.309*	*1.479.153*
Estoques	*28.722*	*26.284*	*31.107*	*37.440*	*48.889*
Outros	*330.259*	*50.309*	*66.727*	*49.343*	*62.784*
Ativo não circulante	15.009.147	14.845.933	13.550.310	13.654.954	13.643.387
Ativo realizável a longo prazo	1.292.041	1.484.572	1.543.463	1.627.895	1.737.550
Créditos diversos	*1.292.041*	*1.484.572*	*1.543.463*	*1.627.895*	*1.737.550*
Créditos com pessoas ligadas	*0*	*0*	*0*	*0*	*0*
Outros	*0*	*0*	*0*	*0*	*0*
Ativo permanente	13.717.106	13.361.361	12.006.847	12.027.059	11.905.837
Investimentos	*939*	*872*	*5.359*	*768*	*720*
Imobilizado	*13.716.167*	*13.360.489*	*11.457.838*	*11.504.691*	*11.409.999*
Intangível	*0*	*0*	*543.649*	*521.600*	*495.118*
Diferido	*0*	*0*	*0*	*0*	*0*

TABELA 7.3 Passivo padronizado da Sabesp.

BALANÇO PATRIMONIAL PADRONIZADO	X1	X2	X3	X4	X5
PASSIVO TOTAL	**17.050.053**	**16.280.024**	**14.842.526**	**15.445.858**	**15.562.419**
Passivo circulante	**2.645.435**	**2.040.680**	**2.275.062**	**1.829.695**	**2.101.936**
Empréstimos e financiamentos	1.649.902	589.744	1.254.445	432.202	502.738
Debêntures	40.349	584.942	318.346	355.632	349.737
Fornecedores	46.441	61.190	54.196	80.735	144.167
Impostos, taxas e contribuições	108.992	99.546	120.963	110.161	105.552
Dividendos a pagar	0	0	0	0	0
Provisões	228.249	22.700	31.915	29.603	2.294
Dívidas com pessoas ligadas	0	0	0	0	0
Outros	571.502	682.560	495.198	821.361	997.448
Passivo não circulante	**8.900.767**	**8.578.842**	**7.005.497**	**7.458.654**	**6.879.535**
Passivo exigível a longo prazo	8.900.767	8.578.842	7.005.497	7.458.654	6.879.535
Empréstimos e financiamentos	6.924.045	6.641.218	4.778.232	4.302.187	4.062.924
Debêntures	1.378.591	743.015	1.057.534	1.827.257	1.411.330
Provisões	301.106	453.110	483.593	601.825	655.258
Dívidas com pessoas ligadas	0	0	0	0	0
Outros	297.024	741.498	686.138	727.385	750.023
Resultados de exercícios futuros	0	0	0	0	0
Participações minoritárias	0	0	0	0	0
Patrimônio líquido	**5.503.851**	**5.660.502**	**5.561.967**	**6.157.509**	**6.580.948**
Capital social realizado	4.317.613	4.010.302	3.576.465	3.532.935	3.403.688
Reservas de capital	62.795	59.782	68.605	81.813	106.690
Reservas de reavaliação	0	0	0	0	0
Adiantamento para futuro aumento de capital	0	0	0	0	0
Lucros e prejuízos acumulados	−63.020	−57.675	−41.082	−21.311	−10.035
Outras reservas de lucro	1.186.463	1.648.093	1.957.978	2.564.072	3.080.605

7 Identidades de Análise Financeira   349

TABELA 7.4 DRE padronizada da Sabesp.

DRE PADRONIZADA	X2	X3	X4	X5
Receita bruta	**5.228.674**	**5.116.878**	**5.543.256**	**6.132.646**
Deduções da receita bruta	*−214.586*	*−270.497*	*−417.026*	*−468.022*
(=) Receita líquida	**5.014.088**	**4.846.381**	**5.126.230**	**5.664.624**
Custo de produtos e/ou serviços	*−2.509.195*	*−2.483.639*	*−2.459.308*	*−2.681.761*
(=) Resultado bruto	**2.504.893**	**2.362.743**	**2.666.922**	**2.982.863**
Despesas da atividade	−669.549	−899.467	−918.385	−1.134.078
Com vendas	*−361.160*	*−553.869*	*−556.601*	*−737.049*
Gerais e administrativas	*−308.389*	*−345.597*	*−361.784*	*−397.030*
(=) Resultado da atividade	**1.835.344**	**1.463.276**	**1.748.537**	**1.848.785**
Outras receitas operacionais	−	−	−	−
Outras despesas operacionais	−	−	−	−
(=) Resultado antes de juros e tributos	**1.835.344**	**1.463.276**	**1.748.537**	**1.848.785**
Resultado financeiro	−420.569	−555.177	−462.604	−577.256
Receitas financeiras	*376.730*	*151.959*	*118.664*	*128.591*
Despesas financeiras	*−797.299*	*−707.136*	*−581.268*	*−705.846*
Resultado da equivalência patrimonial	−	−	−	−
(=) Resultado operacional	**1.414.775**	**908.099**	**1.285.933**	**1.271.530**
Resultado não operacional	644.983	991.986	68.214	225.796
Receitas não operacionais	*721.208*	*1.035.316*	*104.309*	*285.972*
Despesas não operacionais	*−76.225*	*−43.330*	*−36.094*	*−60.175*
(=) Resultado antes de IR, contribuições e participações	**2.059.758**	**1.900.085**	**1.354.148**	**1.497.326**
Provisão para IR e contribuição social	*−262.298*	*−276.217*	*−355.411*	*−392.639*
Participações	−	−	−	−
Contribuições	*−42.633*	*−38.711*	*−36.348*	*−35.994*
IR diferido	*−32.224*	*9.668*	*27.991*	*7.527*
Reversão dos juros sobre capital próprio	−	−	−	−
(=) Resultado do exercício	**1.722.604**	**1.594.825**	**990.380**	**1.076.220**

TABELA 7.5 Ativo padronizado da Sabesp.

BALANÇO PATRIMONIAL PADRONIZADO	X1	X2	X3	X4	X5
ATIVO TOTAL	**3.632.990**	**3.714.209**	**3.434.207**	**3.808.642**	**4.006.326**
Ativo circulante	**289.551**	**394.051**	**265.039**	**392.087**	**310.674**
Disponibilidades e aplicações financeiras	55.086	171.350	24.007	120.075	34.722
Recebíveis	212.851	203.230	180.011	207.742	218.439
Estoques	15.180	13.063	21.368	20.232	20.274
Outros	6.434	6.407	39.653	44.038	37.239
Ativo não circulante	**3.343.439**	**3.320.158**	**3.169.168**	**3.416.555**	**3.695.652**
Ativo realizável a longo prazo	193.242	197.344	168.843	180.387	194.621
Créditos diversos	193.242	197.344	168.843	180.387	194.621
Créditos com pessoas ligadas	0	0	0	0	0
Outros	0	0	0	0	0
Ativo permanente	3.150.197	3.122.814	3.000.325	3.236.168	3.501.031
Investimentos	809	672	565	2.842	2.952
Imobilizado	3.149.387	3.122.143	2.881.803	3.121.136	3.394.166
Intangível	0	0	117.956	112.190	103.913
Diferido	0	0	0	0	0

TABELA 7.6 Passivo padronizado da Sanepar.

BALANÇO PATRIMONIAL PADRONIZADO	X1	X2	X3	X4	X5
PASSIVO TOTAL	**3.632.990**	**3.714.209**	**3.434.207**	**3.808.642**	**4.006.326**
Passivo circulante	**397.798**	**393.684**	**302.538**	**366.273**	**366.143**
Empréstimos e financiamentos	151.000	118.645	100.281	94.329	93.843
Debêntures	0	0	762	37.619	36.542
Fornecedores	45.108	36.182	42.442	46.287	47.544
Impostos, taxas e contribuições	17.302	30.792	14.413	23.155	17.386
Dividendos a pagar	181	168	150	148	143
Provisões	54.801	31.833	34.198	33.442	36.720
Dívidas com pessoas ligadas	0	0	0	0	0
Outros	129.406	176.064	110.292	131.291	133.965
Passivo não circulante	**2.062.491**	**1.557.201**	**1.336.974**	**1.393.002**	**1.455.188**
Passivo exigível a longo prazo	2.062.491	1.557.201	1.336.974	1.393.002	1.455.188
Empréstimos e financiamentos	1.242.626	719.369	585.305	583.258	692.079
Debêntures	120.719	189.448	175.132	217.706	178.064
Provisões	307.349	319.956	291.628	303.456	312.584
Dívidas com pessoas ligadas	0	0	0	0	0

(Continua)

7   Identidades de Análise Financeira   351

TABELA 7.6   Passivo padronizado da Sanepar. *(Continuação)*

BALANÇO PATRIMONIAL PADRONIZADO	X1	X2	X3	X4	X5
Outros	*391.797*	*328.430*	*284.909*	*288.581*	*272.461*
Resultados de exercícios futuros	*0*	*0*	*0*	*0*	*0*
Participações minoritárias	*0*	*0*	*0*	*0*	*0*
Patrimônio líquido	**1.172.701**	**1.763.323**	**1.794.695**	**2.049.368**	**2.184.995**
Capital social realizado	*1.055.028*	*979.935*	*873.925*	*863.288*	*831.706*
Reservas de capital	*10.307*	*488.365*	*27.887*	*34.581*	*41.402*
Reservas de reavaliação	*0*	*0*	*0*	*0*	*0*
Adiantamento para futuro aumento de capital	*0*	*0*	*463.590*	*575.636*	*622.099*
Lucros e prejuízos acumulados	*−403*	*−138*	*0*	*0*	*0*
Outras reservas de lucro	*107.770*	*295.161*	*429.293*	*575.863*	*689.788*

TABELA 7.7   DRE padronizada da Sanepar.

DRE PADRONIZADA	X2	X3	X4	X5
Receita bruta	**1.218.511**	**1.217.586**	**1.249.934**	**1.275.162**
Deduções da receita bruta	*−53.164*	*−80.464*	*−93.223*	*−92.694*
(=) Receita líquida	**1.165.347**	**1.137.122**	**1.156.712**	**1.182.468**
Custo de produtos e/ou serviços	*−383.189*	*−420.044*	*−449.685*	*−500.240*
(=) Resultado bruto	**782.159**	**717.077**	**707.026**	**682.228**
Despesas da atividade	−297.829	−267.907	−253.869	−301.811
Com vendas	*−103.020*	*−82.054*	*−94.886*	*−107.475*
Gerais e administrativas	*−194.809*	*−185.852*	*−158.983*	*−194.336*
(=) Resultado da atividade	**484.330**	**449.171**	**453.157**	**380.417**
Outras receitas operacionais	–	–	–	–
Outras despesas operacionais	*−31.570*	*−50.737*	*−62.173*	*−33.431*
(=) Resultado antes de juros e tributos	**452.760**	**398.434**	**390.985**	**346.986**
Resultado financeiro	−40.610	−75.052	−115.476	−87.629
Receitas financeiras	*96.969*	*24.971*	*21.089*	*25.884*
Despesas financeiras	*−137.579*	*−100.023*	*−136.565*	*−113.513*
Resultado da equivalência patrimonial	–	–	–	–
(=) Resultado operacional	**412.150**	**323.382**	**275.509**	**259.357**
Resultado não operacional	137.801	174.012	13.819	46.452
Receitas não operacionais	*141.567*	*176.053*	*16.738*	*55.812*
Despesas não operacionais	*−3.767*	*−2.041*	*−2.918*	*−9.360*
(=) Resultado antes de IR, contribuições e participações	**549.950**	**497.394**	**289.328**	**305.809**
Provisão para IR e contribuição social	*−93.266*	*−89.792*	*−72.805*	*−69.307*
Participações	–	–	–	–
Contribuições	–	–	–	–
IR diferido	–	–	–	–
Reversão dos juros sobre capital próprio	–	–	–	–
(=) Resultado do exercício	**456.685**	**407.602**	**216.523**	**236.502**

TABELA 7.8 Indicadores de análise financeira da Sabesp.

INDICADORES DE ANÁLISE FINANCEIRA*	Situação mais favorável	X2	X3	X4	X5
EFICIÊNCIA					
Receitas e despesas					
Despesa de overhead	Menor	0,134	0,186	0,179	0,200
Custo de produção	Menor	0,500	0,512	0,480	0,473
Rentabilidades					
Margem da atividade	Maior	0,366	0,302	0,341	0,326

* Índices calculados com demonstrações de resultados do exercício encerradas nos períodos listados e balanços patrimoniais levantados no encerramento de cada um deles.

TABELA 7.9 Indicadores de análise financeira da Sanepar.

INDICADORES DE ANÁLISE FINANCEIRA*	Situação mais favorável	X2	X3	X4	X5
EFICIÊNCIA					
Receitas e despesas					
Despesa de overhead	Menor	0,256	0,236	0,219	0,255
Custo de produção	Menor	0,329	0,369	0,389	0,423
Rentabilidades					
Margem da atividade	Maior	0,416	0,395	0,392	0,322

* Índices calculados com demonstrações de resultados do exercício encerradas nos períodos listados e balanços patrimoniais levantados no encerramento de cada um deles.

Em todos os quatro períodos analisados, a Sanepar apresentou despesa de *overhead* superior à da Sabesp e um custo de produção inferior. A margem da atividade da Sanepar foi ligeiramente maior que a da Sabesp nos primeiros três períodos e praticamente idêntica no último. Ao se comparar essa situação, é possível, em face dos argumentos apresentados nas seções anteriores, presumir que:

- A redução relativa no *resultado da atividade* das empresas caso ocorra um brusco e elevado aumento de algum fator determinante do custo de produção – como aumento expressivo da energia elétrica, fundamental e intensivamente utilizada para captação de água e tratamento de efluentes – será maior na Sabesp.[1]
- Se ocorrer um aumento expressivo do volume de água consumida e esgoto despejado na rede coletora pelos consumidores de ambas as empresas, a Sanepar experimentará um aumento relativo no *resultado da atividade* inferior ao da Sabesp, pois a maior parte de sua *receita líquida* está comprometida com as *despesas de overhead* do que a da Sabesp; raciocínio inverso aplica-se à queda no volume de água consumido e esgoto liberado no sistema de coleta.
- A Sabesp é possivelmente uma empresa administrativamente mais "enxuta", e o potencial de aumento de *margem da atividade* e competitivi-

---

[1] Presume-se que ambas as empresas não repassem, imediata e integralmente – e o façam na mesma proporção –, os aumentos dos custos às tarifas cobradas, uma vez que elas são reguladas pelo poder público e seu reajuste é periódico e dependente de autorização administrativa no momento previsto na legislação.

dade setorial por meio de redução das *despesas da atividade* se encontra na Sanepar.
- As oscilações da margem da atividade no período explicam-se muito mais pelo aumento da despesa de *overhead* na Sabesp e pelo aumento do *custo de produção* na Sanepar, sinalizando que as empresas podem estar convergindo para uma estrutura setorial semelhante nos períodos vindouros, caso essas tendências persistam.

7.2 ANÁLISE GIRO × MARGEM

Uma das identidades financeiras mais conhecidas relaciona o giro, a margem e a rentabilidade do ativo total (ROI).[2] Durante a apresentação dos índices de eficiência, no grupo de rentabilidades, foram discutidos os impactos individuais de fatores internos e externos em relação ao giro e à margem dos ativos. Aqui, será apresentada uma análise integrada e recíproca de como as decisões internas e as influências externas que afetam o giro e a margem proporcionam um delicado equilíbrio que ajusta a ROI. A chamada análise giro × margem é especialmente importante quando o analista pretende comparar os impactos de estratégias operacionais diferentes adotadas por empresas de um mesmo setor, ou mesmo comparar o desempenho de setores inteiros. Frequentemente, as decisões e influências de fatores externos que afetam o giro do ativo total exercem influência contrária no indicador margem líquida, e o resultado combinado de ambos os movimentos determinará a influência final sobre a ROI.[3]

É possível manipular algebricamente os indicadores aqui citados da seguinte forma:

I. $\text{giro do ativo total} = \dfrac{\text{receita líquida}}{\text{ativo total}} \leftrightarrow \text{ativo total} = \dfrac{\text{receita líquida}}{\text{giro do ativo total}}$

II. $\text{margem líquida} = \dfrac{\text{resultado líquido}}{\text{receita líquida}} \leftrightarrow \text{resultado líquido} =$
$= \text{margem líquida} \times \text{receita líquida}$

III. $\text{rentabilidade do ativo total} = \dfrac{\text{resultado líquido}}{\text{ativo total}} = \dfrac{(\text{margem líquida} \times \text{receita líquida})}{\dfrac{\text{receita líquida}}{\text{giro do ativo total}}}$

$= \text{margem líquida} \times \text{receita líquida} \times \dfrac{\text{giro do ativo total}}{\text{receita líquida}}$

$= \text{margem líquida} \times \text{giro do ativo total} \times \dfrac{\text{receita líquida}}{\text{receita líquida}}$

Portanto,
rentabilidade do ativo total = margem líquida × giro do ativo total

---

[2] Em inglês, o indicador é chamado de ROI (*return on investments*), sigla frequentemente utilizada em materiais internacionais para efeitos de padronização.

[3] Recomenda-se a leitura detalhada e atenta das seções que tratam desses indicadores, no Capítulo 5, para melhores compreensão e aproveitamento da discussão sobre análise giro × margem.

A capacidade de geração de resultado do ativo total pode, então, ser expressa em razão do produto da geração de resultado por unidade monetária de receita pela velocidade de transformação relativa dos recursos aplicados na empresa. A análise giro × margem consiste em comparar, de forma adequada, os impactos que diferentes combinações de índices de margem líquida e giro do ativo total geram sobre a capacidade futura de geração de resultado, além de permitir ao analista compreender as estratégias financeiras adotadas por diferentes empresas ou pela mesma empresa ao longo de períodos sucessivos.

Nas seções que apresentam os indicadores envolvidos na análise giro × margem, discutem-se o impacto de diversos fatores e decisões da empresa sobre cada um desses aspectos. Cabe, agora, a análise de algumas estratégias básicas que as empresas podem usar para maximizar sua rentabilidade dos ativos em relação a alguma empresa do setor:

- **Elevação do giro em setores com margens reduzidas**: em alguns setores, as margens líquidas são historicamente baixas, fato que promove estruturas diferenciadas de captação, com custos menores, para fazer frente à menor geração de recursos por capital investido na empresa (p. ex., aviação). Nesses casos, a elevação do giro, ou seja, o aumento de geração de receita mais que proporcional ao aumento da aplicação de recursos, pode gerar vantagens competitivas interessantes. No caso do próprio setor de aviação, as chamadas companhias *low-cost* (baixo custo) atuam exatamente buscando um aumento do giro, mantendo suas margens próximas às dos concorrentes tradicionais e com estrutura de custos mais enxuta, comercializando um serviço extremamente fungível e com poucos custos de mudança e seleção de fornecedor[4] a preços menores, atraindo número expressivo de clientes, aumentando o giro do ativo e buscando rentabilidade dos ativos superior à da concorrência.

- **Aumento da margem em setores com baixo giro**: outros setores de atividade econômica, caracterizados por grande aplicação em ativo imobilizado, apresentam também baixo giro do ativo, como notadamente segmentos da indústria pesada de bens de capitais, que vendem máquinas sob projetos ou no sistema *assembly-to-order* e necessitam manter um parque produtivo intensivo em capital. Nesses casos, aumentar o giro como política estratégica da empresa é uma medida um tanto difícil, e empresas desse tipo de setor podem buscar uma posição competitiva mais favorável de desempenho financeiro ao aumentar a margem líquida, que se torna diferenciadora das rentabilidades entre empresas do setor.

---

[4] Os custos de mudança se referem ao custo econômico que um cliente tem ao mudar de fornecedor e os de seleção se referem aos desembolsos nos quais incorre ao procurar por fornecedores diferentes dos habituais. Como o serviço de transporte aéreo em classe econômica de passageiros é extremamente padronizado, e como pouco ou nenhum custo adicional tem um passageiro ao escolher outra companhia em seu próximo voo, pode-se fazer essa afirmação.

- **Ação combinada de aumento de giro e redução de margem e vice-versa:** uma empresa pode buscar melhoria do seu desempenho financeiro tomando decisões que implicam simultaneamente redução do giro e aumento da margem ou vice-versa. Nessas situações, o analista deve avaliar em que medida a redução (aumento) do giro foi recompensada (prejudicada) pelo aumento (redução) da margem em termos da ROI. Quando uma empresa do setor varejista decide reduzir seus estoques próprios ao abrir espaço em suas lojas para compelir seus fornecedores a administrarem seus próprios estoques, está tomando uma ação que aumenta o giro – pois reduz a aplicação em ativos necessária para a obtenção de um mesmo volume de receita – e diminui a margem – ao pagar um preço superior ao dos outros varejistas que compram diretamente dos fornecedores e cuidam dos estoques por si. Os varejistas de diversos ramos foram muito bem-sucedidos nessa medida, pois conseguiram, ao cabo de vários ans, manter suas margens menos reduzidas do que os ganhos adicionais obtidos pelo aumento no giro dos seus ativos.

Embora variem conjuntamente, as oscilações temporais no giro do ativo total e na margem líquida, em uma mesma empresa ou em um conjunto de empresas, obedecem a alguns padrões diferentes. A margem líquida é afetada por aspectos como a despesa financeira, a despesa de *overhead*, o custo de produção, itens relacionados à atividade operacional e não operacional da empresa que podem sofrer variações expressivas entre períodos, determinando, inclusive, a ocorrência de prejuízos. Já o giro do ativo total está relacionado apenas às decisões de aplicação de recursos e à geração de receitas, em geral oscilando de modo mais gradual, em tendências cuja reversão é mais complexa e demanda mais esforços concentrados nas decisões de aplicação de recursos.

Assim, em setores nos quais há equilíbrio relativo à média do mercado em geral entre giro do ativo total e margem líquida combinados para geração da rentabilidade do ativo, esse padrão de oscilação diferente não costuma gerar impactos fortes de curto prazo. Já em empresas e setores em que um dos fatores da rentabilidade do ativo é muito alto em contrapartida a outro muito baixo, duas situações bem distintas ocorrem em termos dos impactos de curto prazo em um dos fatores.

Nos setores cuja rentabilidade do ativo é caracterizada por alto giro do ativo e margem líquida baixa, as decisões de aplicação de recursos que venham a aumentar ou diminuir o giro do ativo potencializam a maior ou menor de maneira expressiva os impactos das decisões e fatores que afetam a margem, como o custo de produção, o resultado financeiro e a despesa de *overhead*. Se o giro do ativo já é elevado, em geral não pode ser reduzido de forma expressiva sem um impacto simultâneo na redução da margem, pois, ao gerar menor volume de recursos por meio da receita para um mesmo volume de aplicação de recursos, a remuneração do capital de terceiros pode implicar a redução expressiva da margem líquida, que já era pequena, tornando a empresa incapaz de promover recursos adequados à remuneração do capital investido, situação potencialmente danosa no médio e longo prazos. Paralelamente, empresas desses setores têm que controlar muito bem o custo de produção e a despesa de *overhead*, pois uma eventual redução do volume de vendas ou pressão de fatores externos sobre custos de insumos e matérias-primas poderá prejudicar gravemente a margem operacional da empresa, cujo impacto sobre a rentabilidade do ativo será potencializado pelo alto giro que apresenta.

Contudo, nos setores e nas empresas nos quais existe baixo giro do ativo e elevada margem líquida, as oscilações da rentabilidade tendem a ocorrer com menos intensidade, mas tendências de queda na rentabilidade em decorrência da redução progressiva do giro ou da margem líquida são mais difíceis de serem revertidas. Normalmente, esses setores apresentam também, em termos relativos, baixo custo de produção e relativamente baixa *despesa de overhead*, o que proporciona às empresas que neles atuam menor potencial de obtenção de margem adicional mediante o controle de custos que se incorporam aos produtos e/ou serviços vendidos ou gestão administrativa mais eficiente – uma parcela maior, talvez a maior parte de sua *receita líquida* já se transforma em margem líquida. Nesse cenário, se, além de baixo giro, as empresas apresentarem capitalização reduzida, o custo do endividamento torna-se crítico, pois, comparativamente às empresas que atuam no ambiente descrito no parágrafo anterior, estas geram um volume muito menor de recursos a partir das aplicações de capital nos seus ativos, parcialmente financiados por capital de terceiros, que precisam ser remunerados. O baixo giro dos ativos pode colocar empresas desse perfil em situação complicada se, por qualquer razão, a renovação da captação de recursos de terceiros for prejudicada: menor giro implica menor velocidade de conversão dos ativos em recursos, aumentando os riscos de que, em face de uma crise temporária de crédito, por exemplo, a empresa tenha dificuldades em renovar sua captação de recursos de terceiros.

7.2.1 Exemplo de aplicação

Serão demonstradas algumas das aplicações da análise giro × margem ao serem comparadas uma empresa de distribuição de energia elétrica (CPFL) e uma loja de departamentos (Lojas Americanas). Serão exibidos (Tabelas 7.10 a 7.17) os demonstrativos financeiros corrigidos, ajustados e padronizados, os indicadores formadores da composição giro × margem e, a seguir, comentários sobre os modelos bastante distintos nos quais as duas empresas atuam.

TABELA 7.10 Ativo padronizado da CPFL.

BALANÇO PATRIMONIAL PADRONIZADO	X1	X2	X3	X4	X5
ATIVO TOTAL	8.402.969	7.286.179	7.179.251	6.967.072	5.556.379
Ativo circulante	2.138.036	1.385.802	1.943.522	2.145.674	1.856.616
Disponibilidades e aplicações financeiras	54.687	112.484	475.920	462.038	245.240
Recebíveis	2.014.215	1.171.012	1.369.382	1.619.780	1.545.114
Estoques	6.032	5.187	3.854	4.671	4.552
Outros	63.102	97.120	94.365	59.185	61.710

(Continua)

TABELA 7.10 Ativo padronizado da CPFL. *(Continuação)*

BALANÇO PATRIMONIAL PADRONIZADO	X1	X2	X3	X4	X5
Ativo não circulante	**6.264.933**	**5.900.378**	**5.235.729**	**4.821.397**	**3.699.763**
Ativo realizável a longo prazo	3.095.265	3.126.520	2.014.027	1.898.878	1.268.246
Créditos diversos	1.549.571	2.018.915	1.934.130	1.759.271	1.170.680
Créditos com pessoas ligadas	1.441.430	1.019.000	0	0	0
Outros	104.264	88.605	79.897	139.606	97.566
Ativo permanente	3.169.668	2.773.858	3.221.703	2.922.520	2.431.517
Investimentos	1.440.278	1.237.281	1.854.517	1.540.011	1.052.493
Imobilizado	1.729.390	1.536.577	1.367.186	1.382.509	1.379.024
Intangível	0	0	0	0	0
Diferido	0	0	0	0	0

TABELA 7.11 Passivo da padronizado CPFL.

BALANÇO PATRIMONIAL PADRONIZADO	X1	X2	X3	X4	X5
PASSIVO TOTAL	**8.402.969**	**7.286.179**	**7.179.251**	**6.967.072**	**5.556.379**
Passivo circulante	**2.361.304**	**1.565.744**	**1.964.307**	**2.230.504**	**1.841.767**
Empréstimos e financiamentos	1.208.543	664.602	502.100	503.987	366.434
Debêntures	93.105	95.040	257.057	243.776	21.789
Fornecedores	552.174	415.908	353.090	415.559	420.500
Impostos, taxas e contribuições	156.207	220.381	201.720	236.952	221.368
Dividendos a pagar	17.598	5.508	340.969	374.900	442.824
Provisões	126.203	0	0	0	0
Dívidas com pessoas ligadas	0	0	147	63	0
Outros	207.475	164.304	309.223	455.267	368.852
Passivo não circulante	**4.684.158**	**4.185.978**	**3.345.155**	**2.810.698**	**2.267.360**
Passivo exigível a longo prazo	4.684.158	4.185.978	3.345.155	2.810.698	2.267.360
Empréstimos e financiamentos	2.176.772	1.608.862	971.120	661.640	596.416
Debêntures	1.128.700	1.109.478	1.184.437	1.024.565	903.830
Provisões	24.556	202.288	198.244	225.005	46.497
Dívidas com pessoas ligadas	0	0	0	0	0
Outros	1.354.130	1.265.350	991.354	899.487	720.617
Resultados de exercícios futuros	0	0	0	0	0
Participações minoritárias	0	0	0	0	0
Patrimônio líquido	**1.357.508**	**1.534.458**	**1.869.790**	**1.925.870**	**1.447.252**
Capital social realizado	3.862.404	3.587.494	1.288.818	1.330.643	920.747
Reservas de capital	101.759	46.403	600.216	592.907	519.144
Reservas de reavaliação	0	0	0	0	0
Adiantamento para futuro aumento de capital	0	0	0	0	0
Lucros e prejuízos acumulados	–2.606.655	–2.099.438	–36.218	–14.445	–8.792
Outras reservas de lucro	0	0	16.973	16.766	16.153

TABELA 7.12 DRE padronizada da CPFL.

DRE PADRONIZADA	X1	X2	X3	X4
Receita bruta	5.415.408	5.807.774	6.187.827	6.454.583
Deduções da receita bruta	−1.365.391	−1.753.488	−1.830.299	−1.791.056
(=) Receita líquida	4.050.017	4.054.286	4.357.528	4.663.527
Custo de produtos e/ou serviços	−3.087.644	−3.151.680	−3.196.208	−3.286.952
(=) Resultado bruto	962.373	902.606	1.161.320	1.376.574
Despesas da atividade	−281.228	−244.183	−250.533	−290.331
Com vendas	−94.208	−120.169	−113.937	−151.540
Gerais e administrativas	−187.021	−124.014	−136.596	−138.791
(=) Resultado da atividade	681.145	658.423	910.787	1.086.244
Outras receitas operacionais	–	–	–	–
Outras despesas operacionais	−367.653	−16.396	−114.542	−38.061
(=) Resultado antes de juros e tributos	313.492	642.026	796.245	1.048.182
Resultado financeiro	−353.003	−354.135	−53.072	−73.878
Receitas financeiras	487.797	297.681	353.980	344.733
Despesas financeiras	−896.914	−751.097	−678.794	−518.091
Resultado da equivalência patrimonial	56.115	99.281	271.743	99.480
(=) Resultado operacional	−39.511	287.892	743.173	974.305
Resultado não operacional	354.115	462.762	47.299	104.007
Receitas não operacionais	359.853	469.143	46.421	106.302
Despesas não operacionais	−5.738	−6.382	879	−2.296
(=) Resultado antes de IR, contribuições e participações	314.604	750.653	790.473	1.078.312
Provisão para IR e contribuição social	−23.280	−72.359	−149.975	−193.014
Participações	–	–	–	–
Contribuições	−12.960	−11.768	−11.050	−10.942
IR diferido	24.399	18.009	−24.898	−116.848
Reversão dos juros sobre capital próprio	–	−133.377	−183.030	−127.008
(=) Resultado do exercício	302.763	551.157	421.520	630.499

TABELA 7.13 Ativo padronizado das Lojas Americanas.

BALANÇO PATRIMONIAL PADRONIZADO	X1	X2	X3	X4	X5
ATIVO TOTAL	1.781.090	2.057.547	2.078.177	2.769.343	4.122.678
Ativo circulante	1.484.190	1.716.617	1.655.469	2.082.126	3.320.014
Disponibilidades e aplicações financeiras	1.028.162	1.002.578	668.591	795.599	1.228.655
Recebíveis	122.986	175.821	376.681	656.551	1.173.656
Estoques	258.115	369.804	459.614	531.060	748.244
Outros	74.927	168.414	150.583	98.917	169.459
Ativo não circulante	296.900	340.929	422.708	687.217	802.664
Ativo realizável a longo prazo	178.728	174.140	211.051	287.501	264.277
Créditos diversos	0	0	0	0	0
Créditos com pessoas ligadas	10.270	7.498	28.492	30.153	58.745
Outros	168.458	166.642	182.558	257.348	205.532
Ativo permanente	118.172	166.789	211.657	399.716	538.387
Investimentos	2.514	39.454	45.676	776	0
Imobilizado	115.658	127.335	165.981	218.096	257.273
Intangível	0	0	0	180.844	281.114
Diferido	0	0	0	0	0

TABELA 7.14 Passivo padronizado das Lojas Americanas.

BALANÇO PATRIMONIAL PADRONIZADO	X1	X2	X3	X4	X5
PASSIVO TOTAL	**1.781.090**	**2.057.547**	**2.078.177**	**2.769.343**	**4.122.678**
Passivo circulante	**774.452**	**1.692.653**	**1.242.575**	**1.532.749**	**2.639.017**
Empréstimos e financiamentos	193.884	939.379	169.389	510.470	768.003
Debêntures	0	0	243.647	23.090	14.507
Fornecedores	408.581	562.055	630.041	749.319	1.056.261
Impostos, taxas e contribuições	57.696	65.991	83.241	119.638	134.192
Dividendos a pagar	9.019	0	194	0	0
Provisões	52.216	46.834	30.176	49.745	486.623
Dívidas com pessoas ligadas	0	0	0	0	0
Outros	53.057	78.394	85.886	80.489	179.431
Passivo não circulante	**839.504**	**209.435**	**726.706**	**1.030.512**	**1.339.073**
Passivo exigível a longo prazo	826.158	201.706	716.951	1.013.328	1.164.080
Empréstimos e financiamentos	703.163	21.916	506.113	542.530	756.433
Debêntures	0	0	0	207.526	199.934
Provisões	121.253	179.275	210.837	263.272	204.026
Dívidas com pessoas ligadas	1.742	515	0	0	0
Outros	0	0	0	0	3.687
Resultados de exercícios futuros	0	0	0	0	0
Participações minoritárias	13.346	7.729	9.755	17.184	174.993
Patrimônio líquido	**167.134**	**155.458**	**108.896**	**206.082**	**144.588**
Capital social realizado	130.036	130.380	118.855	107.835	153.931
Reservas de capital	0	0	0	0	0
Reservas de reavaliação	0	0	0	0	0
Adiantamento para futuro aumento de capital	0	0	0	0	0
Lucros e prejuízos acumulados	–110.150	–93.050	–89.435	–100.819	–186.328
Outras reservas de lucro	147.247	118.129	79.475	199.067	176.985

TABELA 7.15 DRE padronizada das Lojas Americanas.

DRE PADRONIZADA	X2	X3	X4	X5
Receita bruta	**2.822.398**	**3.250.587**	**3.766.916**	**5.144.733**
Deduções da receita bruta	−469.805	−739.670	−903.258	−1.266.648
(=) Receita líquida	**2.352.593**	**2.510.917**	**2.863.658**	**3.878.084**
Custo de produtos e/ou serviços	−1.642.324	−1.734.771	−1.994.604	−2.681.914
(=) Resultado bruto	**710.270**	**776.146**	**869.054**	**1.196.170**
Despesas da atividade	−446.619	−473.321	−526.950	−730.666
Com vendas	−375.944	−413.024	−469.647	−651.423
Gerais e administrativas	−70.675	−60.297	−57.302	−79.243
(=) Resultado da atividade	**263.651**	**302.825**	**342.104**	**465.504**
Outras receitas operacionais	476	–	–	–
Outras despesas operacionais	−51.764	−55.903	−64.896	−87.658
(=) Resultado antes de juros e tributos	**212.362**	**246.922**	**277.208**	**377.847**
Resultado financeiro	−61.271	−142.202	−176.463	−129.608
Receitas financeiras	81.087	91.231	74.386	197.047
Despesas financeiras	−140.959	−233.003	−250.849	−326.655
Resultado da equivalência patrimonial	−1.400	−430	–	–
(=) Resultado operacional	**151.091**	**104.721**	**100.745**	**248.238**
Resultado não operacional	29.897	9.276	85.962	−41.497
Receitas não operacionais	29.897	30.488	211.839	23.969
Despesas não operacionais	–	−21.212	−125.877	−65.466
(=) Resultado antes de IR, contribuições e participações	**180.988**	**113.997**	**186.708**	**206.742**
Provisão para IR e contribuição social	−42.068	−20.301	−19.981	−69.142
Participações	−9.685	−5.791	−19.405	−12.866
Contribuições	–	–	–	–
IR diferido	23.496	13.271	39.833	23.679
Reversão dos juros sobre capital próprio	–	–	–	–
(=) Resultado do exercício	**152.731**	**101.176**	**187.155**	**148.413**

TABELA 7.16 Indicadores de análise financeira da CPFL.

INDICADORES DE ANÁLISE FINANCEIRA*	Situação mais favorável	X2	X3	X4	X5
Rentabilidades					
Margem líquida	Maior	0,075	0,136	0,097	0,135
Giro do ativo total	Maior	0,556	0,565	0,625	0,839
Rentabilidade do Ativo Total (ROI)	Maior	0,042	0,077	0,061	0,113

* Índices calculados com demonstrações de resultados do exercício encerradas nos períodos listados e balanços patrimoniais levantados no encerramento de cada um deles.

TABELA 7.17 Indicadores de análise financeira das Lojas Americanas.

INDICADORES DE ANÁLISE FINANCEIRA*	Situação mais favorável	X2	X3	X4	X5
Rentabilidades					
Margem líquida	Maior	0,065	0,040	0,065	0,038
Giro do ativo total	Maior	1,143	1,208	1,034	0,941
Rentabilidade do Ativo Total (ROI)	Maior	0,074	0,049	0,068	0,036

* Índices calculados com demonstrações de resultados do exercício encerradas nos períodos listados e balanços patrimoniais levantados no encerramento de cada um deles.

É possível perceber algumas diferenças importantes no desempenho das duas empresas. Em dois dos períodos analisados, a ROI foi maior nas Lojas Americanas (X2 e X4) do que na CPFL, que apresentou melhor índice para esse indicador em X3 e X5. No entanto, a combinação giro × margem reflete variações setoriais importantes.

A CPFL atua em um mercado quase monopolístico (em sua área geográfica de atuação) e fortemente regulado pelo governo, fornecendo o mais básico dos insumos e um dos serviços públicos essenciais: a energia elétrica. Sua atividade demanda forte aplicação em ativos de longo prazo, desde créditos referentes a ágio pago na privatização até instalações físicas para geração e, principalmente, distribuição de energia. As Lojas Americanas exercem atividade de comercialização de produtos acabados, com pouca integração vertical, mas dependentes de um mercado de forte concorrência e elevada despesa da atividade.

Pode-se verificar que o giro do ativo total das Lojas Americanas é significativamente maior que o da CPFL nos quatro períodos sequenciais analisados, mas sua margem líquida é muito mais reduzida. Como resultado da conjugação dos dois fatores, a ROI é maior ora em uma, ora em outra empresa.

As Lojas Americanas, ao dependerem de um forte giro do ativo total ainda que decrescente ao longo dos quatro anos, estão muito mais expostas a alterações do *custo dos produtos vendidos* repentinas e que não consigam repassar aos seus preços de venda, prejudicando a margem bruta. Se isso ocorrer, a margem líquida poderá ficar negativa, assim como a ROI. Como o giro do ativo total é elevado, o hipotético *resultado líquido* é potencializado em razão da quantidade de recursos aplicada no ativo total da empresa, e sua capacidade de pagamento pode se tornar reduzida.

Por sua vez, a CPFL apresenta margem líquida mais elevada e um giro do ativo total menor. À medida que a empresa vai amortizando vários ativos não operacionais relacionados à apropriação de ágio pago na privatização da companhia e outros itens assemelhados (aos quais, em certa medida, correspondem aplicações de capital de terceiros relativamente subsidiado, representado por empréstimos do BNDES), esse giro progressivamente aumenta, pois a empresa necessita de um volume total menor de recursos aplicados para fazer frente à geração de uma *receita líquida* que, controlada em termos de preços relativos por agências reguladoras do setor, oscila muito menos que a das Lojas Americanas e é menos sujeita à concorrência.

No caso específico da comparação entre essas duas empresas, no período considerado, a relativa estabilidade da margem líquida da CPFL, dados os fatores externos citados, está proporcionando um aumento da ROI, ao menos com maior probabilidade do que qualquer afirmação que se faça no tocante às Lojas Americanas, cuja margem líquida vem se comportando de forma errática e, ainda, apresenta um giro do ativo total que se reduziu no período analisado.

7.3 IDENTIDADE DE DUPONT

A análise da identidade DuPont relaciona a rentabilidade do patrimônio líquido (ROE)[5] em razão do produto do giro do ativo total pela margem líquida pela alavancagem financeira. Ela recebeu esse nome por ter sido difundida como uma técnica inicialmente aplicada pela empresa homônima para avaliar o desempenho e o retorno de seus diferentes investimentos em empresas diversificadas. Essa avaliação é realizada a partir da avaliação dos dois elementos básicos da análise: giro × margem e, também, da alavancagem financeira da empresa. O conceito de alavancagem financeira foi discutido no Capítulo 6, que trata do grupo de indicadores que avalia a estratégia de captação e aplicação de recursos da empresa.

A rentabilidade gerada pela empresa em relação ao seu patrimônio líquido é uma das principais medidas do retorno do investimento do capital próprio dos sócios, que não tem uma remuneração obrigatória, devida e definida tal como normalmente tem o capital de terceiros. Todavia, os sócios aportam capital próprio na empresa na expectativa de que as aplicações com ele realizadas, somadas às aplicações do capital de terceiros no negócio deduzidas dos custos de captação, lhes gere retorno razoável, pois, do contrário, poderiam investir em outras alternativas de negócios ou instrumentos financeiros.[6]

A identidade básica de Du Pont pode ser definida como:

$$rentabilidade\ do\ patrimônio\ líquido = \frac{resultado\ líquido}{patrimônio\ líquido} =$$

$$= \frac{resultado\ líquido}{vendas\ líquidas} \times \frac{vendas\ líquidas}{ativo\ total} \times \frac{ativo\ total}{patrimônio\ líquido} =$$

$$= margem\ líquida \times giro\ do\ ativo\ total \times \frac{passivo\ total + patrimônio\ líquido}{patrimônio\ líquido} =$$

$$= margem\ líquida \times giro\ do\ ativo\ total \times grau\ de\ alavancagem\ financeira$$

Essa expressão reflete como a margem líquida, o giro do ativo total e o grau de alavancagem financeira concorrem simultaneamente para a determinação da ROE

---

[5] Também conhecido por *return on equity* (ROE), na língua inglesa.

[6] Uma discussão detalhada sobre os parâmetros de decisão do investidor para aplicação de capital próprio em alguma empresa e o processo de avaliação dos retornos tidos como razoáveis é dado por Matias (2007).

de uma empresa. A análise dos fatores determinantes da rentabilidade do patrimônio líquido permite comparar o grau em que margem, giro e alavancagem contribuem diferentemente para a formação da rentabilidade do negócio.

7.3.1 Equilíbrio entre giro, margem e alavancagem

O equilíbrio entre giro, margem e alavancagem é essencial, no longo prazo, para a manutenção de uma posição competitiva financeira sustentável da empresa em relação ao setor no qual ela está inserida. Ao mesmo tempo, setores inteiros têm características próprias que implicam a maior contribuição gerada para a ROE em decorrência do giro do ativo total, da margem líquida ou do grau de alavancagem financeira.

Os fatores com maiores coeficientes contribuem com maior peso para a obtenção da rentabilidade do patrimônio líquido, mas, havendo fatores excessivamente diminutos, pequenas variações destes podem multiplicar o impacto da rentabilidade, assim como discutido ao se analisar a composição da análise giro × margem.

Além dos aspectos já abordados do equilíbrio entre giro do ativo e margem líquida na análise giro × margem, a alavancagem financeira exerce um efeito ao permitir que um volume adicional de recursos, que excede o capital próprio, seja aplicado em ativos adicionais que geram um fluxo econômico de recursos livres adicionais, seja aumentando a rentabilidade do patrimônio líquido e, consequentemente, a remuneração do capital próprio.

Esse efeito, discutido detalhadamente por Matias (2007), fica evidente com um exemplo simples, no qual uma empresa hipotética que até então opera apenas com capital próprio (endividamento total = 0; grau de alavancagem financeira = 1) e, em teoria, consegue obter capital de terceiros sem custos[7] igual ao seu montante de capital próprio (resultando em endividamento = 1 e grau de alavancagem financeira = 2), aplica imediatamente esses recursos na duplicação exata dos seus ativos, que permanecem possibilitando uma operação com a margem líquida mantida. Se isso ocorre, para cada unidade monetária de resultado por unidade monetária de capital próprio (ROE) que a empresa gerava antes, agora gera o dobro. Na prática, a alavancagem financeira traz problemas e riscos associados à redução da capitalização, discutidos na apresentação dos indicadores de análise de desempenho da estrutura da empresa; e a captação de recursos de terceiros sempre implica algum custo, que deve ser menor do que a geração marginal de resultado líquido para justificar a alavancagem.

Assim, a análise de DuPont possibilita avaliar o resultado final da combinação e do efeito das decisões financeiras e operacionais da empresa que afetam sua capacidade de gerar mais recursos a partir do mesmo volume de recursos aplicados (giro do ativo total), a capacidade de comprometer menor parcela dos fluxos de entrada de recursos decorrentes da venda de produtos e serviços com os diversos

---

[7] Tanto a operação de uma empresa com endividamento = 0 quanto a captação de recursos de terceiros sem custo algum são situações improváveis na prática, aqui utilizadas apenas para exemplificar uma situação extrema.

fatores e agentes a serem remunerados (margem líquida) e o aumento na aplicação de recursos com potencial geração adicional de receita decorrente da utilização de capital de terceiros (alavancagem financeira), determinando maior ou menor rentabilidade (geração de resultado líquido) proporcionalmente ao capital próprio aplicado na empresa.

7.3.2 Exemplos de aplicação

Serão utilizados alguns exemplos (Tabelas 7.18 a 7.32) de aplicação da análise da identidade de DuPont para algumas companhias brasileiras de capital aberto, no período de 1/1/X1 a 31/12/X5, em intervalos de levantamento de demonstrativos anuais, segundo os padrões de ajuste, atualização e padronização definidos neste livro. Após a apresentação dos demonstrativos, seguem os cálculos dos três fatores básicos da identidade de DuPont e da ROE (Figuras 7.2 a 7.6). Utilizar-se-ão uma empresa de bens de capital (Indústrias Romi), uma de logística (ALL), uma mineradora (Vale), uma prestadora de serviços de telecomunicações (Telemar – Tele Norte Leste) e uma processadora de papel e celulose (Klabin).

TABELA 7.18 Ativo padronizado da Romi.

BALANÇO PATRIMONIAL PADRONIZADO	X1	X2	X3	X4	X5
ATIVO TOTAL	**344.544**	**370.018**	**454.863**	**470.280**	**884.591**
Ativo circulante	**261.232**	**294.744**	**359.922**	**349.898**	**483.997**
Disponibilidades e aplicações financeiras	42.680	66.910	54.654	81.167	86.922
Recebíveis	56.861	75.125	85.806	87.572	217.173
Estoques	152.219	144.244	207.735	170.912	169.790
Outros	9.472	8.466	11.727	10.248	10.112
Ativo não circulante	**83.312**	**75.274**	**94.942**	**120.382**	**400.594**
Ativo realizável a longo prazo	18.988	13.046	28.062	31.894	274.975
Créditos diversos	15.206	8.937	18.595	18.517	259.578
Créditos com pessoas ligadas	0	0	0	0	0
Outros	3.783	4.110	9.466	13.376	15.397
Ativo permanente	64.324	62.228	66.880	88.488	125.619
Investimentos	5	0	0	0	9
Imobilizado	64.319	62.228	66.880	88.488	125.610
Intangível	0	0	0	0	0
Diferido	0	0	0	0	0

TABELA 7.19 Passivo padronizado da Romi.

BALANÇO PATRIMONIAL PADRONIZADO	X1	X2	X3	X4	X5
PASSIVO TOTAL	**344.544**	**370.018**	**454.863**	**470.280**	**884.591**
Passivo circulante	**70.005**	**75.636**	**130.370**	**92.816**	**300.237**
Empréstimos e financiamentos	23.835	29.923	54.655	19.462	155.028
Debêntures	0	0	0	0	0
Fornecedores	13.569	12.070	29.040	21.922	18.151
Impostos, taxas e contribuições	2.323	6.549	5.509	10.226	8.884
Dividendos a pagar	1.804	2.378	3.269	3.749	85.329
Provisões	0	0	0	0	0
Dívidas com pessoas ligadas	0	0	0	0	0
Outros	28.474	24.717	37.897	37.456	32.845
Passivo não circulante	**23.629**	**21.659**	**28.207**	**32.236**	**273.458**
Passivo exigível a longo prazo	16.817	15.292	22.518	26.541	267.797
Empréstimos e financiamentos	1.994	1.620	6.857	11.793	255.979
Debêntures	0	0	0	0	0
Provisões	0	0	0	0	0
Dívidas com pessoas ligadas	0	0	0	0	0
Outros	14.823	13.672	15.661	14.748	11.818
Resultados de exercícios futuros	5.326	4.947	4.412	4.358	4.199
Participações minoritárias	1.485	1.420	1.277	1.337	1.462
Patrimônio líquido	**250.910**	**272.723**	**296.286**	**345.229**	**310.896**
Capital social realizado	113.864	105.760	94.318	228.354	260.000
Reservas de capital	2.603	2.418	2.156	2.130	2.052
Reservas de reavaliação	0	0	0	0	0
Adiantamento para futuro aumento de capital	0	0	0	0	0
Lucros e prejuízos acumulados	0	0	0	0	0
Outras reservas de lucro	134.443	164.546	199.812	114.745	48.844

TABELA 7.20 DRE padronizada da Romi.

DRE PADRONIZADA	X2	X3	X4	X5
Receita bruta	480.683	598.930	641.936	681.040
Deduções da receita bruta	-74.360	-107.644	-113.553	-118.457
(=) Receita líquida	406.323	491.286	528.383	562.583
Custo de produtos e/ou serviços	-225.418	-278.969	-309.698	-320.161
(=) Resultado bruto	180.905	212.317	218.686	242.422
Despesas da atividade	-112.454	-122.055	-127.227	-140.025
Com vendas	-45.566	-48.237	-50.126	-59.519
Gerais e administrativas	-66.888	-73.818	-77.101	-80.506
(=) Resultado da atividade	68.451	90.262	91.458	102.398
Outras receitas operacionais	–	–	–	–
Outras despesas operacionais	–	–	–	–
(=) Resultado antes de juros e tributos	68.451	90.262	91.458	102.398
Resultado financeiro	3.344	7.269	9.239	10.393
Receitas financeiras	15.944	13.619	14.942	14.525
Despesas financeiras	-12.600	-6.350	-5.703	-4.132
Resultado da equivalência patrimonial	–	–	–	–
(=) Resultado operacional	71.795	97.531	100.697	112.791
Resultado não operacional	14.759	24.767	3.823	2.637
Receitas não operacionais	821	755	1.220	167
Despesas não operacionais	13.939	24.012	2.603	2.470
(=) Resultado antes de IR, contribuições e participações	86.555	122.298	104.520	115.427
Provisão para IR e contribuição social	-12.501	-18.963	-19.941	-25.162
Participações	-1.858	-2.647	-2.965	-3.459
Contribuições	–	–	–	–
IR diferido	–	–	–	644
Reversão dos juros sobre capital próprio	–	–	–	–
(=) Resultado do exercício	72.195	100.688	81.613	87.450

TABELA 7.21 Ativo padronizado da América Latina Logística S.A. (ALL).

BALANÇO PATRIMONIAL PADRONIZADO	X1	X2	X3	X4	X5
ATIVO TOTAL	1.441.215	1.674.016	2.215.040	2.712.226	8.440.476
Ativo circulante	253.441	504.807	1.022.246	1.332.039	2.170.564
Disponibilidades e aplicações financeiras	67.108	298.844	803.788	1.044.493	1.739.040
Recebíveis	92.438	77.739	61.620	71.033	111.317
Estoques	19.369	26.554	24.699	29.233	70.995
Outros	74.526	101.670	132.140	187.279	249.212
Ativo não circulante	1.187.775	1.169.209	1.192.794	1.380.187	6.269.912
Ativo realizável a longo prazo	631.939	197.656	225.878	254.020	892.353
Créditos diversos	0	0	0	0	0
Créditos com pessoas ligadas	74.053	58	17.827	2.796	6.099
Outros	557.886	197.599	208.051	251.224	886.254
Ativo permanente	555.836	971.553	966.916	1.126.167	5.377.559
Investimentos	97.409	320.150	261.554	243.311	2.536.962
Imobilizado	458.427	651.403	705.219	882.714	2.840.460
Intangível	0	0	144	142	137
Diferido	0	0	0	0	0

7   Identidades de Análise Financeira   367

TABELA 7.22   Passivo padronizado da América Latina Logística S.A. (ALL).

BALANÇO PATRIMONIAL PADRONIZADO	X1	X2	X3	X4	X5
PASSIVO TOTAL	**1.440.448**	**1.674.016**	**2.215.040**	**2.712.226**	**8.440.476**
Passivo circulante	**606.730**	**595.647**	**538.167**	**729.845**	**1.240.503**
Empréstimos e financiamentos	269.676	271.874	115.628	173.477	231.936
Debêntures	91.462	13.181	26.012	23.083	224.342
Fornecedores	71.281	129.495	194.025	299.355	333.502
Impostos, taxas e contribuições	10.420	54.612	88.077	121.244	180.300
Dividendos a pagar	0	0	33.407	39.944	15.964
Provisões	0	0	0	0	0
Dívidas com pessoas ligadas	0	0	0	0	0
Outros	163.890	126.486	81.018	72.741	254.459
Passivo não circulante	**532.118**	**742.879**	**943.915**	**1.056.018**	**5.204.394**
Passivo exigível a longo prazo	508.825	722.122	934.234	1.046.976	5.178.951
Empréstimos e financiamentos	379.049	542.118	511.449	444.053	2.324.861
Debêntures	78.998	112.643	330.746	504.410	1.573.516
Provisões	0	0	0	0	0
Dívidas com pessoas ligadas	0	0	0	0	650
Outros	50.778	67.361	92.039	98.513	1.279.924
Resultados de exercícios futuros	23.294	20.757	9.681	9.022	25.443
Participações minoritárias	0	0	0	20	0
Patrimônio líquido	**301.600**	**335.491**	**732.959**	**926.363**	**1.995.579**
Capital social realizado	330.246	373.669	648.240	708.095	2.129.475
Reservas de capital	0	0	34	33	32
Reservas de reavaliação	0	0	0	0	0
Adiantamento para futuro aumento de capital	0	0	0	46	982
Lucros e prejuízos acumulados	–33.651	–54.786	–51.462	–50.706	–450.909
Outras reservas de lucro	5.004	16.608	136.147	268.895	315.999

TABELA 7.23 DRE padronizada da América Latina Logística S.A. (ALL).

DRE PADRONIZADA	X2	X3	X4	X5
Receita bruta	1.036.369	1.194.389	1.292.888	2.030.361
Deduções da receita bruta	-114.191	-149.856	-167.991	-261.354
(=) Receita líquida	922.178	1.044.533	1.124.897	1.769.007
Custo de produtos e/ou serviços	-620.922	-676.795	-691.825	-1.134.458
(=) Resultado bruto	301.255	367.738	433.072	634.548
Despesas da atividade	-86.246	-102.886	-98.459	-128.303
Com vendas	-6.303	-4.296	-7.926	-23.879
Gerais e administrativas	-79.943	-98.589	-90.533	-104.424
(=) Resultado da atividade	215.009	264.853	334.613	506.246
Outras receitas operacionais	9.814	69.625	15.452	16.942
Outras despesas operacionais	–	-10.774	-9.763	-65.941
(=) Resultado antes de juros e tributos	224.823	323.704	340.302	457.246
Resultado financeiro	-225.238	-171.683	-131.016	-344.253
Receitas financeiras	57.086	74.643	180.160	322.809
Despesas financeiras	-280.709	-246.193	-312.461	-668.541
Resultado da equivalência patrimonial	-1.616	-133	1.284	1.480
(=) Resultado operacional	-415	152.021	209.286	112.994
Resultado não operacional	65.400	73.110	13.399	88.158
Receitas não operacionais	65.400	76.558	13.399	91.677
Despesas não operacionais	–	-3.448	–	-3.519
(=) Resultado antes de IR, contribuições e participações	64.985	225.131	222.685	201.151
Provisão para IR e contribuição social	-7.597	-31.255	-55.076	-48.165
Participações	–	–	-32	-125
Contribuições	–	–	–	–
IR diferido	15.122	48.676	15.174	16.765
Reversão dos juros sobre capital próprio	–	–	–	–
(=) Resultado do exercício	72.510	242.552	182.750	169.626

TABELA 7.24 Ativo padronizado da Vale.

BALANÇO PATRIMONIAL PADRONIZADO	X1	X2	X3	X4	X5
ATIVO TOTAL	41.624.996	44.187.569	45.465.416	54.500.376	122.858.903
Ativo circulante	13.798.122	10.261.708	12.535.645	13.048.190	27.169.656
Disponibilidades e aplicações financeiras	5.417.305	2.507.898	4.115.580	2.805.902	9.777.975
Recebíveis	3.324.480	3.094.280	3.309.290	4.481.176	7.952.637
Estoques	2.371.302	2.586.395	3.040.733	3.357.421	6.369.398
Outros	2.685.035	2.073.135	2.070.042	2.403.691	3.069.646
Ativo não circulante	27.826.874	33.925.862	32.929.772	41.452.186	95.689.247
Ativo realizável a longo prazo	4.227.569	4.435.592	3.899.483	3.480.930	6.690.103
Créditos diversos	360.433	232.693	157.449	148.580	234.038
Créditos com pessoas ligadas	265.754	69.291	114.505	6.227	10.975
Outros	3.601.382	4.133.608	3.627.529	3.326.124	6.445.090
Ativo permanente	23.599.305	29.490.269	29.030.288	37.971.256	88.999.144
Investimentos	3.727.192	3.903.042	877.505	1.449.059	1.856.000
Imobilizado	19.872.113	25.587.228	26.056.731	35.050.030	77.611.135
Intangível	0	0	2.096.052	1.472.167	9.532.009
Diferido	0	0	0	0	0

TABELA 7.25 Passivo padronizado da Vale.

BALANÇO PATRIMONIAL PADRONIZADO	X1	X2	X3	X4	X5
PASSIVO TOTAL	**41.624.996**	**44.187.569**	**45.465.416**	**54.500.376**	**122.858.903**
Passivo circulante	**8.616.887**	**9.070.204**	**9.800.438**	**12.109.981**	**16.642.684**
Empréstimos e financiamentos	5.471.502	5.258.098	3.195.388	3.587.669	3.661.155
Debêntures	0	0	0	0	0
Fornecedores	1.758.713	1.788.542	2.072.167	2.786.019	5.164.431
Impostos, taxas e contribuições	188.829	265.100	1.351.522	0	2.166.715
Dividendos a pagar	18.552	397.061	1.635.494	3.017.734	3.188.554
Provisões	387.271	316.328	419.704	562.526	1.000.791
Dívidas com pessoas ligadas	171.835	74.228	76.680	84.103	29.622
Outros	620.185	970.847	1.049.483	2.071.929	1.431.416
Passivo não circulante	**17.660.220**	**17.793.614**	**16.786.725**	**17.638.564**	**67.267.462**
Passivo exigível a longo prazo	17.221.128	15.884.357	14.642.285	14.567.185	61.259.436
Empréstimos e financiamentos	12.971.009	11.457.189	9.503.752	9.410.649	46.003.623
Debêntures	0	0	0	0	0
Provisões	2.822.538	3.111.694	3.455.923	2.973.565	6.481.281
Dívidas com pessoas ligadas	32.767	10.360	43.247	3.181	0
Outros	1.394.814	1.305.114	1.639.363	2.179.789	8.774.532
Resultados de exercícios futuros	198.254	184.724	10.022	8.830	7.196
Participações minoritárias	240.838	1.724.533	2.134.418	3.062.549	6.000.830
Patrimônio líquido	**15.347.889**	**17.323.752**	**18.878.253**	**24.751.832**	**38.948.757**
Capital social realizado	6.342.551	7.422.803	7.670.561	14.531.617	19.492.401
Reservas de capital	0	0	0	0	0
Reservas de reavaliação	0	0	0	0	0
Adiantamento para futuro aumento de capital	0	0	0	0	0
Lucros e prejuízos acumulados	–826.275	–278.393	–213.388	–213.622	–150.003
Outras reservas de lucro	9.831.612	10.179.342	11.421.080	10.433.837	19.606.359

TABELA 7.26 DRE padronizada da Vale.

DRE PADRONIZADA	X2	X3	X4	X5
Receita bruta	**24.856.676**	**31.985.364**	**36.583.919**	**47.906.652**
Deduções da receita bruta	-945.888	-1.626.577	-1.404.766	-1.490.723
(=) Receita líquida	**23.910.788**	**30.358.787**	**35.179.154**	**46.415.929**
Custo de produtos e/ou serviços	-13.246.919	-15.566.180	-16.880.564	-21.271.687
(=) Resultado bruto	**10.663.869**	**14.792.607**	**18.298.590**	**25.144.242**
Despesas da atividade	-1.354.782	-2.179.407	-1.676.286	-2.000.034
Com vendas	-357.496	-454.140	-351.704	-392.800
Gerais e administrativas	-997.286	-1.725.267	-1.324.582	-1.607.234
(=) Resultado da atividade	**9.309.087**	**12.613.199**	**16.622.304**	**23.144.208**
Outras receitas operacionais	945.450	2.328.614	191.517	381.578
Outras despesas operacionais	-2.064.168	-2.975.142	-1.749.884	-2.938.507
(=) Resultado antes de juros e tributos	**8.190.368**	**11.966.671**	**15.063.938**	**20.587.279**
Resultado financeiro	-850.852	-2.033.032	-1.041.636	-1.992.436
Receitas financeiras	-4.566.157	-1.630.106	-323.288	885.861
Despesas financeiras	4.370.616	-574.353	-997.243	-2.674.460
Resultado da equivalência patrimonial	-655.312	171.427	278.895	-203.837
(=) Resultado operacional	**7.339.516**	**9.933.639**	**14.022.302**	**18.594.843**
Resultado não operacional	1.112.873	1.835.915	495.929	1.197.485
Receitas não operacionais	1.112.873	1.835.915	495.929	2.659.701
Despesas não operacionais	–	–	–	-1.462.216
(=) Resultado antes de IR, contribuições e participações	**8.452.389**	**11.769.555**	**14.518.230**	**19.792.328**
Provisão para IR e contribuição social	-1.244.962	-1.994.550	-2.450.313	-3.473.882
Participações	-621.514	-819.512	-1.072.644	-1.136.717
Contribuições	–	–	–	–
IR diferido	–	–	–	–
Reversão dos juros sobre capital próprio	–	–	–	–
(=) Resultado do exercício	**6.585.913**	**8.955.492**	**10.995.274**	**15.181.729**

TABELA 7.27 Ativo padronizado da Tele Norte.

BALANÇO PATRIMONIAL PADRONIZADO	X1	X2	X3	X4	X5
ATIVO TOTAL	**33.947.357**	**33.696.265**	**30.285.284**	**27.749.918**	**27.421.265**
Ativo circulante	**7.613.852**	**11.458.360**	**11.495.993**	**10.212.479**	**10.374.327**
Disponibilidades e aplicações financeiras	1.918.879	5.096.417	5.750.138	3.914.368	4.687.248
Recebíveis	3.348.023	4.163.225	3.814.338	3.851.650	3.804.499
Estoques	138.128	161.257	243.585	165.374	170.760
Outros	2.208.821	2.037.460	1.687.931	2.281.087	1.711.820
Ativo não circulante	**26.333.505**	**22.237.905**	**18.789.291**	**17.537.439**	**17.046.938**
Ativo realizável a longo prazo	2.995.938	2.957.643	2.978.123	3.030.727	3.907.973
Créditos diversos	106.861	280.028	1.903.042	1.846.716	2.416.208
Créditos com pessoas ligadas	0	18.353	15.903	15.345	11.123
Outros	2.889.078	2.659.261	1.059.177	1.168.666	1.480.642
Ativo permanente	23.337.567	19.280.262	15.811.169	14.506.712	13.138.965
Investimentos	548.694	422.987	249.069	170.191	96.501
Imobilizado	22.788.873	18.857.275	14.102.536	12.993.610	11.733.242
Intangível	0	0	1.459.563	1.342.910	1.309.222
Diferido	0	0	0	0	0

TABELA 7.28 Passivo padronizado da Tele Norte.

BALANÇO PATRIMONIAL PADRONIZADO	X1	X2	X3	X4	X5
PASSIVO TOTAL	**33.947.357**	**33.696.265**	**30.285.284**	**27.749.918**	**27.421.265**
Passivo circulante	**6.858.403**	**8.122.026**	**8.394.442**	**8.835.150**	**5.885.705**
Empréstimos e financiamentos	2.216.686	3.117.865	3.195.476	2.934.937	1.999.000
Debêntures	26.688	18.452	18.720	1.271.325	92.868
Fornecedores	2.071.946	2.241.856	1.946.922	1.870.487	1.971.464
Impostos, taxas e contribuições	970.777	949.513	1.342.070	1.393.062	959.725
Dividendos a pagar	891.977	1.256.830	1.515.198	1.108.929	554.395
Provisões	0	0	0	0	0
Dívidas com pessoas ligadas	0	0	0	0	0
Outros	680.329	537.510	376.056	256.409	308.253
Passivo não circulante	**16.327.050**	**16.165.045**	**14.038.530**	**11.075.392**	**12.945.416**
Passivo exigível a longo prazo	13.746.674	13.735.553	12.052.532	9.034.207	10.776.851
Empréstimos e financiamentos	9.774.973	9.768.266	8.141.496	6.022.482	5.318.147
Debêntures	1.649.063	1.422.350	1.268.480	0	2.160.000
Provisões	2.273.340	1.421.905	1.710.090	1.903.134	2.224.035
Dívidas com pessoas ligadas	0	0	0	0	0
Outros	49.297	1.123.032	932.467	1.108.590	1.074.669
Resultados de exercícios futuros	0	71.169	31.499	22.057	12.902
Participações minoritárias	2.580.377	2.358.322	1.954.500	2.019.129	2.155.663
Patrimônio líquido	**10.761.903**	**9.409.194**	**7.852.311**	**7.839.375**	**8.590.144**
Capital social realizado	5.348.525	5.165.314	5.056.286	4.866.774	4.688.731
Reservas de capital	680.807	434.874	211.716	25.210	25.083
Reservas de reavaliação	0	0	0	0	0
Adiantamento para futuro aumento de capital	0	0	0	0	0
Lucros e prejuízos acumulados	4.008.545	−658.286	−515.217	−442.303	−369.346
Outras reservas de lucro	724.026	4.467.292	3.099.527	3.389.694	4.245.676

TABELA 7.29 DRE padronizada da Tele Norte.

DRE PADRONIZADA	X2	X3	X4	X5
Receita bruta	**23.581.267**	**24.385.350**	**24.513.090**	**24.834.113**
Deduções da receita bruta	-6.584.048	-6.924.874	-7.181.231	-7.543.206
(=) Receita líquida	**16.997.218**	**17.460.476**	**17.331.860**	**17.290.906**
Custo de produtos e/ou serviços	-10.541.678	-10.059.022	-9.102.802	-9.592.495
(=) Resultado bruto	**6.455.540**	**7.401.454**	**8.229.058**	**7.698.411**
Despesas da atividade	-3.148.625	-3.231.577	-3.895.715	-3.894.085
Com vendas	-2.110.410	-2.184.811	-2.773.762	-2.656.923
Gerais e administrativas	-1.038.215	-1.046.766	-1.121.954	-1.237.163
(=) Resultado da atividade	**3.306.915**	**4.169.876**	**4.333.342**	**3.804.326**
Outras receitas operacionais	1.398.565	1.540.608	766.631	557.973
Outras despesas operacionais	-1.770.603	-2.372.099	-1.566.505	-1.333.896
(=) Resultado antes de juros e tributos	**2.934.878**	**3.338.386**	**3.533.469**	**3.028.403**
Resultado financeiro	-2.553.565	-1.677.766	-1.616.604	-1.154.388
Receitas financeiras	735.916	855.082	939.946	750.877
Despesas financeiras	-3.380.041	-2.664.059	-2.612.397	-2.072.581
Resultado da equivalência patrimonial	90.560	131.211	55.847	167.316
(=) Resultado operacional	**381.313**	**1.660.619**	**1.916.865**	**1.874.015**
Resultado não operacional	994.090	1.273.147	87.078	329.211
Receitas não operacionais	1.227.964	1.530.221	138.381	367.851
Despesas não operacionais	-233.874	-257.073	-51.303	-38.641
(=) Resultado antes de IR, contribuições e participações	**1.375.403**	**2.933.767**	**2.003.942**	**2.203.225**
Provisão para IR e contribuição social	136.703	-477.897	-527.859	-743.339
Participações	-176.595	-190.153	-340.866	-299.124
Contribuições	–	–	–	–
IR diferido	–	-14.260	143.708	528.082
Reversão dos juros sobre capital próprio	–	–	–	–
(=) Resultado do exercício	**1.335.511**	**2.251.457**	**1.278.925**	**1.688.844**

TABELA 7.30 Ativo padronizado da Klabin.

BALANÇO PATRIMONIAL PADRONIZADO	X1	X2	X3	X4	X5
ATIVO TOTAL	**5.581.081**	**4.278.027**	**4.432.903**	**4.757.284**	**5.980.499**
Ativo circulante	**1.296.220**	**1.745.194**	**2.135.860**	**2.311.902**	**3.142.402**
Disponibilidades e aplicações financeiras	151.997	747.301	1.181.858	1.524.205	2.290.181
Recebíveis	600.050	417.839	512.701	361.006	388.358
Estoques	370.158	287.462	283.455	266.548	275.956
Outros	174.015	292.593	157.846	160.144	187.907
Ativo não circulante	**4.284.861**	**2.532.833**	**2.297.043**	**2.445.382**	**2.838.097**
Ativo realizável a longo prazo	609.319	546.212	384.136	398.474	304.420
Créditos diversos	0	0	0	0	0
Créditos com pessoas ligadas	10.545	0	0	0	0
Outros	598.774	546.212	384.136	398.474	304.420
Ativo permanente	3.675.542	1.986.621	1.912.907	2.046.908	2.533.677
Investimentos	89.081	12.044	10.545	10.291	2.634
Imobilizado	3.586.461	1.974.577	1.902.361	2.036.616	2.531.043
Intangível	0	0	0	0	0
Diferido	0	0	0	0	0

TABELA 7.31 Passivo padronizado da Klabin.

BALANÇO PATRIMONIAL PADRONIZADO	X1	X2	X3	X4	X5
PASSIVO TOTAL	**5.581.081**	**4.278.027**	**4.432.903**	**4.757.284**	**5.980.499**
Passivo circulante	**2.576.858**	**1.071.705**	**880.428**	**1.048.894**	**1.072.587**
Empréstimos e financiamentos	1.440.306	497.082	416.210	626.068	285.548
Debêntures	612.316	0	9.338	9.622	320.552
Fornecedores	294.094	124.442	143.843	181.430	212.514
Impostos, taxas e contribuições	46.044	99.698	102.369	58.254	33.473
Dividendos a pagar	0	235.925	94.576	73.976	110.003
Provisões	0	0	0	0	0
Dívidas com pessoas ligadas	0	1.666	1.680	1.454	1.504
Outros	184.098	112.894	112.412	98.089	108.993
Passivo não circulante	**2.068.884**	**1.293.220**	**1.494.967**	**1.495.135**	**2.590.095**
Passivo exigível a longo prazo	1.987.271	1.293.220	1.432.590	1.394.140	2.477.842
Empréstimos e financiamentos	962.249	957.431	949.763	893.419	2.386.522
Debêntures	715.440	0	329.992	325.975	0
Provisões	0	0	0	0	0
Dívidas com pessoas ligadas	0	0	0	0	0
Outros	309.582	335.789	152.835	174.746	91.320
Resultados de exercícios futuros	3.304	0	0	0	0
Participações minoritárias	78.309	0	62.377	100.995	112.253
Patrimônio líquido	**935.339**	**1.913.102**	**2.057.508**	**2.213.255**	**2.317.817**
Capital social realizado	1.014.808	942.578	840.609	1.141.770	1.100.000
Reservas de capital	245.624	228.393	203.685	87.735	84.879
Reservas de reavaliação	0	0	0	0	0
Adiantamento para futuro aumento de capital	0	0	0	0	0
Lucros e prejuízos acumulados	−320.191	−120.573	−62.919	−25.925	−57.734
Outras reservas de lucro	−4.903	862.705	1.076.132	1.009.675	1.190.672

TABELA 7.32 DRE padronizada da Klabin.

DRE PADRONIZADA	X2	X3	X4	X5
Receita bruta	**4.086.664**	**3.528.830**	**3.348.810**	**3.327.297**
Deduções da receita bruta	-481.463	-520.464	-548.055	-547.117
(=) Receita líquida	**3.605.201**	**3.008.365**	**2.800.755**	**2.780.180**
Custo de produtos e/ou serviços	-1.971.069	-1.623.792	-1.739.493	-1.793.410
(=) Resultado bruto	**1.634.133**	**1.384.573**	**1.061.262**	**986.770**
Despesas da atividade	-766.791	-489.448	-488.548	-458.173
Com vendas	-435.622	-320.915	-319.571	-277.374
Gerais e administrativas	-331.169	-168.533	-168.977	-180.799
(=) Resultado da atividade	**867.341**	**895.125**	**572.714**	**528.597**
Outras receitas operacionais	34.108	3.723	20.062	35.163
Outras despesas operacionais	-107.889	-62.733	-65.539	-85.844
(=) Resultado antes de juros e tributos	**793.560**	**836.116**	**527.236**	**477.917**
Resultado financeiro	-545.794	-172.461	-159.211	134.892
Receitas financeiras	43.618	83.120	157.789	361.175
Despesas financeiras	-588.558	-255.264	-316.844	-225.867
Resultado da equivalência patrimonial	-855	-317	-156	-415
(=) Resultado operacional	**247.766**	**663.655**	**368.026**	**612.809**
Resultado não operacional	1.269.001	41.978	239	16.956
Receitas não operacionais	1.694.054	63.737	6.445	21.771
Despesas não operacionais	-425.053	-21.759	-6.206	-4.815
(=) Resultado antes de IR, contribuições e participações	**1.516.767**	**705.633**	**368.265**	**629.766**
Provisão para IR e contribuição social	-89.193	-91.513	-49.248	-16.421
Participações	-2.521	-32.211	-26.731	-14.500
Contribuições	–	–	–	–
IR diferido	-62.872	-29.414	30.489	-99.116
Reversão dos juros sobre capital próprio	–	–	–	–
(=) Resultado do exercício	**1.362.181**	**552.494**	**322.775**	**499.728**

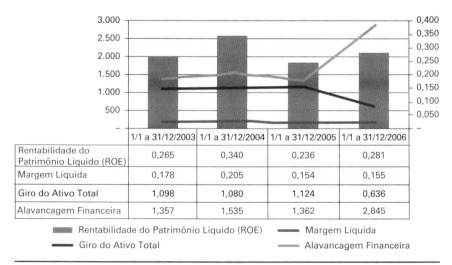

	1/1 a 31/12/2003	1/1 a 31/12/2004	1/1 a 31/12/2005	1/1 a 31/12/2006
Rentabilidade do Patrimônio Líquido (ROE)	0,265	0,340	0,236	0,281
Margem Líquida	0,178	0,205	0,154	0,155
Giro do Ativo Total	1,098	1,080	1,124	0,636
Alavancagem Financeira	1,357	1,535	1,362	2,845

■ Rentabilidade do Patrimônio Líquido (ROE) ▬ Margem Líquida
▬ Giro do Ativo Total ▬ Alavancagem Financeira

FIGURA 7.2 Análise DuPont: Romi.

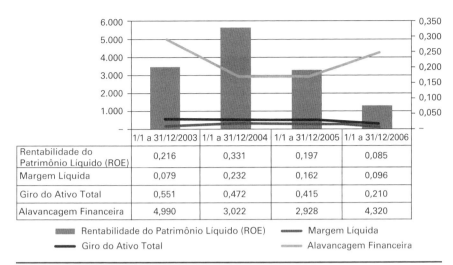

FIGURA 7.3 Análise DuPont: ALL.

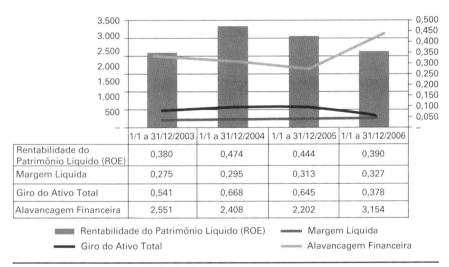

FIGURA 7.4 Análise DuPont: Vale do Rio Doce.

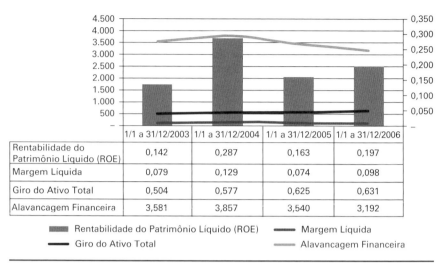

FIGURA 7.5 Análise DuPont: Tele Norte.

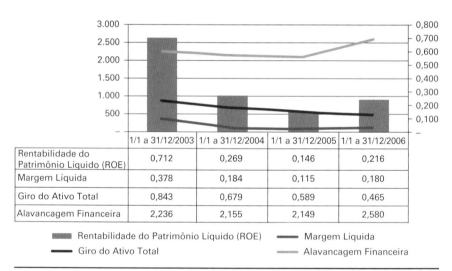

FIGURA 7.6 Análise DuPont: Klabin.

7.3.3 Expressão alternativa de fatores

Por meio dessa ferramenta, é possível analisar a contribuição de diferentes fatores para a formação da rentabilidade do patrimônio líquido, de maneira análoga às possibilidades que a análise giro × margem dá ao analista de avaliar o impacto das decisões operacionais e estratégicas sobre a rentabilidade do negócio.

Mediante a simplificação de frações, os fatores da identidade de DuPont podem ser simplificados ou combinados, possibilitando várias comparações interessantes entre a contribuição desses fatores e as combinações de fatores para a geração da rentabilidade do patrimônio líquido em diferentes empresas.

A identidade básica de DuPont pode ser expressa, também, em uma função que relaciona diferentes rubricas dos demonstrativos contábeis. Algumas dessas relações são, também, indicadores de análise financeira do modelo E2S já abordado neste livro, enquanto outras representam variações ou modificações algébricas deles. Assim, a identidade básica de Du Pont pode ser apresentada alternativamente como:

$$\text{Rentabilidade do patrimônio líquido} =$$

$$= \frac{\text{resultado líquido}}{\text{resultado antes do IR e contribuições}}$$

$$\times \frac{\text{resultado antes de contribuições e participações}}{\text{resultado antes de juros e impostos}}$$

$$\times \frac{\text{resultado antes de juros e contribuições}}{\text{receita líquida}}$$

$$\times \frac{\text{receita líquida}}{\text{ativo total}} \times \frac{\text{ativo total}}{\text{patrimônio líquido}}$$

O analista poderá simplificar os fatores a fim de obter elementos de análise da decomposição da rentabilidade do patrimônio líquido segundo os fatores que melhor lhe convierem em cada situação específica.

7.4 ANÁLISE E PREVISÃO DE INSOLVÊNCIA

Atualmente, a falência de empresas vem preocupando não apenas seus acionistas, mas também governos, instituições financeiras, pessoas físicas, ou seja, o mercado como um todo, visto que seu impacto pode trazer diversos prejuízos para toda a sociedade.

Essa é uma inquietação de âmbito global. Segundo Altman e Narayman (1996), países em desenvolvimento e pequenas, bem como as maiores e mais industrializadas, economias do mundo, estão extremamente preocupados em evitar crises financeiras tanto no setor privado como no público.

Prever qualquer acontecimento leva à capacidade de agir antecipadamente e tomar atitudes a fim de evitar perdas ou potencializar ganhos. O mesmo se pode dizer da previsão de insolvência de qualquer organização. Sistematizar o risco de insolvência relativo entre empresas facilita a tomada de decisão daqueles que, em menor ou maior grau, dependem da perspectiva de solvência de uma empresa para determinar condições de seu relacionamento com ela.

Segundo Minussi, Damacena e Ness Jr. (2001), a importância em prever com antecedência esses acontecimentos está no fato de poder identificar os problemas de uma empresa antecipadamente, uma vez que sua situação financeira tende a passar por um processo de deterioração progressivo até atingir o estágio de falência. De acordo com os autores, um modelo de previsão pode representar a própria reversão da insolvência, à medida que se admite a intervenção e se tomam as decisões necessárias visando à correção do problema.

Além disso, uma das maiores preocupações dos investidores do mercado financeiro está relacionada à incerteza dos resultados de suas aplicações no mercado e a previsão de alguns fatos pode contribuir na administração dessa incerteza (Teixeira, Dalmácio, Rangel, 2005).

Assim, a identificação da falência de empresas em geral e os avisos antecipados para impedimento de crises financeiras são importantes não só para analistas ou profissionais especializados, como também para a sociedade como um todo, pois podem evitar uma reação em cadeia. Quantificar elementos não necessariamente circunspectos à seara quantitativa torna possível informar, de forma clara, usuários externos e terceiros a respeito de uma perspectiva financeira geral de organizações, instituições e até mesmo de estados soberanos.

Nesse sentido, este capítulo discute alguns modelos de previsão de insolvência e apresenta conceitos quantitativos relacionados à sua utilização; a seguir, apresenta conceitos básicos dos processos de *score* e *rating*.

7.4.1 Técnicas quantitativas de previsão de insolvência

Em relação à definição de insolvência financeira, não há um consenso a respeito de qual é correta. Na verdade, existem diversas definições para este conceito. Para Lev (1978), o estado de insolvência de uma empresa pode ser a incapacidade para pagar as suas obrigações financeiras na data de seu vencimento, bem como quando seus ativos são inferiores ao valor de seus passivos.

Gallego, Gòmez e Yànes (1997) acreditam que, na classificação das empresas, devem ser utilizadas normas bastante objetivas. Os autores optaram por utilizar uma definição de insolvência empresarial que permite identificar com precisão as empresas em crise de insolvência. Dessa forma, consideraram insolventes todas as empresas cuja condição legal acusava suspensão de pagamentos ou falência.

Por sua vez, Daubermann e Matias (2006) definem insolvência como: "não cumprimento dos compromissos financeiros assumidos, por um período superior a três meses a partir do prazo acordado ou ausência do cumprimento".

É importante ressaltar que, quando um credor deixar de honrar com suas obrigações por determinado período, ou vier a não mais saldá-las, este pode ser denominado insolvente ou inadimplente. Dados a peculiaridade de cada um e o diferente impacto causado no mercado, é de extrema importância diferenciar esses termos.

Apresentadas as definições anteriores sobre insolvência, Almeida (1996) define uma empresa inadimplente como aquela cuja falência foi sancionada por procedimentos judiciais. Outro significado importante para esse termo, atribuído novamente por Daubermann e Matias (2006), é o atraso no pagamento com sua posterior regularização em três meses, no máximo.

Recorrendo-se ao dicionário, Ferreira (1998) definiu inadimplente como devedor que não cumpre no termo convencionado às suas obrigações contratuais. Portanto, é possível concluir que uma empresa insolvente pode ser considerada aquela que há muito tempo não honra com suas obrigações, ou não mais honrará, sendo a inadimplente aquela que cumprirá com suas dívidas com certo atraso.

Na sua grande maioria, as previsões de insolvência são fundamentadas em dados contábeis e amparadas em um instrumental quantitativo.

O primeiro estudo sobre previsão de insolvência foi publicado em 1932 por Fitzpatrick nos Estados Unidos: foram utilizados dados de 19 empresas que faliram entre 1920 e 1929, comparados em seguida com os de outras 19 empresas bem-sucedidas, com o objetivo de observar em que condições os índices das companhias que não faliram eram favoráveis. Segundo Castro Júnior (2003), Fitzpatrick concluiu que o risco de falência de uma empresa poderia ser alertado por meio de indicadores extraídos de demonstrações contábeis.

Depois de Fitzpatrick, os estudos que realmente impulsionaram as pesquisas nessa área foram os realizados por Beaver, em 1966, e Altman, em 1968, precursores na utilização de técnicas estatísticas para a construção de modelos de previsão de insolvência.

7.4.2 Uso da análise discriminante

Ambos os autores que acabaram de ser citados utilizaram a técnica de análise discriminante como ferramenta estatística. Em sua forma mais robusta (*Multiple Discriminant Analysis* – MDA), essa técnica é adequada quando a única variável dependente é dicotômica (p. ex., solvente-insolvente) ou multicotômica (alto, médio ou baixo) e, portanto, não métrica. Em uma regressão múltipla simples, pressupõe-se que as variáveis independentes sejam métricas (Hair Jr. et al., 2005), o que leva à análise discriminante.

Para conseguir essa discriminação, estabelecem-se pesos para as variáveis estatísticas a fim de maximizar a variância entre os grupos com relação à variância dentro dos grupos. A equação que melhor representa essa relação, uma combinação linear também conhecida como função discriminante, tem a seguinte forma:

$$Z = \alpha + \beta_1 X_1 + \beta_2 X_2 + \beta_3 X_3 + \ldots + \beta_n X_n$$

Z = escore discriminante da função discriminante j para o objeto k
α = intercepto
β_n = peso discriminante para a variável independente n
X_n = variável independente

Segundo Hair Jr. et al. (2005), para realizar esse processo, a análise discriminante multiplica cada variável independente por seu peso correspondente e acrescenta esses produtos juntos. O resultado é o escore determinado Z discriminante composto para cada indivíduo na análise. Calculando a média dos escores discriminantes para todos os indivíduos em um grupo, consegue-se a média do grupo. Essa média é chamada de centroide, que indica o local do indivíduo de um grupo particular e uma comparação entre os centroides de grupos mostra o quanto afastados eles estão.

O teste de significância estatística da função discriminante é uma medida da distância entre os centroides dos grupos. Ela é calculada fazendo a comparação entre as distribuições dos escores discriminantes para os grupos. Se a sobreposição nas distribuições é pequena, a função discriminante separa bem os grupos. Se a sobreposição é grande, a função é um discriminador pobre entre os grupos. Esse conceito pode ser observado melhor nas Figuras 7.7 e 7.8.

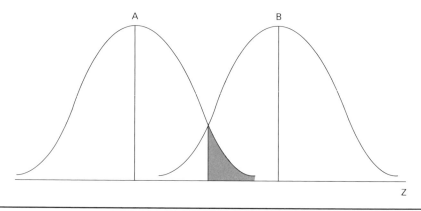

FIGURA 7.7 Função discriminante eficiente.

A Figura 7.7 mostra uma pequena sobreposição nas distribuições dos grupos A e B, indicando uma função que discrimina de maneira eficiente os dois grupos.

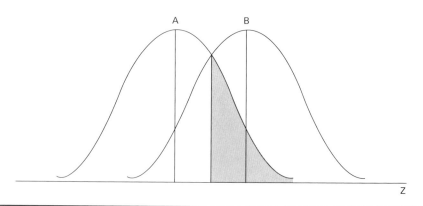

FIGURA 7.8 Função discriminante pobre.

Por sua vez, na Figura 7.8, é possível observar uma grande sobreposição das distribuições, o que demonstra uma função que pouco discrimina os grupos A e B.

Um ponto extremamente importante na utilização desses ferramentais é a atenção que deve ser dada para não violar nenhuma de suas hipóteses, visto que uma falha em qualquer uma delas pode comprometer todo o modelo.

Em particular, a análise discriminante apresenta algumas hipóteses rígidas, como a igualdade das matrizes de variância-covariância entre os grupos e a normalidade multivariada das variáveis independentes.

7.4.3 Uso da regressão logística

Depois de diversos estudos utilizando análise discriminante, na década de 1980, Ohlson introduziu a regressão logística para avaliar o risco de insolvência em empresas.

Segundo Kleinbaum (1996), a regressão logística é a abordagem de modelagem matemática usada para descrever a relação entre diversas variáveis independentes e uma variável dependente dicotômica.

Em seguida ao que fez Ohlson, diversos pesquisadores deram preferência a essa técnica em relação à análise discriminante.

O modelo logístico é baseado na função logística f(z), dada por:

$$f(z) = \frac{1}{1 + e^{-(z)}}$$

Em que:
e ≅ 2,718
Z é combinação linear das variáveis explicativas:
$Z = B_0 + B_1 X_1 + ... + B_n X_n$
B_0 é uma constante e $B_1 ... B_n$ coeficientes estimados a partir dos dados
$X_1 ... X_n$ são as variáveis independentes

Mesmo quando a variável tem duas categorias, há diversas razões pelas quais a regressão logística é uma alternativa atrativa em relação à análise discriminante. Primeiro, a regressão logística é menos afetada quando as matrizes de covariância (para os grupos da variável categórica) não são iguais, o que consiste em uma premissa básica da análise discriminante. Segundo, a regressão logística pode lidar com variáveis independentes categóricas facilmente, enquanto na análise discriminante o uso de variáveis *dummy* cria problemas com a variância ou covariância entre os grupos determinados pelas categorias da variável dependente. Finalmente, os resultados da regressão logística são similares aos da regressão múltipla nos termos de sua interpretação e medida dos diagnósticos válidos caso a caso para exame dos resíduos (Hair Jr. et al., 2005).

A regressão logística pode ser usada quando a variável dependente é não métrica e as variáveis independentes são métricas ou não métricas. Nessa situação, o pesquisador está interessado na previsão e explicação do impacto que as variáveis independentes provocam na variável dependente. Mais especificamente, mostra como as categorias da variável dependente estão associadas às variações das variáveis independentes.

7.4.4 Uso de outros modelos

Com o avanço tecnológico e a necessidade de realizar análises mais complexas, além de um número expressivo de dados e validação dos resultados, técnicas mais avançadas, como a de Redes Neurais Artificiais (RNA), foram ganhando espaço no desenvolvimento de modelos para risco de crédito.

Segundo Corrêa, Camargo e Viana (2005 *apud* Kovàcs, 1996), as RNA são ferramentas de inteligência artificial que, por meio de um conjunto de dados, têm a habilidade de se adaptar e de aprender a realizar determinada tarefa, ou comportamento, segundo um modelo de processamento de informação, com base na estrutura de neurônios biológicos.

Em sua estrutura, neurônios são unidades de processamento que computam certas funções matemáticas; enquanto isso, as sinapses são associadas a pesos e armazenam o conhecimento representado no modelo, fazendo a conexão das camadas de neurônios.

Essa técnica vem sendo aprimorada a cada dia e o aumento na quantidade de informações aliado ao avanço da tecnologia faz com que ela ganhe a preferência de diversos autores para a realização de trabalhos voltados para o tema de previsão de insolvência.

Entre diversos modelos sobre insolvência corporativa utilizando testes estatísticos, alguns se destacam, como o de Altman (1968), Elizabetsky (1976), Kanitz (1978), Matias (1999) e Pereira (1998).

Entrando um pouco mais no detalhe de alguns desses modelos, e fazendo uma aplicação prática com o balanço da Varig, é possível entender melhor como a utilização de técnicas quantitativas pode auxiliar na previsão de insolvência.

7.5 MODELOS DE PREVISÃO DE INSOLVÊNCIA

São apresentados, agora, alguns modelos de previsão de insolvência desenvolvidos a partir das técnicas já citadas na previsão anterior.

7.5.1 Modelo Altman

Em conjunto com alguns professores da Pontifícia Universidade Católica (PUC/RJ), Altman (1968) desenvolveu um modelo quantitativo utilizando a técnica de análise discriminante e regressão múltipla com 58 empresas brasileiras, sendo 35 em boa condição financeira e 23 consideradas insolventes.

Uma das equações encontradas nesse trabalho está descrita a seguir:

$$Z = -1,84 - 0,51X_1 + 6,32X_3 + 0,71X_4 + 0,53X_5$$

X_1 = Ativo circulante − Passivo circulante/Ativo total
X_3 = Lucro líquido + Despesas financeiras + Imposto de Renda/Ativo total
X_4 = Patrimônio líquido/Exigível total
X_5 = Vendas/Ativo total

A classificação adotada teve como ponto crítico o 0 (zero), sendo que valores superiores determinam empresas solventes e valores inferiores empresas insolventes.

7.5.2 Modelo Elizabetsky

Roberto Elizabetsky desenvolveu, em 1976, um modelo de previsão de insolvência com 373 empresas do setor de confecção, sendo 274 solventes e 99 insolventes. Este apresentou as seguintes variáveis explicativas:

$$Z = 1{,}93X_1 - 0{,}20X_2 + 1{,}02X_3 + 1{,}33X_4 - 1{,}12X_5$$

Z = Total dos pontos obtidos
X_1 = Lucro líquido/Vendas
X_2 = Disponível/Ativo permanente
X_3 = Contas a receber/Ativo total
X_4 = Estoques/Ativo total
X_5 = Passivo circulante/Ativo total

O ponto crítico desse modelo é 0,5, ou seja, abaixo desse valor, a empresa é considerada insolvente e, acima, solvente.

7.5.3 Modelo Kanitz

O modelo apresentado por Kanitz (1978) foi um dos primeiros desenvolvidos no Brasil utilizando a técnica estatística de análise discriminante. Nele, Kanitz empregou dados de 21 empresas solventes e, comparativamente, 21 empresas insolventes entre 1972 e 1974.

Variáveis do modelo:

$$FI = 0{,}05X_1 + 1{,}65X_2 + 3{,}55X_3 - 1{,}06X_4 - 0{,}33X_5$$

FI = Fator de insolvência
X_1 = Lucro líquido/Patrimônio líquido
X_2 = Ativo circulante + Realizável a longo prazo/Exigível total
X_3 = Ativo circulante – Estoques/Passivo circulante
X_4 = Ativo circulante/Passivo circulante
X_5 = Exigível total/Patrimônio líquido

Fator de insolvência (FI) acima de 0 (zero) indica que a empresa está solvente. Valores entre 0 e –3 representam uma área de indefinição, na qual uma avaliação não é possível, e, com valores abaixo de –3, a empresa é considerada insolvente.

7.5.4 Modelo Matias

Em 1978, Alberto Borges Matias (1999) desenvolveu um trabalho com empresas de capital aberto de diferentes ramos de atividade, sendo 50 insolventes e 50 solventes.

Essas são as variáveis de seu modelo:

$$Z = 23{,}792X_1 - 8{,}26X_2 - 8{,}868X_3 - 0{,}764X_4 - 0{,}535X_5 + 9{,}912X_6$$

X_1 = Patrimônio líquido/Ativo total
X_2 = Financiamento e empréstimos bancários/Ativo circulante
X_3 = Fornecedores/Ativo total
X_4 = Ativo circulante/Passivo circulante
X_5 = Lucro operacional/Lucro bruto
X_6 = Disponível/Ativo total

O ponto crítico do modelo é 0 (zero). Acima desse valor, a empresa é classificada como solvente; abaixo, como insolvente.

7.5.5 Modelo Pereira

No início da década de 1980, Pereira (1998) formulou em sua dissertação de mestrado alguns modelos para previsão de falência baseados em técnicas estatísticas.

Entre eles, destaca-se o seguinte modelo:

$$Z = 0{,}722 - 5{,}124X_1 + 11{,}016X_2 - 0{,}342X_3 - 0{,}048X_4 + 8{,}605X_5 - 0{,}004X_6$$

Z = Pontos obtidos
X_1 = Duplicatas descontadas/Duplicatas a receber
X_2 = Estoque final/Custos das mercadorias vendidas
X_3 = Fornecedores/Vendas
X_4 = Estoque médio/Custo das mercadorias vendidas
X_5 = Lucro operacional + Despesas financeiras/Ativo total – Investimento médio
X_6 = Exigível total/Lucro líquido + 10% Imobilizado médio + Saldo devedor da correção monetária

Assim como nos modelos apresentados por Matias e Altman, este tem como ponto de corte o 0 (zero). A regra para classificação também é a mesma: valores positivos indicam empresas com uma boa situação financeira (solventes) e os negativos representam empresas próximas à situação de *default* (insolventes).

A fim de analisar a eficácia de modelos quantitativos na previsão de insolvência, foram aplicadas as equações apresentadas ao balanço consolidado da Varig S.A. no ano de 2003, como pode ser visto na Tabela 7.33.

TABELA 7.33 Índices aplicados à Varig S.A. em 2003.

Varig S.A. Consolidado (12/2003)		
Modelo	Resultado	Situação
Matias	−54,06	Insolvente
Kanitz	1,85	Solvente
Elizabetsky	−1,40	Insolvente
Altman	−4,16	Insolvente
Pereira	−3,85	Insolvente

Pela Tabela 7.33, é possível observar que todos os modelos, exceto o de Kanitz, demonstraram que a empresa estava insolvente no período em questão.

7.6 CONSIDERAÇÕES SOBRE O PROCESSO DE ESCORE

Nas seções anteriores, foram apresentados diversos modelos de previsão de insolvência com indicação binária ou indefinida da situação da empresa no que diz respeito à sua solvência. Todos esses modelos tomam como base dados objetivos das demonstrações contábeis referentes a um período específico, normalmente de um exercício, e, a partir daí, classificam as empresas como solventes ou insolventes.

A manipulação algébrica dos dados dos demonstrativos financeiros e as mudanças de curto prazo considerando-se o intervalo de previsão podem levar a interpretações equivocadas dos coeficientes do modelo, no sentido de se tomarem, por exemplo, os coeficientes absolutos como indicadores apropriados da "importância" dos parâmetros de cada conta contábil para a determinação da insolvência.

Assim, o processo de escore procura atribuir uma pontuação intervalar associada a uma distribuição de probabilidades de insolvência, atenuada, ajustada ou configurada para atender a determinados padrões estabelecidos pelos seus formuladores. A atribuição desse escore de risco de insolvência é um mecanismo que procura determinar padrões numéricos que possam ser utilizados pelas várias categorias de usuários interessados – concedentes de crédito, clientes, fornecedores etc. Nos Estados Unidos, tornou-se – para empresas e pessoas físicas – uma das principais variáveis dos modelos decisórios de baixo envolvimento para decisões financeiras. No Brasil, como a legislação proíbe, ainda, uma série de tipos de cadastros positivos, que informem o pagamento bem-sucedido, e não as ocorrências de violação dos termos de créditos conhecidos, a adoção em larga escala do processo é um tanto quanto prejudicada.

7.7 RATING

A partir das ferramentas apresentadas, o processo de *rating* corresponde à atribuição de um conceito organizado sob a forma escalar (Milone, Angelini, 2004), que expressa graus de probabilidade de falência e insolvência de empresas considerando-se não apenas a formulação matemática de indicadores criados a partir das contas contábeis – que serão vistos nas seções seguintes –, mas também o impacto de avaliações originalmente qualitativas da capacidade de pagamento, o risco associado à exposição a fatores externos[8] que afetam o ambiente macroeconômico no qual a empresa está inserida, e assim por diante.

A produção dos *ratings* normalmente é feita por agências de classificação de risco mundialmente reconhecidas, como Fitch,[9] Moody's[10] e Standard & Poor's.[11]

---

[8] *Vide* Capítulos 1 e 2.
[9] Ver: <www.fitchratings.com>.
[10] Ver: <www.moodys.com>.
[11] Ver: <www.standardandpoors.com>.

Essas empresas, entre outros concorrentes, estabelecem uma escala, normalmente representada por letras ou combinação de letras e/ou sinais de adição e subtração, que representam os diferentes níveis de expectativa de insolvência das empresas.

Embora as nomenclaturas variem, em geral, a escala é unidimensional: um *rating* superior, necessariamente implica uma expectativa de insolvência, medida pela agência de risco que a divulga, inferior. Além disso, cada agência de risco divulga diferentes medidas de risco associadas a cada uma das posições escalares disponíveis.

O risco é classificado a pedido das empresas, instituições e países que desejam ser avaliados por cada uma das agências. São estes – e não os usuários das informações – que pagam a maior parte dos custos de avaliação e monitoramento por essas agências. Esse fato pode implicar um grave viés de seleção, à medida que companhias que não estejam em boa situação econômica e financeira podem tender a contratar com muito menos frequência os caros serviços das agências de classificação de risco do que as companhias em boa situação, que desejam demonstrar tal fato ao mercado devidamente endossadas por agências teoricamente independentes de classificação desse risco.

O papel, a função e o modo de relacionamento das agências de classificação de risco vêm sendo muito rediscutidos, especialmente nos Estados, onde uma sucessão de escândalos de governança corporativa, fraude contábil e má gestão econômica se sucederam sem que as agências tivessem previsto, analisado e questionado a contento as previsões, os demonstrativos financeiros e a possibilidade de insolvência de casos cuja magnitude dos problemas a eles associados torna-se conhecida até mesmo do público leigo poucos meses depois de terem tais agências classificado essas empresas como com baixo risco de insolvência.

Existem diversos tipos de *rating*, entre eles o do emissor, que é definido pela *Standard & Poor's* (2000, p. 57) como "uma opinião atualizada sobre a capacidade financeira geral (qualidade de crédito) de um emissor para honrar suas obrigações financeiras. Essa opinião é centrada na capacidade e intenção do emissor de honrar seus compromissos financeiros".

O *rating* de crédito é classificado pela Fitch como de "grau de investimento", que (na escala internacional de Longo prazo, de "AAA" a "BBB-", e, na de Curto Prazo, de "F1" a "F3") indica uma probabilidade baixa a moderada de inadimplência; enquanto aqueles de "categoria de especulação" ou "grau de não investimento" (na escala internacional de Longo Prazo, de "BB+" a "D", e na de Curto Prazo, de "B" a "D") sinalizam uma probabilidade de inadimplência mais alta ou indicam que a inadimplência já ocorreu.

Conforme o Quadro 7.1, tem-se a definição de "*rating*" como o método de escala global (há também o método de escala nacional), adotado pela *Standard & Poor's* (2000, p. 57)

QUADRO 7.1 Classificação de *rating*.

CLASSE	DESCRIÇÃO	CONSIDERAÇÕES
AAA	A capacidade do emissor de honrar seus compromissos financeiros relativos à obrigação é **EXTREMAMENTE FORTE**	Maior classificação possível
AA	A capacidade do emissor de honrar seus compromissos financeiros relativos à obrigação é **MUITO FORTE**	Difere pouco da maior classificação
A	A capacidade do emissor de honrar seus compromissos financeiros relativos à obrigação é **FORTE**	As obrigações são suscetíveis a mudanças das condições econômicas e conjunturais
BBB	O emissor poderá sofrer uma redução na capacidade de honrar seus compromissos financeiros relativos à obrigação	As obrigações exibem parâmetros de proteção adequados, mas podem ser afetadas por condições econômicas adversas
BB	O emissor poderá sofrer uma redução na capacidade de honrar seus compromissos financeiros relativos à obrigação, sendo mais vulnerável do que a BBB	Idem BBB
B	O emissor poderá sofrer uma redução na capacidade de honrar seus compromissos financeiros relativos à obrigação, sendo mais vulnerável do que a BB	Idem BB
CCC	O emissor depende de condições econômicas, financeiras e comerciais favoráveis para honrar seus compromissos	Não haverá condições de honrar os compromissos em caso de condições adversas
CC	O emissor depende de condições econômicas, financeiras e comerciais favoráveis para honrar seus compromissos e apresenta forte vulnerabilidade à inadimplência	Próximo à inadimplência
C	O emissor apresenta-se, atualmente, **FORTEMENTE VULNERÁVEL** à inadimplência	Muito próximo à inadimplência
D	Inadimplente	
+ ou –	Assinala posições relativas dentro das categorias	É utilizado como complemento

Fonte: Standard & Poor's (2000).

7.8 *DUE DILIGENCE*

Em algumas situações do relacionamento entre duas ou mais empresas, a análise de dados públicos e/ou de divulgação obrigatória não é satisfatória, suficiente ou desejável como instrumento único de tomada de situação. A legislação e as práticas contábeis, ao coadunarem todo um modelo de divulgação de informações, fizeram-no pensando na sua utilização corriqueira e continuada por usuários externos às organizações.

Há, todavia, algumas situações específicas nas quais não são suficientes o conhecimento, o levantamento e a análise apenas desses dados. Tome-se, por exemplo, o caso de grandes fusões, privatizações e aquisições que ocorreram no mercado brasileiro (Antarctica e Brahma, venda dos ativos do grupo Ipiranga, compra do Banco Real, venda do grupo Telebrás, Sadia e Perdigão, Gol-Varig etc.). Seria pouco razoável esperar que negócios de tal monta fossem fechados apenas com os dados públicos disponíveis a todos os usuários externos dos demonstrativos financeiros.

Nesses casos, é comum que ocorra um processo detalhado de levantamento de informações financeiras *stricto sensu*, e não financeiras, que auxiliam as partes na tomada de decisão, e que recebem o nome de *due dilligence*. Por meio desse instrumento – cujos detalhes são amplamente discutidos nos manuais de auditoria –, as partes envolvidas nessas operações, após firmarem os devidos instrumentos jurídicos que lhes salvaguardam, iniciam um trabalho conjunto e detalhado de levantamento de informações confidenciais não disponibilizadas ao público por serem, a princípio, apenas de interesse interno da empresa.

A *due dilligence* vem se consolidando como um processo voltado não apenas para a aquisição de empresas (sua origem inicial), como também para a concessão de empréstimos de longo prazo expressivos na composição do capital de terceiros da empresa, celebração de contratos de parceria de longo prazo, entre outros. Ela é executada por um conjunto de profissionais habilitados a promoverem uma análise abrangente e aprofundada do ponto de vista interno da empresa.

É comum que o valor final dos negócios de grande porte, como os exemplificados anteriormente, seja determinado apenas após um trabalho extenso de *due dilligence* que termina por determinar diferenças previstas, dentro de certo intervalo predeterminado pelas partes. No caso de empréstimos, pode existir um *spread* pós--fixado dependente de resultados objetivos da *due dilligence*. Por se constituir em um tipo de instrumento híbrido entre a análise e a auditoria, possibilita que os interessados se utilizem dos benefícios gerados por ambas as ferramentas.

QUESTÕES

1. Comente sobre a importância de prever a falência de uma organização.
2. Quem são os principais prejudicados em um evento de *default*?
3. Como as técnicas atuais podem auxiliar nesse desafio?
4. Qual a diferença entre inadimplente e insolvente?
5. O que é análise discriminante? Quais hipóteses devem ser seguidas nessa técnica?
6. O que é regressão logística?
7. Quais as principais diferenças entre as técnicas de análise discriminante e regressão logística?
8. Comente sobre a evolução dos estudos sobre previsão de insolvência.
9. Os gestores devem seguir única e exclusivamente modelos quantitativos? Por quê?
10. Discorra sobre *rating* e *due dilligence*.

EXERCÍCIO

1. Escolha uma empresa de capital aberto e, a partir dos dados disponíveis, calcule seus índices de insolvência, utilizando todos os modelos apresentados no capítulo.

REFERÊNCIAS BIBLIOGRÁFICAS

ALMEIDA, F. C. O uso de redes neurais em avaliação de riscos de inadimplência. *Revista de Administração FEA/USP*, v. 31, n. 1, p. 52-63, jan./mar. 1996.

ALTMAN, E. I. Financial ratios, discriminant analysis and the prediction of corporate bankruptcy. *The Journal of Finance*, v. 23, n. 4, p. 589-609, 1968.

ALTMAN, E. I.; NARAYANAN, P. Business failure classification models: an international survey. New York University Stern School of Business Finance Department, *Working Paper Series*, 1996.

BEAVER, W. H. Financial ratios as predictors of failure. Empirical research in accounting: selected studies. *Journal of Accounting Research* 4 (Supplement), p. 71-111, 1966.

CASTRO JÚNIOR. *Previsão de insolvência de empresas brasileiras usando análise discriminante, regressão logística e redes neurais*. 2003. Dissertação (Mestrado em Administração) – Faculdade de Economia, Administração e Contabilidade, Universidade de São Paulo, São Paulo, 2003.

CORRÊA, A. C. C.; CAMARGO, D. R.; VIANA, A. B. N. Aplicação de redes neurais artificiais para previsão do tempo de titulação de graduandos. Encontro Nacional de Engenharia de Produção, 25, 2005, Porto Alegre. *Anais eletrônicos...* Porto Alegre, 2005.

DAUBERMANN, E.; MATIAS, A. B. Inadimplente não é insolvente: uma abordagem macrofinanceira. SIICUSP – Simpósio Internacional de Iniciação Científica da USP, 14, 2006, São Paulo. *Anais eletrônicos...* São Paulo, 2006.

ELIZABETSKY, R. *Um modelo matemático para a decisão no banco comercial*. Trabalho apresentado ao Departamento de Engenharia de Produção da Escola Politécnica da USP, s.l.p., s.c.p., 1976.

FERREIRA, A. B. de H. *Dicionário básico da língua portuguesa*. Rio de Janeiro: Nova Fronteira, 1998.

GALLEGO, A. M.; GÒMEZ, J. S.; YÀÑES, L. Modelos de predicción de quiebras en empresas no financieras. *Actualidad Financiera*, Alicante, n. 5, p. 3-13, maio 1997.

HAIR JR., J. F. et al. *Análise multivariada de dados*. Tradução de Adonai Schlup Sant'Anna e Anselmo Chaves Neto. 5. ed. Porto Alegre: Bookman, 2005.

INEPAD – INSTITUTO DE ENSINO E PESQUISA EM ADMINISTRAÇÃO. Disponível em: <http://www.inepad.com.br/>. Acesso em: 10 abr. 2008.

KANITZ, S. C. *Como prever falências*. São Paulo: McGraw do Brasil, 1978.

KLEINBAUM, D. G. *Logistic regression*: a self-learning text. New York: Springer, 1996.

KOVÀCS, Z. L. *Redes neurais artificiais*. Edição Acadêmica São Paulo. São Paulo, 1996.

LEV, B. *Análisis de estados financieros, un nuevo enfoque*. Madrid: Esic, 1978.

MALHOTRA, N. K. *Introdução a pesquisa de marketing*. São Paulo: Makron Books, 2005.

MATIAS, A. B. *Insucesso de grandes bancos privados brasileiros de varejo*. 1999. Tese (Livre docência em Administração) – Faculdade de Economia, Administração e Contabilidade, Universidade de São Paulo, São Paulo, 1999.

_____. (Coord.). *Finanças corporativas de curto prazo*: a gestão do valor do capital de giro. São Paulo: Atlas, 2007.

_____. *Finanças corporativas de longo prazo*: criação de valor com sustentabilidade financeira. São Paulo: Atlas, 2007.

MILONE, G.; ANGELINI, F. *Estatística aplicada*: números-índices, regressão e correlação, Séries Temporais. São Paulo: Atlas, 2004.

MINUSSI, J. A.; DAMACENA, C.; NESS JR., W. L. Um modelo preditivo de solvência utilizando regressão logística. Encontro Nacional de Programas de Pós-Graduação em Administração, 2001, Campinas (SP). *Anais Eletrônicos...* Rio de Janeiro: ANPAD, 2001. 1 CD-ROM.

OHLSON, J. A. Financial ratios and the probabilistic prediction of bankruptcy. *Journal of Accounting Research*, p. 109-131, Spring 1980.

STANDARD & POOR'S. *Brasil*: ratings e comentários. 2. ed., 2000.

TEIXEIRA, A. J. C.; DALMÁCIO, F. Z.; RANGEL, L. L. A relevância dos indicadores contábeis para estimativa de retorno das ações: um estudo empírico no setor de metalurgia e siderurgia. Encontro Nacional de Programas de Pós-Graduação em Administração (ENANPAD), 29, 2005, Brasília. *Anais eletrônicos...* Brasília – DF, 2005. 1 CD-ROM.

PARTE III
Análise Financeira Prospectiva

8
Projeções de Demonstrativos Financeiros

8.1 INTRODUÇÃO

Para a maioria dos investidores de mercado, esse é o momento mais importante do processo de análise, pois obriga a observar as características e as condições atuais da empresa dentro de projeções macroeconômicas futuras, avaliando possíveis desempenhos. A projeção visa prever, por meio de técnicas adequadas, o comportamento futuro da empresa em virtude de alterações nas variáveis conjunturais da economia e nas da própria empresa (Securato, 2002).

A análise prospectiva vai além do que já pôde ser constatado pela análise retrospectiva, pois, agora, força o analista a olhar para frente. Não importa quão glorioso tenha sido o passado, o que importa é o desempenho futuro da empresa. A informação vinda dos relatórios passados só será utilizada como um dos instrumentos a compor previsões de desempenhos no presente e no futuro.

Entretanto, para realizar a análise prospectiva é preciso primeiro fazer a análise retrospectiva, para conhecer a empresa, seu negócio, tamanho, estrutura, liquidez, rentabilidade, nível de crescimento, desempenho e variáveis macroeconômicas cruciais ao seu negócio. Depois disso, é possível estimar seus dados futuros e fazer projeções financeiras da empresa no cenário mais provável em termos conjunturais.

A primeira parte do capítulo traz as formas de projeção realizadas interna e externamente à empresa. A segunda parte apresenta como se realiza uma projeção, usando como exemplo a empresa Cepefin Ltda. A terceira parte trata da análise de cenários e da análise de sensibilidade. E a quarta e última parte apresenta a ferramenta de Simulação de Monte Carlo, que calcula, por meio da probabilidade das variáveis, os possíveis cenários e produz uma distribuição de probabilidades para o resultado ou fluxo de caixa futuro da empresa.

8.2 PROJEÇÕES ELABORADAS INTERNA E EXTERNAMENTE

Os demonstrativos financeiros podem ser projetados por profissionais internos ou externos à empresa, distinguindo-se por ter objetivos diferentes.

As projeções internas têm como objetivo a tomada de decisão em análise de projetos, orçamentos ou novos investimentos. São elaboradas por profissionais de dentro da empresa, que contam com amplo número de dados gerenciais e um maior acesso a informações estratégicas.

Um exemplo de projeção interna realizada nas empresas é o orçamento. Nele, o desempenho estimado requer uma sequência de etapas encadeadas desenhadas dentro de cenários esperados. Segundo Securato (2002), as empresas utilizam o orçamento empresarial para elaborarem seus planos de resultados, escolherem diferentes alternativas de investimento, definirem tanto a estrutura de capital quanto a política de distribuição de resultados, definirem políticas financeiras com relação a ativos e controlarem os fluxos de caixa.

O orçamento (projeção realizada internamente) engloba a revisão do ambiente da empresa e de seu plano de negócios e consolida as projeções de marketing, produção, recursos humanos e investimentos.

As projeções externas têm como objetivo a tomada de decisão em análise de crédito, *valuation*, visando ao crédito ou ao investimento de capital. São elaboradas por profissionais que estão fora da empresa, trabalhando com dados contábeis e informações públicas.

As projeções elaboradas externamente servem para analisar a capacidade de pagamento de capital de terceiros e encargos, bem como verificar quanto do caixa gerado permanecerá na empresa e a remuneração dos acionistas (Securato, 2002).

São realizadas sob a óptica de analistas (credores e investidores), cujas atividades não são dentro do negócio e que, em sua maioria, se utilizam apenas de informações públicas disponíveis, sem dispor de informações gerenciais ou de estratégias internas. Essas projeções são realizadas quando um novo investidor compra parte de uma organização ou quando se emprestará um novo volume de recursos à empresa, sempre analisando a capacidade da empresa em devolver um recurso de terceiro ou remunerar o investidor.

Dessa forma, apesar de uma análise retrospectiva ser válida para analisar uma empresa, futuras modificações de mercado, situações conjunturais adversas ou novos problemas internos na empresa podem devastar toda a situação econômico-financeira. Assim, tanto o analista interno quanto o externo devem considerar a possibilidade de essas situações ocorrerem e propor ações para evitá-las ou minimizá-las.

8.3 PROJEÇÃO FINANCEIRA

Para realizar a projeção de resultados e balanços financeiros de uma empresa, são necessários os oito passos seguintes:
1. Análise macroeconômica.
2. Análise setorial.
3. Análise retrospectiva.
4. Projeção:
   a) Vendas.
   b) Custo das mercadorias (produtos) vendidas.
   c) Despesas comerciais.
   d) Despesas administrativas.
   e) Ganhos ou perdas de equivalência patrimonial.

f) Despesas financeiras.
g) Impostos.
h) Contas de capital de giro.
i) Investimentos de capital (Capex: Capital Expenditure).
5. Projeção de novas estratégias.
6. Projeção da demonstração de resultados do exercício (DRE).
7. Projeção do fluxo de caixa.
8. Projeção do balanço patrimonial.

Cada um desses passos será descrito a seguir, e, para fins didáticos, concomitantemente a cada parte deste capítulo, será elaborada a projeção dos demonstrativos financeiros da empresa Cepefin Ltda. para X4. Como os três primeiros passos já foram tratados neste livro, não é objetivo deste capítulo a repetição teórica, mas apenas sua apresentação na perspectiva da empresa-exemplo adotada.

Quanto às análises macroeconômicas e setoriais, não é o objetivo aqui mostrar modelos ou defender perspectivas conjunturais, mas sim trabalhar com um exemplo prático e próximo da realidade do mercado. Assim, será exibido um estudo macroeconômico e setorial para a empresa, considerando seu desempenho passado, com projeção da análise para X4.

A Cepefin Ltda. é uma empresa de pequeno porte fictícia, com vários anos de mercado.

8.3.1 Análise macroeconômica

8.3.1.1 Análise macroeconômica internacional

Realizada em fevereiro de X4, a análise macroeconômica internacional levantou que, em relação ao PIB mundial, entre os anos de 2000 e 2004, viu-se uma aceleração do crescimento do PIB e, a partir de 2005, mais precisamente 2007 e 2008, a perspectiva era de que este caminhasse em direção à sua média histórica de 3,8% a.a., delineando uma desaceleração do crescimento global. Entretanto, mesmo depois da crise, o PIB continua crescendo (Figura 8.1).

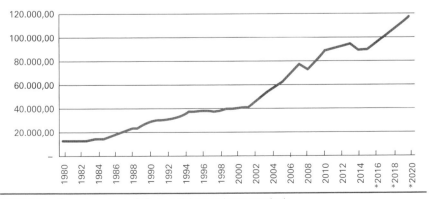

FIGURA 8.1 Crescimento do PIB mundial em valores nominais.
* Projeções.
Fonte: FMI.

Desde 2004, a previsão do PIB norte-americano com base em médias móveis desacelerou, indicando a recessão de 2008. A causa apontada para a desaceleração norte-americana foi a "bolha imobiliária", somada ao déficit comercial e ao déficit nas contas públicas. Nos últimos anos, o estímulo à construção residencial puxou o crescimento do PIB e a importação de produtos. O *boom* residencial foi estimulado por uma nova indústria de hipotecas, que financiava casas a juros cada vez mais baixos, movimentando a economia por meio de vendas de casas novas com baixo controle de análise de crédito. Atualmente, a economia norte-americana se recupera, mas em baixa velocidade, apresentando uma variação positiva em seu PIB (Figura 8.2).

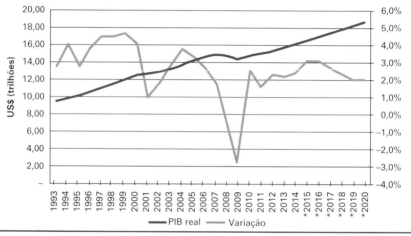

FIGURA 8.2 Crescimento do PIB dos Estados Unidos em valores reais.
* Projeções.
Fonte: FMI.

A análise macroeconômica internacional, sobre novas potências, apontou que o virtuoso crescimento das economias chinesas, indiana e de outros países emergentes tem inflacionado os preços das *commodities* (Figura 8.3). O aumento das *commodities*, agrícolas ou metálicas, contribui para o temor de uma inflação mundial.

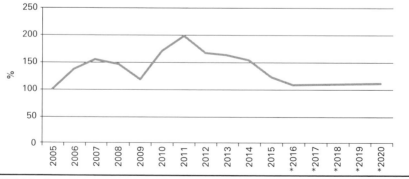

FIGURA 8.3 Preço mundial das *commodities* agrícolas.
* Projeções.
Fonte: FMI.

O preço do petróleo (Figura 8.4) e sua variação mostram uma queda de preços, o que incentiva o consumo em países industrializados.

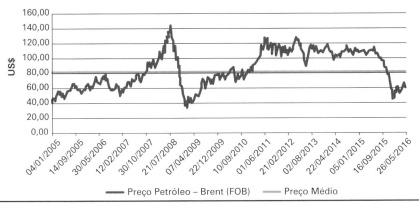

FIGURA 8.4 Preço mundial do petróleo bruto.
Fonte: Ipeadata.

De forma geral, as perspectivas macroeconômicas são de que continua existindo um crescimento da economia global. O Fundo Monetário Internacional (FMI) prevê um crescimento de 3,4% em X4. Acredita-se estarem ocorrendo uma desaceleração da atividade econômica da China, um crescimento das economias emergentes, uma queda nos preços de energia e de outras matérias-primas e o endurecimento da política monetária norte-americana.

8.3.1.2 Análise macroeconômica do Brasil

A análise macroeconômica da economia brasileira apontou que esta está em crise. O PIB brasileiro apresenta um crescimento em termos absolutos (Figura 8.5), mas, quando se trata em termos reais e em comparação a outros países (Tabela 8.1), ele está em queda e as projeções para X4 não são otimistas. Além disso, quando se trata de investimento (Figura 8.6), nos últimos 10 anos o país investiu 20,1% do PIB, abaixo dos 24,5% de investimento da América Latina e dos 30,4% dos países emergentes.

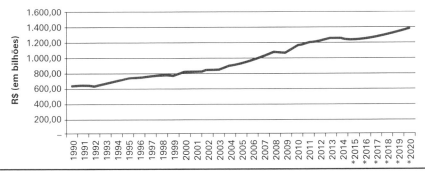

FIGURA 8.5 Evolução do PIB brasileiro em valores reais.
* Projeções.
Fonte: FMI.

TABELA 8.1 Comparação das variações percentuais dos PIB.

PAÍS	X3	*X4	*2017	*2018	*2019	*2020
Alemanha	1,6	1,6	1,4	1,2	1,2	1,2
Brasil	**−1,0**	**0,9**	**2,2**	**2,3**	**2,4**	**2,4**
Canadá	2,1	2,0	1,9	1,9	1,8	1,8
China	6,7	6,3	6,0	6,1	6,3	6,3
Estados Unidos	3,1	3,0	2,6	2,3	2,0	2,0
França	1,1	1,4	1,6	1,7	1,8	1,8
Índia	7,4	7,4	7,5	7,6	7,7	7,7
Itália	0,4	1,0	1,1	1,1	1,0	1,0
Japão	1,0	1,1	0,4	0,6	0,6	0,6
Reino Unido	2,7	2,3	2,1	2,2	2,1	2,0

* Projeções.
Fonte: FMI.

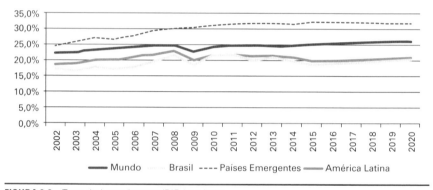

FIGURA 8.6 Taxa de investimento/PIB brasileiro.
Fonte: FMI.

Quanto à inflação brasileira, esta é muito maior que a mundial. Além disso, os juros brasileiros são altos, aumentando com as políticas recentes do governo. As variações dos juros e da inflação no Brasil estão nas Figuras 8.7 a 8.9.

Vale lembrar que a trajetória e as perspectivas sobre a taxa de juros e inflação são talvez um dos mais importantes aspectos a serem analisados no ambiente econômico para a empresa avaliada, pois, com o aumento da inflação e da taxa de juros, reduzem-se a oferta de crédito ao setor imobiliário e os prazos de financiamentos.

Além disso, há os gastos do governo brasileiro, que estão aumentando, mostrando um descontrole.

8 Projeções de Demonstrativos Financeiros   399

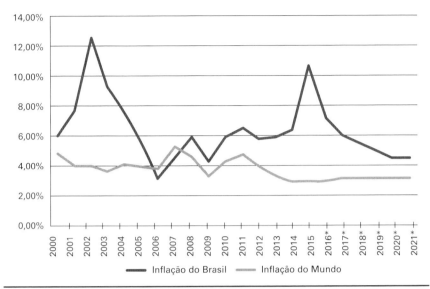

FIGURA 8.7 Brasil e o mundo – inflação.
* Projeções.
Fonte: FMI.

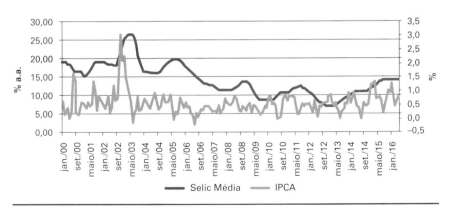

FIGURA 8.8 Juros e inflação brasileiros.
Fonte: Ipeadata.

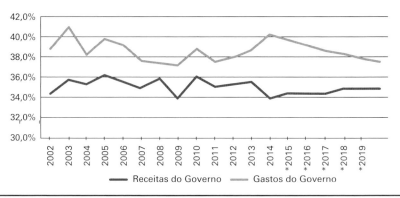

FIGURA 8.9 Gastos públicos do governo brasileiro.
* Projeções.
Fonte: FMI.

Quanto ao fluxo comercial, no que se refere às contas externas, é importante destacar que, atualmente, o saldo da balança comercial é positivo (Figura 8.10), mas está caindo, podendo ocorrer um déficit em transações correntes.

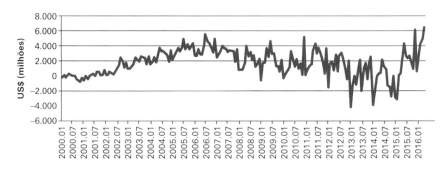

FIGURA 8.10 Balança comercial brasileira – saldo.
Fonte: Ipeadata.

8.3.2 Análise setorial

A análise setorial deve considerar as seguintes diretrizes: (i) análise da situação do crescimento do setor (com base em sua demanda); (ii) sua participação no PIB; e (iii) análise da inflação sobre o setor e sobre suas matérias-primas.

8.3.3 Análise retrospectiva

A análise retrospectiva consiste em estudar as contas passadas de uma organização a fim de entender seu comportamento, fornecendo informações valiosas acerca do desempenho organizacional frente às condições nas quais a organização estava inserida. Nas Tabelas 8.2 e 8.3, são apresentados o Balanço Patrimonial e a DRE da empresa fictícia, a Cepefin Ltda., que devem ser estudados para fins da análise retrospectiva.

8 Projeções de Demonstrativos Financeiros   401

TABELA 8.2 Balanço patrimonial da Cepefin Ltda.

ATIVO	X1	AV	X2	AV	AH	X3	AV	AH
ATIVO TOTAL	1.495.000	100,00%	2.312.500	100,00%	54,68%	2.841.800	100,00%	22,89%
Ativo circulante	1.295.000	86,62%	2.112.500	91,35%	63,13%	2.621.800	92,26%	24,11%
Caixa	1.000	0,07%	2.000	0,09%	100,00%	2.000	0,07%	0,00%
Bancos	20.000	1,34%	40.000	1,73%	100,00%	40.000	1,41%	0,00%
Aplicações financeiras	60.000	4,01%	100.000	4,32%	66,67%	100.000	3,52%	0,00%
Estoque	1.054.000	70,50%	1.434.500	62,03%	36,10%	1.677.000	59,01%	16,90%
Clientes	160.000	10,70%	530.000	22,92%	231,25%	800.000	28,15%	50,94%
Impostos a recuperar	–	0,00%	6.000	0,26%	0,00%	2.800	0,10%	-53,33%
Ativo realizável a longo prazo	–	0,00%	–	0,00%	0,00%	20.000	0,70%	–
Impostos a recuperar	–	0,00%	–	0,00%	0,00%	10.000	0,35%	–
Consórcio veículo	–	0,00%	–	0,00%	0,00%	10.000	0,35%	–
Ativo permanente	200.000	13,38%	200.000	8,65%	0,00%	200.000	7,04%	0,00%
Investimentos	–	0,00%	–	0,00%	0,00%	–	0,00%	0,00%
Imobilizado	200.000	13,38%	200.000	8,65%	0,00%	200.000	7,04%	0,00%
Diferido	–	0,00%	–	0,00%	0,00%	–	0,00%	0,00%

PASSIVO	X1	AV	X2	AV	AH	X3	AV	AH
PASSIVO TOTAL	1.495.000	100,00%	2.312.500	100,00%	54,68%	2.841.800	100,00%	22,89%
Passivo circulante	875.000	58,53%	1.260.200	54,50%	44,02%	1.410.000	49,62%	11,89%
Fornecedores	700.000	46,82%	900.000	38,92%	28,57%	1.000.000	35,19%	11,11%
Bancos conta empréstimo	80.000	5,35%	173.200	7,49%	116,50%	180.000	6,33%	3,93%
Obrigações tributárias	35.000	2,34%	47.000	2,03%	34,29%	60.000	2,11%	27,66%
Outras obrigações	60.000	4,01%	140.000	6,05%	133,33%	170.000	5,98%	21,43%
Patrimônio líquido	620.000	41,47%	1.052.300	45,50%	69,73%	1.431.800	50,38%	36,06%
Capital social	200.000	13,38%	200.000	8,65%	0,00%	200.000	7,04%	0,00%
Reservas	20.000	1,34%	20.000	0,86%	0,00%	20.000	0,70%	0,00%
Lucros acumulados	400.000	26,76%	832.300	35,99%	108,08%	1.211.800	42,64%	45,60%

AV: Análise Vertical; AH: Análise Horizontal.

TABELA 8.3 Demonstração do Resultado do Exercício (DRE) da Cepefin Ltda.

DEMONSTRAÇÃO DO RESULTADO DO EXERCÍCIO	X1	AV	X2	AV	AH	X3	AV	AH
Vendas brutas mercado nacional	6.500.000	100,00%	8.000.000	100,00%	23,08%	9.000.000	100,00%	12,50%
(–) ICMS	250.000	3,85%	350.000	4,38%	40,00%	350.000	3,89%	0,00%
(–) PIS	150.000	2,31%	150.000	1,88%	0,00%	150.000	1,67%	0,00%
(–) Cofins	200.000	3,08%	200.000	2,50%	0,00%	300.000	3,33%	50,00%
Vendas líquidas	5.900.000	90,77%	7.300.000	91,25%	23,73%	8.200.000	91,11%	12,33%
Custo das mercadorias vendidas	4.950.000	76,15%	5.400.000	67,50%	9,09%	6.350.000	70,56%	17,59%
Lucro bruto operacional	950.000	14,62%	1.900.000	23,75%	100,00%	1.850.000	20,56%	–2,63%
Despesas operacionais	460.000	7,08%	520.000	6,50%	13,04%	600.000	6,67%	15,38%
Despesas financeiras	50.000	0,77%	70.000	0,88%	40,00%	100.000	1,11%	42,86%
Lair	440.000	6,77%	1.310.000	16,38%	197,73%	1.150.000	12,78%	–12,21%
Contribuição social	39.600	0,61%	117.900	1,47%	197,73%	103.500	1,15%	–12,21%
Imposto de Renda PJ	110.000	1,69%	327.500	4,09%	197,73%	287.500	3,19%	–12,21%
Lucro líquido	290.400	4,47%	864.600	10,81%	197,73%	759.000	8,43%	–12,21%

AV: Análise Vertical; AH: Análise Horizontal.

Pela análise retrospectiva, é possível constatar que a empresa é pouco imobilizada e tem aplicado seus recursos na compra e na manutenção de estoques e no financiamento a clientes. Seu ativo total aumentou 55%, em X2, e 23%, em X3. Esse aumento foi financiado por capital próprio e de terceiros. O capital próprio foi gerado pelas próprias operações da empresa, e o de terceiros corresponde principalmente a créditos de fornecedores. Conforme a Tabela 8.4, a empresa apresenta liquidez corrente alta, com o total de ativos circulantes representando quase duas vezes o total dos passivos de curto prazo. O grau de endividamento da empresa é baixo e vem diminuindo ao longo dos anos. A rentabilidade aumentou consideravelmente entre X1 e X3 e sofreu uma pequena redução em X3 em virtude do aumento mais expressivo do custo das mercadorias vendidas, causado pela elevação dos preços da matéria-prima comprada pela empresa no período.

TABELA 8.4 Índices de liquidez, grau de endividamento e rentabilidade da Cepefin Ltda.

Índices	X1	X2	X3
Liquidez corrente	1,48	1,68	1,86
Grau de endividamento	0,59	0,54	0,50
Rentabilidade líquida	4%	11%	8%

Analisando os prazos médios de pagamento percebe-se uma ampliação de dias em X2 e uma inversão dessa tendência em X3. Contudo, os prazos médios de clientes e de estoques vêm sendo ampliados a cada ano, o que trouxe uma elevação da necessidade de investimento em giro (Tabela 8.5). Essa necessidade de investimento em giro foi suprida pelo capital de giro próprio gerado dentro da empresa.

TABELA 8.5 Capital de giro da Cepefin Ltda.

Capital de giro	X2	X3	X4
Prazo Médio de Pagamento (PMP)	45	56	55
Prazo Médio de Recebimento (PMR)	9	24	32
Prazo Médio de Estocagem (PME)	77	96	95
Necessidade de Investimento em Giro (NIG)	40	63	72

Dessa forma, é possível dizer que, quanto à análise retrospectiva a empresa apresenta uma situação positiva com alta liquidez, baixo endividamento e boa rentabilidade, apesar do considerável aumento de sua necessidade de investimento em giro financiada por capitais próprios.

8.3.4 Projeção

Somente depois de realizadas as análises macroeconômica, setorial e retrospectiva, é possível, então, iniciar a projeção dos demonstrativos financeiros da empresa levando em consideração as informações fornecidas por elas.

A análise retrospectiva mostrou que a empresa apresenta uma situação positiva, com alta liquidez, baixo endividamento e boa rentabilidade, apesar do considerável aumento de sua necessidade de investimento em giro financiada por capitais próprios.

Nesse momento, o processo de projeção de resultados é iniciado e o primeiro item a ser projetado são as vendas. Far-se-á a projeção de resultados para o próximo exercício, o ano de X4.

8.3.4.1 Vendas

Segundo Frezatti (2006), normalmente o orçamento inicia-se pela projeção de vendas. Contudo, empresas de setores específicos poderão iniciá-lo por outra etapa, como é o caso daquelas que apresentam gargalos em sua produção ou na matéria-prima. Exemplo disso se dá em algumas empresas do agronegócio, como usinas de açúcar e frigoríficos.

A projeção de vendas, de qualquer modo, é o ponto de partida para a projeção dos dados financeiros, pois representa as entradas de caixa que a empresa terá. Seu cálculo é relevante, pois, se for superestimada, a empresa arcará com sobras de estoques, custos elevados de manutenção, ociosidade e endividamento. Se for subestimada, a empresa poderá perder vendas, perdendo clientes para a concorrência ou simplesmente não aproveitando grandes oportunidades do mercado.

Segundo Securato (2002), a projeção de vendas deve ser precedida de estudo de mercado para verificar se há demanda, como são os concorrentes, quais são as vantagens competitivas da empresa, se esta poderá aumentar sua participação de mercado, se existe crescimento nos mercados externo e interno e se há capacidade instalada ao longo dos anos.

No plano de vendas, serão definidos: a quantidade a ser vendida, por região, produto ou grupo de produto; os preços, prazos, taxas de juros, impostos incidentes e patamares de desconto, definindo, dessa forma, o faturamento da empresa; o plano de comunicação com o mercado, em que são planejados a publicidade institucional ou do produto e o plano de despesas comerciais (salários e encargos de marketing, pesquisa de mercado, administração de vendas, entre outros) (Frezatti, 2006).

Quando a projeção é realizada para fins internos, é elaborada pela equipe de vendas. Quando a projeção é feita por analistas externos, é obtida pela combinação de números passados, informações de tendências setoriais e perspectivas macroeconômicas. Na Tabela 8.6, há uma pesquisa realizada com 389 indústrias sobre os processos mais utilizados para obtenção de estimativas de vendas. A pesquisa constatou que estimativas do departamento de vendas e tendências anteriores da empresa são as principais ferramentas para a projeção de vendas.

TABELA 8.6 Processos utilizados na obtenção de estimativas de vendas.

Processos utilizados na obtenção de estimativas de vendas	Pequena	Média	Grande	Total
Número total de indústria	118	150	121	389
	\multicolumn{4}{c}{Porcentagem*}			
Tendências anteriores da firma	80	81	79	80
Estimativas de vendedores	39	43	40	41
Correlação das vendas da firma com indicadores econômicos gerais	51	55	75	60
Planos de novos produtos	60	54	68	60
Pesquisas de mercado	47	49	67	54
Capacidade de produção	28	51	60	47
Previsão para indústria e participação da empresa no volume potencial de vendas total	38	51	61	50
Estimativas dos departamentos de vendas	81	79	84	81
Pesquisa das opiniões dos executivos da empresa	44	43	48	45
Correlação das vendas da empresa com indicadores econômicos da indústria	20	33	44	33
Atividades dos concorrentes	19	17	30	22
Planos de promoção de vendas	38	40	48	42
Capacidade financeira	16	19	31	22
Consultores externos	5	9	15	11

* O total não deverá ser 100%, pois era possível mais de uma resposta; em outras palavras, determinadas empresas utilizam mais de um método.

Analisando a Cepefin Ltda., percebe-se que sua receita cresceu 23%, em X2, e 13%, em X3. Com base na análise, a manutenção da média de crescimento dos últimos dois anos para o ano de X4 parece factível. Assim, para a projeção de vendas estima-se um crescimento de 18% para o ano de X4, ou seja, a empresa terá uma receita bruta de R$ 10.620.000 (dez milhões e seiscentos e vinte mil reais).

A projeção dos impostos sobre vendas deve seguir o regime de tributação em que a empresa está inserida e adotar as alíquotas existentes para o ramo em que a empresa se enquadra, considerando benefícios e incentivos fiscais existentes. No caso da Cepefin Ltda., o regime tributário é o de lucro presumido e as alíquotas são (para efeitos didáticos) ICMS (4%), PIS (3%) e Cofins (2%).

8.3.4.2 Custo das mercadorias (produtos) vendidas

De acordo com Securato (2002), a projeção de custo de mercadorias de uma empresa comercial ou de serviços guarda uma vinculação bastante estreita com as vendas, fato que pode facilitar a previsão estimando um percentual constante.

Em uma empresa industrial, é importante considerar a matéria-prima, a mão de obra e os demais custos indiretos de fabricação. Para isso, é necessário considerar a natureza física do produto, os insumos (matérias-primas, componentes e embalagens), consumo e compras projetadas, o prazo e o tipo de produção, benefícios de escala, e o recurso humano empregado, o número de funcionários e horas trabalhadas para a produção projetada dos produtos (Frezatti, 2006).

A projeção de custo dos produtos vendidos (CPV) ou custo das mercadorias vendidas (CMV) feita internamente contará com a participação do departamento de compras ou de suprimentos (que trará dados sobre tendências nos preços), recursos humanos e departamento de produção. A projeção realizada por analistas externos também considerará os mesmos fatores na formação do CPV ou CMV (matéria-prima, a mão de obra e os demais custos indiretos de fabricação), entretanto buscará nas análises macroeconômica, setoriais e retrospectivas pistas sobre essas informações.

O ponto principal para a projeção tanto de custos quanto de despesas é estudar as contas passadas e identificar quais delas variam com a variação do total vendido, os chamados custos variáveis, e quais permanecem estáticas independentemente do nível de faturamento, os chamados custos fixos. Ainda existem custos considerados mistos, isto é, os que têm uma parte fixa e outra variável; estes devem ser considerados e analisados de forma detalhada.

A empresa Cepefin Ltda. tem seus custos preponderantemente variáveis. Seu CMV era de 76% das vendas brutas totais em X1 e terminou X3 com um percentual de 71%. Esse desempenho foi uma junção entre o ganho de escala que reduziu o CMV (pelo maior volume de quantidade comprada), adicionado às elevações de preço na mercadoria vendida. Com base na análise macroeconômica e setorial, acredita-se que o aquecimento do mercado do setor e a tendência de elevação nos preços devem forçar o aumento do CMV frente à receita bruta para 73% (lembra-se: isso é um exemplo fictício). Assim, para a projeção do CMV em X4 estima-se o total de R$ 7.752.600 (sete milhões e setecentos e cinquenta e dois mil e seiscentos reais).

8.3.4.3 Despesas administrativas

A projeção das despesas administrativas envolve o plano estratégico de recursos humanos. De acordo com as estratégias da empresa, será traçado o plano de recursos humanos que considerará a estrutura organizacional pretendida, as unidades de negócios e o centro de custos, o perfil dos funcionários, os salários, os cargos e os planos de carreira e de incentivos (Frezatti, 2006).

Além dos gastos com pessoal, serão consideradas, ao serem projetadas as despesas administrativas, as despesas advindas de instalações, de energia, depreciação, manutenção de equipamento e manutenção da estrutura (Securato, 2002). As despesas administrativas incluem folha de pagamento administrativa e encargos, pró-labore dos sócios, serviços de terceiros, despesas tributárias (IPTU/IPVA), despesas comerciais (despesas com marketing e comissão de vendas), despesas gerais (aluguel, água, luz, telefone, combustível, seguro, material de limpeza/conservação, manutenção, assinatura de jornais/revistas) e depreciação (equipamentos, móveis, informática etc.).

Para fazer a projeção das despesas administrativas da Cepefin Ltda., foram necessários abrir e conhecer de maneira mais detalhada sua composição, como mostra a Tabela 8.7. Ao analisar a composição das despesas administrativas, é preciso separar o que são as despesas fixas e as despesas variáveis. Quando se observam as despesas, é possível verificar que somente salários, encargos, pró-labore dos sócios, comissão sobre vendas, telefone e combustíveis são despesas variáveis; as demais são fixas.

TABELA 8.7 Despesas administrativas da Cepefin Ltda.

Despesas administrativas	X1	X2	X3
Despesas administrativas totais	**460.000,00**	**520.000,00**	**600.000,00**
Salários	70.000,00	80.000,00	100.000,00
Encargos sociais	35.000,00	40.000,00	50.000,00
Pró-labore dos sócios	43.000,00	30.000,00	43.000,00
Serviços de terceiros	20.000,00	20.000,00	20.000,00
Marketing	5.000,00	5.000,00	5.000,00
Comissão sobre vendas/serviços	162.500,00	200.000,00	225.000,00
IPTU/IPVA	5.000,00	5.000,00	5.000,00
Despesas gerais	**119.500,00**	**140.000,00**	**152.000,00**
Aluguel	24.000,00	24.000,00	24.000,00
Água	1.000,00	1.000,00	1.000,00
Luz	3.000,00	3.000,00	3.000,00
Telefone	12.500,00	13.000,00	15.000,00
Combustível	70.000,00	90.000,00	100.000,00
Seguro	5.500,00	5.500,00	5.500,00
Material de limpeza/conservação	1.000,00	1.000,00	1.000,00
Manutenção	2.000,00	2.000,00	2.000,00
Assinatura de jornais/revistas	500,00	500,00	500,00

Para projetar as despesas administrativas, considera-se primeiro sua parte fixa. O total de despesas fixas em X4 será de R$ 67.000. A comissão sobre vendas representa 2,5% das receitas brutas totais, salários e encargos representam 1,67% e telefones e combustíveis, respectivamente, 0,17% e 1,11% das receitas brutas totais. Outra despesa que passou a ser contabilizada corresponde à depreciação do prédio em que a empresa está instalada, o que se dará em 20 anos. Assim, projetam-se as despesas administrativas em X4 na Tabela 8.8.

TABELA 8.8 Despesas administrativas projetadas da Cepefin Ltda.

Despesas administrativas	X4
Despesas administrativas totais	**698.790,00**
Salários	117.882,00
Encargos sociais	59.472,00
Pró-labore dos sócios	43.000,00
Serviços de terceiros	20.000,00
Marketing	5.000,00
Comissão sobre vendas/serviços	265.500,00
IPTU/IPVA	5.000,00
Depreciação	10.000,00
Despesas gerais	**172.936,00**
Aluguel	24.000,00
Água	1.000,00
Luz	3.000,00
Telefone	18.054,00
Combustível	117.882,00
Seguro	5.500,00
Material de limpeza/conservação	1.000,00
Manutenção	2.000,00
Assinatura de jornais/revistas	500,00

8.3.4.4 Despesas financeiras

Realiza-se a projeção das despesas financeiras considerando os empréstimos e financiamentos atuais da empresa, os novos empréstimos e financiamentos e o custo de capital de terceiros da empresa. Também deverão ser levados em conta a forma de pagamento, os prazos e taxas de financiamento.

Para aumentar suas vendas, a Cepefin Ltda. decidiu tomar R$ 1.000.000,00 em um novo empréstimo bancário, na modalidade de conta garantida. Parte do empréstimo será utilizada para fazer o pagamento total dos empréstimos antigos. A taxa de juros ao ano desse empréstimo é de 27% e o prazo de vencimento, dois anos. Portanto, a projeção das despesas financeiras será de R$ 270.000 para o ano de X4.

8.3.5 Novas estratégias

Durante o processo de projeção, devem ser consideradas as novas estratégias da empresa. Quando o processo de projeção é interno, será mais fácil obter informações sobre novas estratégias, como uma nova loja ou fábrica, mudança na política de comercialização, alterações em logística, entrada de novos sócios, fusões, parcerias ou compras de novas empresas, principalmente se a projeção for feita por gerentes e gestores da empresa. O passo inicial deverá ser a elaboração do plano estratégico da empresa, confeccionando-se os planos de marketing, recursos humanos, produção e investimento, e a projeção dos demonstrativos financeiros decorre de todos os demais resultados planejados ou verificados na entidade. Assim, em uma projeção realizada internamente, todas as novas estratégias devem estar consideradas e precificadas nos demonstrativos financeiros previstos.

Quando a projeção é feita por analistas externos, ter conhecimento de quais serão as novas estratégias da empresa não é um processo tão fácil. Muitas vezes, é necessário fazer uma sondagem no mercado sobre notícias com relação à empresa ou a seu setor. Em alguns casos, os analistas terão que fazer o esforço de prever novas estratégias e mensurar várias alternativas que a empresa poderia escolher para o próximo exercício. Além disso, deverão precificá-las e adicioná-las às projeções calculadas.

No caso da Cepefin Ltda., a estratégia adotada foi o aumento das vendas, por meio da ampliação do prazo médio dado aos clientes, o qual foi elevado de 32 para 60 dias, graças ao novo empréstimo obtido.

8.3.6 Balanço patrimonial

Considerando todos os aspectos abordados até aqui, os demonstrativos financeiros passados da Cepefin Ltda. são demonstrados na Tabela 8.9.

Projeta-se que, no ano de X4, a empresa aumentará vendas em 18%, entretanto seus CMV aumentarão 22%, reduzindo a margem bruta. As despesas administrativas sofrerão redução frente ao total faturado e as despesas financeiras aumentarão em 170%. Foram mantidas as alíquotas de IRPJ e CSLL e a margem líquida caiu para 8%, registrando um lucro esperado 30% menor que o do ano anterior.

8 Projeções de Demonstrativos Financeiros   409

TABELA 8.9 Balanço patrimonial – Cepefin Ltda.

ATIVO	X1	AV	X2	AV	AH	X3	AV	AH	X4*	AV	AH
ATIVO TOTAL	**1.495.000**	**100%**	**2.312.500**	**100%**	**55%**	**2.841.800**	**100%**	**23%**	**4.134.991**	**100%**	**46%**
Ativo circulante	**1.295.000**	**87%**	**2.112.500**	**91%**	**63%**	**2.621.800**	**92%**	**24%**	**3.924.991**	**95%**	**50%**
Caixa	1.000	0%	2.000	0%	100%	2.000	0%	0%		0%	0%
Bancos	20.000	1%	40.000	2%	100%	40.000	1%	0%		0%	–100%
Aplicações financeiras	60.000	4%	100.000	4%	67%	100.000	4%	0%	159.865	4%	0%
Estoque	1.054.000	71%	1.434.500	62%	36%	1.677.000	59%	17%	2.019.372	49%	20%
Clientes	160.000	11%	530.000	23%	231%	800.000	28%	51%	1.745.753	42%	118%
Impostos a recuperar	–	0%	6.000	0%	0%	2.800	0%	–53%		0%	–100%
Ativo realizável a longo prazo	–	**0%**	–	**0%**	**0%**	**20.000**	**1%**	–	**20.000**	**0%**	**0%**
Impostos a recuperar	–	0%	–	0%	0%	10.000	0%	–	10.000	0%	0%
Consórcio veículo	–	0%	–	0%	0%	10.000	0%	–	10.000	0%	–5%
Ativo permanente	**200.000**	**13%**	**200.000**	**9%**	**0%**	**200.000**	**7%**	**0%**	**190.000**	**5%**	**0%**
Investimentos	–	0%	–	0%	0%	–	0%	0%	–	0%	–5%
Imobilizado	200.000	13%	200.000	9%	0%	200.000	7%	0%	190.000	5%	0%
Diferido	–	0%	–	0%	0%	–	0%	0%	–	0%	0%

* Projeção.
AV: Análise Vertical; AH: Análise Horizontal.

8.3.7 Contas de capital de giro

Os saldos das contas de capital de giro guardam relação direta com as vendas e com o ciclo operacional e financeiro (estrutura de prazos médios) das empresas, sendo projetados em razão dessas variáveis (Securato, 2002). Na Tabela 8.10, são apresentados os prazos médios da Cepefin nos últimos anos.

TABELA 8.10 Prazos médios da Cepefin Ltda.

Capital de giro	X1	X2	X3
Prazo Médio de Pagamento (PMP)	45,3	56,0	54,6
Prazo Médio de Recebimento (PMR)	8,8	23,8	32,0
Prazo Médio de Estocagem (PME)	76,6	95,6	95,0
Necessidade de Investimento em Giro (NIG)	40,1	63,4	72,4

Para projetar as contas de capital de giro, primeiro é preciso transformar todos os prazos médios em dias de vendas:

PME em dias de vendas = PME × (CMV/Vendas)
PME em dias de vendas = 95,07402 × (7.752.600/10.620.000)
= 69,40403

PMP em dias de vendas = PMF × (Compras/Vendas)
PMP em dias de vendas = 54,60751 × (8.094.872/10.620.000)
= 41,62394

O prazo médio de recebimento (PMR) já se encontra em dias de vendas e projeta-se, para 2008, em 60 dias.

Obtidos os prazos médios em dias de vendas, é preciso saber qual é o giro dos saldos no período. Admitindo projeções anuais, têm-se 365 dias divididos pelo prazo médio em dias de vendas. Os giros são:

Giro dos estoques = 365/69,40403 = 5,25906
Giro da conta de fornecedores = 365/41,62394 = 8,76899
Giro da conta de clientes = 365/60,00000 = 6,08333

Assim, é possível calcular os saldos:

Estoques = Vendas/Giro da conta estoques = 10.620.000/5,25906 = 2.019.372
Fornecedores = Vendas/Giro da conta fornecedores = 10.620.000/8,76899 = 1.211.086
Clientes = Vendas/Giro da conta clientes = 10.620.000/6,08333 = 1.745.754

8.3.8 Projeção do balanço patrimonial

A projeção do balanço patrimonial é iniciada com a projeção das contas de capital de giro e, depois disso, são estimadas as contas que sofrerão ou não alterações.

No caso da Cepefin, não foram alterados os saldos das contas do realizável a longo prazo, obrigações tributárias, outras obrigações, reservas e capital social. As contas de capital de giro, clientes, estoques e fornecedores tiveram suas projeções calculadas de acordo com o total de vendas para o período. Houve também alteração na conta de empréstimos bancários, que atingiu R$ 1.000.000. O empréstimo serviu para suprir o aumento da necessidade de investimento em giro, e o restante foi investido em aplicações bancárias. Dessa forma, é mostrado o balanço projetado da empresa para o ano de X4 na Tabela 8.11 e Tabela 8.12.

TABELA 8.11 Ativo projetado da Cepefin Ltda.

ATIVO	X1	AV	X2	AV	AH	X3	AV	AH	X4*	AV	AH
ATIVO TOTAL	1.495.000	100%	2.312.500	100%	55%	2.841.800	100%	23%	4.134.991	100%	46%
Ativo circulante	1.295.000	87%	2.112.500	91%	63%	2.621.800	92%	24%	3.924.991	95%	50%
Caixa	1.000	0%	2.000	0%	100%	2.000	0%	0%	–	0%	0%
Bancos	20.000	1%	40.000	2%	100%	40.000	1%	0%	–	0%	-100%
Aplicações financeiras	60.000	4%	100.000	4%	67%	100.000	4%	0%	159.865	4%	0%
Estoque	1.054.000	71%	1.434.500	62%	36%	1.677.000	59%	17%	2.019.372	49%	20%
Clientes	160.000	11%	530.000	23%	231%	800.000	28%	51%	1.745.753	42%	118%
Impostos a recuperar	–	0%	6.000	0%	0%	2.800	0%	-53%	–	0%	-100%
Ativo realizável a longo prazo	–	0%	–	0%	0%	20.000	1%	–	20.000	0%	0%
Impostos a recuperar	–	0%	–	0%	0%	10.000	0%	–	10.000	0%	0%
Consórcio veículo	–	0%	–	0%	0%	10.000	0%	–	10.000	0%	0%
Ativo permanente	200.000	13%	200.000	9%	0%	200.000	7%	0%	190.000	5%	-5%
Investimentos	–	0%	–	0%	0%	–	0%	0%	–	0%	0%
Imobilizado	200.000	13%	200.000	9%	0%	200.000	7%	0%	190.000	5%	-5%
Diferido	–	0%	–	0%	0%	–	0%	0%	–	0%	0%

* Projeção.
AV: Análise Vertical; AH: Análise Horizontal.

TABELA 8.12 Passivo projetado da Cepefin Ltda.

Passivo	X1	AV	X2	AV	AH	X3	AV	AH	X4*	AV	AH
Passivo total	**1.495.000**	**100%**	**2.312.500**	**100%**	**55%**	**2.841.800**	**100%**	**23%**	**4.134.991**	**100%**	**46%**
Passivo circulante	**875.000**	**59%**	**1.260.200**	**54%**	**44%**	**1.410.000**	**50%**	**12%**	**1.438.286**	**35%**	**2%**
Fornecedores	700.000	47%	900.000	39%	29%	1.000.000	35%	11%	1.211.086	29%	21%
Bancos (conta empréstimo)	80.000	5%	173.200	7%	117%	180.000	6%	4%	–	0%	–100%
Obrigações tributárias	35.000	2%	47.000	2%	34%	60.000	2%	28%	57.200	1%	–5%
Outras obrigações	60.000	4%	140.000	6%	133%	170.000	6%	21%	170.000	4%	0%
Exigível a longo prazo	–	**0%**	–	**0%**	**0%**	–	**0%**	**0%**	**1.000.000**	**24%**	–
Bancos (conta empréstimo)	–	0%	–	0%	0%	–	0%	0%	1.000.000	24%	–
Patrimônio líquido	**620.000**	**41%**	**1.052.300**	**46%**	**70%**	**1.431.800**	**50%**	**36%**	**1.696.705**	**41%**	**19%**
Capital social	200.000	13%	200.000	9%	0%	200.000	7%	0%	200.000	5%	0%
Reservas	20.000	1%	20.000	1%	0%	20.000	1%	0%	20.000	0%	0%
Lucros acumulados	400.000	27%	832.300	36%	108%	1.211.800	43%	46%	1.476.705	36%	22%

* Projeção.
AV: Análise Vertical; AH: Análise Horizontal.

A empresa aumentará sua liquidez e manterá seu grau de endividamento constante. Sua necessidade de capital de giro foi ampliada e não consegue mais ser suprida somente por capital próprio, evidenciando a necessidade de empréstimos de terceiros (Tabela 8.13).

TABELA 8.13 Contas de giro da Cepefin Ltda.

Contas de giro	X1	X2	X3	X4
Necessidade de capital de giro	514.000	1.064.500	1.477.000	2.554.040
Capital de giro próprio	420.000	852.300	1.211.800	1.486.705
Empréstimos	80.000	173.200	180.000	1.000.000
Capital de giro	420.000	852.300	1.211.800	2.486.705
Variação do capital de giro	–	432.300	359.500	1.274.905

A empresa não fez nenhum investimento em ativo fixo durante os últimos anos, fato que projetado para ocorrer em X4. Sua capacidade de geração de caixa será mais bem discutida no último demonstrativo projetado, o do fluxo de caixa.

8.3.9 Projeção de fluxo de caixa

Segundo Securato (2002), são várias as formas de elaborar fluxos de caixa, bem como maneiras de utilizá-los. Entretanto, seu objetivo principal é calcular a capacidade de geração de caixa, tanto em projeções realizadas por gestores internos quanto por analistas externos.

Para isso, são precisos discriminar as contas de resultados e calcular o lucro e somar contas que não alteram o caixa. Depois, estimam-se as alterações nas contas de capital de giro e, posteriormente, calculam-se as alterações nas contas de ativo permanente, empréstimos e patrimônio líquido.

Para X4, projeta-se que a Cepefin continuará retirando 50% do lucro líquido gerado, não fará investimentos em ativo fixo, terá R$ 10.000 como despesas de depreciação e necessitará fazer investimentos em seu capital de giro de R$ 1.075.730. Com isso, a capacidade de geração de caixa sofrerá redução em X4, o que pode ser percebido pelo fluxo de caixa livre negativo, fato justificado por a empresa ter focado em uma estratégia de aumento de vendas e aumento do crédito aos clientes (Tabela 8.14).

TABELA 8.14 Fluxo de caixa projetado da Cepefin Ltda.

Fluxo de caixa	X4
Lucro líquido	**529.810**
(+) Depreciação	10.000
Lucro líquido ajustado	539.810
(±) Alteração na NIG	–1.077.040
(±) Alteração em ativos fixos	–
Fluxo de caixa livre	**–537.230**
(±) Alteração salto tesouraria	–17.865
(–) Amortização de empréstimos	–180.000
(–) Retirada de 50% lucro	–264.905
(+) Aumento de capital	–
Necessidade de novos empréstimos	**–1.000.000**

8.4 ANÁLISE DE CENÁRIOS

Segundo Damodaran (2007), na análise por cenários estimam-se diversos cenários e situações, com o objetivo e a intenção de entender os riscos a que estão sujeitas as organizações. Neste tópico, primeiro será estudada a análise de cenários utilizando o melhor e o pior cenário; depois, far-se-á uma versão contendo vários cenários ponderados.

8.4.1 Análise com cenário ótimo/péssimo

Em uma empresa, o fluxo de caixa realizado pode ser bem diferente do previsto. Visando a um mínimo esforço na projeção dos demonstrativos financeiros, pode-se estimar o orçamento e o fluxo de caixa se tudo ocorrer perfeitamente como esperado, cenário ótimo, e se nada ocorrer como esperado, cenário péssimo.

Na prática, um caminho seria, em cada etapa da realização do orçamento, evidenciar-se o melhor resultado, como maximizar ao mesmo tempo crescimento das vendas e da margem. Entretanto, isso pode não ser factível (como é possível ver no exemplo da Cepefin), pois, para ter alto crescimento de receita, uma empresa terá que operar preços mais baixos ou prazos maiores e trabalhar com margens mais reduzidas. Dessa maneira, o melhor cenário deverá ser definido em termos do que é factível analisando a relação entre as variáveis, isto é, em vez de maximizar ambos, margem e receita, se escolhe a combinação entre elas que maximiza o resultado. Quanto mais realista for essa combinação, mais trabalho será gasto em determiná-la.

Utilizando o exemplo da empresa Cepefin, foram estipulados os dois cenários. O cenário ótimo (Tabelas 8.15 a 8.19) tem como premissas:

- Aumento de vendas brutas de 36% em comparação a X3.
- Redução da taxa de juros do empréstimo de 27% a.a. para 18% a.a..
- Redução do CMV para 63% do total das vendas brutas.

TABELA 8.15 DRE projetada da Cepefin Ltda. com cenário ótimo.

Demonstração do resultado do exercício	X4*	AV	AH
Vendas brutas mercado nacional	**12.240.000**	**100%**	**36%**
(–) ICMS	476.000	4%	36%
(–) PIS	204.000	2%	36%
(–) Cofins	408.000	3%	36%
Vendas líquidas	**11.152.000**	**91%**	**36%**
Estoque inicial	1.677.000	14%	17%
Compras de mercadorias para revenda	8.091.896	66%	23%
Estoque final	2.018.571	16%	20%
Custo dos produtos vendidos	**7.750.325**	**63%**	**22%**
Lucro bruto operacional	**3.401.675**	**28%**	**84%**
Despesas administrativas	698.790	6%	16%
Despesas financeiras	90.000	1%	–10%
Lair	**2.612.885**	**21%**	**127%**
Contribuição social	122.400	1%	18%
IR (PJ)	367.200	3%	28%
Lucro líquido	**2.123.285**	**17%**	**180%**

* Projeção.
AV: Análise Vertical; AH: Análise Horizontal.

TABELA 8.16 Ativo projetado da Cepefin Ltda. com cenário ótimo.

Ativo	X4*	AV	AH
Ativo total	**4.431.268**	**100%**	**56%**
Ativo circulante	**4.221.268**	**95%**	**61%**
Caixa	–	0%	0%
Bancos	–	0%	–100%
Aplicações financeiras	190.434	4%	0%
Estoque	2.018.779	46%	20%
Clientes	2.012.055	45%	152%
Impostos a recuperar	–	0%	–100%
Ativo realizável a longo prazo	**20.000**	**0%**	**0%**
Impostos a recuperar	10.000	0%	0%
Consórcio veículo	10.000	0%	0%
Ativo permanente	**190.000**	**4%**	**–5%**
Investimentos	–	0%	0%
Imobilizado	190.000	4%	–5%
Diferido	–	0%	0%

* Projeção.
AV: Análise Vertical; AH: Análise Horizontal.

TABELA 8.17 Passivo projetado da Cepefin Ltda. com cenário ótimo.

Passivo	X4*	AV	AH
Passivo total	**4.431.268**	**100%**	**56%**
Passivo circulante	**1.437.825**	**32%**	**2%**
Fornecedores	1.210.625	27%	21%
Bancos (conta empréstimo)	—	0%	–100%
Obrigações tributárias	57.200	1%	–5%
Outras obrigações	170.000	4%	0%
Exigível a longo prazo	**500.000**	**11%**	**–**
Bancos (conta empréstimo)	500.000	11%	–
Patrimônio líquido	**2.493.443**	**56%**	**74%**
Capital social	200.000	5%	0%
Reservas	20.000	0%	0%
Lucros acumulados	2.273.443	51%	88%

* Projeção.
AV: Análise Vertical; AH: Análise Horizontal.

TABELA 8.18 Fluxo de caixa projetado da Cepefin Ltda. com cenário ótimo.

Fluxo de caixa	X4
Lucro líquido	**2.123.285**
(+) Depreciação	10.000
Lucro líquido ajustado	2.133.285
(±) Alteração na NIG	–1.343.209
(±) Alteração em ativos fixos	–
Fluxo de caixa livre	**790.077**
(±) Alteração salto tesouraria	–48.434
(–) Amortização de empréstimos	–180.000
(–) Retirada de 50% lucro	–1.061.643
(+) Aumento de capital	–
Necessidade de novos empréstimos	**–500.000**

TABELA 8.19 Contas de giro projetadas da Cepefin Ltda. com cenário ótimo.

Contas de giro	X4
Necessidade de capital de giro	2.820.209
Capital de giro próprio	2.283.443
Empréstimos	500.000
Capital de giro	2.783.443
Variação do capital de giro	1.571.643

O cenário péssimo (Tabelas 8.20 a 8.24) tem como premissas:
- Queda nas vendas brutas de 5% em relação a X3.
- Aumento da taxa de juros do empréstimo de 27% a.a. para 35% a.a.
- Aumento do CMV para 91% do total das vendas brutas.

TABELA 8.20 DRE projetada da Cepefin Ltda. com cenário péssimo.

Demonstração do resultado do exercício	X4*	AV	AH
Vendas brutas mercado nacional	**8.550.000**	**100%**	**-5%**
(-) ICMS	332.500	4%	-5%
(-) PIS	142.500	2%	-5%
(-) Cofins	285.000	3%	-5%
Vendas líquidas	**7.790.000**	**91%**	**-5%**
Estoque inicial	1.677.000	20%	17%
Compras de mercadorias para revenda	8.091.896	95%	23%
Estoque final	2.018.571	24%	20%
Custo dos produtos vendidos	**7.750.325**	**91%**	**22%**
Lucro bruto operacional	**39.675**	**0%**	**-98%**
Despesas administrativas	698.790	8%	16%
Despesas financeiras	540.750	6%	441%
Lair	**-1.199.865**	**-14%**	**-204%**
Contribuição social	85.500	1%	-17%
IR (PJ)	256.500	3%	-11%
Lucro líquido	**-1.541.865**	**-18%**	**-303%**

* Projeção.
AV: Análise Vertical; AH: Análise Horizontal.

TABELA 8.21 Ativo projetado da Cepefin Ltda. com cenário péssimo.

Ativo	X4*	AV	AH
Ativo total	**3.643.693**	**100%**	**28%**
Ativo circulante	**3.433.693**	**94%**	**31%**
Caixa	–	0%	0%
Bancos	–	0%	-100%
Aplicações financeiras	9.434	0%	0%
Estoque	2.018.779	55%	20%
Clientes	1.405.479	39%	76%
Impostos a recuperar	–	0%	-100%
Ativo realizável a longo prazo	**20.000**	**1%**	**0%**
Impostos a recuperar	10.000	0%	0%
Consórcio veículo	10.000	0%	0%
Ativo permanente	**190.000**	**5%**	**-5%**
Investimentos	–	0%	0%
Imobilizado	190.000	5%	-5%
Diferido	–	0%	0%

* Projeção.
AV: Análise Vertical; AH: Análise Horizontal.

TABELA 8.22 Passivo projetado da Cepefin Ltda. com cenário péssimo.

Passivo	X4*	AV	AH
Passivo total	**3.643.693**	**100%**	**28%**
Passivo circulante	**1.982.825**	**54%**	**41%**
Fornecedores	1.210.625	33%	21%
Bancos (conta empréstimo)	545.000	15%	203%
Obrigações tributárias	57.200	2%	–5%
Outras obrigações	170.000	5%	0%
Exigível a longo prazo	**1.000.000**	**27%**	
Bancos (conta empréstimo)	1.000.000	27%	
Patrimônio líquido	**660.868**	**18%**	**–54%**
Capital social	200.000	5%	0%
Reservas	20.000	1%	0%
Lucros acumulados	440.868	12%	–64%

* Projeção.
AV: Análise Vertical; AH: Análise Horizontal.

TABELA 8.23 Fluxo de caixa projetado da Cepefin Ltda. com cenário péssimo.

Fluxo de caixa	X4
Lucro líquido	**–1.541.865**
(+) Depreciação	10.000
Lucro líquido ajustado	–1.531.865
(±) Alteração na NIG	–736.633
(±) Alteração em ativos fixos	–
Fluxo de caixa livre	**–2.268.498**
(±) Alteração salto tesouraria	132.566
(–) Amortização de empréstimos	–180.000
(–) Retirada de 50% lucro	770.932
(+) Aumento de capital	–
Necessidade de novos empréstimos	**–1.545.000**

TABELA 8.24 Contas de giro projetadas da Cepefin Ltda. com cenário péssimo.

Contas de giro	X4
Necessidade de capital de giro	2.213.633
Capital de giro próprio	450.868
Empréstimos	1.000.000
Capital de giro	1.450.867
Variação do capital de giro	239.067

Segundo Damodaran (2007), a análise de cenário ótimo/péssimo contribui com a empresa, pois as diferenças entre o melhor e pior cenário podem ser utilizadas para entender e mensurar melhor o risco da empresa ou, pelo menos, fornecem um possível delineamento desse risco.

As empresas poderão se antecipar, criando ações para evitar e se proteger do cenário péssimo. Por exemplo, uma empresa com alto endividamento deve sempre olhar para o cenário péssimo, de forma a vislumbrar seu risco caso tudo ocorra fora do planejado.

Entretanto, pensar somente em cenário péssimo e ótimo não é muito informativo, pois, na maioria dos casos, uma empresa terá um desempenho bem menor que o cenário ótimo e acima do cenário péssimo. Como pode ser visto no exemplo, os resultados entre o melhor e o pior cenários apresentam ampla diferença. Na empresa Cepefin, o melhor cenário gera um resultado de R$ 2.123.185 e o pior aponta um prejuízo de R$ 1.541.865. Com relação à primeira projeção, em que se tinha um lucro de R$ 529.810, o melhor cenário aponta um aumento de 300% no lucro líquido e o pior, uma redução de 390%.

8.4.1.1 Análise com múltiplos cenários

A análise de cenários não está restrita a cenário ótimo/péssimo, podendo a maioria das projeções ser computada dentro de um número de diversos cenários, diferentes combinações entre variações macroeconômicas e variáveis de ativos específicos da empresa.

De acordo com Damodaran (2007), os passos para fazer a análise com múltiplos cenários, também chamada de análise de sensibilidade, são:

1. Escolher as variáveis-chave que construirão o cenário: esses fatores devem ser aqueles nos quais as modificações trarão consideráveis impactos para o resultado da empresa. Em geral, analistas focam duas ou três variáveis críticas no máximo e constroem cenários ao redor desses fatores.
2. Estimar o número de cenários para cada variável-chave: a questão de quantos cenários considerar para cada variável dependerá de quão diferentes os cenários são e como o analista pode fazer previsão dentro de cada cenário.
3. Estimar os resultados para cada cenário de cada variável-chave: nesse momento, serão computados para cada variável diferentes cenários de variações. Para variáveis macroeconômicas como inflação, taxa de juros, comportamento de outras moedas ou crescimento do PIB, o analista pode apoiar-se em empresas, institutos e grupos de pesquisas e previsões. Para outras variáveis, como a entrada de novos competidores ou preço de matéria-prima para a indústria, o analista deve basear-se em seus conhecimentos da empresa e no noticiário da imprensa e utilizar os dados da análise retrospectiva.
4. Estimar a probabilidade de ocorrência de cada cenário: o último passo é estimar quão provável é a realização de cada cenário.

Para entender melhor essa técnica, será utilizada a empresa Cepefin como exemplo. Nessa empresa, foram determinados como variáveis-chave a receita bruta, o custo da mercadoria vendida e a taxa de juros de empréstimos. Para cada variável, são estipulados dois cenários, tendo, assim, oito cenários diferentes.

São premissas para o cálculo de múltiplos cenários:
- As receitas brutas poderão crescer 18%, atingindo R$ 10.620.000, ou 25%, R$ 11.250.000.
- O CMV será de R$ 7.752.600 ou de R$ 8.500.000.
- O empréstimo feito pela empresa será de R$ 1.000.000 e terá como taxa de juros ou 18% a.a. ou 35% a.a.

Assim, têm-se alguns cenários na Tabela 8.25.

TABELA 8.25 Cenários da Cepefin Ltda.

Demonstração do resultado do exercício	1	2	3	4	5	6	7	8
Vendas brutas mercado nacional	11.250.000	11.250.000	11.250.000	11.250.000	10.620.000	10.620.000	10.620.000	10.620.000
(-) ICMS	437.500	437.500	437.500	437.500	413.000	413.000	413.000	413.000
(-) PIS	187.500	187.500	187.500	187.500	177.000	177.000	177.000	177.000
(-) Cofins	375.000	375.000	375.000	375.000	354.000	354.000	354.000	354.000
Vendas líquidas	10.250.000	10.250.000	10.250.000	10.250.000	9.676.000	9.676.000	9.676.000	9.676.000
Custo dos produtos vendidos	7.752.600	7.752.600	8.500.000	8.500.000	7.752.600	7.752.600	8.500.000	8.500.000
Lucro bruto operacional	2.497.400	2.497.400	1.750.000	1.750.000	1.923.400	1.923.400	1.176.000	1.176.000
Despesas administrativas	698.790	698.790	698.790	698.790	698.790	698.790	698.790	698.790
Despesas financeiras	180.000	350.000	180.000	350.000	180.000	350.000	180.000	350.000
Lair	1.618.610	1.448.610	871.210	701.210	1.044.610	874.610	297.210	127.210
Contribuição social	112.500	112.500	112.500	112.500	106.200	106.200	106.200	106.200
IR (PJ)	337.500	337.500	337.500	337.500	318.600	318.600	318.600	318.600
Lucro líquido	1.618.610	998.610	421.210	251.210	619.810	449.810	-127.590	-297.590
Probabilidade de cada cenário	5%	10%	10%	10%	30%	15%	15%	5%
Média ponderada	58.431	99.861	42.121	25.121	185.943	67.472	-19.139	-14.880
Resultado mais provável								444.930,00

Conforme a Tabela 8.25, foi estipulado um percentual de ocorrência para cada cenário, multiplicou-se o lucro líquido por essa probabilidade e, com a soma dos resultados obtidos, chegou-se ao resultado mais provável para a empresa – R$ 444.930,00. O *output* da análise de cenários pode ser tanto o resultado da empresa quanto o fluxo de caixa gerado.

Damodaran (2007) lembra ainda que existem benefícios ao se considerarem cenários com uma probabilidade muito baixa de ocorrência porque o esforço de exercitar essas possibilidades revela aos tomadores de decisão outras formas de se enxergar a empresa.

8.4.1.2 Análise de sensibilidade

A análise de sensibilidade serve para verificar o impacto das variáveis. Nela, uma variável é isolada das demais e sobre ela são feitas variações, mantendo as demais constantes, de modo a se verificar a influência individual de cada variável no resultado final. Torna-se possível constatar, por exemplo, uma variável sofrer pequena redução e, em contrapartida, provocar um aumento no resultado mais que proporcional.

Além disso, ao se utilizar um diagrama de sensibilidade, é possível analisar a contribuição das suposições das variáveis em uma previsão, mostrando quais suposições têm o impacto maior naquela previsão, ou seja, que fator é o mais responsável pela incerteza que rodeia o resultado final.

Tomando o exemplo da Cepefin, fez-se a oscilação de apenas uma das variáveis e as demais ficaram constantes. Nas Tabelas 8.26 a 8.28, vê-se o que acontece quando somente varia a receita bruta, o CMV ou a taxa de juros.

TABELA 8.26 DRE da Cepefin Ltda.

Demonstração do resultado do exercício	1	5
Vendas brutas mercado nacional	11.250.000	10.620.000
(–) ICMS	437.500	413.000
(–) PIS	187.500	177.000
(–) Cofins	375.000	354.000
Vendas líquidas	**10.250.000**	**9.676.000**
Custo dos produtos vendidos	**7.752.600**	**7.752.600**
Lucro bruto operacional	**2.497.400**	**1.923.400**
Despesas administrativas	698.790	698.790
Despesas financeiras	180.000	180.000
Lair	**1.618.610**	**1.044.610**
Contribuição social	112.500	106.200
IR (PJ)	337.500	318.600
Lucro líquido	**1.168.610**	**619.810**
Variação em relação ao resultado mais provável	163%	39%
Resultado mais provável	444.930	

TABELA 8.27 DRE da Cepefin Ltda.

Demonstração do resultado do exercício	1	3
Vendas brutas mercado nacional	11.250.000	11.250.000
(–) ICMS	437.500	437.500
(–) PIS	187.500	187.500
(–) Cofins	375.000	375.000
Vendas líquidas	**10.250.000**	**10.250.000**
Custo dos produtos vendidos	7.752.600	8.500.000
Lucro bruto operacional	2.497.400	1.750.000
Despesas administrativas	698.790	698.790
Despesas financeiras	180.000	180.000
Lair	1.618.610	871.210
Contribuição social	112.500	112.500
IR (PJ)	337.500	337.500
Lucro líquido	**1.168.610**	**421.210**
Variação em relação ao resultado mais provável	163%	–5%
Resultado mais provável	444.930	

TABELA 8.28 DRE da Cepefin Ltda.

Demonstração do resultado do exercício	1	2
Vendas brutas mercado nacional	11.250.000	11.250.000
(–) ICMS	437.500	437.500
(–) PIS	187.500	187.500
(–) Cofins	375.000	375.000
Vendas líquidas	**10.250.000**	**10.250.000**
Custo dos produtos vendidos	7.752.600	7.752.600
Lucro bruto operacional	2.497.400	2.497.400
Despesas administrativas	698.790	698.790
Despesas financeiras	180.000	350.000
Lair	1.618.610	1.448.610
Contribuição social	112.500	112.500
IR (PJ)	337.500	337.500
Lucro líquido	**1.618.610**	**998.610**
Variação em relação ao resultado mais provável	163%	124%
Resultado mais provável	444.930	

A análise de sensibilidade demonstrou que a receita bruta é a variável de maior impacto, pois, quando esta varia de R$ 10.620.000 para R$ 11.250.000, aproximadamente 6%, o impacto no resultado é de uma variação de 124% em relação ao resultado mais provável.

Segundo Damodaran (2007), a análise de múltiplos cenários e a análise de sensibilidade contribuem com a empresa, pois:

- Apresentam uma faixa de resultados previstos pelos diferentes cenários. Nesse caso, empresas com maior risco terão maiores variações refletidas em seus resultados projetados, enquanto as mais seguras serão aquelas com menores variações nos resultados projetados.
- Auxiliam a determinar quais variáveis devem ser consideradas, pois são as que ocasionam maior efeito no resultado. Na Cepefin, a variável de menor efeito em resultados foi a taxa de juros. Essa informação é importante, pois dá a perspectiva de quão sensível é o resultado da empresa frente às decisões sobre algumas variáveis, podendo gastar mais tempo em planejar e definir ações para essas variáveis.
- Possibilitam a antecipação de ações da empresa, pois assumem que a empresa pode tomar decisões para minimizar seus riscos e evitar prejuízos ou redução de resultados em cenários piores.
- Em último caso, o processo de pensar por meio de cenários é um exercício útil para que se possa examinar como os concorrentes reagirão, dentro de diferentes cenários macroeconômicos, e o que pode ser feito para minimizar o risco de redução dos resultados da empresa.

8.5 SIMULAÇÕES

Se a análise de cenário é uma técnica que ajuda a entender e estimar os riscos de variáveis discretas, a simulação fornece um caminho para analisar as consequências do risco contínuo. Sabe-se que os riscos existentes no mundo real geram milhares de combinações; assim, a simulação vem trazer uma figura mais completa do risco de um ativo, de um investimento ou de um negócio.

Segundo Jorion (1998), o conceito básico de simulação é criar diversos possíveis cenários a partir de um mecanismo gerador de dados (processo estocástico), para a variável aleatória de interesse. Nesse processo, primeiro são definidas as variáveis-chave e, com esse conjunto de valores, constitui-se um cenário aleatório, e outros são sorteados até que se tenham estimativas precisas (Melo et al., 1999).

Diferentemente da análise de cenários, em que é mensurado o resultado fornecido por meio de riscos discretos, a simulação permite maior flexibilidade para trabalhar com incertezas. Em sua forma clássica, cada variável é primeiro estudada para que, então, seja conhecida sua distribuição estatística (crescimento de vendas, *market share*, margem operacional, beta etc.). Obtida a distribuição estatística das variáveis, a simulação é rodada. Cada simulação fornece um resultado que representa uma combinação formada pelas variáveis, dentro da distribuição de possibilidades de cada variável. Por meio de um grande número de simulações, é possível derivar uma distribuição para os resultados, que refletirão as possibilidades e os riscos de cada uma das variáveis inseridas.

Vejamos então os passos para rodar a simulação:
1. **Determinar as variáveis:** em qualquer análise, há variáveis a serem consideradas, algumas previsíveis e outras não. Diferentemente de análise de cenários, em que o número de variáveis deve ser pequeno para se aplicar a técnica, na simulação não há nenhuma restrição quanto ao número de variáveis.

Além disso, na simulação é possível considerar simultaneamente a distribuição de risco de cada variável utilizada. Consequentemente, faz sentido focarmos as variáveis que impactam de forma significativa no resultado.

2. **Definir a distribuição de probabilidades das variáveis:** essa é a chave e o passo mais difícil da simulação. Geralmente, há três maneiras com as quais se pode definir distribuição de probabilidades:

  - **Dados históricos:** para variáveis com um longo histórico de preços é possível utilizar os dados históricos para calcular o tipo de distribuição. Supõe-se que se deseja saber a distribuição de probabilidades da taxa SELIC, pois esta é importante para a empresa a ser projetada.
  - **Dados *cross section*:** supõe-se que uma empresa será aberta e se gostaria de saber qual a distribuição de risco de sua margem bruta. Para isso, são possíveis buscar dados financeiros de diversas empresas do setor e fazer uma regressão entre a margem bruta e a idade da empresa. Isso forneceria uma distribuição possível para a margem bruta. Se essa distribuição for usada, estar-se-á efetivamente assumindo que a *cross section* de variação em margem bruta apresentada é um bom indicador de risco para empresas desse setor.
  - **Distribuição estatística e parâmetros:** a maioria das variáveis utilizadas nas projeções dos dados históricos e dados *cross section* será insuficiente ou sua obtenção será inviável. Nesse caso, devem-se estudar e escolher a distribuição estatística que melhor captura seu risco. Então, concluir-se-á que a margem bruta será distribuída uniformemente entre 4 e 8% e que o crescimento em vendas é normalmente distribuído, com uma média de 18% e um desvio-padrão de 6%.

  Entretanto, escolher a distribuição é difícil por duas razões. A primeira é que muitas variáveis com que se trabalha colidem com as exigências e os pressupostos estatísticos. A taxa de crescimento das receitas, por exemplo, não pode ser normalmente distribuída, pois seu valor mínimo será −100%. A segunda é que, uma vez escolhida a distribuição, os parâmetros deverão ser estimados. É possível pegar os dados históricos ou *cross section* para tanto, porém haverá sempre dúvidas de quão confiáveis eles são para estimar parâmetros. Vamos agora ao terceiro passo para se fazer uma simulação.

3. **Checar correlação entre as variáveis:** antes de rodar a simulação, é importante checar correlações entre variáveis. Quando há correlações fortes, há duas opções: escolher somente uma das variáveis, normalmente aquela que tem maior impacto nos resultados; ou construir uma correlação explícita dentro da simulação. Isso requer *softwares* mais sofisticados de simulação e mais detalhes do processo de estimação.

4. **Rodar a simulação:** a primeira simulação pegará possíveis valores de cada variável e formará um resultado para a projeção. Esse processo pode ser repetido milhares de vezes, formando uma nova distribuição de possíveis resultados para a projeção.

Existiam dois impedimentos para uma boa simulação, os quais vêm sendo reduzidos nos últimos anos. O primeiro era informacional, estimar a distribuição das variáveis, e o segundo, computacional, já que os computadores são um advento contemporâneo e *softwares* que trabalham com simulações vêm ganhando maior robustez nos anos recentes.

Portanto, o auxílio de um *software* computacional é imprescindível. Neste livro, foi utilizado o *software* da Oracle denominado Crystal Ball,[1] que tanto identifica a melhor distribuição para cada variável quanto realiza a Simulação de Monte Carlo. Por meio do *software*, a ferramenta de Simulação de Monte Carlo será aplicada e calculará múltiplos cenários de um modelo, de modo a repetir e experimentar valores das distribuições de probabilidade das variáveis incertas, e usando aqueles valores para a célula. As simulações do Crystal Ball podem compor-se de tantos cenários quanto for desejável – centenas ou até mesmo milhares – em somente alguns segundos.

Utilizando o exemplo da Cepefin, foram estipuladas as seguintes premissas para o cálculo da simulação:

- As receitas brutas apresentam distribuição triangular (quando se têm apenas os valores máximo e mínimo de uma variável), crescimento médio de 18% ao ano, podendo atingir como valor mínimo redução nas vendas de 10% e máximo crescimento de 50%.
- O CMV apresenta distribuição normal com média de 70% das receitas brutas e desvio-padrão de 10%.
- O empréstimo feito pela empresa será de R$ 1.000.000 e sua taxa de juros apresenta distribuição triangular, com média de 27% ao ano, podendo atingir como valor mínimo 15% e máximo de 60%.

Assim, na Tabela 8.29, há o DRE para X4 da Cepefin.

TABELA 8.29 Demonstrativo de resultados dos exercícios para X4.

Demonstração do resultado do exercício	X4*	AV	Variáveis simuladas
Vendas brutas mercado nacional	10.620.000	100%	18%
(–) ICMS	413.000	4%	
(–) PIS	177.000	2%	
(–) Cofins	354.000	3%	
Vendas líquidas	9.676.000	91%	
Custo dos produtos vendidos	7.752.600	73%	73%
Lucro bruto operacional	1.923.400	18%	
Despesas administrativas	698.790	7%	
Despesas financeiras	270.000	3%	27%
Lair	954.610	9%	
Contribuição social	106.200	1%	
IR (PJ)	318.600	3%	
Lucro líquido	529.810	5%	

* Projeção.
AV: Análise Vertical.

---

[1] Disponível para uso em: <http://www.decisioneering.com/crystal_ball>.

Dessa maneira, a ferramenta de Simulação de Monte Carlo fez mudar cada uma das três variáveis de acordo com sua distribuição de probabilidades e combinou as diversas possibilidades entre elas. Como resultado, há uma distribuição de probabilidades para o lucro líquido de X4.

O resultado da Simulação de Monte Carlo gerada pelo *software* Crystal Ball foi de que 90% dos possíveis resultados para o lucro líquido da Cepefin estarão entre um prejuízo de R$ 952.607 e um lucro de R$ 2.544.452; além disso, o conjunto de possíveis resultados para lucro líquido apresenta uma distribuição beta, e o valor com maior probabilidade é um lucro líquido de R$ 750.896.

Segundo Damodaran (2007), a Simulação de Monte Carlo contribui com a empresa, pois uma simulação bem-feita fornece bem mais do que apenas o resultado esperado para uma projeção, como melhores estimações de variáveis: em uma simulação ideal, analistas examinarão os dados históricos e os dados *cross section* para cada variável, antes de decidir qual distribuição usar e com quais parâmetros. Eles evitarão utilizar apenas um "único melhor caminho" para realizar a estimação.

Além disso, a distribuição do resultado esperado é preferível a um resultado pontual estimado: considerando a empresa exemplo deste capítulo, é possível perceber que, como informação, é mais interessante saber os resultados possíveis para o próximo ano do que conhecer somente o valor mais provável. Na simulação, é possível saber o desvio-padrão ao redor do valor mais provável. A simulação reforça o óbvio, porém é importante relembrar que a projeção de resultados tem riscos e variações, o que explica por que várias projeções chegam a resultados tão diferentes.

E, ainda, é importante mencionar que existem duas inverdades sobre simulação. A primeira é que a simulação é a melhor maneira de estimar resultados. Na verdade, os valores projetados nela são formados pela combinação dos mesmos valores de variáveis que seriam obtidos construindo cenários – a diferença é que, como resultado, haveria um valor pontual, enquanto a simulação traz um intervalo de valor. A segunda é que a simulação, por fornecer estimação do resultado e da distribuição de probabilidades dessa estimação, leva às melhores decisões. Na realidade, não há nenhuma garantia de que os tomadores de decisões, por obterem uma figura mais completa da incerteza de uma empresa, as interpretarão de maneira correta. Além disso, é muito comum considerarem-se, erroneamente, algumas variáveis no cenário e contabilizar duplamente um tipo de risco.

QUESTÕES

1. Qual a finalidade de se projetarem resultados?
2. Diferencie planejamento financeiro de projeção financeira.
3. Quais os erros mais frequentes de uma projeção?
4. Como diminuir as incertezas de uma projeção?
5. Quais os oito passos necessários para realizar uma projeção de resultados e balanços financeiros? Explique cada um desses passos.
6. O que você entende por análise de cenários? Explique as análises possíveis.
7. Qual o objetivo de um fluxo de caixa? Como elaborá-lo?
8. Quais as etapas para rodar uma simulação? Discorra sobre cada uma delas.

9. Uma simulação pode fornecer melhores resultados para uma projeção? Se sim, por quê?
10. Você concorda com a afirmação: "A simulação é a melhor maneira de estimar resultados"? Justifique sua resposta.

EXERCÍCIO

1. Escolha uma empresa de capital aberto e faça, na demonstração de resultado, a projeção da companhia.

REFERÊNCIAS BIBLIOGRÁFICAS

BANCO CENTRAL DO BRASIL. Disponível em: <http://www.bcb.gov.br>. Acesso em: 10 fev. 2008.

BANCO CENTRAL DO BRASIL. *Relatório Focus de expectativas econômicas.* Disponível em: <http://www.bcb.gov.br/>. Acesso em: maio 2003.

DAMODARAN, A. *Avaliação de empresas.* 2. ed. São Paulo: Pearson, 2007.

FREZATTI, F. *Orçamento empresarial:* planejamento e controle gerencial. 3. ed. São Paulo: Atlas, 2006.

FIPE – FUNDAÇÃO INSTITUTO DE PESQUISAS ECONÔMICAS. Disponível em: <http://www.fipr.org.br/>. Acesso em: fev. 2008.

FMI – FUNDO MONETÁRIO INTERNACIONAL. Disponível em: <http://www.imf.org/external/index.htm>. Acesso em: 5 fev. 2008.

JORION, P. *Value at risk:* a nova fonte de referência para o controle do risco de mercado. São Paulo: Bolsa de Mercadorias & Futuros, 1998.

SECURATO, J. R. *Crédito*: análise e avaliação do risco. São Paulo: Saint Paul, 2002.

SORD, B. H.; WELSCH, G. A. *Business budgeting:* a survey of management planning and control practices. Nova York: Controllership Foundation, 1958.

9
Cálculo e Análise de Valor

Quando se trata do conceito de valor, diversos componentes devem ser considerados no seu processo de cálculo e análise. O primeiro deles está associado aos interessados em conhecer o valor de determinada organização, como acionistas, empregados, clientes, fornecedores, pessoas físicas, fundos e bancos de investimento, analistas de mercado. Um segundo componente é o agente que desenvolverá o processo de valorar (*valuation*), identificando o método mais adequado para cada situação e as variáveis necessárias ao processo.

Neste capítulo, serão abordados os conceitos e os elementos necessários ao cálculo e à análise de valor.

9.1 CONCEITO DE VALOR

Valor pode ser conceituado, em finanças, como a capacidade (qualidade) que os ativos têm de proporcionar à organização fluxos de caixa positivos no futuro. Dessa forma, o conceito de valor está associado ao futuro, com todos os pontos críticos relacionados à projeção de valores para o amanhã, como mudanças de hábitos de consumo, taxas de juros, alterações tributárias, entre outros.

9.2 OUTROS CONCEITOS QUE SE CONFUNDEM COM VALOR

O conceito de valor é utilizado nas mais diversas áreas, como:
- **Câmbio:** valor que tem a moeda nos mercados internacionais, em relação às demais moedas.
- **Contabilidade:** valor conforme lançado nos livros de contabilidade de uma empresa; valor do capital em ações.
- **Filosofia:** designação utilizada em julgamentos não diretamente procedentes da experiência, ou de elaboração pessoal, em oposição aos julgamentos de realidade, próprios do conhecimento objetivo, ou da ciência.

- **Matemática:** valor aritmético (independente de sinal) de um número relativo.
- **Psicologia:** apreciação subjetiva, das preferências de cada pessoa, segundo suas tendências e influências sociais a que está submetida.
- **Imobiliária:** designação geral dos créditos por dinheiro, ou coisa móvel, ações, obrigações, títulos negociáveis, entre outros.
- **Valor nominal:** o preço ou o valor que por convenção se dá à moeda de metal ou de papel, que não é o preço regular dessa substância, mas sim o que as necessidades do comércio determinam; o que é declarado em uma ação de companhia, pela parcela de capital que representa.

Portanto, valor não deve ser confundido com preço.

9.3 VALOR *VERSUS* LUCRO

O lucro, mais comumente conhecido, pode ser identificado como o lucro contábil, obtido subtraindo-se das receitas totais todos os custos e as despesas operacionais, financeiras e não operacionais, além dos tributos diretos e indiretos. Entretanto, o termo *lucro* não traduz toda a qualidade, ou o valor, do negócio, pois o lucro não traduz fielmente o benefício futuro de um negócio.

Um exemplo típico do conflito entre valor e lucro pode ser visualizado em um estudo da Amazon.com, que iniciou suas atividades em julho de 1994 com US$ 10.000 de capital próprio e US$ 76.000 com empréstimos pessoais (Sahlman, Katz, 1998) e teve seu primeiro fluxo de caixa positivo apenas em 2002, contudo o valor de mercado da empresa atingiu US$ 4.032 bilhões em 2001 (Leschly, Roberts, Sahlman, 2003).

9.4 VALOR *VERSUS* FLUXO DE CAIXA

A geração de caixa muitas vezes é confundida com o valor de um negócio. Ela pode ser uma das métricas utilizadas para o cálculo do valor gerado por um negócio, como será visto nos modelos de cálculo de valor. Um exemplo característico é o uso do fluxo de caixa livre (FCL) como parâmetro do valor de um negócio, mas que não se confunde com o valor do negócio.

9.5 VALOR *VERSUS* PREÇO DE MERCADO/A MERCADO

As Bolsas de Valores em todo o mundo negociam – entre outros ativos financeiros – ações de empresas dos mais variados setores de atividade econômica. Uma ação representa a menor fração do capital total da empresa, conferindo ao seu detentor a condição de proprietário (acionista) da empresa. Portanto, quem negocia ações no mercado de capitais está negociando a propriedade da empresa, cujo papel é transacionado.

Quando há um negócio de compra e venda de ações, está sendo realizado, na realidade, um comércio da propriedade da empresa (ainda que, em geral, cada negócio realizado em Bolsa de Valores represente uma parcela ínfima de seu capital total). Para que esse negócio se realize, as partes acertam entre si um preço para a parcela desse capital (representada pelo volume de ações movimentado em cada negócio), representado pelo preço da ação utilizado no fechamento de cada negócio multiplicado pela quantidade de ações negociada entre as duas partes.

9.5.1 Preço de mercado e valor a mercado

Um dos métodos de determinação do valor de uma empresa utiliza o preço de negociação das ações dessa empresa para determinar o seu valor de mercado. Na prática, o valor a mercado especifica o valor da empresa como sendo igual ao seu preço de mercado.

O valor a mercado ou preço de mercado (coincidentes nesse modelo), em um momento qualquer, é calculado da seguinte forma:

$$V = p_s \times Q_s$$

Em que:
V = valor da empresa
p_s = preço de uma ação
Q_s = quantidade total de ações da empresa

Caso a empresa disponha de mais de um tipo de ação em circulação, o cálculo do valor deve levar em conta as cotações e as quantidades de cada tipo de ação. No entanto, normalmente os valores das diferentes categorias de ações (considerando-se as que têm liquidez satisfatória) têm cotações próximas e, assim, a fórmula apresentada pode ser aplicada tomando-se a quantidade total de ações e a cotação das ações ordinárias, que efetivamente representam o capital com direitos de propriedade amplos vinculados.

9.5.2 Pressupostos e implicações

Toma-se como medida de valor o preço pelo qual a propriedade da empresa é negociada em mercado razoavelmente amplo ou, em uma definição mais tradicional, que a hipótese do mercado eficiente seja aceita.

A hipótese do mercado eficiente é uma estrutura teórica concebida na década de 1960 para explicar o comportamento dos mercados financeiros em situações nas quais há grande número de compradores e vendedores, informação padronizada, barata e detalhada das transações, alto volume de negociação e pulverização dos volumes transacionados – cenário típico de bolsas de valores desenvolvidas. Em resumo: se aceita que o preço de uma ação reflete, em um momento qualquer, todas as expectativas futuras dos agentes decorrentes de informações publicamente disponíveis acerca da companhia, sejam elas financeiras, sejam operacionais, relativas aos aspectos tangíveis ou intangíveis de suas operações.

Assim, os agentes do mercado de capitais, tomados em seu conjunto, ao negociarem a propriedade de uma empresa (suas ações) estariam automaticamente apurando o seu valor real, pois, em seu conjunto, negociariam os papéis de modo a indicar o valor intrínseco da empresa a cada momento.

Nesse sentido, as oscilações constantes do preço das ações refletiriam as variações das expectativas do mercado em relação à empresa na medida em que novas informações são incorporadas pelo mercado, sejam essas informações relacionadas a aspectos internos, sejam externos à empresa.

De acordo com esse modelo de determinação de valor, todos os possíveis impactos futuros esperados sobre o desempenho da empresa já estão refletidos no preço, de forma que qualquer estimativa individual de valor intrínseco geral do negócio seria menos adequada que o preço de mercado. Para os interessados em compreender melhor essa formulação, sugere-se a leitura de manuais avançados de formação de preços de ativos financeiros e de mercados financeiros, que discutem e apresentam em detalhes a hipótese do mercado eficiente, suas implicações e aplicações.

9.5.3 Vantagens

A principal vantagem do método de determinação de valor a mercado é sua facilidade de aplicação: basta verificar a cotação da ação da empresa cujo valor se quer conhecer na Bolsa de Valores na qual ela é negociada, obter o número total de ações da empresa e executar os cálculos apropriados. Nenhum outro método fornece de maneira tão simples e objetiva uma estimativa de valor para empresa como o valor a mercado.

Pode-se, por exemplo, conhecer imediatamente o valor de mercado de algumas grandes empresas brasileiras que têm ações negociadas na Bovespa (Bolsa de Valores de São Paulo) bastando consultar as informações citadas (preço e quantidade de ações).

Outra vantagem associada a esse método é que ele leva em conta a disseminação de informações por um público muito amplo, que, então, determinará o preço (coincidente com o valor, no caso) da empresa. Outros métodos normalmente envolvem avaliação por um analista, por um comitê ou, no máximo, por um número limitado de pessoas internas e/ou externas à empresa.

Por fim, a determinação de valor a mercado dispensa qualquer preocupação com informações futuras sobre aspectos operacionais, técnicos, gerenciais, competitivos ou financeiros da empresa que está sendo avaliada: o mercado se encarrega de processar essas informações, determinar-lhes um impacto correspondente sobre o preço da ação e, então, fornecer ao usuário o valor adequado da empresa.

9.5.4 Limitações e desvantagens

O método do valor a mercado só pode ser aplicado em um conjunto muito pequeno de empresas cujos papéis são negociados em uma bolsa de valores, relativamente ao conjunto geral de empresas existentes em determinado país ou região mundial. Nem mesmo toda grande empresa é, necessariamente, listada na Bolsa de Valores.

Além disso, nem todas as ações de empresas negociadas em bolsas de valores têm liquidez suficiente, ou seja, apresentam volume e frequência rotineiros de negociação capazes de assegurar que haja um número significativamente grande de agentes operando com ações de determinada empresa. Sem liquidez suficiente, pode-se facilmente questionar tanto a aplicabilidade ao caso da hipótese do mercado eficiente quanto à representatividade do preço apresentada pelo mercado, inviabilizando o uso desse método de determinação de valor.

Por fim, o método da avaliação a mercado não é aplicável a projetos, unidades, operações específicas da empresa ou mesmo subsidiárias integrais de uma *holding*, já que permite apenas a avaliação do valor total da empresa que tenha seus papéis listados em determinada bolsa de valores.

9.6 ELEMENTOS DA ANÁLISE DO VALOR

A avaliação de empresas ou valoração de empresas – o termo *valoração* é a mais adequada tradução para a língua portuguesa do termo *valuation* – tem sido objetivo de diversas correntes de pesquisas. Estas buscam em seu arcabouço teórico conceber modelos que ofereçam uma avaliação justa de quanto vale uma empresa, considerando o risco a ser assumido pelo eventual comprador (Cerbasi, 2003). A busca de modelos teóricos consistentes foi perseguida tendo em vista a preocupação com a aplicabilidade prática dos métodos, aproximando os interesses de pesquisadores e profissionais do mercado (Lemme, 2001).

A avaliação de empresas aproximou os interesses de acadêmicos e profissionais objetivando conceber modelos que ofereçam uma avaliação justa, aplicável e prática de quanto vale uma empresa.

Segundo Coppeland, Koller e Murrin (2002), Assaf Neto (2003) e Damodaran (1997), a avaliação, não sendo uma pesquisa objetiva, não pode ser considerada uma ciência. Apesar de os modelos usados serem quantitativos, os dados inseridos contêm elementos de julgamento subjetivo, o que leva o seu resultado final a possíveis desvios e questionamentos. Para Perez e Famá (2003), uma avaliação não se processa, exclusivamente, mediante fundamentos de uma ciência exata, não permitindo, portanto, a comprovação absoluta dos resultados, pois trabalha com premissas e hipóteses comportamentais.

Falcini (1995) e Assaf Neto (2003) destacam que uma avaliação econômica, ao contrário do que possa parecer, não é a fixação concreta de um preço específico para um bem, mas uma tentativa de estabelecer, dentro de uma faixa, um valor referencial de tendência, do qual atuarão as forças de mercado.

De acordo com Martins (2001), não existe uma fórmula exata de avaliação de empresas. Entretanto, a importância da avaliação está mais em seu processo do que em seu produto final. O processo de avaliação oferece relevantes contribuições aos usuários envolvidos com a identificação do valor de uma empresa. Assim, segundo Damodaran (1997), o maior esforço deve estar na reunião de dados e na compreensão da empresa analisada. Além disso, o mesmo autor lembra que uma avaliação envelhece rapidamente, com o fluxo de informações existentes nos mercados financeiros, e necessita ser logo atualizada, de modo a refletir as informações correntes.

Dessa forma, os autores consideram que a avaliação não pode ser tratada como uma ciência exata, argumentando que a importância dela está mais em seu processo do que em seu resultado final e deve haver maior esforço no levantamento de dados necessários e no entendimento da empresa avaliada.

Desde o início da década de 1950, surgiram diversas teorias de avaliação de empresas e muitas metodologias foram criadas. Os analistas, na prática, utilizam uma larga gama de modelos, do mais simples ao mais sofisticado (Damodaran, 1997). Os modelos de avaliação de empresas vão desde técnicas comparativas de mercado, técnicas baseadas em ativos e passivos contábeis ajustados até as mais consagradas técnicas baseadas nos descontos de fluxos futuros de benefícios (Martins, 2001).

De acordo com Damodaran (1997), esses modelos fazem diversas suposições a respeito de precificação, mas compartilham algumas características comuns. Martin e Petty (2004) corroboram que todos os métodos de gestão de valor estão, sem exceção, enraizados no conceito do cálculo de valor do fluxo de caixa livre. Assaf Neto (2003) concorda e revela que todo modelo de avaliação desenvolve expectativas para a fixação dos resultados futuros esperados, do período de previsão e da taxa de atratividade econômica. Isso ocorre porque, segundo Perez e Famá (2003), um analista, ao avaliar uma empresa, procura o valor que represente de modo equilibrado as potencialidades e as perspectivas da empresa.

Damodaran (1997), Martin e Petty (2004) e Assaf Neto (2003) já haviam afirmado que os modelos compartilham algumas características comuns: as variáveis econômico-financeiras. Para eles, toda avaliação trata da capacidade de geração e risco de recursos futuros, permitindo a formação de uma estimativa-base de componentes.

Neste capítulo, são apresentados os principais métodos e conceitos da teoria de avaliação de empresas, evidenciando as variáveis econômico-financeiras que os compõem. Diante da diversidade de métodos de avaliação, o estudo optou por abordar aqueles mais consagrados pela teoria e mais utilizados por analistas financeiros.

9.6.1 Modelo de desconto de fluxo de caixa

A mais notória metodologia de avaliação de empresas tem suas origens no trabalho de Modigliani e Miller, de 1961, intitulado *Dividend policy, growth and valuation of shares* (Cerbasi, 2003). A partir desse trabalho, variantes da metodologia proposta foram surgindo, mas as características essenciais do modelo se mantiveram desde aquela época. Atualmente, os modelos de desconto de fluxo de caixa (do inglês, *Discount Cash Flows* – DCF) correspondem à metodologia mais consagrada em avaliação (Buffett, 1992; Martins, 2001; Assaf Neto, 2003).

Entre diversos argumentos sobre a viabilidade do uso do DFC, pode-se verificar o trabalho de Martins (2001), que vê o modelo DCF como aquele que melhor revela a efetiva geração de riqueza de determinado empreendimento. Posteriormente, Copeland, Koller e Murrin (2002) defendem que a avaliação pelo método do DCF é a melhor por ser a única forma de avaliação que exige informações completas da empresa. Isso ocorre, pois, segundo Young e O'Byrne (2003), no cálculo do valor de uma ação utilizando o modelo DCF, um investidor deverá entender o negócio da empresa, traçar suas perspectivas e expectativas, estimar seus fluxos de caixa futuros e o custo médio ponderado de capital atrelado a eles. Complementando, Damodaran (1997) aponta que o principal benefício do modelo DCF é de que, ao exigir informações completas sobre a empresa, explica os direcionadores de valor (*value drivers*), os quais formam o valor da empresa.

O cálculo do valor pelo modelo DCF é determinado pelo fluxo de caixa projetado, descontado por uma taxa que reflita o risco associado ao negócio (Buffett, 1992; Martins, 2001; Assaf Neto, 2003; Damodaran, 1997; Young, O'Byrne, 2003).

Young e O'Byrne (2003, p. 33) explicam:

> O método DCF é função de três principais fatores: magnitude, *timing* e grau de incerteza dos fluxos de caixa.
> [...] Magnitude ou tamanho dos fluxos de caixa significa que, quanto maior os fluxos de caixa esperados, melhor para o investidor.
> [...] *Timing* considera os momentos que ocorrerão: quanto mais cedo esperamos receber determinado fluxo de caixa, mais este valerá na data presente.
> [...] A incerteza dos fluxos de caixa está em uma vez que tais fluxos ocorrerão no futuro, haverá sempre risco de que ele não se materializará como planejado. Nessa abordagem, os fluxos de caixa futuros são projetados e depois então descontados a uma taxa de juros, ou taxa de retorno que reflita o risco esperado associado a tais fluxos.

Assim, pelo método DCF o valor é obtido por meio dos fluxos de caixa projetados trazidos a valor presente por uma taxa que remunere o capital investido.

De acordo com Damodaran (1997, p. 12-13):

> Existem dois caminhos para a avaliação do fluxo de caixa descontado: o primeiro é avaliar o valor da empresa como um todo, incluindo além da participação acionária, a participação de todos os detentores de direitos na empresa (detentores de bônus, acionistas preferenciais etc.); o segundo avaliar apenas a participação acionária do negócio.
> [...] E embora as duas abordagens utilizem definições diferentes de fluxo de caixa e taxas de desconto, produzirão estimativas consistentes de valor, desde que o mesmo conjunto de pressuposições seja utilizado em ambas.

Entretanto, Martelanc, Pasin e Pereira (2010) lembram que, embora as duas abordagens descontem fluxos de caixa esperados e produzam estimativas consistentes de valor, seus fluxos de caixa e taxas de desconto são diferentes. No primeiro caso, o valor da empresa, como um todo (*firm valuation*), é obtido descontando os fluxos de caixa livres para a empresa (*cashflow to firm*). Isso significa que é obtido descontando os fluxos de caixa residuais depois do pagamento de todas as despesas operacionais e impostos, mas antes do pagamento das dívidas, pelo custo médio ponderado de capital (CPMC ou WACC, do inglês *Weighted Average Capital Cost*). No segundo caso, o valor da empresa (*equity valuation*) é obtido descontando os fluxos de caixa para o acionista (*cashflow to equity*), ou seja, os fluxos de caixa residuais após os pagamentos de todas as despesas, juros e principal, descontados pela taxa que remunere o capital próprio, ou pelo custo de capital próprio.

Nos próximos dois tópicos, serão apresentadas essas duas vertentes do modelo DCF: para a empresa e para o acionista.

9.6.1.1 Método DFC para a empresa

De acordo com Damodaran (1994), o método de desconto de fluxo de caixa para a empresa consiste em descontar os fluxos de caixa futuros de todos os detentores de direitos por uma taxa que remunere o custo do capital total investido na empresa. Martins (2001) e Assaf Neto (2003) explicam que, por esse método, o valor econômico da empresa representa o valor presente dos fluxos de caixa futuros fornecidos pela empresa para todos os fornecedores de recursos, inclusive terceiros.

Vale lembrar que a análise do fluxo de caixa livre tornou-se a medida-padrão na década de 1980 e continua a ser o principal método para calcular o valor de uma empresa ou de uma unidade estratégica de negócios (Martin, Petty, 2004). Isso se deu porque no fluxo de caixa, diferentemente dos lucros líquidos, encontra-se o real montante disponível aos detentores de capital da empresa (Damodaran, 1997). Esse montante corresponde ao chamado fluxo de caixa livre da empresa (do inglês, *Free Cash Flow for the Firm* – FCFF).

Assim, o valor de uma empresa é formado pelo valor presente dos fluxos de caixa livres esperados. Se, por exemplo, a empresa, após *n* anos, alcançar uma situação de equilíbrio e começar a crescer a uma taxa de crescimento estável *g*, o valor da empresa será descrito como (Damodaran, 1994):

Valor da empresa = [FCFF$_t$/(1 + WACC)t] + [(FCFF$_{n+1}$/WACC – g)/(1 + WACC)t]

Em que:

FCFF = Fluxo de caixa livre da empresa, do inglês *Free Cash Flow for the Firm*

WACC = Custo médio ponderado de capital, do inglês *Weighted Average Cost of Capital*

g = taxa perpétua de crescimento dos fluxos de caixa da empresa

t = ano t

Assim, a aplicação do método do DCF para a empresa requer a determinação de três componentes principais: os fluxos de caixa livres projetados (FCFF), o valor residual projetado (FCFF$_{t+1}$) e a taxa de desconto (WACC) (Rappaport, 2001).

9.6.1.2 Fluxo de caixa livre

Os fluxos de caixa para a empresa, também chamados fluxos de caixa livres projetados (FCFF), são aqueles que sobram depois do pagamento de despesas operacionais, impostos, investimentos em capital de giro e em ativos permanentes, mas antes que sejam realizados quaisquer pagamentos a detentores de capital. De acordo com Damodaran (1997), seria o montante disponível para todos os fornecedores de recursos. É o montante gerado pela operação da empresa após a dedução de impostos, subtraído dos investimentos necessários em ativos permanentes e em capital de giro (Martins, 2001).

O fluxo de caixa livre (FCFF) pode ser entendido como o volume esperado de dinheiro remanescente das atividades operacionais da empresa depois da inversão dos respectivos investimentos. É a partir dessas sobras que a empresa pode devolver o dinheiro aos seus provedores de capital e, por isso, a expectativa do FCFF é a variável-chave para determinar o valor de uma empresa (Young, O'Byrne, 2003; Martin, Petty, 2004).

Dessa forma, o fluxo de caixa livre corresponde ao montante disponível para proporcionar um retorno sobre o capital dos investidores.

Segundo Martins (2001) e Damodaran (1997), o FCFF é apurado pela projeção e pela esquematização das seguintes contas futuras:

Receitas líquidas de vendas
(–) Custo das vendas
(–) Despesas operacionais
(=) Ebit – *Earnings Before Interest and Tax*
(–) Imposto de Renda/Contribuição social
(=) Nopat – *Net Operation Profit After Tax*
(+) Despesas operacionais que não provocam saída de caixa (depreciação)
(=) Geração de caixa operacional
(–) Investimentos (ou desinvestimentos)
Ativos fixos
Capital de giro
(=) *Free Cash Flow for the Firm* – FCFF

Young e O'Byrne (2003) chamam a atenção para a depreciação, já que, segundo eles, embora a depreciação e a amortização não sejam fluxos de caixa, os seus valores são deduzidos do Ebitda em razão do seu efeito fiscal para a corporação. A depreciação funciona como amortecedor do Imposto de Renda. Após o cálculo destes, a depreciação e a amortização são adicionadas novamente, por não representarem efeito sobre o caixa da empresa (Young, O'Byrne, 2003; Damodaran, 1997).

Outro ponto importante é que o FCFF enfoca o excedente de caixa disponível para a distribuição, sem que se afete o nível de crescimento do empreendimento, ou seja, é o montante que a empresa poderá pagar aos seus detentores de capital sem que atrapalhe suas necessidades de investimentos em permanente e em capital de giro (Martins, 2001). Esses fluxos operacionais devem, ainda, ser projetados para determinado horizonte de tempo, apurando-se dessa estrutura de entradas e saídas de caixa a riqueza líquida mantida no momento presente, ou seja, o valor da empresa (Assaf Neto, 2003).

Dessa forma, o modelo DCF é calculado por meio da determinação de seus fluxos de caixa livres futuros. Por sua vez, esses FCFF futuros são formados por variáveis econômico-financeiras, como vendas, margens, estrutura de custos, necessidades de investimentos, entre outras (Cerbasi, 2003).

9.6.1.3 *Valor residual*

O passo seguinte depois de calcular os fluxos de caixa livres previstos é estimar o período além da previsão. Isso quer dizer que os fluxos de caixa são projetados em determinado horizonte de tempo, porém é necessário estimar a agregação de valor possível depois desse horizonte projetado. Esse montante é chamado de valor residual ou valor da perpetuidade.

Assaf Neto (2003) explica que o horizonte de tempo adotado na avaliação de empresas é normalmente separado em dois grandes intervalos: período explícito (previsto) e período residual. De acordo com Cornell (1994), o valor residual ou valor da perpetuidade é aquele que o negócio terá após o período de projeção, em termos atuais.

Para Martelanc, Pasin e Pereira (2010), o valor residual é o quanto se estima que valha, no mercado, o empreendimento ao final do período de projeção (após o período de projeção dos fluxos de caixa). Corresponde ao valor dos fluxos de caixa que ocorreriam após o horizonte estimado e que não podem ou não precisam ser projetados com maiores detalhes. O valor residual é lançado uma vez só e é somado ao último fluxo de caixa projetado.

Dessa forma, os autores afirmam que, ao avaliar um ativo com vida infinita, deve-se estimar o valor do ativo ao final do horizonte finito. Assim, a segunda parte do modelo de desconto de fluxo de caixa para a empresa $FCFF_{t+1}$ corresponde ao valor da perpetuidade da empresa, também chamado por Damodaran de *terminal value*, formado pelos fluxos de caixas em um período infinito trazidos a valor presente. O valor residual significa o valor que a empresa gerará continuamente após o período previsto.

Frequentemente, uma parcela significativa do valor presente provém desse valor final, tornando a sua estimativa um item-chave na avaliação (Damodaran, 1997). Esse fluxo de caixa é calculado geralmente com base no FCFF do último período de projeção e incrementado pela expectativa (taxa) de crescimento (Martins, 2001; Assaf Neto, 2003).

O cálculo desse fluxo de caixa apresenta ainda três cuidados especiais, como aponta Damodaran (1994). O primeiro é que, para um investimento com vida infinita, a depreciação é, geralmente, feita sobre uma série de investimentos em ativos realizados ao longo do tempo e, portanto, não deve decrescer ao longo do período de estimativa. O segundo é que o desembolso de capital é o investimento necessário, não apenas para a manutenção de ativos existentes, mas, também, para a criação de novos ativos e crescimento futuro – quanto maior o crescimento futuro projetado, maior a provisão para desembolso de capital. O terceiro ponto é com relação à necessidade de capital de giro. O capital de giro será empregado em longo prazo e, jamais, será totalmente liquidado, embora possa ser reduzido à medida que a taxa de crescimento declinar ao logo do tempo.

Assaf Neto (2003, p. 614) concorda e resume que "o valor da perpetuidade ou valor residual depende do comportamento previsto de direcionadores de valor definidos, principalmente, pelo retorno do investimento, custo médio ponderado de capital e crescimento das operações". Dessa forma, pode-se constatar que o valor residual também é significativamente influenciado por variáveis de natureza econômico-financeira como vendas, margens, estrutura de custos, necessidades de investimentos, entre outras.

Calculados os fluxos de caixa livre no período previsto e período residual, o próximo passo é estimar a taxa de desconto que remunera o capital da empresa. Esse assunto será tratado no tópico a seguir.

9.6.1.4 Taxa de desconto

De acordo com Cerbasi (2003), a taxa que deve ser considerada para o desconto dos fluxos de caixa de qualquer investimento é aquela que reflete o custo do capital investido para tal empreitada. Segundo Young e O'Byrne (2003), a taxa de desconto do fluxo de caixa contém dois elementos:

a) o valor do dinheiro no tempo: o investidor preferiria ter os fluxos de caixa hoje a tê-los amanhã e, por isso, deve ser remunerado pela espera;
b) o prêmio de risco: retorno incremental que o investidor requer para compensar o risco de que o fluxo de caixa possa não ocorrer.

Uma empresa se utiliza, muitas vezes, de várias fontes de capital, que podem ser próprios ou de terceiros (Assaf Neto, 2003). Para cada fonte de capital, tem-se uma taxa de remuneração diferenciada, que reflete o custo do valor do dinheiro no tempo e do prêmio pelo risco da respectiva fonte (Young, O'Byrne, 2003). A taxa de desconto de fluxo de caixa é formada por todas as diferentes taxas de remuneração exigida a cada uma das fontes de capital da empresa (Damodaran, 1997). Sendo assim, essa taxa de desconto corresponde à média de todos os custos de recursos utilizados pela empresa ponderados pelo montante correspondente a cada recurso.

9.6.2 Fluxos monetários para o acionista

Segundo afirma Damodaran (1997), o valor para o acionista pode ser obtido pela subtração do valor da empresa pelo total de dívidas atualizado. Segundo Martins (2001), a diferença ocorre porque o valor para os acionistas restringe-se aos fluxos de caixa dos sócios. O valor econômico da empresa representa o potencial de geração de riqueza que os ativos da empresa propiciam (ou, espera-se, venham a propiciar), independentemente do modo com que esses ativos sejam financiados. Já o valor para o acionista representa o fluxo líquido depois de computados os efeitos das dívidas tomadas para completar o financiamento da empresa – fluxos de caixa vinculados a juros, amortizações, novos endividamentos.

Copeland, Koller e Murrin (2002), Damodaran (1994) e Rappaport (2001) esclarecem que o fluxo de caixa para o acionista é uma medida daquilo que a empresa pode pagar como dividendos, servindo como ponto de partida para os retornos dos acionistas com base em dividendos e no retorno do preço da ação.

O fluxo de caixa do acionista é, portanto, o fluxo de caixa residual após o pagamento de juros e principal e o atendimento das necessidades de desembolsos de capital, tanto para manter os ativos já existentes quanto para criar novos ativos objetivando o crescimento futuro (Damodaran, 1997).

Segundo Damodaran (1997), é formado por:

Receitas líquidas de vendas
(−) Custo das vendas
(−) Despesas operacionais
(=) Lucro antes dos juros e tributos (Lajir − Ebit − *Earning Before Interest and Tax*)
(−) Imposto de Renda/Contribuição social
(−) Despesas financeiras
(=) Lucro operacional
(+) Despesas operacionais que não provocam saída de caixa (depreciação)
(=) Geração de caixa operacional
(−) Investimentos (ou desinvestimentos)
Permanentes
Capital de giro
(−) Pagamentos de principal
(+) Entradas de caixa decorrentes de novas dívidas
= *Free Cash Flow to Equity* − FCFE

Assim, o fluxo de caixa para o acionista (FCFE − *Free Cash Flow to Equity*) é aquele existente após o pagamento de despesas operacionais, juros e principal e qualquer desembolso de capital necessário à manutenção da empresa.

Pelo modelo DCF para o acionista, os FCFE são descontados à taxa que remunera o capital próprio da empresa. Como visto no tópico anterior, essa taxa pode ser calculada pelo modelo CAPM − modelo de precificação de ativos de capital (Damodaran, 1997).

Assim, o valor para o acionista é calculado pelos FCFE, trazidos a valor presente por uma taxa que remunere o capital próprio da empresa, ke.

Martins (2001) e Cerbasi (2003) concluem que as vantagens e desvantagens de se utilizar esse método são, de maneira geral, as mesmas do método de desconto de fluxo de caixa para a empresa. Os autores relatam, como vantagens, o entendimento aprofundado da empresa e a compreensão de seus direcionadores de valor. Também, destacam sua maior complexidade teórica e aprofundamento das variáveis analisadas, buscando proporcionar maior precisão ao processo de avaliação.

9.6.3 Custo de capital

Dessa forma, segundo Martins (2001), o custo médio ponderado de capital, no inglês *Weighted Average Cost of Capital* (Wacc), representa a taxa exigida para as operações da empresa em virtude de sua capacidade implícita de incorporar os riscos associados ao negócio. O Wacc corresponde ao custo médio ponderado do capital utilizado pela empresa, que é calculado pela ponderação entre custo efetivo de cada tipo de capital e sua participação percentual na empresa (Assaf Neto, 2003). Segundo Damodaran (1997), pode ser expresso na seguinte equação:

$$WACC = k_e [E/(E + D)] + k_d [D/(E + D)]$$

Em que:

ke = custo de capital próprio

kd = custo de capital de terceiros

E = valor de mercado do capital próprio

D = valor de mercado do capital de terceiros

9.6.3.1 Custo de capital de terceiros

Os custos de capital de terceiros (kd) correspondem às taxas de juros das operações. Nogueira (2004) afirma que, embora os passivos de uma empresa sejam vários, o foco do avaliador está na dívida que se baseia em taxas de juros explícitas. O autor explica que o custo de capital de terceiros pode ser calculado a partir de valores de mercado, correspondendo à taxa que a empresa poderia obter e obtém em empréstimos de longo prazo.

Assim, o custo de capital de terceiros é determinado pelas taxas de juros exigidas em empréstimos, debêntures ou qualquer outra fonte de capital de terceiros. Todavia, o custo de capital próprio requer maior complexidade para sua determinação.

9.6.3.2 Custo de capital próprio dos acionistas

Damodaran (1997), Assaf Neto (2003), Rappaport e Mauboussin (2002) e Copeland, Koller e Murrin (2002) afirmam que o melhor método de medir o custo do capital próprio é por meio do CAPM (*Capital Asset Pricing Model*), o modelo de precificação de ativos de capital. Nele, o custo de capital próprio corresponde ao custo de oportunidade de mercado, representado por um ativo livre de risco, somado ao prêmio pelo risco. Segundo explicam Martelanc, Pasin e Pereira (2010, p. 131), o custo de capital próprio pelo CAPM:

> é a soma do retorno de um ativo sem risco com um prêmio pelo risco. Esse prêmio é o diferencial de retorno entre o retorno da carteira de mercado e o do ativo livre de risco, ponderado por um fator que indica o grau de sensibilidade do ativo em questão às variações no retorno desse diferencial.

Dessa forma, o custo de capital próprio é formado por duas partes: a taxa do ativo livre de risco e o prêmio pelo risco. Assaf Neto (2003, p. 586) lembra que "o modelo permite que se determine o valor numérico, da taxa de retorno exigida, aplicável na avaliação de fluxos de caixa".

Segundo Martelanc, Pasin e Pereira (2010), o modelo do CAPM desenvolvido por Sharpe (1964; 1970) e Lintner (1956), baseados no trabalho de Markowitz (1952; 1959), possibilita o cálculo do retorno esperado de uma ação em razão do índice β (beta), da taxa livre de risco e da diferença entre o retorno de uma carteira de mercado e o retorno propiciado pela taxa livre de risco.

Para Damodaran (1997), o modelo do CAPM é representado pela equação:

$$ke = Rf + \beta (E(Rm) - Rf)$$

Onde:

Rf = ativo livre de risco – do inglês *Risk Free*

E(Rm) = retorno esperado sobre o índice de mercado – retorno médio de ações

β = risco não diversificável ou risco sistêmico

Assim, o modelo CAPM é composto, primeiro, por um ativo livre de risco, ou taxa livre de risco, que corresponde a um ativo com um risco mínimo de *default*, ou seja, quase não há risco de a instituição emissora não honrar o compromisso. O outro componente do modelo CAPM é o prêmio pelo risco, formado pela diferença entre a taxa de retorno de uma carteira e a taxa do retorno do ativo livre de risco, pois, como o retorno da carteira de mercado é incerto, há um prêmio para o investidor por retê-lo, em vez de reter o ativo sem risco, cujo retorno é praticamente certo. Esse prêmio pelo risco é ponderado por um fator β, que indica o coeficiente de risco da ação de uma empresa com relação a uma carteira de mercado que representa o mercado acionário como um todo (Martelanc, Pasin, Pereira, 2010).

Para a compreensão mais detalhada desse fator beta, Damodaran (1997) explica que o beta β de uma empresa é influenciado principalmente por três variáveis:

a) **Tipos de negócios:** como os betas medem o grau de risco de uma empresa relativamente a um índice de mercado, quanto mais sensível às condições de mercado for o negócio, mais alto será o beta.

b) **Grau de alavancagem operacional:** é uma função da estrutura de custos da empresa e usualmente determinado em termos de custos definidos entre custos fixos e custos totais. Uma empresa com alto grau de alavancagem operacional, isto é, custos fixos elevados em relação aos custos totais, também terá uma maior variabilidade nos lucros antes do pagamento de juros e impostos (Ebit), o que leva a níveis de risco maiores e betas maiores do que uma empresa que produza um produto semelhante com baixo grau de alavancagem operacional.

c) **Grau de alavancagem financeira:** empresas mais alavancadas financeiramente tendem a apresentar betas maiores. Isso ocorre porque os juros sobre capital de terceiros são como custos fixos e independem do resultado da empresa. Dessa forma, eles permitem um aumento mais que proporcional nos anos bons e uma queda mais que acentuada nos anos ruins, aumentando, assim, a variabilidade dos retornos.

Sendo assim, o beta é o fator que pondera o prêmio de risco do mercado, pelas características de risco da própria empresa. Esse fator é produto do coeficiente de risco da ação de uma empresa com relação a uma carteira de mercado que representa o mercado acionário. Nesse coeficiente, estão representadas as influências de risco do tipo de negócio e de alavancagem operacional e financeira. O beta calibra o prêmio de risco do mercado, em relação ao ativo livre de risco, pelas características do risco da própria empresa, formando o prêmio de risco (específico) da empresa.

Resumidamente, o modelo CAPM calcula o retorno que os investidores esperam ganhar sobre um investimento patrimonial, dado o risco a ele inerente, e se torna o custo de remuneração exigido do capital próprio aos administradores da empresa. Como já descrito anteriormente, esse custo de capital próprio e o custo de capital de terceiros, ponderados pela estrutura de capital da empresa, formam o custo médio ponderado de capital (Wacc).

Apresentadas as teorias do modelo DCF para a empresa, é possível constatar que o valor da empresa é o somatório dos fluxos de caixa livres e do valor residual, descontados pelo seu custo médio ponderado de capital (Rappaport, Mauboussin, 2002). Esse conceito, segundo Martin e Petty (2004, p. 7), é "sem dúvida uma das pedras fundamentais de finanças".

Cerbasi (2003) ressalva que o valor encontrado, caso necessário, ainda, deve ser submetido a dois ajustes: adição do valor presente de outros ativos não operacionais (títulos, participação em outras empresas etc.) e dedução do valor presente das eventuais responsabilidades da empresa não refletidas nos fluxos de caixa (ações judiciais, passivos não contabilizados etc.).

Assim, pelo modelo DCF, o valor de uma empresa é formado por seus fluxos de caixa livres trazidos a valor presente por uma taxa que remunere seu capital (e acrescidos dos ajustes em caso de necessidade).

Como vantagens, é importante destacar que o modelo DCF avalia de maneira aprofundada os negócios da empresa, trabalhando, para isso, com as variáveis econômico-financeiras. Esse fato leva em consideração perspectivas de crescimento, permitindo efetuar análises de sensibilidade em diferentes cenários macroeconômicos, possibilitando a introdução de ações específicas, como reestruturação ou melhoria de produtividade (Cerbasi, 2003). Damodaran (1997, p. 12) corrobora e afirma que "o principal benefício do modelo DCF é de que, ao exigir informações completas sobre a empresa, explica os direcionadores de valor, os quais formam o valor da empresa".

Como já mencionado, os direcionadores de valor, quando identificados, podem contribuir e aprimorar o trabalho de gestores e investidores de uma empresa. O modelo DCF, modelo de fluxo de caixa descontado, auxilia na identificação desses direcionadores de valor, os quais podem dar pistas sobre o que contribui para o valor de uma empresa e sobre o preço de sua ação em bolsa.

Uma vez calculado o valor da empresa, pode-se obter o valor para o acionista. O tópico seguinte apresenta o modelo de DCF para o acionista e revela suas diferenças em relação ao modelo DCF para a empresa.

9.7 DETERMINAÇÃO DA GERAÇÃO OU DESTRUIÇÃO DE VALOR

Independentemente da forma de definir e avaliar medidas de valor, existem determinadas circunstâncias em que há o interesse em conhecer a geração de valor em determinado período do passado. Um dos métodos mais consagrados é o EVA™ (*Economic Value Added*), desenvolvido e patenteado por uma empresa de consultoria norte-americana, a Stern Stewart & Co.

De forma simples, pode-se dizer que valor econômico é agregado quando as empresas investem capital (investimento em giro e investimentos estruturais) a taxas de retorno que excedem o seu custo de capital. Essa regra aplica-se a todos os tipos de empresas, de qualquer área e local de atuação.

O VEA (valor econômico agregado – termo em português para EVA) provém da diferença entre o retorno sobre o capital investido em ativos existentes e o custo do capital investido, expresso em moeda, ou seja, a empresa cria valor quando o retorno de suas operações ultrapassa a remuneração exigida pelos detentores de capital (credores de curto e longo prazo e acionistas e proprietários).

O VEA é fundamental para que os administradores tenham as melhores informações da realidade dos negócios e tomem as decisões financeiras que maximizem a riqueza dos proprietários, em detrimento de decisões que, simplesmente, melhorem os resultados da empresa, em termos de margem e retorno.

Tornar os sócios mais ricos é uma tarefa relacionada ao longo prazo e à estratégia futura da empresa. Mais que gerar resultados presentes, uma organização deve garantir aos sócios e demais *stakeholders* que, no futuro, continuará gerando resultados que sejam superiores às suas expectativas de retorno, garantindo a sua disposição aos investimentos e à continuidade dos negócios.

9.7.1 Exemplo de cálculo do VEA com uma empresa fictícia

Observem-se os demonstrativos financeiros da empresa ALGC S.A. nas Tabelas 9.1 e 9.2.

TABELA 9.1 Demonstrativo financeiro ALGC S.A.

DEMONSTRAÇÃO DE RESULTADOS	ALGC S.A. X1	X2	X3
Receita bruta	**100.000**	**150.000**	**210.000**
Impostos sobre vendas	10.000	15.000	20.000
Receita líquida operacional	90.000	135.000	190.000
Custo dos produtos vendidos	40.000	60.000	90.000
Lucro bruto	**50.000**	**75.000**	**100.000**
Despesas com vendas	9.000	12.000	15.000
Despesas com depreciação	8.500	9.700	8.900
Despesas administrativas	20.000	21.000	22.000
Despesas tributárias	7.000	8.000	9.000
Lucro operacional (Ebit)	**5.500**	**24.300**	**45.100**
Resultado financeiro	–6.000	–7.000	–9.000
Juros/patrimônio líquido	–	–	–
Outras receitas/despesas operacionais Outras receitas com despesas operacionais	–3.000	–1.800	–4.500
Equivalência patrimonial	15.000	8.000	–11.000
Resultado das Operações Correntes	**11.500**	**23.500**	**20.600**
Resultado não operacional	–1.600	–5.700	–2.700
Lair	**9.900**	**17.800**	**17.900**
Provisão para Imposto de Renda	2.800	5.372	2.346
IR diferido	4	5	18
Participação acionária minoritária	–	–	–
Lucro líquido	**7.096**	**12.423**	**15.536**

TABELA 9.2 Balanço patrimonial ALGC S.A.

ALGC S.A.	X1	X2	X3
Ativo total	**147.846**	**178.523**	**210.036**
Ativo circulante	**60.446**	**80.600**	**100.900**
Disponível e investimentos de CP	1.200	1.700	1.000
Aplicações financeiras CP	500	1.000	1.500
Clientes	28.650	45.000	60.000
Outros créditos CP	5.000	3.900	2.900
Estoques	24.096	27.000	34.000
Outros ativos CP	1.000	2.000	1.500
Realizável LP	**11.400**	**14.923**	**21.136**
Clientes	5.000	10.000	15.000
Impostos diferidos LP	1.000	1.000	3.000
Controladas	400	923	1.136
Outros ativos LP	5.000	3.000	2.000
Permanente	**76.000**	**83.000**	**88.000**
Investimentos em subsidiárias e outros	10.000	15.000	17.000
Imobilizado	60.000	66.000	68.000
Diferido	6.000	2.000	3.000
Passivo e patrimônio líquido	**150.846**	**180.523**	**211.036**
Passivo circulante	83.000	95.100	116.500
Financiamento CP	40.000	50.000	60.000
Fornecedores CP	20.000	30.000	35.000
Impostos a pagar CP	7.000	5.000	10.000
Dividendos a pagar CP	5.000	3.000	2.000
Provisões CP	6.000	1.600	3.500
A pagar a controlada CP	4.000	4.500	5.000
Outros passivos CP	1.000	1.000	1.000
Exigível LP	**38.000**	**47.000**	**50.000**
Financiamento LP	20.000	24.000	25.000
Provisões LP	5.000	8.000	6.000
Impostos diferidos LP	10.000	12.000	18.000
Outros passivos LP	3.000	3.000	1.000
Resultados de exercícios futuros	–	–	–
Participação de acionistas minoritários	–	–	–
Patrimônio líquido	**29.846**	**38.423**	**44.536**
Capital social	20.000	20.000	22.000
Reservas de capital	–	2.000	4.000
Reservas de reavaliação	–	–	–
Reserva de lucros	2.750	4.000	3.000
Lucros acumulados	7.096	12.423	15.536

*CP: curto prazo; LP: longo prazo.

A partir da análise desses dados, cabe a seguinte questão: a empresa ALGC S.A. está gerando ou destruindo valor?

Como foi possível observar, o VEA calcula quanto uma empresa criou ou destruiu de valor em um período. É a diferença entre o retorno do capital investido e o custo total do capital investido.

Para responder se a empresa está gerando ou destruindo valor, necessita-se saber antes:

- Qual é o capital total investido na empresa?
- Qual é o custo de seu capital?
- Qual é o retorno gerado por seus investimentos?

O capital investido representa o valor investido nas operações da empresa e consiste no total dos recursos próprios e de terceiros captados pela empresa e aplicados em seu negócio. Representa o capital investido em atividades operacionais ao qual se exige uma taxa de remuneração, dos sócios ou de terceiros.

O capital investido engloba o patrimônio líquido (o capital próprio investido na empresa) e o passivo oneroso correspondente ao capital de terceiros de curto e longo prazo que exige remuneração. Extraem-se do capital investido as demais contas de ativos que não representam investimentos nas operações da empresa, como as contas de caixa, aplicações financeiras e títulos negociáveis quando apresentarem saldos incomuns e impactarem a análise. Para considerá-los "incomuns", o mercado geralmente utiliza uma "regra de bolso" em que quaisquer saldos em caixa ou títulos negociáveis acima de 0,5% e 2% do faturamento anual devem ser considerados excedentes.

Observam-se, então, na Tabela 9.3, os cálculos para a empresa ALGC S.A.

TABELA 9.3 Capital investido na ALGC S.A.

Capital investido	X1	X2	X3
Passivo e PL			
Passivo circulante	83.000	95.100	116.500
Exigível LP	38.000	47.000	50.000
Patrimônio líquido	29.846	38.423	44.536
Ativo			
Investimento em subsidiárias e outros	–10.000	–15.000	–17.000
Capital investido	**140.846**	**165.523**	**194.036**

Sabe-se, assim, que nos anos de X2 e X3 os capitais totais investidos nas operações da empresa eram, respectivamente, de R$ 163.523 e R$ 194.036.

A resposta à segunda pergunta ("qual é o custo de seu capital?") é o custo médio ponderado de capital, conforme a Tabela 9.4.

TABELA 9.4 Custo médio ponderado de capital da ALGC S.A.

	X1	X2	X3
Custo médio ponderado de capital	7,32%	7,31%	7,39%

Como se observou no tópico de estrutura e custo de capital, o custo médio ponderado representa o custo do dinheiro para a empresa como um todo, ou a remuneração mínima exigida aos projetos e investimentos de uma empresa. Como já foram explicados os passos para o cálculo do custo médio ponderado de capital, apenas serão informados os seus valores para a empresa ALGC S.A.

Como se pode ver durante os anos de X1 a X3, o capital investido da empresa exigiu um retorno mínimo de aproximadamente 7% ao ano. Os cálculos foram suprimidos, uma vez que esse assunto já foi abordado em capítulos anteriores.

Finalmente, a última pergunta antes de se calcular o VEA: qual é o retorno gerado por seus investimentos?

O retorno sobre o capital investido consiste no retorno real das operações da empresa sobre o capital total investido para gerá-lo.

Roic = LAJ – Ajustado de impostos/Capital total investido

Em que:

Roic = Retorno sobre o capital investido (o qual se deseja calcular)

LAJ ajustado de impostos = lucro antes dos juros ajustado de impostos

O retorno sobre o capital investido é uma função do lucro operacional da empresa ajustado de impostos e sem as despesas financeiras (LAJ ajustado de impostos) dividido pelo capital total investido.

O lucro antes dos juros ajustados de impostos é conhecido no inglês pelas siglas Nopat (*Net Operation Profit After Tax*) ou Noplat (*Net Operating Profits Less Adjusted Taxes*), que significam lucro operacional líquido depois do pagamento do Imposto de Renda.

9.7.2 Cálculo do lucro antes de juros ajustados de impostos

O LAJ ajustado de impostos representa o lucro gerado pelas operações da empresa que estaria disponível para o pagamento dos juros de remuneração do capital total investido (bancos, fornecedores, acionistas).

LAJ ajustado de impostos = Lajir
(–) Impostos sobre o Lajir
(–) Mudança nos impostos diferidos

Para melhor entendimento das partes da equação, cada item será descrito a seguir.

9.7.3 Lajir ou Ebit

A sigla Lajir corresponde a lucro antes dos juros e Imposto de Renda, podendo também ser utilizada a sigla em inglês Ebit, *earning before interest and taxes* ("resultado antes de juros e impostos").

Revela, em essência, a genuína capacidade de geração de caixa de uma empresa, ou seja, sua eficiência financeira determinada pelas estratégias operacionais adotadas. Quanto maior, mais eficiente para a formação de caixa oriunda das operações (ativos) e melhor a capacidade de pagamento aos proprietários de capital e investimentos demonstrados pela empresa. Corresponde ao resultado operacional antes de impostos que a empresa teria se estivesse livre de endividamento. Inclui-se no Lajir todo tipo de receita e despesa operacional, e excluem-se receitas e despesas financeiras, resultados extraordinários e rendimentos de investimentos que não tenham origens nas operações. Calcula-se da seguinte forma (Tabela 9.5):

1. Receita bruta da empresa.
2. (–) Tributos sobre a receita. Na época em que este capítulo foi feito, os principais eram PIS, ISS, Cofins, IPI e ICMS.
3. (–) Custos diretos. Mercadoria (no comércio), serviços, materiais, energia e mão de obra direta (na manufatura e em serviços).
4. (–) Custos indiretos. Incluem atividades não diretamente alocáveis aos produtos ou serviços vendidos, como supervisão, engenharia de processo, manutenção, controle de qualidade, serviços de infraestrutura, aluguel.
5. (–) Despesas comerciais. Despesas de força de vendas, promoção, propaganda e comissões de vendedores e representantes.
6. (–) Despesas gerais, operacionais e administrativas. Despesas de pessoal, de recursos humanos, de escritório, da tesouraria, da controladoria, de informática e todas as outras despesas relacionadas à administração da empresa. Incluem o aluguel e a depreciação dos escritórios.
7. (–) Depreciação. É o reconhecimento do gasto que a empresa faz quando investe, só que distribuído ao longo de uma série de anos. Não representa uma saída de caixa.
8. (–) Amortização de ativos diferidos. Tem interpretação análoga à depreciação. Não confundir com a amortização de dívidas.
9. = Lajir – lucro antes dos juros e Imposto de Renda. É a receita menos os custos, despesas, depreciação e amortização.

TABELA 9.5 Cálculo Lajir.

Lajir	X1	X2	X3
Receita bruta	100.000	150.000	210.000
Impostos sobre vendas	–10.000	–15.000	–20.000
Custo dos produtos vendidos	–40.000	–60.000	–90.000
Despesas com vendas	–9.000	–12.000	–15.000
Despesas administrativas	–20.000	–21.000	–22.000
Outras receitas/despesas operacionais	–3.000	–1.800	–4.500
Despesas de depreciação	–8.500	–9.700	–8.900
Despesas tributárias	–7.000	–8.000	–9.000
Amortização de ativos diferidos	–	–	–
Lajir	2.500	22.500	40.600

9.7.4 Impostos sobre Lajir

Quanto mais despesas financeiras uma empresa tiver, menor será seu lucro antes do Imposto de Renda (Lair) e, consequentemente, menor será a quantidade de imposto a ser paga. Despesas financeiras, equivalências patrimoniais negativas e outros eventos não operacionais geram ganhos fiscais para a empresa, pois reduzem o Lair e, assim, as empresas acabam pagando menos impostos.

É necessário, então, que se exclua do cálculo dos impostos o ganho fiscal que a empresa obteve das despesas financeiras e demais contas não operacionais, pois se deseja saber os impostos que a empresa pagaria se não tivesse dívida, aplicações financeiras ou despesas não operacionais. Assim, o lucro operacional será exclusivamente o decorrente das operações, e os tributos sobre a renda são chamados de ajustados.

Dessa forma, os impostos sobre o Ebit (Lajir) são calculados somando o ganho fiscal ao Imposto de Renda provisionado na demonstração de resultados (Tabela 9.6).

TABELA 9.6 Cálculo do imposto sobre Lajir.

Impostos sobre Lajir	X1	X2	X3
Alíquota do IR + CS: 34%			
Resultado financeiro	−6.000	−7.000	−9.000
	−2.040	−2.380	−3.060
Resultado não operacional	−1.600	−5.700	−2.700
	−544	−1.938	−918
Equivalência patrimonial	15.000	8.000	−11.000
	5.100	2.720	−3.740
Imposto sobre Lajir	**2.516**	**−1.598**	**−7.718**
Provisão para Imposto de Renda	**−2.804**	**−5.377**	**−2.364**
Provisão de IR+ impostos sobre o Lajir: impostos sobre Lajir	**−288**	**−6.975**	**−10.082**

O ganho fiscal é calculado multiplicando a alíquota marginal regulamentar do Imposto de Renda por cada uma das contas:
- Resultado financeiro;
- Equivalência patrimonial;
- Qualquer receita ou despesa advinda de itens não operacionais.

9.7.5 Lajida ou Ebitda

Outra medida possível para a análise do valor e de outros parâmetros intermediários é o Lajida (lucro antes de juros, impostos, depreciação ou amortização) ou Ebitda (*Earnings Before Interest, Taxes, Depreciation and Amortization*).

O Ebitda/Lajida é equivalente ao Ebit/Lajir deduzido de dois itens que, embora representem impacto econômico, não implicam uma saída efetiva de caixa. O Ebitda/Lajida costuma ser utilizado como uma medida da geração operacional de resultado estritamente financeiro e comparado com frequência à receita líquida para medir o resultado operacional livre de impactos financeiros.

Existe certa aproximação entre o conceito de margem de contribuição e do Ebitda/Lajida. A margem de contribuição mede a receita deduzida dos custos operacionais diretos, enquanto o Ebitda/Lajida também apropria, em seu cálculo, as despesas administrativas indiretas, porém operacionais.

Considera-se o fato de que, com a sofisticação cada vez maior dos processos produtivos, nas últimas décadas, o Ebitda/Lajida reflete melhor um conceito de resultado operacional "livre" do que a margem de contribuição. No entanto, a margem de contribuição se presta a um espectro amplo de análise e não deve ser ignorada, por exemplo, ao se analisar a receita marginal decorrente da expansão ou retração de vendas de terminadas linhas de produtos da empresa, por exemplo. Substituir a margem de contribuição pelo Ebitda/Lajida, nessas circunstâncias, pode resultar em interpretações equivocadas.

9.7.6 Mudanças nos impostos diferidos

Para encontrar o lucro gerado pelas operações da empresa que estaria disponível para o pagamento dos juros de remuneração do capital total investido, deve-se subtrair as alterações nos impostos diferidos.

As alterações nesses impostos exercem impacto no cálculo do resultado da empresa e não têm efeitos em seu caixa. É necessário, então, extrair essas alterações do caixa. Correspondem, por exemplo, a impostos que a empresa deixou de pagar e que não foram provisionados em seu demonstrativo de resultado. As mudanças nos impostos diferidos são calculadas pela alteração anual da diferença dos passivos de impostos diferidos menos os ativos de impostos diferidos (Tabela 9.7).

TABELA 9.7 Cálculo de mudanças nos impostos diferidos.

Mudanças nos impostos diferidos	X1	X2	X3
Passivo impostos diferidos	10.000	12.000	18.000
Ativo impostos diferidos	−1.000	−1.000	−3.000
	9.000	11.000	15.000
Mudanças nos impostos diferidos		2.000	4.000

Assim, na Tabela 9.8, está o LAJ ajustado de impostos para a empresa ALGC S.A.

TABELA 9.8 Cálculo LAJ ajustado de impostos da ALGC S.A.

LAJ ajustado de impostos (Nopat)	X2	X3
Lajir	22.500	40.600
Impostos sobre Lajir	−6.975	−10.082
Mudanças nos impostos diferidos	2.000	4.000
LAJ ajustado de impostos (Nopat)	**17.525**	**34.518**

9.7.7 Cálculo e interpretação do Retorno sobre o Capital Investido

Na Tabela 9.9, é apresentado o retorno sobre o capital investido, *return on invested capital*, para a empresa ALGC S.A.

TABELA 9.9 Cálculo Roic.

Roic	X2	X3
LAJ ajustado de impostos (Nopat)	17.525	34.518
Capital investido	165.523	194.036
Roic	10,59%	17,79%

O aspecto mais importante do Roic é a definição do numerador e do denominador consistentemente. Em outras palavras, se um ativo for incluído no capital investido, a receita relacionada a ele deve estar no LAJ ajustado de impostos.

O Roic é uma ferramenta analítica que demonstra o verdadeiro desempenho operacional de uma empresa, mostrando-se melhor que o retorno sobre o patrimônio líquido, porque este mistura o desempenho operacional e a estrutura financeira. A empresa ALGC S.A. obteve um Roic de 13% a.a. em X2 e 21% a.a. em X3.

9.7.8 Cálculo e análise do EVA ou valor econômico agregado (VEA)

Nesse ponto, é possível responder às perguntas-chave para o entendimento do conceito do EVA.

Agora, consegue-se, então, apresentar os métodos para calcular o valor econômico agregado (Tabela 9.10) e responder se a empresa está criando ou destruindo valor.

A fórmula de cálculo do EVA é:

$$VEA = \{LAJ \text{ ajustado de impostos} - [Capital \text{ investido} \times CMPC]\}$$

TABELA 9.10 Cálculo do valor econômico agregado.

VEA = {LAJ ajustado de impostos – [Capital investido × CMPC]}	X2	X3
LAJ ajustado de impostos (Nopat)	17.525	34.518
Capital investido	165.523	194.036
Custo médio ponderado de capital (CMPC)	7,33%	7,39%
VEA	**5.400**	**20.170**

9.8 GVA

Uma forma complementar de se gerenciar o valor é a adoção da gestão de valor agregado (GVA). Trata-se de um método de mensuração e avaliação econômica que permite demonstrar se as operações de uma empresa estão ou não agregando valor para o acionista, conforme descrito por Vicente e Trevizani (2005).

A metodologia utiliza o conceito "base caixa", ou seja, para que o retorno de um negócio seja analisado perante o mercado de capitais, o resultado da empresa deve refletir o fluxo de caixa gerado.

No GVA, o desempenho de um negócio é avaliado com base no potencial de retorno que os ativos operacionais conseguem auferir, isto é, seguindo os princípios das métricas GVA, o acionista pode comparar o retorno do seu negócio ao mercado de capitais. Em uma análise mais profunda, é possível saber se compensa para esse empresário investir em determinado negócio ou simplesmente aplicar o capital em uma instituição financeira e, ao final do período, obter um retorno quase sempre certo e garantido.

Com isso, percebe-se que, no GVA, existe o conceito de "encargos sobre os ativos", no qual, dependendo da estrutura de capitais empregada, o acionista exige de seus gestores que o retorno do negócio supere o do mercado de capitais.

Assim, o GVA apresenta múltiplas utilidades:
- Identificar qual o impacto de processos, ações ou decisões nos resultados da empresa.
- Apontar qual deve ser a contribuição de cada um para melhorar esse desempenho.
- Mostrar como projetar o crescimento futuro com base em informações analisadas ao longo do tempo.

9.8.1 Objetivos do GVA

Há objetivos comuns entre as diversas áreas de uma empresa e que, perseguidos de forma harmônica, resultam em maior eficiência de todo o processo produtivo. O desafio maior é convergir as ações que gerem maior valor ao produto ou serviço. Seja qual for o papel na estrutura organizacional, o empenho de esforços e habilidades deve ser orientado em busca dos melhores resultados.

Em mercados cada vez mais competitivos e globalizados, ter meios de gestão eficazes é fundamental para a perpetuação da empresa.

Com esse enfoque, o GVA tem como objetivo principal demonstrar ao acionista o valor efetivo adicionado de cada etapa no processo produtivo, permitindo, assim, ações corretivas rápidas e eficientes sempre buscando a otimização do resultado do negócio como um todo.

No GVA, um dos grandes benefícios percebidos é o de se estabelecerem "medidas padrões de desempenho". Como será visto mais à frente, o GVA é composto por algumas métricas que podem ser interpretadas por qualquer departamento, ou seja, a regra torna-se clara para todos. Isso vale não só para uma empresa específica, como também para um grupo de empresas (p. ex., dentro de um grupo de empresas, é possível comparar o desempenho da Área de "Geração de Energia" do Setor de Alimentos com a mesma Área do Setor de Química). Nessa comparação, o acionista tem à sua disposição uma poderosa informação para poder otimizar o resultado do seu negócio. O GVA é, ainda, uma poderosa ferramenta de gestão, pois, por meio de suas métricas de valor, consegue harmonizar e atender aos mais diversos objetivos dos gestores, independentemente do nível hierárquico.

9.8.2 Conceito de geração de valor agregado: mudança de cultura

Expressões tradicionais utilizadas pelos acionistas e administradores, como "nossa empresa deve obter um bom lucro; temos que melhorar o resultado do produto X; temos que reduzir nossos custos etc.", adicionaram recentemente a expressão *agregação de valor*. Os acionistas, os gestores e os colaboradores deverão começar a pensar que a empresa só existirá no próximo mês se estiverem agregando valor por meio de ações eficazes e boas práticas empresariais (Peterson et al., 1996).

Conclui-se que toda e qualquer decisão na empresa, antes de ser tomada, de novos investimentos, de produzir ou comprar, expandir mercados etc., deve sujeitar-se a uma análise de geração de valor, análise essa que implica assegurar o melhor resultado possível.

Assim, a insistência pela criação de valor acaba provocando uma mudança de cultura na organização e, consequentemente, os gestores devem estar preparados para enfrentar resistências por parte das pessoas.

9.8.3 Métricas do GVA

O GVA é uma ferramenta de trabalho que se utiliza do conceito "caixa", ou seja, não basta à empresa apenas demonstrar na DRE lucro contábil, mas também saber como andam os níveis de recebimento, pagamento e estoques da companhia.

Sendo assim, serão apresentadas as métricas de cálculo utilizadas no GVA, lembrando-se de que os dados utilizados são coletados do balanço contábil, como fonte única e oficial de informações da empresa.

O custo médio ponderado de capital (CMPC ou Wacc) – custo médio entre o capital próprio e o capital de terceiros ponderados pela participação de cada capital – é utilizado como referência para o retorno requerido pelos acionistas (Peterson et al., 1996; Gitman, 2001).

Assim, para uma empresa que financia suas operações ou seus investimentos usando tanto recursos financeiros próprios como de terceiros, o custo de capital inclui a taxa de juros explícita sobre os empréstimos e o retorno mínimo implícito que os acionistas requerem. Também se pode dizer que o custo de capital é a taxa de desconto que deve ser aplicada para que seja estabelecido o valor presente líquido de um projeto ou negócio.

No GVA, o custo de capital é identificado pela sigla Wacc, assim expresso (Quadro 9.1):

$$Wacc = [Ke \times (E/(E + D))] + [Kd \times (1 - t) \times D/(E + D)]$$

QUADRO 9.1 Exemplo de cálculo Wacc.

Ke	Custo Capital próprio	5,0%
Kd	Custo do Endividamento	4,5%
D	Endividamento	1.507
E	Capital próprio	1.042
t	Alíquota IR	34%
WACC		3,80%

Dados empresa: $		
Passivo	1.507	59%
PL	1.042	41%
Passivo + PL	2.549	100%

Com base nos dados do Quadro 9.1, aplicando-se a fórmula, obtém-se uma taxa de 3,80% Wacc, ou seja, pela estrutura de capital utilizada no exemplo, a empresa deve retornar no mínimo a taxa calculada, caso contrário o negócio estará destruindo valor.

- Depreciação econômica (d): trata-se dos recursos adicionais medidos em percentual acima do Wacc (custo de capital) visto no tópico anterior, que devem ser gerados a fim de manter os ativos atualizados física, tecnológica e mercadologicamente. Esses recursos gerados devem ser suficientes para substituir o ativo no fim da vida útil. A depreciação econômica é ilustrada sempre por "d".

Analisando-se os balanços das empresas, percebe-se que um dos conceitos que mais apresenta discordâncias no universo contábil é a depreciação. Algumas empresas preferem seguir a legislação; outras, por benefícios fiscais, optam por acelerarem sua despesa com depreciação; enquanto outras companhias, ainda, divergem sobre imobilizar ou contabilizar em despesa determinado gasto.

Visando a eliminar distorções do uso da depreciação fiscal × depreciação gerencial, é princípio no GVA trabalhar sempre com a vida útil efetiva do bem, denominada "depreciação econômica (d)", obtendo-se o resultado mais real do negócio.

Dessa forma, no GVA a depreciação econômica é tratada como se fosse uma reserva mensal que a empresa realiza, a qual, remunerada a uma taxa de juros definida pelo encargo sobre o ativo (Wacc), pelo espaço de tempo conforme a vida útil efetiva do bem (medida geralmente em anos), ao final do ciclo de vida do ativo o acionista tenha o capital necessário para repor esse ativo no negócio.

QUADRO 9.2 Depreciação econômica × contábil.

Depreciação econômica – GVA		Depreciação contábil	
Valor do ativo imobilizado	$ 900.000	Valor do ativo imobilizado	$ 900.000
Vida útil do ativo	14 anos	Vida útil do ativo	14 anos
Custo de capital (Wacc)	3,80%	Custo de capital (Wacc)	3,80%
Reserva anual em $	**49.867**	**Reserva anual em $**	**64.286**
Variação apresentada de $ 14.419			

Pode-se observar no exemplo que, mesmo a empresa tendo utilizado a vida útil efetiva do bem para o cálculo da depreciação contábil, a depreciação econômica ainda ficou menor em $ 14.419 a.a. Para fins de apuração do lucro do negócio, essa variação distorce o resultado analisado.

Portanto, conforme mencionado no início do tópico, a depreciação econômica (d) é também medida em percentual acima do Wacc, conforme demonstrado (d) = Wacc/[(1 + Wacc)n – 1].

Utilizando-se dos dados do exemplo anterior, obtém-se: depreciação econômica (d) = 3,80%/[(1 + 3,80%)14 – 1] = 5,54%.

Assim, no GVA, para obter o indicador total do "encargo sobre os ativos", é necessário somar os índices custo de capital (Wacc) + depreciação econômica (d). Utilizando os dados dos exemplos utilizados anteriormente, obtém-se:

Encargos s/ ativos (Wacc + d) = 3,80% (Wacc) + 5,54% (d) = 9,34% a.a.

A taxa de 9,34% calculada há pouco é a taxa total mínima que o negócio deve retornar ao acionista, pois a cada porcentagem acima conseguida dessa taxa será o valor da empresa sendo aumentado ou o negócio agregando valor em relação a uma situação inicial. Ainda, essa taxa também será uma referência para a comparação ao mercado de capitais, uma vez que no GVA o princípio está calcado em geração de caixa.

- Fluxo de caixa operacional (FCO): objetiva medir quanto uma empresa consegue gerar de caixa operacional, ou seja, traçando uma analogia, seria a linha do balanço contábil "resultado operacional", com uma ressalva importante; as receitas e os custos devem estar refletindo o caixa da companhia, e não o conceito "competência" da contabilidade societária. Portanto, será apresentado na Tabela 9.11 um exemplo de cálculo do FCO, observando-se que os dados utilizados são supridos pela Contabilidade.

TABELA 9.11 Dados contábeis – BP e DRE.

Balanço contábil			Demonstração de resultado		
	19X1	19X2		19X1	19X2
Caixa	100	149	Vendas	2.500	3.050
Contas a receber	1.000	1.350	(–) Custos das vendas	1.875	2.280
Estoques	500	600	Lucro bruto	625	770
Imobilizado	450	450	(–) Despesas administrativas	150	135
Total do ativo	**2.050**	**2.549**	(–) Despesas financeiras	75	85
			(–) Despesas depreciação	32	32
Contas a pagar	300	450	Resultado operacional	368	518
Financiamentos	650	900	(–) IR padrão 34%	125	176
Patrimônio líquido	1.100	1.199			
Total do passivo	**2.050**	**2.549**	**Lucro líquido**	**243**	**342**

Nota-se, por meio da Tabela 9.11, que, pelo regime de competência da Contabilidade Societária, a empresa gerou um lucro líquido em 19X2 de $ 342. No entanto, quando procedeu com os ajustes nas contas a receber, contas a pagar e depreciação demonstrados na Tabela 9.12, constatou-se que o fluxo de caixa operacional (FCO) da companhia foi de $ 182, gerando, assim, uma redução de $ 160 ou 53%, o que acaba distorcendo e muito o retorno do negócio.

TABELA 9.12 Cálculo do FCO.

Cálculo do FCO p/ 19X2 – $	Lucro contábil	Ajuste	Fluxo de caixa
Resultado operacional	518		
(–) Aumento em contas a receber		350	
(–) Aumento em estoques		100	
(+) Aumento em contas a pagar		150	
(+) Depreciação contábil		32	
(–) Depreciação econômica		50	
(=) Base de cálculo p/ IR padrão	518	–318	200
(–) Imposto de renda padrão – 34%		68	
(=) Resultado operacional ajustado	518	–386	132
(+) Depreciação econômica		50	
Fluxo de caixa operacional (FCO)	518	–336	182

- **Base de ativos:** a base de ativos de uma empresa é constituída pelas contas do capital de giro e ativo imobilizado.
- **Capital de giro:** estoques, contas a pagar, contas a receber, gastos antecipados, impostos a recuperar ou a pagar etc.
- **Ativo imobilizado:** maquinário, terrenos, edificações, instalações, computadores, móveis e utensílios etc., ou seja, são os bens e direitos da companhia ou, também, o capital investido.

O capital aqui mencionado recebe no GVA a nomenclatura de "base de ativos". O retorno que o acionista deseja auferir sobre essa base de ativos empregada é determinado por uma taxa, vista em tópicos anteriores, chamada Wacc + d.

A partir dessa fase do trabalho, notar-se-á uma grande mudança cultural, impulsionada principalmente pelo conceito de agregação de valor, pois as contas que compõem a base de ativos nunca tiveram tanta importância dentro de uma empresa. Dois grandes motivos contribuíram muito para esse aumento na importância da base de ativos:

a) A base de ativos é remunerada a um custo de capital (Wacc + d) exigido pelo acionista.

b) A base de ativos inchada ou obsoleta destrói o valor da empresa.

O resultado ora calculado no item "Fluxo de caixa operacional (FCO)" será medido percentualmente em razão da base de ativos empregada. Portanto, quando a base de ativos estiver inchada, ou seja, contendo valores que na prática não geram receitas nem qualquer benefício para o negócio, consequentemente o retorno ficará prejudicado ou diminuído e, também, o custo do capital cobrado ou exigido pelo acionista será aumentado.

Resumindo, pode-se dizer em outras palavras que, quanto menor a base de ativos e maior o resultado da companhia, o retorno auferido será otimizado – modelo ideal para geração de valor agregado.

Utilizando os dados do item mencionado, na Tabela 9.13 segue o cálculo da base de ativos.

TABELA 9.13 Cálculo da base de ativos.

Balanço contábil		
	19X1	19X2
(+) Contas a receber	1.000	1.350
(+) Estoques	500	600
(+) Imobilizado	450	450
(−) Contas a pagar	−300	−450
(=) Base de ativos	1.650	1.950

Outro fato importante que merece destaque no conceito da base de ativos no GVA é que o capital investido sofre suas correções normais durante o período, no qual poderá ser utilizado o índice de inflação do país para realização dessa correção. Traçando um paralelo, vale lembrar que, na legislação societária vigente, a correção monetária não é mais permitida, fazendo com que os valores investidos fiquem por todo o período no balanço patrimonial a custo histórico, o que, do ponto de vista econômico, não é verdade, e o acionista tem o direito de exigir essa correção. Essa tese recebe grande apoio em países de economia vulnerável e de grande inflação.

Com relação ao cálculo do saldo de cada conta da base de ativos, se se considerarem períodos anuais, como no exemplo anterior, deve-se levar em consideração a média mensal de cada conta para a apuração do saldo no final do exercício. Essa técnica impede que ocorram grandes variações nos saldos das contas durante o período, não distorcendo, assim, a base de ativos calculada.

9.8.3.1 Saneamento da base de ativos

Um dos trabalhos mais importantes realizados periodicamente com o advento do GVA nas empresas é o saneamento da base de ativos, principalmente com relação às contas do ativo imobilizado, pois, na maioria das empresas do ramo industrial, o imobilizado apresenta o maior valor da base de ativos.

É comum em grande parte das empresas haver pouca preocupação com o ativo imobilizado empregado, bem como não existir um funcionário para cuidar especificamente do ativo imobilizado da empresa dentro da Contabilidade. Com isso, eventuais baixas ou desativações, em geral, não são refletidas na base de ativos, contribuindo, assim, para que a base de ativos sempre fique inchada.

Um imobilizado parado, obsoleto, sem utilização e que não gere receita para empresa, é um grande destruidor de valor, pois é parte integrante do ativo imobilizado, no qual o resultado do negócio será avaliado em razão da base de ativos total. Sendo assim, o correto seria dar baixa dele da base de ativos, justificando sempre ao acionista os motivos da realização de tal saneamento.

Conhecendo a importância do conceito de geração de valor agregado entre as áreas de uma empresa, os gestores e funcionários acabam ajudando e muito o papel da Controladoria, pois, no dia a dia, eles próprios informam essas baixas, permitindo, assim, um imobilizado operacional coerente com a atividade da empresa.

Nesse mesmo raciocínio, as contas a receber e a pagar também impactam muito a base de ativos da empresa. Aqueles títulos incobráveis, por exemplo, são grandes destruidores de valor, os quais constam na base de ativos, prejudicando, desse modo, o retorno do negócio perante o acionista.

Uma das contas também importantes que constituem a base de ativos são os impostos indiretos a recuperar, principalmente nas empresas exportadoras, as quais desfrutam do benefício do crédito na compra de insumos e ativo imobilizado, em especial do ICMS (imposto sobre a circulação de mercadorias e serviços). Ora, se a empresa não executa uma boa administração fiscal desses recursos, eles permanecendo por muito tempo no balanço contábil, grupamento "Ativo Circulante – Impostos a Recuperar", demoram a retornar ao caixa da empresa, encarecendo muito a base de ativos e destruindo, por consequência, o valor da empresa.

Nesse cenário de saneamento da base de ativos, são de extrema importância a conscientização e a aprovação da diretoria para cada baixa realizada, pois, em outras palavras, é o capital dela investido que agora será jogado fora.

Em resumo, no GVA, é de extrema importância uma boa administração da base de ativos, em que essas contas, muitas vezes esquecidas no balanço patrimonial, são agora lembradas constantemente. Portanto, toda e qualquer movimentação na base de ativos deve ser estudada com propriedade, a fim de se evidenciar a viabilidade econômica do capital investido.

- **CVA – valor adicionado ao caixa (*cash value added*):** mede o incremento de caixa operacional da empresa, descontando o custo do capital investido ou o também chamado de encargo sobre o ativo (Wacc + d). É uma métrica expressa em valor absoluto e que pode ser medida também em valor por unidade produzida, vendida etc. O CVA apresenta característica departamental e faz parte do dia a dia dos funcionários, uma vez que suas metas sempre estarão sendo visualizadas via CVA (p. ex., a meta do departamento de produção é $ 100 CVA/unidade produzida).
- **Seguindo o raciocínio dos itens anteriores e utilizando os índices já calculados, a fórmula do CVA será apresentada na Tabela 9.14:** [(+) Fluxo de caixa operacional (–) Custo do capital]/CVA (*cash value added*).

TABELA 9.14 Cálculo do CVA.

CVA	
	19X2
1) Base de ativos	1.950
2) Taxa WACC + d	9,34%
3) Fluxo de caixa operacional (FCO)	182
4) (–) Custo do capital (2*1)	–182
(=) CVA – *cash value added* (3 – 4)	–0

- *Spread:* complementando o raciocínio da métrica CVA, é possível também dizer que, a cada $ 1 gerado no CVA, é agregado $ 1 de valor na empresa. Melhor explicando, pode-se dizer que, do total do fluxo de caixa gerado, descontando-se todos os custos, inclusive o custo do capital cobrado pelo acionista, resta então o caixa livre. Esse caixa livre no GVA é chamado também de *spread*. Como diferencial dessa métrica, o *spread* (CVA ÷ base de ativos) é medido em percentual em relação à base de ativos total (Tabela 9.15).

TABELA 9.15 Cálculo do *spread*.

Spread	
	19X2
CVA	–0
Base de ativos	1.950
Spread (CVA ÷ BA)	0,0%

Assim, conclui-se, pela Tabela 9.15, que a empresa citada, embora tenha gerado um FCO de $ 182, esse montante não foi suficiente para cobrir o custo de capital (Wacc + d), no caso de $ 182. Portanto, o *spread* calculado foi 0%. Isso significa dizer que a empresa apenas "empatou" o capital investido, não agregando ou adicionando valor ao negócio.

Em uma situação assim, é muito importante que seja analisado todo o contexto da empresa, o que envolve vendas, base de ativos empregada, custos fixos e variáveis, níveis de endividamento, fluxo de caixa etc., pois a situação é de extremo cuidado.

- **CFROGI – Retorno do investimento bruto pelo conceito caixa (*cash flow return on gross investment*):** é uma métrica do GVA expressa em porcentagem, mas representa uma medida pontual. O Cfrogi mede a eficiência em se gerar caixa a partir da base de ativos empregada. Além disso, possibilita avaliar a lucratividade do negócio em determinado exercício, no qual é possível comparar o retorno com o mercado financeiro.

O CFROGI é uma das métricas mais utilizadas pelo alto escalão da empresa, pois é tida como um ótimo termômetro para analisar a saúde econômico-financeira da organização. Ele mede o quanto a base de ativos está conseguindo gerar de caixa, por meio da fórmula: CFROGI = (FCO ÷ base de ativos). Utilizando os dados dos itens anteriores, obtém-se o cálculo apresentado na Tabela 9.16.

TABELA 9.16 Cálculo do CFROGI.

CFROGI	
	19X2
1) FCO	182
2) Base de ativos	1.950
CFROGI (1 ÷ 2)	9,34%

Analisando o Cfrogi calculado de 9,34% e comparando-o ao WACC + d, também de 9,34%, constata-se que esse negócio conseguiu gerar apenas o caixa mínimo para empatar o negócio, ou seja, para que a empresa agregue valor, ela deve gerar um Cfrogi acima do WACC + d. Esse raciocínio é complementar ao analisado no item anterior, quando do cálculo do *spread*.

Caso a empresa analisada tivesse gerado algo acima do WACC + d, ela teria obtido um *spread* positivo, situação em que se poderia afirmar, aí sim, que estaria gerando ou agregando valor ao negócio.

- **TBR – Retorno total do negócio (*total business return*):** é um indicador expresso em porcentagem e estabelece, ao longo de um período (de preferência acima de dois anos), o grau de agregação de valor no negócio. O TBR será analisado pelos acionistas e pelo principal executivo da organização, pois, entre as métricas de geração de valor, essa reflete com maior propriedade e sensibilidade o retorno base da caixa. Enfim, essa métrica permitirá ao acionista decidir continuar o negócio ou partir para outro segmento.

O TBR é muito semelhante ao indicador utilizado no mercado de ações e por analistas de negócios. Por ser uma medida relativa, o TBR pode, por exemplo, ser comparado ao de outros negócios, permitindo melhor gestão dos investimentos entre os mais variados tipos de negócios ou segmentos. O cálculo do TBR é mostrado na Figura 9.1.

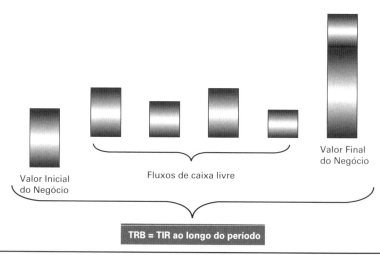

FIGURA 9.1 Cálculo do TBR.

O retorno total do acionista é uma medida abrangente que captura todas as ações ou os eventos que afetam o desempenho de uma empresa. O TBR de uma empresa pode ser comparado, por exemplo, ao do mercado de ações como um todo (p. ex., Ibovespa) ou ao de um grupo de empresas comparáveis, de modo a filtrar fatores macroeconômicos ou ciclos industriais (FGV, 1999). O cálculo do TBR será demonstrado em seção posterior, quando da aplicação do exercício de fixação.

- **Hierarquia das métricas GVA:** uma informação atende a determinado grupo de pessoas e instituições. A título de exemplo, na Contabilidade, o relatório de despesas fixas atende a um departamento, porém o lucro líquido atende ao acionista e assim por diante.

No GVA, a regra é a mesma: a informação de cada métrica apresentada tem determinado grupo de clientes. Na Figura 9.2, são apresentadas as métricas alinhadas aos respectivos clientes.

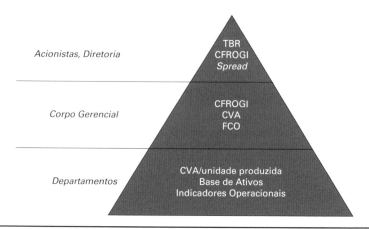

FIGURA 9.2 Hierarquia das métricas GVA.

- **Indicadores-chave de desempenho (ICD):** são os fatores críticos de sucesso para as etapas da operação, FGV (1999), ou seja, são os indicadores principais de medição do desempenho operacional de cada etapa do negócio. A título de exemplo, na fase industrial, os indicadores estão ligados principalmente à produtividade dos equipamentos.

É de grande importância que os ICD façam sentido no dia a dia da empresa ou da operação, que tenham impacto no resultado do negócio, pois todos os esforços estarão centrados neles, principalmente relacionados às metas da companhia. Os ICD não importantes devem ser descartados no GVA.

De igual importância o fato de que todos os ICD sejam de conhecimento de todos os colaboradores da área, pois somente assim todos estarão caminhando no mesmo sentido. A escolha dos ICD deve ser baseada, principalmente, na relevância do seu impacto nos CVA de cada fase do negócio. "Os indicadores-chave são mensuráveis e comunicam facilmente realizações recentes que têm impacto significativamente positivo sobre o valor de longo prazo de uma empresa" (Rappaport, 2001, p. 153). São alguns exemplos de ICD:

- **Departamento de produção:** quantidade produzida, níveis de perdas, acidentes de trabalho, eficiência de equipamentos, rendimento da matéria-prima utilizada, qualidade dos produtos, consumo de insumos, reprocesso.
- **Departamento comercial:** preço, *market share*, cancelamento de contratos, rolagem de contratos, tempo de entrega (dias), satisfação de clientes, clientes *premium*, taxa de retenção de clientes.
- **Departamento de suprimentos:** quantidade de pedidos processados, tempo de atraso no recebimento (dias), compras emergenciais (valor e quantidade de pedidos), garantia de estoque mínimo e máximo.

Em geral, quando da fase de definição dos ICD pelas áreas no GVA, sugere-se que os indicadores já difundidos na empresa sejam questionados, e, caso tenham impacto no CVA e em seu resultado, estes devem ser mantidos, caso contrário, devem ser descartados. Contudo, novos indicadores devem ser abordados, sempre com foco na agregação de valor ao negócio. O processo de identificar os indicadores-chave de desempenho é desafiador, revelador e recompensador, toma bastante tempo em análise e sempre pode ser revisto mesmo após a implantação do GVA, assim como processos de melhoria contínua e aperfeiçoamento dos ICD.

QUESTÕES

1. Como você entende o conceito de valor? Por que há divergências sobre esse conceito?
2. Diferencie valor de lucro e valor de fluxo de caixa.
3. Quais as vantagens do método de determinação de valor a mercado? E suas limitações e desvantagens?
4. Qual o objetivo da *valuation*? Como pode ser realizada?
5. Explique o modelo de desconto de fluxo de caixa.
6. Qual o conceito de fluxo de caixa livre? Explique sua aplicação.

7. Em que consiste o Wacc? Quais seus componentes? Explique.
8. Há algum método para determinar a geração ou a destruição de valor? Se sim, explique-o e diga sua importância na gestão administrativa.
9. Defina os conceitos de Roic e Ebit explicando seus impactos na gestão financeira.
10. Para que serve a gestão de valor agregado? Explique seu funcionamento.

EXERCÍCIO

1. Escolha uma empresa de capital aberto e realize os cálculos para exemplificar o VEA e DFC.

REFERÊNCIAS BIBLIOGRÁFICAS

ASSAF NETO, A. *Finanças corporativas e valor*. São Paulo: Atlas, 2003.

CERBASI, G. P. *Metodologias para determinação do valor das empresas:* uma aplicação no setor de geração de energia hidrelétrica. Dissertação (Mestrado em Administração) – Departamento de Administração da Faculdade de Economia, Administração e Contabilidade da Universidade de São Paulo. São Paulo, 2003.

COPELAND, T.; KOLLER, T.; MURRIN, J. *Avaliação de empresas – "valuation":* calculando e gerenciando o valor das empresas. São Paulo: Makron Books, 2002.

DAMODARAN, A. *Damodaran on valuation*: security analysis for investment and corporate finance. New York: John Wiley, 1994.

_____. *A avaliação de investimentos:* ferramentas e técnicas para a determinação do valor de qualquer ativo. Rio de Janeiro: Qualitymark, 1997.

FALCINI, P. *Avaliação econômica de empresas:* técnica e prática. São Paulo: Atlas, 1995.

FGV – FUNDAÇÃO GETULIO VARGAS. *Gerenciamento de valor para o acionista:* o desafio da geração de valor para o acionista. São Paulo: The Boston Consulting Group, 1998. v. I.

_____. *Gerenciamento de valor para o acionista:* métricas de valor para o acionista. São Paulo: The Boston Consulting Group, 1999. v. II.

_____. *Geração de valor agregado – GVA:* material de treinamento Grupo Votorantim. São Paulo: The Boston Consulting Group, 2000.

FIPECAFI. *Manual de contabilidade das sociedades por ações (aplicável às demais sociedades).* 5. ed. São Paulo: Atlas, 1999.

GERA, M. *Análise macrofinanceira de empresas*. 2007. 98 f. Trabalho de Conclusão de Curso (Graduação em Administração) – Faculdade de Economia, Administração e Contabilidade de Ribeirão Preto, Universidade de São Paulo, Ribeirão Preto, 2007.

GITMAN, L. J. *Princípios de administração financeira:* essencial. 2. ed. Porto Alegre: Bookman, 2001.

LEMME, C. F. Revisão dos modelos de avaliação de empresas e suas aplicações nas práticas de mercado. *Revista de Administração da FEA/USP*, São Paulo, v. 36, n. 2, p. 117-124, abr./jun. 2001.

LESCHLY, S.; ROBERTS, M. J.; SAHLMAN, W. *Amazon.com – 2002, HBS*. Boston: Harvard Business School Publishing, 13 Feb. 2003.

MARTELANC, R.; PASIN, R.; PEREIRA, F. *Avaliação de empresas:* um guia para fusões e aquisições e *private equity*. São Paulo: Pearson Prentice Hall, 2010.

MARTIN, J. D.; PETTY, J. W. *Gestão baseada em valor:* a resposta das empresas à revolução dos acionistas. Rio de Janeiro: Qualitymark, 2004.

MARTINS, E. *Avaliação de empresas:* da mensuração contábil à econômica. São Paulo: Atlas, 2001.

MCKINSEY COMPANY et al. *Avaliação de empresas.* Valuation. Trad. Allan Vidigal Hastings. 3. ed. São Paulo: Makron Books, 2002.

NOGUEIRA, C. A. L. *Análise da estrutura econômica da saúde suplementar:* em busca de uma estrutura eficiente de mercado. 2004. Dissertação (Mestrado em Saúde Pública) – Fundação Oswaldo Cruz. Rio de Janeiro.

PEREZ, M. M.; FAMÁ, R. *Métodos de avaliação de empresas e a avaliação judicial de sociedades:* uma análise crítica. Seminários em Administração, 6, 2003, São Paulo.

PETERSON, P. P. et al. *Performance de empresas e medidas de valor adicionado.* São Paulo: Abamec, 1996.

RAPPAPORT, A.; MAUBOUSSIN, M. J. *Análise de investimentos.* Rio de Janeiro: Campus, 2002.

RAPPAPORT, A. *Gerando valor para o acionista:* um guia para administradores e investidores. São Paulo: Atlas, 2001.

SAHLMAN, W. A.; KATZ, L. E. *Amazon.com* – going public, a Harvard Business School Case Study. Boston: Harvard Business School Publishing, 18 Nov. 1998.

VICENTE, E. F. R.; TREVIZANI, F. A mensuração do retorno para o acionista: métricas de geração de valor agregado × indicadores tradicionais de análise de desempenho. Congresso Internacional de Custos, 9. Florianópolis, SC. *Anais* [...] Florianópolis, 2005.

10
Valor por Múltiplos

10.1 INTRODUÇÃO

O objetivo principal de uma empresa é a maximização de seu valor para o sócio/acionista (Damodaran, 1997; Rappaport, 2001; Black, Wright, Bachman, 2001; Young, O'Byrne, 2001; Copeland et al., 2002; Matias, 2006; Assaf Neto, 2003). O alvo e a razão da existência de uma empresa são fazer com que seu valor aumente e, assim, aumente a riqueza dos sócio-acionistas no decorrer de suas atividades. Como consequência, é de crucial importância para os gestores, investidores e demais *stakeholders*[1] saberem mensurar esse valor.

Quando se fala em medir o valor de uma empresa, remete-se a uma extensa área de conhecimento em finanças: a avaliação de empresas – *valuation*. Essa área tem aproximado os interesses de pesquisadores e profissionais do mercado, com o objetivo de conceber modelos e métricas que forneçam uma avaliação justa, aplicável e prática de quanto vale uma empresa. Os frutos dessa aproximação são diferentes métricas e modelos utilizados em avaliação, que vão desde técnicas comparativas de mercado até técnicas mais elaboradas, como as baseadas nos descontos de fluxos de benefícios futuros (Martins, 2001).

Este capítulo apresenta uma das técnicas de avaliação mais popularmente utilizadas: a avaliação por múltiplos ou avaliação relativa. Nessa avaliação, como será mais bem apresentado a seguir, os ativos são avaliados comparando ativos similares com preços formados pelo mercado. O leitor compreenderá os conceitos que regem a avaliação por múltiplos, os múltiplos que se destacam e seus cálculos, e verá um exemplo prático de precificação e análise financeira por meio de múltiplos, bem como suas principais vantagens e desvantagens.

---

[1] *Stakeholder*, do inglês, "interessados na empresa", como fornecedores, credores, empregados, entre outros.

10.2 APRESENTAÇÃO E DESCRIÇÃO

A avaliação por múltiplos, também chamada método de comparação direta ou avaliação relativa, baseia-se no princípio básico da teoria econômica de que: ativos similares devem ser negociados a preços similares (Cerbasi, 2003). Com isso, para avaliar um ativo, de maneira eficaz, deve-se encontrar um ativo idêntico ou comparável, que tenha sido negociado no mercado. O princípio central é intuitivo: "o valor deve ser igual ou próximo ao preço de venda de seu comparável".

Utiliza-se esse método para a grande maioria dos ativos, sendo um exemplo simples a avaliação de veículos. Como se sabe o preço de um veículo no Brasil? Todos os meses, a Fundação Instituto de Pesquisas Econômicas (Fipe) apresenta preços de reposição médios de mercado de veículos efetivamente praticados em diversos pontos do país, e as transações ocorrem com preços acima ou abaixo dos divulgados, porém esse valor é utilizado como parâmetro de negociação junto a lojas, concessionárias, seguradoras e órgãos governamentais. Um veículo, de acordo com sua marca, modelo e ano, será avaliado pelos valores de negociações realizadas com outros de mesma marca, modelo e ano.

O método de avaliação por múltiplos segue o mesmo raciocínio e compara o desempenho de uma empresa com o de outras empresas negociadas. Ao encontrar empresas semelhantes à avaliada que já foram ou estão sendo negociadas, tem-se uma indicação de quanto o mercado estaria disposto a pagar pela empresa em avaliação; no exemplo de veículos, encontra-se outro carro de mesma marca, modelo e ano já negociado. Para realizar uma avaliação por múltiplos, é necessário percorrer os seguintes passos:

1º passo | Encontrar ativos comparáveis com preços formados pelo mercado: isso significa buscar outras companhias que se assemelham à avaliada, como encontrar preços de negócios realizados para um carro da marca X, ano Y e modelo Z ou empresas com mesmo risco, potencial de geração de caixa e taxa de crescimento (comparar uma empresa de *software* com outras também de *software*). Todavia, comparar ativos que não são exatamente similares pode ser um desafio. Para isso, é preciso realizar o 2º passo, que é transformá-los e padronizá-los em variáveis comuns, as quais correspondem aos múltiplos.

2º passo | Transformar os preços de mercado em múltiplos (variáveis comuns para comparações): isso pode não ser necessário quando se comparam ativos idênticos, porém o é quando se comparam ativos com variações em volumes, unidades, tamanhos. Por exemplo, um veículo pequeno do modelo mais simples deve ter um valor menor do que um de tamanho maior e com ar-condicionado, vidros elétricos e quatro portas. Seu modelo, ano, marca e adicionais são algumas características de comparação para sua avaliação. No contexto de avaliação de empresas, para a realização de comparações, é necessário transformar o valor da empresa em múltiplos de lucro, patrimônio líquido ou receita.

3º passo | Ajustar as diferenças do ativo: usando novamente o exemplo do veículo, um carro zero deve ser mais valorizado do que um carro de mesma marca e antigo que precisa de reparos. Em empresas, as diferenças entre os seus preços podem ser atribuídas a seus fundamentos econômico-financeiros, que foram mais bem levantados e analisados em outras seções deste livro. Uma empresa será avaliada pelo preço de negociação de outra empresa, sendo utilizados, para isso, múltiplos contábeis, financeiros e econômicos. Assim, dentro do mesmo setor, empresas com altas taxas de crescimento devem apresentar múltiplos maiores do que aquelas com taxas baixas de crescimento.

Em resumo, o valor de um ativo deriva de preços negociados de ativos comparáveis, padronizados pelo uso de uma variável comum, seu múltiplo (lucro, fluxos de caixa, valores contábeis ou receitas), e a comparação entre empresas identificará possíveis empresas subavaliadas e superavaliadas (Damodaran, 1997; Martins, 2001; Martelanc, Pasin, Pereira, 2010).

Outro aspecto importante é que, segundo Damodaran (2006), os múltiplos se fundamentam nos pilares de valor, ou seja, o valor da empresa é baseado em três variáveis:

- Capacidade de geração de caixa.
- Crescimento esperado dos fluxos de caixa.
- Incertezas com relação a esses fluxos de caixa.

Empresas com altas taxas de crescimento, baixo risco e grande geração de fluxo de caixa deverão apresentar múltiplos mais elevados que empresas com baixo crescimento, alto risco e baixo potencial. Os principais múltiplos são:

- Preço/lucro (P/L).
- *Enterprise Value*/Ebitda (VE/Ebitda).
- Preço/Valor Patrimonial (P/VPA).
- *Enterprise Value*/Receita (VE/R).
- *Dividend Yield* (D/P).
- Múltiplos setoriais.
- Múltiplos com dados futuros.

10.2.1 Preço/lucro (P/L)

Segundo Damodaran (1997), a mais popular métrica de avaliação por múltiplos é o múltiplo de lucros ou índice preço/lucro (P/L). Uma das razões disso é que essa é uma das mais simples formas de pensar em valor, ou seja, pensá-lo como um múltiplo dos lucros que os ativos geram. Ao comprar uma ação, é comum buscar comparar seu preço em relação ao múltiplo de lucro por ação da empresa. Para calculá-lo, precisa-se saber o preço da ação e a quantidade de lucro por ação.

Por exemplo, qual deve ser o índice P/L para a empresa Petrobras – Petróleo Brasileiro S.A. ações PN (preferenciais nominativas) em 30/12/2013 e 30/12/2014?

Para responder à pergunta, é necessário obter o preço da ação em 30/12/2013 e 30/12/2014 e o lucro por ação para cada ação PN em cada período. No Apêndice Único, estão dispostos os demonstrativos financeiros dos últimos três anos e o histórico de suas cotações. Apesar de o exemplo considerar as ações PN o cálculo pode ser realizado da mesma forma para as ações ON (ordinárias nominativas).

Tem-se:

	2013 – consolidado		2014 – consolidado
Preço da ação (30/12/2013)	R$ 16,05	Preço da ação (30/12/2014)	R$ 10,02
Lucro líquido (mil)	R$ 23.007.000	Lucro líquido (mil)	–R$ 21.924.000
Ações preferenciais (PN) (mil)	R$ 5.602.042	Ações preferenciais (PN) (mil)	R$ 5.602.042
Ações ordinárias (ON) (mil)	R$ 7.442.454	Ações ordinárias (ON) (mil)	R$ 7.442.454
Total das ações (mil)	R$ 13.044.497	Total das ações (mil)	R$ 13.044.497

1º | Primeiro, calcula-se o percentual de ações PN em relação ao total das ações da empresa:

%PN = Ações preferenciais (PN)/Total das ações

30/12/2013	30/12/2014
$\%PN = \dfrac{5.602.042}{13.044.497} = 42,95\%$	$\%PN = \dfrac{5.602.042}{13.044.497} = 42,95\%$

2º | Feito isso, o próximo passo é calcular lucro líquido por ação:

LPA = (Lucro líquido do período × %PN)/Ações PN

30/12/2013	30/12/2014
$LPA = \dfrac{(R\$\,23.007.000 \times 42,95\%)}{5.602.042} = R\$\,1{,}764$	$LPA = \dfrac{(-R\$\,21.924.000 \times 42,95\%)}{5.602.042} = -R\$\,1{,}681$

3º | Calcula-se a seguir o múltiplo P/L:

P/L = Preço/Lucro líquido por ação

30/12/2013	30/12/2014
$LPA = \dfrac{R\$\,16{,}05}{R\$\,1{,}764} = 9{,}1$	$LPA = \dfrac{R\$\,10{,}02}{-R\$\,1{,}681} = -5{,}96$

O resultado obtido pelo múltiplo P/L apresenta diferentes interpretações:

a. Reflete a confiança que os investidores têm na empresa. Sua interpretação segue a regra de, quanto maior o P/L, melhor, e seus valores indicam o preço que os investidores se dispõem a pagar por uma unidade monetária de lucro (Gitman, 2010).

b. Reflete a quantidade de anos necessários para que o investidor recupere o valor pago pela ação da empresa, considerando constante o último lucro líquido anual obtido.

Dessa forma, é possível interpretar os resultados obtidos da seguinte forma:
- 2013
  - Os investidores estavam dispostos a pagar R$ 9,10 para cada R$ 1 de lucro da empresa.
  - Eram necessários 9,1 anos para que o investidor recuperasse o valor pago na ação em 30/12/X1, considerando a constância do lucro.
- 2014
  - Foram obtidos resultados negativos para esse múltiplo, –R$ 5,96, isso indica a realização de um prejuízo, o que torna o significado desse múltiplo inexistente.

Deve-se salientar que, para o cálculo do múltiplo preço/lucro, não são considerados os itens não recorrentes do resultado. Os índices referentes ao lucro podem ser calculados também por meio da utilização da média de preços de um número definido de pregões ou, então, por meio da última cotação disponível. Pode-se utilizar diferentes parâmetros, como o ano fiscal mais recente ou o resultado anualizado do trimestre mais próximo ou projeções para os anos subsequentes.

A relação entre preço e lucro por ação obtida, multiplicada pelo lucro da empresa avaliada, produz o suposto valor do empreendimento, ou preço por ação.

Na forma mais simples dessa abordagem, empresas com índices P/L menores do que sua taxa esperada de crescimento são consideradas subvalorizadas (Damodaran, 1997). Em outra ponta, uma relação P/L alta indica a existência da expectativa de crescimento dos benefícios gerados pela empresa. Ela também é analisada em relação ao tempo em que se recupera o investimento inicial, considerando que os níveis de benefícios permanecerão constantes (Martins, 2001).

Esse múltiplo tem como vantagem a facilidade e praticidade de seu cálculo, entendimento rápido e mercado familiarizado com seu conceito. Além disso, a avaliação do lucro por ação é bastante útil quando se pretende avaliar um grande número de empresas para identificar melhores oportunidades de investimento, servindo, nesse caso, como uma espécie de filtro para pré-qualificar um grupo de melhores oportunidades (Cerbasi, 2003).

Como desvantagem, existe o fato de utilizar o lucro contábil, ignorando o valor do dinheiro no tempo, além de considerar implícita a ideia de eficiência de mercado (Martins, 2001). Somado a isso, Damodaran (1994) lembra que os índices P/L não têm significado quando os lucros por ação forem negativos e a volatilidade dos lucros pode fazer com que índices P/L mudem drasticamente de um período para outro. Assim, não é incomum que em uma empresa cíclica o P/L atinja um pico em um período de recessão e um mínimo em um pico de crescimento econômico.

Assim como o múltiplo P/L, é possível utilizar vários múltiplos de rentabilidade, como lucros líquidos anuais, lucros líquidos antes do Imposto de Renda e Contribuição Social (Lair) trimestrais, lucros operacionais esperados pelos investidores, entre outros. Segundo Damodaran (2006), entre os índices de lucro, o que tem maior destaque atualmente é aquele que utiliza o lucro operacional antes dos juros, impostos, depreciações e amortizações (Lajida ou Ebitda, do inglês *Earnings before interest, taxes, depreciation and amortization*), o qual será apresentado a seguir.

10.2.2 *Enterprise Value*/Ebitda (VE/Ebitda)

O múltiplo EV/Ebitda ou VE/Ebitda relaciona o valor da empresa com a sua capacidade de geração de caixa. O objetivo de calcular o Ebitda é obter o valor do caixa, ou melhor, do potencial de geração de caixa. O valor do caixa corresponde aos valores produzidos pelos ativos genuinamente operacionais, antes de se considerarem as depreciações, excluindo-se as receitas financeiras, sem os efeitos decorrentes da forma de financiamento da empresa, portanto excluindo-se também as despesas financeiras e antes dos efeitos dos tributos sobre o resultado (IR e contribuição social sobre o lucro, no caso brasileiro) (Martins, 1998a).

Para calcular o índice VE/Ebitda, precisa-se inicialmente calcular o valor empresarial (VE) e, também, o lucro antes de juros, impostos, depreciação e amortização (Ebitda ou Lajida).

Nos exemplos seguintes, será utilizado o preço da ação da Petrobras – Petróleo Brasileiro S.A. (PN) para os mesmos períodos analisados anteriormente, 30/12/2013 e 30/12/2014. Assim, têm-se:

1º | Primeiro, calcula-se o VE:

VE = (Quantidade total de ações × Preço da ação (PN)) + Passivo circulante + Passivo não circulante – Caixa e equivalentes de caixa – Aplicações financeiras

	2013 – consolidado		2014 – consolidado
Preço da ação (30/12/2013)	R$ 16,05	Preço da ação (30/12/2014)	R$ 10,02
(×) Quantidade total de ações (mil)	13.044.497	(×) Quantidade total de ações (mil)	13.044.497
(=) Preço ação × quantidade de ações (mil)	R$ 209.364.176	(=) Preço ação × quantidade de ações (mil)	R$ 130.705.859
(+) Passivo circulante (mil)	R$ 82.525.000	(+) Passivo circulante (mil)	R$ 82.659.000
(+) Passivo não circulante (mil)	R$ 321.108.000	(+) Passivo não circulante (mil)	R$ 399.994.000
(–) Caixa e equivalentes (mil)	–R$ 37.172.000	(–) Caixa e equivalentes (mil)	–R$ 44.239.000
(–) Aplicações financeiras CP (mil)	–R$ 9.101.000	(–) Aplicações financeiras CP (mil)	–R$ 24.763.000
(–) Aplicações financeiras LP (mil)	–R$ 31.000	(–) Aplicações financeiras LP (mil)	–R$ 6.000
(=) VE (mil)	R$ 566.693.177	(=) VE (mil)	R$ 544.347.860

2º | Em seguida, calcula-se o Ebitda:

O cálculo do Ebitda considerará a forma de cálculo utilizada pela Petrobras em seu relatório da administração, portanto têm-se:

(+) Receita Líquida
(–) CMV
(–) Despesas Operacionais
(=) Resultado Operacional
(+) Depreciação + Amortização + Exaustão
(=) Ebitda

	2013 – consolidado	2014 – consolidado
Receita Líquida	R$ 304.890.000	R$ 337.260.000
(–) CMV	–R$ 234.995.000	–R$ 256.823.000
(–) Despesas Operacionais	–R$ 35.538.000	–R$ 102.353.000
(=) Resultado Operacional	R$ 34.357.000	–R$ 21.916.000
(+) Depreciação + Amortização + Exaustão	R$ 28.467.000	R$ 30.677.000
(=) Ebitda	R$ 62.824.000	R$ 8.761.000

3º | Por fim, calcula-se o VE/Ebitda:

VE/Ebitda = Valor da empresa/Ebitda

30/12/X1	30/12/X2
$\text{VE/Ebitda} = \dfrac{R\$ 566.724.177}{R\$ 62.824.000} = 9{,}02$	$\text{VE/Ebitda} = \dfrac{R\$ 544.356.860}{R\$ 8.761.000} = 62{,}13$

O objetivo do cálculo do múltiplo VE/Ebitda é avaliar qual o tempo necessário para que a geração de caixa da empresa paga o seu valor empresarial.

No exemplo da Petrobras, verificam-se que:

- 2013
  - Seriam necessários aproximadamente 9 anos para que a geração de caixa da empresa fosse suficiente para pagar o valor da empresa.
- 2014
  - Seriam necessários aproximadamente 62 anos para que a geração de caixa da empresa fosse suficiente para pagar o valor da empresa. Portanto, verifica-se uma grande degradação desse múltiplo para a empresa, sem dúvida muito influenciado pelo prejuízo da companhia em 2014.

10.2.3 Preço/Valor Patrimonial (P/VPA)

Ressalta-se que, enquanto os mercados financeiros apontam um valor para a empresa correspondente a seus preços de negociação, os demonstrativos contábeis informam um valor bem diferente estimado para a mesma empresa (Damodaran, 2006). Investidores, muitas vezes, verificam essa diferença, comparando o preço da ação a seu valor patrimonial contábil. Fazendo isso, os investidores estão considerando que o valor de mercado de um ativo reflete seu poder de geração de riqueza, enquanto o valor contábil reflete seu custo de aquisição diminuído das depreciações acumuladas (Santiago Filho e Famá, 2001).

Seguindo esse raciocínio, o múltiplo P/VPA vem medir o quanto os investimentos feitos pelos sócio-acionistas ao longo do tempo, a preço de custo de aquisição, estão valorizados, o que auxilia nas comparações de super ou subavaliações de ações de empresas de setores iguais ou diferentes (Martelanc, Pasin, Pereira, 2010).

Para melhor entendimento desses conceitos, toma-se o mesmo exemplo da empresa Petrobras para calcular o índice P/VPA em 30/12/2013 e 30/12/2014.

Tem-se:

	2013 – consolidado		2014 – consolidado
Preço da ação (30/12/X1)	R$ 16,05	Preço da ação (30/12/X2)	R$ 10,02
Ações preferenciais (PN) (mil)	5.602.042	Ações preferenciais (PN) (mil)	5.602.042
Ações ordinárias (ON) (mil)	7.442.454	Ações ordinárias (ON) (mil)	7.442.454
Total das ações (mil)	13.044.497	Total das ações (mil)	13.044.497
Patrimônio líquido (mil)	R$ 349.334.000	Patrimônio líquido (mil)	R$ 310.722.000

1º | Primeiro, calcula-se o percentual de ações PN em relação ao total das ações da empresa:

%PN = Ações preferenciais (PN)/Total das ações

30/12/2013	30/12/2014
$\%PN = \dfrac{5.602.042}{13.044.497} = 42,95\%$	$\%PN = \dfrac{5.602.042}{13.044.497} = 42,95\%$

2º | Feito isso, o próximo passo é calcular patrimônio líquido por ação:

VPA = (Patrimônio líquido × %PN)/Ações PN

30/12/2013	30/12/2014
$VPA = \dfrac{(R\$\,349.334.000 \times 42,95\%)}{5.602.042} = R\$\,26,78$	$VPA = \dfrac{(R\$\,310.722.000 \times 42,95\%)}{5.602.042} = R\$\,23,82$

3º | Calcula-se, a seguir, o múltiplo P/VPA:

P/VPA = Preço/Valor patrimonial por ação

30/12/2013	30/12/2014
$P/VPA = \dfrac{R\$\,16,05}{R\$\,26,78} = R\$\,0,60$	$P/VPA = \dfrac{R\$\,10,02}{R\$\,23,82} = R\$\,0,42$

O objetivo do cálculo do múltiplo P/VPA é avaliar qual o preço que o mercado aceita pagar para cada R$ 1 investido pelos acionistas na empresa. Essa relação é utilizada, ainda, para comparar o preço da ação ao seu valor patrimonial contábil.

No exemplo da Petrobras, verifica-se que, em ambos os períodos, esse indicador apresenta valores subavaliados:
- 2013
  - O resultado de R$ 0,60 mostra que o mercado aceita pagar R$ 0,60 para cada R$ 1 investido pelos acionistas na empresa ou, ainda, que uma ação PN da companhia é 0,6 vez o valor do patrimônio líquido por ação.

- 2014
    - O resultado de R$ 0,42 é ainda pior que o valor de 12/2013. Mostra que o mercado aceita pagar R$ 0,42 para cada R$ 1 investido pelos acionistas na empresa ou, ainda, que uma ação PN da companhia é 0,42 vez o valor do patrimônio líquido por ação.

Como vantagens, o índice P/VPA fornece uma medida relativamente estável e intuitiva de valor com que se podem comparar empresas similares, mesmo não sendo de uma mesma indústria, ao preço de mercado, além de poder avaliar empresas com lucros negativos e as que não pagam dividendos (Damodaran, 1997).

Como desvantagens, tem-se a questão da norma contábil. Quando as normas contábeis variam muito entre as empresas, os índices P/VPA podem não ser comparáveis entre elas, pois o patrimônio líquido é formado de modo diferente. Somado a isso, o valor contábil não tem muito sentido para empresas que não têm ativos fixos significativos, como as de serviços, e não pode ser medido para empresas com patrimônio líquido negativo (Santiago Filho e Famá, 2001).

10.2.4 *Enterprise Value*/Receita (VE/R)

Havia, até a década de 1980, a crença de que receitas maiores eram diretamente relacionadas a lucros maiores, em razão do nível baixo de competição entre as empresas. Aliada a maior facilidade de mensuração das receitas em relação aos lucros, as vendas se tornaram a base de avaliação mais utilizada. A partir dos anos 1990, as margens de lucro foram reduzidas, o que dificultou a gestão do lucro. Assim, para a melhor avaliação dessas empresas, mostrava-se mais correta a utilização dos resultados financeiros que poderiam acontecer. Contudo, as empresas muito lucrativas seriam subavaliadas se se utilizassem como base as suas receitas (Martelanc, Pasin, Pereira, 2010).

A utilização dos múltiplos de receita se tornou mais comum em virtude do grande número de IPO norte-americanos de empresas pertencentes à nova economia. Essas empresas *dotcom*[2] não apresentavam históricos financeiros ou lucros, o que impedia a sua avaliação pelos métodos tradicionais de múltiplos de Ebitda, lucro ou fluxo de caixa descontado. O uso dos múltiplos de receita também foi impulsionado pelos escândalos contábeis de empresas europeias e norte-americanas no início dos anos 2000, que colocaram os demonstrativos contábeis em cheque. Em virtude da maior dificuldade de manipulação das receitas, o uso de seus múltiplos pode ser mais confiável e preciso. Contudo, o seu emprego em empresas em crise pode não ser adequado pela impossibilidade de mensurar o tamanho do prejuízo que será gerado, que pode ser maior que o lucro e as receitas (Martelanc, Pasin, Pereira, 2010).

Utilizando novamente como exemplo a empresa Petrobras para calcular o índice VE/R em 30/12/2011 e 30/12/2012:

---

[2] Empresas *dotcoms*: nome dado pelo mercado a empresas virtuais, que operam apenas no ambiente da internet.

	2013 – consolidado		2014 – consolidado
Receita líquida (mil)	R$ 304.890.000	Receita líquida (mil)	R$ 337.260.000

1º | Primeiro, calcula-se o VE:

VE = (Quantidade total de ações × Preço da ação (PN)) +
Passivo circulante + Passivo não circulante − Caixa e equivalentes
de caixa − Aplicações financeiras

	2013 – consolidado		2014 – consolidado
Preço da ação (30/12/2013)	R$ 16,05	Preço da ação (30/12/2014)	R$ 10,02
(×) Quantidade total de ações (mil)	13.044.497	(×) Quantidade total de ações (mil)	13.044.497
(=) Preço ação × quantidade de ações (mil)	R$ 209.364.176	(=) Preço ação × quantidade de ações (mil)	R$ 130.705.859
(+) Passivo circulante (mil)	R$ 82.525.000	(+) Passivo circulante (mil)	R$ 82.659.000
(+) Passivo não circulante (mil)	R$ 321.108.000	(+) Passivo não circulante (mil)	R$ 399.994.000
(−) Caixa e equivalentes (mil)	−R$ 37.172.000	(−) Caixa e equivalentes (mil)	−R$ 44.239.000
(−) Aplicações financeiras CP (mil)	−R$ 9.101.000	(−) Aplicações financeiras CP (mil)	−R$ 24.763.000
(−) Aplicações financeiras LP (mil)	−R$ 31.000	(−) Aplicações financeiras LP (mil)	−R$ 6.000
(=) VE (mil)	R$ 566.693.177	(=) VE (mil)	R$ 544.347.860

2º | Calcula-se, a seguir, o múltiplo VE/R:

VE/R = Valor da empresa/Receita líquida

30/12/2013	30/12/2014
$VE/R = \dfrac{R\$\ 566.693.177}{R\$\ 304.890.000} = 1,86$	$VE/R = \dfrac{R\$\ 544.347.860}{R\$\ 337.260.000} = 1,61$

O múltiplo VE/R compara o valor das empresas às suas receitas líquidas. Nele, define-se qual o tempo necessário para pagar o valor da empresa apenas com a sua própria geração de receitas.

- 2013
  - O resultado mostra que o valor da empresa é 1,86 vez maior do que as receitas líquidas, portanto seria necessário 1,86 ano para pagar o valor da empresa apenas com a receitas geradas por ela.
- 2014
  - O resultado de 1,61 significa que o valor da empresa é equivalente a 1,61 vez o valor de suas receitas líquidas, sendo necessário 1,61 ano para pagar o valor da empresa apenas com a receitas geradas por ela.

10.2.5 Dividend yield

O múltiplo *dividend yield* tem suas bases no fundamento de que uma ação é o valor presente nos dividendos que se espera que ela gere e é bastante utilizado como ferramenta de comparação. O *dividend yield* corresponde ao percentual entre o dividendo pago por ação de uma empresa e o preço dessa mesma ação. Quanto maior for o *dividend yield*, significará que a empresa apresenta bons resultados, e sua política de distribuição de lucros aos sócio-acionistas é representativa frente ao preço da ação. É o resultado de uma fração (dividendo pago/preço da ação), e seu valor é expresso em percentuais.

Utilizando novamente como exemplo a empresa Petrobras para calcular o índice VE/R em 30/12/2013 e 30/12/2014:

Para responder à pergunta, é necessário obter o preço da ação em 30/12/2013 e 30/12/2014 e os dividendos para cada ação PN. Tem-se:

	2013 – consolidado		2014 – consolidado
Preço da ação (30/12/2013)	R$ 16,05	Preço da ação (30/12/2014)	R$ 10,02
Dividendos pagos	R$ 0,99	Dividendos pagos	R$ 0

1º | Calcula-se, a seguir, o múltiplo *dividend yield*:

D/P = Preço/Dividendo por ação

30/12/X1	30/12/X2
$D/P = \dfrac{R\$\ 0,99}{R\$\ 16,05} = 6,21\%$	$D/P = \dfrac{R\$\ 0,00}{R\$\ 10,02} = 0\%$

- 2013
    - O *dividend yield* da Petrobras para 2011 foi de 6,21%, portanto o investidor recebeu 6,21% de retorno sobre o seu investimento em ações PN da companhia por meio de dividendos.
- 2014
    - O *dividend yield* da Petrobras para 2012 foi de 0,00%, portanto o investidor não recebeu nada de retorno sobre o seu investimento em ações PN da companhia por meio de dividendos.

O uso desse múltiplo é muito frequente na comparação de empresas pelos investidores, pois traduz para o preço o retorno esperado pelo investimento, revelando rapidamente políticas passadas e esperadas de distribuição de dividendos, o que pode ser considerado uma vantagem. Além disso, pode-se constatar que o *dividend yield* também fornece pistas das variáveis que formam o valor da empresa, o fluxo de caixa para o sócio/acionista.

Como desvantagem, apesar de ter uma forma simples e conveniente, a aplicação adequada do *dividend yield* apresenta restrições na maioria das empresas, pois políticas diferentes de dividendos podem alterar equivocadamente o valor de uma empresa. Por exemplo, suponham-se duas empresas A e B com contas idênticas, mesmos ativos, passivos, patrimônios líquidos, receitas e resultados, mesmas perspectivas de geração de caixa futuro, mesmos riscos, mesmas taxas de crescimento esperadas. Sendo idênticas, devem ter o mesmo valor. Entretanto, imagine que a A distribui em dividendos em média 25% de seus lucros e a B, 5% de seus lucros. Calculando-se apenas o *dividend yield*, seus valores poderiam ser erroneamente comparados, considerando que as empresas poderão alterar sua política de dividendos a qualquer momento. Outro ponto que chama a atenção diz respeito à legislação brasileira, que exige a distribuição mínima de 25% dos dividendos entre os sócios/acionistas, o que pode enviesar o múltiplo P/D em comparações com empresas de outros países.

Observa-se na Figura 10.1 o comportamento do preço das ações da Petrobras (PETR4) entre dezembro de 2010 e dezembro de 2015. Essa brusca queda nos preços da ação poderá ser acompanhada de uma degradação dos seus múltiplos.

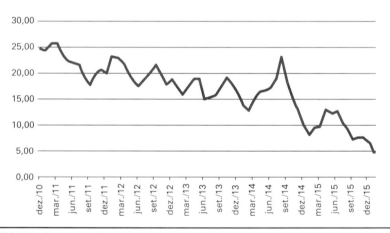

FIGURA 10.1   Preço da ação da Petrobras.

10.2.6   Múltiplos por setor

Existem também os múltiplos específicos por setor, que podem ser utilizados para comparação entre empresas de um mesmo nicho de operações.

Há vários exemplos do uso desses múltiplos, que vão desde usinas de cana-de-açúcar, comparadas por múltiplos de quantidade de cana moída, até empresas de internet, em que se utilizam os múltiplos de número de acessos em suas páginas.

Os múltiplos de variável específica da indústria estudada possibilitam maior facilidade de comparação entre duas empresas. Entretanto, como desvantagem, só permitem comparação dentro do setor, além de, muitas vezes, ser difícil traçar relações entre eles e o fluxo de caixa da empresa, por exemplo, no caso de múltiplos de acesso em empresas de internet. Outro problema está no fato de que, muitas vezes, uma empresa não fabrica apenas um tipo de produto, mas um composto, impossibilitando o cálculo desse múltiplo (Santiago Filho e Famá, 2001).

10.2.7 Múltiplos com dados futuros

Pode-se também utilizar para efeito de comparação, entre empresas de um mesmo setor, os múltiplos sobre projeções de receita, lucros, Ebitda, valor patrimonial, múltiplos por setor etc. para os anos subsequentes.

Seu uso se mostra interessante, pois a utilização de dados esperados remete ao conceito básico de valor de que um ativo vale os benefícios esperados (futuros) trazidos ao valor presente por uma taxa que remunere seu capital. Trabalhar com dados futuros (receita, lucros, Ebitda, valor patrimonial, múltiplos por setor) pode trazer valores mais acurados e semelhantes ao valor da empresa.

Entretanto, seu uso prático é inviabilizado pelas dificuldades de se obterem e estimarem as projeções. Atualmente, projeções de analistas de empresas brasileiras são encontradas para menos de 60 empresas, sendo estas pertencentes a determinados setores, e a maioria desses dados dos analistas não é de acesso livre. Somado a isso, as projeções dependem das premissas adotadas pelas equipes de análise, portanto, inviabilizando tal comparação, ao tomarem-se, por exemplo, projeções de duas equipes de análise diferentes.

10.3 ANÁLISE FINANCEIRA POR MÚLTIPLOS

A análise financeira por múltiplos segue o mesmo raciocínio da análise retrospectiva dos demonstrativos financeiros abordada anteriormente. Primeiro, obtêm-se os múltiplos de determinada empresa ao longo de um período. O próximo passo é compará-los à média do setor ou à média do mercado e analisá-los horizontal e verticalmente. Visando ao maior entendimento, verificam-se o exemplo a seguir e sua respectiva análise financeira.

Na Tabela 10.1, é possível observar os múltiplos para a Companhia Delta, a média dos mesmos múltiplos para o setor de Bens Industriais na Bovespa e na Nyse, calculados entre 2012 e 2016.

TABELA 10.1 Múltiplos para Companhia Delta.

Múltiplos	Dados	2012	2013	2014	2015	2016
P/L	Companhia Delta	4,70	6,00	6,80	8,40	18,00
	Média Bovespa	6,18	6,29	9,63	8,24	11,48
	Média Dow Jones	12,41	24,78	29,49	16,04	20,98
VE/Ebitda	Companhia Delta	2,40	2,90	3,30	4,20	8,00
	Média Bovespa	3,13	1,92	2,23	2,02	6,46
	Média Dow Jones	4,80	5,53	6,30	5,84	6,52
P/VPA	Companhia Delta	1,70	1,70	2,00	2,20	3,40
	Média Bovespa	1,45	1,64	1,86	2,03	2,59
	Média Dow Jones	1,97	2,23	2,81	2,45	2,61
VE/R	Companhia Delta	1,61	1,70	1,85	1,40	2,30
	Média Bovespa	0,44	0,54	0,59	0,72	0,90
	Média Dow Jones	1,49	1,79	2,03	2,01	2,47
Dividend yield	Companhia Delta	1,80	5,40	3,90	4,20	1,50
	Média Bovespa	2,84	5,25	11,35	5,51	1,61
	Média Dow Jones	1,82	2,05	1,92	1,80	1,70

Em princípio, nessa análise, pode ser observado um aumento em todos os múltiplos.

O múltiplo P/L em 2012 estava abaixo da média Bovespa, e seu valor era menos de 40% da média NYSE, o que fornece pistas de que, nesse ano, a ação estava desvalorizada frente às demais de seu setor. Em 2014, o mesmo múltiplo se apresenta acima da média nacional e abaixo da média do setor na Nyse. Para uma avaliação com dados de 2016, várias análises podem ser defendidas, indicando tanto a subvalorizada como a supervalorizada para o papel. Por exemplo, se for analisada pela média nacional, a ação da Companhia Delta poderia ser considerada supervalorizada e poder-se-ia prever uma queda ou desvalorização de até 36%, para, então, se adequar à média Bovespa do setor. Se a mesma empresa for comparada à média Nyse, poderia ser considerada subvalorizada e estimar-se-ia uma valorização ainda de 16,6% no papel, uma vez que a empresa ainda não atingiu a média dessa bolsa.

Na análise com o múltiplo P/VPA, a empresa apresentou dados acima da média Bovespa em todos os anos, indicando talvez uma posição de supervalorização para o papel. Entretanto, se comparada à média Nyse, a empresa apresenta valores menores até o ano de 2015, e somente em 2016 ficou acima tanto da média Bovespa quanto da média Nyse. Isso significa que a empresa está supervalorizada e, necessariamente, sofrerá uma redução em seu preço da ação? Não obrigatoriamente, pois esses dados fornecem pistas de que talvez a ação esteja supervalorizada. Novamente, várias análises podem ser defendidas, indicando tanto a supervalorização como a subvalorização (p. ex., existem analistas que acreditam que o múltiplo P/VPA para a Companhia Delta deve ser de 4,00) e, exatamente por essa razão, existem pessoas comprando e vendendo o papel.

O múltiplo VE/Ebitda apresentou considerável crescimento, passando de uma posição abaixo das médias Bovespa e Nyse até 2015 para uma posição acima em ambas em 2016.

O múltiplo VE/R da Companhia Delta apresentou em todos os anos uma posição acima da média Bovespa e abaixo da média Nyse. Com relação ao ano de 2017, qual será o possível caminho do papel? Cair até 68,9% para atingir a média nacional ou aumentar mais 7,4% para atingir a média VE/R das empresas de Construção Civil na Nyse? Mais uma vez, ambas as análises podem ser defendidas.

O múltiplo *dividend yield* não apresentou uma constante entre a política de distribuição de dividendos e o preço da ação, oscilando entre as médias e durante todo o período analisado.

Outro ponto a ser analisado é que em 2012 a maioria dos múltiplos encontrava-se em posições que indicam subvalorização em relação às médias. Em 2016, essa mesma análise desenha mais posições supervalorizadas do que subvalorizadas.

10.4 PRECIFICAÇÃO POR MÚLTIPLOS

O processo de precificação por múltiplos envolve todos os conceitos aplicados até aqui. Primeiro, calculam-se os múltiplos para a empresa, o setor, o mercado e, se possível, seu setor em outros mercados. Depois disso, faz-se a comparação entre os valores encontrados, e destes são extraídos os possíveis valores da empresa em determinado período, segundo os múltiplos médios setoriais, conforme visto a seguir.

10.4.1 Cálculo do preço justo

Para entender melhor como é feito o cálculo do preço justo com base em múltiplos, primeiro faz-se o cálculo utilizando o múltiplo P/L, para a Companhia Delta em 31/12/2012.

Nessa data, os dados da empresa eram (dados obtidos na análise financeira):
- Preço da ação em 31/12/2012 = R$ 15,82.
- Múltiplo P/L Companhia Delta 31/12/2012 = 4,70.
- Múltiplo P/L Bovespa = 6,18.
- Múltiplo P/L NYSE = 12,41.

Cálculo do preço com base na média Bovespa:
- (P/L Companhia Delta-P/L Bovespa)/(P/L Bovespa) = (6,18 − 4,70)/6,18 = 31,5%.
- Preço Companhia Delta pela média Bovespa = Preço Companhia Delta × Múltiplo Setor.
- Preço Companhia Delta pela média Bovespa = R$ 15,82 + (31,5% x R$ 15,82) = R$ 20,80.

Em 31/12/2012, em relação ao múltiplo P/L, a empresa deveria valer não mais R$ 15,82, mas em relação à média nacional 31,5% a mais, ou seja, R$ 20,80. Efetuando-se os mesmos cálculos para a média Nyse, seu valor deveria ser R$ 41,77.

Se forem repetidos os cálculos para os demais múltiplos, utilizando os cálculos de média Bovespa e Nyse, entre 2012 e 2016, o preço justo da empresa poderia ser estimado como na Tabela 10.2.

Se forem comparados os diversos "preços justos" apontados pelos múltiplos, em duas bolsas diferentes ao longo dos anos, há alguns intervalos de valores. Em 2012, a análise por múltiplos indica como menor preço o equivalente calculado pelo múltiplo VE/Receita Média Bovespa, R$ 7,76, e o maior preço o equivalente ao P/L Média Nyse, correspondente a R$ 41,79. Entretanto, isso não indica necessariamente preços mínimos e máximos, pois o valor de R$ 41,79 pode ser considerado mínimo por alguns analistas, por ser apenas o suficiente para igualar o preço aos praticados no mercado norte-americano naquela data. De qualquer modo, é interessante observar que o preço em 2013 estava abaixo do precificado pela maioria dos múltiplos.

TABELA 10.2 Preço justo da empresa.

Múltiplos	Dados	2012	2013	2014	2015	2016
Preço justo Companhia Delta		R$ 15,82	R$ 21,36	R$ 31,89	R$ 47,74	R$ 87,84
P/L	Bovespa	R$ 20,82	R$ 22,38	R$ 45,17	R$ 46,81	R$ 56,02
	NYSE	R$ 41,79	R$ 88,21	R$ 138,28	R$ 91,14	R$ 102,38
VE/Ebitda	Bovespa	R$ 20,65	R$ 14,11	R$ 21,58	R$ 23,00	R$ 70,90
	NYSE	R$ 31,67	R$ 40,70	R$ 60,86	R$ 66,37	R$ 71,57
P/VPA	Bovespa	R$ 13,49	R$ 20,61	R$ 29,61	R$ 44,12	R$ 66,99
	NYSE	R$ 18,30	R$ 28,02	R$ 44,79	R$ 53,13	R$ 67,41
VE/Receita	Bovespa	R$ 7,76	R$ 11,50	R$ 15,72	R$ 24,66	R$ 34,37
	NYSE	R$ 26,16	R$ 38,14	R$ 53,91	R$ 68,52	R$ 94,46

Em 2016, pela análise por múltiplos, o preço mínimo poderia ser o equivalente calculado pelo múltiplo P/Receita Média Bovespa, R$ 34,37 ou o equivalente ao P/L Média Nyse, R$ 102,38, considerado mínimo por alguns analistas por ser apenas o suficiente para igualar o preço aos praticados no mercado norte-americano naquela data. Em 2016, é possível constatar que o preço da ação estava abaixo somente para os múltiplos P/L e P/Receita em relação à média Nyse, estando acima para todos os demais.

10.4.2 Seleção dos múltiplos

Damodaran (2002) afirma que a combinação de múltiplos e comparação entre empresas é utilizada em 90% das pesquisas em avaliação de empresas e em 50% das avaliações para aquisições.

Mas como se deve selecionar os múltiplos? Quais múltiplos são mais considerados pelos analistas? Quais são realmente os múltiplos mais utilizados?

Segundo uma pesquisa do banco Morgan Stanley Dean Witter (1999), a avaliação pelo múltiplo P/L é a principal metodologia usada pelo banco na Europa para avaliar ações, pois 50% dos entrevistados utilizam esse método. Fernandez, em um estudo de 2001 também no Banco Morgan Stanley, apontou como múltiplos mais considerados o P/L e o P/Ebitda. Damodaran (2002) aponta os múltiplos P/Ebitda e P/VPA como os mais frequentemente utilizados. Assim, de acordo com essas pesquisas, em uma avaliação destacam-se os múltiplos P/L, P/Ebitda e P/VPA.

No Brasil, em uma pesquisa feita com os associados da Apimec em 2005 por Soutes, Schvirck e Machado (2006), encontrou-se uma alta utilização do método de avaliação por múltiplos para a maioria dos setores. A pesquisa indicou que o método múltiplos de lucro está entre os três métodos mais utilizados em avaliações de empresas do setor industrial, comercial e serviços e como primeiro método mais utilizado no setor de financeiro (principalmente nas avaliações de instituições financeiras).

Entre os múltiplos, o múltiplo P/Ebitda ou P/Lajida foi indicado como o mais utilizado seguido do P/L, P/R e P/VPA (Figura 10.2). Já entre os múltiplos de menor utilização o mais indicado foi P/Ebit, seguido de P/VPA e P/R. Um dado interessante foi que os resultados se apresentaram complementares, ou seja, os métodos citados como os mais utilizados são pouco citados entre os menos utilizados (Figura 10.3).

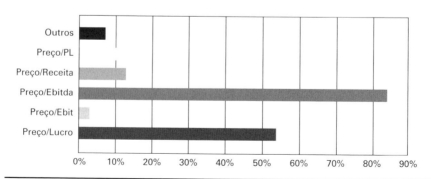

FIGURA 10.2 Múltiplos mais utilizados pelos profissionais de investimento.
Fonte: Soutes, Schvirck e Machado (2006).

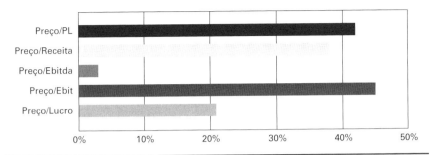

FIGURA 10.3 Múltiplos menos utilizados pelos profissionais de investimento.
Fonte: Soutes, Schvirck e Machado (2006).

Essa pesquisa também apontou que:
- Quanto ao número de empresas necessárias para a comparação e avaliação, três foi considerado o número mínimo.
- Para o cálculo dos múltiplos, 43% dos participantes da pesquisa afirmaram preferir dados passados, enquanto 57% utilizam dados projetados.
- Os critérios para seleção de empresas comparáveis mais citados pelos profissionais de investimento foram: setor econômico, porte, tempo de atuação, localização geográfica e características operacionais.

Martelanc, Trizi e Pacheco (2005), depois de realização de entrevistas em profundidade com 29 profissionais do mercado de fusões e aquisições e *private equities* das principais consultorias e bancos do Brasil, concluíram que o fluxo de caixa descontado é o método preferido pelos entrevistados para a avaliação, seguido do método por múltiplos. Os principais múltiplos utilizados segundo a pesquisa são:
- Preço da ação/Lucro por ação (P/L).
- Preço da ação/Lajida[3] por ação (P/Lajida).
- Preço da ação/Valor patrimonial por ação (P/VPA).
- Valor da empresa/Lajida.
- Preço da ação/Vendas líquidas (VE/Ebitda) por ação.

10.5 ANÁLISE COMPARATIVA ENTRE EMPRESAS

Como foi visto nos tópicos anteriores, múltiplos são usados com um conjunto de empresas comparáveis para determinar o valor da empresa ou de seu patrimônio. Mas o que é mesmo uma empresa comparável?

Lemme (2001) afirma que as empresas comparáveis são aquelas que têm, em comum, alguns itens como produto, estrutura de capital, concorrência ou mercado, qualidade de gestão, valor do patrimônio, escala e quantidade de crédito. Devem, de maneira geral, apresentar níveis semelhantes de risco, fluxo de caixa e de índices econômico-financeiros básicos.

---

[3] Lajida – equivalente ao Ebitda, lucro antes dos juros, impostos, depreciação e amortização.

Na mesma linha, Alford (1992) e Badene e Santos (1999) acreditam que, além dos pontos apresentados anteriormente, devem ser empresas transacionadas em bolsa, ser do mesmo país ou região, ter um tamanho similar, apresentar as mesmas perspectivas de crescimento futuro e rentabilidade, apresentar uma equipe executiva de qualidade semelhante, ter os mesmos tipos de ativo e atuação vertical e dispor do mesmo volume de investimentos em marketing. Para Cheng, Hopwood, Mckeown (1992) e Liu, Nissim e Thomaz (2002), empresas comparáveis também podem ser aquelas com os mesmos fundamentos de avaliação, por exemplo, a mesma taxa de retorno do patrimônio líquido, o mesmo beta, a mesma taxa esperada de crescimento, independentemente de qual setor as empresas façam parte.

Damodaran (2008) simplifica ao afirmar que uma empresa comparável é aquela com risco, crescimento e potencial de geração de fluxo de caixa semelhantes. O autor ratifica que, quando se comparam empresas, as diferenças entre os riscos, taxas de crescimento e índices de *payout* têm que ser consideradas explicitamente ou a análise será falha.

Porém, quando se realizam as análises por múltiplos, todos esses fatores são considerados?

Na maioria das avaliações, analistas definem empresas comparáveis como as pertencentes ao mesmo setor, por apresentarem, *em tese*, semelhantes risco, crescimento e potencial de geração de fluxo de caixa.

Entretanto, corporações são entidades complexas identificadas por uma grande variedade de características. É errôneo definir as empresas em "comparáveis" e há um grande potencial de tendências que se constituem em **armadilhas** para o modelo de avaliação por múltiplos. Um exemplo disso se dá em empresas de setores inovadores ou em setores com poucas empresas representantes, em que não se têm dados de potencial de geração e crescimento de fluxo de caixa ou mesmo do risco do setor. Em outra ponta, em setores maiores e consolidados, a variabilidade entre as empresas tende a ser maior, e não se configuram os mesmos riscos, crescimento e potencial de geração de fluxo de caixa, o que também pode invalidar a comparação.

Sendo assim, é preciso assumir que a utilização de múltiplos para calcular o preço de uma ação é cercada de subjetividades, pois, ao se escolher um grupo de empresas consideradas comparáveis e calcular a média desse grupo, para depois aplicar a uma empresa específica, é necessária uma série de ajustes, principalmente, pelo fato de os fundamentos não serem uniformes entre as empresas. Mesmo tomando-se empresas de um mesmo setor, não há ainda uma solução definitiva para esse tipo de problema, pois, dentro de um setor, pode haver diferenças entre as taxas de crescimento, *mix* de negócios e perfis de risco diversos (Soutes, Schvirck, Machado, 2006).

Desse modo, comparações desses múltiplos entre empresas e entre épocas serão, portanto, questionáveis em virtude da constante mudança dos cenários em que a empresa está inserida.

10.6 VANTAGENS, DESVANTAGENS E LIMITAÇÕES

De maneira geral, a simplicidade, a rapidez e a necessidade de poucas informações são as principais vantagens da avaliação por múltiplos (Martelan, Pasin,

Pereira, 2010). Além disso, eles demonstram o relacionamento entre o preço da ação e as características básicas da empresa, como lucro, receita, patrimônio e dividendos, permitindo explorar como os múltiplos mudam à medida que essas características também o fazem (Damodaran, 1997).

As maiores desvantagens são a subjetividade e a dificuldade em definir empresas comparáveis, ou seja, escolher e encontrar empresas similares é um grande desafio, já que a maioria apresenta riscos, capacidade de geração de caixa e horizonte de crescimento diferentes. Somado a isso, há o risco do chamado "efeito tulipa", quando o mercado pode super ou subavaliar erroneamente um setor ou um ramo inteiro e gerar avaliações equivocadas para todas as empresas nele inseridas.

Também os múltiplos dispõem de vantagens e desvantagens específicas, já mencionadas em tópicos anteriores e resumidas no Quadro 10.1.

QUADRO 10.1 Vantagens e desvantagens dos múltiplos.

Múltiplo	Vantagem	Desvantagem
P/L	Métrica mais popular. Facilidade e praticidade de seu cálculo, entendimento rápido e mercado familiarizado com seu conceito. Empresas relativamente maduras e com crescimento próximo à média do mercado	Considera o lucro contábil. Ignora o valor do dinheiro no tempo e seus riscos. Considera implícita a ideia de eficiência de mercado. Não tem significado com prejuízo e/ou alta volatilidade nos lucros
VE/Ebitda	Desconsidera a política fiscal de cada país podendo ser utilizado para a comparação de empresas em outros países	Um resultado baixo desse múltiplo não indica necessariamente que a empresa esteja barata
P/VPA	Medida intuitiva, utilizada para comparações entre empresas similares e setores. Empresas relativamente maduras e com crescimento próximo à média do mercado	Fortemente influenciado pelos métodos contábeis adotados e pelos níveis de conservadorismo das empresas, os quais podem inviabilizar a utilização desse múltiplo. Não muito utilizado em empresas de serviço ou com patrimônio líquido negativo
VE/Receita	É mais difícil manipular as receitas. Os múltiplos de receitas apresentam menor volatilidade sendo menos afetados pelas sazonalidades e são os preferidos de pequenos negócios (Martelanc, Pasin, Pereira, 2010)	Desconsidera os custos da empresa que podem ter grandes efeitos no lucro do negócio, podendo gerar avaliações errôneas (Martelanc, Pasin, Pereira, 2010)
Dividend yield	Traduz para o preço sua quantidade de dividendos esperados, revelando rapidamente políticas passadas e esperadas de distribuição de dividendos. Fornece pistas do fluxo de caixa para o acionista	Políticas diferentes de dividendos podem alterar equivocadamente o valor de uma empresa e, além disso, a empresa poderá alterar sua política de dividendos a qualquer momento. No caso brasileiro, pode ser enviesado pela obrigatoriedade de distribuição de 25% dos dividendos

QUESTÕES

1. Para que servem os múltiplos?
2. Quais os três passos para o cálculo e a avaliação por múltiplos?
3. Qual o objetivo de calcular Lajida/Ebitda?
4. Quais os múltiplos mais utilizados? Por quê?
5. O que é *dividend yield*? Explique.

6. Como é feita a análise financeira por meio de múltiplos?
7. Como funciona o processo de precificação por meio de múltiplos?
8. Como é calculado o preço justo?
9. O que é uma empresa comparável?
10. Quais são as maiores vantagens e desvantagens dos múltiplos?

EXERCÍCIOS

1. Utilizando os dados dos demonstrativos financeiros de 12/2012, complete o quadro a seguir calculando para a empresa Companhia Delta os seguintes múltiplos. Para efeitos didáticos, adote a seguinte tabela de médias setoriais para o setor no mercado brasileiro e americano.

Múltiplos	Dados	12/2012
P/L	Companhia Delta	
	Bovespa	15,00
	NYSE	25,00
VE/Ebitda	Companhia Delta	
	Bovespa	8,00
	NYSE	10,00
P/VPA	Companhia Delta	
	Bovespa	4,00
	NYSE	5,00
VE/R	Companhia Delta	
	Bovespa	2,00
	NYSE	2,50

Considere a depreciação e a amortização para 12/2011 como R$ 26.400.000 (mil).
- Preço da ação em 31/12/2011 = R$ 73,80
- Lucro líquido 2011: R$ 22.028.691,00 (em milhares de reais)
- Ebitda: R$ 48.183.820,73 (em milhares de reais)
- Patrimônio líquido 2011: R$ 116.012.235,00 (em milhares de reais)
- Dividendos pagos em 2011: R$ 1,36
- Receitas líquidas 2011: R$ 126.767.001,00 (em milhares de reais)
- O total das ações preferenciais (PN): 1.900.500
- O total das ações ordinárias (ON): 2.600.500
- O total das ações: 4.501.000

a) Calcule e analise os dados encontrados e compare-os às médias setoriais fornecidas.
b) Estipule quais seriam os possíveis valores da empresa utilizando os múltiplos médios setoriais.
c) Aconselhe um investidor sobre qual decisão ele deve tomar nesse momento, se comprar, manter ou vender a ação.

2. Utilizando a tabela elaborada por Aswath Damodaran em janeiro de 2016, monte uma carteira de investimentos. Para isso, você dispõe de 100 bilhões de dólares e deverá alocá-los em dez países cujos mercados têm potencial de crescimento.
   a) Apresente sua carteira.
   b) Justifique cada uma de suas escolhas, avaliando os diversos múltiplos apresentados na tabela.

País	Número de empresas	Soma de capitalização de mercado (em US$)	P/L médio atual	VE/Ebitda médio atual	P/VPA médio atual	VE/R médio atual	*Dividend Yield* médio
Anguila	2	$28,31	5,55	NA	15,88	836,36	0,00%
Argentina	63	$54.434,11	90,04	13,96	3,12	2,18	0,99%
Austrália	1483	$1.132.306,88	48,08	50,70	6,45	655,32	1,66%
Áustria	75	$97.634,74	23,08	75,16	1,51	6,22	2,00%
Azerbaijão	1	$9,14	NA	3,06	0,11	0,85	0,00%
Bahamas	4	$575,22	17,40	5,81	0,86	4,63	0,48%
Bahrein	25	$16.371,40	11,77	294,25	0,90	4,88	4,87%
Bangladesh	286	$32.758,54	24,48	15,20	3,22	4,87	1,75%
Barbados	3	$1.675,70	17,50	5,10	0,91	1,23	3,53%
Bélgica	146	$424.796,19	76,21	264,21	2,21	29,14	1,67%
Belize	1	$9,44	NA	NA	0,16	NA	0,00%
Benim	1	$201,10	9,10	NA	NA	3,81	0,00%
Bermuda	94	$191.469,90	24,77	90,46	1,18	8,41	3,16%
Botswana	13	$3.787,40	12,04	110,37	2,65	1,89	4,38%
Brasil	177	$270.102,06	10,85	21,58	2,08	20,57	4,20%
Ilhas Virgens Britânicas	20	$3.460,89	119,11	9,74	1,77	39,21	0,20%
Bulgária	108	$3.852,43	76,48	23,31	1,30	25,50	0,49%
Burquina Faso	2	$1.077,40	17,52	NA	NA	4,07	0,00%
Camboja	1	$1.435,20	10,55	5,71	2,12	3,10	6,64%
Camarões	1	$779,30	NA	NA	NA	NA	0,00%
Canadá	2699	$1.510.709,98	129,37	80,85	5,17	88,71	1,47%
Ilhas Cayman	37	$14.020,34	46,43	17,55	4,31	4,51	1,84%
Ilhas do Canal	88	$34.872,35	15,02	28,03	2,05	18,51	2,35%
Chile	134	$167.893,02	15,72	31,80	1,11	15,25	5,85%
China	3372	$9.245.576,97	195,19	142,18	14,67	32,29	1,58%
Colômbia	37	$78.424,92	12,36	8,66	1,23	2,59	3,34%
Croácia	101	$17.315,29	30,62	98,51	1,07	3,24	0,79%
Curaçao	3	$843,80	13,04	13,17	18,72	1,23	2,12%
Chipre	51	$7.006,82	8,06	80,91	0,58	59,62	4,28%
República Tcheca	11	$25.202,78	10,47	7,42	1,79	75,46	2,56%
Dinamarca	155	$383.526,99	26,65	178,80	4,04	6,00	1,16%
República Dominicana	2	$1,06	NA	NA	NA	NA	0,00%
Equador	7	$4.509,41	7,24	8,73	NA	1,41	1,85%

(Continua)

(Continuação)

País	Número de empresas	Soma de capitalização de mercado (em US$)	P/L médio atual	VE/Ebitda médio atual	P/VPA médio atual	VE/R médio atual	Dividend Yield médio
Egito	193	$51.079,59	23,17	26,89	1,35	3,57	4,22%
Estônia	16	$2.104,54	9,88	11,38	1,22	45,43	7,93%
Ilhas Malvinas	1	$14,70	NA	NA	0,49	NA	0,00%
Finlândia	138	$201.013,70	61,31	20,50	3,10	77,89	2,69%
França	701	$1.971.045,30	159,77	23,61	2,78	33,60	1,54%
Gabão	1	$630,00	7,16	3,08	0,34	0,40	82,51%
Alemanha	681	$1.645.284,53	71,00	46,56	16,14	36,19	2,53%
Gana	22	$2.303,91	10,22	48,29	2,60	1,47	2,46%
Gibraltar	8	$2.784,22	22,51	18,14	7,19	1335,03	1,30%
Grécia	182	$43.968,72	54,67	45,95	0,96	6,98	2,26%
Groenlândia	1	$164,50	11,27	NA	1,22	2,02	9,01%
Hong Kong	1254	$1.708.917,76	63,69	107,01	5,29	74,59	11,39%
Hungria	39	$16.240,63	45,72	23,96	4,25	2,30	0,70%
Islândia	18	$7.767,06	23,78	11,25	2,65	2,60	1,66%
Índia	3422	$1.517.742,06	207,71	129,79	3,36	26,79	0,29%
Indonésia	435	$332.632,61	59,03	18,61	2,61	23,02	1,74%
Iraque	1	$2,12	NA	73,10	NA	0,90	0,00%
Irlanda	86	$648.232,56	43,09	43,87	11,92	234,31	0,79%
Ilha de Man	11	$5.191,57	19,69	17,35	1,23	2,34	1,30%
Israel	498	$144.791,93	52,52	32,71	2,19	20,28	2,03%
Itália	299	$599.920,02	62,07	892,75	31,20	11,29	1,35%
Costa do Marfim	30	$5.254,05	27,41	18,87	5,86	1,71	0,34%
Jamaica	35	$4.827,73	16,12	164,17	2,07	3,79	2,93%
Japão	3631	$4.875.248,99	35,30	69,64	1,89	4,13	1,29%
Jordânia	178	$24.161,03	66,92	36,51	1,16	23,13	2,10%
Cazaquistão	9	$1.822,96	15,27	3,12	1,48	2,97	3,32%
Quênia	57	$19.755,68	18,21	80,29	1,84	1,83	1,76%
Kuwait	166	$76.065,38	29,79	138,98	0,81	26,46	3,44%
Quirguistão	1	$23,10	NA	NA	0,54	NA	0,00%
Laos	1	$415,10	10,33	10,85	1,28	1,48	0,12%
Letônia	14	$1.491,74	791,56	9,59	410,69	100,27	2,20%
Líbano	4	$6.070,40	8,73	13,98	0,68	9,84	0,86%
Liechtenstein	2	$1.592,10	20,90	NA	0,56	NA	4,15%
Lituânia	28	$2.959,10	10,30	9,48	1,25	1,74	3,06%
Luxemburgo	56	$91.585,90	49,23	11,24	4,33	62,29	2,08%
Macau	10	$39.918,70	19,98	1390,76	10,23	14,22	2,20%
Macedônia	1	$28,30	NA	NA	NA	1,20	0,00%
Malawi	7	$590,74	5,55	1,91	0,38	1,37	3,23%
Malásia	914	$387.609,01	37,48	93,08	1,84	5,42	2,19%
Malta	23	$11.117,54	49,52	287,86	3,78	7,14	1,25%
Ilhas Marshall	1	$1.532,20	11,68	9,30	0,86	7,36	5,60%
Maurícia	49	$102.638,92	64,80	329,05	143,60	938,74	2,24%

(Continua)

(Continuação)

País	Número de empresas	Soma de capitalização de mercado (em US$)	P/L médio atual	VE/ Ebitda médio atual	P/VPA médio atual	VE/R médio atual	Dividend Yield médio
México	108	$360.816,30	30,91	50,94	2,21	8,46	4,51%
Mônaco	12	$19.301,10	41,58	13,23	0,73	5,81	11,21%
Mongólia	3	$254,58	NA	NA	0,99	298,34	0,00%
Montenegro	1	$0,10	NA	NA	NA	NA	0,00%
Marrocos	65	$43.364,83	18,17	10,38	2,22	2,55	3,17%
Moçambique	1	$8,38	NA	NA	0,28	0,44	0,00%
Namíbia	6	$1.928,73	8,81	109,71	2,06	2,15	4,33%
Países Baixos	135	$756.120,02	39,36	14,91	23,43	6,99	1,78%
Nova Zelândia	132	$72.746,83	29,06	212,44	4,72	88,31	2,78%
Niger	1	$134,40	14,22	NA	NA	5,07	0,00%
Nigéria	135	$47.455,11	23,99	25,63	1,80	2,15	3,42%
Noruega	186	$198.062,67	26,12	255,64	2,05	72,68	3,63%
Omã	67	$19.331,09	19,08	96,26	1,45	9,93	6,03%
Paquistão	402	$67.296,80	27,18	219,80	2,22	6,22	2,85%
Palestina	32	$3.005,27	22,50	17,86	1,08	4,54	2,45%
Panamá	6	$3.556,02	7,66	449,16	0,78	8,81	2,99%
Papua-Nova Guiné	4	$7.674,70	16,91	511,77	1,81	13,95	0,47%
Peru	50	$43.794,85	20,77	8,84	1,10	1,88	3,43%
Filipinas	225	$230.000,81	96,57	115,70	12,73	30,66	1,54%
Polândia	799	$133.748,33	57,76	27,81	2,87	95,77	1,65%
Portugal	48	$54.734,89	12,36	16,29	1,61	2,90	2,80%
Catar	43	$151.829,70	13,29	791,01	1,83	7,44	3,75%
Reunião	1	$31,80	NA	15,40	0,77	1,31	0,00%
Romênia	64	$20.250,16	28,10	32,29	1,01	2,58	3,39%
Rússia	203	$237.935,44	426,94	35,21	3,16	2,52	4,39%
Arábia Saudita	165	$419.683,40	144,20	1216,13	2,37	11,55	2,62%
Senegal	3	$4.459,70	17,50	8,24	4,23	3,07	0,00%
Sérvia	79	$2.879,27	7,76	23,26	0,83	0,97	0,44%
Serra Leoa	1	$142,50	NA	14,96	0,77	1,51	0,00%
Singapura	568	$421.494,55	36,36	67,44	1,56	35,82	2,78%
Eslováquia	16	$5.471,67	123,22	1774,31	2,07	2,37	2,75%
Eslovênia	32	$5.888,90	39,80	8,85	0,81	11,14	2,19%
África do Sul	273	$372.647,66	19,55	39,07	2,02	12,68	3,71%
Coreia do Sul	1855	$1.150.214,77	98,32	87,25	2,15	3,45	0,65%
Espanha	159	$667.572,73	41,53	38,04	2,95	6,60	1,16%
Sri Lanka	265	$18.861,48	31,79	442,01	1,69	6,44	2,45%
Sudão	2	$218,40	3,91	3,73	0,29	1,10	0,00%
Suécia	578	$679.518,08	64,70	52,42	9,54	76,78	2,07%
Suíça	270	$1.619.204,79	29,46	42,20	3,11	6,95	2,10%
Taiwan	1813	$838.896,88	39,55	35,49	1,87	26,53	6,95%
Tanzânia	13	$4.289,11	23,66	50,78	3,51	2,24	2,67%
Tailândia	591	$347.233,34	68,24	67,20	14,10	5,48	3,10%
Togo	1	$1.266,30	3,75	NA	0,48	0,48	0,00%

(Continua)

(Continuação)

País	Número de empresas	Soma de capitalização de mercado (em US$)	P/L médio atual	VE/ Ebitda médio atual	P/VPA médio atual	VE/R médio atual	*Dividend Yield* médio
Trindade e Tobago	15	$12.197,52	15,42	122,42	3,89	3,18	2,59%
Tunísia	71	$8.266,56	32,86	9,31	1,76	3,13	3,57%
Turquia	410	$189.774,23	33,82	25,91	2,14	5,02	134,34%
Uganda	5	$1.385,60	10,01	29,45	2,58	3,03	2,23%
Ucrânia	28	$2.783,88	6,73	194,50	0,56	0,76	2,03%
Emirados Árabes Unidos	89	$203.223,52	15,49	154,88	1,10	5,40	3,67%
Reino Unido	1288	$3.280.848,57	54,08	63,77	5,01	114,20	1,99%
Estados Unidos	7480	$23.569.758,45	59,42	439,06	12,89	113,67	3,22%
Venezuela	14	$238.763,30	86,37	25,47	10,20	11,93	0,03%
Vietnã	632	$58.462,23	58,71	23,02	2,89	3,34	2,23%
Zâmbia	14	$2.456,12	7,85	5,15	4,51	1,50	3,12%
Zimbábue	3	$378,10	13,50	7,77	8,66	2,58	4,60%
Total	41889	$64.884.834,28	85,52	148,16	6,64	65,45	3,80%

REFERÊNCIAS BIBLIOGRÁFICAS

ALFORD, A. W. The effect of the set of comparable firms on the accuracy of price-earnings valuation method. *Journal of Accounting Research*, v. 30, 1992.

ASSAF NETO, A. *Finanças corporativas e valor*. São Paulo: Atlas, 2003.

BADENE, C.; SANTOS, J. M. *Introducción a la valoración de empresas por el método de los múltiplos de compañias comparables*. 1999. Disponível em: <http://webprofessores.iese.edu/pablofernandez>. Acesso em: 15 maio 2005.

BLACK A.; WRIGHT, P.; BACHMAN, J. E. *In search of shareholder value*: managing the drivers of performance. 2. ed. New York: Financial Times/Prentice Hall, 2001.

BM&FBOVESPA. Petróleo brasileiro S.A. PETROBRAS. Disponível em: <http://www.bmfbovespa.com.br/cias-listadas/empresas-listadas/Resumo-EmpresaPrincipal.aspx?codigoCvm=9512&idioma=pt-br>. Acesso em: 17 fev. 2016.

CERBASI, G. P. *Metodologias para determinação do valor das empresas*: uma aplicação no setor de geração de energia elétrica. 2003. Dissertação (Mestrado em Administração) – Faculdade de Economia, Administração e Contabilidade da Universidade de São Paulo, São Paulo, 2003.

CHENG, C. S. A.; HOPWOOD, W. S.; MCKEOWN, J. C. Nonlinearity and specification problems in unexpected earnings response regression models. *The Accounting Review*, v. 67, p. 579-598, 1992.

COPELAND, T.; KOLLER, T.; MURRIN, J.; MCKINSEY & COMPANY, INC. *Valuation*: measuring and managing the value of companies. 2. ed. New York: John Wiley, 1994.

_____. *Avaliação de empresas*: valuation. 3. ed. São Paulo: Makron Books, 2002.

DAMODARAN, A. *Damodaran on valuation*: security analysis for investment and corporate finance. New York: John Wiley, 1994.

_____. *A avaliação de investimentos*: ferramentas e técnicas para a determinação do valor de qualquer ativo. Rio de Janeiro: Qualitymark, 1997.

_____. *Investment valuation*. New York: John Wiley, 2002.

_____. *Finanças corporativas*: teoria e prática. Tradução de Jorge Ritter. 2. ed. Porto Alegre: Bookman, 2006.

_____. *A survey paper on valuation*. Research and Papers. 2008. Disponível em: <http://pages.stern.nyu.edu/~adamodar/>. Acesso em: 1º mar. 2008.

GITMAN, L. J. Princípios de administração financeira. 12. ed. São Paulo. Pearson Prentice Hall, 2010.

LEMME, C. F. Revisão dos modelos de avaliação de empresas e suas aplicações nas práticas de mercado. *Revista de Administração da FEA/USP*, São Paulo, v. 36, n. 2, p. 117-124, abr./jun. 2001.

LIU, J.; NISSIM, D.; THOMAZ, J. Equity valuation using multiples. *Journal of Accounting Research*, v. 40, n. 1, mar. 2002.

MARTELANC, R.; TRIZI, J. S.; PACHECO, A. A. S.; PASIN, Rodrigo Maimone. Utilização de metodologias de avaliação de empresas: resultados de uma pesquisa no Brasil. In: Semead, 2005, São Paulo. *Anais do Semead 2005*, 2005.

MARTELANC, R.; PASIN, R.; PEREIRA, F. *Avaliação de empresas:* um guia para fusões & aquisições e gestão de valor. 1. ed. São Paulo: Pearson Prentice Hall, 2010.

MARTINS, E. Ebitda – o que é isso? Temática contábil e balanços, *Boletim IOB* 6/98, São Paulo, 1998a.

_____. Avaliando a empresa (I). Temática contábil e balanços, *Boletim IOB* 10/98, São Paulo, 1998b.

_____. (Org.). *Avaliação de empresas*: da mensuração contábil à econômica. São Paulo: Atlas, 2001.

PETROBRAS. Capital social. Disponível em: <http://www.investidorpetrobras.com.br/pt/governanca-corporativa/capital-social>. Acesso em: 17 fev. 2016.

RAPPAPORT, A. *Gerando valor para o acionista*: um guia para administradores e investidores. São Paulo: Atlas, 2001.

RAPPAPORT, A.; MAUBOUSSIN, M. J. *Análise de investimento*: como transformar incertezas em oportunidades lucrativas: como interpretar corretamente o preço das ações – um guia para administradores e investidores. Rio de Janeiro: Campus, 2002.

SANTIAGO FILHO, J. L.; FAMÁ, R. Avaliação de empresas através de múltiplos: uma comparação entre as empresas do Brasil e dos EUA. SEMEAD – Seminários em Administração, 5, FEA-USP, 2001.

SOUTES, D. O.; SCHVIRCK, E. S.; MACHADO, M. R. C. Métodos de avaliação utilizados pelos profissionais de investimento. Encontro Nacional da Associação Nacional de Pesquisas em Administração – ENANPAD, 30, 2006, Salvador. *Anais eletrônicos...* Rio de Janeiro: Anpad, 2006. 1 CD-ROM.

YOUNG, S. D.; O'BYRNE, S. F. *EVA and value-based management*: a practical guide to implementation. New York: McGraw Hill, 2001.

_____. *EVA e gestão baseada em valor*: guia prático para implementação. Porto Alegre: Bookman, 2003.

Índice Remissivo

A

Ambiente macrofinanceiro 3
Análise comparativa entre empresas 479
Análise do valor 431
Análise e previsão de insolvência 377
Análise financeira 343
   por múltiplos 475
   relativa 237
   retrospectiva 181
Análise giro × margem 353
Análise horizontal 243
   encadeada 247
   não encadeada 254
   situações especiais 248
Análise horizontal e vertical 237
Análise integrada dos indicadores 337
Análise macrofinanceira 3
   internacional 53
      Alemanha 65
      Argentina 91
      China 79
      Estados Unidos 53
   nacional 38
Análise por múltiplos 137
Análise setorial 107
Análise vertical 257
   cálculo e interpretação dos índices 259
   determinação da conta-base 258
Associações setoriais 110

Ativo
   biológico e produto agrícola 163
   imobilizado 161
   intangível 159
   não circulante 159
Avaliação de empresas 133

C

Cálculo e análise de valor 427
Cálculo e utilização de percentis 335
Combinação de negócios 170
Crédito 386

D

Demonstração dos fluxos de caixa (DFC) 169
Demonstração do valor adicionado (DVA) 170
Demonstrações consolidadas, combinadas e separadas 172
Demonstrativos contábeis 150, 182, 186, 192, 205
Determinação da geração ou destruição de valor 441
Due diligence 387

E

Elementos da análise setorial 111

Estoques 154
Estrutura conceitual da contabilidade 146

F

Fundamentos de contabilidade 145

G

Governos Collor e Itamar Franco 38
GVA 449

I

ICV-Dieese 16
Identidade de DuPont 362
IGP 16
IGP-10 16
IGP-M 16
INCC 16
Inflação
  de custos 14
  de demanda 14
  inercial 14
Informação contábil 147, 149
INPC 16
Instrumentos financeiros 155
IPA 16
IPCA 15
IPC-Fipe 16

M

Macroeconomia 4
Margem da atividade, custo da atividade e custo de produção 344
Método de fluxo de caixa descontado 133
Modelos de previsão de insolvência 382
Movimentos de capitais 33

O

Operações de arrendamento mercantil (leasing) 158

P

Padrão competitivo 137
Plano Real – Primeiro mandato de Fernando Henrique Cardoso 40
Plano Real – Segundo mandato de Fernando Henrique Cardoso 43
Plano Real – Primeiro mandato de Luiz Inácio Lula da Silva 45
Plano Real – Segundo mandato de Luiz Inácio Lula da Silva 48
Plano Real – Primeiro mandato de Dilma Rousseff 50
Política
  cambial 27
  de rendas 35
  fiscal 20
  monetária 7
  macroeconômica 6
Precificação por múltiplos 476
Processo de escore 385
Projeções de demonstrativos financeiros 393
  análise de cenários 414
  projeção financeira 394
  projeções elaboradas interna e externamente 393
  simulações 422
Propriedade para investimento 162
Provisões, passivos contingentes e ativos contingentes 165

R

Receitas 166
Redução ao valor recuperável dos ativos (impairment) 164
Resultado por ação 167

T

Taxas de câmbio e conversão de demonstrações contábeis 168
Tipos de desemprego 37
Transações correntes 33

V

Valor 427
  justo 153
  por múltiplos 463
  versus fluxo de caixa 428
  versus lucro 428
  versus preço de mercado/a mercado 428